Ganzheitlich Heilen

Buch

Mona Lisa Schulz ist eine Ärztin, die am Telefon den körperlichen und emotionalen Zustand des Anrufers feststellt und dazu nicht mehr Informationen benötigt als den Namen und das Alter des Patienten – und ihre Intuition. Da in der Regel zutrifft, was sie auf diese Weise diagnostiziert, hat sie ihre Intuition als wertvollen Partner bei ihrer Arbeit und auch in ihrem Privatleben schätzengelernt.

Die Autorin beschreibt, wie man intuitive Eingebungen als solche erkennt, auf welche Weise der Körper und seine Funktionen an der Erzeugung eines »intuitiven Netzwerks« beteiligt sind und wie Intuition und Traum zusammenhängen. Auf der Basis der neuesten wissenschaftlichen Ergebnisse gewährt sie Einblick in die Gehirnforschung und erklärt, wie Gedächtnis im Gehirn und im Körper funktioniert. Sie beleuchtet die Verbindungen zwischen dem Geist, dem Körper und den Gefühlen. Angelehnt an das östliche Chakrensystem spricht sie von sieben emotional-energetischen Körperzentren, die jeweils eine bestimmte Gruppe von Organen umfassen und mit bestimmten Gefühlen in Verbindung stehen. Illustriert durch die faszinierende Geschichte ihres eigenen Lebens sowie zahlreiche Fallbeispiele, lehrt sie den Leser, die Sprache des Körpers zu verstehen, Träume zu entschlüsseln und Signale von Krankheiten wahrzunehmen. Ihre humorvollen Ausführungen inspirieren zu einem neuen Körperbewußtsein und weisen den Weg zu einem gesunden, glücklichen Leben.

Autorin

Dr. Dr. med. Mona Lisa Schulz ist Ärztin für Neurologie und Psychiatrie, Forscherin und intuitive Heilerin. Außerdem ist sie wissenschaftliche Redakteurin für die Zeitschrift *Health Wisdom for Woman*, die Dr. Christiane Northrup herausgibt. Mona Lisa Schulz lebt in Yarmouth im amerikanischen Bundesstaat Maine.

MONA LISA SCHULZ

Intuition - die andere Art des Wissens

Wie wir die Körper-Seele
für Erkenntnis und Heilung
aktivieren können

Aus dem Amerikanischen von
Erika Ifang

GANZHEITLICH HEILEN
GOLDMANN

Die Originalausgabe erschien
unter dem Titel »Awakening Intuition« bei Harmony Books,
a division of Crown Publishers, Inc., New York.
Die vorliegende deutsche Übersetzung
erscheint mit Genehmigung des Originalverlags.

Deutsche Erstausgabe

Umwelthinweis:
Alle bedruckten Materialien dieses Taschenbuches
sind chlorfrei und umweltschonend.
Das Papier enthält Recycling-Anteile.

Deutsch Erstausgabe Januar 2000

Umschlaggestaltung: Design Team München
Umschlagabbildung: ZEFA/Index Stock, Chris Mather
Satz: Uhl + Massopust
Druck: Graphischer Großbetrieb Pößneck
Verlagsnummer: 14178
Redaktion: Gerhard Juckoff
WL · Herstellung: Stefan Hansen
Made in Germany
ISBN 3-442-14178-8

1 3 5 7 9 10 8 6 4 2

All meinen Mentoren gewidmet –
den Ärzten, Wissenschaftlern und intuitiven Heilern,
die mir beim Heilen geholfen
und mich großherzig alles gelehrt haben,
was sie wußten, um mich dann liebevoll
aus dem Nest in die Welt hinauszudrängen,
damit ich tat, was ich zu tun hatte

Inhalt

Vorwort

von Dr. Christiane Northrup

Mittlerweile arbeite ich schon seit über fünf Jahren in Forschungsgemeinschaft mit Dr. Mona Lisa Schulz zusammen. Obwohl ich zu Anfang, als sie noch Medizinstudentin war und die Wahrheit über Geburtshilfe, Gynäkologie und den Gesundheitszustand von Frauen wissen wollte, ihre Mentorin war, wandelte sich unsere Schüler-Lehrer-Beziehung schnell zu einer professionellen Partnerschaft.

Wir haben Stunden um Stunden miteinander und übereinander gelacht, uns angeschrien und immer wieder neue Ideen hervorgebracht, die uns erstaunten und entzückten. Die Heftigkeit unserer Gespräche, die zu diesen Inspirationen und wissenschaftlichen Entdeckungen führte – und das Maß, in dem jede von uns während des ganzen Prozesses ihren Standpunkt behauptete –, konnten einen bis ins Innerste erschrecken, und davon waren meine Kinder, als sie noch kleiner waren, nicht ausgenommen. Bis Mona Lisa in mein Leben trat, hatten sie noch nie erlebt, daß zwei erwachsene Frauen, jede mit einer brisanten Mischung aus Verstand, Intuition und Leidenschaft begabt, mit der sie auch nicht zurückhält, so heftig diskutieren können.

Bei einer dieser Diskussionen im Sommer vor der geplanten Veröffentlichung des Buches, als sich noch kein Titel dafür ergeben hatte, war ich telefonisch mit Mona Lisa und unserer »Managerin« Diane Grover verbunden. Wir feilten gerade an den Einzelheiten unserer Arbeitsgemeinschaft herum; Mona Lisa verlangte von Diane und mir mit dem für sie typischen Eifer ein Zugeständnis. Das Gespräch wurde immer hitziger, und Diane und ich wurden langsam wütend auf sie. Wir merkten, daß ihre intuitiven Einsichten in Verbindung mit ihrer Eindringlichkeit uns erschreckten. Wie schon viele Male vorher hatten wir das Gefühl, ihr wieder einmal zu unterliegen. Wie immer blieben wir alle drei dran und arbeiteten uns da durch. Und wie immer hatte Mona Lisa präzise und mit aller Klarheit genau die Ängste und Schwächen von uns dreien getroffen. Ich nahm auf einmal meine eigene Macht, Gespanntheit und Ängstlichkeit wahr und wurde mir bewußt, daß sie sich eher innerlich (über den Kreislauf) äußerten, anders als bei Mona Lisa. Diane erkannte, daß ihre Ängste sich in ihrem tiefsten Innern sammeln, so daß sie sich in ihrer Mitte gefangen und gefesselt fühlt – buchstäblich in ihrer Leibesmitte. Und wie immer erreichten wir dadurch, daß wir durchhielten, einzeln und gemeinsam eine neue Ebene der Stärke und Verbundenheit in unserer Beziehung. So erhielt ich wieder einen tieferen Einblick in die Zauberwelt der intuitiven Heilkunst und ihrer Auswirkungen auf unser Alltagsleben.

Folgendes geschah. An jenem Sommermorgen, an dem unser Gespräch stattfand, waren Diane und ich in meinen Garten hinausgegangen, jede mit ihrem Handy. Mona Lisa hatte an dem Tag Dienst im Krankenhaus, und es gab einiges unter uns zu besprechen. So hielten wir unsere Dreiertelefonkonferenz ab. Es war an diesem Vormittag bereits heiß, und ich merkte, daß das Gras unter meinen Füßen trocken war, als ich mit nackten Zehen darüberstreifte. Durch die Eindringlichkeit unseres Gesprächs und das trockene Gras unter meinen Füßen mußte ich an die Urenergie von Blitzen denken und daran, wie sie das Alte wegbrennen. Ich hatte sogar vor einer Woche vorgeschlagen, daß irgendwo in Mona Lisas Buchtitel das Wort »Blitz« vorkommen sollte, da ihre Energie und Intuition in ihrer Blitzartigkeit diesen Vergleich nahelegen, und auch deshalb, weil ihre Anwesenheit elektrische Spannungen auszulösen vermag, wenn ihre Gemütswogen höher schlagen.

Während ich durch das trockene Gras streifte und über das Thema Blitz sinnierte, bemerkte ich, daß Diane mit dem Telefon in der Hand zu einem mit hohem Gras bewachsenen Waldstück auf unserem Anwesen gewandert war… ein Gelände, das sie normalerweise wegen ihrer lebenslangen Angst vor Schlangen strikt meidet. Doch jetzt sah sie ihrer Angst ins Auge, hob morsche Äste auf und warf sie in den Bach – eine Art Geländereinigung parallel zu ihrer psychischen Reinigung. Oder, wenn man so will, eine Konfrontation mit den inneren Dämonen und zugleich die furchtlose Erkundung des Terrains, in dem äußere Gefahren lauerten.

Als unser Gespräch seinen Höhepunkt erreichte, um dann langsam zu verlöschen, kam mir immer wieder der Gedanke an Blitz und Donner in den Sinn. Ich konnte ihn mir nicht mehr aus dem Kopf schlagen. Einerseits befaßte ich mich noch mit der letzten Phase unseres Gesprächs und unserer neuen Verständnisebene, aber ein anderer Teil meines Gehirns war mit der Energie und dem Elan eines Blitzes beschäftigt und überlegte, wie diese für Mona Lisa typische Energie in einem Buchtitel unterzubringen wäre. Dann fielen mir die Mammutbäume im Westen der Vereinigten Staaten ein, deren Zapfen sengende Hitze brauchen, um aufzubrechen und den Samen freizugeben, aus dem neues Leben keimen kann. Die dazu nötige Hitze entsteht durch Waldbrände, die auf natürliche Weise durch Blitzschlag ausgelöst werden, dessen zündende Kraft schließlich den schlummernden Samen weckt.

Indem wir es wagten, durch das Feuer zu gehen, das Mona Lisas Blitz gelegt hatte, sprengten wir alle drei unsere alten harten Schalen und fanden den Samen in uns, der in uns und unserer Beziehung neues Leben aufkeimen ließ. Später an jenem Tag wurde mir klar, wie treffend der Titel, den wir schließlich fanden, ist.* Und wieder einmal merkte ich, daß ich meine Rolle als Geburtshelferin eines neuen Werkes erfüllt hatte.

Wenn Sie dieses Buch lesen und den Blitz von Mona Lisa Schulz in die harten Samen schlagen lassen, die Sie in sich tragen, werden Sie Heilung finden, wachsen und zu neuem Leben erwachen. Widerstehen Sie dem Drang, aufzuhören, sobald es richtig heiß wird. Das Universum hat auch mit einem Urknall angefangen – einer von Licht und Hitze begleiteten Explosion. Die Gesetze, denen das Universum Tag für Tag folgt, haben sich kaum verändert. Was jung und neu und aufregend ist, erfordert eben manchmal Licht und Hitze, um hervorbrechen zu können.

* Der Titel der amerikanischen Originalausgabe lautet: *Awakening Intuition* (»Das Wecken der Intuition«).

Wenn die Pforten der Wahrnehmung
geläutert würden, würde jedes Ding dem Menschen
erscheinen, wie es ist, unendlich.

WILLIAM BLAKE

Einleitung

Ich bin Ärztin und zugleich intuitive Heilerin. Ich führe intuitive Beratungen per Telefon durch. Jemand ruft mich an und sagt mir Namen und Alter – sonst nichts. Dann mache ich von dem betreffenden Menschen, den ich nie kennengelernt oder auch nur gesehen habe, eine »Lesung«, eine Art Ferndiagnose. Ich nehme sowohl sein körperliches Befinden als auch den emotionalen Zustand seines Lebens wahr und erkläre ihm, wie beides zusammenhängt. Wenn ich fertig bin, reagiert der Klient unweigerlich auf eine von zwei Arten. Manche schnappen nach Luft und sagen: »Wie machen Sie das? Ich könnte das nicht. Mir fehlt die Intuition dafür.« Andere sind völlig unbeeindruckt und bemerken bloß: »Das wußte ich schon.« Sie wußten es zwar, glaubten aber intuitiv nicht daran – hätten es auch nie zugegeben oder ausgesprochen, bis ich, eine völlig Fremde, es ihnen in unpersönlichen Begriffen vortrug.

So läuft es normalerweise. Viele Menschen glauben entweder, keine Intuition zu besitzen, oder sie glauben nicht, daß es so etwas wie Intuition überhaupt gibt. Darum trauen sie der Intuition, die überall in ihrem Körper und überall in ihrem Leben wirksam ist, nicht oder erkennen sie gar nicht. Ich werde häufig gefragt: »Glauben Sie wirklich, daß es so etwas wie Intuition gibt?« Ebensogut könnten sie mich fragen, ob ich an Vitamin C glaube oder an die Existenz von Hawaii. Ich war noch nie in Hawaii. Und weiß auch nicht genau, wie Vitamin C wirkt. Aber ich glaube an ihrer beider Existenz. Was die Intuition betrifft, so glaube ich nicht einfach an ihre Existenz. Ich weiß, daß sie existiert. Und entgegen der landläufigen Meinung ist sie auch nicht einer kleinen Schar von Auserwählten vorbehalten, die irgendwie über außergewöhnliche, gottgegebene Kräfte verfügen. Die Intuition ist lediglich ein weiterer Sinn wie das Sehen, das Fühlen oder das Hören. Und nicht nur das, sondern sie ist ein Sinn, den wir alle haben. Wir sind alle intuitiv veranlagt.

Ich gebe zu, daß es unter Umständen eines Glaubenssprungs bedarf, um die Gegenwart und das Wirken der Intuition im eigenen Leben zu akzeptieren und danach zu handeln – wie es auch reine Glaubenssache ist, überzeugt zu sein, daß Neil Armstrong und andere Astronauten wirklich auf dem Mond herumspaziert sind. Dazu ist eine Überwindung des angeborenen Unglaubens notwendig. Viele Leute, wahrscheinlich die meisten, müssen erst an ihre intuitiven Regungen herangeführt werden und die entsprechende erstaunliche Sinneserfahrung machen, bevor sie die Intuition in ihr Leben einbeziehen können. Wer lernt, seine ureigene *Sprache* der Intuition zu entschlüsseln, kann unermeßlich viel dabei gewinnen und mit Leib und Leben glücklicher und gesünder werden. Denn genau das ist die Intuition: eine einzigartige Sprache, die Gehirn und Körper sprechen, um uns ein besseres Verständnis und einen Einblick in unsere Vergangenheit zu geben, Lösungen für die Zukunft aufzuzeigen und uns zu helfen, unser Leben kraftvoller und froher zu leben.

Das will Ihnen dieses Buch sagen: Wenn Sie einen Geist, einen Körper und Erinnerungen haben und nachts (oder zu anderen Zeiten) schlafen, dann besitzen Sie per Definition Intuition, dann *sind Sie* intuitiv.

Und was das Wichtigste ist: Sie können Ihre Intuition dazu benutzen, körperlich gesünder zu werden und ein angenehmeres Leben zu führen.

Wenn etwas Bedeutendes in unserem Leben geschieht, werden die Erinnerungen mit ihrer emotionalen Aufladung verschlüsselt in unserem Gehirn gespeichert. Unter Umständen können wir die wahre Bedeutung dieser Erfahrung nicht einmal ermessen, und doch beeinflussen diese und andere emotional aufgeladene Erinnerungen alles, was wir in Zukunft tun, angefangen von unserer Partnerwahl bis hin zum Beruf. Indem wir uns die in unserem *Gehirn* gespeicherten Erinnerungen wieder vergegenwärtigen, können wir rational verstehen, wie die Vergangenheit ständig unser bewußtes Denken, unser Handeln und die Gegebenheiten unseres Alltags prägt.

Daneben sind in unserem Gehirn noch andere Erinnerungen gespeichert. Erinnerungen und Erfahrungen sowie die damit verbundenen

Emotionen sind außerdem noch systematisch kodiert im Gewebe und in allen Organen unseres Körpers festgehalten. Diese Erinnerungen und Emotionen äußern sich nicht durch die rationalen Vorgänge im Gehirn, sondern in den Symptomen und Krankheiten unserer Körperorgane. Durch verschiedene wissenschaftliche Studien konnte nachgewiesen werden, daß ein Zusammenhang zwischen gewissen emotionalen und psychologischen Mustern und den Erkrankungen bestimmter Organe besteht, und weitere Forschungen haben bestätigt, daß es eine Verbindung gibt zwischen bestimmten Erinnerungen und Emotionen einerseits und bestimmten organspezifischen Erkrankungen andererseits wie etwa Brustkrebs, Herzkranzgefäßleiden oder der Parkinson-Krankheit.

Unserem Verstand fällt es schwer, zu begreifen, daß schmerzvolle Erinnerungen und Erfahrungen Qual und Krankheit in unserem Leben auslösen können. Schulmedizinische oder auch alternative Ansätze und Psychotherapien können Menschen, die krank sind oder Schmerzen leiden, nicht immer helfen. Der Schlüssel zur Heilung liegt im Unbewußten. Wenn wir uns die Erinnerungen, die in unserem *Körper* gespeichert sind, bewußt machen und sie in unser Denken einbeziehen können, gewinnen wir ein neues, nichtrationales Verständnis davon, wie die Vergangenheit unsere Gegenwart und unser bewußtes Denken und Handeln beeinflußt. Das gelingt uns aber nur, wenn wir das nutzen lernen, was ich das Intuitionsnetzwerk nenne; dann können wir ein gesünderes Leben für uns erkennen und in die Tat umsetzen, statt zuzulassen, daß alte Erinnerungen und Verhaltensmuster immer wieder aufs neue schmerzliche Erfahrungen bewirken.

Ich wünschte, ich könnte sagen, daß ich mein Wissen von der Verbindung zwischen Erinnerungen, Träumen, der Intuition und dem Heilen an der Universität erworben hätte oder, besser noch, durch göttliche Inspiration. Wie das Schicksal es wollte, mußte ich jedoch meine Kenntnis von dieser Verbindung auf eine Weise erwerben wie vermutlich viele, vielleicht sogar die meisten Leute – durch eine Erkrankung.

Intuitiv bin ich immer gewesen, aber ich wollte es nicht immer sein. Meine erste Erinnerung an intuitive Fähigkeiten reicht in die frühe Kindheit zurück. Jeden Abend nach dem Essen pflegte mein Vater mit meiner älteren Schwester das Einmaleins durchzugehen und sie im Addieren,

Subtrahieren und Multiplizieren zu drillen. Wann immer sie eine falsche Antwort gab, platzte ich intuitiv mit der richtigen Lösung heraus, obwohl ich damals erst fünf Jahre alt war. Daraufhin sah mich mein Vater geradezu schockiert an und fragte mich, woher ich die richtige Lösung wüßte. »Ich habe nur geraten«, sagte ich dann. Der ungläubige Gesichtsausdruck meines Vaters verstörte mich, und bald war mir klar, daß er das Raten mißbilligte. Meine Eltern schrieben meine bemerkenswerte Fähigkeit lieber meinem Verstand zu, was sie, wie ich schnell merkte, für entschieden wünschenswerter hielten.

Aus frühen Kindertagen blieb mir also die Botschaft erhalten – wie sie meines Erachtens die meisten von uns empfangen –, daß Intuition etwas Schlechtes ist, Intelligenz hingegen etwas Gutes. Intuition ist verdächtig; Intelligenz ist akzeptabel.

Diese Botschaft wurde zweifellos noch dadurch bekräftigt, daß meine Eltern mich in ihrer Besorgnis, ich sei nicht normal, mit sieben Jahren einem psychologischen Test unterzogen. Obgleich mir eine normale geistige Gesundheit bescheinigt wurde, stand für mich fest, daß ich besser daran täte, meine Intuition zu verdrängen und mit allen Kräften »klug« zu werden. Und entsprechend ging ich vor. Was meine ersten vier Schuljahre einbrachten, war nicht sehr ermutigend. Mit den gleichen Aufgaben, die ich noch vor ein paar Jahren intuitiv gelöst hatte, wurde ich jetzt ebensowenig fertig wie meine Schwester, so daß ich zu Hause bleiben mußte, während all meine Freunde draußen spielten. Aber ich gab nicht auf. Ich boxte mich mit meiner Intelligenz durch, und im fünften Schuljahr (vielleicht nicht zuletzt aufgrund einiger flehentlicher Gebete zu Gott im Sommer davor) schien alles ins Lot zu kommen. Meine Lehrer teilten meinen entzückten Eltern mit, daß ich in allen Fächern Klassenbeste sei und in einen Leistungskurs versetzt werde.

Ich hatte gelernt, daß man durch Intuition keine Punkte erzielte; man bekam sie für seinen Verstand. Von da an verlegte ich mich aufs Denken und vernachlässigte meine Intuition. Da ich nie maßvoll war, arbeitete ich so angestrengt auf gute Zeugnisse hin, daß ich mir schließlich zwei Doktortitel verdient hatte. Es dürfte Sie nicht überraschen, daß ich den einen davon in Neurophysiologie und verhaltenspsychologischer Neurologie bekam – der Erforschung von Gehirn und Intelligenz, der akzeptierten Grundlage von Wissen und Lernen.

Während meine Vita mit all den akademischen Graden und Veröffentlichungen immer länger wurde, machte ich aber auch eine Erfahrung, die mir Schritt für Schritt die Augen für die Wahrheit öffnete, daß mein Verstand und meine Intelligenz mich nur bis zu einem gewissen Punkt bringen konnten. In meinem dritten Jahr an der Brown University wurde bei mir eine der Narkolepsie ähnliche Gehirnstörung diagnostiziert, eine Erkrankung, bei der das Gehirn ein Signal zum sofortigen Schlafen und Träumen empfängt und an den Körper weiterleitet. Das heißt, man schläft völlig überraschend auf der Stelle ein, ganz gleich, wo man sich gerade befindet oder was man gerade tut, ob man unter der Dusche steht oder einen Einkaufsbummel macht. Ich war zwar mein Leben lang an den seltsamsten Orten und zu den merkwürdigsten Zeiten eingeschlafen, hatte jedoch gelernt, mit dem Problem zu leben und es bis zu einem gewissen Grad zu kaschieren. Ich hatte die Kunst gemeistert, mir nach dem Aufwachen schnell zusammenzureimen, was sich während meines »Wegseins« getan haben könnte. So hatte ich zum Beispiel gelernt, genau zuzuhören, wenn ich irgendwo zum Essen eingeladen war, um gegebenenfalls den Faden gleich wiederaufnehmen zu können, wenn ich ein oder zwei Minuten über meinem Teller eingenickt war. Ich sah mir Filme drei- bis viermal an, um den Handlungsablauf richtig zu verstehen. (*Amadeus* schaute ich mir viermal an, dann erst dämmerte es mir, daß Mozart ein sehr unglückliches Leben geführt hatte.) Ich schlief tatsächlich bei meinem ersten Date ein! Ich konnte im Stehen, im Sitzen und sogar beim Gehen einschlafen. Mein Leben war die dauernde Wiederholung der berühmten Szene aus dem *Zauberer von Oos*, wo Dorothy, der feige Löwe und Toto durch Mohnblumenwiesen laufen und zu Boden sinken, weil sie ein unüberwindlicher Drang überkommt zu schlafen.

Eine Zeitlang konnte ich das Problem verbergen. Ich sagte mir, ich sei einfach müde, und die Leute, die mich kannten, würden mir meine Eigenart bestimmt nachsehen.

Obwohl ich glaubte, alles unter Kontrolle zu haben, verstärkte sich mein Schlafproblem durch den Studienstreß, was meine Umgebung ziemlich erschreckte. Ich war damit vertraut und lebte damit, aber eine Zimmergenossin meinte schließlich, nachdem sie mit angesehen hatte, wie ich beim Strampeln auf dem Heimtrainer einschlief und herunterfiel, ich sollte mich doch einmal untersuchen lassen. Ich schlief immer öfter und für immer längere Zeitabschnitte ein. Es ließ sich nicht mehr verbergen, was passierte. Mein Verstand war immer weniger in der Lage, einen Prozeß zu kontrollieren, der offenbar in einem nichtrationalen, nichtintellektuellen Teil meines Geistes ablief. Am Ende ließ ich mich dazu überreden, mich untersuchen zu lassen.

Nachdem eine Schlafstörung ähnlich der Narkolepsie diagnostiziert worden war, wurden verschiedene Medikamente an mir ausprobiert mit der Nebenwirkung, daß ich nicht mehr klar denken konnte. Konzentrieren, Lesen und Schreiben wurden extrem schwierig. Zum ersten Mal in meinem Leben kam ich mit meiner Verstandeskraft allein nicht weiter. Genau das, worauf ich mich so sehr verlassen hatte und was ich so angestrengt weiterentwickelt hatte, versagte mir jetzt den Dienst.

Ich mußte wieder zum Raten zurück.

Zur Intuition.

Ich ließ mich aus medizinischen Gründen vom Studium freistellen, zog nach Boston und nahm eine Stelle in einem Forschungslabor an. Ich wußte, daß ich unter Umständen Schwierigkeiten haben würde, die Anweisungen für die Versuche, die wir durchführten, zu lesen, aber glaubte, improvisieren zu können. Ich mußte nur meine Intuition gebrauchen.

Nicht lange, und man nannte mich im Labor einen intuitiven Menschen. Das kam meinem Chef sehr gelegen. Er merkte bald, daß ich, wenn er eine Akte irgendwo im Labor liegenlassen hatte und nicht mehr finden konnte, unweigerlich wußte, wo sie war. Bei anderen Gelegenheiten fand er meine Fähigkeit allerdings nicht so erfreulich. Wir waren alle Footballfans im Labor und gingen jeden Freitag die Liste der nationalen Teams durch, die am Wochenende spielten, setzten darauf, wer siegen würde, und ermittelten den jeweiligen Gewinner mitsamt Punkteverhältnis. Meine Footballkenntnisse waren buchstäblich gleich Null, und das wußten alle. Trotzdem gewann ich so oft, daß mich meine Kollegen schließlich von unserem Wettspiel ausschlossen. Ich glaube, den Ausschlag dafür gab der Tag, an dem ich richtig darauf setzte, daß der Außenseiter Green Bay den Super-Bowl-Champion Dallas mit 6 Punkten Vorsprung schlagen würde. »Woher wußten Sie das?« fragte mich mein Chef säuerlich, als er mir meine fünfzig Dollar aushändigte.

Ich vergalt es ihm jedoch bald. Wir hatten Probleme mit einer Studie, bei der wir künstliche Gonorrhoezellen oder Liposome herstellen wollten. Was wir auch probierten, die Zellen liefen immer wieder aus wie Siebe. Mein Versuchsleiter ärgerte sich, und seine Ungeduld wuchs. Eines Tages kam er drohend, mit Zornesadern an den Schläfen, an meinen Labortisch, bohrte mir einen Finger in die Brust und fragte: »Was gedenken Sie in dieser Sache zu tun?«

Ich blickte zu ihm hoch. »Wir werden es mit Alpha-Glukosidase versuchen!« sagte ich wie aus der Pistole geschossen und fragte mich gleich darauf, was ums Himmels willen Alpha-Glukosidase überhaupt war, wozu sie gut war und, vor allem, wieso ich auf diese Wahnsinnsidee gekommen war.

Mein Chef wunderte sich offenbar auch. Er starrte mich skeptisch an. »Was passiert denn dann?« fragte er. »Und wie kommen Sie auf die Idee?«

Ich bat ihn, mich einen Augenblick allein zu lassen, da ich Zeit brauche, eine genaue Versuchsanordnung aufzuschreiben, die diese und andere Fragen, die sich sicher ergeben würden, erschöpfend beantworten würde. Ich ging sofort in die Bibliothek und schlug Alpha-Glukosidase nach. Nachdem ich etlichen Verweisen auf entsprechende wissenschaftliche Abhandlungen nachgegangen war, bekam ich eine Vorstellung davon, wie dieses Enzym eingesetzt werden könnte, um eine künstliche Gonorrhöezelle zu erzeugen, die nicht auslief. Im Labor machte ich die Probe aufs Exempel, und es funktionierte! Noch im selben Jahr präsentierte ich auf einer wissenschaftlichen Konferenz einen Bericht über diesen Versuch.

Mein Chef war hochentzückt über meinen Erfolg. Ich selber war zwar auch glücklich, stand aber auch vor einer Menge offener Fragen. Ich fragte mich zum Beispiel immer noch, woher ich die Information über die Lösung des Problems hatte. Wo war die Quelle der intuitiven Information? Doch statt mich nun mit der Intuition zu befassen und diese Frage zu meiner Zufriedenheit zu beantworten, schob ich das Thema wieder beiseite.

Auch bei der Arbeit im Labor litt ich weiter unter Schlafanfällen, aber ich hatte gelernt, mich immer dann, wenn ich meinen Verstand nicht gebrauchen konnte, auf meine Intuition zu verlassen. Dann kamen meine Ärzte jedoch mit einem Medikament an, das den Anfällen ein für allemal ein Ende machte. Ich war im siebten Himmel. In meinen Augen hieß das, wieder ein normales Leben führen zu können. Wieder lesen und schreiben zu können. Mich wieder konzentrieren zu können. Ich brauchte mich nicht mehr auf meine Intuition zu verlassen, sondern konnte endlich wieder meinen Verstand gebrauchen und zu »normalen« Erkenntnisformen zurückkehren. Der springende Punkt ist natürlich das Wort »normal«. Bisher hatte ich die Intuition für eine kompensatorische Reaktion auf eine Erkrankung gehalten. Krankheiten waren nichts Normales, also konnte Intuition auch nichts Normales sein. Und ich war fest entschlossen, um jeden Preis ein normaler Mensch zu sein.

Ich sollte jedoch bald erfahren, daß die Intuition, wenn man die erste Lektion, die sie einem durch eine Krankheit erteilt, nicht lernt, mit einem dickeren Hammer zuschlägt.

In meinem Fall war es wirklich so etwas wie ein Hammerschlag. Zwei Wochen nach meinem Collegeabschluß joggte ich meine gewohnten Meilen, unter anderem über eine Hängebrücke, als mich ein Lieferwagen von hinten anfuhr. Laut Polizeibericht wurde ich 25 Meter weit über die Brücke geschleudert. Ich brach mir das Becken an vier Stellen, hatte mehrere Rippenbrüche, einen Lungenkollaps und ein zertrümmertes Schulterblatt.

Die Ärzte meinten sofort, ich hätte wohl wieder einen Schlafanfall gehabt, was bedeutet hätte, daß mein Medikament nicht mehr wirkte. Als sie dann einen Bluttest machten, sahen sie, daß es viel schlimmer um mich stand. Mein Körper vertrug das Medikament gar nicht. Meine Blutkörperchen starben davon ab, und meine Leber war entzündet. Ich flehte die Ärzte an, mir das Medikament, das mir meinen Verstand zurückgegeben hatte, doch bloß weiter zu verabreichen. Sie weigerten sich. Wenn meine Blutkörperchen starben, sagten sie, würde auch ich sterben.

Diesmal verstand ich den Wink. Ich akzeptierte die Botschaft, die mein Körper mir übermittelte. Ich wußte, daß ich wieder auf meine Intuition zurückgreifen mußte.

Meine Schlafattacken kehrten zurück, weil das neue Medikament, das mir verschrieben wurde, nicht so gut wirkte wie das vorige. Akupunktur, gymnastische Übungen und eine Diät richteten auch nicht viel aus, und nur durch die Einsicht, daß sich das Problem verschlimmerte, wenn ich bestimmte Emotionen außer acht ließ, konnte ich sie auf einem Minimum halten. Machte ich mir beispielsweise Sorgen um meine Finanzlage, setzten die Attacken öfter ein. Ebenso war es, wenn eine private Beziehung nicht funktionierte. Besser hingegen ging es mir, wenn ich mehr für mich allein blieb. Das war mein erster Einblick in die Wahrheit, daß mein

Körper mir durch meine Intuition etwas über die Gefühle und Fragen in meinem Leben sagte, mit denen ich mich auseinandersetzen und die ich lösen mußte.

Es kostete mich viel Energie, meine Gesundheit in den Griff zu bekommen. Eines Tages riet mir eine Freundin zu einer Lesung bei einer intuitiven Heilerin. Widerstrebend und voller Skepsis suchte ich die Frau auf, die ich im folgenden Marisa nennen werde. Ich steckte 200 Dollar für sie in bar in einen Umschlag – alles Geld, das ich besaß – und fuhr mit dem Bus zu ihr nach Boston. Ich brauchte verzweifelt Hilfe. Ich rechnete damit, einer dicken, älteren Zigeunerin zu begegnen, die mir aus der Hand lesen und mir sagen würde, daß ich einen gutaussehenden Mann heiraten, viele Kinder haben und glückliche Jahre verleben würde. Marisa jedoch wirkte völlig normal, sie trug weder Perlen noch Federn und hatte auch keine Kristallkugel oder anderen pseudospirituellen Krimskram, den ich erwartet hatte.

Marisa übermittelte mir bei unserer gemeinsamen Sitzung eine einzige Botschaft. Sie sagte mir ganz ruhig, daß ich lernen könnte, meine Schlafanfälle mit meinem Geist zu beenden. Im Grunde seien, sagte sie, die meisten meiner geistigen Fähigkeiten und Emotionen »eingefroren«. Solange ich nicht meine Emotionen »auftauen« und Geist und Körper in Übereinstimmung bringen würde, träte bei mir nie eine Heilung ein.

Ihre Äußerung erschreckte mich im Innersten, aber sie schien mir irgendwie zutreffend zu sein. Da es sich jedoch um eine ziemlich allgemeine Feststellung handelte – wir alle machen nur von einem Bruchteil der unendlich vielen Möglichkeiten unseres Gehirns Gebrauch –, drängte ich sie, mir konkret etwas Bestimmtes aus meiner Vergangenheit zu erzählen. Marisa blickte auf und an mir vorbei und begann, mir ein für mich traumatisches Kindheitserlebnis mit einem Schrank zu beschreiben. Natürlich haben es viele Kinder erlebt, in einem Schrank eingeschlossen zu sein oder Angst vor Schränken zu haben, aber Marisa beschrieb meinen speziellen Schrank so peinlich genau, daß es mich umwarf. Sie beschrieb mir seine besondere Farbe und Form, die Scharniere sowie die kunstvollen Schnitzereien und Kanten. Überzeugt davon, daß sie wirklich meine Vergangenheit vor Augen hatte, meinen leiblichen Aufenthaltsort und die Ursache einiger meiner größten Probleme, mußte ich sie bitten, nicht weiterzusprechen.

Marisa konnte mir keinen spezifischen Rat geben, wie ich meine Emotionen aus ihrer Erstarrung erlösen könnte, aber sie wollte kein Geld von mir annehmen. Auch das beeindruckte mich zutiefst. Ich verließ sie vollkommen überwältigt und fröstelte unter der Wahrheit der Lesung, die ich in meinem Körper spüren konnte. Ich nahm den Bus zurück nach Providence und ging mit meinem Umschlag voll Geld in eine Buchhandlung, um nach Informationen zu suchen, wie ich Geist und Körper zur Übereinstimmung bringen konnte. Als ich die Regale durchstöberte, sprang mir ein Titel förmlich in die Augen: *Heile dein Leben* von Louise Hay. Ich kaufte das Buch und begann, nach den Anweisungen der Autorin Visualisationen zu üben und im stillen positive, affirmative Sätze zu sagen und ständig zu wiederholen. Dabei stellte ich mich zum Beispiel vor den Spiegel und sagte etwa folgendes: »Ich verdiene es jetzt, gesund zu sein« oder »Ich verdiene das Beste und nehme es jetzt an« oder: »Ich liebe mich und gefalle mir so, wie ich bin«. Im Grunde lehrte ich mich (und dabei auch jede Zelle meines Körpers, wie ich vermute), mich selbst zu lieben, mir zu vergeben und zu glauben, daß mir Gesundheit zustand. Zu meiner größten Verblüffung funktionierte es. Meine Schlafanfälle verschwanden fast gänzlich. Tagsüber blieb ich wach und war vollständig in der Lage, zu lesen, zu schreiben und mich zu konzentrieren. Nach und nach setzte ich unter der Aufsicht medizinisch erfahrener Freunde allmählich alle Medikamente ab.

Marisa hatte mir auch noch erzählt, daß in meinem Geist ein »zugefrorener See« intuitiver Fähigkeiten und ungenutzter Potentiale bestehe. Obwohl ich wußte, daß ich lernen mußte, all meine geistigen Wahrnehmungsfähigkeiten anzuerkennen, nicht nur die »normalen« intellektuellen, und meine Intuition zu schätzen und zu achten, dauerte es noch zwei Jahre, bis ich mich konsequent damit befaßte. Ich hatte an einem arbeitsintensiven, personalarmen, schlecht ausgerüsteten Stadtkrankenhaus mein Klinikum begonnen. An meinem ersten Tag wurde ich angewiesen, in die Notaufnahme zu gehen und mich um meinen ersten Patienten zu kümmern, eine 56 Jahre alte Frau namens Betty. Ich sollte ihre Krankengeschichte aufzeichnen, herausfinden, warum sie im Krankenhaus war, und eine ärztliche Untersuchung durchführen. Kaum hatte ich den Namen der Patientin gehört, merkte ich, wie ich vor Augen hatte, was in ihrem Körper vor sich ging. Zugleich sah ich, was in ihrem Gefühlsleben ablief und den Boden bereitete für die körperliche Erkrankung. Vor meinem geistigen Auge sah ich Betty als Frau von etwa 1,60 m mit Übergewicht und Schmerzen im rechten Oberbauch. Sie meinte, es könnte die Gallenblase sein. Ich erkannte, daß die Schmerzen wegen einer familiären Verpflichtung auftraten, die Betty widerstrebte.

Da ich vorausplanen wollte, sah ich im Dienstraum in den Nachschlagewerken nach, wie ich bei Schmerzen im rechten Oberbauch vorgehen mußte. Ich schrieb mir alle möglichen Krankheiten auf, die diese Symptome auslösen konnten, und überlegte, welche Tests ich durchführen lassen mußte, um eine Diagnose zu stellen. Dazu gehörten ein Leberfunktionstest, insbesondere der Amylasen, und eine Ultraschalluntersuchung des Bauches.

Als ich in die Notaufnahme kam, sah ich, daß Betty, meine Patientin, eine dicke Frau mittleren Alters war, die eine Hand auf die rechte Seite ihres Unterleibes preßte. Sie war auf dem Weg zu einem Familientreffen gewesen und ganz aufgeregt darüber, ihre Familie zu enttäuschen, wenn sie nicht daran teilnehmen konnte. Einige ihrer Leberwerte waren erhöht, und die Ultraschalluntersuchung des Bauches offenbarte Gallensteine. Ich war begeistert. Ich hatte meine erste intuitive medizinische Lesung gemacht!

Mich von meiner Intuition leiten zu lassen half mir, meinen Krankenhausdienst besser zu organisieren. So arbeitete ich schließlich schneller und effizienter, wodurch sich das Klinikum für mich verkürzte. Überdies machte ich von Verstand *und* Intuition auf eine produktive, befriedigende Weise Gebrauch. Die Verbindung von Intuition und Verstand machte eine bessere Ärztin aus mir.

Wir alle haben feste Vorstellungen, die unser Leben bestimmen, Vorstellungen, die durch Erfahrungen gestützt werden und uns glauben machen, sie seien wahr. Manche davon schränken uns ein: »Ich werde mich immer abstrampeln müssen.« »Ich werde nie genug Geld haben.« »Man wird mich nie verstehen.« »Ich werde immer allein sein.« In irgendeinem bestimmten Augenblick schlagen sich diese einschränkenden Vorstellungen körperlich nieder. Sie äußern sich in physischen Symptomen, die uns zwingen, uns selbst und unser Leben unter die Lupe zu nehmen. Wie viele Geist-Körper-Ärzte glaube auch ich, daß Krankheiten ein Signal an uns sind, nach Unausgewogenheiten in unserem Leben Ausschau zu halten und uns neu zu orientieren, wo wir stehen und wohin wir gehen. Eine Möglichkeit, sich neu zu orientieren, nehmen wir wahr, wenn wir lernen, die Sprache der Krankheit und der geistig-körperlichen Emotionen zu verstehen, die mit bestimmten physischen Symptomen zusammenhängen. Wir müssen in Erfahrung bringen, wie wir die Herausforderungen des Lebens interpretieren können, vor die unser Körper uns stellt, indem wir seine ureigene Sprache der Intuition lernen.

Lange Zeit dachte ich, ich würde nie Anerkennung im Leben finden, wenn ich nicht wie alle anderen sein könnte. Von dieser Angst ließ ich mich viele Lebensjahre lang beherrschen. Ich wollte die Angst- und Schamgefühle nicht wahrhaben, durch die ich in ein Verhaltensmuster des Verdrängens und Verleugnens meines wahren Ichs einrastete. Erst als ich schwerkrank wurde und meine Intuition mittels physischer Symptome und körperlicher Qualen zu mir sprach, erkannte ich die unausgedrückten Emotionen hinter diesem Leid und veränderte mein Leben.

Emotionen sind ein Hauptbestandteil im Netzwerk der Intuitionen, sozusagen das intuitive Leitsystem, das alles aufspießt und ans Licht bringt, was in unserem Leben falsch läuft und uns zwingt, uns damit auseinanderzusetzen. Albert Einstein hat die berühmte Gleichung für die Beziehung zwischen Masse und Energie aufgestellt: $E = mc^2$ (Energie gleich Masse mal Beschleunigung im Quadrat). Er bezog sich zwar auf die Physik, aber seine Formel läßt sich auch auf Intuition und Gesundheit anwenden. Viele intuitive Heiler sehen den Körper von Patienten, denen sie eine Lesung geben, als eine Art Energiefeld. Sie vertreten die Energieseite von Einsteins Gleichung. Ich selbst würde mich einen intuitiv-emotionalen Menschen nennen und vertrete wohl eher die Seite der Masse mal Beschleunigung in Einsteins Formel. Beschleunigte Masse ist meiner Ansicht nach die Folge von Emotionen, die nicht freigesetzt und anerkannt wurden. Das Wort »Emotion« stammt aus dem Lateinischen und bedeutet soviel wie herausbewegen oder emporbringen. Wenn wir unsere Emotionen, wie ich es viele Jahre getan habe, nicht wahrhaben wollen und ausdrücken, wenn wir sie nicht herausbewegen oder emporbringen, dann sorgen die Emotionen selber für Bewegung. Sie beschleunigen die Masse in unserem Körper und veranlassen Zellen, sich auf eine Weise in Bewegung zu setzen, an der sich ein Krankheitsverlauf abzeichnen kann. Die Energie der Erkrankung kann nur freigesetzt werden durch die Emotionen, die wir in uns festhalten, ohne daran zu rühren, als handle es sich um einen radioaktiven Atomkern.

Vielen Leuten fällt es schwer, das zu akzeptieren und einzusehen, daß unsere emotionalen Situationen im Leben ebenso wie die in unseren Organen gespeicherten Erinnerungen an Emotionen Einfluß auf unsere körperliche Gesundheit nehmen können. Doch man betrachte nur einmal, wie es zu einer plötzlichen Erkrankung mehrerer Menschen kommt. Da nehmen 30 Leute an einem Picknick mit Grillwürstchen teil, worunter ein paar verdorbene sind, aber nur zehn Menschen werden krank, obwohl alle das gleiche Fleisch essen. Warum lösten die Kolibakterien *(Eschericha coli)* nur bei zehn Menschen eine Reaktion aus, nicht aber bei den anderen zwanzig? Ist das nur Zufall? Bei einem berühmten Experiment tranken einmal ein Wissenschaftler und sein Team eine Flüssigkeit, die Choleraerreger enthielt, und warteten ab, was passieren würde. Man würde selbstverständlich davon ausgehen, daß alle ohne Ausnahme an Cholera erkranken. Tatsächlich wurden aber nur einige der Mitarbeiter krank. Die anderen blieben vollkommen verschont. Daraus wurde der Schluß gezogen, daß nicht einfach nur der Erreger Auslöser der Krankheit ist, sondern die Art und Weise, in der er mit dem Immunsystem der Menschen interagiert, die erkranken.

Wenn man im Leben Möglichkeiten ins Auge faßt, nimmt ihre Wahrscheinlichkeit zu. Wie man die Welt und alles, was dazugehört, wahrnimmt, hat umgekehrt Auswirkungen darauf, wie man von der Welt beeinflußt wird. Die Überzeugung, man sei nicht sicher und geborgen und die Welt sei ein gefährlicher Ort, das Gefühl der Ohnmacht und Hoffnungslosigkeit also, steht nachweislich in Zusammenhang mit einer erhöhten Empfänglichkeit für Krankheiten und einer Schwächung der Abwehrkräfte. Erinnerungen an vergangene emotionale Ereignisse, die im Körpergewebe gespeichert sind, Erinnerungen, die mit bestimmten Emotionen verbunden sind, die man nie ganz ausgelebt hat, wirken folglich auf die physische Gesundheit ein. Wer die Welt als gefahrvoll ansieht, wer glaubt, stets und unweigerlich krank zu werden, der wird auch häufiger erkranken als jemand, der zwar der Meinung ist, daß die Welt voller Keime ist, aber nicht das Gefühl hat, ihnen hoffnungslos ausgeliefert zu sein.

In diesem Buch werden Sie lernen, inwiefern solche Erinnerungen in Geist und Körper, wenn sie von der Intuition aktiviert werden, ein Versuch der Seele sind, Sie zu einer Lebensveränderung zu bewegen und Sie in eine Richtung zu drängen, die Ihnen mehr Glück und Gesundheit verheißt. Seit ich intuitive Heilerin bin, habe ich zahllose Beweise dafür erlebt. Ich habe es aber auch in meiner regulären ärztlichen Praxis erlebt. Nehmen wir einmal den folgenden Fall: ein Schlaganfall. Der Patient war ein Mann, ein schwerer Trinker, voller Ärger und Wut, der regelmäßig seine Frau verprügelte und hinterher immer Schuldgefühle deswegen bekam. Er hatte einen Schlaganfall auf einer Gehirnseite, in genau dem Bereich seines Gehirns, der Wut in Bewegung umsetzt. In Reaktion auf seine Emotionen war er nun halbseitig gelähmt. Die Folgen des Schlaganfalls klangen allmählich ab, so daß er sich schließlich wieder bewegen konnte.

Seine Intuition hatte ihm eine Botschaft übermittelt, ihm ein Warnsignal bezüglich seines Verhaltens gegeben. Er hatte eine Chance bekommen, sich zu ändern, sein Leben neu einzurichten und zu verbessern und aufzuhören, seiner Frau weh zu tun. Leider hörte er nicht auf seine Intuition. Er ignorierte die Warnsignale seines Intuitionsnetzwerkes und trieb weiterhin Mißbrauch mit seinem Körper und seiner Frau. Und was geschah? Er hatte einen zweiten Schlaganfall. Dieses Mal fiel der gleiche Bereich in *beiden* Hälften seines Gehirns aus. Das war bemerkenswert, denn Wut ist eine so ursprüngliche und wichtige Schutzregung, daß sie sich viele Wege im Gehirn bahnen kann, als sei dieses ein Autobahnnetz rings um eine Großstadt: Wenn ein Highway blockiert ist, gibt es noch mindestens sieben andere Straßen, auf denen man weiterkommen kann. Doch bei diesem Mann waren alle Wutbahnen durch den Schlaganfall blockiert. Es war, als hätte er bei sich selbst eine Lobotomie durchgeführt. Jetzt konnte er nur noch in einem Stuhl sitzen, war unfähig, sich zu bewegen, und unfähig zu Gemütsregungen.

Ein andermal hatte ich Gelegenheit, zu sehen, wie eine Patientin sich zu helfen wußte, indem sie bei ihren Beschwerden auf ihre Intuition zurückgriff. Zu Beginn meines Klinikums wurde mir eine 48jährige Patientin namens Sheila zugewiesen, eine geschiedene Frau mit Nierenversagen. Ich wurde schnell warm mit ihr, denn ich war die einzige Medizinstudentin, die es schaffte, Blut aus ihren Venen abzuzapfen. An einem Nachmittag erzählte sie mir aus ihrem Leben. Sie war 24 Jahre lang verheiratet gewesen mit einem Mann namens Joe. Gemeinsam hatten sie drei Kinder großgezogen. Sie waren stolz darauf, sich aus armen Verhältnissen hochgearbeitet zu haben. Sheila war glücklich und zufrieden gewesen mit ihrem Leben als Frau und Mutter und ihrem Beruf als Sekretärin. Sie hatte sich schon darauf gefreut, noch viele tätige, glückliche Jahre mit ihrem Mann zusammen zu erleben, wenn die Kinder erwachsen und aus dem Haus waren.

Kurz nachdem ihr letztes Kind auszog und zum College ging, entdeckte Sheila, daß ihr Mann eine Affäre mit einer halb so alten Frau wie sie hatte. Er zog schließlich zu der jungen Frau und ließ Sheila zum ersten Mal im Leben allein. Sechs Monate später versagten ihre Nieren den Dienst. Aus Gesundheitsgründen mußte sie ihren Beruf aufgeben, so daß sie am Ende ihr Haus verlor, weil ihr die Schulden über den Kopf wuchsen.

Sheila wurde von ihren Ärzten mit Steroiden behandelt, wodurch sie Diabetes bekam. Ich als zuständige Praktikantin sollte mich nun um ihren Zucker kümmern. Meiner persönlichen Meinung nach hatten der Streß und der Ehebruch ihres Mannes eine Rolle gespielt beim Versagen der Nierenfunktion. Aber mir als Medizinstudentin im Klinikum stand es wohl nicht zu, diesen Aspekt der Erkrankung in den Vordergrund zu rücken. Meine Aufgabe bestand darin, ihr entsprechend der Symptome sowie der Ergebnisse ihrer Bluttests und anderer Labordaten die notwendige medizinische Versorgung zukommen zu lassen.

Meinem Gefühl nach mußte ich ihr jedoch auch zuhören, wenn sie von ihrem Kummer sprach, und ihren Schmerz mit ihr teilen. Eines Nachmittags schaute sich Sheila eine Talkshow im Fernsehen an, während ich ihr zum millionsten Mal, wie mir schien, Blut abnahm. Als ich eben die letzte Kanüle mit Blut füllte, begann Sheila, Kommentare über die Show abzugeben.

»Sehen Sie den Typen dort? Der Kerl ist ein Nichtsnutz«, sagte sie. »Seine Frau sollte ihn rausschmeißen.«

Ich blickte von meiner Arbeit auf. Der Mann auf dem Bildschirm sah tatsächlich wie eine Niete aus, und ich gab ihr recht.

Daraufhin sagte Sheila: »Wissen Sie, mir ist gerade aufgegangen, warum meine Nieren versagt haben. Mein ganzes Leben lang habe ich immer gemeint, ohne Mann nicht leben zu können. Nachdem mich mein Mann verlassen hatte, fragte ich mich, ob ich das überhaupt überleben könnte. Und dann fingen meine Nieren an zu versagen. Ich hatte es nicht verdient, so von meinem Exmann behandelt zu werden. Ich fühlte mich betrogen, und trotzdem meinte ich noch, ohne ihn nicht leben zu können.«

»Und nun hören Sie«, fuhr sie fort – und ihre Stimme hatte eine Bestimmtheit, die ich vorher nie bei ihr wahrgenommen hatte –, »das war vor zwei Jahren. Irgendwie habe ich doch gelernt, auf eigenen Beinen zu stehen. Ich hab's überlebt und bin jetzt stärker als während meiner Ehe. Ich glaube, von nun an geht es aufwärts.«

Sheilas Nieren nahmen bald ihre Tätigkeit wieder auf. Die Steroide konnten abgesetzt werden, und damit verschwand auch der Diabetes.

Sheila hatte ihr Leben lang gedacht, nur an der Seite eines Mannes existieren zu können. Das war alles, was sie je kennengelernt hatte. Dann wurde sie, aufgrund ihres Schicksals oder anderer wirksamer Kräfte, von ihrem Mann verlassen und in eine Lage versetzt, die ihre feste Überzeugung, nur als hingebungsvolle Ehefrau und Mutter leben zu können, in Frage stellte. Durch ihre Erkrankung wurde sie gezwungen, sich mit ihrer Angst vor dem Alleinsein auseinanderzusetzen. Und mittels ihrer Intuition vermochte sie die Botschaft hinter der Erkrankung zu entschlüsseln, die Sprache, in der ihr Körper ihr mitteilte, daß mit ihrem Leben etwas nicht stimmte. Sie schloß Frieden mit dieser Lebenskrise und ging weiter ihren Weg, durch die Erfahrung stärker und weiser geworden.

Ich selbst habe die komplizierte Beziehung zwischen Intuition, Erinnerung, Traum und Körper durch Krankheit und Gesundheit, durch meine wissenschaftliche Arbeit, meinen Beruf als Ärztin und schließlich durch meine Tätigkeit als intuitive Heilerin erforschen können. Vor allem jedoch habe ich gesehen, wie andere in ihrem Leben mit Hilfe ihrer Intuition Krankheiten heilten und an ihren persönlichen Herausforderungen emotional reiften.

Auch Sie können die Sprache Ihres Körpers lernen. Indem Sie lernen, Körpergefühle, Körperbewegungen und Körpererinnerungen als Warnsignale für Schmerz und Krankheit zu lesen, entwickeln Sie Körperintuition.

In diesem Buch wird erklärt, wie sich die Erinnerungen, die in Gehirn und Körper gespeichert sind, durch das Fühlen, durch Sinneswahrnehmungen, Schmerz und Krankheit mitteilen. Sie lernen, inwiefern Träume mögliche künftige Erkrankungen und Krisen vorzeichnen. Und Sie werden schließlich die einzigartige Sprache Ihrer eigenen Intuition beherrschen und verstehen, wie Sie dadurch Kraft für ein gesünderes, glücklicheres Leben gewinnen können.

Teil I

DAS NETZWERK DER INTUITION

1

Der wichtigste aller Sinne: die Wahrheit über die Intuition

Ich fühlte mich wie ein Sterngucker,
wenn ein neuer Planet in sein Gesichtsfeld gleitet.

JOHN KEATS

Bei einer meiner ersten Nachtschichten als Assistentin in der Notaufnahme ging es zu wie im Irrenhaus. Aus dunkler Nacht strömten die Patienten herein, die einen mit gewöhnlicher Grippe, die anderen dringende Notfälle, die unter Schock standen oder schwerverletzt waren.

Ich war das Mädchen für alles, und der Bereitschaftsarzt gab mir die Anweisungen. Die Sanitäter hatten eine ältere Frau gebracht, die zu Hause vor ihrem Wäschetrockner zusammengebrochen war. Ihre Vitalfunktionen waren stabil. Sie schien sich von ihrer Ohnmacht, ihren Schwindelgefühlen oder was sonst den Kollaps hervorgerufen haben mochte, erholt zu haben und lag still da. Er könne sie eigentlich wieder entlassen, sagte der Bereitschaftsarzt, aber da bei ihr zu Hause niemand sei, der sich um sie kümmern oder ein Auge auf sie haben könne, hielte er es für das Beste, sie über Nacht im Krankenhaus zu behalten.

Mir fiel die Aufgabe zu, ihre Aufnahme ins Krankenhaus zu veranlassen und sie nach oben zur Station zu schicken. Ich trat auf den Korridor hinaus, wo all die Leute herumhuschten, und wollte zu meiner Patientin gehen. Als ich mich ihrer Rollbahre näherte, beschlich mich auf einmal ein verschwommenes und doch eindringliches Gefühl, das all den Lärm und Trubel um mich herum zu durchdringen schien, eine plötzliche Überzeugung aus dem Nichts, daß dem äußeren Anschein zum Trotz etwas absolut nicht stimmte bei dieser Patientin.

Ich hatte das Gefühl, daß man ein EKG bei ihr machen sollte. Fragen Sie mich nicht, warum. Auf ihrem Krankenblatt stand nichts von Herzproblemen, und der Arzt, der sie untersucht hatte, hatte auch keine Anzeichen für Herzprobleme festgestellt. Die Sanitäter schickten sich an, sie nach oben zu bringen. Aus einem Impuls heraus riß ich ihr Blatt an mich, um sie davon abzubringen – ohne seine Daten kann ein Patient nirgendwohin. Dann eilte ich zum Bereitschaftsarzt zurück.

»Also«, begann ich mit einem Räuspern, »ich weiß, daß Sie gesagt haben, dieser Patientin fehle weiter nichts, aber könnten wir nicht einfach vorsichtshalber ein EKG veranlassen?« Er sah mich an. Lächelte mich etwas herablassend an. Ich konnte förmlich sehen, daß er dachte: »Übereifrige Assistentin.« Alle hielten mich für übereifrig. Vielleicht gab er deshalb nach. »Na schön«, sagte er, »lassen wir ein EKG machen.« Und ich trollte mich.

Aus irgendeinem Grund drängte es mich, die Krankengeschichte der Patientin anzuschauen. Ich flog die zwei Treppen hinauf – meine Füße trugen mich ganz von selbst so schnell nach oben, als wüßten sie mehr als ich. Wie sich herausstellte, waren meine Füße weise. Im Archiv fand ich einige ältere Krankenberichte von der Patientin und nahm sie mir vor. Und da stand es schwarz auf weiß. Der physische Beweis für meine böse Ahnung. Aus den Berichten ging hervor, daß die Patientin schon früher Herzbeschwerden gehabt hatte, und im gleichen Moment ergab unten ein brandneues EKG, daß sie sich inmitten eines schweren Herzinfarktes befand.

Die Frau wurde eilends zur Intensivstation gebracht. Mein unbestimmtes Gefühl half nicht allein, das Leben der Frau zu retten, sondern bewahrte auch den Bereitschaftsarzt davor, einen schweren Fehler zu machen, und das Krankenhaus vor dem Verlust einer Patientin.

Was mir in jener Nacht in der Notaufnahme widerfuhr, ist nichts Ungewöhnliches. Ich hatte eine »Eingebung«. Die meisten Menschen haben in ihrem Leben schon ähnliche Erfahrungen gemacht, sei es im Beruf oder anderswo. Wir alle kennen die Geschichten von Leuten, die ein unbestimmtes Gefühl hatten und zum Beispiel in letzter Minute ihre Reisepläne geändert haben, um dadurch wunderbarerweise einem Flugzeugabsturz zu entgehen. Oder von Leuten, die in einem bestimmten

Augenblick des Tages plötzlich das unerklärliche Gefühl haben, daß irgend etwas irgendwo nicht stimmt, und die später erfahren, daß einem Angehörigen oder Freund genau in dem Augenblick etwas zugestoßen ist. Noch häufiger sind alltägliche untrügliche Gefühle der Art, wie wir eine bestimmte Aufgabe lösen oder wann wir um eine Gehaltserhöhung bitten können, ob wir uns mit jemandem verabreden sollen oder nicht, daß wir zu Hause anrufen müssen, um uns nach einem unserer Kinder zu erkundigen, oder ob wir irgendwelche normalen Tagesaktivitäten lieber verschieben oder ganz unterlassen sollten. Hinzu kommen natürlich noch unsere Träume, die gelegentlich prophetisch sind oder Symbolchrakter haben und die uns häufig erstaunliche Einsichten in die Ereignisse des Tages gewähren.

Was ist Intuition?

Ob wir von Ahnungen, einem untrüglichen Gefühl, dem siebten Sinn oder einem Traum sprechen, immer handelt es sich um das gleiche – um eine Intuition, eine Eingebung, die sich uns mitteilt und uns zu Einsicht und Wissen verhilft, so daß wir klare Entscheidungen bezüglich unseres Handelns treffen können. Intuition tritt immer dann auf den Plan, wenn wir Fakten unmittelbar wahrnehmen, ohne unsere normalen fünf Sinne zu gebrauchen und ohne zu überlegen. Nach Definition eines Wissenschaftlers ist die Intuition »ein Prozeß, bei dem auf der Grundlage unzureichender Informationen zutreffende Schlüsse gezogen werden«.[1] Damit ist mein Erlebnis in der Notaufnahme genau beschrieben. Ich traf eine korrekte Entscheidung auf der Grundlage ungenügender – oder eigentlich sogar nicht vorhandener – Daten. Bei vernünftiger Überlegung wäre ich nicht losgerannt, um die Krankenberichte einzusehen. Es gab keine konkreten Hinweise irgendwelcher Art, die das gerechtfertigt hätten. Im Grunde hätte mir mein vorschnelles Handeln sogar Schwierigkeiten einbringen können. Mein Hirn sagte mir, daß ich die Aufnahme der Patientin ins Krankenhaus veranlassen und mich dann um meine anderen Pflichten kümmern sollte, während mein Körper einfach loslief, um scheinbar sinnlos nach alten EKGs zu suchen, getrieben von einer unbestimmten Ahnung. Und doch hatte ich auf eine Art und Weise, die in gar keinem Zusammenhang mit den Fakten stand, und ohne vernünftig zu überlegen, etwas wahrgenommen, das sich schließlich als richtig herausstellte.

Woher kam diese Empfindung? Wissenschaftler bemühen sich immer noch, eine Antwort auf diese Frage zu finden.[2] Eine Theorie lautet, daß Menschen mit außergewöhnlichen intuitiven Fähigkeiten auf bestimmten Gebieten einfach nur Experten sind, die auf riesige geistige Bibliotheken voller Informationen zurückgreifen können, auf Erinnerungen, die sie gespeichert haben. Nach dieser Erklärung ist ein Flugzeugexperte, der bei einer Maschine eine Fehlfunktion diagnostizieren kann, während alle anderen ratlos zuschauen, nur dazu in der Lage, weil ihn eine winzige Kleinigkeit daran erinnert, daß er schon einmal ein Flugzeug mit einer ähnlichen Störung flottgemacht hat. Also kramt er in seinem Gedächtnis nach den entsprechenden technischen Handbüchern und blättert sie im Geiste durch, um dann – bingo! – die vorgeschlagene Lösung auszuführen. Das ist zwar eine bestechende Theorie, aber sie hat etliche Schwachstellen. Zum einen erklärt sie mein Erlebnis mit der Infarktpatientin in der Notaufnahme keineswegs. Ich hatte keine Bibliothek im Kopf. Höchstens ein paar Karteikarten. Nichts bei dem Vorfall hätte mich auf rationaler oder kognitiver Ebene alarmieren müssen, wie es um die Patientin stand.

Darüber hinaus ist es durchaus möglich, etwas intuitiv zu erfassen, ohne die entsprechenden Fachzeitschriften zu Hause zu haben, geschweige denn eine ganze Bibliothek zum Thema. Meine Freundin und Kollegin Caroline Myss arbeitete in einem Verlag, als sie ihre Fähigkeit zum intuitiven Heilen bei sich entdeckte. Sie wußte nichts über den Körper und hatte auch nie Interesse daran gezeigt. Doch sobald sie ihrer heilenden Intuition freien Lauf ließ, konnte sie anderen Menschen erstaunlich genaue Angaben zu deren Gesundheit machen, ohne mehr von ihnen zu wissen als ihren Namen und ihr Alter.

Leute, die sich bei ihrer Arbeit oder in ihrem Beruf in der Regel auf ihre Intuition verlassen, denken nicht bewußt darüber nach, woher sie die betreffende Information haben oder warum sie ihnen bei dem, was sie tun, hilft. Sie machen einfach davon Gebrauch und folgen ihr. Die intuitivsten Menschen, denen ich je begegnet bin, waren die Schwestern der Intensivstation des Krankenhauses. Als ich einmal während meiner Assistenzzeit Dienst auf der Intensivstation hatte, kam ich ins Schwesternzimmer, und alle Alarmvorrichtungen piepten und summten – und glauben Sie mir, es gibt massenweise Monitore und Alarmsignale auf einer Intensivstation. Drei oder vier Schwestern saßen ruhig vor dem hellerleuchteten Monitor am Überwachungspult und ignorierten den Spektakel einfach. Die eine aß unbekümmert gebratenen Reis mit Schweinefleisch, die andere war mit Hühnerkeulen beschäftigt, und die übrigen bedienten sich genüßlich aus einer Schachtel Dunkin' Donuts. Ich war wie vom Donner gerührt. Wußten sie denn nicht, daß diese Summer eine lebensgefährliche Krise bei einem Patienten anzeigen konnten? Warum reagierten sie nicht? Ich mit meinem leichten Streßsyndrom wäre an ihrer Stelle auf der Station herumgeschwirrt und sofort zu jedem Patienten mit einem summenden Alarm gesaust. Und natürlich wäre ich nach zehn Minuten völlig erschöpft gewesen.

Diese Krankenschwestern jedoch wußten irgendwie, welches Summen und Piepen um sie herum ernst zu nehmen war und welches nicht. Während ich noch dastand, ging ein weiterer Alarm los, eine Schwester warf einen Blick auf das Überwachungspult, ließ ihre Hühnerkeule fallen und rannte den Gang hinunter. Dieses Mal *lag* bei einem Patienten eine Krise vor. Und die Schwester hatte das offenbar mitbekommen, im Grunde bloß durch einen Piepton und ein blinkendes Lämpchen. Dieses Phänomen wiederholte sich immer wieder. Obwohl die Schwestern die meisten Alarmsignale ignorierten, reagierten sie stets blitzschnell, wenn wirklich etwas Bedrohliches passierte. Wieder war ich höchst erstaunt. Aber als ich sie fragte, woher sie wüßten, wann sie reagieren mußten und wann sie es sich leisten konnten, sitzenzubleiben, sahen sie mich verständnislos an. Alle ohne Ausnahme zuckten die Achseln und sagten: »Keine Ahnung. Ich *weiß* es einfach.«

Welcher Arzt hat diesen Satz nicht schon tausendmal von einer Krankenschwester gehört? Wie in meinem Fall kann ein Patient so wirken, als sei sein Befinden stabil oder habe sich gebessert, während die Krankenschwester, die die ganze Nacht über für ihn gesorgt hat, hartnäckig behauptet, daß sich sein Zustand verschlimmern oder gar kritisch werden wird. »Woher wissen Sie das?« fragt der Arzt und sucht nach objektiven Daten dafür. »Sehen Sie sich doch die Vitalfunktionen, die Laborwerte und die Röntgenaufnahmen an.« Und die Schwester kann nur immer wieder sagen: »Ich weiß es einfach.« Intuition ist die rechte Hand von Krankenschwestern, aber weder sie selbst noch irgend jemand anders kann erklären, woher sie kommt.

In einer breitangelegten Studie über Krankenpfleger und Intuition beschrieb die Krankenschwester und Forscherin Patricia Brenner den Intuitionsprozeß bei Krankenpflegern in Kliniken als »gekonnte Musterwiedererkennung« Das ist letztlich eine Version der »Bibliothek im Kopf«. Und auch diese Theorie geht davon aus, daß früher erworbenes Wissen, eine Sachkenntnis, die sich auf das Erinnerungsvermögen und frühere Erfahrungen stützt, die Grundlage und Quelle der Intuition ist. Eine Krankenschwester erspürt etwas bei einem Patienten, das ein Alarmsignal in ihrem Kopf auslöst und sie an einen früheren Fall erinnert, der ähnlich war und gewisse Ahnungen über den Zustand dieses Patienten bei ihr weckt.

Brenner widerlegt diese Theorie allerdings selbst mit dem Beispiel einer Krankenschwester. In diesem Fall ging es um Lungenembolie. Eine Lungenembolie, ein Blutpfropf in der Lunge also, ist fast immer tödlich, wenn sie unentdeckt bleibt, und eine der am schwersten zu diagnostizierenden Erkrankungen in der westlichen Medizin. Es gibt buchstäblich keine allgemeinen Symptome und häufig auch keine erkennbaren Zeichen dafür, daß der betreffende Patient emboliegefährdet ist. Ein Patient kann vollkommen freie Lungen haben und trotzdem plötzlich eine Embolie bekommen und sterben. Lungenembolie äußert sich bei jedem Menschen anders. Während des Medizinstudiums wird einem beigebracht, daß man bei einem Patienten, der sich irgendwie unwohl fühlt, ohne daß man den Grund dafür herausfinden könnte, stets die Möglichkeit einer Lungenembolie ins Auge fassen müßte. Im Grunde handelt es sich um eines der gravierendsten medizinischen Probleme, das tragischerweise sehr leicht zu übersehen ist.

Die von Frau Brenner zitierte Krankenschwester kümmerte sich um einen Patienten mit Hirnödem, einer Wasseransammlung im Gehirn. Seine Flüssigkeitszufuhr war eingeschränkt worden, und er lag ruhig da. Aber die Krankenschwester war besorgt. »Irgendwie wußte ich, daß es ihm schlechter gehen würde«, gab sie an. Da war sie – die Eingebung. »Irgendwie wußte ich, daß er auf eine Lungenembolie zusteuerte.« Und was für eine Eingebung! Wieso machte sie diesen unglaublichen Sprung und kam zu einem so außergewöhnlichen Schluß? Der Patient hatte keinerlei Lungenprobleme, er hatte ein Hirnödem. Die Krankenschwester schien auf dem völlig falschen Gleis zu sein. Das einzige Symptom, das sie mit einer Lungenembolie in Verbindung bringen konnte, war etwas, das sie die Frau des Patienten einige Zeit vorher hatte sagen hören, nämlich daß er unruhig sei. In jener Nacht konnte die Krankenschwester den Patienten nicht allein lassen, obwohl sie eigentlich jemand anderem zugeteilt war. Ebenso, wie mich meine Füße ganz von selbst ins Krankenhausarchiv getragen hatten, trugen ihre Füße sie wieder in sein Zimmer, um nach ihm zu sehen. Sie fand ihn »irgendwie blaß und unruhig«, und obgleich er bei Bewußtsein war, rief sie die Ärzte, und tatsächlich, gerade als sie eintrafen, hatte der Patient zu sterben begonnen. Er wurde wiederbelebt, die Lungenembolie wurde behandelt, und der Patient war gerettet.

Bei dem Versuch, zu erklären, warum sie das Bedürfnis gehabt hatte, nach dem Patienten zu sehen, konnte die Krankenschwester nur sagen: »Ich hatte so einen Verdacht, daß etwas mit ihm nicht stimmte, ein inneres Gefühl.«

Ein inneres Gefühl.

Eine Ahnung. Also Intuition.

Das Wort »Intuition« ist vom lateinischen *intueri* abgeleitet und bedeutet »nach innen schauen«. Intuition ist etwas, das wir in unserem Innern sehen, hören und spüren, eine innere Stimme, die uns das Einsehen und Verstehen erleichtert. Als solche ist sie viel unmittelbarer als das Wiedererkennen von Mustern, das auf äußere Informationen zurückgreift. Allerdings kann das Wiedererkennen von Mustern ein wichtiger Bestandteil der Intuition sein, nämlich der Teil, der aus der rechten Gehirnhälfte kommt. Intuition entspringt jedoch einem größeren Netzwerk, einem ganzen Spektrum von Mitspielern, die über Gehirn und Körper verteilt sind. So haben Erinnerungen und Erfahrungen – sowohl die im Gehirn gespeicherten als auch die in den Organen des Körpers verschlüsselten – eine ungemein wichtige Funktion beim intuitiven Erfassen. Aber das anfängliche Gespür, das erste untrügliche Gefühl, das sich einstellt, wenn die Intuition zu wirken beginnt, ist noch etwas anderes. Wissenschaftler wie Brenner und andere haben versucht, es als eine Form der Erkenntnis einzustufen, die zum rationalen Geist, zum Denken gehört.

Intuition ist jedoch eher eine Wahrnehmung, ein Sehen, Hören oder Fühlen als ein Denkprozeß. Wenn ich einem Klienten eine Lesung halte, weiß ich zu Beginn nur Name und Alter der oder des Betreffenden. Sonst weiß ich nichts von der Person, kann also zu Beginn gar nicht auf der Grundlage der Musterwiedererkennung operieren und Muster aus dem Leben des betreffenden Menschen mit denen anderer Menschen vergleichen, die ich kenne. Erst wenn ich bestimmte Dinge bei dem Klienten intuitiv wahrgenommen habe, kann ich auch bekannte Muster in diesen Informationen erkennen.

Die alten Griechen hielten die Intuition für eine göttliche Eigenschaft; und etwas so Unbegreifliches wie eine intuitive Einsicht kam ihrer Auffassung nach direkt aus dem Olymp. Pythagoras opferte unmittelbar nach der Formulierung seines berühmten Lehrsatzes dem Gott Apollo tausend Ochsen als Dank dafür, daß er ihn diesen Satz gelehrt hatte.

Die Wissenschaftler der heutigen Zeit und besonders die Gehirnforscher, zu denen ich gehörte, halten im allgemeinen nichts von dieser Vorstellung. Wir glauben lieber, daß sich die Quelle aller menschlichen Funktionen, Verhaltensweisen und Kenntnisse im Gehirn befindet, diesem komplexen, multifunktionalen Organ. Aber gelegentlich passiert etwas, das diese Überzeugung erschüttert. Ich habe in Neuroanatomie und verhaltenspsychologischer Neurologie promoviert und meine Doktorarbeit über die Strukturen des motorischen Systems im Gehirn geschrieben. Ich kann wohl ohne Übertreibung behaupten, daß ich fast alles gelesen habe, was je über die die neurologische Kontrolle der Körperbewegungen geschrieben worden ist seit Anbeginn der Zeit. Bis vor kurzem habe ich die Ansicht vertreten, daß das Gehirn alle Bewegungen steuert und sonst nichts. Keine Ausnahmen von dieser Regel. Wenn ein bestimmter Teil des Gehirns zerstört ist, sind die von diesem Bereich gesteuerten Bewegungsabläufe außer Funktion gesetzt oder beeinträchtigt. Das wußte ich. Ich hatte es studiert, gelernt, beobachtet. Ich war mir dessen sicher. Sobald man die Doktorwürde hat, wird man Wissenschaftler genannt und ist eine Autorität.

Dann erlebte ich etwas, das mich bescheiden machte.

In unser Krankenhaus wurde ein Mann eingeliefert, der unter einem Anfall litt. Er wurde an den Elektroenzephalographen angeschlossen, aber vier Tage lang registrierte das Gerät keinerlei Krämpfe in seinem Gehirn. Zwei frühere NMR-Tumordiagnosen hatten ebenfalls keine gravierenden Anomalitäten im Gehirn ergeben. Die Ärzte kamen zu dem Schluß, daß sein Anfall – es war sein erster – auf eine Konversion bzw. eine psychiatrische Störung zurückzuführen sei statt auf eine körperliche Ursache, und wollten ihn wieder nach Hause entlassen.

Ich hatte ihn nur ein einziges Mal gesehen und mich gewundert über einen langen, groben Kratzer auf seiner rechten Gesichtshälfte. Offenbar hatte er sich diese Verletzung beim Hinfallen während seines ersten Anfalls zugezogen, aber in der Psychiatrie erlebt man selten, daß sich jemand bei psychisch bedingten Anfällen verletzt, da sich diese meist nicht sehr heftig äußern und man eigentlich gar nicht von »echten« Anfällen sprechen kann. Ich merkte mir das. Ein paar Tage später war ich auf dem Weg zum Mittagessen gerade auf der Höhe des Schwesternzimmers. Auch der Patient kam eben mit seiner Frau zusammen dort vorbei. Plötzlich fiel er mit einem neuen Anfall zu Boden.

Ich ging zu ihm, um ihn mir anzuschauen, als der Anfall vorüber war. Normalerweise ist ein Patient mit einem echten gehirninduzierten Anfall in diesem Moment schläfrig, ziemlich apathisch und verwirrt. Um seinen Orientierungssinn zu prüfen, fragte ich ihn, welches Datum wir heute hätten. Er sah mich an. Dann sagte er: »Es ist eins... zwei... drei... vier, fünf, sechs, sieben, eine alte Frau kocht Rüben.« Er war desorientiert, ein Anzeichen für einen echten Anfall. Aber er hatte auch einen komplizierten Satz herausgebracht, den man bei jemandem, der gerade einen Anfall hinter sich hat, nicht erwartet hätte. Jetzt war ich selber ein wenig verwirrt. Die einzige Diagnose, mit der ich aufwarten konnte, war die, daß er eine echte epileptische Störung hatte, die von irgendwelchen psychischen Problemen überlagert wurde. Ich schlug vor, durch weitere Tests nach anderen möglichen physischen Ursachen zu suchen, weil ich das Gefühl hatte, daß mit diesem Patienten etwas nicht stimmte.

Zum Glück veranlaßten die Ärzte, die ihn behandelten, eine erneute Tumordiagnose mittels NMR-Imaging. Was dabei herauskam, war für alle ein Schock. Der Mann hatte einen Tumor von der Größe einer Pampelmuse, ein riesiges Ding unter der Scheitellinie mitten im Gehirn, das anscheinend in den sechs Monaten seit seiner letzten Tumordiagnose gewachsen war. Der Tumor war so groß, daß er die Motorikbereiche der linken und rechten Hirnhälfte, das weiße Gewebe darunter und die

Sprachzone der linken Gehirnhälfte einnahm – praktisch alles. Tumorzellen gelten nicht als funktionstüchtig. Wir hatten gelernt, daß ein solcher Patient eigentlich ein Gemüse sein müßte – gelähmt, fast stumm und inkontinent. Doch außer daß er ein bißchen verwirrt war, wirkte er ziemlich normal und zu allen Funktionen fähig. Die Neurologen behaupteten sogar, er *sei* normal. Sie hatten ihn beim Gehen und Reden beobachtet, bestätigten, daß seine Reflexe gut seien, seine Sinneswahrnehmungen normal und daß er keine Anzeichen von Schwachsinn zeigte.

Es erhob sich die Frage: Was hielt diesen Mann funktionsfähig? Er hatte in diesem Stadium eindeutig Fähigkeiten, die biologisch nicht zu erklären waren. Irgend etwas außerhalb von ihm hielt die Fäden in der Hand und seinen Körper in Bewegung. Irgend etwas saß am Steuer. Ich mußte an die Autoaufkleber denken, die man manchmal sieht, worauf »Gott ist mein Kopilot« steht. Im Fall dieses Mannes schien das die Wahrheit zu sein. Ich selbst nahm nach dieser Erfahrung eine Neubewertung all dessen vor, was ich über Bewegung wußte. Bisher hatte ich gedacht, sie käme aus dem Gehirn. Jetzt mußte ich glauben, daß etwas von außen diesen Mann antrieb, etwas jenseits der normalen Sinnes- und Verstandesaktivitäten, des normalen Gesichts, Gehörs, Geistes und Körpers. Ob es seine Seele gewesen sein konnte?

Die Intuition wirkt in ebendieser Weise als Autopilot. Wir haben immer geglaubt, das Gehirn sei der Speicherplatz des Wissens, das wir bewußt auf rationaler Ebene in uns aufnehmen, aber könnte es sein, daß das Gehirn darüber hinaus eine *Durchgangsstation* für ein Wissen ist, das uns unbewußt auf einer nichtrationalen Ebene zufließt? Man denke nur einmal an meine Erfahrung mit der Alpha-Glukosidase im Labor. Ich hatte noch nie von diesem Enzym gehört, und doch fiel mir vollkommen überraschend der richtige Name ein, genau zu dem Zeitpunkt, an dem ich empfangsbereit war und Nutzen daraus ziehen konnte.

In seinem Buch *Das schöpferische Universum*[3] stellt Rupert Sheldrake seine Theorie der morphogenetischen Felder dar – unsichtbarer Felder, von denen alle Dinge umgeben sind, die sie miteinander verbinden und die Wachstum und Veränderung kommunizieren. Er beschreibt Laborstudien, bei denen zwanzig Versuche nötig waren, um hundert Ratten an einem Ort bestimmte Tricks beizubringen. Einen Monat später waren hundert Ratten an einem anderen Ort dazu fähig, die gleichen Tricks bei nur zwei Versuchen zu lernen. Sheldrake stellte die Hypothese auf, daß die ersten Versuche eine Veränderung des morphogenetischen Feldes auslösten, die die zweite Gruppe von Ratten dann nutzen konnte. Lange vor Sheldrake glaubte schon C. G. Jung, daß wir intuitive Einsichten vielleicht dadurch gewinnen könnten, daß wir uns das kollektive Unbewußte erschließen.

Das wäre immerhin eine Erklärung dafür, warum mir in einem Großstadtlabor des 20. Jahrhunderts die Alpha-Glukosidase einfiel. Aber da ist noch immer Pythagoras im alten Griechenland, der zu einer Zeit lebte, als noch nicht soviel Wissen im morphogenetischen Feld war, und der den Göttern für seinen Lehrsatz dankte. Ihm war klar, daß ihm dieses Wissen von irgendwoher außerhalb seiner selbst zugeflogen war, und er mußte auf seine innere Stimme lauschen, auf seine Intuition, das Mitteilungsmedium der Götter, um die Botschaft zu hören. Intuition ist die Sprache unserer Seele, unserer Götter, ebenso wie bei Pythagoras. Sie ist wie der Walkman in der Tasche, der einen immer mit Nachrichten und Informationen versorgen kann, solange man ihn nur einschaltet und dem Sender zuhört. Wie der Radiosender, der von dem Walkman empfangen wird, liegt auch die Sendestation für unsere Intuition außen. Sie ist ein Gott außerhalb unserer selbst – die Seele oder das göttliche Bewußtsein, wenn man so will. Das göttliche Bewußtsein spricht unser menschliches Bewußtsein an; es bietet uns schnelle, kühne Einblicke in unsere Alltagsprobleme und schlägt uns mögliche Lösungen dafür vor in der Sprache der Intuition – der Sprache der Seele.

Kenntnisse vom Schwarzmarkt

Die Intuition beflügelt uns dazu, im Leben und in unserer Lebensanschauung kreativ zu werden. Um die Stimme der Intuition hören zu können, müssen sich die meisten von uns als erstes einer anderen, scheinbar irrationalen Möglichkeit des Wahrnehmens und Empfangens von Informationen öffnen und diese akzeptieren. Das ist für eine Menge Leute problematisch. Da Wesen und Ursprung der Intuition rätselhaft sind und sich unsere Kultur dem Rationalismus verschrieben hat, mißtrauen die meisten Leute ihrer Eingebung oder fegen sie gleich vom Tisch. Und selbst wenn sie daran glauben, halten sie die Intuition für etwas Ungewöhnliches, für eine spezielle Fähigkeit, die nur eine kleine Zahl von Sonderlingen besitzt. Sie halten sie für eine Art mystische Kraft. »Mystisch« ist ein Wort mit einem bedeutungsschweren Beiklang von Spiritualität und Abgeschiedenheit. Es im Zusammenhang mit der Intuition zu gebrauchen, erhebt den Intuitiven zum Oberpriester, zu einer religiösen Autorität mit Zugang zu einem Wissen, das den gewöhnlichen Sterblichen vorenthalten bleibt. Das alles hat nichts mit der Wirklichkeit der Intuition zu tun.

Ein Mystiker kann durchaus ein intuitiver Mensch sein, aber das heißt noch lange nicht, daß ein intuitiver Mensch auch gleichzeitig ein Mystiker ist. Ich habe eine Tante, eine kleine, untersetzte, aus Portugal stammende Dame mit all den robusten, erdhaften Qualitäten unserer dortigen Vorfahren. Sie sieht keineswegs wie eine Mystikerin aus, dabei ist sie einer der intuitivsten Menschen, die ich kenne.

Als intuitive Heilerin bin ich Sturm gelaufen gegen die allgemein falsche Vorstellung von der Intuition als einer Art magischer oder übernatürlicher Kraft, die in den Dienst von Menschen gestellt werden sollte, die sich in einer Krise befinden und ihre Situation verstehen oder meistern wollen. Die Leute bitten mich um Lesungen in der Hoffnung, ich könnte die Folgen einer bestimmten Situation verändern oder den Verlauf einer schon bestehenden Krankheit beeinflussen. Sich mit diesen Bitten zu befassen ist immer ernüchternd und sehr schwierig. Vor kurzem traten die Eltern eines vier Monate alten Jungen mit einer erblich bedingten Darmstörung wegen einer Lesung an mich heran. Die Ärzte hatten der Familie gesagt, die einzige Chance des Kindes, ein normales Leben zu führen, sei eine Kolostomie, wobei der Dickdarm entfernt und der Stuhl in einen Plastiksack außerhalb des Körpers ausgeleitet wird. Die Familie wandte sich voller Verzweiflung an mich, weil sie meinte, ich könnte etwas sagen oder tun, was diese Behandlung unnötig machen würde. Aber das konnte ich nicht und kann es immer noch nicht. Das ist nicht das, was ich mache. Obgleich intuitives Wissen sehr heilsam sein kann, ist es nicht die Eingebung selbst, die jemanden heilt. Eine Lesung für dieses Kind zu halten hätte sogar Schaden anrichten können. Tatsache ist, daß ein Fall wie der dieses kleinen Kindes Rätsel aufgibt. Wir wissen nicht, warum genetische Defekte auftreten und welchen Zweck sie haben. Manche Leute glauben, daß genetische Störungen bei Säuglingen auf frühere Leben oder schlechtes Karma zurückzuführen sind. Aber so etwas zu einem sehr emotionsgeladenen Zeitpunkt den Eltern des kranken Kindes zu sagen hätte die Sache verschlimmern können und überhaupt nichts geholfen. Der intuitive praktische Rat, den ich den Eltern hätte geben können, wäre dieser Krisensituation vermutlich nicht angemessen gewesen, und sie wären wohl nicht bereit gewesen, ihn anzunehmen. Sie hofften wider alle Vernunft, daß es noch irgend etwas anderes geben könnte als den vorgeschlagenen Weg, dem medizinisch begründeten Zuraten der Ärzte zu einer Operation zu folgen, zu beten und an die Seele ihres Kindes zu appellieren. Mehr konnte ich ihnen auch nicht sagen.

Es ist unsinnig, Intuition und Intuitivität mit Besonderheit und Überlegenheit, mit Übernatürlichem oder gar Ausgefallenem und Verrücktem in Verbindung zu bringen. Die Intuition ist einfach nur ein Sinn, den wir alle ohne Ausnahme besitzen. Sie ist weder eine Zauberkraft noch der bloße Gefühlsüberschwang von Exzentrikern. Sie ist eine durch und durch erdhafte Fähigkeit, die jedem zur Verfügung steht, der gewillt ist, seinen Empfänger einzuschalten und abzuhören, was gesendet wird. Die Informationen, die sie uns anzubieten hat, sind von praktischem Nutzen und können unser Leben unschätzbar verbessern und bereichern. In diesem Licht gesehen, ist die Intuition nichts als gesunder Menschenverstand in seiner fundamentalsten, spontansten Funktionsweise.

Zahlreiche Studien auf den verschiedensten Gebieten haben gezeigt, daß der Gebrauch der Intuition das ist, was die Experten von den Amateuren unterscheidet. Es ist der entscheidende Faktor, durch den jemand andere auf einem bestimmten Gebiet überflügelt und der ihn in den »Experten«-Himmel erhebt. Er erklärt, warum manche Börsenmakler einen geradezu unheimlichen Riecher für gewinnträchtige Anlagen haben, warum manche Verleger wissen, welche Bücher Bestseller werden, und warum manche Kriminalbeamte dort einen Verdächtigen entdecken, wo ihn sonst niemand vermutet hätte. Bei einer Intuitionsstudie in der Wirtschaftswelt wurde eine Gruppe von Geschäftsleuten in »stark« Intuitive und »schwach« Intuitive eingeteilt, je nach ihrer Fähigkeit, Spielkarten blind zu identifizieren. Diejenigen, die mittels ihrer Intuition eine hohe Punktzahl erreichten, bewiesen später, daß sie bei simulierten Managementproblemen erheblich bessere Entscheidungen treffen konnten als die mit einer niedrigen Trefferquote.

Die Brenner-Studie brachte ebenfalls zutage, daß sich die besten Krankenschwestern bei Entscheidungen im Dienst von ihrem intuitiven Urteilsvermögen leiten lassen. Und doch haben Brenner und andere Wissenschaftler immer wieder festgestellt, daß alle Experten ihr eigenes intuitives Urteil zunächst einmal geringschätzen. Solange sie keinen konkreten Beweis für die Richtigkeit ihrer Intuition haben, mißtrauen sie ihr. Eine Krankenschwester aus der Studie berichtete, magnetisch ins Zimmer eines Patienten gezogen worden zu sein, der gar nicht zu ihrem Verantwortungskreis gehörte. Sie hatte das Gefühl, daß es »zu Ende ging« mit ihm, und alarmierte, obwohl er noch atmete und einen Puls hatte, den zuständigen Arzt. Als der Arzt kam, konnte die Schwester ihm keinen vernünftigen Grund für ihr Gefühl angeben, daß es dem Patienten schlechter ging. Sie glaubte, sein mühsames Luftholen zeige vielleicht eine Atemstörung an, aber die anderen Schwestern und der Arzt waren übereinstimmend der Meinung, das läge nur an dem starken Beruhigungsmittel, das der Patient bekommen hatte. Die Krankenschwester zog sich wieder zurück, aber bevor sie spätabends nach Hause ging, sagte sie noch einer Kollegin, sie wette ihr letztes Monatsgehalt darauf, daß der Patient sterben würde. Und so war es dann auch. Am nächsten Tag machte sich die Krankenschwester Vorwürfe, wie es viele von uns tun, wenn sie der Stimme ihrer Intuition keine Beachtung geschenkt haben. »Ich habe mich nicht so durchgesetzt, wie ich es hätte tun sollen«, sagte sie. Wie oft hat man nicht Ähnliches gesagt nach einer solchen Situation! »Ich *wußte* einfach, daß ich dieses oder jenes hätte tun sollen.« »Ich hatte so ein Gefühl, daß das passieren würde.« »Ich hätte meinem Instinkt vertrauen sollen.«

Da sich intuitive Entscheidungen auf unzureichende Fakten gründen, neigen wir dazu, intuitiv gewonnene Erkenntnisse für illegitim zu halten. Auch wenn wir uns noch so sicher sind, daß unser intuitives Urteil vollkommen zutreffend ist, geben wir doch oft klein bei, sobald wir Beweise dafür liefern sollen, mit denen wir im Augenblick nicht aufwarten können. Die Intuition wird, so Brenner, als »Schwarzmarkt« des Wissens betrachtet.

Doch auch Geld vom Schwarzmarkt ist Geld. Es reicht sogar meist erheblich weiter als legale Devisen. Als ich einmal durch Brasilien reiste, fiel der Wert des Cruzado, der brasilianischen Währung, abgrundtief, so daß ich beschloß, auf dem Schwarzmarkt zu tauschen. Ich war in einer kleinen Stadt, und die Leute dort schickten mich die Straße hinunter in einen – ob Sie's glauben oder nicht – Sargladen! Ich weiß nicht, ob das nur die Fassade war, dahinter jedenfalls gab mir der Besitzer eimerweise Geld für die Dollars, die ich gewechselt haben wollte. Es war wunderbar. So bekam ich viel mehr für meine Dollars, als ich legal dafür erhalten hätte.

Genauso ist es mit der Intuition. Das Mehr an Informationen ist »legal« nicht zu bekommen, kann aber unschätzbar sein. Ihre praktische Anwendung im täglichen Leben hat unter Umständen gravierende, wundervolle Folgen. Die Beziehung zwischen Intuition und Kreativität ist bestens dokumentiert. Erstaunlich viele Dinge wären vielleicht nie entdeckt worden, wenn ihre Entdecker nicht ihrer Intuition gefolgt wären. Nehmen wir einmal den Fall von Henry Jacobs. Jacobs war 1930 Medizinstudent an der Universität von Chicago. An einem besonders schönen Herbsttag beschlich ihn leiser Mißmut, weil er Bereitschaftsdienst hatte, während sich alle anderen das Universitäts-Footballspiel ansahen. Er spazierte ins Krankenhauslabor, setzte sich auf eine Bank und starrte die Regale mit chemischen Reagenzien an. Aus unerfindlichen Gründen griff er zu und nahm drei beliebige Flaschen heraus, ohne deren Etiketten zu lesen. Er stellte sie auf den Tisch vor sich hin und starrte sie wieder eine Weile abwesend an. Dann las er die Etiketten. Die Substanzen, die er sich geholt hatte, waren Kobaltchlorid, Cholinchlorid und Natriumcyanoferrat. Er kannte ihre chemischen Eigenschaften nicht, aber er stand wie unter einem Zwang, sie zusammenzumischen. Er faßte sich ein Herz und tat genau das. Er goß die Kobaltlösung in das Cholinchlorid und fügte das Natriumcyanoferrat hinzu. Daraus entstand eine smaragdgrüne Flüssigkeit, die seitdem die Grundlage für die kolorimetrische Messung von Kalium im Blut bildet, einen medizinischen Grundtest, der jeden Tag des Jahres bei Tausenden von Menschen durchgeführt wird.

Ich habe im Bostoner Forschungslabor etwas Ähnliches erlebt. Am Tag meines Arbeitsantritts gab mir mein Chef ein Gerät zur Messung der Thrombozytenaggregation, ferner Blutplättchen von einem Pavian, etwas Aspirin und entsprechende Versuchsanweisungen. Ich sollte die

Blutplättchen zur Aggregation bringen, zum Zusammenklumpen, und dann aufzeigen, wie Aspirin diesen Zusammenballungsprozeß verhindert. Da ich lesegestört und außerdem impulsiv bin, konnte ich mich nicht dazu durchringen, die Anweisungen in aller Ruhe durchzulesen, in denen unter anderem Pufferlösungen und pH-Werte ausführlich beschrieben wurden. Ich war noch nie gut darin, und so ignorierte ich die Anweisungen einfach. (Das ist natürlich nicht immer ratsam!) Laut Anweisung hätte ich bei dem Experiment destilliertes Wasser benutzen sollen, und ich erinnere mich noch, daß ich damals dachte: »Wasser ist Wasser. Was für einen Unterschied macht es schon, ob es destilliert ist oder nicht?« Ich rührte also das Aspirin in normales Leitungswasser. Dann brachte ich die Blutplättchen zur Aggregation und goß das in Wasser gelöste Aspirin dazu. Die Aggregation hörte auf.

Am Ende des Tages zeigte ich meinem Chef meine Ergebnisse. Er sah mich ungläubig an. »Es hat tatsächlich funktioniert«, sagte er und klang erstaunt. »Ja …?« sagte ich und verstand gar nicht, warum er überrascht war. »Es hat vorher noch nie funktioniert«, erklärte er. »Wie haben Sie denn die Pufferlösung hergestellt?« Als ich ihm erzählte, ich hätte Leitungswasser genommen, konnte er es nicht glauben. Aber als wir noch am selben Tag den pH-Wert des Bostoner Leitungswassers analysierten und erneut eine erfolgreiche Pufferlösung herstellten, hatte ich meine erste Publikation – nach einem einzigen Tag im Labor!

Skeptiker würden behaupten, das, was Jacobs und ich machten, sei reiner Zufall gewesen. Aber Jacobs beschrieb seine Erfahrung selbst als unmittelbare Folge einer intuitiven Eingebung, von der er sich leiten ließ und die ihm zu neuen Erkenntnissen verhalf. Auch ich hatte das Gefühl, einer inneren Stimme gehorcht zu haben. Ebenso wie bei Keats und Jacobs trat urplötzlich die Vorahnung von etwas Neuem, Unerwartetem und Hervorragendem in mein inneres Gesichtsfeld und erweiterte mein Wissen und meinen Horizont. Sich auf dieser intuitiven Ebene zu bewegen empfindet man wie das, was ein Dichter »Gottes Angesicht berühren« nannte. Eine wahrhaft transzendente Erfahrung! Es ist, als würde die Seele den Himmel berühren und eine Neuschöpfung entstehen.

Viele Wissenschaftler und Erfinder – von Pythagoras über Thomas Edison bis hin zu Jonas Salk – waren überzeugt davon, daß Intuition ihnen bei ihren Entdeckungen auf die Sprünge geholfen hatte.[4] Salk, der

Entdecker des Polioimpfstoffs, hat ein ganzes Buch über die Intuition geschrieben. Er vertrat den Standpunkt, daß sich Kreativität auf die Interaktion von Eingebung und vernünftigem Denken gründet.

In gleicher Weise sollten wir alle uns darüber klarwerden, welche Rolle die Intuition in unserem Leben spielt. Ein Wissenschaftler hat einmal geschrieben: »Die Intuition ist eine universelle Fähigkeit, die sich nicht nur in den Werken großer Forscher widerspiegelt, sondern auch in den tagtäglichen Vorahnungen einfacher Menschen.« Sie kann auch dem Einfachsten unter uns erstaunliche Dinge offenbaren.

Die Intuition erkennen

Man kann gerade wach sein, schlafen, träumen oder in einer Art Zwischenzustand sein, wenn einen die Intuition überkommt. Nach Henry Jacobs' Auffassung geht einer intuitiven Eingebung ein Gelöstsein, eine gewisse Melancholie, ein fast tranceartiger Zustand voraus wie der, in dem er seine Entdeckung im Labor machte. Sie kennen dieses Gefühl sicher, daß man hin und her wandert, in leichter Unruhe wegen irgend etwas oder vielleicht auch in einem Tagtraum befangen, und einem plötzlich etwas völlig Unerwartetes einfällt. Aber Intuition kann einen auch überkommen, wenn man gerade bis über beide Ohren in Arbeit steckt, wie meine Erfahrung in der Notaufnahme des Krankenhauses beweist. Hinterher hat man allerdings immer, wie Jacobs ausführt, ein angenehm erhebendes Gefühl.

Die Intuition ist im allgemeinen durch folgende Merkmale gekennzeichnet:

Vertrauen in das Wirken der Intuition
Überzeugtsein von der Wahrheit intuitiver Einsichten
Plötzlichkeit und Unmittelbarkeit der Erkenntnis
Mit der intuitiven Einsicht verbundene Emotionen bzw. Affekte
Unanalytisch, irrational und alogisch
Ganzheitlichkeit der Erkenntnis
Gepaart mit Einfühlungsvermögen
Schwierigkeiten, bildhafte Vorstellungen in Worte zu fassen
Bezug zur Kreativität[5]

Intuitive Eingebungen sind plötzliche, unmittelbare und unerwartete Ideen. Sie scheinen unlogisch und ohne klaren Gedankengang zu sein. Häufig kommen sie aus heiterem Himmel. Trotzdem werden sie von einem Gefühl der Zuversicht und Gewißheit begleitet, daß nicht daran zu deuteln ist. Auch wenn äußerlich kein Zutrauen zur eigenen Intuition besteht oder sie geringgeschätzt wird wie bei den Krankenschwestern aus der Brenner-Studie, drückt der Körper Vertrauen in die entsprechende Information aus. Ich besaß nicht soviel Selbstvertrauen, dem Bereitschaftsarzt in der Notaufnahme mein unbestimmtes Gefühl mitzuteilen, aber meine Beine trugen mich ganz von selbst ins Archiv des Krankenhauses. Mein Körper reagierte auf die intuitive Eingebung, die ich hatte. Wir sollten nach innen lauschen und die Zeichen und Symptome beachten, die uns der Körper sendet. Es ist die Sprache der Intuition, deren sich unsere Seele bedient, um durch unseren Körper zu uns zu sprechen.

Intuitive Einsichten beziehen Emotionen mit ein. Diese sind mit Worten schwer zu beschreiben, genauer gesagt: Sie offenbaren sich zuerst als »Gestalt«, als Ahnungen, die kaum in Worte zu fassen sind. Das Linkshirn wartet allerdings schnell mit Worten und Einzelheiten auf, so daß die Eingebung formuliert und weitergegeben werden kann. Intuition ist auch mit Einfühlungsvermögen verbunden.

Der Körper besitzt ebenfalls eine Sprache der Intuition und äußert sie durch die Symptome von Gesundheit und Krankheit, durch Träume, in Form von Visionen und Stimmen und durch körperliche Sinneswahrnehmungen und Empfindungen. Die Intuition wird auf verschiedenste Weise im Körper und im Gehirn verarbeitet, und zwar ebenso durch Träume wie durch Sichtbares, Töne, Geschmack, Geruch, Körperempfindungen, Bewegungen und Gefühle. Sie wird häufig siebter Sinn genannt, aber ich benutze diesen Begriff nicht gern, weil er so klingt, als handle es sich um einen besonderen Sinn, den nicht jeder hat – eine Art Sonderbegabung –, obwohl im Grunde jeder Intuition hat. Außerdem legt das Wort die Vermutung nahe, die Intuition sei etwas, das außerhalb unserer selbst existiert und nicht zu den anderen Sinnen gehört. Doch das Gegenteil ist der Fall.

Bei uns allen nimmt das Sehen und Hören Bezug zur Außenwelt, deren sich jeder bewußt ist. Die Intuition ist eine innere Art der Wahrnehmung von Dingen, die nicht direkt in der Außenwelt vor uns liegen. Sie ist eine innere Sicht, eine andere Form des Hörens, der körperlichen Sinne und Emotionen. Dabei wohnt sie allen anderen Sinnen inne und verstärkt sie noch. Was die Intuition von den anderen Sinnen unterscheidet, ist die jeweils einzigartige Form, in der sie bei jedem Menschen zum Ausdruck kommt. Der Mechanismus des Sehens, Hörens, Schmeckens, Fühlens und Riechens ist bei allen Menschen gleich. Aber eine intuitive Eingebung wird von jedem Menschen völlig anders erfahren. Fünf intuitive Heiler würden die so gewonnenen Einsichten bei einer Lesung für ein und dieselbe Person auf fünferlei vollkommen unterschiedliche Arten beschreiben.

Manche Menschen sind Hellseher. Das heißt, daß sich ihre Intuition visuell äußert in Bildern, die sie vor ihrem geistigen Auge sehen. Zum Beispiel war Edgar Cayce, wohl der bedeutendste intuitive Heiler des 20. Jahrhunderts, hellsichtig. Bei einer meiner ersten Lesungen versetzte ich mich im Geiste ins Innere der betreffenden Person und schaute mich um. Ich visualisierte mich direkt in der Bauchhöhle neben der Aorta und blickte nach oben. Die Aorta wirkte auf mich sehr massiv – wie ein Baum. Die Arterien zum Unterleib, zum Becken und so weiter waren die Äste und Wurzeln, die rechtwinklig davon abzweigten. In meiner Vorstellung ging ich so nahe heran, daß ich bei der Aorta sogar die Struktur der »Rinde« erkennen konnte.

Wenn ich einer Person am Telefon eine Lesung gebe, sehe ich mich zuerst vor dem betreffenden Menschen stehen, wie ich seinen Kopf, die Augen und Ohren, die Nase und den Hals prüfe. Dann trete ich in die Speiseröhre ein und bewege mich gen Süden. Nun gehe ich auf Tour, reise durch die verschiedenen Organkomplexe und untersuche visuell deren Zustand. Das ist eine Form des Einfühlens, man zieht sich im Geiste die Schuhe des anderen an. Wer Einfühlungsvermögen hat und sein Herz für Informationen öffnet, empfängt auch mehr davon. Jonas Salk beschrieb seinen eigenen intuitiven Prozeß in ähnlicher Weise. Bei seinen Forschungen versetzte er sich nach eigenen Angaben an die Stelle des Immunsystems und versuchte zu rekonstruieren, wie es dann wäre, sich mit einem Virus oder einer Krebszelle auseinanderzusetzen. Durch diese extreme Form des Einfühlens konnte er neue Einsichten gewinnen und seine Versuche entsprechend anordnen.

Andere Menschen sind hellhörig: Ihre Intuition wird durch Klänge geweckt. Wenn ich während einer Lesung das Herz eines Klienten untersuche, horche ich es ab, statt es mir anzuschauen, und lausche auf den Rhythmus, in dem es schlägt. Vergessen Sie nicht, daß ich dabei meilenweit entfernt von diesem Menschen bin, am Telefon, und daß das alles in meinem Kopf stattfindet. Manche Leute hören im Geiste zufällige, unzusammenhängende Worte. Ich bin für Bild und Ton empfänglich.

Wieder andere sind feinfühlig. Sie haben Eingebungen durch wirkliche Gefühle im eigenen Körper. Ich wurde einmal mit einer anderen intuitiven Heilerin zusammen in ein Zimmer eingeschlossen, um gemeinsam mit ihr eine Lesung für jemanden in einem anderen Bundesstaat auf der anderen Seite der USA zu machen. Ich nahm sofort mit meinem inneren Auge Schmerzen in den unteren Nackenwirbeln und eine Taubheit im jeweils vierten und fünften Finger beider Hände wahr. Die andere intuitive Heilerin sprach von einer gewissen Gefühllosigkeit. »Irgend etwas ist mit meinen Händen«, sagte sie. Ich nahm ihre Hände und berührte jeden Finger einzeln, wobei sie mir sagen mußte, welcher Finger gefühllos und taub war. Sie gab an, in beiden Händen kein Gefühl im vierten und fünften Finger zu haben. Das stimmte genau mit dem überein, was ich selber intuitiv als Problem in der Wirbelsäule des Patienten visuell wahrgenommen hatte, wodurch die Taubheit in den entsprechenden Fingern verursacht wurde. Die andere Heilerin hatte sich in den Körper der betreffenden Person versetzt und daher deren Gefühllosigkeit in den Fingern an ihren eigenen Händen erfahren.

Ich habe selbst jahrelang Wirbelsäulenprobleme gehabt, und bis auf den heutigen Tag werden meine Hände taub, wenn ich mit jemandem telefoniere, mit dem mich früher einmal eine turbulente Beziehung verband. Meinen Sie, daß mein Körper mir etwas mitteilen will?

Manche Intuitiven haben Déjà-vu-Erlebnisse, bei denen das Raum- und Zeitgefühl durcheinandergerät; andere sehen präkognitiv voraus, was in der Zukunft geschehen wird. Die Intuition vermittelt uns andauernd Informationen, jeden Tag und auf jede nur erdenkliche Weise. Die meisten von uns haben allerdings auf ihrem Weg durchs Leben ihren intuitiven Walkman in der Hosentasche zu leise gestellt. Sie haben gelernt, ihn meistens zu ignorieren. Wir haben so wenig Berührung mit unserer Intuition, daß wir sie nicht einmal erkennen, wenn sie aufblitzt. Vor einiger Zeit habe ich ein Wochenende bei einer Freundin verbracht. Am

Abend des betreffenden Freitags war ich gerade dabei, mich bettfertig zu machen, als plötzlich Schreie aus dem Zimmer meiner Freundin am Ende des Flurs herausdrangen. Alarmiert eilte ich zu ihr, um nachzusehen, was los war. Meine Freundin Mildred lag im Bett und brüllte einfach drauflos, schrie jemand Unsichtbaren an, er solle verschwinden. »Was ist los?« rief ich und rüttelte sie an der Schulter. Mildred hörte auf zu schreien, drehte sich um und sah mich an. Sie zuckte die Achseln. »Ach, mach dir keine Sorgen«, sagte sie, »das passiert dauernd. Wir reden morgen darüber.« Damit drehte sie sich wieder andersherum und schlief weiter.

Mildred hat in ihrem Erwachsenenleben viele Medien, Astrologen, Leute, die aus der Hand oder aus Kaffeesatz lesen, Channelmedien und Wahrsager mit Kristallkugeln besucht in dem Bemühen, intuitiver zu werden. Sie hat praktisch nichts unversucht gelassen. Am nächsten Morgen beim Frühstück erzählte sie mir, daß sie seit dem Alter von zwölf Jahren zwischen 22 und 23 Uhr unter nächtlichen Schreckgespensten leide. Sobald sie in einer Art Dämmerzustand zwischen Traum und Wachen versunken war, pflegten aus dem Nichts mehrere Leute oder verschiedene Gegenstände an ihrer Zimmerdecke zu erscheinen, die sie in irgendeiner Weise verletzen wollten. Häufig stand sie unter dem Eindruck dieser Alpträume auf und nahm die Bilder von der Schlafzimmerwand, um sie unters Bett zu schieben, damit sie ihr kein Leid antaten. Morgens fragte sie dann ihr Mann, was eigentlich in ihr vorginge. Er riet ihr sogar dringend, einen Schlafspezialisten aufzusuchen, um ihr Problem loszuwerden. Mildred, selber Ärztin, weigerte sich jedoch, weil sie wußte, die moderne Medizin würde nichts mit ihren Erfahrungen anfangen können und ihr deshalb einfach Medikamente verordnen, um sie abzustellen. Ich äußerte Mildred gegenüber die Vermutung, daß ihre nächtlichen Schreckgespenste vielleicht zu ihrem Intuitionsnetzwerk gehörten und ihr klarmachen wollten, daß in dem Bereich des Gehirns, der für die Intuition zuständig ist, auch Angst, Paranoia und traumähnliche Bewußtseinszustände angesiedelt sind. Mir kam es so vor, als hätte Mildred genau die Art von »Heimsuchungen«, für die andere Leute eigens Workshops besuchen, damit sie in ihr Leben treten, während Mildred in ihrem tiefen Entsetzen darüber ein Leben lang versucht hatte, *sie loszuwerden*! Gleichzeitig hatte sie fieberhaft versucht, durch andere Menschen Eingebungen zu empfangen und mit ihrer Seele in Berührung zu kommen.

Noch deutlicher wurde mir kurze Zeit später ein weiterer bemerkenswerter Aspekt von Mildreds Intuition. Mildred nahm teil an einer Studie über Herzbelastungen und mußte dazu ein Langzeit-EKG-Gerät tragen, das über einen Zeitraum von 24 Stunden Herzrhythmus und -frequenz aufzeichnete. Sie hielt sich an die Anweisungen und gab das Gerät dann zur Auswertung zurück. Etwa eine Woche später, als sie den Ausdruck ihrer Herzwerte von dem Institut bekam, das die Studie eingeleitet hatte, bat sie mich, es mir anzusehen und ihr zu erklären, da sie Diagramme nicht gut interpretieren könne. Ich wollte meinen Augen nicht trauen. In Mildreds Familie besteht eine gewisse Infarktneigung, und tatsächlich waren auch in ihrem EKG Rhythmusstörungen zu erkennen. Doch das Erstaunliche daran war die Zeit, in der sie aufgetreten waren: gegen 23 Uhr und noch einmal gegen vier Uhr früh. Wann hatte sie ihre Heimsuchungen? Gegen 23 Uhr. (Vier Uhr morgens ist ebenfalls eine günstige Stunde dafür.) Die Lücken in ihrem Herzrhythmus gaben den nächtlichen Besuchern Gelegenheit, zu ihr hineinzuschlüpfen.

Ich starrte das EKG lange an. Ich war so aufgeregt, daß ich zitterte. Urplötzlich hatte ich das unglaubliche Gefühl, zu wissen, wie uns Intuitionen kommen: *Sie kommen durch die Löcher in der Seele – auf dem Weg über körperliche Beschwerden.* Die Seele teilt sich dem menschlichen Bewußtsein durch das körperliche Gefühl von Gesundheit oder Krankheit mit. Nachdem Mildred gelernt hatte, daß ihre nächtlichen Schreckgespenste nicht unbedingt Entsetzen hervorrufen mußten, ging sie anders damit um. Statt in Abwehrstellung zu gehen, schenkt sie jetzt den Informationen, die darin enthalten sind, ihre Aufmerksamkeit. Vor kurzem hat sie mir beispielsweise erzählt, sie hätte das Gefühl, daß die Wesenheiten in ihrem Zimmer bestimmte Aspekte ihres Lebens für ein größeres Projekt filmten. Darüber hinaus war sie sich der Tatsache bewußt, daß ihr Haus ein Versuchsfeld war. Das ergab einen Sinn. Mildred hatte kürzlich ein Filmprojekt abgeschlossen und hielt nach weiterer Arbeit in diesem Bereich Ausschau. Außerdem war sie dabei, ihre Beziehungen neu zu bewerten und wiederherzustellen, einschließlich der zu ihren Kindern und ihrem Mann. Diese Beziehungen wurden durch ihr Haus symbolisiert.

Obwohl wir unsere Intuition meist mit Erfolg abblocken, sickert die Botschaft doch bisweilen zu uns durch, durchbricht unsere Abwehrmechanismen und überwindet unseren Widerstand, auf ihre Stimme zu hören. Beschwerden, Krankheiten und andere Probleme verursachen ein Loch, durch das die Informationen hindurchschlüpfen können. Ich bin Narkoleptikerin, und meine Informationen dringen durch Lücken in den elektrischen Aktivitäten meines Gehirns zu mir. Mildred erhält ihre Informationen durch Lücken oder Löcher im Herzrhythmus. Wer unter Divertikulitis leidet, empfängt sie vielleicht über den Darmtrakt. Bei Akne gelangt sie unter Umständen über die Haut zu dem betreffenden Menschen. Man braucht nun aber kein Bein zu verlieren oder zu verunglücken, um intuitive Einsichten zu gewinnen. Wenn man im allgemeinen gesund ist, können sich solche Eingebungen durch Veränderungen im natürlichen Rhythmus des Körpers bemerkbar machen – im Menstruationszyklus beispielsweise oder im Schlafrhythmus –, aber auch durch minimale Veränderungen in den Organfunktionen. Oder sie überkommen uns im Traum. So funktioniert das Netzwerk der Intuition.

Diese Erkenntnis war ein Wendepunkt für mich als Ärztin. Wenn man ärztlich tätig ist, kommen Patienten mit Erkrankungen oder den Symptomen einer Krankheit zu einem und wünschen, davon geheilt zu werden, damit sie sich wieder wohl fühlen. Sie wollen, daß ihre Löcher »gestopft« werden. Aber durch ebendiese Löcher werden ihnen Informationen über ihr Leben zuteil – über Erfahrungen, Emotionen oder Verhaltensmuster, die ihnen Leid und Qual bescheren. Nur wenn wir ein Ohr für diese Informationen haben, die Auskunft darüber geben, was im Leben der Patienten gut oder schlecht, stark oder schwach, richtig oder falsch ist, können wir ihnen dabei helfen, wahrhaft zu genesen und wahrhaften Frieden zu finden. Und die Patienten sollten sorgfältiger auf jedes emotionale oder physische Symptom achten, sich der jeweiligen Botschaft bereitwillig öffnen und entsprechend der gewonnenen Informationen handeln. Ich fing an, meine Rolle als Ärztin anzuzweifeln und mich zu fragen, warum ich mich um die Krankheitssymptome von Patienten kümmerte, ohne ihnen dabei zu helfen, auf die intuitiven Botschaften hinter ihren Beschwerden zu horchen, ohne sie zu lehren, die Sprache ihrer Seele zu verstehen.

Lassen Sie mich ein Beispiel anführen. Einmal kam eine Meisterschwimmerin in das Bostoner Krankenhaus, an dem ich tätig war. Sie war Mitte Dreißig und litt unter lähmenden Panikanfällen, die sich besonders beim Besteigen eines Flugzeuges einstellten, was häufig vorkam, da sie zu sportlichen Ereignissen in aller Welt reiste. Sie machte sich große Sorgen über diese Anfälle, denn sie minderten ihre Reiselust, und sie hatte Angst, auch in ihrem Sport davon beeinträchtigt zu werden. Ich saß bei ihr, hörte ihr zu und dachte, daß es genau das war, weswegen sie diese Angstanfälle bekam. Ihr Körperbewußtsein forderte ihr mentales Bewußtsein auf, sich von ihren Aktivitäten zurückzuziehen, ein paar Veränderungen im Leben durchzuführen und mit etwas Fühlung aufzunehmen, das jenseits ihrer jetzigen Lebenserfahrung lag.

Die Klinikärzte testeten sie durch. Ihr Herz war in Ordnung, aber bei ihren Hormonen sah die Sache schon anders aus. Die Tests zeigten schwere Östrogen- und Testosteronmängel sowie hormonelle Veränderungen, die durch eine Erschöpfung der körperlichen Reserven verursacht wurden. Androgen, ein wichtiges Sexualsteroid, fehlte ihr ganz, und überhaupt war der gesamte Hormonhaushalt gestört. Das ist übrigens oft bei Sportlerinnen der Fall. Die Untersuchung zeigte sonnenklar, daß diese Frau viel zu viele Wettkämpfe bestritt. Für mich hieß das, daß sie langsamer treten mußte, aber das wollte sie nicht hören. Sie steckte in der Klemme. Eine medizinische Behandlung konnte zum einen darin bestehen, ihr Androgene zu verordnen. Außerdem konnte sie Clonazepam einnehmen zur Linderung ihrer Panikanfälle, aber Hormone und Psychopharmaka sind nach den internationalen Sportregeln verboten und hätten sie in ihrem Sport, für den sie jahrelang trainiert hatte, aus dem Rennen geworfen. Mit anderen Worten: Das, was ihre körperlichen Beschwerden hätte lindern können, war zugleich das, was sie von dem Leben ausgeschlossen hätte, das ihr am meisten am Herzen lag.

Ich war davon überzeugt, daß ihre Seele in einem Gleichnis zu ihr sprach. Sie sagte ihr, daß es nichts mehr nützte, vor etwas wegzurennen, vor dem sie die Augen verschloß. Ich wünschte, ich könnte sagen, daß sie die Botschaft schließlich verstand. Statt dessen probierte sie es mit einer Diät, mit der sie ihre hormonellen Probleme zu beheben hoffte. Meiner persönlichen Meinung nach hätte auch die beste Behandlung nur notdürftiges Flickwerk sein können. Ihre Intuition, davon war ich fest überzeugt, würde sich ein anderes Loch suchen, um zu ihr durchzudringen.

Wenn wir nur das behandeln, was sich durch schmerzhafte Symptome bemerkbar macht, kommen wir am Ende vom Regen in die Traufe. Denn wenn die Symptome abklingen, vergessen wir sie und denken nicht länger darüber nach, was ihre Ursache gewesen sein mag. Beim Faulenzen an einem Strand auf den Bahamas verschwindet unsere Migräne. Problem gelöst, denken wir. Aber kaum sind wir wieder im Büro, hämmert es doppelt und dreimal so stark in unseren Schläfen wie vorher. So erging es mir, als ich von dem Lieferwagen angefahren wurde.

Daß es so läuft, ist verständlich. Häufig wollen wir nicht auf unsere innere Stimme hören, weil wir, wie die Sportlerin, eigentlich gar nicht wissen wollen, was sie uns zu sagen hat. Unser Gehirn bringt uns durch die Intuition Dinge zu Gehör, die wir im Grunde nicht hören wollen. Intuition ist die Fähigkeit, Gedanken zuzulassen, die normalerweise gar nicht präsent sind in unserer Außenwelt, Erkenntnisse, die wir im allgemeinen weder einsehen noch beherzigen *wollen*, obwohl sie ausschlaggebend sind für unser Wohlbefinden. Das zu ignorieren, was einem die eigene Intuition sagen will, ist genauso, als würde man beim Autofahren ein Klappern überhören, das sich bei langsamer Geschwindigkeit bemerkbar macht. Man fährt schneller, kurbelt die Fenster hoch und meint, das Klappern sei weg, aber es ist noch da. Und eines Tages ist der Motorschaden da.

Das Netzwerk der Intuition

Wie lernen wir, die Stimme unserer Intuition zu hören, ihre Sprache zu verstehen und Gebrauch von ihr zu machen? Wir schalten uns in das Netzwerk der Intuition ein.

Das ist der bereits erwähnte innere Empfänger, den jeder in sich trägt. In Wirklichkeit ist er größer als der Walkman in der Hosentasche; er umfaßt den gesamten Körper einschließlich des Gehirns und aller anderen Organe, die allesamt allein oder in Verbindung miteinander die Grundlage der einzigartigen Sprache bilden, in der die Intuition sich uns mitteilt.

Das Gehirn ist der Hauptinterpret und Prozessor der Intuition. Die rechte Gehirnhälfte, die alle nichtverbalen, bildhaften Prozesse steuert, liefert die »Gestalt«, das ganzheitliche Gefühl, den zündenden Funken der Intuition; die linke Gehirnhälfte, in der die verbalen, kommunikativen Fähigkeiten ihren Sitz haben, informiert über die genauen Einzelheiten und verleiht der Intuition ihre sprachliche Form. Die Schläfenlappen indessen sind der Hauptkanal des intuitiven Netzwerkes für visuelle und orale Informationen sowie für Erinnerungen und Träume.

Träume sind ein weiterer Teil des intuitiven Leitsystems. Unsere Träume liefern uns Informationen über die Organe des Körpers und deren Gesundheits- oder Krankheitszustand. Die Sprache der Intuition hat ihre eigenen Traumsymbole; einige davon sind universell verständlich, andere auf den jeweiligen Menschen zugeschnitten; wir müssen lernen, die einzigartige Sprache, in der die Intuition im Traum zu uns spricht, zu interpretieren.

Erinnerungen und die damit verbundenen Emotionen sind sowohl in unserem Gehirn als auch in unserem Körper verschlüsselt gespeichert. Die tiefen Erkenntnisse, die wir gewonnen haben, und die Traumata, die wir erlebt haben, werden im Gehirn verbal verarbeitet. Sie kommen aber auch nichtverbal im Körper zum Ausdruck, oft in Form von Streß. Das Gehirn steht unablässig mit den anderen Organen in Verbindung, und diese wiederum kommunizieren mit uns. Der Uterus beispielsweise äußert sich durch den Menstruationszyklus, der Magen macht sich vielleicht bei einem Bühnenauftritt durch ein flaues Gefühl bemerkbar, und die Haut hat sich möglicherweise unter dem Streß der Pubertät zu Wort gemeldet. Wenn die Intuition in Aktion tritt, gibt das Gehirn Endorphine und Neuropeptide an alle Nerven, Blutgefäße, das Herz, die Lunge, den Magen-Darm-Trakt und die anderen Organe ab. Und ein organisiertes System von spezifischen Emotionen und Erinnerungen im Gehirn wird auf entsprechende Körperorgane übertragen. Das alles gehört zu unserem Intuitionsnetzwerk, unserem intuitiven Leitsystem.

Jeder von uns hat ein Gehirn: eine rechte Gehirnhälfte, eine linke Gehirnhälfte und den Schläfenlappen. Jeder von uns träumt. Jeder von uns hat einen Körper. Jeder von uns hat Erinnerungen. In jedem von uns ist ein Intuitionsnetzwerk angelegt.

Wenn wir auf die Stimme der Intuition hören, können wir unser Leben glücklicher und gesünder gestalten. So schön diese Aussicht ist, weiß ich doch, daß sie auch viele Leute zutiefst erschreckt. Unseren Blickwinkel zu verändern sowie die Art und Weise, wie wir uns selbst sehen und ausdrücken, ist viel erschreckender, als einfach beim Status quo zu bleiben, selbst wenn wir dann unausgefüllt und unglücklich sind – oder krank werden.

Wie wahr das ist, habe ich dauernd vor Augen, im großen wie im kleinen. Ich habe einmal an einem Wochenende zum Spaß einer Freundin die Tarotkarten gelesen. An einem Freitagabend habe ich sie ausgelegt, und das As der Kelche lag oben, auf den Kopf gedreht. Das As symbolisiert einen Neuanfang, Kelche bedeuten Geld, und daß die Karte auf den Kopf gedreht war, war ein klarer Hinweis darauf, daß Claudia ihre Finanzlage neu ordnen sollte. Das Erscheinen dieser Karte an erster Stelle war ein wenig besorgniserregend, da sie oft Unglück im finanziellen Bereich versinnbildlicht. Meine Freundin Claudia jedoch legte einfach die Karten zusammen und sagte: »Ich bin müde. So geht es nicht. Ich will im Augenblick gar keine Tarotlesung.« Es beunruhigte mich etwas, daß sie sich mit diesem Hinweis auf Schwierigkeiten nicht auseinandersetzen wollte, aber ich drängte sie nicht weiter. Der nächste Tag war ein schöner Sonnentag, und wir machten einen Spaziergang zum Hafen. Wieder holte ich die Tarotkarten hervor, und als ich sie auslegte, kam natürlich wieder das As der Kelche, verkehrt herum, an erster Stelle. Claudia schüttelte bloß den Kopf und sagte: »Vielleicht soll ich das gar nicht wissen« und legte die Karten zusammen.

»Willst du es denn nicht herausfinden?« drängte ich sie jetzt. »Womöglich kannst du ja ein Problem vermeiden, wenn du dich mal eine Minute damit beschäftigst.« Claudia zuckte nur die Achseln und wechselte das Thema. Sie wollte es wirklich nicht wissen, wie es die meisten von uns scheuen, sich mit Schwierigkeiten auseinanderzusetzen, die sich unangenehm auf unser Leben auswirken könnten. Dabei bekommen wir, wenn wir die Symptome bei uns wahrnehmen und die Zeichen beachten, die uns gegeben werden, eine Chance, das zu verändern, was in unserem Leben falsch ist, können uns auf Probleme vorbereiten oder einstimmen, etwas Besseres anstreben und Einfluß nehmen auf die weitere Entwicklung.

Am Tag darauf wollte Claudia an einem Bankautomaten Geld abheben. Zu ihrer Bestürzung hatte sie ihr Konto um einige tausend Dollar überzogen. Als der Automat ihre Karte auswarf und auf dem Display der Satz »Keine Bearbeitung möglich« erschien, wurde Claudia klar, daß das umgekehrte As der Kelche sie darauf hinweisen wollte, daß sie sich eingehender mit ihren Finanzen beschäftigen sollte. Insbesondere mußte sie gewisse Fragen mit ihrem Anlageberater klären.

Heute befragt Claudia vor irgendwelchen geschäftlichen Transaktionen und Abschlüssen immer die Tarotkarten. Sie weiß, daß die Karten nicht die Quelle ihrer Intuition sind, sondern ihr in sinnreicher Bildsprache vermitteln, wo sie ihrem Leben mehr Aufmerksamkeit schenken muß. Die Karten sind sozusagen die Starthilfekabel für den Motor der eigenen Intuition.

Darin liegt die wahre Macht der Intuition: daß sie uns in jedem Moment die Möglichkeit bietet, unser Schicksal zu verändern.

2

Wenn die Götter rufen: die Intuition im Traum

Die Ägypter, die Griechen und andere alte Kulturen glaubten, daß ihnen während des Schlafes die Götter im Traum erschienen. Sie waren der Überzeugung, daß ihnen die göttlichen Besucher Lösungen für Probleme eingaben, mit denen sie im Wachen zu tun hatten. Jahrhunderte später äußerte Sigmund Freud, er glaube, daß Träume aus dem eigenen Unbewußten kommen und während des Schlafes Wünsche zum Ausdruck bringen, die wir im Wachzustand nicht erkennen oder wahrhaben wollen.[6]

Die Menschen der Antike und Freud lagen gar nicht so weit auseinander mit ihrem Denken. Beide behaupteten, daß Träume eine Urquelle der Intuition sind, ein Kanal, durch den uns lebenswichtige Weisungen und Bilder gesendet werden zu Fragen, die für unser Leben ausschlaggebend sind.

Jeder Mensch schläft, und jeder Mensch träumt. Selbst wenn man glaubt, nicht geträumt zu haben, hat man doch geträumt. Um Zugang zu den intuitiven Informationen der Träume zu erlangen, muß man sich an seine Träume erinnern. Man muß bereit sein, die Botschaft anzuhören und zu akzeptieren, die sie transportieren.

Vor einigen Jahren trat eine Krankenschwester, mit der ich zusammenarbeitete, etwas zögernd an mich heran. Ich sah ihr an, daß sie mir etwas erzählen wollte, das ihr auf dem Herzen lag, aber nicht recht wußte, ob sie das Thema überhaupt anschneiden sollte. Schließlich sagte sie leise: »Sie arbeiten doch mit der Intuition, nicht wahr?« Als ich das bejahte, fragte sie mich, ob sie mir einen Traum erzählen dürfe.

Wir setzten uns ins Schwesternzimmer, und sie erzählte mir von einem

Traum, den sie mehrere Nächte hintereinander gehabt hatte und der jedesmal anders ausging. Beim ersten Mal war sie in einem Boot auf einem Fluß und fuhr von einem brennenden Haus weg auf ein neues Lebensziel zu. Sie hatte jedoch das übermächtige Verlangen, zu ihren Kindern zurückzukehren, die noch mit ihrem Mann zusammen in dem Haus waren. In der zweiten Nacht lief sie durch die Flammen in dem brennenden Haus und suchte verzweifelt nach ihren Kindern, um sie zu dem Ort mitzunehmen, zu dem sie wollte.

»Und dann, in der dritten Nacht«, fuhr sie leise fort und betonte jedes Wort, als dächte sie, daß ich ihr nicht glauben würde, »war das Feuer wie eine Wand, gewiß und wahrhaftig, mit mir und meinen Kindern auf der einen und meinem Mann auf der anderen Seite.« Sie schaute mich erwartungsvoll an. »Was sagen Sie zu dem Traum?« fragte sie. »Was bedeutet er?«

Es war erstaunlich, mit welcher Kraft sich die Intuition bei dieser Krankenschwester zu Wort gemeldet hatte. In meinen Augen waren die Träume ein lebhafter Ausdruck ihrer Ehe- und Beziehungsprobleme mit ihrem Mann. Das konnte ich ihr natürlich nicht einfach so ins Gesicht sagen. Wenn ich intuitiv mit Leuten arbeite, kann ich sie nur antippen und vorsichtig zu einem Verständnis dessen hinleiten, was ihnen ihre eigene Intuition sagt. Wie im Grunde vorauszusehen war, konnte oder, besser gesagt, wollte die Schwester die Botschaft nicht hören, wie die meisten Leute.

»Haben Sie irgendwelche Probleme mit Ihrem –«, setzte ich an, aber bevor ich den Satz zu Ende gesprochen hatte, fiel sie mir schon ins Wort: »Mann?« Ich nickte, und erstaunlicherweise schien sie nun ein wenig betroffen zu sein und reagierte etwas kühl, obwohl sie mir doch selbst das Wort aus dem Mund genommen hatte. Sie gab zu, überlegt zu haben, ob sie sich von ihrem Mann scheiden lassen sollte. Aber damit hätten die Träume nichts zu tun, gab sie mir klar zu verstehen. Und wir sollten bei der Besprechung ihrer Träume die Beziehung zu ihrem Mann lieber ganz aus dem Spiel lassen. Sie wußte, daß die Träume ihr irgend etwas sagen wollten, aber *was* sie sagen wollten, war ihr unangenehm. Es war nicht das, was sie hören wollte.

Sie meinte, die Träume wollten ihr vielleicht nur klarmachen, daß sie ihren Beruf wechseln sollte. Über mehrere Monate hinweg sprachen wir immer mal wieder darüber, und ich versuchte dann immer behutsam, sie auf das eigentliche Thema zu bringen, aber sie blieb bei ihrer Meinung.

Irgendwann trennten sich unsere Wege. Die Krankenschwester ging auf Stellensuche, statt sich mit ihren Eheproblemen auseinanderzusetzen, probierte verschiedene berufliche Möglichkeiten aus und verfolgte allerlei Zukunftsziele. Gegen Ende des Jahres rief sie mich an und berichtete mir, bei ihrer beruflichen Entscheidungssuche sei ihr bewußt geworden, daß sie an der Seite ihres Mannes zum Stillstand komme und etwas an ihrer Ehesituation verändern müsse. Sie hatte die Scheidung eingereicht.

Die Träume der Krankenschwester hatten schon viel früher nachdrücklich auf diese Möglichkeit hingewiesen. Während sie schlief, hatte ihre Intuition eine Reihe von Szenarien geschaffen, die sie als Lösung für ihre Ehe- und Partnerprobleme in Betracht ziehen konnte. Sie könnte ausziehen, sagte ihr ein Traum. Aber dann würde sie ihre Kinder vermissen, sagte ihr der zweite Traum. Der dritte Traum machte ihr deutlich, daß sie die Kinder mitnehmen und sich von ihrem Mann trennen konnte – was sie letztendlich auch tat. Nur sträubte sie sich anfangs ziemlich heftig dagegen, weil ihre innere Stimme ihr etwas eingab, was sie nicht recht hören und womit sie sich lieber nicht auseinandersetzen wollte. So ging sie den verschiedensten Aktivitäten nach in dem vergeblichen Bemühen, eine andere Lösung zu finden, und ignorierte ihre eigene Intuition, die sich im Traum mitteilte.

Zu ihrem Glück führte sie schließlich doch die Veränderungen durch, die ihre Intuition ihr längst eingegeben hatte. Trotz der Scheidung hatte die Geschichte im Grunde ein Happyend, denn da die Krankenschwester am Ende so handelte, wie ihr intuitives Leitsystem es ihr vorgab, und die notwendigen Veränderungen im Leben vollzog, wehrte sie wahrscheinlich das Risiko ab, daß sich die ungelösten Probleme im Körper festsetzten und Beschwerden und Krankheiten hervorriefen. Ihr Fall ist ein anschauliches Beispiel dafür, wie die Intuition bei vielen Menschen wirkt. Man muß kein Bein verlieren oder Herzrhythmusstörungen bekommen, um für die intuitiven Botschaften empfänglich zu werden. Oft haben wir intuitive Eingebungen im Traum, dieser grundlegenden Verbindung im Intuitionsnetzwerk.

Wissenschaft und Forschung vertreten seit Jahrzehnten die Auffassung, daß Träume ein Problemlösungsmechanismus des Gehirns sind. Während wir schlafen, überprüft unser Geist im Traum verschiedene Lösungen für Lebensprobleme. Jede Möglichkeit wird im Traum ausprobiert, wie man neue Schuhe vorm Spiegel anprobiert. »Wie paßt das?« fragt unser Traum. »Kommt das für mich in Frage? Was passiert, wenn ich so vorgehe?« Träume führen uns alle Möglichkeiten vor Augen, die sich uns in unserem Leben bieten. Mit ihrem unterschiedlichen Ausgang machen sie uns die Folgen einer jeden Lösung klar, die wir durchspielen. Genau das geschah in der Traumserie meiner Krankenschwesterkollegin. Ihre Träume waren praktisch Probeläufe, die ihr Gehirn unternahm, um einen Ausweg für das Problem zu finden, das sie intuitiv erkannt hatte.

Es klingt paradox, aber wenn wir schlafen, ist ein größerer Teil unseres Gehirns wach als im Wachbewußtsein. Im Wachzustand sind zu jedem gegebenen Zeitpunkt immer nur zehn Prozent des Gehirns in Betrieb. Aber im Schlaf gehen alle Lichter an, eine hektische Betriebsamkeit entfaltet sich. Stellt man sich das Gehirn als Computer vor, ist es so, als würde der RAM-Speicher, der Arbeitsspeicher, auf die vierfache Größe erweitert. Außerdem wird die Hirnaktivität weder von Einwänden aus der Außenwelt noch vom eigenen Ich unterbrochen, das gewisse Dinge für unmöglich hält.

Wenn wir wach sind, redet der Stirnlappen des Gehirns, in dem Denken und Urteilsvermögen ihren Sitz haben, dauernd dazwischen, daß das meiste dessen, was wir vorhaben, Quatsch ist und wir uns nicht damit abgeben sollten. Der Stirnlappen übt strenge Zensur aus. Aber wenn wir schlafen, ist er ausgeschaltet. Als Elvis Presley seinerzeit in der Ed-Sullivan-Show auftrat, achteten die Fernsehzensoren streng darauf, daß er nur vom Hals aufwärts auf der Mattscheibe zu sehen war. Aber Elvis wirkte auf die Massen natürlich durch seinen Körper von der Taille abwärts. In der Art, wie sie Elvis in seinen Möglichkeiten einschränkten, sind diese Fernsehzensoren den Stirnlappen vergleichbar. Und nun stelle man sich vor, diese Zensoren wären plötzlich gefeuert worden, so daß wir sehen könnten, wie Elvis in uneingeschränkter körperlicher Herrlichkeit bei seinem Auftritt zeigt, was in ihm steckt!

Ähnliches geschieht, wenn wir träumen. Während des Schlafes kann uns der Stirnlappen nicht davon abhalten, im Traum Dinge zu tun, an denen wir tagsüber gehindert wurden. Nehmen wir mal an, Sie hätten ein Auge auf jemanden geworfen, eine gutaussehende Person, mit der Sie nur ab und zu ein Grußwort wechseln. Am Tage spielen Sie vielleicht gelegentlich mit dem Gedanken, diese Person anzusprechen und eine engere Beziehung mit ihr anzuknüpfen, aber Ihr Stirnlappen geht sofort gegen solche Gedanken vor und erstickt sie im Keim. »Nein«, legt er Ihnen in den Mund, »das funktioniert sowieso nicht. Die betreffende Person würde mich nie mögen. Sie ist Arzt, ich bin Psychiater; Psychiater sind für Ärzte das letzte«, und so beten Sie die ganze Litanei von hemmenden Verhaltensregeln herunter, mit denen Sie aufgewachsen sind. Wenn wir wach sind, hat unser Über-Ich die Zügel in der Hand, rät zur Vorsicht und warnt uns, wir sollten uns nicht lächerlich machen. In der Nacht jedoch schaltet das Gehirn endlich diesen lauten Miesmacher aus.

Im Traum gehen Sie eines Nachts auf das gutaussehende Objekt Ihrer Phantasien zu und sagen: »Möchten Sie nicht mit mir in die Kantine gehen? Es gibt dort so leckere heiße Würstchen!« (Freud hätte bei dieser Symbolik seine helle Freude gehabt.) Der Stirnlappen ist ruhiggestellt, und so hören Sie nicht, wie Ihre Mutter sagt: »Nein, nein, das ist nicht der Richtige für dich.« Oder Sie werden, falls Sie ein Mann sind, in diesem Fall nicht an die Mitschülerin in der High-School erinnert, die eine Verabredung mit Ihnen absagte, weil sie angeblich krank war, um dann mit dem Kapitän des Footballteams auszugehen. Ermutigt durch die Fortschritte, die Sie in Ihrem ersten Traum gemacht haben, gehen Sie in der nächsten Nacht vielleicht noch etwas weiter und laden Ihr Idol zum Essen in einem guten Restaurant ein. Vom Erfolg des zweiten Traums bestärkt, kochen Sie am darauffolgenden Abend selbst und laden Ihr Idol dazu ein. Und am nächsten Abend …?

Doch nicht nur die Träume stellen Ihnen verschiedene Alternativen vor, die Sie ausprobieren können, auch Ihr schlafender Körper spielt verschiedene Möglichkeiten durch, um Ihnen Ihren Herzenswunsch zu erfüllen. Obgleich der Bewegungsapparat während des Schlafens größtenteils stilliegt, sind die Neurone in voller Aktion, häufig auf eine Weise, die mit dem Inhalt der Träume korrespondiert. Wenn Sie also im Traum auf Ihre Traumperson zugehen, sind die Nervenzellen in den Beinen tatsächlich in fieberhafter Tätigkeit und zeichnen eine neuronale Bahn im Gehirn vor, der Sie später, wenn Sie wach sind, unter Umständen folgen können.

All das haben physikalische Experimente nachgewiesen, mit denen Wissenschaftler herauszufinden versuchten, warum wir träumen und welche Funktion Träume in unserem Leben haben. Bei einer Studie wurde während der REM-Phase im Schlaf, in der am häufigsten geträumt wird und die durch rasche, ruckartige Augenbewegungen gekennzeichnet ist, die Blutzufuhr zu verschiedenen Bereichen des Gehirns gemessen und aufgezeichnet. Spannenderweise zeigte es sich, daß Träume mit erhöhter Neuronentätigkeit in entlegenen Teilen des Gehirns einhergehen. Eingeschaltet wurden während des Träumens die Bereiche, die mit *emotionsgeladenen Erinnerungen* sowohl im Gehirn als auch im Körper, mit intensiven *Gemütsregungen*, *körperlichen Wahrnehmungen* und Innengerichtetheit in Zusammenhang stehen. Gleichzeitig sind die für das Urteilsvermögen und die kritische Vernunft zuständigen Bereiche stillgelegt. In einer Art von Ausblendungstechnik wird der Stirnlappen regelrecht vom Rest des Gehirns abgetrennt, so daß er uns nicht mehr davon abhalten kann, zu tun, was unser Herz begehrt. Die Studie kam zu dem Schluß, daß die REM-Phase wichtig ist für die Verarbeitung der emotionalen Anteile von *Erinnerungen* einschließlich *körperlicher Erinnerungen.*

Emotionsgeladene Erinnerungen sowohl im Gehirn als auch im Körper sind ein integraler Bestandteil des Intuitionsnetzwerkes. Beim Träumen können uns bestimmte Körperbereiche Auskunft geben über Vergangenes oder Zukünftiges. Sie setzen uns emotional in Kenntnis davon, was in unserem Leben verändert werden sollte. Freud pflichtete den Gehirnforschern im Grunde bei, als er sagte: »Träume sind ein Selbstgespräch, ein Dialog von Symbolen und Bildern, der zwischen den unbewußten und bewußten Bereichen des Geistes stattfindet.« Diese Theorie hat oft zu Kontroversen Anlaß gegeben, aber die Leiter der Studie bemerkten angesichts ihrer Ergebnisse am Ende trocken, Freud müsse jetzt wohl lächeln.

Während des Schlafes hat unser Geist also Zugang zu Kräften, die wir im Wachen normalerweise nicht wahrnehmen, zu größeren Denkfähigkeiten und kreativen Möglichkeiten. Beim Träumen haben wir möglicherweise unbegrenzten Zugriff auf die Intuition. Träume sind eine Möglichkeit, an Informationen darüber zu kommen, was in unserem Leben, unserer Empfindung und besonders in unserem Körper vor sich geht. Und wenn wir ihnen Aufmerksamkeit schenken, geben sie uns die Gelegenheit, etwas an der Ursache von Konflikten, Problemen und Erkrankungen zu ändern und die Heilung einzuleiten.

Traum und Körper

Im alten Griechenland hieß der Gott der Heilkunde Asklepios oder Äskulap. Kranke und Behinderte suchten in der Hoffnung auf Behandlung und Heilung die ihm geweihten Tempel auf. Dort unterzogen sich manche Patienten unter der Leitung von Äskulap-Priestern einer Reihe von Zeremonien sowie einer rituellen Reinigung. Solcherart psychisch vorbereitet, legten sie sich zum Schlafen nieder und wurden von den Priestern und deren Gehilfen mit der Haut eines heiligen Widders zugedeckt. Man glaubte, im Traum würde ihnen die Behandlung für ihre Leiden erscheinen. Die Priester pflegten diese therapeutischen Träume auszudeuten.

Andere Patienten befragten das Traumorakel des Tempels, eine Art intuitiven Heiler der Antike. Das Orakel trat in einen traumartigen Trancezustand ein (den die heutige Medizin wahrscheinlich als eine Form von Anfall oder Schlafstörung diagnostizieren würde), um die Träume des Patienten »auszubrüten« und Informationen über das Gemütsleben des Patienten, seine Krankheiten und deren Heilungsmöglichkeiten zu erhalten.

Kein Wunder, daß die alten Griechen sich durch Träume über Krankheit und Gesundheit informieren wollten. Der große Philosoph Aristoteles vertrat als einer der ersten die Auffassung, daß die Anfänge einer Krankheit im Traum vorausgefühlt würden, bevor die eigentlichen Symptome ins Bewußtsein rückten.[7] Anders ausgedrückt: Das leise Klappern der Körpermaschine dröhnt einem im Traum laut in die Ohren, während man es mit dem normalen Wachgehör gar nicht wahrnimmt.

Seit Jahrhunderten glauben Wissenschaftler und Mediziner schon an eine Beziehung zwischen Traum und Körper. Im Mittelalter beschrieb der Arzt Artemidorus den Fall eines Mannes, der zweimal zu verschiedenen Zeiten davon träumte, ihm würde ein Stein aufs Ohr geschlagen, und bald danach tatsächlich an einer schweren Mittelohrentzündung auf ebender Seite erkrankte, von der er geträumt hatte. »Träume«, schrieb Artemidorus, »sind wie Vergrößerungsgläser, die uns die kaum sichtbaren Anfänge unserer körperlichen Erkrankungen zeigen.« Das ist eine wunderbare Beschreibung. Sie erinnert mich an die Szenen aus *Alice im Wunderland*, wo Alice nach dem Genuß von »Iß-mich«-Pilzen zur Riesin wird und nach einem Schluck aus der »Trink-mich«-Flasche zur Zwergin zusammenschrumpft. Ihre Welt ist verkehrt, entweder riesig groß oder winzig klein. Alles ist übertrieben und von Angst und bösen Ahnungen begleitet. Ähnlich erscheinen uns oft die Dinge im Traum. Damit die Probleme, die im Traum aufscheinen, überhaupt ins Wachbewußtsein dringen können, müssen sie vergrößert und in eine Menge Emotionen eingebettet sein wie in einem Film von Steven Spielberg. Im Traum wirkt unser Gehirn wie ein Vergrößerungsglas und übertreibt kräftig bei den Bildern, die unser Problem darstellen, so daß wir auch wirklich Augen und Ohren aufsperren und aufmerksam werden.

Körperorgane können besser nachts mit uns in Verbindung treten als tagsüber, wenn wir wach sind. Träume, die Krankheiten voraussagen, sogenannte *Prodromalträume*, haben die Wissenschaftler schon Mitte des 19. Jahrhunderts beschäftigt. Der Philosoph Arthur Schopenhauer sprach von einer Verbindung der Organe zu bestimmten Nerven (dem Sympathikussystem), die ihrerseits mit dem Gehirn verknüpft seien.[8] Nachts, wenn sich die Außenwelt nur noch gedämpft auswirke, erreichten die Botschaften der Organe über das Nervensystem leichter das Gehirn, sagte er. Stellen wir uns in diesem Zusammenhang wieder vor, wir seien Radio- oder Fernsehempfänger und verfügten, wie beim Kabelfernsehen, über Dutzende von Kanälen, die uns über das informieren, was in unserer Welt vorgeht; ein Kanal etwa behandelt speziell die Finanzen, ein anderer die Familie, einer die Arbeit, einer die Sorgen und so weiter. In der Hektik des Tages schalten wir dauernd von einem Kanal auf den anderen, je nachdem, was gerade anliegt. Unser Körper hingegen entspricht eher einem Bildungskanal. Wir zappen meist einfach darüber hinweg, weil wir keine Zeit für einen Vortrag oder einen Dokumentarfilm haben.

In der Nacht ist das jedoch der einzige Kanal, der zur Verfügung steht, und er wird eingeschaltet, ob man will oder nicht. Er erreicht uns durch unsere Träume, die vom Körper kommen. Die einzige Möglichkeit, die betreffende Botschaft auszublenden, besteht darin, sich nicht an die Träume zu erinnern. Aber Traum und Botschaft nehmen dennoch Einfluß. Sind nicht auch Sie schon einmal beim Fernsehen eingeschlafen und haben dann einen Teil des gerade laufenden Programms in ihren Traum übernommen? Das entspricht in etwa dem, was passiert, wenn Sie Ihre Träume beim Aufwachen vergessen. Sie schalten nämlich das Programm aus, aber der Inhalt ist längst in Ihr Bewußtsein eingedrungen. Er ist hineingesickert, beeinflußt nun die Stimmungslage von Gemüt und Geist und wirkt sich auf Ihre alltäglichen Entscheidungen aus.

Letztlich setzen wir unsere Gesundheit aufs Spiel, wenn wir unsere Träume mit all ihren intuitiven Informationen darüber, was wir in unserem Gefühlsleben ändern müssen, nicht voll und ganz in uns aufnehmen, in unserer Erinnerung speichern und beachten. Das haben verschiedene Studien über Schwangere und ihre Träume überdeutlich gemacht. Die Forscher entdeckten, daß bei Frauen, die während ihrer Schwangerschaft Angst- und Konfliktträume hatten, die Wehen weniger als zehn Stunden dauerten und die Geburt im allgemeinen kurz und unkompliziert verlief. Hingegen litten Frauen, die keine solchen Träume hatten, sondern normal und friedlich träumten, meist über zwanzig Stunden lang unter Wehen, und die Geburt warf Komplikationen und manchmal ernste Probleme auf. Halt, stopp, werden Sie jetzt sagen, ist das nicht falsch? Man sollte doch meinen, daß eine Frau mit heiteren Träumen die Ruhigere ist und eine leichte Entbindung erlebt! Aber bei Schwangeren ist häufig der Spiegel des Hormons Progesteron erhöht. Das kann eine dämpfende Wirkung auf das bewußte Gefühlsleben haben. Die Schwangere wird also im Wachzustand keine Gefühle der Angst und Unruhe empfinden, wie sie sich eigentlich unweigerlich vor einer Geburt einstellen. Nach Auffassung der Forscher setzten die Frauen mit den schweren Träumen ihre Ängste und Besorgnisse bezüglich der Entbindung im Schlaf frei, ließen sie an die Oberfläche kommen und ins Bewußtsein dringen, so daß sie sich damit auseinandersetzen konnten.[9] Die Frauen ohne Angstträume hingegen unterdrückten oder verleugneten unter Umständen ihre Gefühle. Da sie sich nie ihren Ängsten stellten, schlugen sich diese Gefühle körperlich in Form von verschiedenen Störungen und Schwierigkeiten bei der ängstlich erwarteten Entbindung nieder.

Mit anderen Worten: Quälende Träume fungieren als eine Art Ventil, durch das Druck abgelassen wird. Die schwangeren Frauen, die vielleicht ahnungsvoller waren, konnten offenbar trotz all des Progesterons in ihrem Körper mit seiner beruhigenden Wirkung effektiver mit dem Entsetzen umgehen, das in ihren Träumen zum Ausdruck kam.

Manche Wissenschaftler glauben, daß sich quälende Emotionen, wie sie mit unerkannten Problemen und Fragen im Leben einhergehen, im Körper stauen, wenn sie nicht über die Träume ins Bewußtsein entlassen werden. Im Körper setzen sie die Leistung des Immunsystems herab und erhöhen die Anfälligkeit für zahlreiche Krankheiten einschließlich Krebs. Es hat sich gezeigt, daß die Traumbilder mitunter sogar den Typ Krebs symbolisieren, an dem die betreffende Person erkrankt ist, und Aufschluß darüber geben, wo er angesiedelt ist. In einem Fall träumte eine Frau wiederholt von einem Hund, der ihren Magen zerfleischte. Zwei Monate später wurde bei ihr Magenkrebs diagnostiziert, und drei Monate danach war sie tot. In einem anderen Fall klagte ein Mann über Träume, in denen glühende Kohlen seinen Kehlkopf verbrannten oder ihm ein Medizinmann subkutane Nadeln in den Hals stach. Der Mann bekam schließlich Schilddrüsenkrebs. Eine Frau mit Brustkrebs träumte, ihr würde der Kopf kahlgeschoren und das Wort »Krebs« darauf geschrieben. Sie gab an, mit dem sicheren Gefühl aus diesem Traum aufgewacht zu sein, daß sich ihr Krebs ins Gehirn ausgebreitet hatte, obwohl keine derartigen Symptome dafür sprachen. Doch bald darauf bestätigte sich ihre Selbstdiagnose.[10] Ein weiterer Patient, der unter Gallenblasenkrebs litt, träumte, sein ganzer Körper wäre explodiert und in tausend Scherben zerplatzt. Wie sich kurz danach herausstellte, hatte sich sein Krebs im ganzen Körper ausgebreitet.

In der einschlägigen Fachliteratur häufen sich die Fälle, in denen seltsame, prophetische Träume dem Ausbruch einer schweren Erkrankung vorausgingen. Ein Mann, ein starker Raucher, träumte davon, wieder Soldat zu sein und bei einem militärischen Einsatz Deckung in einem großen hohlen Baum zu suchen. Während er dort kauerte, durchsiebten

Maschinengewehrkugeln den Baum, und eine Kugel schlug ihm in die linke Brustseite. Später wurde festgestellt, daß er einen Tumor im unteren linken Lungenflügel hatte, genau da, wo ihn die Kugel getroffen hatte.

Des weiteren gibt es den Fall einer jungen Frau, die träumte, ihr Magen sei aufgebrochen, nachdem sie Pizza gegessen hatte. Sie hatte ein Magengeschwür. Eine andere Frau träumte davon, daß sie auf dem Boden lag und die Erde unter ihr nachgab, bis ein Loch entstanden war, in dem sie langsam erstickte. Zwei Monate später war sie mit Tuberkulose infiziert, wobei die Lunge von »Löchern« zerfressen wird und die Atmung erschwert ist. Wieder eine andere Frau wurde über ein Jahr lang von Träumen gequält, wie ihr jemand eine brennende Kerze ans linke Bein hielt. Sie glaubte, eine geistige Störung zu haben, und suchte einen Psychiater auf. Nachdem sich der Psychiater mehrmals ihren Traum angehört hatte, überwies er sie an einen praktischen Arzt, der ihr Bein röntgen ließ. Wie sich herausstellte, hatte sie Osteomyelitis, eine schwere Knochenmarkentzündung, im linken Bein.

Wie sind solche Träume möglich? Studien haben aufgezeigt, daß uns durch Träume die inneren Organe davon in Kenntnis setzen, daß sie gestört sind oder daß sie bestens funktionieren. Wissenschaftler behaupten, daß während des Schlafes die Körperzellen durch bestimmte Chemikalien oder andere Mittel Signale an einen Teil des Unbewußten schicken. Diese Signale bilden die Grundlage von Träumen, die vor einer schlummernden Krankheit warnen. Aber das ist noch nicht alles.

Wie wissenschaftlich nachgewiesen wurde, ändert sich die Physiologie des Körpers beim Träumen. Im Schlaf verhalten sich unsere Organe genauso wie im Wachsein und unter Streß. Für manche Leute ist das Träumen anstrengend. Bei einigen Menschen treten deutliche Veränderungen in Puls, Blutdruck und Atmung auf. Der Adrenalinausstoß, ein Maß für Streß, erhöht sich in dieser Traumphase. Das ist kein Wunder, denn im Traum durchleben wir drückende Ereignisse und Emotionen unseres Lebens noch einmal und versuchen, einen Ausweg zu finden. Das heißt, wir widmen uns unbewußt und intuitiv dem Problemlösen.

Interessanterweise betreffen die körperlichen Veränderungen, die während des Träumens stattfinden, nachweislich genau die Organe, die während des Wachens und aktiven Handelns besonders in Anspruch genommen sind. Eine wissenschaftliche Studie nahm eine Gruppe von Leuten unter die Lupe, von denen einige Magengeschwüre hatten, während die anderen frei von Beschwerden waren. Es wurden Schläuche in ihren Magen eingeführt, und dann wurden sie während des Schlafens beobachtet. Raten Sie mal, wann diejenigen, die unter Magengeschwüren litten, die meiste Magensäure produzierten? Während der Traumphasen. Bei den Patienten ohne Magengeschwüre hingegen kam es nicht zu einer verstärkten Säureproduktion. Offenbar befaßten sich die Magengeschwürpatienten im Traum wieder mit ihren Problemen und versuchten, Lösungen dafür zu finden. Und während sie sich im Traum mit ihren Problemen herumschlugen, aktivierten sie die gleichen Organe wieder, die schon tagsüber streßgeschädigt waren.

Einfach ausgedrückt: Wenn Sie Ihrem Gefühlsleben keine Beachtung schenken und nicht auf die Stimme Ihrer Intuition hören, die in Ihren Träumen ebenso von Ihren Gefühlen spricht wie im Wachen, riskieren Sie, daß sich Ihre emotionalen Probleme symbolisch und symptomatisch im Körper ausdrücken. Unter Umständen machen sie sich im Traum bemerkbar, bevor sie im Wachsein wahrgenommen werden.

Ein interessanter Fall veranschaulicht dieses Phänomen. Ein Mann träumte, eine Ratte würde rechts oben an seinem Unterleib nagen. Während des folgenden Tages hatte er akute Verdauungsprobleme und einen sauren Magen, aber als er die Ernährungsratschläge, die er in einem Gesundheitsmagazin gelesen hatte, befolgte, ging es ihm wieder besser. Kurze Zeit später träumte er jedoch erneut von einer Ratte, die an seinem Magen nagte. Nach diesem zweiten Traum spürte er einen starken Druck und war sehr empfindlich in dem Bereich, den die Ratte angegriffen hatte. Er ging zum Arzt, und tatsächlich wurde bei ihm an der betreffenden Stelle ein Darmgeschwür diagnostiziert.

Man kann sich leicht vorstellen, daß der Mann wahrscheinlich tagsüber unter Streß stand. Vielleicht stand er beruflich unter überstarkem Konkurrenzdruck oder hatte Schwierigkeiten, die ihn belasteten. Möglicherweise hatte er während des Tages Schmerzen auf der rechten Seite des Bauches und ignorierte sie einfach, weil er bei seiner Tätigkeit konkurrenzfähig und leistungsstark bleiben mußte. Sein Gehirn hielt diese Schmerzen dicht unterhalb der Bewußtseinsgrenze, so daß er das Gefühl hatte, ihm fehle nichts, und gut weiterarbeiten konnte. Aber nachts ließ sich die Wahrheit nicht unterdrücken. Er träumte von dem, was während der Arbeit in ihm vorging, und hatte auf einmal im Traum das Gefühl, eine Ratte nage an seinem Magen.

In unseren nächtlichen Träumen werden uns die emotionalen Wünsche offenbar, um die wir uns kümmern müssen. Außerdem erfahren wir, in welchen Symptomen bestimmter Organe diese Gefühle zum Ausdruck kommen. Bei den Organen, die sich schließlich irgendwann am Tage durch Krankheitssymptome bemerkbar machen, handelt es sich um genau die, die im Traum am anfälligsten für Streß sind. Einige Wissenschaftler glauben sogar, daß sich daran, welche Organe im Traum aktiviert sind, Krankheiten voraussagen lassen. Ihrer Ansicht nach werden die Symptome von Erkrankungen wie Magen- und Darmgeschwüren, Kolitis, Asthma, Bluthochdruck, Schilddrüsenproblemen und Arthritis bereits symbolisch im Traum dargestellt, wenn sie im Wachen noch gar nicht in Erscheinung getreten sind. Reagiert ein Organ empfindlich auf Streßsituationen oder bestimmte Gefühle, weist der Körper unter Umständen durch Traumsymbole auf diese Schwäche hin, ehe eine akute Erkrankung auftritt. Wenn die emotionalen Probleme, die immer wieder im Traum angeschnitten werden, nicht beachtet und die Symptome, die im Traum symbolisiert sind, nicht wahrgenommen werden, kann das betreffende Körperorgan erkranken. Im Grunde stellt schon die Traumphase selbst eine leichte Erkrankung dar, weil während dieser Zeit oft die entsprechenden Organe aktiviert sind und so etwas wie eine Generalprobe für die Krankheit stattfindet, ehe sie akut wird.

Wie steht es nun mit jemandem ohne eine Erkrankung? Jeder Mensch hat einen etwas anfälligeren Körperbereich, der zuerst auf bestimmte emotionale Probleme reagiert, ein schwaches Glied in der Kette. Selbst wenn man nicht krank ist, ist das betreffende Organ oder Kettenglied während des Träumens am stärksten in Anspruch genommen. Bei meiner Freundin, der Krankenschwester mit dem wiederkehrenden Traum, gab es vermutlich ein solches schwaches Glied irgendwo, das während ihres Traumerlebens unter Streß stand. Hätte sie den intuitiven Wink bezüglich ihres Gefühlslebens ignoriert, hätte sie wahrscheinlich bald im Traum eine Art »Klappern« wahrgenommen, das von jenem Organ oder Körpersystem ausging. Und hätte sie auch das übergangen, wäre womöglich das Getriebe kaputtgegangen.

Träume gehören zum intuitiven Leitsystem, das weiß, welche emotionalen Fragen im Leben bearbeitet werden müssen. Die körperlichen Symptome, die im Traum bei uns in Erscheinung treten, stehen immer in Wechselbeziehung zum Gefühlsleben. Wenn wir uns nicht mit unseren emotionalen Problemen auseinandersetzen und die entsprechenden Veränderungen in unserem Leben vornehmen, bereiten diese Probleme unter Umständen den Boden für Erkrankungen an bestimmten Organen. Träume sind wie offene Fenster, durch die wir unsere Emotionen und das, was uns unsere Intuition sagen will, bildlich betrachten können, ohne daß uns die Kulissen und Ablenkungen des Tages in die Quere kommen. Träume vermitteln uns Bilder, mit denen wir arbeiten können, um Veränderungen in unserem Leben durchzuführen, ehe es zu spät ist.

Sobald die im Traum angesprochenen physischen und emotionalen Probleme gelöst sind, treten diese Träume, wie nachgewiesen werden konnte, nicht mehr auf. Das war der Fall bei dem Mann, dessen Magen von einer Ratte zernagt wurde. Nachdem sein Magengeschwür operativ entfernt worden war, hatte er nach eigenen Angaben diesen Traum nicht mehr. Als ich ernste Schwierigkeiten mit meiner Wirbelsäule bekam, träumte ich, daß die Stufen der Treppe bei mir zu Hause unter mir nachgaben, als ich hinunterging. Handwerker mußten jedes einzelne Brett wieder befestigen und die Treppe gut zusammennageln, damit sie nicht zusammenfiel. Bei meiner Wirbelsäulenoperation wurde es ebenso gemacht: Etliche Wirbel wurden fest miteinander verbunden, um die Wirbelsäule davor zu bewahren, zusammenzufallen und mir das Rükkenmark abzuquetschen. Nachdem die Wirbel erfolgreich miteinander verbunden waren, habe ich nie mehr von der zusammenbrechenden Treppe geträumt, nicht nur dank der Operation, sondern auch, wie Sie sehen werden, aufgrund wichtiger Entscheidungen, die meine emotionale Situation betrafen. Da ich in meinem Leben etwas veränderte, brauchte mir meine Intuition diesbezüglich keine Lehre mehr zu erteilen.

Traumsymbole und Traumsprache

Unsere Träume kommen uns oft wie ein Wirrwarr von unsinnigen Bildern vor. Wie können wir den absonderlichen Ereignissen einen Sinn entlocken, die stattfinden, während unser Körper schläft, unser Gehirn

Überstunden macht und die Intuition uns mit lebenswichtigen Informationen über Dinge versorgt, die wir im Leben übersehen? Wie können wir die Sprache der inneren Stimme verstehen lernen, die im Traum zu uns spricht?

Im Lauf der Jahrhunderte sind gewisse Symbole und Bilder bestimmten Objekten, Zuständen und Erfahrungen im Traum, auch den körperlichen, zugeordnet worden. Zum Beispiel war man lange vor Freud der Meinung, ein Haus im Traum sei ein Sinnbild für den Körper. Die einzelnen Organe werden häufig als die verschiedenen Zimmer dieses Hauses gedacht. Ein Eingangsraum könnte beispielsweise den Mund darstellen. Eine Treppe, wie in meinem Traum, symbolisiert vielleicht die Wirbelsäule oder auch Kehle oder Speiseröhre. Zimmerdecken voller Spinnweben werden oft als Metapher für Kopfschmerzen und Migräne angesehen, während ein loderndes Feuer im Ofen oder Kamin oder ein Blasebalg mit Asthma und Atemproblemen in Zusammenhang gebracht werden. Frauen träumen während des Eisprungs häufig von dicken Steinen, die in Fenster krachen (Eier werden von den Eierstöcken freigesetzt), oder davon, sich in einem Haus zu befinden, dessen Wände einstürzen (die Gebärmutterschleimhaut wird bei der Menstruation abgestoßen). Dann gibt es noch die allseits bekannte aufrecht stehende Säule, den Pfeiler, der nach bester Freudscher Tradition natürlich als Phallussymbol gilt.

Hier einige der häufigsten Traumsymbole und die Körperorgane und physischen Zustände, die sie repräsentieren:

Symbol	Körperorgan/Befindlichkeit
Haus	gesamter Körper
Zimmer oder Teile des Hauses	einzelne Organe
Eingang	Mund
Treppe	Kehle, Speiseröhre oder Wirbelsäule
Decke mit Spinnweben	Kopfschmerzen
loderndes Feuer im Ofen oder Kamin	Lunge, Atmung
leere Kiste oder Korb	Herz
runder, sackartiger Gegenstand	Blase
aufrechter Stock oder Pfeiler	Penis

Bereits vor über 2000 Jahren machten die Chinesen die Beobachtung, daß zwischen bestimmten Traumtypen und der Gesundheit oder Erkrankung bestimmter Organe oder Organsysteme ein Zusammenhang besteht. Schreckensträume zum Beispiel schienen mit Herzbeschwerden in Verbindung zu stehen. Erstickungsträume ließen auf Lungenprobleme schließen, und Wasserträume waren offensichtlich ein Hinweis auf Nieren oder Blase. Viele dieser Beobachtungen haben heute noch Geltung.

Betroffenes Organ	Trauminhalt
Herz	Schrecken. Angst im Augenblick des Aufwachens. Meist kurze Träume, in denen ein schrecklicher Tod vorkommt. Feuer, lodernde Flammen.
Lunge	Träume von Ersticken, Verstopfen, Auflösung. Weiße Gegenstände. Grausame Ermordung von Menschen. Gegenstände aus Metall.
Verdauungstrakt	Freude am Essen oder Abscheu davor. Mangel oder Überfluß von Essen und Trinken. Errichten von Gebäuden oder Mauern. Berge, Sümpfe.
Nieren und Blase	Schiffe, Boote, Ertrinkende; Wanderungen und Ausflüge; im Wasser liegen; Rücken und Taille platzen auseinander.

So verführerisch es wäre, zu behaupten, alle Träume könnten auf der Grundlage dieser ihnen zugeordneten Symbole entschlüsselt werden, sind diese doch bestenfalls nur Richtlinien zum Verständnis dessen, was uns die Träume eingeben. Mein Vater beispielsweise war Zimmermann, deshalb kommen in vielen meiner Träume Gebäude und Bauwerkzeuge vor. Frauen träumen häufiger von Häusern als Männer. Schlangen in den Träumen von Frauen sollen Erotik symbolisieren, aber wenn eine depressive Person von einer Schlange träumt, könnte darunter auch ein Strick oder eine Schlinge zu verstehen sein. Für jemand anders ist die

Schlange unter Umständen das Abbild eines Weges oder Pfades, den der oder die Betreffende einschlagen müßte.

Früher haben die Freudschen Interpretationen von Traumsymbolen unsere Denkweise bestimmt. Das ist so, als setzten wir Freuds Brille auf und betrachteten das Leben durch seine Lebenserfahrung, sein Gehirn und seinen Körper. Seine Erfahrungen sind jedoch nicht unbedingt auch für andere gültig; außerdem ist manchmal das, was man im Traum sieht, genau das, was es zu sein scheint, nichts mehr und nichts weniger und ohne verborgenen Sinn. Das entspricht keineswegs Freuds anfänglicher Auffassung. Er hat einmal zum Thema einer Pfeife, die einem Patienten im Traum erschien, den berühmten Ausspruch getan: »Das ist keine Pfeife.« Er betrachtete den Penis als vorherrschendes Traummotiv, das durch unterschiedliche Symbole dargestellt wird. Ich weiß ja nicht, wie es bei Ihnen ist, aber ich selber mag zwar gelegentlich von männlichen Genitalen träumen, aber keineswegs dauernd. Ich nehme an, Freud ist schließlich selbst darauf gekommen, denn er hat seine Theorie später modifiziert und zugegeben, daß eine Zigarre manchmal auch bloß eine Zigarre ist.

Außerdem sind durch das moderne Leben Elemente und Gegenstände in die Träume eingeflossen, die zu Freuds Zeit gar nicht existierten, geschweige denn im alten China vor 2000 Jahren. Wir müssen diese Symbole unserer Träume neu interpretieren. Normalerweise haben sie wahrscheinlich eine spezifische Bedeutung für den jeweiligen Träumer. Ich habe beispielsweise zu einer Zeit, als ich zwei Dinge gleichzeitig zu bewältigen versuchte – mein Studium für den Doktor phil. und gleichzeitig mein Medizinstudium –, Nackenprobleme bekommen. Zusätzlich fuhr ich noch zwanzig bis vierzig Meilen täglich Rad und joggte abends sieben Meilen. Man könnte sagen, ich war völlig überfordert. In diese Zeit fallen meine Träume von Kontaktlinsen. Ich träumte, meine weichen Kontaktlinsen wären auf die doppelte Größe angeschwollen, so daß sie sehr schwer einzusetzen waren. Ich brachte es stets fertig, allerdings nur unter größten Schwierigkeiten. Tagsüber vermochte ich auch nur mit Mühe meine beiden Promotionen und mein Körpertraining unter einen Hut zu bringen, und doch gelang es mir immer irgendwie. Da ich lange Psychologie studiert hatte und mich für das Gehirn interessierte, versuchte ich, die Freudsche Theorie über die Bildersprache anzuwenden und war schließlich überzeugt, daß der Kontaktlinsentraum etwas mit meinem Selbstbild zu tun hatte, das sich entsprechend meinem beruflichen Werdegang wandelte.

Ich strengte mich sehr an, meine akademischen Grade zu erwerben und gleichzeitig meine medizinische Ausbildung im Krankenhaus zu schaffen. Dann wachte ich eines Morgens auf und stellte fest, daß mit meinen Händen etwas nicht stimmte und ich einige Finger nicht mehr gut bewegen konnte. Eine Computertomographie ergab, daß zwei Bandscheiben in meinem Nacken verrutscht waren. Sie drückten mir aufs Rückenmark und verursachten dadurch die Taubheit und partielle Lähmung der Hände. Um mich keiner Operation unterziehen zu müssen, wählte ich lieber eine konservative Behandlung, die Massage, Akupunktur und Psychotherapie einschloß. Außerdem entschloß ich mich, von einer Assistenzzeit als Neurologin, die ich eigentlich eingeplant hatte, abzusehen. (Als wenn ich nicht schon genug am Hals gehabt hätte!) Die Bandscheiben schwollen nach und nach ab und nahmen schließlich wieder ihren normalen Platz in der Wirbelsäule ein. Und siehe da, der Kontaktlinsentraum hörte auf.

Zu jenem Zeitpunkt hatte ich natürlich meinen Traum, die Bandscheiben und mein Gefühlsleben, das einer Korrektur bedurfte, noch nicht miteinander in Zusammenhang gebracht. Ich zog nach Maine und trat meine Assistenzzeit in der Psychiatrie an. Drei Jahre später merkte ich jedoch, daß sie mich nicht ausfüllte, und hielt nach stärkeren Herausforderungen und Anreizen Ausschau. Ich überlegte, ob ich nicht wieder zwei Dinge gleichzeitig machen sollte, und erwog eine Doppelassistenz sowohl in der Psychiatrie als auch in der Neurologie. Zu diesem Zweck wollte ich nach Chicago umziehen. Und da setzten die Nackenschmerzen und die Taubheit in meinen Händen wieder ein.

Zur gleichen Zeit tauchte auch der Kontaktlinsentraum wieder auf. Jetzt waren die Kontaktlinsen so dick, daß ich sie gar nicht mehr einsetzen konnte. Eines Tages sprangen mir beim Niesen zwei weitere Bandscheiben heraus. Ich wurde eilends ins Krankenhaus gebracht, weil ich meine linke Hand nicht mehr bewegen konnte und allmählich auch das Gefühl in meinen Beinen verlor. Die vergrößerten Bandscheiben in meinem Nacken drückten aufs Rückenmark und lösten diese Lähmungen aus. Diesmal mußte ich operiert werden.

Am Tag nach der Operation hatte ich den Kontaktlinsentraum noch ein letztes Mal. Im Traum wollte ich gerade eine Kontaktlinse einsetzen, als sie in meiner Hand in tausend Stückchen zersplitterte. Ich wachte in kalten Schweiß gebadet mit dem deutlichen Gefühl auf, daß der Traum eine besondere Bedeutung für mich hatte. Aber mir ging noch immer kein Licht auf. Ich dachte doch tatsächlich, ich brauchte neue Kontaktlinsen, und ließ sogar durch eine Freundin einen Termin beim Augenarzt festlegen! Einige Wochen später erhielt ich den Operationsbefund. Und auf einmal war mir alles klar. In dem Befund hieß es, daß mehrere Bandscheibensplitter aus der Rückenmarkshaut entfernt worden waren. Mit anderen Worten: Eine meiner Bandscheiben war zersplittert. Und was für eine Form haben Bandscheiben? Sie sind ähnlich nach außen gewölbt wie Kontaktlinsen.

Plötzlich verstand ich die Bildersprache meines Traums. Und ich begriff, daß mich meine Intuition durch die Träume und durch Erinnerungen daran, daß Rückenschmerzen bei mir immer mit schwierigen Lebensphasen einhergingen, davor gewarnt hatte, zwei verschiedene, gegensätzliche Dinge unter einen Hut bringen zu wollen. Ich lief Gefahr, darunter zu zerbrechen. Was war bloß mit mir los gewesen? Ich hatte mir in den Kopf gesetzt, mit der Neurologie weiterzumachen und nach Chicago zu ziehen, während mein Herz und mein übriger Körper in Maine bei der Psychiatrie bleiben wollten. Mein Kopf war also Richtung Chicago unterwegs und mein Körper auf das entgegengesetzte Maine fixiert. Und wo hatte diese Zerreißprobe stattgefunden? In meinem Nacken.

Meine Träume sagten mir, daß ich mir großen Schaden zufügen würde, wenn ich mein Verhalten und die Gründe für mein Verhalten nicht änderte. Nur noch eine meiner Bandscheiben im oberen Wirbelsäulenbereich ist funktionsfähig, und zwar die in der Nähe meines Herzens. Wenn diese Bandscheibe kaputtgeht, muß ich mich einer Operation unterziehen, bei der mir ein Chirurg im Operationssaal den Brustkorb öffnet, die Lungenflügel beiseite schiebt und die Bandscheibenteile mit einer Zange herauszieht. Ich muß also endlich begreifen, was mir meine Träume und mein schweißgebadeter Körper zu verstehen gegeben haben: daß ich den Weg von Herz und Körper einschlagen muß, wenn ich am Leben bleiben will, statt immer zwischen Kopf und Herz hin und her zu schwanken.

Selbstverständlich kannten weder die alten Chinesen noch Freud Kontaktlinsen, ihre Interpretationen von Traumsymbolen halfen mir also nicht weiter. Außerdem konnten bei jemand anderem Bandscheiben durch ein anderes Traumsymbol dargestellt sein. Trotzdem kann jeder mit solchen Träumen wie meinem Kontaktlinsentraum etwas anfangen. Wir alle kennen warnende Träume, aus denen wir schweißgebadet aufwachen, um uns zu fragen, was sie bedeuten könnten. Wir wissen, daß sie wichtig für uns sind, verstehen aber oft ihre Symbolsprache nicht. Vielleicht müssen wir unseren Traum erst einem Freund erzählen, der uns auf die Sprünge hilft, damit wir eine Vorstellung davon bekommen, mit welchen emotionalen Situationen wir uns auseinanderzusetzen haben und welche Teile unseres Körpers gefährdet sind, wenn wir diesen Problemen ausweichen.

Vieles von der Sprache der Intuition im Traum ist auf den jeweiligen Menschen zugeschnitten. Das heißt, daß jeder von uns lernen muß, wie er das entschlüsseln kann, was ihm seine Träume auf ganz spezifische Art über notwendige Veränderungen in seinem Gefühlsleben sagen und darüber, welche Körperteile in Mitleidenschaft gezogen werden könnten, wenn er nicht handelt.

Eine hochinteressante Studie aus den 30er Jahren hat die Vermutung bestätigt, daß Traumbilder mit Körperfunktionen und Befindlichkeiten in Verbindung stehen. Ein Forscher an der Westküste der USA ließ sich von Frauen ihre Träume erzählen. Ausgehend von dem jeweiligen Trauminhalt konnte er dann voraussagen, in welcher Phase des Menstruationszyklus sich die Frauen gerade befanden. Der Arzt gab anhand der beschriebenen Traumsymbole sein Urteil über die Beschaffenheit von Eierstock und Gebärmutter der Frauen ab. Danach wurden entsprechende Abstriche an einen Arzt an der Ostküste geschickt, der eine Auswertung vornahm und genau bestimmen konnte, in welcher Phase des Menstruationszyklus sich die Frauen tatsächlich befanden. In fast allen Fällen traf die Voraussage zu, stimmten die Beurteilungen überein. Vor dem Eisprung träumten die Frauen meist von Aktivitäten in der Welt draußen. Aber während der Menstruation handelten die Träume fast ausnahmslos vom Innenbereich – vom Zuhausebleiben, von Hausarbeit und Nestbau. Der psychologische Inhalt der Träume spiegelte wider, was im Körper der Frauen vor sich ging.

Wenn Sie den Informationen, die Ihre Träume Ihnen übermitteln, Beachtung schenken, können Sie sich einen unmittelbaren Einblick in ihr körperliches Befinden verschaffen. Zudem erhalten Sie Aufschluß über Ihr Gefühlsleben und das, was Sie aus Ihrem Leben machen wollen, oft auf sehr drastische Art. Ich habe einmal eine Lesung bei einer Frau durchgeführt, die meiner Intuition zufolge unter starker Blutarmut litt. Ich wußte nicht genau, was es war, aber es mußte etwas mit ihrer Familie und einem Verlust zu tun haben. Ich fragte sie, ob sie vielleicht einen sonderbaren Traum gehabt hätte, den sie mir erzählen könne. Zuerst behauptete sie, wie so viele Menschen, sie würde nicht träumen. Ich berührte das Thema also eine Weile nicht mehr, sondern unterhielt mich mit ihr über andere Dinge. Als sie entspannter war, fragte ich erneut: »Sind Sie sicher, daß Sie nicht träumen? Erzählen Sie es mir ruhig, was es auch sei.« Ich mußte noch dreimal nachhaken, bis sie mir endlich gestand, sie habe einen Traum, der immer wiederkäme, und den wolle sie mir erzählen. Sie träumte, durch den Himmel zu fliegen und dort ihre Cousine zu treffen, die an Leukämie gestorben war, einer Art Krebs, von dem die weißen Blutkörperchen befallen werden. Die Frau umarmte im Traum ihre Cousine, während beide durch die Lüfte flogen. Und bei dieser Umarmung spürte sie, wie die Krankheit der Cousine auf sie selbst überging.

Wie sich herausstellte, litt die Frau tatsächlich an einer Erkrankung des Blutes, bei der die Zahl der weißen Blukörperchen drastisch abnahm. Das Erstaunliche war jedoch, daß sie *sechs Monate nach dem Tod der Cousine daran erkrankt war*! Es war, als hätte sie in ihrer Trauer über den Verlust der Cousine durch reines Mitfühlen eine ähnliche Blutkrankheit entwickelt. Darüber gab ihr der Traum in aller Deutlichkeit Aufschluß. Sobald sie das verstanden und akzeptiert hatte, war sie in der Lage, etwas mit dem intuitiven Wissen anzufangen, das der Traum ihr übermittelt hatte, und sowohl ihr körperliches Befinden als auch ihre Lebensqualität zu verbessern.

3

Linkshirn und Rechtshirn: *»Denken« und »Fühlen«*

Wir betrachten das Gehirn als Sitz von Verstand und Intelligenz. Aber Verstand und Intelligenz bilden nur die *Hälfte* des Hirnpotentials. Nur allzuoft vergessen wir die Intuition, die Fähigkeit, die uns das Gehirn darüber hinaus zur Verfügung stellt.

Die Figur der Vogelscheuche aus dem *Zauberer von Oos* mit ihrer Vorstellung von dem, was ein Gehirn ausmacht, ist ein typisches Beispiel für die meisten von uns. Wenn sie doch bloß ein Gehirn hätte, dann könnte sie Einstein-Gleichungen im Kopf rechnen und Shakespeare-Sonette Wort für Wort herunterrasseln! In diesem Wunsch ist im Grunde das Verlangen nach der *linken Gehirnhälfte* ausgedrückt, dem Teil des Gehirns, der überwiegend für den Verstand und das vernünftige Denken zuständig ist. Denn im Grunde besaß die Vogelscheuche bereits eine Art Geisteskraft, wie der Zauberer wohl wußte, auch wenn ihr selber das nicht bewußt war. Daß sie Dorothy bei ihren Prüfungen im zauberhaften Land beistehen konnte, lag nur an ihrer Intuition, einer Fähigkeit, die vorwiegend in der *rechten Gehirnhälfte* begründet ist.

Einige Menschen greifen weniger auf ihre Intuition zurück als andere, weil die meisten von uns im Gegensatz zu der Vogelscheuche stark linkshirnorientiert sind. Wir leben in einer Welt, die den Verstand überbetont und dafür wie die Vogelscheuche die Intuition übersieht.

Wir verlassen uns auf das Linkshirn mit seinem engen Bezug zu Außenwelt und Logik, um unser Handeln festzulegen und unsere Reaktionen auf Ereignisse in unserem Leben zu kontrollieren. Gleichzeitig verleugnen und vergessen wir die andere Gehirnhälfte, die überwiegend innengerichtet ist und unsere stärkste Quelle für die Intuition ist.

Im Kino unseres Geistes läuft dauernd der Film »Kampf der Gehirne«. Wir müssen lernen, diesen Kampf zu beenden, diese gegensätzlichen und doch gleichermaßen unverzichtbaren Teile unseres Geistes miteinander auszusöhnen und in das Gehirn mit all seinen Bereichen zu integrieren. Dadurch können wir dessen Produktivität verändern und die Möglichkeit dafür schaffen, daß die Intuition eine größere, positivere Rolle in unserem Leben spielt.

Zwei Gehirne in einem

Wir haben nur ein einziges Gehirn im Kopf, aber es ist in zwei verschiedene Teile gespalten. Die linke Hälfte oder Hemisphäre des Gehirns ist der Sitz des logischen Denkens. Sie ist folgerichtig, rational, linear, faktisch und außengerichtet. Sie sucht beständig nach dem Wert der eingehenden Informationen. Ihre Stärke sind die Worte und die Sprache, und sie wird im allgemeinen als die männliche Gehirnhälfte angesehen. Die rechte Hirnhemisphäre hingegen ist eher irrational, empfänglich, visuell und gestaltorientiert. Ihr Interesse gilt dem Schönen und Ästhetischen. Sie konzentriert sich auf die Emotionen und das körperliche Befinden und wird im allgemeinen als weibliche Gehirnhälfte bezeichnet. Das Linkshirn ist auf die Außenwelt gerichtet und entspricht damit Yang, das Rechtshirn ist auf die Innenwelt gerichtet und entspricht damit Yin.[11]

Bei den einen überwiegt die linke Gehirnhälfte, bei den anderen die rechte. Frauen greifen generell mehr auf die rechte Hirnhälfte zurück und verfügen eher über die Fähigkeit, zwischen den beiden Gehirnhälften simultan hin und her zu wechseln. Männer neigen in der Regel dazu, entweder von der einen oder der anderen Hirnhemisphäre Gebrauch zu machen, selten jedoch von beiden auf einmal; sie bleiben meist bei der linken Gehirnhälfte.

Einmal bin ich abends mit einer Freundin und ihrer Familie in ein Konzert gegangen. Nach dem Konzert hielt der Leiter des örtlichen Symphonieorchesters einen kurzen Vortrag über die Bedeutung musischer Erziehung. Er beschrieb auf packende Weise, wie die Musik unsere Rechtshirnemotionen anspricht und dazu beiträgt, unseren Schönheitssinn zu wecken und das Leben zu verstehen. Außerdem erwähnte er einen

Forschungsbericht, der nachwies, daß das Studium der Musik oder das Erlernen eines Instruments wissenschaftliche und mathematische Fähigkeiten fördert. Meine Freundin und ich waren fasziniert.

Als er seinen Vortrag beendet hatte, gab es stürmischen Beifall für ihn. Meine Freundin und ich wandten uns an ihren Ehemann, der nicht mit applaudiert hatte. »War das nicht ein toller Vortrag?« fragte meine Freundin ihn. Ihr Mann zuckte die Achseln. »Ich konnte nicht viel damit anfangen«, sagte er. »Meines Erachtens war er ziemlich verschwommen. Worum ging's denn eigentlich?« Meine Freundin war vollkommen verblüfft. »Das ist doch nicht zu glauben!« rief sie. »Er war wunderbar!« Wieder zuckte der Ehemann mit den Schultern. »Ich hatte nicht den Eindruck, daß er einen Wert hatte.«

Und ich dachte im stillen: Hoppla, da prallen ein Rechtshirn und ein Linkshirn direkt neben mir hier im Zuschauerraum aufeinander.

Die Reaktion meiner Freundin auf den Vortrag war im wesentlichen der rechten Gehirnhälfte zuzuordnen. (Ich möchte fast wetten, daß die meisten Frauen jetzt das Gefühl haben, eine solche Meinungsverschiedenheit in einem Zuschauerraum aus eigener Erfahrung zu kennen!) Meine Freundin wollte die Erfahrung voll und ganz auskosten und ihren Mann dazu bewegen, ihre Gefühle mit ihr zu teilen. »Es war einfach wundervoll. Findest du nicht, daß sein Vortrag einmalig war?« Ihr Mann hingegen ließ sich in seiner Reaktion ausschließlich von seinem Rechtshirn leiten. Er konnte ihre Gefühle nicht nachempfinden, weil er Logik, Definitionen, Werte und vor allem einen Anhaltspunkt brauchte: Ich weiß nicht, worum's ging. Es war zu allgemein. Was hat er denn gemeint?

Die rechte Hirnhemisphäre, die für freier und kreativer gehalten wird, soll angeblich die Gehirnhälfte sein, die besonders empfänglich ist für Intuitionen. Davon ausgehend, daß Frauen mehr mit ihrem Rechtshirn anzufangen wissen, hat der Spruch von der »weiblichen Intuition« durchaus seine Berechtigung. Da sich unser Kulturkreis wie die meisten Leute, die ihm angehören, von der linken Gehirnhälfte beherrschen läßt, wird die Intuition gern ignoriert, lächerlich gemacht oder ganz abgelehnt. Linkshirnmenschen neigen zu der Auffassung, die Intuition und ihre Anhänger seien wohl ein wenig überspannt. Im Gegenzug werden sie von Rechtshirnmenschen ein Haufen phantasieloser Spießer genannt. Doch wenn begriffen wird, was die Intuition zu bieten hat, ist die eine wie die andere Gehirnhälfte von gleich großer Bedeutung. Ebenso wie das Gehirn beide Hälften braucht, um mit maximaler Wirkung zu funktionieren, brauchen wir auch die rechte und die linke Hemisphäre, also das *ganze* Gehirn mit allen Bereichen, um die Intuition möglichst effizient zu nutzen.

Im Innern des Gehirns

Die Kommandozentrale des Intuitionsnetzwerks – das Gehirn – ist ein vielteiliges, vielschichtiges und multifunktionales Organ. Man kann es sich auf zweierlei Art bildlich vorstellen. Einmal als Avocado; die Schale ist dabei der Kortex, eine Rindenschicht aus Zellen, die wie Computer funktionieren und all unser Denken steuern. Das grüne Fruchtfleisch ist das Kabelgewirr, das alle verschiedenen Bereiche des Gehirns miteinander vernetzt, deren Kommunikation und Informationsaustausch fördert und Gedankenverbindungen ermöglicht. Der Stein im Innern ist der innerste Kern des Gehirns. Er enthält die innersten Strukturen wie das Unbewußte und die *Nuclei*, die Gruppen von Zellkernen, die die Vorgänge in der Hirnrinde steuern.

Man kann sich aber auch ein Bild von den verschiedenen Bereichen des Gehirns machen, indem man sich das Gehirn als Auto vorstellt. Die Motorhaube ist der Stirnlappen, der das Sozialverhalten steuert. Er regiert, reguliert und bremst, indem er sagt, tu das nicht, rühr das nicht an, verhalte dich gefälligst anders. Es ist, als hätte man die Eltern, den Schuldirektor und den Gemeindepfarrer alle auf einmal im Kopf. Der Kofferraum hinten am Auto ist der fürs Visuelle zuständige Teil des Gehirns, eine Art Videokamera, die angibt, wie etwas Gesehenes zu deuten ist. Die Kotflügel sind die Schläfenlappen. Manche Menschen verfügen über Schläfenlappen, die so eindrucksvoll sind wie die Kotflügel eines Cadillacs von 1950 und sich über die volle Seitenlänge des Gehirns ziehen. Die Schläfenlappen dienen der Interpretation dessen, was wir sehen und hören, dem Speichern von Erinnerungen sowie dem Gefühlsausdruck. Sie sind außerdem unerläßlich für die Intuition.

Wenn man die Motorhaube aufmacht und die Maschine betrachtet, sieht man eine Menge Kabel, die die vielen Teile des Autos miteinander verbinden – Schlösser, Fenster, Lampen und vieles andere mehr. Je länger man lebt, um so mehr Drähte spannt das Gehirn zwischen seinem vorderen und hinteren Teil sowie den beiden Seiten. Diese inneren Drähte stellen einen Bezug her zwischen dem, was wir sehen (den Stoßstangen), was wir hören und empfinden (den Kotflügeln) und dem, was wir mit alledem anfangen sollen (der Motorhaube).

Darüber hinaus ist das Gehirn noch mittendurch zweigeteilt. Die rechte Hälfte übt die Kontrolle über die linke Körperseite aus und die linke Hälfte über die rechte Körperseite. Beide Gehirnhälften sind durch einen Nervenstrang miteinander verbunden, den Corpus callosum, der wie eine Telefonleitung die Kommunikation zwischen den beiden Hemisphären ermöglicht. Von dieser Kommunikation hängt alles ab, denn jede Gehirnhälfte übernimmt eine ganz eigene, sehr spezifische Funktion. Jede dieser Funktionen hat zwar für sich genommen Sinn und Bedeutung, aber erst wenn beide Hälften zusammenarbeiten, läßt sich das meiste aus dem machen, was die Intuition uns sagen will.

Form und Detail

Wenn ich Sie bitten würde, ein Haus zu zeichnen, würde sich Ihre rechte Gehirnhälfte um dessen Form, die äußere Gestalt kümmern. Sie würde den Umriß des Gebäudes und die Dachform bestimmen. Dann würde die rechte Gehirnhälfte die Arbeit am Detail übernehmen. Sie würde Türen und Fenster samt Beschlägen zeichnen, den Schornstein, den Rauch, der sich in die Luft ringelt, und alle weiteren Einzelheiten, die Sie abbilden wollten.

Die rechte Hirnhemisphäre nimmt den größeren Zusammenhang, eine Gesamtform, wahr. Sie bekommt nicht mehr als die Gestalt oder den äußeren Umriß von etwas mit und leitet davon ab, um was es sich handelt. Schauen Sie sich einmal den folgenden Umriß eines Wortes an. Können Sie sagen, welches Wort das ist?

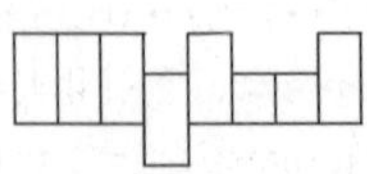

Wenn bei Ihnen die rechte Hemisphäre überwiegt, besteht die Chance, daß Sie es schon ausgeknobelt haben. Sollten Sie jedoch, wie die meisten Menschen, vom Linkshirn beherrscht werden, brauchen Sie wahrscheinlich einen Tip: Es handelt sich um den Namen eines Tieres. Können Sie das Wort jetzt lesen?

Sobald die linke Gehirnhälfte auf die richtige Spur gebracht wurde, können die meisten Leute das Wort sofort lesen: Nilpferd.

Falls Sie das Wort aus den bloßen Umrissen der Buchstaben entschlüsseln konnten, ist Ihre rechte Hirnhemisphäre wahrscheinlich so groß wie der amerikanische Bundesstaat Iowa, vielleicht sogar wie Texas. Wenn ich dieses Experiment bei meinen Kursen oder Vorträgen durchführe, sind meist nur zwei von hundert Anwesenden in der Lage, das Wort ohne Fingerzeig zu lesen. Das bedeutet, daß sie auf der Grundlage sehr weniger Fakten zu einem korrekten Ergebnis kommen. Erinnern Sie sich noch an die Definition von Intuition im ersten Kapitel – die Fähigkeit, auf der Grundlage ungenügender Daten eine korrekte Entscheidung zu treffen.

Natürlich ist die rechte Gehirnhälfte nicht unfehlbar. Ich weiß noch, daß ich einmal auf dem Highway hinter einem Auto mit einem Aufkleber in Frakturschrift herfuhr. Ich war zu weit entfernt, um ihn lesen zu können, aber bei den Umrissen und Oberlängen dachte ich: He, die Leute fahren zum Holy Cross! Als ich sie dann überholte, stellte sich heraus, daß auf dem Aufkleber überhaupt nichts von Holy Cross stand, sondern Grateful Dead. Na schön, ich lag also völlig daneben. Aber meine rechte Gehirnhälfte hatte anhand von ungenügenden Daten eine Vermutung gewagt. Dieses Mal hatte sie sich geirrt, aber viele andere Male hatte sie recht. Übrigens lesen die meisten Rechtshirnmenschen so. Die rechte Hirnhemisphäre geht vom Umriß eines Wortes aus und tippt auf etwas, äußert eine annähernde Vermutung, und die linke Hirnhemisphäre füllt die Lücken. Legastheniker können nicht Buchstabe für Buchstabe lesen; sie erfassen den Umriß und schließen daraus auf das Wort. Leute, die einen Schlag in der linken Gehirnhälfte hatten und »aphasisch« geworden sind, das heißt, daß ihr Sprachzentrum ausgefallen ist, können nach diesen allgemeinen Prinzipien einen Teil ihrer Lesefähigkeit wiedererlangen. Ein solchermaßen Sprachgestörter kann keine in Großbuchstaben gedruckten Worte lesen, da sie keine äußere Form haben, die sein Rechtshirn ausdeuten könnte. »NILPFERD« zum Beispiel würde einfach wie ein breiter Kasten aussehen. Von dem oben abgebildeten Umriß jedoch könnten sie das Wort »Nilpferd« entziffern. Das funktioniert so ähnlich wie beim zuvor erwähnten Wiedererkennen von Mustern.

Die rechte Hirnhemisphäre kann also unter Umständen eine Form oder Gestalt deuten oder eine intuitive Einsicht gewinnen, aber für die näheren Einzelheiten braucht sie die linke Hemisphäre, um mit ihr gemeinsam zu einem Schluß zu kommen. Erinnern Sie sich noch an die Krankenschwestern, die »wußten«, wenn es einem Patienten schlechter ging oder er auf eine Krise zusteuerte, obwohl keine sichtbaren Anzeichen oder Symptome dafür sprachen? Wurden sie von den Ärzten zur Rede gestellt, suchten sie nach äußeren Anhaltspunkten, die ihre intuitiv gezogenen Schlüsse rechtfertigten. Da sie keine solchen Daten anführen konnten, vermochten sie die Ärzte im allgemeinen nicht davon zu überzeugen, daß bestimmte Schritte zum Wohle der Patienten unternommen werden müßten. Den Krankenschwestern fehlten zwei wichtige Pfeiler der Intuition: Vertrauen in das, was ihnen ihre rechte Gehirnhälfte über die Intuition eingab, und Unterstützung durch die linke Gehirnhälfte, um ihre Informationen anderen vermitteln und erklären zu können.

Sie mögen vielleicht aufgrund Ihrer rechten Gehirnhälfte ein unbestimmtes Gefühl im Bauch haben – »irgend etwas stimmt hier nicht« –, aber dann müssen Sie nach Linkshirnfakten kramen, auf deren Grundlage Sie vernünftig argumentieren können; sonst können Sie die Gültigkeit Ihrer intuitiven Eingebung nicht übermitteln.

Die beiden Gehirnhälften ergänzen einander. Die rechte läßt die intuitive Eingebung aufblitzen, während die linke dieser Eingebung eine Ausdrucksform gibt, in der sie dem Betreffenden selbst wie auch anderen Menschen verständlich wird. Ohne Zutun des Linkshirns wirkt die Botschaft aus dem Rechtshirn oft bloß wie dummes Zeug. Ich weiß noch, daß ich bei meinen ersten intuitiven Lesungen bei einem Patienten mit einem Leberleiden sagte: »Oh, die Leber, sie hat sich in tausend Stücken in Ihrem ganzen Unterleib verteilt.« Wie sich herausstellte, hatte der Mann eine Lebertransplantation hinter sich, und sein Körper stieß das fremde Gewebe ab. Meine rechte Gehirnhälfte gab mir Einblick in das Problem, aber ich war im Grunde nicht dazu fähig, in Worte zu fassen, was ich intuitiv wahrnahm. Das nützte dem Patienten natürlich nichts.

Er mußte eine genaue Vorstellung davon bekommen, was vor sich ging und warum. Warum verhielt sich sein Körper ihm gegenüber so? Welcher Aspekt seines Innenlebens stand mit dieser Abwehrreaktion in Zusammenhang? Erst als ich meine linke Gehirnhälfte mit einspannte, um auf logische, lineare Art und Weise zu erklären, was ich intuitiv erfaßt hatte, war ich als intuitive Heilerin effektiv. Viele medial veranlagte Menschen sind zwar sehr empfänglich für intuitive Rechtshirninformationen, sind aber nicht dazu in der Lage, diese mit Hilfe der linken Hirnhemisphäre zu artikulieren. Sie reden und reden von dem, was sie fühlen, können diese Gefühle jedoch nicht zum Wohle des Klienten analysieren oder interpretieren. Intuitive Einsichten aus der rechten Gehirnhälfte, die keinen sprachlichen Ausdruck durch die linke Gehirnhälfte finden, sind wie jemand, der Dirigent eines Symphonieorchesters sein möchte, ohne Noten lesen oder schreiben zu können. Intuition ohne Verankerung in der Welt ist niemandem von Nutzen.

Wenn die linke Hirnhemisphäre dominiert – das logische, analytische, systematische Denken –, ist damit nicht gesagt, daß man nicht intuitiv sein könnte. Wir alle verfügen über die Gabe der Intuition. Selbst der Ingenieur am Rechner, der so aussieht, als hätte er nicht einen Funken Phantasie und Intuition im Körper, könnte uns mit seinen intuitiven Fähigkeiten verblüffen. Wer ist schon konservativer und organisierter als ein Manager? Und doch haben Forschungen nachgewiesen, daß bei den besten Managern mehr Rechtshirn- als Linkshirndenkprozesse ablaufen. Sicher haben Sie schon von all den ausgefeilten Entscheidungs- und Managementprogrammen gehört, die dauernd weiterentwickelt und an Managerschulen gelehrt werden. Wie sich herausgestellt hat, werden sie von den Topmanagern einfach ignoriert! Diese Leute lassen sich bei der Beurteilung von Menschen und Situationen wie auch zum Zwecke der Entscheidungsfindung lieber von Gesichtsausdruck, Tonfall und Gestik ihres Gegenübers leiten. Sie benutzen ihre rechte Gehirnhälfte und nicht die linke.

Ich kenne eine Frau, die eine intuitive Heilerin von Häusern ist. Sie kann Häuser »lesen«, das heißt, sie geht hinein und weiß instinktiv – intuitiv –, wo die Dinge darin ihren Platz haben sollten, wo sie am schönsten aussehen und wo sie ihre Funktion am besten erfüllen. Sie übt die asiatische Kunst des Feng-Shui aus, in der die These vertreten wird, daß die Art und Weise, wie wir uns einrichten, große Auswirkungen auf unser Leben und unseren Sinn für Ausgewogenheit und Harmonie hat.

Diese Frau paßt nicht in das Bild, das sich die meisten Leute von einer intuitiven Heilerin machen. Sie ist äußerst pedantisch, logisch und systematisch – alles Linkshirnmerkmale. Ich muß gestehen, daß ich sie zuerst selber nicht für eine intuitive Heilerin gehalten habe. Insgeheim habe ich wohl gelächelt über ihre ausführlichen Empfehlungen, mich entsprechend unsichtbarer elektromagnetischer Energiefelder einzurichten, die verschiedene Bereiche meines Lebens beeinflussen. Trotzdem habe ich fast alles befolgt. Auf der Südseite meines Hauses habe ich zum Beispiel die Gegenstände versammelt, die etwas mit meinem Beruf zu tun haben; auf der Westseite habe ich mich auf Liebe und Partnerschaft konzentriert und so fort. Aber ihren Rat bezüglich des Bereiches mit Schwerpunkt Gesundheit habe ich ignoriert. Ach, das kann nicht so schlimm sein, dachte ich, weil ich ohnehin nicht recht an ihr System glaubte.

Dann kam Weihnachten, und voller Freude schmückte ich all meine Fenster mit Lichterketten vom Berufs- und Wohlstandsbereich über den Gesundheitsbereich, den ich ignoriert hatte, bis hin zum Reise- und Abenteuerbereich. Was, glauben Sie, passierte da? Am nächsten Morgen entdeckte ich, daß die funkelnagelneuen Lichterketten im Gesundheitsbereich unerklärlicherweise durchgebrannt waren. Und nicht nur das: Auch zwei Sicherungen waren durchgebrannt, und mein Haus war angefüllt mit dem beißenden Geruch schmorender Kabel! Womit habe ich immer wieder Probleme in meinem Leben? Mit meiner Gesundheit. Meine Schlafstörung ist zwar inzwischen unter Kontrolle, aber sie war im Grunde auch eine Art von Elektroproblem – mein Gehirn ist entweder an oder aus, wie die Lichter.

Es wird niemanden überraschen, daß ich sofort zu Feng-Shui und dem Glauben bekehrt war, daß diese Frau wirklich intuitiv war, trotz ihrer sichtlichen Linkshirneigenschaften. Ihre *rechte* Gehirnhälfte lieferte ihr die Einsichten und das Gespür dafür, wie ein Haus eingerichtet sein müßte. Sie war wie eine Innenarchitektin, die mit grandiosen Visionen hereingefegt kommt: »Oh, wird das schön! Wir machen daraus amerikanische Gründerzeit mit einem Spritzer Santa Fe!« Ihre *linke* Gehirnhälfte lieferte die genauen Einzelheiten für die praktische Ausführung, wie der Assistent eines Dekorateurs, der hinter seinem Chef herläuft und den Arbeitern Anweisungen gibt: »Hängt das Bild da drüben auf. Die Couch muß dorthin! Und der rote Teppich gehört vor den Kamin.«

Links vor rechts

Im Idealfall arbeiten die beiden Hirnhemisphären zusammen, aber meistens tun sie das nicht. Die linke Gehirnhälfte spielt sich gern gegenüber der rechten als Herr auf wie der Präsident oder die Regierung, die alles in Gang hält und die Gesetze erläßt. Die rechte Gehirnhälfte verhält sich wie der Wähler, der dazu da ist, regiert zu werden. Die Dominanz der linken Hemisphäre ist jedoch nicht bloß kulturell begründet. Vielmehr belegen mehrere Studien, daß die kulturelle Schieflage durchaus auch aus einer biologischen Einseitigkeit entstanden sein kann. Es sind Versuche mit Menschen durchgeführt worden, deren beide Gehirnhälften entlang des Balkens *(Corpus callosum)*, des zentralen Nervenfaserkanals, der die beiden Hirnhemisphären miteinander verbindet, getrennt wurden. Die Ergebnisse waren bemerkenswert und sehr bedeutsam. Sie erklären zu einem guten Teil, warum Menschen so oft ihre Intuition unterdrücken oder ignorieren.

Wenn die beiden Gehirnhälften durch einen Schnitt getrennt werden, können sie nicht mehr miteinander kommunizieren. Jede Hälfte handelt für sich und macht eigene Erfahrungen. Trotzdem setzt sich, wie Forscher herausgefunden haben, die linke Hemisphäre mit ihren Wahrnehmungen immer durch und spielt ihre Erfahrungen in den Vordergrund. Und nicht nur das: Sie verleugnet sogar die Wahrnehmungen der rechten Gehirnhälfte, jenes Teils, in dem die Intuition angesiedelt ist!

Nehmen wir einmal an, Sie würden einer rechten Hirnhälfte eine Ausgabe des *Playboy* schenken (das heißt, Sie drücken der Person das Heft in die linke Hand). Gleichzeitig geben Sie der linken Hirnhälfte ein Heft *Geo* (drücken Sie es der gleichen Person in die rechte Hand). Die betreffende Person wird nun emotional auf den *Playboy* reagieren und erröten, dann jedoch einfach darüber hinweggehen und sagen: »Sind diese Bilder von Afrika nicht atemberaubend schön?« Ihre linke Gehirnhälfte ignoriert die Wahrnehmung der rechten einfach und verleugnet sie.

Erstaunlicherweise gilt das auch für den Fall, daß die linke Gehirnhälfte gar keine eigene Erfahrung macht. Sie geben zum Beispiel wieder der rechten Hirnhälfte den *Playboy*, der linken aber diesmal nichts. Wie vorher auch, wird die betreffende Person mit der rechten Gehirnhälfte darauf reagieren, zu lachen anfangen und erröten. Wenn Sie nun fragen, warum sie rot wird und kichert, weiß sie keine Antwort und nichts zu sagen, oder aber ihre linke Gehirnhälfte plaudert drauflos – erfindet etwas, das nichts mit der Erfahrung der rechten Gehirnhälfte zu tun hat – und verleugnet die Wahrnehmung lieber, als die Richtigkeit dessen, was die rechte Hälfte wahrgenommen hat, zuzugeben oder anzuerkennen.

Das ist bemerkenswert, weil es genau das ist, was in unserer Welt passiert. Sehr oft ignorieren wir die Empfindungen der rechten Gehirnhälfte. Welchen Wert hätte es, Wut oder Schmerz einzugestehen? fragen wir. Was bringt es schon Gutes, Schmerz und Wut zuzugeben? Manchmal ist es bequemer und einfacher, so schwierige Emotionen zu ignorieren. Ebenso ignorieren wir die intuitiven Eingebungen der rechten Gehirnhälfte. Unsere linkshirnlastige Gesellschaft verleugnet die Erfahrungen und Sichtweisen der rechten Hemisphäre lieber. Die linke Seite dominiert bei jeder Gelegenheit. Denken Sie einmal an den Vortrag, den ich zu Beginn dieses Kapitels erwähnt habe. Das, was der Redner über die Schönheit und Bedeutung der Musik sagte, war weise und sehr bewegend. Er ließ jedoch auch die Bemerkung einfließen, daß die Musik die mathematischen und wissenschaftlichen Fähigkeiten des Menschen fördern kann. Es genügte nicht, die Musik als etwas mit eigenem inneren Wert zu würdigen; die meisten Menschen sehen nur dann einen Wert in Rechtshirnemotionen und Eingebungen, wenn sie irgendwie dem rationalen Linkshirn dienlich sein können. Patricia Brenner, die den Versuch mit den Krankenschwestern durchführte, meinte, daß die Intuition vermutlich leichter akzeptiert werden würde, wenn sie als das Wiedererkennen von Mustern bezeichnet würde. Mit anderen Worten: Sie muß ein Etikett bekommen, das für die linke Hirnhemisphäre akzeptabel und einem breiteren Publikum angenehmer ist.

Die linke Gehirnhälfte ist selbstsicherer als die rechte. Sogar in Situationen, mit denen sie kaum fertig wird, kontrolliert sie im allgemeinen noch das Verhalten. Sie probiert auf jeden Fall, die fragliche Sache oder Situation begrifflich einzuordnen, auch wenn Unklarheit herrscht. Dabei schießt sie über das Ziel hinaus. Ich sage dazu: »Sie ist selten im Recht, aber nie im Zweifel.« Die rechte Gehirnhälfte hingegen wagt zuwenig und verpaßt die Gelegenheit, Sieger zu werden, weil sie zu lange zögert. Allem Anschein nach schießen Männer öfter über das Ziel hinaus als Frauen. Sie sind aggressiver in ihrem Geltungsbedürfnis und preschen meist einfach vor, auch wenn sie nicht wissen, ob sie auf der richtigen oder falschen Fährte sind. Im Gegensatz dazu sind Frauen eher vorsichtig und zögern, eine Chance wahrzunehmen, aus Angst, sie könnten unrecht haben. Vieles davon ändert sich im späteren Leben, wie wir in den folgenden Kapiteln sehen werden.

Wenn es darum geht, in kürzester Zeit zu den richtigen Lösungen zu kommen, ist die rechte Gehirnhälfte im Vorteil. Die linke Hirnhälfte geht mühsam in zeitraubenden logischen Schritten vor, während sich die rechte auf Versuch und Irrtum sowie unbestimmte Ahnungen einläßt. Diese letzte Methode beruht natürlich mehr auf Intuition. Wird der rechten Hirnhälfte ein Test vorgelegt, beantwortet sie nicht etwa die leichtesten Fragen richtig und die schwersten falsch. Vielmehr ist es oft genau andersherum. Die linke Hirnhälfte gewinnt zwar zuerst einen geringen Vorsprung bei der Problemlösung, aber sobald die Fragen schwieriger werden, bleibt sie auf der Strecke, und die rechte Hirnhälfte springt ein. Im wesentlichen ist es Intuition, wenn ohne logische Denkschritte die richtigen Schlußfolgerungen gezogen werden. Es ist wie bei einem Jungen und einem Mädchen, die gerade eine Klassenarbeit geschrieben haben. Hinterher vergleichen sie ihre Lösungen, und der Junge, der durchweg seine linke Gehirnhälfte benutzt hat, fragt das Mädchen voller Verwunderung, wie es denn bloß die besonders knifflige Aufgabe richtig lösen konnte. Und das Mädchen, das in seiner rechten Gehirnhälfte kramte, als die Sache schwierig wurde, zuckt dann die Achseln und sagt: »Ich weiß es nicht.«

Die rechte Hirnhemisphäre ist jedoch nachgiebiger und empfänglicher als die linke. Ein Wissenschaftler, der mit seiner Frau auf einer Autoreise durch England war, machte eine interessante Beobachtung. Er saß auf der rechten Autoseite hinter dem Lenkrad und seine Frau auf dem Beifahrersitz links neben ihm; während der Fahrt merkte er, daß er viel bereitwilliger auf die Unterhaltung mit seiner Frau einschließlich ihrer Wegangaben und Bemerkungen über seinem Fahrstil einging als zu Hause in den Vereinigten Staaten, wo sie zu seiner Rechten saß. In England sprach sie in sein linkes Ohr und damit zu seiner *rechten* Gehirnhälfte und konnte ihn viel leichter von ihren Ansichten überzeugen. In England erfüllte er ihr jeden Wunsch. Daheim jedoch hielt er in jeder Hinsicht das Steuer wieder in der Hand. In Amerika, wo seine Frau ihm ins rechte Ohr und damit zu seiner *linken* Gehirnhälfte sprach, widersetzte er sich ihren Vorschlägen viel öfter. Seine linke Gehirnhälfte hatte die Situation im Griff. Er hörte nicht mehr auf seine Frau. Kein Wunder, daß in den Vereinigten Staaten die Männer immer fahren wollen.

Überredung fällt also leichter, wenn die rechte Hirnhemisphäre aktiviert ist. Darum werden Bildungs- und Unterrichtstonbänder im allgemeinen ins linke Ohr eingespielt.

Die rechte Gehirnhälfte ist gefühlsorientiert, während die linke auf Fakten ausgerichtet ist. Da die linke die Erfahrungen der rechten abzuleugnen versucht, hält sie auch nichts von Emotionen. Sie meidet lieber alles, was das Gefühl anspricht, weil sie damit nichts zu tun haben will. Und die Intuition vermittelt uns immer Dinge, die wir nicht hören wollen.

Die Überlegenheit durch Fehlfunktion

Jetzt denken Sie sicher, es sei paradox, das Wort »Überlegenheit« in diese Rechtshirn-Diskussion einzubringen, nachdem ich doch gerade gesagt habe, beide Hirnhälften wären für die Intuition wichtig. Bei einigen Menschen ist jedoch eine Gehirnhälfte der anderen überlegen oder besser entwickelt, und das führt in gewissen Fällen zu etwas, das die Ärzte unter den Begriff »Überlegenheit durch Fehlfunktion« einordnen.

Zwar ist bei den meisten Menschen die linke Hirnhemisphäre die überlegene oder dominante, aber bei manchen Leuten hat sich das Gehirn anders entwickelt. Wer ein kleines Linkshirn hat, dem fällt unter Umständen das Lesen und Schreiben schwer (Legasthenie). Gleichzeitig besitzt er vielleicht überlegene Fähigkeiten auf anderen Gebieten, die er sonst nicht hätte. Das zeigt sich zum Beispiel bei den Gehirnen von autistischen Menschen, die oft über große Gelehrsamkeit verfügen.[12] In den Gehirnen dieser Menschen gibt es womöglich einen kleinen warzenähnlichen Bereich, in dem sich die Zellen nie richtig entwickeln. Angrenzende Bereiche hingegen sind unter Umständen überentwickelt. Einige Wissenschaftler sehen darin eine Erklärung dafür, warum solche Menschen auf bestimmten Gebieten genial sind und zum Beispiel außergewöhnliche Rechenfähigkeiten besitzen oder ein Supergedächtnis für Daten, andererseits aber nicht dazu in der Lage sind, mit dieser Genialität sinnvoll umzugehen. So können sie vielleicht sagen, daß sich Abraham Lincoln Freitag, den 13. Juni 1862 morgens die Zähne geputzt hat, wissen jedoch nicht, wer Abraham Lincoln war und welche Bedeutung er hatte.

Wenn Sie sich mein Gehirn anschauen könnten, würden Sie sehen, daß meine linke Gehirnhälfte etwa so groß ist wie eine Eichel (eine Übertreibung, aber Sie wissen sicher, wie es gemeint ist). Meine rechte Gehirnhälfte dagegen ist riesig. Ich bin lesegestört, aber das mache ich durch Intuition wett. Folglich könnte man sagen, daß die Fehlfunktion, die sich bei meiner linken Gehirnhälfte entwickelt hat, für überlegene Fähigkeiten in meiner rechten Gehirnhälfte gesorgt hat. Tatsächlich haben viele Legastheniker überlegene Rechtshirnbegabungen, ausgeprägte räumliche Fähigkeiten, die ein Gegengewicht zu ihren sprachlichen Schwierigkeiten bilden. Einige von ihnen mögen sich nicht unbedingt gut in eine linguistische Gesellschaft einfügen, aber wenn sie in einer Gesellschaft ohne Sprache lebten, hätten sie überhaupt keine Probleme.

Dreht man den Spieß um, könnte man sogar sagen, einige Menschen mit sehr dominantem Linkshirn seien »rechtshirngestört« oder rechts minderbemittelt. (Ich fürchte, die meisten dieser Menschen sind Männer. Ist es nicht auffällig, daß Intuitive überwiegend Frauen sind?) Es gibt einige wenige Menschen, die an sogenannter Alexithymie leiden, das heißt, bei ihnen besteht keine Verbindung zwischen Gefühlswahrnehmung und Gefühlsausdruck. Die Leitung zwischen ihrer rechten und linken Hirnhälfte ist unterbrochen. Solche Menschen haben große Probleme, denn sie können ein Gefühl, das sie haben, nicht ausdrücken. Diese kleine Gruppe stellt wahrscheinlich den Teil der Bevölkerung dar, der in der Tat außergewöhnlich große Schwierigkeiten haben dürfte, Zugang zur Intuition zu finden.

Auf der anderen Seite haben Menschen mit einem exzessiven Austausch zwischen den beiden Hirnhälften auch ihre Probleme. Nehmen wir mal jemanden mit Konzentrationsschwäche. Bei diesem Menschen gehen eine Menge Leitungen zwischen der rechten und der linken Gehirnhälfte hin und her. Die Stirnlappen liegen jedoch auf einer anderen Wellenlänge. Infolgedessen können diese Gehirnbereiche ihnen nicht sagen, was wichtig und was unwichtig ist. Ein Mann, bei dem die linke Hirnhälfte dominant ist, hat wahrscheinlich Stirnlappen wie Arnold Schwarzenegger, die ihn auffordern, das meiste von dem, was aus der rechten Hirnhälfte kommt, gar nicht zu beachten. Allerdings hat eine Person, die unter Konzentrationsschwäche leidet, vermutlich eher Stirnlappen wie Deputy Barney Fife aus der alten *Andy Griffith Show*; er wird also nicht gerade einschüchternd sein und ziemlich unschlüssig. Er läßt buchstäblich so viele Informationen hereinfluten wie eine Telefonzentrale, ohne Unbedeutendes herauszufiltern. Obgleich viele Menschen mit Konzentrationsschwäche ein gesteigertes Intuitionsvermögen haben, können sie letztlich nichts damit anfangen, weil sie nicht die vorrangigen Fakten und Themen erkennen können. Hierbei muß die linke Hirnhemisphäre wieder einmal einspringen.

Zu einseitiger Gebrauch nur einer Gehirnhälfte kann ebenfalls schwerwiegende Folgen haben. Einige Studien lassen vermuten, daß Wahnsinn oder Schizophrenie aus einer hyperaktiven linken Gehirnhälfte resultiert. Ein Forscher wies nach, daß Schizophrene die rechte Gehirnhälfte zum Sprechen benutzen, ein Hinweis darauf, daß die linke gestört ist und nicht richtig arbeitet. Er stellte außerdem fest, daß diese Leute häufiger nach rechts blicken als nach links, was seiner Meinung nach ein Zeichen dafür ist, daß die linke Gehirnhälfte hyperaktiv ist und so die Fehlfunktion verursacht. Das läuft nun wirklich der Intuition zuwider und zeigt, daß zu langes Verweilen in der linken Gehirnhälfte zu emotionaler Instabilität führen kann, obwohl ja die *rechte* Gehirnhälfte der Sitz der Empfindung ist! Im Klartext heißt das: Vor Gefühlen zurückzuschrecken und Gefühle aus seinem Leben herauszuhalten ist nicht nur unproduktiv, sondern kann sogar zu Wahnsinn führen!

Menschen, die linkshirnlastig sind, analysieren alles bis ins kleinste, sind überangepaßt, pedantisch, starr und perfektionistisch. Ihnen fällt es sehr schwer, sich zu entspannen. Wer zu linkshirnlastig ist, ist geradezu prädestiniert für eine Zwangsneurose, ein Syndrom, bei dem die betreffende Person, um ihre Angst zu überwinden, immer wieder den gleichen Gedanken hat oder irgendeine Handlung zwanghaft wiederholt wie zum

Beispiel das Händewaschen oder mehrmaliges Nachsehen, ob richtig abgeschlossen ist, oder auch das Durchzählen von Haushaltsgegenständen. Doch wer zu sehr von der rechten Gehirnhälfte abhängt, ist unter Umständen irgendwann hysterisch, überemotional, unsystematisch, leicht erregbar, meist labil und überaktiv. Menschen, die exzessiv von der linken Gehirnhälfte Gebrauch machen, neigen dazu, nach rechts hochzublicken; diejenigen, die zu rechtshirnlastig sind, blicken nach links hoch.

Laut Statistik haben Frauen einen größeren Balken *(Corpus callosum)* als Männer und damit mehr Verbindungen, mehr Telefonleitungen zwischen ihren beiden Hirnhälften, so daß sie freier hin und her wechseln können.[13] Eine Frau hat möglicherweise fünf Telefonanschlüsse und ein Mann nur einen. Wenn er in seiner linken Gehirnhälfte telefoniert, ist dic Leitung besetzt, und die rechte Gehirnhälfte kommt nicht durch. Wenn er gerade die Geschirrspülmaschine ausräumt, kann man ihn nicht fragen, ob er die Straßen mit dem frischgefallenen Schnee schön findet. Er kann nicht über seine Gefühle sprechen, weil er mit dem Linkshirn vollauf damit beschäftigt ist, das Geschirr richtig wegzustellen und zu stapeln. Eine Frau hingegen kann durchaus auf einer Leitung über ihre Gefühle reden, auf der zweiten die Geschirrspülmaschine ausleeren, auf der dritten ihr Kind auf den Arm nehmen und trösten, sich auf der vierten Sorgen machen – oje, nehme ich etwa zu? – und sich auf der fünften fragen, ob genug Geld da ist, um Freitag abend auszugehen.

Das sogenannte »Wendeverhalten« kann Aufschluß darüber geben, ob jemand eher rechtshirn- oder linkshirnorientiert ist. Möchten Sie gern wissen, ob Ihr neuer Partner Aussicht auf Erfolg hat und der oder die Betreffende gut zu Ihnen paßt? Dann probieren Sie bei Ihrer ersten Verabredung im Restaurant einmal folgendes. Lassen Sie sich von ihm oder ihr eine Gabel vom Nachbartisch holen und beobachten Sie, nach welcher Seite er oder sie sich umwendet, um zu Ihnen zurückzugehen. Die meisten rechtshändigen Frauen gehen zu dem Tisch, nehmen die Gabel und machen linksherum kehrt. Daran zeigt sich, daß sie, obwohl sie überwiegend zur linken Hirnhemisphäre hin tendieren, trotzdem Zugriff auf ihre rechte Hemisphäre haben, weil sie eben Frauen sind. Die meisten rechtshändigen Männer gehen zu dem Tisch und machen rechtsherum kehrt für den Rückweg. Sie tendieren stark nach links und haben eine große linke Hemisphäre und einen schmalen Balken, so daß sie schlecht

Zugang zur rechten Hemisphäre finden. Wahrscheinlich sind sie gute Unterhalter, aber nicht unbedingt ideale, verständnisvolle Partner. Beidhändige Frauen wenden sich nach Belieben in beide Richtungen um. Die meisten linkshändigen Männer wenden sich nach links um. Das liegt daran, daß Linkshänder elf Prozent mehr Fasern im *Corpus callosum* haben. Linkshändige Männer, die sich nach links umwenden, können also meist besser beide Gehirnhälften benutzen als andere Männer. Mit diesem Typ Mann werden Sie vielleicht gern Kontakt halten wollen... Er könnte allerdings auch mehr Intuition besitzen als gedacht und Ihre Gedanken lesen, überlegen Sie es sich also gut.

Eine wichtige Sache sollte jedoch nicht vergessen werden, nämlich daß nicht die eine Gehirnhälfte vorzuziehen oder »besser« ist als die andere, ebensowenig wie Männer besser sind als Frauen und umgekehrt. Eine gewisse geistige Richtung vertritt die Auffassung, daß wir uns, da die Intuition ja in der rechten Hirnhemisphäre angesiedelt ist, einfach von der linken verabschieden und sie aufgeben sollten. Doch dann wären wir bald nur noch ein wandelndes Rechtshirn, voller Emotionen und Eingebungen, die wir weder in Worte fassen noch in einen intelligenten Kontext stellen könnten. Das ist genauso schlecht, wie wenn die linke Gehirnhälfte den Wert der rechten ableugnet. Es wäre so, als würde man Männer für die Wurzel allen Übels halten und behaupten, wenn endlich Frauen das Sagen hätten, wären all unsere Probleme gelöst. So ist es aber nicht, denn Frauen tragen auch »Männliches« in sich, da sie eine linke Gehirnhälfte haben. Worauf es ankommt, ist, ein Gleichgewicht zwischen den beiden Hälften zu erreichen, sie in Harmonie miteinander zu bringen.

Intuition und Weisheit

Ich halte jede Woche eine Verhaltenstherapiegruppe ab mit einer Reihe von Frauen, die an einer Borderline-Persönlichkeitsstörung leiden, genauer gesagt an einer schweren Depression. Derart gestörte Personen werden so von Gefühlen überwältigt, daß sie nicht in einer sozial angemessenen Weise denken oder handeln können. Sie sind buchstäblich gelähmt von ihren Emotionen und ihrer Intuition. Sie stecken im »Gemüt« fest – das heißt in der rechten Hirnhemisphäre. Man könnte sagen, daß sie hyperrechtshirnlastig sind.

Eines Tages stellte eine Gruppenteilnehmerin eine brisante Frage. »Was ist, wenn einem die Intuition sagt: ›Ich will sterben. Das Leben ist vorbei‹? Warum kann ich ihr nicht einfach folgen? Man soll doch auf sein Innerstes hören, seiner Intuition folgen!«

Das hatte Hand und Fuß, nur brachte sie ihre linke Hirnhälfte nicht mit der rechten ins Gleichgewicht. Sie war ganz und gar Gemüt. Sich zuviel in der rechten Gehirnhälfte aufzuhalten ist nicht gut. Man mag zwar eingebungsvoll sein, stößt damit jedoch nicht zum Kern der Sache vor; die ausgleichende Vernunft, die linke Hirnhälfte, fehlt.

Wir Psychiater erklären diesen Menschen etwas, das man als »Weisheit« bezeichnen könnte. Stellen Sie sich drei Kreise auf einem Blatt Papier vor: Der linke Kreis ist der Verstand oder die Vernunft, die linke Gehirnhälfte; der rechte Kreis ist die Empfindung oder das Gemüt, die rechte Gehirnhälfte; und der Kreis in der Mitte, der die anderen beiden miteinander verbindet, ist die Weisheit, die erst die Einheit der beiden herbeiführt.

Die Weisheit ist auch an der Intuition beteiligt. Sie stellt das Gleichgewicht zwischen rechter und linker Hirnhemisphäre her. Dieses Gleichgewicht wirkt sich eindeutig günstig aus. Wie sich gezeigt hat, besteht bei echten Genies eine kontinuierlichere Partnerschaft zwischen den beiden Hirnhälften als bei den meisten anderen Menschen; auch ist bei ihnen die Fähigkeit stärker ausgeprägt, schnell und reibungslos zwischen den beiden hin und her zu wechseln. Im Gegensatz zu den meisten Menschen, die unbeweglich sind und angesichts eines Problems nur von einer Hirnhälfte Gebrauch machen, stellen sie Flexibilität unter Beweis. Begabte Kinder erkennen Töne gleichermaßen mit beiden Ohren, geben also nicht etwa einer Hirnhemisphäre den Vorzug. Ein Kind von durchschnittlicher Intelligenz neigt meistens dazu, das rechte Ohr zu gebrauchen und damit die linke Hirnhälfte.

Doch selbst wenn eine Gehirnhälfte dominant ist, pendelt das Gehirn ständig zwischen beiden Hemisphären hin und her. Mal hat die eine Hemisphäre die Oberhand, mal die andere, so ähnlich wie beim Gehirn eines Delphins. Wenn Delphine schlafen, bleibt eine ihrer Gehirnhälften stets wach. Zwei Stunden später ist Schichtwechsel, die wachgebliebene

Hemisphäre geht schlafen, und die andere hält jetzt Wache. Auch unsere Gehirnhälften wechseln sich ab, genauso wie wir von einem Fuß auf den anderen treten, wenn wir lange stehen müssen. Alle 90 bis 100 Minuten ist eine Hirnhemisphäre wach und aktiv, während bei der anderen Ruhe einkehrt. Ebenso ist es, wenn wir im Schlaf zyklisch die Traumphasen durchlaufen, für die die rechte Gehirnhälfte zuständig ist. Das ist bedeutsam für Leute, die glauben, keinen Zugang zu ihrer rechten Hirnhemisphäre zu haben, denn sie irren sich. Nicht nur in der Nacht, auch am Tage treten sie hin und wieder in diesen Wahrnehmungsbereich ein, ohne es zu merken. Wenn sie lernen würden, sich dessen bewußt zu werden, könnten sie ihre Pforten der Wahrnehmung weiter öffnen.

Darüber hinaus stimmen sich die Hirnhemisphären auch auf die Zyklen anderer Körperrhythmen ein. Obgleich die Sprachfähigkeit in erster Linie in der linken Gehirnhälfte angesiedelt ist, besteht sie auch in der rechten, besonders bei Frauen. Studien haben nachgewiesen, daß die linke Gehirnhälfte hauptsächlich für überwiegend positive Worte zuständig ist wie »Freude«, »Glück«, »Liebe« und »Frohsinn«, die rechte hingegen für Worte mit negativem Beiklang. Wie sich gezeigt hat, nehmen die meisten Frauen vor dem Eisprung Worte überwiegend mit der linken Hirnhälfte beziehungsweise mit dem rechten Ohr auf. Nach dem Eisprung ist jedoch die rechte Hirnhälfte auf dem Vormarsch. Jetzt hören die Frauen häufiger Worte wie »Kummer«, »Wut« und »Niedergeschlagenheit«. Dies ist nicht bloß eine Erklärung für das prämenstruelle Syndrom (PMS); vielmehr sorgt das Gehirn dafür, daß Frauen jetzt Dinge hören, die sie normalerweise nicht hören wollen. Wenn sie sich vor der Menstruation nach innen kehren, kommen sie unter Umständen häufiger mit Fragen in Berührung, mit denen sie sich beschäftigen müssen, die sie jedoch während des übrigen Zyklus ignorieren. Könnte hier die Intuition am Werke sein? Das sollte man meinen, vor allem, wenn man die folgende Geschichte hört.

Eine Freundin von mir hatte eine Patientin, deren Mann behauptete, sie hätte vor ihrer Menstruation immer das Gefühl, wieder studieren und ihren Beruf wechseln zu müssen. Nach Beginn der Periode würde sie diese Pläne jedesmal aufgeben und nur die liebevolle Ehefrau sein wollen. Kein Wunder, daß ihr Mann sie in die Gynäkologie brachte mit der Anweisung, sie »wieder in Ordnung zu bringen«, da sie am prämenstruellen Syndrom leide. Er hatte natürlich nichts für die intuitiven Einsichten übrig, die ihre Lebensgestaltung betrafen.

Fest steht, daß sich die Pforten unserer Wahrnehmung weiter öffnen lassen; das zeigt sich auch bei der Anwendung gewisser psychiatrischer Therapien. Es erwies sich, daß Menschen, bei denen die linke Hirnhemisphäre dominant ist, erfolgreicher mit einer Verhaltenstherapie psychiatrisch behandelt werden können, die das rechte Hirn anspricht. Das leuchtet ein, denn wenn ein bestimmter Bereich bei uns dominiert, können wir diese Dominanz auch ausnutzen, um das abzuwehren, was wir nicht wissen oder womit wir uns nicht auseinandersetzen wollen. Rechtshirnmenschen können völlig außer sich geraten in ihrer übermäßigen Gefühlsbetontheit. Dann sorgt man am besten dafür, daß sie sich wieder beruhigen, und lehrt sie, mehr mit ihrer linken Gehirnhälfte in Berührung zu kommen, um sich an Vernunft, Logik und Sprache zu orientieren.

Aber hatten Sie jemals Streit mit jemandem, der in seiner starken Linkshirnlastigkeit überaus logisch und konsequent ist? Einem solchen Menschen mit Worten beikommen zu wollen ist ebenso zwecklos, als wolle man ein Banjoduell mit Roy Clark bestehen. Dabei gewinnt man nie die Oberhand. Das Beste, was man tun kann, ist, den Betreffenden aus dem Gleichgewicht zu bringen, indem man ihn aus einer völlig unerwarteten Ecke angeht. So schlägt man zwei Fliegen mit einer Klappe. Erstens kommt man auf diese Weise an seinen Abwehrmechanismen vorbei und direkt an ihn heran. Und zweitens wird er (oder sie) gezwungen, von seiner anderen, relativ unterentwickelten Funktion Gebrauch zu machen. Jemand, der sehr stark linkshirnorientiert ist, aber lernen muß, mit seinen Gefühlen ins reine zu kommen, kann besser mit Bildern und Symbolen geheilt werden. Wer hingegen eher emotional veranlagt ist, hat mehr davon, wenn er über seine Ängste spricht, sich also verbal ausdrückt.

In unserer linkshirnorientierten Gesellschaft ist es also angesagt, das Intuitionsvermögen zu entwickeln. Wenn wir uns wirklich nach einem heilen Leben sehnen, reicht es unter Umständen nicht, uns in Psychotherapie zu begeben oder einfach über unsere Probleme zu reden, weil wir dadurch bei der linken Hirnhemisphäre bleiben. Da die Intuition von uns den Zugriff auf die rechte Hirnhemisphäre verlangt und, wie wir bald sehen werden, auf den Körper, kann sie tatsächlich Heilwirkung ausüben.

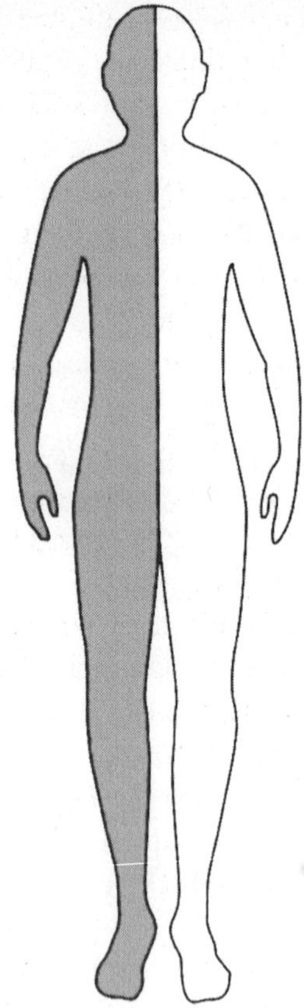

Alten Überlieferungen zufolge symbolisiert die rechte Körperseite männliche Funktionen und die linke Körperseite weibliche Funktionen.

Gehirn und Körper

Die Spaltung in links und rechts hört nicht beim Gehirn auf und endet auch nicht mit Verstand kontra Gemüt. Sie zeigt sich auch in unserem Körper.

Wir wissen, daß die linke Gehirnhälfte die rechte Körperseite und die rechte Gehirnhälfte die linke Körperseite steuert. Wenn die linke Hirnhemisphäre als männlich und dominant gilt und die rechte als weiblich und empfänglich, dann ist die rechte Seite des Körpers vorwiegend männlich und die linke Seite vorwiegend weiblich (siehe Illustration). Das haben Studien mit Zwittern (Menschen mit gespaltener Sexualität, die halb männlich, halb weiblich sind) bestätigt. Bei echten Zwittern beherbergt die rechte Körperseite normalerweise männliche Geschlechtsorgane und die linke Seite weibliche. Und es dürfte kaum überraschen, daß sich die männlichen Organe, die Hoden, im allgemeinen zuerst entwickeln: Auch hier macht die linke Hirnhälfte wieder ihren Herrschaftsanspruch geltend! Der erste, der aus dem Stall kommt, ist der Bulle. So ist es auch bei den Menschen. Eine Studie über Männer, die meist linkshirnorientiert sind, ergab, daß der rechte Hoden häufig dicker und schwerer ist als der linke. Außerdem entwickelt sich der rechte Hoden in der Regel zuerst. Bei Frauen hingegen war festzustellen, daß sich der *linke* Eierstock meistens zuerst entwickelt. Auch das ist verständlich, denn der Eierstock entspricht der weiblichen, empfänglichen Yin-Natur der rechten Hirnhemisphäre. Es gibt Frauen mit zusätzlichen Brustwarzen, die meist auf der rechten Körperseite in Erscheinung treten. Brust-Hypertrophie (das unkontrollierte Größenwachstum der Brust) und Probleme bei der Milchproduktion treten im allgemeinen ebenfalls rechts auf.

Bedeutsame Verbindungen bestehen auch zwischen den Hirnhemisphären und verschiedenen Körperorganen. Die Schilddrüse, über die wir in einem späteren Kapitel noch eingehend sprechen werden, ist ein Organ, das mit der Kommunikation oder dem Ausdrucksvermögen sowie der Selbstdarstellung in der Außenwelt zusammenhängt. Kommunikation geschieht natürlich durch Sprache. Welche Hirnseite müßte demnach mehr Kontrolle über die Schilddrüse ausüben? Wie nicht anders zu erwarten, haben Versuche an Laborratten ergeben, daß die linke Gehirnhälfte, die mit Ausdrucks- und Kommunikationsfähigkeit in der Außenwelt zusammenhängt, stärker Einfluß auf die Schilddrüse nimmt als die rechte. Die Eierstöcke, Symbol der Weiblichkeit, hängen jedoch mehr von der rechten Gehirnhälfte ab, der weiblichen Seite. Versuche haben erwiesen, daß eine Schädigung der rechten Gehirnhälfte bei Ratten die Eierstockfunktion unterbricht. Diese Testergebnisse sind nicht ohne weiteres auf den Menschen übertragbar, aber sie erscheinen doch schlüssig, da die rechte Hirnhemisphäre die weibliche, empfängliche ist.

Da die beiden Gehirnhälften grundverschiedene Verbindungen zum Körper haben, kommen die in unserem Gehirn verschlüsselten Erinnerungen auf unterschiedliche Art und Weise im Körper zum Ausdruck, je nachdem, welche Gehirnhälfte betroffen ist. Krankheiten treten im Körper unterschiedlich und auf verschiedenen Seiten auf. Nehmen wir zum Beispiel Darmkrebs. So merkwürdig es klingt, aber Männer haben meistens Darmkrebs auf der linken Seite und Frauen auf der rechten. Davon habe ich mich einmal selbst überzeugen können, als ich im Krankenhaus auf der chirurgischen Station Dienst tat. Ich dachte schon, ich würde spinnen, bis ich einen Chirurgen zur Seite nahm und ihn fragte, ob ich es mir nur einbildete, daß die meisten operierten Frauen Darmkrebs auf der rechten Seite hatten. »Nein, das ist keine Einbildung«, sagte der Chirurg. »Wir wissen nicht, warum das so ist, aber es stimmt.« Meine eigene Theorie – mehr ist es nicht, denn ich kann sie nicht durch Versuchsergebnisse bestätigen – lautet folgendermaßen: Die Gedärme haben etwas mit unausgedrückten Gefühlen hinsichtlich einer Beziehung zu tun, und es leuchtet ein, daß Männer, die ungelöste Probleme mit Frauen in ihrem Leben haben, Darmkrebs auf der linken, der weiblichen Körperseite bekommen. Bei Frauen ist es umgekehrt.

Brustkrebs ist ebenfalls ein überzeugendes Beispiel für die Rechts-links-Spaltung. Studien haben gezeigt, daß die meisten rechtshändigen Frauen vor der Menopause Krebs in der linken Brust entwickeln. Nach der Menopause tritt der Krebs bei ihnen öfter in der rechten Brust auf. Bei linkshändigen Frauen ist das genaue Gegenteil der Fall. Was bedeutet das?

Bei Frauen vor Eintritt der Menopause wird also die linke Brust häufiger von Krebs befallen. Außerdem erkranken mehr Frauen an Brustkrebs, die immer nur geben und zum Märtyrertum neigen. Könnte es sein, daß diese Frauen aus ihrer Verantwortung heraus überaktive Drüsen in der linken, der weiblichen Brust haben? Die linke oder weibliche Körperseite, das heißt die rechte Gehirnhälfte, hängt mit dem Nähren, dem Aufnehmen, dem Empfangen zusammen. Vielleicht bereiten diese Frauen mit ihrer Überverantwortlichkeit und Märtyrerhaltung in Beziehungen, in denen sie selber zu kurz kommen, den Boden für den Krebs in der linken Brust. Stellen wir uns einmal eine Frau vor – wir nennen sie Cynthia –, deren Lebensmittelpunkt immerfort die Familie gewesen ist. Sie wünschte sich eine große Familie, weil sie das Gefühl genoß, von vielen Kindern gebraucht zu werden. Ihr ganzes Leben bestand darin, Butterbrote zu schmieren, Socken zu falten und Unterwäsche in Schubladen einzuordnen. Alle kamen mit jeder Kleinigkeit zu ihr. Cynthia war die tragende Säule der Gemeinschaft. Ein normaler Donnerstag verlief bei ihr so, daß sie Plätzchen für die Spielgruppe ihrer Tochter backte, eine Speise für einen geselligen Anlaß am Samstag in der Kirche zubereitete, ihre Freunde zum Fußballspiel fuhr und ihren Kindern bei den Hausaufgaben half. Sie merkte jedoch, daß sie immer erschöpft war, nie Zeit für sich selbst hatte und sich Sorgen machte, wie ihr Leben wohl werden würde, wenn die Kinder erwachsen und aus dem Haus waren. Cynthias Leben ist von Überverantwortlichkeit gekennzeichnet, von Überbemuttern und Märtyrertum. Nur die empfangende Funktion ist nicht zu erkennen; Cynthia erlaubt nie, daß andere etwas für *sie* tun. Das Entscheidende aber ist ihr sicheres Gefühl, daß ihrer Welt etwas fehlt, daß damit etwas nicht stimmt. Im tiefsten Innern weiß Cynthia, daß sie ihr Leben ändern muß und im Gegenzug für das, was sie gibt, mehr empfangen könnte, und sie weiß, daß ihr Leben in diese Richtung wachsen muß. Dieses Wachstum ist wirklich wichtig, denn ihre Empfänglichkeit ist zum Stillstand gekommen. Und wenn ihre Empfänglichkeit nicht wieder zunimmt, kann an deren Stelle Krebs entstehen, um ihr zu signalisieren, daß sich ein Wandel in ihrem Leben vollziehen muß.

Nach der Menopause wechselt der Krebs folgerichtig zur rechten Seite. Viele Frauen versuchen nach Eintritt der Menopause, in der Außenwelt all das nachzuholen und zu leisten, was sie zurückstellen und opfern mußten, während sie ihre Kinder großzogen. Jetzt verkehrt sich die Situation. Es geht nicht länger um Empfänglichkeit, sondern um Lebensgier, um das Verlangen, die verlorene Zeit aufzuholen, und das äußerst einseitig. Jetzt tritt der Brustkrebs auf der rechten Seite, die der linken Hirnhemisphäre entspricht, in Erscheinung und weist diese Frauen auf die Einseitigkeit ihres Engagements in der Außenwelt hin.

Aber zurück zu Cynthia. Eine Biopsie ihrer linken Brust ergab einen positiven Krebsbefund. Cynthia wurde die Brust amputiert, dann folgte die Therapie. Sie war jetzt in der Menopause, und ihre Kinder waren 12,

14 und 15. Sie beschloß, ihre Ausbildung wiederaufzunehmen und mit dem Krankenpflegeexamen abzuschließen. Inzwischen geht sie zur Abendschule und macht nachts ihre Hausaufgaben. Jetzt fragt ihr Mann: »Willst du denn nichts zum Kirchenfest beisteuern?« Und die Kinder wollen wissen, wer ihnen die Plätzchen backt. Cynthia ist hin und her gerissen. Das Krankenpflegeexamen könnte eigentlich noch warten, denkt sie. Aber dann sagt sie sich: »Nein, jetzt oder nie.« Schließlich erkrankt sie erneut an Krebs, diesmal in der rechten Brust.

Zwar stehen beide Gehirnhälften mit dem Körper in Verbindung, aber die rechte hat ganz generell mehr Bezug zum Körper, besonders zu körperlichen Schmerzen und zu den Organfunktionen, einem wichtigen Bestandteil des Intuitionsnetzwerkes. Die starke Verbindung der rechten Hirnhemisphäre zum Körper ist ein zweischneidiges Schwert. Sie kann das Empfinden für die eigenen und die Schmerzen anderer erhöhen, aber auch das Intuitionsvermögen und die intuitiven Heilkräfte steigern. Studien lassen vermuten, daß Schmerz mehr zur rechten Gehirnhälfte gehört, die rechte Hirnhemisphäre also für ein stärkeres Schmerzempfinden zuständig ist.[14] Eine Art der Intuition, das sogenannte »Klarfühlen« – die Fähigkeit, die Schmerzen anderer Menschen sowie eigene körperliche Beschwerden vorauszufühlen –, wird auch »mütterlicher Instinkt« genannt. Manche Mütter sind in der Lage, am eigenen Leibe zu spüren, was körperlich bei ihren Kindern vorgeht. Das ist offensichtlich evolutionsbedingt und verhilft einer Mutter zu der Möglichkeit, intuitiv zu erfassen, was ihr Säugling braucht, wenn er körperliche Schmerzen leidet. Es könnte mit ein Grund dafür sein, warum die rechte Hirnhemisphäre und die Gefühle mit dem Körper in Zusammenhang stehen. Andererseits neigen Frauen mit ihrem Rechtshirnpotential auch eher zu gewissen psychosomatischen Störungen. Dabei handelt es sich um emotionale Probleme, die mit einer Unfähigkeit verbunden sind, sich darüber auszusprechen, so daß sie sich schließlich in Form von körperlichen Schmerzen äußern.

Eine andere Gruppe von Menschen mit besonders ausgeprägter Verbindung zwischen Rechtshirn und Körper sind Leute mit der sogenannten Konversionsstörung. Sie sind unfähig, der Außenwelt gegenüber einen Wunsch oder ein Gefühl auszudrücken – wofür die linke Gehirnhälfte zuständig wäre. Folglich äußern sie sich unbewußt durch irgendwelche Fehlfunktionen auf der linken Körperseite. Eigentlich fehlt ihnen körperlich nichts, aber da sie sich nicht mit einer Emotion auseinandersetzen oder darüber sprechen können, wird diese Emotion symbolisch in eine körperliche Funktionsstörung übertragen, meist neurologischer Art. Sie werden zum Beispiel tatsächlich blind, normalerweise auf dem linken Auge, können den linken Arm oder das linke Bein nicht mehr bewegen oder haben überhaupt kein Gefühl mehr in der gesamten linken Körperseite. Obwohl diese Menschen vom Rechtshirn her sehr intuitiv sind, können sie nichts mit ihrer Intuition anfangen und ohne Einschaltung ihrer linken Gehirnhälfte deren Bedeutung nicht einschätzen. Sie sind vollkommen den Empfindungen ihrer rechten Gehirnhälfte ausgeliefert. Infolgedessen werden die Gefühle der rechten Hirnhemisphäre in den Körper abgedrängt. Einige Wissenschaftler sind der Auffassung, daß im wesentlichen darin die Ursache aller Krankheit zu suchen ist. *Die Unfähigkeit, über intensiv gefühlte Gemütsregungen zu sprechen, wird normalerweise in eine Symbolsprache von Symptomen und letztendlich in körperliche Erkrankungen umgewandelt.*

Am Ende verlieren viele Menschen, die in der linken Hirnhemisphäre verhaftet sind, auch einen Großteil ihrer Intuition. Ihnen geht nicht nur die Erfahrung aller Emotionen und Ahnungen der rechten Gehirnhälfte ab, sondern sie sind auch weitgehend von ihrem Körper abgeschnitten. Unter Umständen spüren sie keine körperlichen Schmerzen, aber sie empfinden auch keine besondere Lust.

Viele Leute, darunter auch Ärzte, finden es gut, wenn man keine körperlichen Schmerzen fühlt. Ich bin anderer Meinung. Es ist wichtig, Schmerzen im Körper zu spüren, weil sie uns sagen, daß sich etwas in unserem Leben ändern muß. Schmerz kann ein Geschenk sein. Auf einer Konferenz kam einmal eine Frau zu mir und sagte: »Ich will meinem Körper keinen Schmerz mehr zufügen. Ich will jetzt sofort alles ändern, was an meinem Leben falsch ist, um ihn ein für allemal zu heilen.« Darauf konnte ich ihr nur sagen: »Das wird nicht gehen, es sei denn, Sie sterben auf der Stelle.«

Symptome treten im Körper oder im Traum auf, um einem zu sagen, daß etwas verändert werden muß. Schmerzen sind ein Warnsignal, wie das Lämpchen, das sich im Auto einschaltet, wenn das Benzin zur Neige geht. Ist es nicht wirklich eine *Qual*, wenn dieses Lämpchen angeht?

Dann muß man nach einer Tankstelle suchen, anhalten und den Tank füllen. Womöglich muß man einen größeren Umweg machen. Bei der rechten Hirnhemisphäre ist die Schwelle, an der das Lämpchen angeht, sehr niedrig. Die linke Hirnhälfte hingegen ist dazu fähig, die Wahrnehmung, daß diese Warnlampe angeht, abzuleugnen, so daß man tatsächlich ohne Benzin irgendwo liegenbleiben könnte. Auf kürzere Sicht hat die Ableugnungsfähigkeit der linken Gehirnhälfte durchaus einen Vorteil. Um eine Schlacht durchzustehen, kann der Soldat Schmerzen verleugnen. Aber letztlich haben die Schmerzen Sinn und Zweck: Sie signalisieren dem Soldaten, daß ihm sein Bein zerschossen wurde und er verbluten wird, wenn er keine Hilfe bekommt. Die rechte Gehirnhälfte fühlt Schmerz im Körper *immer* aus einem triftigen Grund und bringt einem den Schmerz zu Bewußtsein. Das ist wichtig. Darin liegt auch der ganze Sinn der Intuition: daß sie uns sagt, wo es in unserem Leben Schmerzen gibt und wann etwas verändert werden muß.

Jetzt werden Sie fragen, wie man sein Linkshirn davon abbringen kann, den Schmerz zu verleugnen, den das Rechtshirn empfindet. Das ist eine Frage des Bewußtseins. An diesem Punkt kommt wieder die »Weisheit« ins Spiel. Nehmen wir an, Sie wären Arzt und gerade mit einem Patienten beschäftigt, als plötzlich Ihre Warnlampe angeht. Ihr Magen schmerzt auf einmal stark und signalisiert Ihnen, daß ein neues Magengeschwür im Wachsen begriffen ist. Wenn Sie ein ganz und gar rechtshirnorientierter Mensch sind, Gefühle sehr intensiv erleben und Schmerzen leiden, ohne darüber sprechen zu können, dann sind Sie jetzt wie gelähmt. Sie können aber nicht wie gelähmt dasitzen, denn Sie sind Arzt und behandeln gerade einen Patienten. Sie können nicht mitten im Satz abbrechen und sagen: »Oh, es tut mir sehr leid, aber ich kann Sie jetzt nicht behandeln. Meine Warnlampe ist angegangen, ich kann keine Sekunde länger hierbleiben. Ich muß alles stehen- und liegenlassen und erst einmal die emotionalen Bereiche meines Lebens unter die Lupe nehmen, die etwas zu meiner Erkrankung beigetragen haben könnten.« Das wäre verrückt. Also schaltet sich Ihre linke Hirnhemisphäre ein und sagt: »Nicht so wichtig. Mach einfach weiter.« Mit anderen Worten: Sie leugnet die Sache ab, obwohl sie sehr wichtig ist.

An diesem Punkt gilt es, weise abzuwägen. Sie müssen Ihre Emotionen und Gefühle wichtig nehmen. Sie müssen die schmerzhaften Empfindungen und die Schmerzen im Körper zur Kenntnis nehmen. Und dann müssen Sie mittels Ihrer linken Hirnhemisphäre Prioritäten setzen, statt alles abzuleugnen. Wenn die rechte Gehirnhälfte schreit: »Mir tut der Magen weh!«, sagt die linke: »Gut zu wissen, aber schließen wir erst mal die Behandlung dieses Patienten ab; dann rufen wir den Therapeuten an, machen für heute Schluß und überlegen, mit welchen Emotionen wir uns in unserem Leben auseinandersetzen müssen.« Beide Hirnhemisphären arbeiten zusammen. Die rechte Hälfte nimmt die Schmerzen wahr; die linke bewertet sie, setzt Prioritäten und entwirft einen Plan. Wenn die beiden Gehirnhälften nicht zusammenarbeiten, schreit der Körper immer lauter.

Welche physischen Folgen es hat, wenn die beiden Hirnhälften nicht zusammenarbeiten, haben tatsächliche Fälle gezeigt. Bei einer Studie wurden zwölf Menschen, deren linke Gehirnhälfte nicht mehr mit der rechten über Körperemotionen und -erinnerungen kommunizieren konnte, einer Psychoanalyse unterzogen. Einige von ihnen hatten zum Beispiel eine Hirnbalkendurchtrennung hinter sich, durch die Anfälle im Gehirn ausgeglichen werden sollten. Wie die Studie ergab, träumten all diese Menschen wenig, und ihrer Sprache mangelte es an Gefühl. Die Forscher berichteten von *genau den gleichen Erscheinungen* bei Leuten mit einer bestimmten Art von Erkrankung wie etwa Schilddrüsenproblemen, Bluthochdruck oder Herzkranzgefäßleiden, denn auch diese Menschen träumten kaum und hatten Schwierigkeiten, über Gefühle zu sprechen. Die Studie kam zu dem Schluß, daß bei Patienten mit dieser Art von Erkrankung eine funktionale Balkenstörung vorliegt, das heißt, ihre linke Gehirnhälfte kann ihre Funktion, mit der rechten zu kommunizieren, nicht wahrnehmen, so daß die Leute nicht über Emotionen in der rechten Gehirnhälfte oder über Körperempfindungen reden können. Das heißt, daß diese Menschen unter Umständen eine stärkere Veranlagung für solche Erkrankungen haben, weil ihre in der linken Hirnhemisphäre angesiedelte Fähigkeit zu vernünftigem Denken abgeschnitten ist von der Empfindung und Intuition der rechten Hirnhemisphäre. Mit anderen Worten: Da behandelt man gerade einen Patienten, und plötzlich bekommt man Magenschmerzen. Die linke Hirnhälfte sagt: »Schwamm drüber. Weitermachen. Es warten noch etliche Patienten.« Wenn die rechte dagegen protestiert, tut die linke es einfach ab: »Nicht so schlimm.

Du hast bloß Hunger. Achte nicht darauf.« Woraufhin die rechte Gehirnhälfte die Warnlampe heller aufleuchten läßt. Was montags noch eine kleine Magenschleimhautreizung war, ist eine Woche später bereits ein kleines Geschwür, das noch eine Woche später auf Groschengröße angewachsen ist und in der Woche darauf eine Magenblutung hervorruft, so daß Sie als Notfall ins Krankenhaus eingeliefert werden und Blutkonserven brauchen. Je länger Sie das mißachten und unverändert lassen, was Ihnen Ihr Körper über Ihre Intuition mitteilt, um so schwerer erkranken Sie.

Bei den Versuchsteilnehmern der Studie – sowohl denen mit durchtrenntem Hirnbalken als auch denen mit unterschiedlichen Erkrankungen – wurde festgestellt, daß sie weniger *Träume* und weniger ausgeprägte *intuitive Fähigkeiten* hatten. Im Grunde ist nicht sicher zu sagen, ob die Leute geträumt haben oder nicht, sondern nur, daß sie sich nicht mehr an ihre Träume erinnerten. Das könnte jedoch auch heißen, daß ihre linke Hirnhemisphäre ihnen sagte, sie sollten die Träume vergessen, da sie keine Bedeutung hätten. Damit hätte sie sich funktional von der rechten Hirnhemisphäre abgekoppelt. Das kann durchaus ein Willensakt sein. Die Betreffenden ignorieren ihr Warnlämpchen, ihre intuitiven Lebenseinsichten. Nicht daß sie die mit ihrer rechten Hirnhälfte wahrgenommenen Gefühle nicht zum Ausdruck bringen *könnten* – sie *wollen* es nur nicht. Sie wollen nichts davon hören, denn dann müßten sie etwas ändern. Die rechte Hirnhälfte signalisiert also, daß etwas nicht stimmt, während die linke das ableugnet. Daraufhin schreit die rechte lauter auf, aber die linke übertönt sie. Zum Schluß holt sich die rechte Rückendeckung im Körper, und schon schreit der Körper »Achtung! Krankheit!«

Das können die sehr realen physischen Konsequenzen des Abgeschnittenseins von der eigenen Intuition sein.

Der Schläfenlappen

Die rechte Hirnhemisphäre gilt als Intuitionsempfänger, aber der Bereich, durch den Intuitionen kraftvoll übermittelt werden, läßt sich auch genauer eingrenzen. Das Herz des Intuitionsnetzwerkes ist der Schläfenlappen, der uns über seine Verbindungen mit anderen Zentren in Gehirn und Körper intuitive Gedanken und Gefühle sendet.

Die Funktion des Schläfenlappens ist sowohl für visuelle als auch für auditive Erfahrungen wichtig, also für das, was wir sehen und hören, darüber hinaus auch für die Träume und für intensive Gefühle. Außerdem verleiht er unseren Erfahrungen Sinn und Bedeutung. Er vermittelt uns, wie wir etwas empfinden und was wir in dieser Hinsicht tun sollten.[15]

Der Schläfenlappen spielt ferner eine entscheidende Rolle bei der Bildung von Erinnerungen, einem Grundelement des Intuitionsnetzwerkes. Er enthält den *Hippocampus* genannten Bereich, der das Sprachgedächtnis mitgestaltet und eine wichtige Rolle beim Träumen spielt, und das *Corpus amygdalae* oder den »Mandelkern«, der Erinnerungen speichert, die nicht in Worte gefaßt werden können, das sogenannte Körpergedächtnis.

Manche Forscher glauben, daß der Schläfenlappen empfindlich auf niedrige elektromagnetische Ströme reagiert, speziell auf die Frequenzen, durch die intuitive Informationen vermutlich übermittelt und empfangen werden. Die Neuronen des Schläfenlappens werden aktiviert, wenn sie mit niederfrequenter elektromagnetischer Energie in Berührung kommen, die die Hirnmasse zu durchdringen vermag.

Wie festgestellt wurde, treten bei besonders intuitiven Menschen Veränderungen im Schläfenlappen auf. Das zeigt sich extrem deutlich bei Leuten mit Schläfenlappenepilepsie, einer krankhaften Überfunktion des Schläfenlappens, die sich in Anfällen äußert. Diese Menschen haben veränderte Gedächtnisfunktionen, darunter häufige Déjà-vu-Erlebnisse, sowie traumartige Bewußtseinszustände und ein anderes Zeitgefühl, sie machen außerkörperliche Erfahrungen, nehmen Geistwesen wahr, hören innere Stimmen, haben komplexe Visionen, Angst, Anfälle von Panik und fühlen sich dem Schicksal ausgeliefert. Ich hatte einen Patienten mit Schläfenlappenepilepsie, der regelmäßig Engel sah, die ihn bei der Arbeit in seinem Garten besuchen kamen. Er sah und hörte sie tatsächlich. Wenn sie anfingen, ihm irgend etwas zu erzählen, das er nicht hören wollte, sagte er ihnen, sie sollten gehen, denn er hätte viel zu tun im Garten. Dann habe ich noch eine Patientin, die unter Schläfenlappenanfällen leidet und immer »Hauskino« erlebt, visuelle Erinnerungen, die wie ein

Film vor ihren Augen ablaufen. Es ist ein echter Dokumentarfilm von Erfahrungen, die bis zum Alter von sieben Jahren zurückreichen.

Menschen mit Schläfenlappenepilepsie haben offensichtlich auch ein stark gesteigertes Intuitionsvermögen.

Ein befreundeter Arzt machte einmal morgens seine Runde im Krankenhaus. Auf einer Krankenkarte hatte eine Krankenschwester vermerkt, ein Patient mit Schläfenlappenepilepsie hätte sie in der Nacht damit überrascht, daß er sich plötzlich im Bett aufsetzte und verkündete: »Mein Vater stirbt.« Die Schwester hatte ihn gefragt, ob sein Vater denn krank oder alt sei, worauf der Patient geantwortet hatte, sein Vater sei erst um die Fünfzig und nicht krank. Aber er sterbe, hatte der junge Mann noch einmal bekräftigt.

Der Arzt wußte nicht, was er mit diesen Angaben anfangen sollte. Später an jenem Vormittag erhielt die Stationsschwester einen erschütternden Anruf von einem Verwandten des Epileptikers. In der vergangenen Nacht war der Vater des jungen Mannes plötzlich und unerwartet gestorben.

Als er den Tod seines Vaters voraussah, hatte er ein sogenanntes »präkognitives« Erlebnis gehabt, also eine intuitive Erfahrung, durch die er wußte, daß etwas geschehen würde, bevor es tatsächlich passierte.

Die meisten Leute glauben nicht, daß es so etwas überhaupt gibt. Es ist ein furchteinflößendes Phänomen, das außerhalb ihres normalen Bezugsrahmens liegt. Als zum Beispiel zu dem eben erwähnten Vorfall einer der Krankenhausärzte seine Meinung abgeben sollte, stritt er ihn einfach ab. »Da niemand Zukünftiges wissen kann, ehe es eingetreten ist«, erklärte er, »kann so etwas auch gar nicht passiert sein.« Vielleicht war dieser Arzt selber »stirnlappengeschädigt«. Wahrscheinlicher ist jedoch, daß er sich von dem Ereignis keinen Begriff machen konnte und Angst hatte, sich einzugestehen, daß manche Leute Dinge im voraus wahrzunehmen vermögen. Das hieße nämlich, daß die Welt keineswegs so kontrollierbar und überschaubar ist, wie wir im allgemeinen annehmen. Vielmehr würde es bedeuten, daß die Intuition eine Fähigkeit ist, die uns allen gegeben ist, denn wir alle haben einen Schläfenlappen, der uns Zugang zu Informationen verschafft, die uns zu notwendigen Veränderungen in unserem Leben veranlassen können.

Nun sind aber intuitive Erfahrungen nicht bloß eine Form von Schläfenlappenepilepsie. Die intuitiven Erlebnisse von Menschen mit normaler Schläfenlappenfunktion und ohne Anfälle zeichnen sich durch ähnliche Phänomene aus wie die von Schläfenlappenepileptikern, etwa durch Déjà-vu-Erlebnisse, prophetische Träume oder außerkörperliche Erfahrungen. Außerdem gibt es erstaunliche Übereinstimmungen im tageszeitlichen Auftreten von epileptischen Anfällen und intuitiven Erfahrungen. Die meisten Anfälle treten abends zwischen 22 und 23 Uhr sowie morgens zwischen 2 und 4 Uhr auf.[16] Und wann haben Menschen, die von Eingebungen berichten und zum Beispiel den Tod eines Angehörigen vorauswissen, ihre intuitiven Einsichten? *Abends zwischen 22 und 23 Uhr sowie morgens zwischen 2 und 4 Uhr!* Erinnern Sie sich noch an meine Freundin Mildred mit den »nächtlichen Besuchern«, die sie aus dem Zimmer zu verscheuchen versuchte? Auch sie machte diese Erfahrungen zwischen 22 und 23 Uhr am späten Abend. Bei uns allen kommt es nachts, wenn wir träumen, im Schläfenlappen zu Mikroanfällen beziehungsweise Mikrohöhepunkten in der Schläfenlappenfunktionskurve. Die meisten verborgenen Informationen erreichen uns im Dunkel der Nacht.

Unser Leben wäre ohne die Schläfenlappen und ihre zentrale Rolle bei der Erinnerung, beim Träumen und bei intuitiven Wahrnehmungen völlig anders. Die Stirnlappen sind der Sitz des Urteilsvermögens, der Planungsfähigkeit und der Moral und der Teil des Gehirns, dessen Entwicklung am längsten dauert. Studien haben nachgewiesen, daß Affen, deren Stirnlappen zerstört wurden, weiterhin in der Gruppe leben und interagieren konnten, allerdings auf eine andere Art. Wenn jedoch die Schläfenlappen zerstört wurden, starben die Affen.

Ohne Schläfenlappen können wir das, was gefühlsmäßig wichtig für uns ist, nicht ausdeuten; dann können wir nicht bestimmen, ob eine Erfahrung oder Emotion relevant ist, wie wir diesbezüglich empfinden und was wir in dieser Hinsicht zu tun haben. Wir können uns an nichts erinnern und haben auch keinerlei Zugriff auf die Intuition. Ohne Schläfenlappen ist unser Leben auf den gegenwärtigen Augenblick beschränkt. Das demonstriert auf drastische Weise der berühmte Fall von H. M., dem aufgrund epileptischer Anfälle die Schläfenlappen operativ entfernt wurden. Nach dem Eingriff hatte er die Fähigkeit verloren, neue Erinnerungen zu speichern. Alte Erinnerungen aus der Zeit vor der Operation blieben jedoch erhalten, da sie an verschiedenen Orten in seinem Gehirn gespeichert waren. Aber neue Erinnerungen müssen den Hippocampus im Schläfenlappen durchlaufen. Ohne seine Schläfenlappen kann sich H. M. an nichts mehr erinnern, das nach der Operation geschehen ist. Er kann sich nicht einmal daran erinnern, zu Mittag gegessen zu haben. Fünf Minuten nach Beendigung der Mahlzeit, wenn das Tablett eben abgetragen worden ist, fragt er die zuständige Krankenschwester: »Wann gibt's Mittagessen?« Er lebt wirklich nur im gegenwärtigen Augenblick und kann nichts Neues dazulernen.

In einer anderen Reihe von Experimenten entfernten Wissenschaftler den Mandelkern aus dem Schläfenlappen einiger Versuchsaffen. Vorher waren die Affen zu der Erkenntnis fähig gewesen, daß die Männer in den weißen Laborkitteln, die in ihren Käfig kamen und ihnen Elektroden am Kopf anbrachten, nicht unbedingt Gutes verhießen. Sie wußten, daß der Augenblick eine emotionale Bedeutung für sie hatte (»Hm, all meine Freunde verschwinden allmählich; ich glaube nicht, daß dieser Typ gut für mich ist«), waren entsprechend verängstigt und bespuckten die Wissenschaftler wütend. Doch sobald ihre Schläfenlappen entfernt waren, veränderte sich ihr Verhalten drastisch. Statt, wie es richtig gewesen wäre, Angst zu bekommen und entsprechend auf die bedrohliche Situation zu reagieren, zeigten die Affen keine Angst mehr. Sie hatten die Fähigkeit verloren, Gefahr und Sicherheit, Vertrauen und Mißtrauen zu unterscheiden. Auf einmal wußten sie nicht mehr, was sie von dem Typen im weißen Kittel halten sollten. Statt zu fauchen und zu versuchen, ihn zu beißen und sich zu verteidigen, benahmen sie sich jetzt so, als sei er entweder etwas Liebenswertes oder etwas zum Essen. Sie nahmen ihn nicht länger als aggressiven Menschen wahr und verhielten sich entsprechend, sondern hielten ihn für eine potentielle Nahrungsquelle, schmatzten an ihm herum oder verspeisten irgendwelche leblosen Gegenstände in seiner Nähe. Darüber hinaus schienen sie den Forscher als Liebesobjekt wahrzunehmen, mit dem sie kopulieren wollten. Die Affen verhielten sich unpassend im Angesicht körperlicher Bedrohung und Gefahr oder reagierten passiv.

Essen und sexuell aktiv werden. Klingelt's jetzt bei Ihnen? Was machen in unserer Gesellschaft viele Menschen, die mit ihren Gefühlen nicht klarkommen und generell nicht wissen, was sie machen sollen, in ihrer

Verwirrung? Sie essen und werden sexuell aktiv. Auch wenn unsere Schläfenlappen intakt sein mögen, laufen wir doch manchmal herum, als fehlten sie uns, und überhören ihre weisen Ratschläge, was gefühlsmäßig wichtig für uns ist und wie wir darauf reagieren sollten. Wir verhalten uns unangemessen, wie die Affen, oder passiv. Eine der Hauptursachen für Depressionen besonders bei Frauen ist die Passivität – Ohnmacht und Hoffnungslosigkeit.

Die Affen waren von den Intuitionszentren ihres Gehirns abgeschnitten worden. Vorher hatten sie einen Blick auf die Forscher geworfen und intuitiv gewußt: »Dieser Typ bedeutet nichts Gutes.« Hinterher konnten sie das nicht mehr erkennen. Sie dachten: »Ich werde mich sexuell mit ihm verlustieren oder mit ihm essen gehen.« Genauso wie viele Frauen. Obgleich die Alarmsignale in unserem Kopf uns darauf hinweisen, daß der betreffende Typ uns an die letzten drei Kerle erinnert, mit denen wir eine katastrophale Beziehung eingegangen sind, verbringen wir die Nacht mit ihm, und vielleicht heiraten wir den Mann sogar!

Die Forscher, die diese Versuche durchführten, nannten das Manko der Affen »psychische Blindheit«. Ich finde diesen Begriff treffend. Die Affen wurden psychisch blind für die Außenwelt. Sie waren sich über ihre Gefühle in bezug auf das, was sie sahen, nicht im klaren, und infolgedessen wußten sie nicht, wie sie angemessen reagieren sollten. Obwohl sie sehen und hören und jedes Glied ihres Körpers bewegen konnten, waren sie doch ohnmächtig und hoffnungslos.

Eine der Hauptursachen für eine Erkrankung ist erworbene Ohnmacht und Hilflosigkeit. Das läßt sich an vielen Frauen beobachten, denen alles egal ist, die sich in ihren Gefühlen nicht auskennen und nicht wissen, was sie machen sollen. Sie sind wie der Typ im Cartoon, der seine Freundin immer wieder fragt: »Was willst du heute abend machen?«, und sie antwortet jedesmal: »Weiß ich nicht.« Solche Frauen wissen nie, was sie machen sollen, schon gar nicht in bedrohlichen Situationen. Statt auf die weise Stimme ihrer Intuition zu hören und sich in einer bestimmten Situation ihren Gefühlen entsprechend zu verhalten, hoffen sie immer und ewig auf den Rat und die Anleitung anderer. Damit sind sie jedoch nicht unbedingt gut beraten. Wäre es etwa weise, wenn der Affe den Forscher, der ihm übel will, fragt, ob er sich getrost aus dem Käfig wagen kann? Ich glaube nicht. Anders ist es auch nicht, wenn eine Frau ihren innersten Gefühlen zum Trotz den Freund, der sie gerade zum dritten Mal verprügelt hat, fragt: »Meinst du, ich kann es wagen, dir wieder zu vertrauen?«

Die Intuition ist eine Möglichkeit, Aufschluß darüber zu erhalten, wie unsere Gefühle in bezug auf etwas sind, warum wir so empfinden und wie wir uns folglich verhalten sollten. Ebenso wie man ohne Schläfenlappen nur »unvollständig« leben kann, kann man im Grunde auch nicht voll und ganz leben, wenn man von seiner Intuition abgeschnitten ist.

Mandelkern und Schläfenlappen haben zudem die wichtige Funktion, uns zu einer Neubewertung dessen, was wir bedrohlich oder erstrebenswert finden, zu bewegen. Das ist sehr wichtig, denn darin liegt die Hauptaufgabe der Intuition. Diese Aufgabe besteht darin, gegen Überzeugungen anzugehen, die in Gehirn und Körper gespeichert sind, uns jedoch nichts mehr nützen. Die Intuition kann sich mit diesen Überzeugungen auseinandersetzen und dann erwägen, sie zu ändern. Was würden Sie zum Beispiel tun, wenn Sie Höhenangst hätten, aber plötzlich einen Millionenjob in Ihrem Traumberuf angeboten bekämen, allerdings auf dem obersten Stockwerk des Empire State Building? Müßten Sie das Angebot ablehnen? Nein, Sie könnten sich an das Intuitionszentrum wenden, den Teil Ihres Gehirns, der für Erinnerungen und Gefühle zuständig ist, und lernen, anders mit Ihrer Höhenangst umzugehen. Auf diese Weise können wir viele unserer Einstellungen modifizieren.

Viele Männer und Frauen denken ein Leben lang fälschlicherweise, es gäbe einen Personentyp des anderen Geschlechts, der liebevoll ist, und einen anderen, vor dem man sich hüten müßte. Zum Beispiel wählen sich viele Frauen in ihrer Jugend unfehlbar den falschen Typ Mann, weil irgendwo in ihrem Gehirn und Körper eine Reihe von Erinnerungen darüber gespeichert ist, was angenehm war und was unangenehm, um dann beides miteinander zu verwechseln wie beim Verwirrspiel. Wenn sie weiterhin den »Richtigen« wählen, der sich als der »Falsche« herausstellt, werden sie mit dem Kopf nicht herausfinden können, warum ihre Beziehungen scheitern. Aber ihr Körper wird Symptome und Erkrankungen aufweisen, die ihnen deutlich zu verstehen geben, daß etwas nicht stimmt, daß etwas ganz und gar falsch gelaufen ist.

Zuviel Unkraut oder zuwenig Blumen?

Das Gehirn ist kunstvoll vernetzt, damit wir ständigen freien Zugang zu unserer Eingebung als Teil des Intuitionsnetzwerkes haben. Woran es immer noch mangelt, sind die gesellschaftlichen und persönlichen Umstellungen, die wir vornehmen müssen, um dieses wichtige Werkzeug unserer Gesundheit und unseres Wohlbefindens gebührend anzuerkennen.

Eine ungewöhnliche körperliche Erkrankung macht uns auf interessante Weise deutlich, wie die linke Hirnhemisphäre uns kulturell beherrscht. Bei manchen Menschen entwickelt sich nämlich aus unerfindlichen Gründen eine Körperseite schneller als die andere und wird erheblich größer als diese. Es dürfte niemanden verwundern, daß dieses ungehemmte Wachstum auf der Seite der linken Gehirnhälfte auftritt – der rechten Körperseite.

Mich hat immer die Namenswahl für diese Erkrankung fasziniert. Sie heißt »Hemihypertrophie« oder halbseitiger Großwuchs. Ich habe mir einige Gedanken zu dieser Wortwahl gemacht. Sie konzentriert speziell auf die ungehemmt wachsende Körperseite. Unberücksichtigt bleibt, was dabei zu kurz gekommen ist, nämlich das Wachstum der rechten Hirnhemisphäre. Ich neige eher dazu, die Störung »Hemi*atrophie*« zu nennen, eine Verkümmerung der rechten Gehirnhälfte. Ich würde also vorrangig die Tatsache ins Auge fassen, daß eine Seite nicht genügend wächst. Meines Erachtens geht man mit dieser Übergröße und Dominanz der einen Seite ebenso um wie ein Gärtner, der sagt: »Du meine Güte, das Unkraut im Garten wächst viel zu hoch!« Weiser wäre es, wenn er sagen würde: »Meine Blumen müssen unbedingt besser wachsen.«

Das ist das Wesen der Intuition: uns eine völlig neue Perspektive zu eröffnen, eine Sichtweise, die sich nicht auf das Offenkundige konzentriert, sondern das wahrnimmt, was schwer zu erkennen ist. Mit Intuition schaut man hinter das wuchermde Unkraut und sucht nach Mitteln und Wegen, das Blumenwachstum zu fördern.

4

Die Aufzeichnung vergangener Erfahrungen: das Gedächtnis von Gehirn und Körper

Die Erinnerung ist eine der mächtigsten Kräfte im Leben. Jeder hat eine erste Erinnerung, einen verschwommenen Eindruck von einem Augenblick in frühester Kindheit, eingefroren wie ein Schnappschuß und mit der Zeit verblaßt, der auf Wunsch aus einer Schublade im Geist hervorgeholt werden kann. Dabei handelt es sich um eine bewußte Erinnerung, die im Gehirn gespeichert ist. Aber wir haben noch andere Erinnerungen, deren wir uns im allgemeinen nicht bewußt sind. Sie schlummern nicht nur in den tieferen Schichten des Gehirns, sondern auch im Körper. Wir besitzen Körpererinnerungen, die systematisch im Gewebe und in den Organen gespeichert sind, eine Aufzeichnung von etwas, das geschehen ist und uns auf eine Weise beeinflußt hat, die wir nie ganz begriffen oder gemeistert haben. Intuitive Heiler lesen die Erinnerungen, die tief im Gehirn und im Körper gespeichert sind.

Bekommen Sie Kopfschmerzen, sobald sich Ihnen ein bestimmter Kollege nähert? Oder Magenkneifen, wenn Sie über die Feiertage nach Hause fahren? Haben Sie sich nie gefragt, warum das so ist? Ich kenne eine Frau, die Angst davor hat, im Aufzug zu fahren. Kaum hört sie, wie sich die Türen hinter ihr schließen, hat sie rasendes Herzklopfen und schweißnasse Hände. Sie ist von unbeschreiblicher Angst und Panik erfüllt. Nachdem sie einmal als Kind im Aufzug angegriffen worden war, hatte sie fast alle bewußten Erinnerungen an dieses traumatische Ereignis verdrängt. Aber ihr Körper erinnert sich daran und durchlebt jedesmal, wenn sie einen Fahrstuhl betritt, das Trauma noch einmal, mit dem sie sich nie eingehend auseinandergesetzt hat.

Vom Augenblick unserer Geburt an, vielleicht auch schon vom Mutterleib an, sammeln wir Erinnerungen. Diese Aufzeichnung vergangener Erfahrungen und bedeutender emotionaler Ereignisse unseres Lebens formt und prägt unsere Persönlichkeit. Infolgedessen nimmt sie auch unweigerlich Einfluß darauf, wie wir unsere Zukunft gestalten oder unser Leben organisieren und einrichten. Sie bestimmt unsere Berufswahl, unsere Partnersuche, die Ziele, die wir uns stecken, ja sogar, ob wir etwas als erfreulich oder als schmerzhaft wahrnehmen.

Erinnerungen sind unsere Aufzeichnungen von Weisheit und Trauma, die in den beiden Gehirnhälften und im Körper gespeichert sind. Gewisse Erinnerungen sind unserer Gesundheit zuträglich oder abträglich. Sie gehören zu unserem Intuitionsnetzwerk und übermitteln uns fortwährend Signale, Warnungen und Informationen über unser Leben und das, was mit uns geschieht. Mit Hilfe der Intuition können wir lernen, die Sprache der Erinnerung zu verstehen, mit der Körper und Geist uns mitteilen, was mit unserem Leben nicht stimmt und was wir tun können, um daran etwas zu ändern.

Erinnerung und Gefühl

Eine Theorie darüber, wie Erinnerung funktioniert, lautet, daß nicht alle Erinnerungen vollständig bewahrt werden und daß Erinnerungen, die man vergißt, aus dem Speicher verschwinden. Nach einer anderen Theorie hingegen geht nichts, was wir erfahren, jemals wirklich verloren. Alles, was wir sehen, sei es ein Kaugummipapier oder ein Schlagloch im Straßenbelag, ist irgendwo im Gehirn gespeichert. Die Tatsache, daß wir uns nicht an jede Kleinigkeit erinnern, besagt nur, daß wir den Faden verloren haben, um die Assoziationen herzustellen, mit deren Hilfe wir uns erinnern könnten. Es ist so, wie wenn man ein Paar Ohrringe verliert. Sie hören nicht auf zu existieren, weil wir sie verloren haben, aber wir überlegen vergeblich, wo sie hingeraten sein können, und finden sie infolgedessen auch nicht. Einmal entstanden, geht eine Erinnerung nie verloren; man findet sie bloß nicht unter dem Bett zwischen all den schmutzigen Socken und anderem Zeug.

Nach allgemeiner Überzeugung sind Erinnerungen überall im Gehirn gespeichert, und unsere Fähigkeit, sie aufzuspüren, hängt von bestimmten Nervenverbindungen im Gehirn ab, die Telefonleitungen gleichen. Das Vergessen stellt eine Unterbrechung dieser Leitungen dar. Mit anderen Worten: Wird eine Erinnerung nicht gebraucht, unterbricht das Gehirn einfach die Verbindung. Man kann sich die Erinnerung auch als Kreditkarte vorstellen, die man jahrelang nicht benutzt hat, so daß sie von der Bank ungültig erklärt wird. Dann ist die Karte nicht mehr am Geldautomaten zu benutzen, obwohl sie noch im Portemonnaie vorhanden ist.

Man kann wohl sagen, daß wir uns an das meiste im Leben nicht mehr erinnern. Die Dinge, an die wir uns erinnern, bzw. die Erinnerungen, zu denen wir einen Zugang aufrechterhalten, sind gefühlsbefrachtet. Sie werden sich kaum an eine Bananenschale erinnern, die Sie mit sechs Jahren auf der Kirmes auf dem Boden liegen sahen. Falls Sie jedoch auf der Bananenschale ausgerutscht und hingefallen sind, sich den Arm gebrochen, im Rettungswagen auf dem Weg zur Ambulanz unentwegt geweint haben und sechs Wochen lang mit einem Gipsverband herumlaufen mußten – *dann* würden Sie sich daran erinnern.

Erinnerung ist die Erfahrung eines Gefühls, die verschlüsselt in Gehirn und Körper eingeprägt ist. Manche dieser Erinnerungen sind angenehm und schön, andere unangenehm und schlimm. Eine Erinnerung, die sehr glücklich und angenehm ist und nicht besonders aufreibend, wird im allgemeinen vom Hippocampus im Schläfenlappen gespeichert, der für die mündliche Wiedergabe von Erinnerungen zuständig ist, also für Erinnerungen, über die geredet werden kann. Eine schmerzliche, traumatische Erfahrung hingegen kann der Hippocampus nicht aufnehmen, da er während der Erfahrung von Streßhormonen, die Gehirn und Körper abgeben, lahmgelegt wird. Jetzt kommt der Mandelkern zum Zuge, ein weiterer Bereich des Schläfenlappens, und verschlüsselt die Erfahrung als nichtverbale Erinnerung, da sie nicht leicht in Worte zu fassen ist. Diese Erinnerung wird als Körpererinnerung gespeichert. Auch wenn man sich ihrer nicht bewußt ist, bleibt sie im Gehirn und in den Körperzellen erhalten.

So geht das Gehirn vor, wenn eine Erinnerung abgespeichert werden soll. Während Sie eine bestimmte Erfahrung machen, nimmt Ihr Gehirn den Anblick und die Geräusche des betreffenden Geschehens in den visuellen und auditiven Bereich auf. Es hält außerdem fest, was Sie im Bereich der körperlichen Empfindungen fühlen. Bei alledem handelt es sich in erster Linie um die primären Sinnesbereiche des Gehirns. Später, wenn Sie auf diese Erinnerungen zurückgreifen, schalten sich alle drei Bereiche zu. Dann entsteht in Ihrem Kopf das Hologramm etwa Ihres Hochzeitstages: Leute drängen sich am Empfang, Musik erklingt, Ihre Schuhe drücken, und Sie hören, wie Ihr Schleier über den Boden schleift. Da die Erinnerung nicht traumatisch belastet ist, reden Sie oft und mit großer Freude davon.

Aber nehmen wir jetzt einmal an, Sie gehen auf einer Landstraße spazieren. Unter Ihren Füßen knirschen die Steine, Fliederduft erfüllt die Luft, und Sie spüren den leichten Wind auf Ihren Armen und im Gesicht. Sie fühlen sich stark und unbeschwert. Plötzlich springt aus dem Gebüsch neben der Straße ein riesiger Hund, knurrt und zeigt die Zähne. Sie sehen die großen Reißzähne, Sie hören das Gebell, und eine Gänsehaut überläuft Sie. In Angst und Schrecken versetzt, rennen Sie so schnell wie möglich vor dem Hund weg.

Am Abend fragt Ihr Mann Sie, ob der Spaziergang schön war. »Ja, ganz schön«, sagen Sie. Den Zwischenfall mit dem Hund wollen Sie eigentlich nicht erwähnen und fangen folglich gar nicht erst davon an. In gewissem Sinne haben Sie ihn schon halb vergessen, weil er unangenehm und angsterregend war, weshalb Sie sich nicht noch einmal damit befassen wollen. Ähnliches geschieht, nachdem Sie einen Alptraum gehabt haben. Wenn der Traum besonders schreckenerregend war, so daß Sie daraus aufgewacht sind und ihn nicht sofort jemandem erzählt haben, wird er nicht im Sprachgedächtnis gespeichert. Aber er bleibt als Körpererinnerung erhalten, und Sie wandern vielleicht vollkommen aufgewühlt von Ihrem Traumerlebnis noch ein, zwei Stunden herum, obwohl Sie es nicht mehr richtig in Erinnerung haben. Ebenso wie der Alptraum prägt sich auch Ihre gefühlsbeladene Begegnung mit dem Hund in die Körpererinnerung ein. Sie haben sie aus der bewußten Erinnerung ausgelöscht, sie im Geiste »dissoziiert«, wie man sagt, und isoliert, weil sie zu schmerzhaft und unerträglich war.

So verfahren wir mit einem Trauma. Wir handeln getreu der Zeile aus einem Song von Barbra Streisand: *»What's too painful to remember, we simply choose to forget.«* Allzu schmerzliche Erinnerungen vergessen wir lieber. Je nachdem, wie stark wir Erinnerungen verdrängen, *mit denen* *wir uns eigentlich unbedingt auseinandersetzen müßten*, stellen sich Konsequenzen in unserem Gefühlsleben, unserem körperlichen Befinden oder im Gesundheitszustand unserer Organe ein.

Dissoziation und Krankheit

Die dramatischsten Beispiele für eine Erinnerungsdissoziation und deren Folgen finden sich bei Fällen von multipler Persönlichkeitsstörung. Die multiple Persönlichkeitsstörung, in den USA vielen bekannt durch den Film *The Three Faces of Eve* (»Eva mit den drei Gesichtern«) und die Fernsehserie *Sybil*, ist eine schwere, mit Dissoziation verbundene Erkrankung, bei der sich zwei oder mehr verschiedene Persönlichkeiten einen einzigen Körper teilen. Man hat ein einziges Gehirn und einen einzigen Körper, aber eine ganze Reihe von Persönlichkeiten, die jeweils über einen eigenen Gedächtnisspeicher verfügen. Außerdem kann eine dieser Persönlichkeiten unter einer bestimmten Krankheit leiden, wovon die anderen nicht betroffen sind.

Versuche mit Menschen, bei denen eine multiple Persönlichkeitsstörung vorlag, haben ergeben, daß zum Beispiel die eine Persönlichkeit Migräne hat, die anderen aber nicht. Oder eine Persönlichkeit neigt zu Allergien und Medikamentenunverträglichkeiten, die anderen jedoch nicht. Eine Persönlichkeit ist Rechtshänder, eine andere Linkshänder. In einer Studie wurden genaue Augenmessungen bei einem Patienten mit multipler Persönlichkeitsstörung vorgenommen, und man stellte fest, daß eine Persönlichkeit ein besseres Sehvermögen hatte als die andere. Die Diagnose einer multiplen Persönlichkeitsstörung ist umstritten, und es besteht immer die Möglichkeit einer Fehldiagnose. Bei einer anderen Studie baten die Wissenschaftler einige Leute, so zu tun, als schlüpften sie jeweils in andere Persönlichkeiten, und maßen dabei ihre Augäpfel. Sie fanden heraus, daß sich die Augen nicht so veränderten wie bei Patienten mit multipler Persönlichkeitsstörung.

In einem Fall war eine der Persönlichkeiten ein Kind, das unter *Exotropie* litt, dem Auswärtsschielen, was bei Kindern häufig vorkommt, bei Erwachsenen hingegen selten ist. Als der Betreffende zur Erwachsenenpersönlichkeit überwechselte, verschwand das Auswärtsschielen. Ein andermal maßen Forscher Hauttemperatur, Atmung, Puls und Leitfähigkeit der Haut von den verschiedenen Persönlichkeiten eines Patienten mit multipler Persönlichkeitsstörung. Bei jeder Persönlichkeit fielen die Meßwerte anders aus. Das gleiche ergab eine Studie, bei der Wissenschaftler das Reizpotential von multiplen Persönlichkeiten maßen. Dabei handelt es sich um einen Gehirntest, der anzeigt, wie Menschen auf Reize in der äußeren Umgebung reagieren. Im Verlauf von vier Tagen veränderte sich das Reizpotential beträchtlich entsprechend dem Wechsel von Persönlichkeit zu Persönlichkeit.

All das macht deutlich, daß sich bei diesen Leuten, wenn ihre Persönlichkeit – und deren Erinnerung – wechselte, auch ihre Reaktionen auf die Außenwelt veränderten und damit zugleich ihre körperliche Befindlichkeit und ihre Krankheiten. Ihr Gedächtnis befand sich eindeutig nicht allein im Gehirn, sondern auch im Körper und war je nach beherrschender Persönlichkeit unterschiedlich ausgeprägt.

Ein Patient mit multipler Persönlichkeitsstörung dissoziiert Teile seiner Persönlichkeit, seines Lebens, vom Bewußtsein. Diese Dissoziation ist so einschneidend, daß eine ganz andere Persönlichkeit gebildet wird, um mit den äußerst schmerzhaften Erfahrungen oder traumatischen Erinnerungen umzugehen, die er verdrängt. In der Folge wird die Persönlichkeit, die die traumatischen Erinnerungen in sich trägt, krank.

Tatsächlich dissoziieren wir alle auf irgendeine Weise, allerdings weniger extrem. Ich habe einmal eine intuitive Lesung durchgeführt für eine Frau, die gerade ihr Collegestudium aufgenommen hatte. Am ersten Collegetag, als sie zu ihrer Vorlesung ging, stellte sie fest, daß sie den Vorlesungsraum nicht betreten konnte. Aus irgendeinem Grund war sie in Panik. Ihre Hände zitterten plötzlich, die Handflächen fingen an zu schwitzen, und sie empfand namenlose Angst. Sie zwang sich, doch hineinzugehen und sich hinzusetzen. Als die Vorlesung vorbei war, stürzte sie ins Studentenheim zurück und erbrach sich.

Sie wußte nicht, was das zu bedeuten hatte. Sie hatte schon mit einer Psychiaterin über ihr Problem gesprochen, aber es hatte nichts genützt. Ich bemerkte während meiner Lesung eine Magenreizung und das Anfangsstadium eines Magengeschwürs.

Als ich mir ihr Gemütsleben vornahm, sah ich, daß diese Klientin in ihrer Kindheit sehr unnachgiebig erzogen worden war. Dann hatten ihre Eltern sich getrennt, woraufhin sie in ein sehr strenges Internat geschickt wurde. Dort machte sie eine Menge unangenehmer Erfahrungen, zum Beispiel wurde ihr wegen schlechten Betragens auf die Finger geklopft, oder sie bekam kein Mittagessen in der Cafeteria des Internats, weil sie nicht bemerkt hatte, daß der Kragen ihrer Schuluniform schief saß. Vor meinem geistigen Auge sah ich deutlich, wie unglücklich dieses Kind gewesen war, so unglücklich, daß sie ihr Magenknurren ignorierte und gar nichts mehr aß. Ich sah sie am Tisch der Cafeteria sitzen und das Tablett wegstoßen. Ich sah sie häufig im Bett liegen, fern von den anderen Kindern, die draußen spielten. Sie verlor immer mehr Gewicht und wurde schließlich schwerkrank.

Dann sah ich sie heimkehren. Die Eltern hatten sich um ihretwillen wieder vertragen. Die Magenschmerzen des Mädchens hörten auf, und sie fing wieder an zu essen. In der späteren Kindheit und Jugend dachte sie nicht mehr viel über diese kurze Zeitspanne nach, in der sie von ihren Eltern getrennt war. Die Eltern verschwanden weiterhin des öfteren hinter verschlossenen Türen und stritten sich heftig, aber sie bekam nichts davon mit. Sie glaubte, ihre Eltern seien glücklich und die Familie sicher und beständig. Die Internatserfahrung wurde in den Hintergrund gedrängt. Bis sie zum College ging.

Das Betreten des Vorlesungsraums am ersten Collegetag weckte in ihrem Körper und im Magen die gleichen Ängste, die sie als Kind im Internat erlebt hatte. Ihre Körpererinnerungen an jene Zeit wurden wach. Ihr wurde übel, und sie erbrach sich, ohne zu wissen, warum.

Wenn wir unsere Gefühle oder Erinnerungen an die Vergangenheit übergehen, bringt unser Körper sie um so stärker zum Ausdruck. Wenn wir dem Klappern und Rasseln bei einem Auto keine Aufmerksamkeit schenken, wird es immer lauter, bis am Ende das Getriebe kaputt ist. Wir sind wie gelähmt, solange wir uns nicht mit den Emotionen auseinandersetzen, die sich in körperlichen Symptomen Bahn brechen, um uns aufmerksam zu machen. Intuitive Heiler sind nicht die einzigen, die die Gefühle eines Menschen lesen und sehen können, wie sie in den Körper der oder des Betreffenden eingeprägt sind. Jeder von uns kann die intuitive Sprache des eigenen Körpers erlernen und so erfahren, welcher Aspekt des Lebens Aufmerksamkeit erfordert.

Sobald wir Erinnerungen und Gefühle dissoziieren und aus dem Bewußtsein verbannen, wandern sie über das vegetative Nervensystem, das

Netz aus Telefonleitungen, die Emotionen und Organfunktionen miteinander verbinden, in den Körper. Das können wir bei Menschen mit der bereits erwähnten psychischen Erkrankung namens Konversionsstörung beobachten. Einmal wurde eine Patientin mit linksseitiger Körperlähmung ins Krankenhaus eingeliefert. Die Untersuchung ergab, daß keine körperliche Störung vorlag, aber die Frau konnte nicht gehen und konnte kein Glied auf der linken Seite rühren. Wir erfuhren, daß in den letzten paar Jahren ihre beiden Eltern gestorben waren und sie darüber hinaus noch verschiedene andere Todesfälle in der Familie erlebt hatte. Sie konnte jedoch weder darüber sprechen noch damit fertig werden. Ihr halbes Leben, die Hälfte ihrer Familie, war dahin, und sie war völlig hilflos und wußte nicht, wie es jetzt weitergehen sollte. Infolgedessen ging ihr auch der halbe Körper verloren, er wurde nicht mehr gefühlt, das heißt, sie war halbseitig gelähmt und konnte nicht mehr gehen. Sie kam nicht zurecht mit der gewaltigen emotionalen Erfahrung und schnitt deshalb die unerträgliche Vorstellung an der Wurzel ab. Da sie nicht darüber sprechen konnte, war diese schließlich in den Körper übergegangen und symbolisierte sich nun in den körperlichen Beschwerden.

Manche Wissenschaftler sind der Auffassung, daß Krankheit auf einer vorübergehenden Dissoziation beruht, einer Störung unserer normalerweise integrierten Funktionen. Bei einer multiplen Persönlichkeit wird nur eine Persönlichkeit krank, nämlich die Persönlichkeit, in der die Erinnerungen oder Emotionen eingeschlossen sind, die aus dem Bewußtsein gedrängt wurden. Stellen wir uns einmal vor, eine Patientin mit multipler Persönlichkeitsstörung erlebt einen schrecklichen Streit zwischen ihrer Mutter und ihrer Schwester mit. Dann verunglückt die Schwester, sie kommt ins Krankenhaus und bittet die Kranke mit der Persönlichkeitsstörung, sie dort zu besuchen. Aber die Mutter warnt die Gestörte, sie wolle nichts mehr mit ihr zu tun haben, wenn sie auch nur in die Nähe des Krankenhauses ginge, wo die Schwester wartet. In dieser schrecklichen Zwickmühle verbannt die gestörte Schwester die qualvollen Erfahrungen einfach aus ihrem Bewußtsein und überträgt sie auf die andere Persönlichkeit. Jetzt kann sie ihre Schwester im Krankenhaus besuchen, ohne sich um die Reaktion der Mutter Sorgen zu machen. Doch die andere Persönlichkeit, der bewußt ist, wie wütend die Mutter darüber sein wird, ist zutiefst beunruhigt und wird krank.

Etwas Ähnliches geschieht bei den meisten Menschen. Wir haben zwar im Normalfall nur eine Persönlichkeit, aber wir ziehen uns Erkrankungen der Körperorgane zu, die mit den verdrängten Emotionen in Verbindung stehen. Meist wissen wir gar nicht, warum wir erkranken, und dann müssen wir von unserer Intuition Gebrauch machen. Forschungen auf dem Gebiet der multiplen Persönlichkeitsstörung haben den Wissenschaftlern die Augen dafür geöffnet, daß Gefühle auf verschiedenen geistigen Ebenen auftreten und in der Mehrzahl gar nicht wahrgenommen werden. Und eine dieser geistigen Ebenen ist tief im Körper versteckt. Ich hatte einen Kollegen, der jahrelang eine Frau behandelte, die seit langem an einer multiplen Persönlichkeitsstörung litt, ein besonders schwerer Fall. Sie hatte schließlich eine Entzündung im linken Arm, die nicht heilen wollte. Am Ende mußte der Arm amputiert werden. Unglaublicherweise litt die Patientin nach der Operation nicht mehr an der multiplen Persönlichkeitsstörung! Der behandelnde Arzt fragte sich, ob vielleicht qualvolle Erinnerungen in jenen Arm eingeprägt gewesen waren und die Frau dazu gebracht hatten, sich in verschiedene Persönlichkeiten aufzuspalten. Konnte es sein, daß sie nach der operativen Entfernung dieses Körperteils nicht mehr den qualvollen Erinnerungen ausgesetzt war? Wir werden es vielleicht nie erfahren. Der Patientin geht es jetzt gut, obwohl es denkbar wäre, daß die Störung irgendwoanders wieder auftritt. Ich will damit keineswegs sagen, daß wir einfach den erkrankten Körperteil eines Menschen absägen sollten, um darin gespeicherte Erinnerungen völlig auszuschalten. Das wäre so, als würde ich der Frau mit den Magenschmerzen und Magengeschwüren, die mit dem Schulbesuch in Zusammenhang standen, raten, einfach den Magen entfernen zu lassen, und dann ginge es ihr gut. Die Geschichte macht jedoch deutlich, daß Veränderungen des Körpers durchaus das Gefühlsleben verbessern können. Und wenn die Gefühle nicht mehr verletzt sind, besteht umgekehrt auch die Möglichkeit, daß der Körper gesundet.

An Fällen von multipler Persönlichkeitsstörung zeigt sich, daß wir, wenn wir die kranken Teile unserer Persönlichkeit von negativ beladenen Erinnerungen und Emotionen befreien können, auch von körperlichen Beschwerden und Erkrankungen geheilt werden können. Anders ausgedrückt: Wir können von der erkrankten Persönlichkeit zu einer krankheitsfreien Persönlichkeit überwechseln. Da sich innerhalb unseres Intuitionsnetzwerkes fortwährend Symptome und Gefühle entwickeln, müssen wir im Laufe des Lebens lernen, unsere Emotionen mit dem körperlichen Befinden in Zusammenhang zu bringen. Körperliche Symptome geben uns Aufschluß darüber, wann mit unserem Gefühlsleben etwas nicht stimmt, was wir ändern müssen und was gut funktioniert.

Echte multiple Persönlichkeiten können das nicht. Bei ihnen sind die verschiedenen Bereiche des Intuitionsnetzwerkes vollkommen voneinander getrennt, sie haben ihren Sitz in jeweils eigenen Persönlichkeiten, so daß kein Austausch darüber stattfindet, was zum Zwecke der Gesundheit im Leben geändert werden muß. Wir andern haben diese Schwierigkeiten im allgemeinen nicht. Indem wir den intuitiven Regungen bewußt Aufmerksamkeit schenken, können wir lernen, alle Teile unseres Gehirns und Körpers zu benutzen, um ein umfassendes Verständnis für das zu bekommen, was in unserem Leben vorgeht und was wir ändern und bearbeiten sollten, statt die Traumata aus der Vergangenheit immer wieder in Form von körperlichen Symptomen zu durchleben.

Das schwarze Loch des Traumas

Bei einer berühmten Studie wurden Ratten in Käfigen gehalten, in denen sie von Geburt an regelmäßig mit Elektroschocks traktiert wurden. Das klingt schlimm, aber die Ratten kannten es nicht anders und waren in ihren Käfigen zu Hause. Nicht viel anders ergeht es vielen Menschen in ihrem Leben, die in einer traumatischen Atmosphäre aufwachsen. Die Ratten wuchsen mit den Elektroschocks auf, und als sie erwachsen waren, durften sie aus ihren Käfigen heraus und in andere Käfige umziehen, wo sie keine Elektroschocks erhielten. Alle Ratten kehrten jedoch freiwillig zu ihren ursprünglichen Käfigen und der Erinnerung an ein Leben mit Elektroschocks zurück.

Die Ratten machten lieber die gewohnten Qualen weiter durch, als eine ungewisse Zukunft ohne Qualen auszuprobieren. Sie hatten Qualen als einzige Lebensart kennengelernt. Das war die Melodie, nach der sie lebten, der Rhythmus, nach dem sie marschierten. In ihren Käfigen mit den Elektroschocks hatten sie alles im Griff. Sie dachten: »He, das hab ich im Griff. Ich habe mein ganzes Leben lang Elektroschocks bekom-

Emotionales Zentrum	Organsystem	Körperliche Störung	Emotionale Stärke	Emotionale Schwäche
1	physisches Körpergerüst gesamte Wirbelsäule Blut Immunsystem	chronische Wirbelsaulenprobleme Ischias Skoliose Rektalprobleme chronische Ermüdung Fibromyalgie Autoimmunkrankheit Arthritis Hautprobleme	Mißtrauen Unabhängigkeit Eigenständigkeit Tüchtigkeit Furchtlosigkeit Tatkraft	Vertrauen Abhängigkeit Zugehörigkeitsgefühl Ohnmacht Furchtsamkeit Anpassungsfähigkeit
2	Gebärmutter Eierstöcke Vagina Zervix Prostata Hoden Penis Blase Becken Dickdarm unterer Rücken	gynäkologische Probleme Prostata- und Hodenprobleme Becken- und Kreuzprobleme Potenz Fruchtbarkeit Blasen- und Nierenprobleme	*Triebkräfte:* aktiv ungehemmt direkt draufgängerisch schamlos *Beziehungen:* unabhängig Gebrauchtwerden Nehmen gutes Abgrenzungsvermögen selbstsicher schützend opponiert	passiv gehemmt indirekt zögernd schamhaft abhängig Brauchen Geben schlechtes Abgrenzungsvermögen unterwürfig schutzbedürftig kooperiert

Emotionales Zentrum	Organsystem	Körperliche Störung	Emotionale Stärke	Emotionale Schwäche
3	Unterleib	Magenprobleme	Tüchtigkeit	Unzulänglichkeit
	Magen und Darm	Duodenalgeschwüre	Können	Minderwertigkeit
			Kompetenz	Inkompetenz
	Leber	Grimmdarm- und Verdauungsprobleme	Beharrlichkeit	Aufgeben
	Gallenblase			
	untere Speiseröhre		Verantwortlichkeit	Verantwortungslosigkeit
	Magen	Kolitis	Überforderung	Sucht
	Nieren			
	Bauchspeicheldrüse	Crohn-Krankheit	Aggressivität	Abwehr
	Nebennieren	Sodbrennen	Bedrohung	Zurückhaltung
	Milz	Gastritis	Einschüchterung	Bedrängnis
	mittlere Wirbelsäule	Diabetes	Gebietsanspruch	Rückzug
		Verstopfung und Durchfall	Grenzen	Begrenztheit
		Magersucht	wettbewerbsfreudig	Wettbewerb meidend
		Bulimie	Siegen	Nachgeben und Unterliegen
		Hepatitis	Gewinn	Verlust
4	Herz	koronare Herzkrankheit	*Gefühlsausdruck:*	
	Lunge			
	Blutgefäße	Vorderwandinfarkt	Leidenschaft	Liebe
	Schultern		Wut	Groll
	Brust	Arrhythmia	Freude	Gelassenheit und Frieden
	Zwerchfell	Brustschmerzen	Gleichmut	Gefühlsüberschwang
	obere Speiseröhre	Hypertonie		
		Asthma	Mut	Angst
		Lungenkrebs	Trauer	Depressivität
		Lungenentzündung	Verlust	Preisgegebensein
		Rückenprobleme	*Partnerschaft:*	
		Brustkrankheiten einschließlich Krebs	Isolation	Intimität
			Hilfsbereitschaft	Hilfsbedürftigkeit
			Geben	Annehmen
			Väterlichkeit	Mütterlichkeit
			Märtyrertum	Fürsorge
				Versöhnlichkeit

Emotionales Zentrum	Organsystem	Körperliche Störung	Emotionale Stärke	Emotionale Schwäche
5	Schilddrüse Halswirbel Kehle Mund Zähne und Zahnfleisch	Basedow Schilddrüsenunterfunktion Bronchitis Kehlkopfentzündung Mundgeschwüre Halswirbelsäulensyndrom Kiefergelenksleiden	*Kommunikation:* Ausdrucksfähigkeit Reden *Zeitgefühl:* Vorwärtsdrängen *Willen:* Eigenwille	 Verständnis Zuhören Abwarten Unterordnung
6	Gehirn Augen Ohren Nase Epiphyse	Hirntumor oder -blutung Schlaganfall neurologische Störungen Blindheit Taubheit Menière-Krankheit Benommenheit Tinnitus Parkinson-Krankheit Lernstörungen	*Wahrnehmung:* Klarheit zielgerichtet unempfänglich *Denken:* Weisheit Rationalität linear Starrheit *Moral:* konservativ gesetzestreu kritisch repressiv	 Zweideutigkeit ziellos empfänglich Unwissenheit Irrationalität nichtlinear Flexibilität liberal risikobereit tolerant ungehemmt

Emotionales Zentrum	Organsystem	Körperliche Störung	Emotionale Stärke	Emotionale Schwäche
7	alle Organsysteme	Entwicklungsstörungen genetische Störungen multiple Sklerose Lateralsklerose	klares Gefühl für Lebenssinn ich gestalte mein Leben selbst ich habe Einfluß auf alles in meinem Leben	unklarer Lebenssinn der Himmel bestimmt über mein Leben es geschieht, was geschehen muß
		Mehrfachstörungen alle lebensbedrohlichen Krankheiten oder Unfälle, die wachrütteln	Anhaften	Loslassen

men.« Ebenso leben wir oft ein Leben lang mit beruflicher Überbelastung oder einer unbefriedigenden Beziehung, die uns unglücklich macht. Damit kommen wir zurecht, weil es uns vertraut ist. Die Möglichkeit hingegen, die Stelle zu wechseln oder aus unserer kaputten Beziehung auszubrechen und dann vielleicht allein zu sein, entsetzt uns über alle Maßen. Es ist einfacher, wenn alles beim alten bleibt.

Unglücklicherweise hatte das qualvolle Leben der Ratten letztlich Auswirkungen auf ihr Immunsystem. Sie gewöhnten sich an den Gedanken, in einer gefahrvollen Welt mit ständigen Elektroschocks zu leben. Aber sie hatten zwar gelernt, dieses Leben emotional zu tolerieren, doch ihr Körper machte nicht mit. Körperintuition und Körpererinnerung tragen stets den Sieg davon. Unser Geist blendet allmählich aus, wie viele Schocks wir zu spüren bekommen. Aber der Körper weiß genau Bescheid. Mit jedem Stromstoß gehen die weißen Blutkörperchen zurück und damit die Funktionsfähigkeit des Immunsystems. Nach einiger Zeit brach das Immunsystem der Ratten zusammen, und alle möglichen Krankheiten stellten sich ein. Sie waren der körperliche Ausdruck für die Überzeugung der Ratten, ständigen Angriffen der Außenwelt ausgesetzt zu sein.

Wie die Ratten neigen auch wir meist dazu, traumatische Erlebnisse aus der Vergangenheit immer wieder zu durchleben. Wir fallen ins schwarze Loch des Traumas. Alte Erinnerungen halten uns körperlich in Alarmbereitschaft, das heißt, sie bereiten uns physisch und emotional auf weitere Schocks vor. Wir wappnen uns sozusagen für die nächste Attacke, nur daß immer mehr davon folgen. Zur Zeit des früheren traumatischen Erlebnisses haben wir die Streßhormone Cortisol und Noradrenalin produziert. Sie haben uns auf Touren gebracht, damit wir für die nächste Attacke gerüstet waren. Infolgedessen sind unsere Antennen ständig auf Empfang gerichtet und versetzen uns in dauernde Alarmbereitschaft. Und was dann? Wir ziehen förmlich neue Attacken an! Jedesmal, wenn wir uns an das traumatische Erlebnis erinnern, schütten Gehirn und Körper wieder die Streßhormone aus. Das heißt, sobald wir uns in einer Umgebung befinden, die eine traumatische Erinnerung wachruft, interpretieren wir sie als stressig und qualvoll, *genau wie in der Vergangenheit*. Unser Körper erlebt sie so, als stünde ein echtes traumatisches Ereignis bevor, obwohl es sich nur um eine alptraumhafte Erinnerung handelt. Der Körper zittert, als hätten wir die ganze Nacht Alpträume gehabt, und dabei durchleben wir einfach nur wieder etwas, das in unser Gehirn eingegraben ist. So schaffen wir unablässig neue Traumata, gegenwärtige und zukünftige.

Ich neige dazu, zu schnell zu fahren. Ich habe immer eine Menge Strafzettel und Minuspunkte bekommen. Einmal hatte ich mich zu meinem eigenen Geburtstagsfest verspätet und beeilte mich, um die Fähre zum Restaurant noch zu erreichen. Ich fuhr über 70, wo ich nur 50 hätte fahren dürfen. Die Polizei hielt mich an, und ich mußte 116 Dollar Strafe bezahlen. Wenige Tage später bog ich an einer roten Ampel rechts ab, ohne zu stoppen, und wurde erneut von der Polizei erwischt. Zwei Tage danach bekam ich eine schwere Erkältung. Jetzt habe ich jedesmal schon beim Anblick eines normalen Autos in der Farbe der Polizeifahrzeuge – ohne Blaulicht! – Herzklopfen und schweißnasse Hände und trete sofort auf die Bremse. Aufgrund meiner Erinnerung an frühere Erfahrungen interpretiere ich meine Umgebung fälschlicherweise als traumatisch. Ich habe Angst davor, angehalten zu werden und einen Strafzettel zu bekommen. Bei dieser Reaktion produziere ich natürlich auch wieder Cortisol und Noradrenalin und stärke dadurch die Erinnerung an die traumatischen Erlebnisse. Es ist, wie wenn beim Plattenspieler der Saphir in einer Rille hängenbleibt und sie immer tiefer hineinkratzt. Eine schlimme Erinnerung wird von meinem Körper so registriert, als bekäme ich einen Strafzettel, auch wenn gar kein Streifenwagen zu sehen ist. Meine Abwehrkräfte sinken, und schon bin ich erkältet.

Eine Freundin von mir war unzufrieden mit ihrer Arbeit, traute sich jedoch nicht, zu kündigen und sich etwas anderes zu suchen. Der Arbeitsstreß schlug sich in ihrem Darm als Divertikulitis nieder. Jedesmal, wenn sie in Urlaub fuhr, war sie ganz entspannt und schwor sich, nach ihrer Rückkehr nichts Berufliches mehr so an sich heranzulassen, erst an sich selbst zu denken und dann erst an die Kollegen und Kolleginnen im Büro. Doch am letzten Urlaubstag, einen Tag vor Arbeitsbeginn, hatte sie unweigerlich Bauchschmerzen, und die chronische Divertikulitis war wieder da. Immer, wenn sie ins Büro zurückkehrte, hatte sie eine Vorahnung der traumatischen Erfahrungen, die sie aus der Vergangenheit kannte. Sofort war sie in Alarmbereitschaft, und gleich wurden wieder die Streßhormone ausgeschüttet wie zum Zeitpunkt des eigentlichen traumatischen Erlebnisses. Folglich meldet sich ihre Divertikulitis schon, bevor sie überhaupt wieder im Büro ist. Und inzwischen bedarf es kaum noch eines Anlasses, um die Symptome auszulösen. Sie kehrt immer wieder zum selben Ort zurück, zum schwarzen Loch von Sucht und Trauma. Sie hat wohl kaum eine Ahnung davon, daß sie sich wie die elektroschockbehandelten Ratten im Käfig verhält.

Energieverluste und das Reifen der Erinnerung

Stellen wir uns einmal vor, daß jeder von uns ein vielbändiges Lexikon ist. Gegenwärtig hat Ihr Leben vielleicht Band 17 erreicht. Aber irgend etwas aus Band 2, aus der Vergangenheit, hat immer noch Einfluß auf Sie und verursacht Ihnen Magengeschwüre oder eine andere Krankheit. Sie müssen also dahin zurück und nachschlagen, was es mit diesem Magengeschwür auf sich hat. Die Ursache könnte vier oder fünf Bände vorher zu finden sein oder im neuesten Band. Ihre Magenschmerzen von heute können dadurch entstanden sein, daß Ihr Chef Sie am Morgen angebrüllt hat, aber ebensogut durch die Tatsache, daß Ihre Mutter in Band 2 jeden Morgen mit Ihnen geschimpft hat.

Traumatische Erfahrungen wie etwa das Mißbrauchtwerden im Kindesalter, Kriegserlebnisse, von Menschen verursachte oder natürliche Katastrophen, das Miterleben von Gewalt, aber auch geringfügigere emotionale und mentale traumatische Ereignisse werden dissoziiert. Das heißt, gewisse Gefühle und Erinnerungen werden verdrängt und im Körper oder in Teilen des Gehirns abgelegt, ohne daß darüber gesprochen werden könnte. Wenn man sich nicht angemessen mit ihnen auseinandersetzt, können sie sich in Form von körperlichen Erkrankungen äußern.

Der springende Punkt ist – und nun wird es ein wenig kompliziert –, daß nicht die Erinnerung selbst und nicht das eigentliche Trauma aus der Vergangenheit die Probleme in der Gegenwart verursacht. Was uns die Erinnerung *bedeutet*, darauf kommt es an – wie wir auf das reagieren, was die Erinnerung heraufbeschwört. Mit anderen Worten: Nicht das Internat hat uns die Probleme eingetragen, sondern daß wir das College so *wahrnehmen*, als wäre es das Internat. Wir könnten also einen Engel von

Professor, unsere helle Freude an den Vorlesungen und die Freiheit haben, zum Mittagessen zu gehen, wann immer wir wollen, und doch würde unser Körper diese gegenwärtige Erfahrung als genauso traumatisch und streßerfüllt registrieren wie das frühere Erlebnis.[17]

Dies ist wissenschaftlich nachgewiesen worden. In einer Studie wurden Frauen, denen eine Mammographie bevorstand, zu Ereignissen in ihrem Leben während der letzten fünf bis acht Jahre befragt. Wie die Forscher feststellten, konnten sie anhand der Antworten, die sie auf ihre Fragen erhielten, voraussagen, bei welchen Frauen sie Krebs diagnostizieren würden. Bei den Frauen, die in den vergangenen fünf bis acht Jahren etwas Schweres durchgemacht hatten – die beispielsweise eine Naturkatastrophe, den Verlust eines lieben Angehörigen oder des Arbeitsplatzes erlebt hatten –, bestand häufiger die signifikante Neigung zu Krebs. Aber selbst wenn eine Frau bereits in früher Kindheit ein traumatisches Erlebnis hatte, *war es nicht dieses Erlebnis, das die Erkrankung auslöste.* Sie bekam nicht etwa Krebs, weil sie Opfer von Mißbrauch gewesen und nicht zur Liebe fähig war. Vielmehr erkrankte sie aufgrund der Art und Weise, wie sie auf die neuere Krise reagierte.

Die Forscher betrachteten die Unterschiede zwischen den Frauen, die sich aktiv mit ihrer Krise auseinandersetzten, und denen, die sich davon distanzierten. Auf Distanz gehen ist eine Vorstufe der Dissoziation, wobei bewußte Inhalte von den Gefühlen, die sie auslösen, getrennt werden. Frauen, die einen Handlungskatalog aufgestellt hatten, wie sie schrittweise mit dem Problem umgehen konnten, wurden mit Frauen verglichen, die nichts dergleichen taten, außerdem Frauen, die in ihrer Lage Unterstützung von anderen bekamen, mit solchen, die keine Rückendeckung hatten. Welche Verhaltensweise erhöht Ihrer Meinung nach die Chance, an Brustkrebs zu erkranken? Erstaunlicherweise die *aktiven* Strategien.

Sicher haben Sie gedacht, ich hätte die aktive Auseinandersetzung mit dem Problem befürwortet. Aber diese Frauen hatten vor schweren, unausweichlichen Lebensereignissen gestanden – Tod, dauernder Verlust, unentrinnbarer Streß. Das, was ihnen zugestoßen war, war nicht zu ändern. Ihre Strategien wären in einem anderen Zusammenhang vielleicht brauchbar gewesen, hier jedoch nicht. Sie mußten in dieser Frage klein beigeben. In dem Bemühen, das Unvermeidliche trotzdem zu bekämpfen, durchlebten die aktiven Frauen das Unabwendbare einfach immer und immer wieder, so daß sich das Trauma fortwährend vertiefte. Tote werden nicht wieder lebendig; die Kindheit ist unwiederbringlich vorbei. Manches ist einfach unumkehrbar. Das mag unfair erscheinen, aber niemand behauptet, daß das Leben fair ist. Schauen Sie einmal zu, wie eine große Krähe mit ihrem spitzen Schnabel zwischen die Vögel am Futterhäuschen fährt und die kleinen Spatzen verscheucht. Die tschilpen dann nicht drauflos: »He, du! Stell dich gefälligst hinten an, Freundchen!« Sie kommen einfach immer wieder angeflattert. So geht es in der Natur, und am besten akzeptiert man es einfach. Das wird »radikale Akzeptanz« genannt. Die aktiven Frauen, denen diese Fähigkeit fehlte, erschöpften ihre physischen und emotionalen Kräfte bloß, statt sie zum Schutz und zur Heilung ihres Körpers einzusetzen. Die Forscher kamen sogar zu dem Schluß, daß diese Frauen mit ihrem Verhalten den Brustkrebs letztlich *verursachten*.

Natürlich wollen wir den Körpererinnerungen Aufmerksamkeit widmen und herausfinden, welche Emotionen mit den erlebten körperlichen Symptomen in Zusammenhang stehen. Aber wir wollen uns auf diese Erinnerungen konzentrieren, um sie zur Kenntnis zu nehmen, uns mit ihnen auseinanderzusetzen, sie zu verwandeln, sie loszulassen und weiterzugehen. Wenn man immer und ewig geistig auf ein Trauma oder Gefühl aus der Vergangenheit fixiert ist, tritt ein Energieschwund in Richtung Vergangenheit ein, der sich aus den heilenden Energien der Gegenwart speist. Das Lämpchen der Gegenwart brennt also nur mit 60 oder 70 statt mit 100 Watt. In der Medizin wird das als »Anzapfsyndrom« bezeichnet. Krebszellen zapfen nachweislich die Energie benachbarten gesunden Gewebes an. Bei jemandem, der dauernd auf eine traumatische Erinnerung zurückgreift und sie wiedererlebt, passiert zweierlei: Er sieht das Muster jener Erinnerung schließlich überall und läßt es in der Gegenwart wiederaufleben, und es bringt den Teil des Körpers, in dem das Trauma verankert ist, dazu, Energie von normalen Körperbereichen abzuziehen und die Erkrankung des traumatisierten Teils noch zu verstärken.

In der Psychiatrie steht nicht mehr ausschließlich die Vergangenheit im Blickpunkt; vielmehr lehren wir unsere Patienten, mit der Gegenwart zurechtzukommen. Wir lehren sie, ihre Erinnerungen reifen zu lassen. Das geschieht in vier Schritten: 1. Lokalisieren der traumatischen Erinnerung in der Vergangenheit und deren Abgrenzung von der gegenwärtigen Realität. 2. Konzentration auf ein Leben in der Gegenwart, ohne mit dem Gefühl oder Verhalten auf irrelevante Anforderungen aus der Vergangenheit zu reagieren. 3. Dämpfung der ständigen Alarmbereitschaft mit Hilfe von Meditation, Entspannungsübungen und Bewegung. 4. Allmähliche Beendigung des streßvollen Wiedererlebens und Aussteigen aus dem traumatischen Kreislauf der schwarzen Löcher.

Das Gehirn hat eigene Mechanismen, um den Einfluß schmerzlicher Erinnerungen zu verringern. Wenn Sie neue Erinnerungen speichern, die im Widerspruch zu den alten stehen und Ihnen bei der Suche nach einem neuen Bezugsrahmen behilflich sind, wird die Nervenverbindung zu den alten, schmerzlichen Erinnerungen geschwächt. Diese werden sozusagen zu der Kreditkarte, die nicht mehr gebraucht wird. Inzwischen benutzen Sie die andere, neue Kreditkarte häufiger. Denken Sie einmal an die Geschichte des Pianisten David Helfgott in dem Film *Shine*. Er wurde von seinem Vater, der vorgab, ihn zu lieben, tyrannisiert und mißbraucht, was zu traumatischen Kindheitserinnerungen führte und den Boden für einen mentalen Zusammenbruch bereitete. Doch als der Junge endlich von zu Hause fort war, machte er eine Menge anderer Erfahrungen mit Menschen, die sich ihm gegenüber liebevoll verhielten, darunter etliche Lehrer, Mentoren und schließlich auch seine Frau. Ihre Liebe kam anders zum Ausdruck und hatte eine heilende Wirkung. David vergaß zwar nie seine Erlebnisse mit dem Vater, aber er war offenbar in der Lage, einen anderen Interpretationsmodus zu finden für diese Erinnerungen, weil sie ersetzt wurden durch Erinnerungen an Menschen, die ihm auf andere Art und Weise ihre Liebe bewiesen. Je stärker die neuronalen Verbindungen zu diesen Erinnerungen wurden, um so mehr verblaßten die alten.

Wie das funktioniert, wird an einem Augenversuch deutlich, der an Affen durchgeführt wurde. Forscher deckten jeweils das rechte Auge von Affen mit einer Klappe ab und zwangen so das linke Auge, die ganze Arbeit zu leisten. Während des Zeitraums, in dem das rechte Auge abgedeckt war, nahm die Nerventätigkeit, die für die Funktion dieses Auges zuständig war, kontinuierlich ab. Als die Klappen schließlich entfernt wurden, waren die Affen auf dem rechten Auge praktisch blind und konnten nicht mehr klar sehen. Die Nervenverbindungen zum linken

Auge waren kräftig, die zum rechten Auge infolge des Nichtgebrauchs hingegen geschwächt.

Mit den Erinnerungen ist es ähnlich. Es besteht kein Grund zu glauben, das Leben sei ruiniert durch schlechte Erinnerungen oder man sei ihnen hilflos ausgeliefert. Wenn traumatische Erinnerungen nicht ständig wiederbelebt werden, verblassen sie. Jeder von uns kennt Leute, die geradezu mit einem gewissen Stolz von ihren furchtbaren Allergien erzählen und immer wieder darauf zurückkommen, wie sie nach dem Genuß von irgend etwas so stark angeschwollen sind, daß sie beinahe *gestorben* wären. Sie schauen dauernd nur mit dem einen Auge, das dadurch stärker wird. Infolgedessen benutzen sie das andere Auge gar nicht, mit dem sie all die Zeiträume sehen könnten, in denen sie *nicht* angeschwollen sind, sondern kerngesund waren.

Wir alle können etwas Neues lernen, die Erinnerungen vergessen und unser Verhalten ändern. Wir können die Vergangenheit vergangen sein lassen und lernen, in der Gegenwart zu leben. Dabei können uns unser Gedächtnis und unsere Körpererinnerung helfen.

Körpererinnerungen

Woher wissen wir, daß sich unser Körper erinnern kann?

Es fällt uns schwer zu glauben, daß Eierstöcke ein Gedächtnis haben, wie manche Ärzte behaupten, oder daß jeder Körperteil, jede Körperzone ganz eigene Gefühle hat. Dabei stützen wissenschaftliche Studien solche Theorien nicht nur, sondern zeigen klar und deutlich, daß der Körper tatsächlich Speicher »fleischgewordener« Erinnerungen an Ereignisse und Emotionen ist, die uns widerfahren sind und uns bis heute beeinflussen.

Die Vorstellung, daß der Körper unsere Gefühle ausplaudert, obwohl unser Mund stumm ist, reicht bis ins Altertum zurück. Im 3. Jahrhundert v. Chr. verliebte sich der griechische Held Antiochos II. in seine Stiefmutter Stratonike. Das war eine verbotene Liebe, die Antiochos zu unterdrücken und zu verbergen suchte. Bald wurde er jedoch krank und rang mit dem Tode. Keiner der vielen Ärzte, die ihn untersuchen mußten, konnte die Ursache seines Leidens herausfinden. Schließlich rief sein Vater den berühmten Arzt Erisostratos. Der vermutete, als auch er keine körperliche Erkrankung feststellen konnte, ein geistiges Problem bei Antiochos. Er verstand, daß Geist und Körper miteinander verbunden sind.[18]

Der Arzt beobachtete, wie Antiochos physiologisch auf Besucher reagierte, die an sein Krankenlager traten. Er studierte dessen Gesichtszüge und Körperbewegungen, um daran den Widerschein seiner Seelenverfassung abzulesen. Und da bemerkte er, daß Antiochos jedesmal, wenn seine Stiefmutter Stratonike das Zimmer betrat, zu stammeln begann, Schweißausbrüche hatte, Herzklopfen bekam und einer Ohnmacht nahe war. In dem Bericht des Arztes hieß es: »Seine Seele wurde von einem Sturm heimgesucht.«

Erisostratos nahm an, daß die leidenschaftlichen Erinnerungen und Gefühle verschlüsselt im vegetativen Nervensystem des Antiochos steckten, und da er weder über seine Leidenschaft reden noch sie offen zum Ausdruck bringen konnte, leitete das vegetative Nervensystem sie in den Körper ab, der sie dann in Form von Symptomen und Krankheitsbildern ans Licht brachte.

Galen von Pergamon, zusammen mit Hippokrates der Vater der modernen Medizin, beobachtete ein ähnliches Phänomen bei einer Frau, die an Schlaflosigkeit litt. Er stellte fest, daß sie von Fieber und innerer Unruhe gequält wurde und nur widerstrebend Fragen beantwortete, und diagnostizierte bei ihr »Melancholie«, das heißt »schwarze Galle« oder im Klartext: Sie hatte Depressionen, weil sie wütend war und nicht darüber reden konnte. Zwei Tage lang beobachtete Galen, daß immer, wenn jemand zu der Frau kam und ihr von einem Helden namens Pylades und dessen Affären mit verschiedenen Frauen erzählte, ihr Puls unregelmäßig wurde und sie in Wut geriet. Der Arzt kam zu dem Schluß, daß die Frau in Pylades verliebt war, aber nicht darüber sprechen konnte. Dadurch traten Veränderungen in ihrem Hormonhaushalt ein, die ihrerseits Veränderungen in ihrem Immunsystem nach sich zogen, so daß sie krank wurde. Kurz: Ihr Körper wurde zum Sprachrohr für das, was sie nicht in Worte zu fassen vermochte, und so äußerte es sich als Verzweiflung.

Solcher Liebeskummer ist auch aus der Weltliteratur bekannt. Im 14. Jahrhundert erzählt der italienische Dichter Giovanni Boccaccio in seinem Meisterwerk *Das Decameron* die Geschichte eines jungen Adeligen, der sich in eine Dienerin verliebt. In dem Bemühen, diese ungeziemende

Leidenschaft zu verbergen, wurde er krank. Sein Arzt war bei ihm an seinem Krankenbett und maß immer, wenn jemand ins Zimmer kam, seinen Puls. Sobald die Dienerin den Raum betrat, raste sein Puls. Unfähig, über seine Liebe zu reden, hatte er versucht, sie zu unterdrücken, aber sein Körper schrie die Wahrheit heraus. Ebenso wie bei Antiochos hatte auch sein Herz die Erinnerung an die Liebe bewahrt und zum Ausdruck gebracht, als ihm die Sprache versagte.

Etwas Ähnliches erleben wir alle, nur meist prosaischer. Ist Ihnen jemals aufgefallen, wie sich Ihr Körper verändert, wenn Sie ein Lied hören, das bestimmte Erinnerungen heraufbeschwört? Viele Paare betrachten ein bestimmtes Lied als »ihr« Lied. Wann immer sie es hören, wird ihnen warm ums Herz. Dabei handelt es sich um echte Körpererinnerung; das Lied weckt eine Erinnerung, die besonders angenehm ist.

Das Gleiche geschieht bei Körpererinnerungen an ein unangenehmes Erlebnis. Ich bin vor Jahren einmal überfallen worden. Bis heute zuckt es mir buchstäblich in den Beinen, sobald jemand hinter mir hergeht. Das ist schlicht und einfach eine Reaktion meines Körpers. Nicht, daß mein Gehirn mir sagen würde: »Los, los – da ist jemand hinter dir!« Lange, bevor mein Gehirn überhaupt etwas registriert hat, bin ich schon auf dem Sprung.

Eine Krankenschwester hat mir einmal von einer Frau mit multipler Persönlichkeitsstörung erzählt, die von ihrem Vater mißbraucht worden war. Nur eine ihrer Persönlichkeiten, so die Krankenschwester, wußte etwas von dem Mißbrauch. Aber wenn diese Persönlichkeit hervortrat, erschienen Brandmale auf den Armen der Frau. Blendete sie diese Persönlichkeit wieder aus, verschwanden auch die Brandmale. Das klingt weit hergeholt, dabei ist es durch wissenschaftliche Erkenntnisse und Fallstudien belegt.

Forscher haben den Fall einer verheirateten Frau dokumentiert, die an schwerer Nesselsucht litt. Dermatologen wissen, daß die Haut eng mit dem Gehirn verbunden ist und ein ausgedehntes vegetatives Nervensystem besitzt, das aus dem Gehirn gespeist wird. Auf der Haut der Frau pflegte zuzeiten bei einer ganz bestimmten Art von Streß, meist bei Anwesenheit einer sehr beherrschenden Person, ein starker Nesselausschlag zu erscheinen. Ihr Problem hing weitgehend mit der Schwiegermutter zusammen, zu der sie ein schwieriges Verhältnis hatte. Die erste Begegnung mit der Schwiegermutter war so traumatisch gewesen, daß ihr das Blut in Wallung geriet, wie man sagt. Und sowie es zu »kochen« begann, bekam sie den starken Nesselausschlag. Das Verhältnis zur Schwiegermutter wurde nie geklärt und bereinigt. Es quälte sie auf vielerlei Art. Wurde sie irgendwie an ihre Schwiegermutter erinnert, brach der Nesselausschlag aus. Wenn sie im Briefkasten einen Brief von ihrer Schwiegermutter fand, brach die Nesselsucht aus. Und sprach sie beim Psychiater von ihrer Schwiegermutter, konnte der Arzt förmlich zuschauen, wie sich der blasige Ausschlag auf ihrer Haut bildete.

Körperliche Veränderungen stellen sich bei uns ein, wenn wir bestimmte Erfahrungen machen, und treten immer dann in Erscheinung, wenn wir uns an diese Erfahrungen erinnern, sie wiedererleben, sei es bewußt oder unbewußt. In einem anderen Fall, der in einer angesehenen medizinischen Fachzeitschrift veröffentlicht wurde, ging es um eine Frau, die regelmäßig von ihrem Ehemann verprügelt wurde. Als ihre Söhne älter waren, hielten sie den Vater davon ab, die Mutter zu schlagen. Daraufhin wurde er ihr gegenüber verbal ausfallend. Wann immer er sie mit einem Schwall von Beleidigungen bedachte, entwickelte die Frau eine sogenannte »psychogene Purpura«, das heißt, echte Beulen und blauschwarze Flecken erschienen auf ihrer Haut genau an den Stellen, an denen sie früher von den Schlägen ihres Mannes gezeichnet gewesen war. Jetzt traten sie auf, obwohl ihr Mann gar nicht Hand an sie legte! Ein Psychiater sah mit eigenen Augen, wie sich blaue Flecken an den Armen dieser Frau bildeten, als sie von den Verbalattacken ihres Mannes sprach. Man braucht sich nicht besonders anzustrengen, um zu erkennen, daß die fleischgewordenen Körpererinnerungen an frühere Mißhandlungen in Erscheinung traten, wenn das gegenwärtige Trauma der verbalen Mißhandlung ihre alten Erfahrungen wiederbelebte.

Um zu beweisen, daß Gedanken, Erinnerungen und Gefühle Veränderungen im Körper auslösen können, hat eine Reihe von Forschern Versuche durchgeführt, bei denen Hypnose angewandt wurde. Bei einer Studie wurde eine Gruppe von Männern und Frauen in Hypnose versetzt und gebeten, sich vorzustellen, wie sich Blasen an ihren Händen bildeten. Nur wenige der Versuchspersonen waren in der Lage, tatsächlich Blasen auf der Haut hervorzurufen. Zuerst dachten die Forscher, das sei ein Hinweis darauf, daß manche der Versuchspersonen ein besseres Visualisationsvermögen hatten als die anderen. Dann bemerkten sie jedoch, daß eine Frau Blasen auf dem linken Handrücken nur an einer bestimmten, immer gleichen Stelle erzeugen konnte. Als sie sie später befragten, erfuhren sie, daß sich die Blasen genau an der Stelle ihrer Hand bildeten, die sie sich sechs Jahre zuvor mit heißem Fett verbrannt hatte. Diejenigen, die sich nie an den Händen verletzt oder verbrannt hatten, konnten auch unter Hypnose keine Blasen hervorrufen. Daraus schlossen die Wissenschaftler, daß eine Suggestion unter Hypnose eine tatsächlich gespeicherte Erinnerung ans Tageslicht bringt und die betreffende Person eine bestimmte Erfahrung sowohl *geistig* als auch *körperlich* noch einmal machte.

Der Fall eines Schlafwandlers illustriert diesen Gedanken gut. Der Mann ging im Schlaf so oft auf gefährliche Wanderungen, daß er zwangsweise davon abgehalten werden mußte. Um das Schlafwandeln zu unterbinden, wurden ihm seine Arme mit einem Strick an den Handgelenken auf den Rücken gefesselt. Einmal versuchte er so angestrengt, sich von den Fesseln zu befreien, daß er tiefe Einschnitte an den Handgelenken davontrug. Fast ein Jahrzehnt später ging er immer noch ab und zu schlafwandeln und durchlebte dabei hin und wieder die Erfahrung nochmals, sich mit aller Kraft von dem Strick befreien zu wollen. Er schlafwandelte dann mit den Armen hinter dem Rücken und machte Bewegungen, als bemühe er sich angestrengt, die Fesseln abzustreifen, obwohl seine Arme gar nicht festgebunden waren. Und während er sich so abmühte, erschienen wieder tiefe Einschnitte an seinen Handgelenken, die das Muster des Stricks trugen.

Na schön, werden Sie sagen, es sitzen also Erinnerungen in der Haut, aber die Haut erhält ja auch, wie wir eben gehört haben, eine Menge Informationen vom Gehirn. Wie steht es denn mit anderen Körperbereichen? Im folgenden ein Beispiel für Erinnerungen im Fußknöchel und in der Stirn. Es handelt sich um den Fall einer Frau, die sich lebhaft daran erinnerte, wie sie im Zweiten Weltkrieg bei einer Bombenexplosion verletzt und unter Schutt begraben wurde. Jahre später, als sie daran dachte und von dieser Erfahrung erzählte, schwollen ihr linker Fußknöchel und ihre Stirn sichtbar an. Das waren die Körperteile, die bei der Bombenexplosion verletzt worden waren. Eine andere Frau hatte offenbar Erinnerungen in den Rippen. Mit 35 Jahren fiel ihr ein Reitunfall ein, den sie mit zehn Jahren hatte und bei dem sie sich Rippenbrüche auf der rechten Seite zuzog. Während sie davon sprach, kam es auf einmal zu Blutungen entlang der zehnten Rippe auf der rechten Körperseite.

Ärzte haben bei einer anderen Frau über 30mal solche Beobachtungen gemacht, wenn sie davon erzählte, wie sie als Kind von ihrem Vater geschlagen wurde. Sowie sie von diesen Erinnerungen sprach, sahen die Ärzte mit eigenen Augen, wie gleichzeitig ihr Körper sprach: Die Körpererinnerungen an ihre traumatischen Erlebnisse wurden unmittelbar vor ihnen wach. Erzählte die Frau davon, daß ihr Vater ihr einmal das Handgelenk brach, wurde dieses Gelenk dick. Wenn sie sich daran erinnerte, wie er sie mit einer Peitsche auf die linke Schulter geschlagen hatte, bildeten sich rote Streifen auf dieser Schulter, die zwanzig Minuten und länger sichtbar blieben. Auch in einem Arm hatte sie Erinnerungen. Als sie daran denken mußte, wie ihr Vater sie mit einem Stock geschlagen hatte, erschienen kunstvoll gemusterte Flecken auf ihrem Arm, die die Schnitzereien des von ihm benutzen Stockes wiedergaben.

Überall in unserem Körper sitzen Erinnerungen. Die Haut hat ein Gedächtnis, die Brust, der Hals, der Uterus, die Prostata, der Magen, das Herz. Die in diesen Organen gespeicherten Erinnerungen können reale, funktionale Auswirkungen nicht nur auf unsere emotionale, sondern auch auf unsere körperliche Entwicklung haben. Veränderungen der Gefühle und damit der Erinnerungen, die wir bilden, nehmen nachweislich Einfluß auf sexuelle Merkmale und Charakteristiken, besonders bei Frauen. Da Nervenbahnen bestehen zwischen dem Gefühlsbereich des Gehirns, der für die Erinnerung wichtig ist, und dem Hypothalamus, der die hormonellen Funktionen steuert, können Erinnerungen auch den Hormonhaushalt beeinflussen. Wissenschaftler haben den Fall eines jungen Mädchens aus einem gestörten Elternhaus dokumentiert. Sie war mit 15 Jahren erheblich kleiner als der Durchschnitt, ein Hinweis auf einen Mangel an Wachstumshormonen. Zusätzlich fehlten ihr sämtliche sekundären Geschlechtsmerkmale wie weibliche Brüste, eine entsprechende Körperbehaarung und dergleichen. Das ist höchst ungewöhnlich, denn bei den meisten Mädchen entwickeln sich einige sekundäre Geschlechtsmerkmale bereits im Alter von sieben oder acht Jahren. Die junge Frau wurde aus dem Elternhaus und der unzuträglichen Umgebung, in der sie aufgewachsen war, herausgeholt. Sechs Wochen danach hatte sie schon Brüste bekommen und war drei Zentimeter gewachsen. Als sie 16 wurde, war sie noch einmal 12 Zentimeter gewachsen, besaß volle Brüste und erste Anzeichen von Schamhaar. Sobald sie von ihren traumatischen Erinnerungen getrennt wurde, konnten ihre Persönlichkeit und ihr Körper in aller Freiheit wachsen.

Können wir durch eine Veränderung von Gefühlen und damit Erinnerungen auch im späteren Leben noch emotional und physisch wachsen? Eine bemerkenswerte Studie legt die Vermutung nahe, daß die Antwort »ja« lautet. Wissenschaftler stellten die Theorie auf, daß bestimmte Gefühle, die sich in bestimmten Lebensabschnitten einstellen, unsere Entwicklung hemmen können. Durch Hypnose können wir die Blutzirkulation in verschiedenen Körperzonen kontrollieren. Wer zum Beispiel an Migräne leidet, kann unter Hypnose lernen, die Durchblutung bestimmter Bereiche zu verbessern, damit die Kopfschmerzen abklingen. Könnte es dann nicht möglich sein, fragten sich die Forscher, durch die gezielte Zufuhr von Blut und Hormonen den Brustumfang von Frauen zu vergrößern? An zwölf Frauen verschiedenen Alters, darunter einigen jenseits der Wechseljahre, wurden über einen Zeitraum von zwölf Wochen Experimente durchgeführt. Die Frauen mußten sich unter Hypnose ins Alter von zwölf Jahren zurückversetzen, sollten die Hände auf ihre Brüste legen und sich dabei vorstellen, diese würden größer. Vor den Augen der Wissenschaftler hoben sich tatsächlich die Hände der Frauen. Bei Versuchsende ergab sich eine statistisch bedeutende Durchschnittszunahme des Brustumfangs der Frauen von über fünf Zentimetern! Und die Frauen hatten nicht etwa einen breiteren Brustkorb bekommen oder waren dicker geworden, sondern die Brüste selbst hatten sich vergrößert. Keine der Frauen nahm während der Versuchszeit zu (einige nahmen sogar ab), aber alle hatten hinterher weiblichere Formen, das heißt schmalere Taillen und eine Unterbrustweite, die im Durchschnitt um 1,5 cm vermindert war.

Interessanterweise brachen zwei der Versuchspersonen die Studie aus emotionalen Gründen ab. Ein solches Experiment ist ja auch wirklich nichts für Zaghafte! Wenn sich Leute ins Alter von zwölf Jahren zurückversetzen und noch einmal durchleben sollen, was ihnen in diesem Lebensabschnitt widerfahren ist, brechen sehr wahrscheinlich auch emotionale Narben aus jener Zeit wieder auf. Es gab noch drei oder vier gleich angelegte andere Studien, und jedesmal gaben ein paar Versuchsteilnehmer aus emotionalen Gründen auf, was die Forscher im wesentlichen einfach übergingen oder als unwesentlich abtaten. Dabei ist das eine wichtige Information, die offenbar auf eine Nebenwirkung der Behandlung hindeutet.

Der Erfolg der Brustvergrößerung unter Hypnose läßt vermuten, daß Erinnerungen, die in den Brüsten der Frauen gespeichert waren, deren Wachstum gehemmt oder unterdrückt hatten. Emotionale Veränderungen im Leben hatten physische Veränderungen im Körper verursacht. Doch wenn sie unter Hypnose eine positivere Einstellung zu den Erinnerungen entwickelten, waren sie in der Lage, ihre körperliche Verfassung erneut zu verändern. Zahlreiche andere Studien haben gezeigt, daß sich das körperliche Befinden tatsächlich durch Selbsthypnose verändern läßt. Wenn das stimmt, müßten wir ein gestörtes Befinden auch in Wohlbefinden verwandeln können, wenn wir die Signale hören und verstehen, die uns der Körper schickt und durch die er uns sagt, welche alten und neuen Erinnerungen dort gespeichert sind.

An den Erinnerungen und Narben anderer leiden

Es ist sicher einsehbar, daß wir Erinnerungen an eigene Erfahrungen im Körper tragen können. Schwieriger wird es schon, zu erkennen und zu akzeptieren, daß wir auch die Erinnerungen anderer mit uns herumtragen. So seltsam das klingt, ist es doch nachweislich wahr.

Der bekannte Forscher Salvatore Minuchin hat eine denkwürdige Studie geleitet, in der es um vernetzte Familiensysteme ging, wie er es nannte, um Familien, deren Mitglieder im Grunde wie ein einziger Organismus funktionieren. Er beschrieb gestörte Familien, in denen ein Mitglied, häufig ein Kind, alle Familientraumata auf sich vereinigte, was durch eine körperliche Erkrankung dieses Familienmitgliedes symbolisiert wurde.[19]

Minuchin zeigte auf, daß verhaltensspezifische Ereignisse, die in einer Familie auftreten, physikalisch im Blutstrom der Familienmitglieder meßbar sind. Er ließ ein Elternpaar in einem Zimmer allein, wo die beiden miteinander zankten und stritten, während ihre zwei Töchter durch einen Einwegspiegel zusahen. Eine der Töchter litt unter labilem Diabetes – wobei der Blutzucker nicht durch Insulin ausgeglichen werden kann – und mußte im Verlauf eines Jahres Dutzende von Malen eilends in die Notaufnahme eines Krankenhauses gebracht werden. Als diese Tochter ihre Eltern streiten sah, stieg bei ihr der Spiegel der freien Fettsäuren (FFS), ein biochemischer Indikator für emotionale Erregungszustände. Nach einiger Zeit wurden die Töchter in das Zimmer zu den Eltern gerufen. Sobald die Mädchen hereinkamen, hörten die Eltern mit dem Streiten auf und wetteiferten statt dessen miteinander um die Beruhigung der zuckerkranken Tochter. Dann wurde der FFS-Spiegel der Familie erneut gemessen.

Die Werte der Eltern wie auch der gesunden Tochter waren wieder auf den Normalpegel gesunken. Der FFS-Spiegel der zuckerkranken Tochter hingegen blieb stark erhöht, ein Anzeichen dafür, daß sie immer noch sehr aufgeregt war. Sie lenkte offensichtlich den Konflikt von den anderen ab und war sozusagen das physiologische Auffangbecken für den Streß der ganzen Familie. Dieser Streß kam bei ihr in ihrer Zuckerkrankheit zum Ausdruck. Es war, als würde ihr Körper den Stand der Streitereien zwischen Mutter und Vater festhalten, und sie trug die Narben dieses Traumas stellvertretend für die ganze Familie.

Viel ist auch über telesomatische Vorfälle geschrieben worden, wo eine Person am eigenen Leibe etwas fühlen kann, das einer anderen Person geschehen ist oder gerade geschieht. In Minuchins Fall war die Tochter mit der Familie im gleichen Zimmer und fühlte, was alle empfanden. Aber in etlichen anderen Fällen werden Ereignisse beschrieben, wo Menschen, die *über große Entfernungen getrennt* sind, genau das gleiche am eigenen Leibe erfahren wie der andere. Eine Frau schrieb gerade einen Brief an ihre Tochter, die an einem anderen Ort zum College ging. Mitten in einem Satz brannte ihr plötzlich die rechte Hand so sehr, daß sie den Stift fallen lassen mußte. Kaum eine Stunde verging, und sie wurde von ihrer Tochter angerufen, die ihr berichtete, daß sie sich im Chemielabor die rechte Hand schwer mit Säure verätzt hätte. Der Unfall hatte genau zu dem Zeitpunkt stattgefunden, als die Mutter den Brief schrieb.[20]

Ich hatte ein sehr ähnliches unvergeßliches Erlebnis mit meiner Mutter, als ich beim Joggen von einem Lastwagen erfaßt wurde. In dem Augenblick, in dem ich die Brücke in Oregon überqueren wollte und angefahren wurde, nahmen meine Eltern gerade an einer Versammlung der historischen Gesellschaft in ihrer Heimatstadt auf der entgegengesetzten Seite Amerikas, an der Ostküste, teil. Mitten in der Versammlung stand meine Mutter plötzlich auf und sagte: »Ed, gerade ist Mona Lisa irgend etwas zugestoßen.« Wir haben den Beleg, daß es wirklich so geschehen ist, weil es im Protokoll der historischen Gesellschaft vermerkt wurde. Noch bemerkenswerter ist jedoch der Zeitpunkt, der ebenfalls genau notiert wurde. Meine Mutter sprang genau in dem Moment des Aufpralls auf, als ich 3000 Meilen weit weg eine Betonböschung hinabgeschleudert wurde.

Die mütterliche Intuition, die besonders stark ausgeprägt ist, rührt von der Mutter-Kind-Verbindung her, der Einheit, die eine Mutter während der neunmonatigen Schwangerschaft mit ihrem Kind erfährt. Es kommt häufig vor, daß Schwangere aus völlig unerfindlichen Gründen heftiges Verlangen nach irgend etwas haben, bis sie entbunden haben. Als meine Mutter mit mir schwanger war, konnte sie den Geruch von Fleisch nicht ertragen. Und? Ich war viele Jahre lang Vegetarierin. Schwangere träumen auch oft vom Befinden ihres Kindes. Ihre Ärzte nehmen solche Träume sehr ernst, weil sie keiner Unterlassung bezichtigt werden und gerichtlich belangt werden wollen. Träume sind natürlich ein Teil des Intuitionsnetzwerkes, und die Ärzte wissen, daß über die Plazenta und die Nabelschnur eine Verbindung zum Kind besteht.

Nachdem das Kind geboren ist, wird zwar die physische Nabelschnur durchtrennt, aber die emotionale Nabelschnur bleibt erhalten. Mütter wissen immer irgendwie, wenn etwas nicht stimmt mit ihrem Kind. Dieser siebte Sinn bringt Millionen von Kinderärzten zur Verzweiflung. Aber seine Untrüglichkeit ist unbestritten. Und so etwas kommt nicht etwa nur vor, wenn das Kind im selben Zimmer ist wie seine Mama, sondern auch, wenn es nebenan oder 3000 Meilen weit weg am anderen Ende des Kontinents ist.

Enge Verbindungen dieser Art bestehen auch zwischen Zwillingen und anderen Geschwistern sowie zwischen Ehepartnern. Wissenschaftler sind sogar der Ansicht, daß Erfahrungen intuitiver Art mit einem anderen Menschen durch eine physische, emotionale oder empathische Beziehung zu der betreffenden Person noch intensiviert werden. Die Wissenschaft kann mit vielen weiteren Belegen für solche »telesomatischen« Vorkommnisse aufwarten. So erzählte eine Frau, ihr sei der Arm taub geworden, als sich ihr Mann den Arm bei der Arbeit schwer verletzte. Wir alle haben schon Geschichten von Ehefrauen, Verlobten oder Müttern gehört, die sofort wußten, wenn der enge Freund oder Verwandtc als Soldat im Krieg gefallen war.

Es muß eine menschliche Apparatur oder Technologie, ein Intuitionsnetzwerk geben, das solche Erfahrungen möglich macht. Und darum muß ein Mensch mit Einfühlungsvermögen und Anteilnahme wie ein intuitiver Heiler ebensolche Verbindungen schaffen können. Einmal rief mich eine Frau an und bat mich, ihr eine Lesung zu geben. Diese Frau war anfangs sehr schwer faßbar für mich. Zwar konnte ich einige der emotionalen Probleme in ihrem Leben erkennen, aber ich konnte nichts in ihrem Körper finden, was von Bedeutung gewesen wäre. Während der Lesung merkte ich jedoch, wie mir immer unwohler wurde und mich eine Hitzewelle überkam. Ich mußte meinen Pullover ausziehen und aufstehen, um die Heizung im Zimmer herunterzudrehen. Wie ich dabei bemerkte, stand sie auf normal. Ich ging wieder ans Telefon und sagte zu der Frau: »Ich muß mich erkältet haben, denn mir ist, als hätte ich hohes Fieber.« Und in dem Augenblick, in dem ich das sagte, wurde mir klar, daß genau da das Problem der Frau lag. Sie litt unter Fieberanfällen. Ich hatte ihre Lebenserinnerung am eigenen Leibe gespürt. Sobald sie mir das bestätigte, ging die Hitze, die mich überkommen hatte, zurück.

Dieses Phänomen läßt sich noch steigern. Die Wissenschaft hat immer gerätselt, was es mit Menschen auf sich hat, bei denen Stigmata, die Wundmale Jesu, an Händen und Füßen sowie auf einer Seite des Körpers erscheinen und die Druckstellen der Dornenkrone am Kopf. Wir wissen, daß es Schaltungen im Gehirn gibt, die in Zeiten der Anspannung laufend Veränderungen im Körper hervorrufen können. Zudem können wir willentlich oder durch unsere Vorstellungskraft Veränderungen auslösen. Ein berühmtes Experiment hat gezeigt, daß ein Mensch durch die bloße Vorstellung eines heißen Ofens die Temperatur seiner rechten Hand erhöhen kann. Gleichzeitig kann er die Temperatur der linken Hand senken, indem er sich vorstellt, einen Eiswürfel darin zu halten.

Dies würde bedeuten, daß man sich nur jemanden vorzustellen und sich in herzlicher Verbundenheit in ihn einzufühlen braucht, sei es durch eine Hirnaktivität oder durch intuitive Mechanismen, um im Körper eine Veränderung auszulösen, die symbolhaft ist für die Erinnerungen und Narben, die man bei diesem Menschen spürt. Bei der eben erwähnten Lesung scheint es so zu sein, daß mich eine Hitzewelle überkam, weil ich mich so stark in die Frau mit den Fieberanfällen hineingefühlt hatte. Darum ist vielleicht auch eine christliche Mystikerin, die sich sehr intensiv auf Gott einstellt und viel Zeit damit verbringt, sich in die Qualen Jesu hineinzufühlen und sie nachzuempfinden, in der Lage, im eigenen Körper die Schmerzen hervorzurufen, die Jesus erlitten hat. Und das könnte dann durch Veränderungen ihrer Haut symbolisch zum Ausdruck kommen – in den Stigmata.[21]

Ob wir es ein »telesomatisches« Geschehen nennen oder Einfühlung, jedenfalls verbindet eine emotionale Nabelschnur zwei Menschen miteinander, durch die sie Botschaften austauschen. Einige sind geschickter darin als andere und nennen diese Fähigkeit intuitive Heilkraft. Manche Menschen sind von Natur aus intuitiver veranlagt als andere, ebenso wie einige Menschen im Gegensatz zu anderen sehr musikalisch sind. Aber die meisten Menschen können sich auf jedem Gebiet verbessern, wenn sie sich vornehmen dazuzulernen. Das gilt für die Intuition genauso wie für das Klavierspielen.

Narben aus früheren Leben

Manche Menschen, darunter auch einige intuitive Heiler, glauben, daß wir alle schon einmal gelebt haben und daß unser gegenwärtiger Körper noch immer an schmerzlichen Erfahrungen aus vergangenen Leben trägt. Ihrer Überzeugung nach schleppt unser Körper die Erinnerungen und Narben früherer Traumata mit sich herum, und wir sind in diesem Leben wiedergeboren, um mit diesen Traumata ein für allemal ins reine zu kommen.

Ich habe selber einen Blick auf die früheren Leben von Leuten geworfen, denen ich eine Lesung gehalten habe. Einmal habe ich zum Beispiel einer Frau eine Lesung gegeben, die sich meinem geistigen Auge so darstellte, als sei sie beruflich mit einer perfekt durchstrukturierten, starren Organisation befaßt, die ihr meinem Empfinden nach nicht mehr zusagte. Sie hatte das Gefühl, nicht länger hineinzupassen; die Arbeit für diese Organisation war nicht mehr befriedigend für sie, sie wollte sich anders in der Welt verwirklichen und neue Wege beschreiten. Die Frau pflichtete allem, was ich sagte, bei und gestand mir dann, daß sie beim Militär sei. Sie hatte wiederholt um ihre Versetzung und einen neuen Aufgabenbereich ersucht, aber es hatte sich nichts ergeben, was sie zufriedenstellen konnte.

Körperlich hatte sie aus meiner Sicht Probleme mit ihrem Hals. Ich sah einen riesigen roten Fleck auf ihrer linken Halsseite. Ich konnte nicht klar erkennen, was es war, ob vielleicht ihre Schilddrüse, eine Entzündung oder sonst etwas. Sie lachte, als ich davon sprach. Das sei ein Muttermal, erklärte sie mir, ein großer weinroter Fleck auf der linken Halsseite, der bis in ihr Gesicht hinaufreiche. Kaum hatte sie mir das erzählt, hatte ich Bilder vor Augen, wie sie zu einer anderen Zeit in einer Schlacht mit einem Schwert am Hals verwundet wurde, daß das Blut nur so herausspritzte. Davon erzählte ich ihr jedoch nichts. Das hätte aus verschiedenen Gründen keinen Sinn gehabt. Erstens sind die Bilder, die mir vor Augen kommen, wie Szenen aus einem Film. Sie haben keinen Bezug zur Gegenwart und keine Bedeutung im Hier und Jetzt. Mir schien es wichtiger für diese Frau zu sein, zu erfahren, daß sie kaum eine Möglichkeit hatte, sich *in diesem* Leben voll und ganz beim Militär zu verwirklichen.

Zu wissen, daß sie in einem früheren Leben in einer Schlacht von einem Schwert durchbohrt worden war, ist sicher interessant und vielleicht eine Erklärung dafür, warum sie zum Militär ging. Aber mit diesem Verständnis war ihr im gegenwärtigen Leben nicht zu helfen. Man kann nicht zurück und ein Wörtchen mit den Leuten auf dem Schlachtfeld reden. Sie sind dahin, und man kann nichts an dem ändern, was einem im 18. Jahrhundert widerfahren ist. In früheren Leben herumzuwühlen kann sogar die gleichen Auswirkungen haben wie die bei den Frauen mit Brustkrebs, die einer unentrinnbaren Belastung durch Aufbietung aller Kräfte die Stirn zu bieten versuchten. Was kann man an einem früheren Leben ändern? Nichts. Man kann nicht dahin zurückkehren und sagen: »Ich ziehe nicht in die Schlacht, denn dann wird mir ein Schwert in den Hals gebohrt, so daß ich in einem späteren Leben einen weinroten Mutterfleck habe.« Man kann die Ereignisse zwar in ihrer Bedeutung und Relevanz fürs derzeitige Leben *neu bewerten* wie andere Erinnerungen auch, aber man kann sie nicht ungeschehen machen oder wegradieren. Sich mit der Gegenwart auseinanderzusetzen und zu ändern, was in unserem Leben *heute* geändert werden müßte, ist der Zweck unseres Rückgriffs auf unsere Intuition, mit deren Hilfe wir die Zeichen und Erinnerungen unseres Gehirns und Körpers lesen können.

Gesundheit oder Krankheit?

Erinnerungen sind einer der Eckpfeiler des Intuitionsnetzwerkes. Gewisse Erinnerungen können, wie wir bereits wissen, zu unserer Gesundheit oder einer Erkrankung beitragen. Diese Erinnerungen offenbaren sich in eigenen körperlichen Symptomen, die in Teil 2 dieses Buches eingehender erläutert werden. Wir können lernen, von unserer Intuition Gebrauch zu machen, um zu erfassen, was die körperlichen Symptome bedeuten könnten, und um zu verstehen, warum und wie unser Körper zu uns spricht, wenn wir in einer bestimmten seelischen Verfassung sind.

Wenn wir begreifen, daß sowohl im Gehirn als auch im Körper Erinnerungen gespeichert sind, wenn wir diese mit anderen Augen betrachten und die Art und Weise verändern, wie wir in der Außenwelt darauf reagieren, können wir daran mitwirken, daß wir uns einer guten Gesundheit erfreuen, statt allerlei Krankheiten durchstehen zu müssen.

Teil 2

DIE INNERE STIMME: DIE SPRACHE DER INTUITION

5

Körpersprache: die Bedeutung von Gesundheit und Krankheit

»Warum gerade ich?«

Das ist die erste Frage, die uns in den Sinn kommt, wenn wir krank werden. Da uns unbegreiflich ist, was mit uns geschieht, schwirrt uns der Kopf vor lauter Fragen. Warum passiert gerade mir das? Warum gerade jetzt? Warum tritt keine Besserung ein? Wer könnte mir bloß helfen? Krank zu werden erscheint uns wie ein Zufall, etwas Unerklärliches, und die Antworten der Wissenschaft darauf wirken noch immer unergiebig und unbefriedigend.

In Wahrheit jedoch *können* diese Fragen beantwortet werden. Vielfach können die Situationen, die den Boden für eine Erkrankung bereiten, zurückverfolgt und verstanden werden. Um die Ursachen zu finden, muß man sich ins Intuitionsnetzwerk einklinken. Dann muß man die Sprache des Körpers erlernen und verstehen, was er mit den Erinnerungen und Gefühlen, die sich im Laufe des Lebens in allen Organen angesammelt haben und dort gespeichert sind, sagen will.

Wenn wir krank werden, steht uns der Sinn instinktiv nach einer medizinischen Behandlung, nach Befreiung von all den körperlichen Symptomen, die uns Schmerzen und Unwohlsein verursachen. Zumindest wollen wir schmerzfrei sein. Nur allzuoft jedoch betäuben wir am Ende die Schmerzen nur und übergehen die Symptome einfach, was zur Folge hat, daß wir gerade die Stimme zum Verstummen bringen, die uns zu helfen versucht, einen Ausweg aus der Situation zu finden, die unseren gegenwärtigen Problemen zugrunde liegt.

Ich habe einmal eine Frau behandelt, deren Fall ich inzwischen als klares Beispiel für diese Art von Realitätsflucht betrachte. Sie war eine

Witwe in den Siebzigern und von ihrer Tochter ins Krankenhaus gebracht worden, weil ihre Beine sie nicht mehr trugen und sie in den letzten Tagen wiederholt hingefallen war. Mehrere Ärzte, darunter ein Rheumaspezialist und ein Neurologe, hatten sie untersucht und keine körperliche Ursache finden können. Ihrer Meinung nach bestand Verdacht auf eine Konversionsstörung. Wie bereits erwähnt, handelt es sich dabei um eine psychische Erkrankung, die sich in gestörten Körperfunktionen äußert – sie glaubten also, es sei alles nur in ihrem Kopf.

Jetzt wurde ich gerufen, um sie psychologisch aufzubauen. Die Frau saß ruhig auf einem Stuhl und zeigte keinerlei Unruhe oder Angst, obwohl sie nicht gehen konnte. Sie blieb dabei, daß sie keine Depression und inzwischen auch keine Schmerzen mehr hätte. Sie konnte allerdings nichts allein tun und brauchte rundum Pflege. Dann erzählte mir ihre Tochter heimlich, daß die Mutter in den vergangenen Wochen sehr in sich gekehrt gewesen sei, kaum Appetit gehabt und oft geweint hätte. Das waren eindeutige Anzeichen für eine Depression.

Ihre Krankenkarte gab Aufschluß darüber, daß sie unter chronischen Schmerzen sowie Fibromyalgie und noch dazu Diabetes litt. Zwei Jahre zuvor war sie in ein Krankenhaus eingeliefert worden, weil sie eine Überdosis von Diabetesmedikamenten genommen hatte und ins Koma gefallen war. Als sie wieder zu sich gekommen war, hatte sie sich gekrümmt vor Schmerzen, die durch ihre Fibromyalgie verursacht waren, und erklärt: »Ich kann nicht mehr.« Sie verlangte schmerzstillende Mittel, die sie auch bekam. Ich war vollkommen verblüfft, als ich las, daß sie *schon sechs Jahre* ein schweres schmerzstillendes Medikament eingenommen hatte! Sie nahm es schon so lange, daß sie inzwischen davon abhängig war. Ihren chronischen Schmerzen war allerdings kaum mit der ständigen Einnahme von Schmerzmitteln beizukommen. Offenbar stellte sie sich den Problemen nicht, die den Schmerzen zugrunde lagen.

Ich führte ein paar psychologische Tests mit ihr durch und stellte fest, daß bei ihr eine leichte bis mittlere Demenz mit Gedächtnisschwäche vorlag. Ferner war sie etwas verwirrt durch die vielen Schmerzmittel. Wir mußten sie allmählich davon abbringen, um herauszufinden, was wirklich mit ihr los war. Die Krankenschwestern verabreichten ihr immer kleinere Dosen. Am nächsten Tag wurde ich dringend zu ihr gerufen. Die Krankenschwestern berichteten mir, die Patientin befände sich im Delirium und würde in ihrem Wahn Unterhaltungen mit Haustieren und Menschen führen, die gar nicht da seien.

Ich ging zu ihr. Sie saß im Bett und war allein. Sonst war keine Seele weit und breit.

»Wie geht es Ihnen, Mrs. Brown?« fragte ich höflich. Sie antwortete mir ebenso höflich. »Gut, danke schön, Frau Doktor. Ich werde gleich zu Mittag essen.« Sie hielt plötzlich inne, warf einen bösen Blick nach links und blickte mich entschuldigend an. »Bitte verzeihen Sie, Frau Doktor, es dauert nur einen Moment.« Daraufhin wandte sie sich wieder nach links und sprach ins Leere, redete mit ihrer Tochter, derjenigen, die mir am Vortag zugeraunt hatte, ihre Mutter sei deprimiert und einsam.

»Ich halte das nicht mehr aus«, erklärte Mrs. Brown in scharfem Ton. »Ich halte das nicht mehr aus, wie du mein Leben zu kontrollieren versuchst. Du sagst, daß du mir helfen willst, dabei kontrollierst du mein Leben. Ich lasse nicht zu, daß du mein Gespräch mit dieser Ärztin unterbrichst, vielmehr wirst du das sofort unterlassen. Du wirst nicht länger über mein Leben bestimmen.« Mit einem einfältigen Lächeln drehte sie sich wieder zu mir um. »Es tut mir so leid, Frau Doktor«, sagte sie, »meine Tochter ist wirklich unverschämt.«

Eine bestürzende Szene – und ungemein aufschlußreich. Die Patientin focht offenbar einen schweren psychologischen Konflikt mit ihrer Tochter aus und höchstwahrscheinlich auch mit sich selbst. Sie hatte ihre Gefühle über das Verhalten ihrer Tochter, ihre eigene übergroße Abhängigkeit von der Familie nicht artikulieren, ja nicht einmal sich eingestehen können, und ihre Gefühle waren schließlich auf ihren Körper übergegangen in Form einer Konversionsstörung, durch die ihre Fortbewegungsfähigkeit und andere normale körperliche Funktionen beeinträchtigt waren. Vermutlich entsprangen auch die früheren chronischen Schmerzen der Patientin diesem uneingestandenen Abhängigkeitskonflikt. Aber sie hatte solche Angst gehabt, auf das zu hören, was ihr Körper ihr mitteilen wollte, daß sie diese innere Stimme – die Stimme ihrer Intuition – *sechs Jahre lang* übertönt hatte, indem sie sich mit Medikamenten vollpumpte. Damit hatte sie aber die Erinnerungen und Gefühle in ihrem Körper nur übertönt und die Schmerzen betäubt, die ein stetes Alarmsignal dafür waren, daß in ihrem Leben etwas nicht stimmte. Sie hatte das Rasseln und Klappern in ihrem Körpermotor überhört, bis am

Ende das Getriebe kaputt war und sie sich buchstäblich nicht mehr von der Stelle rühren konnte.

Als wir ihre Medikamentendosis zurückschraubten, kam etwas in ihr in Bewegung. Die Taubheit in den Beinen ließ nach, und damit kamen die Schmerzen, die Erinnerungen und Gefühle wieder nach oben. In dem leichten Delirium, das der Medikamentenentzug bei ihr auslöste, gelang es der Patientin, frei und ungehemmt zu sprechen. Sie war endlich in der Lage, über das zu reden, was ihr schwer auf dem Herzen lag. Vielleicht konnte sie mit der Zeit bei einigem Glück und mit emotionaler Unterstützung ans Aufarbeiten des Konflikts gehen und dadurch auch die körperlichen Probleme allmählich abbauen.

Krankheitssymptome einfach medikamentös zu betäuben ist letztendlich nicht nur ineffektiv, sondern kann sogar das Gegenteil des Gewünschten bewirken. Gesundheit und Krankheit sind die Mittel, mit denen unser Körper uns mitteilt, was in unserem Leben falsch läuft und was richtig, was guttut und vielleicht aufrechterhalten und gestärkt werden sollte und was schlecht ist und einer Neubewertung und Umorientierung bedarf.

Körpersprache

Wie oft haben Sie schon Sätze wie die folgenden geäußert: »Ich spüre es in den Knochen«, »Ich hab so ein Gefühl im Bauch«, »Da geht einem ja das Herz über« oder »Das bringt mein Blut in Wallung«?

Wir alle sagen so etwas, ohne uns etwas dabei zu denken. Es sind Sätze, die sich mit der Zeit bis zum Klischee abgenutzt haben, aber sie zeigen, daß wir die Botschaften hören, die unser Körper uns mitteilt. Was wir denken und fühlen, sehen und hören, wirkt unablässig auf die Organe unseres Körpers ein. Ein Ereignis, eine Person oder ein Gefühl bringt unser Blut in Wallung, und dieses Aufwallen kann uns buchstäblich in die Haut fahren und Nesselausschlag hervorrufen wie bei der Frau mit den Schwiegermutterproblemen. Ihr Körper wies sie in seiner Sprache auf ein emotionales Problem hin, das sowohl ihr Gefühlsleben als auch ihre körperliche Gesundheit beeinträchtigte.

In den letzten Jahren sind einige Bücher darüber erschienen, wie man die Sprache der Tiere verstehen lernen kann. Man kann die »Katzen-« oder »Hundesprache« erlernen, mit seinen Haustieren auf deren Ebene kommunizieren und an den Anzeichen ihrer Verhaltens- und Handlungsweisen ablesen, was sie sagen wollen, um sich so auf ihre Bedürfnisse und Wünsche einstellen zu können. Wenn man die »Katzensprache« erlernen kann, dann sicherlich auch die Körpersprache des Menschen. Die Sprache des Körpers, in der er uns Bedürfnisse und Wünsche mitteilt, die man entweder befriedigt oder übergeht und verdrängt, kann erlernt werden. Dabei geht es nicht nur um körperliche, sondern auch um emotionale Bedürfnisse, denn die Körpersprache gehört zur größeren Sprachfamilie von Intuition und Seele, zum Intuitionsnetzwerk, das lebenswichtige Informationen über das Leben als ganzes aussendet.

Unser Körper spricht jeden Tag auf vielerlei Art zu uns mit einem eigenen Sprachschatz von Symptomen, die an Gefühle und Erinnerungen aus Vergangenheit und Gegenwart geknüpft sind. Diese Symptome können wir ebenso lesen lernen, wie wir Signale hinsichtlich unserer Beziehungen oder anderer Bereiche unseres Lebens lesen können. Es ist wie bei dem Chef und seiner Sekretärin, die Probleme haben, über die sie nie sprechen. So geht es monatelang, und rein äußerlich wirkt alles so, als sei es in Ordnung. Die Sekretärin meldet sich vielleicht einmal drei Tage krank; dann kommt sie wieder, und alles läuft weiter wie vorher. Doch dann meldet sie sich eine volle Woche krank, obwohl ihr offensichtlich nichts fehlt. Kein Wort darüber, als sie zurückkommt. Nach dem dritten Mal kündigt die Sekretärin jedoch, weil sie das Gefühl hat, daß ihr Chef die Probleme nicht ansprechen wird und sie selbst nicht davon anfangen kann. Es ist zu hoffen, daß Chef und Sekretärin aus diesem Beispiel lernen, daß sie den Anzeichen eines Konflikts Beachtung schenken müssen, ehe es zu spät ist, das grundlegende Problem anzugehen.

Jeder hat Probleme im Leben, die der Körper laut herausschreit. Aufgrund meiner eigenen Erfahrungen kann ich behaupten, inzwischen verschiedene Körperdialekte zu beherrschen. Ich spreche zum Beispiel fließend »Immunologisch«. Ich kenne die Sprache meiner weißen Blutkörperchen und weiß, wann sie genug haben und zusammenbrechen. Ich kann förmlich spüren, wie ihre Zahl zurückgeht, wenn eine Erkältung oder Bronchitis im Anmarsch ist. Auch den Dialekt meiner Bandscheiben spreche ich fließend. Wenn mir die Hände taub werden, kann ich an der Qualität, Intensität und Häufigkeit des Ertaubens ablesen, daß bestimmte Dinge in meinem Leben vorgehen. Und ich bin sehr aufmerksam, wann immer meine Bandscheiben sich in irgendeiner Weise melden. Vor kurzem habe ich zum ersten Mal seit Jahren wieder von Kontaktlinsen geträumt. Es war der alte Traum davon, wie ich versuchte, die Linsen in meine Augen zu bekommen, und sie waren riesig. Ich brachte es gerade so fertig, aber es war eine ungeheure Anstrengung. Ich wachte erschreckt auf. Was konnte das bloß bedeuten? Meines Erachtens konnte es kaum heißen, daß ich Nackenprobleme hatte wie früher, als die Träume von riesenhaft angeschwollenen Kontaktlinsen etwas mit geschwollenen Bandscheiben in meiner Wirbelsäule zu tun hatten. Der Traum ging immer mit dem Gefühl einher, daß ich lernen mußte, wie ich mich zum Ausdruck bringen und was ich frei und ungezwungen zur rechten Zeit im Leben machen konnte. Dieses Mal hatte ich keine Nackenschmerzen. Ich fragte mich, ob meine berufliche Entscheidung vor kurzem richtig gewesen war, aber auch das schien mir in Ordnung zu sein. Dann mußte ich mich wegen einer alten Verletzung einer Nasenoperation unterziehen. Vor der Operation entfernte ich meine Kontaktlinsen. Am nächsten Tag, als ich versuchte, die Kontaktlinsen wieder einzusetzen, schaffte ich es nicht, weil meine Augen fast zugeschwollen waren. *Das* hatte der Traum also bedeutet! Ich bemühte mich nicht weiter, die Linsen einzusetzen. Ich war erleichtert, daß der Traum diesmal nicht auf ein Wirbelsäulenproblem hingewiesen hatte, aber er hatte mich immerhin so aufgerüttelt, daß ich aufgepaßt und wieder einmal Inventur abgehalten hatte, was alles in meinem Leben vor sich ging.

Wenn Ihr Körper Ihre Aufmerksamkeit erregen will, spricht er nicht etwa eine Sprache, die Sie nicht verstehen. Vielmehr benutzt er Symbole und Symptome, die Ihnen vertraut sind. Sie werden zudem feststellen, daß sie zu manchen Körperregionen einen besseren Draht haben als zu anderen. Ich führe viele Zwiegespräche mit meiner Wirbelsäule, aber weniger mit meinem Becken. Eine Arbeitskollegin von mir beherrscht die Sprache ihrer Därme bestens. Wenn sie ein Brennen im Darm spürt, heißt das für sie, daß sie sich zuviel Verantwortung aufbürdet.

Jeder Körper spricht seine ureigene Sprache, so daß man die spezifische Symbolik und Symptomatik des eigenen Körpers erlernen muß. Gleichzeitig gibt es jedoch universelle Symbole, die für alle gelten. Seit

Anbeginn der Zeit haben Menschen die Beobachtung gemacht, daß gewisse Gefühle mit gewissen Organen oder Körperregionen in Zusammenhang stehen, andere Gefühle hingegen eher den Allgemeinzustand des Körpers betreffen. Die Körpersprache entsteht und entwickelt sich, während wir durchs Leben gehen und Erfahrungen sammeln, Gefühle haben und Erinnerungen schaffen und speichern.

Die emotionale Dimension

Alles, was wir sehen, hören und fühlen, hat eine emotionale Dimension. Alles im Leben ist durch Liebe oder Freude, Wut oder Trauer, Angst oder Scham usw. gefärbt. Jeder hat aufgrund seiner Erfahrungen ein bestimmtes Muster entwickelt, wie er bestimmte Dinge wahrnimmt. Dieses Muster formt die Persönlichkeit und nimmt Einfluß darauf, wie man sein Leben lebt und welche Entscheidungen man im Privatleben, Beruf und anderswo trifft. Es ist ein Muster, das in Form von Erinnerungen sowohl ins Gehirn als auch in den Körper eingeprägt ist.

Manche Gefühle sind stärker in die Erinnerung eingegraben als andere. Diese Gefühle sind nicht lokalisierbar; sie korrespondieren nicht mit bestimmten Organen, sondern können überall im Körper gespeichert sein. Zu diesen Gefühlen gehört die Furcht oder Angst. Wir alle kennen Angstgefühle. Wenn wir etwas Furchterregendes sehen oder hören, wird dieser Eindruck verschlüsselt an das *Corpus amygdalae*, den »Mandelkern« im Schläfenlappen, weitergegeben, der eine emotionale Reaktion festlegt und die Erfahrung mit dem Etikett »Furcht« versieht. Dann sendet der Mandelkern das Signal der angsterfüllten Erinnerung an den Hypothalamus weiter, die Schaltzentrale für den Körper. Der Hypothalamus setzt die Furcht in entsprechende *Körperreaktionen* um. Bestimmte Hormone werden vermehrt oder vermindert ausgeschüttet, der Blutdruck steigt oder sinkt, die Herzfrequenz wechselt, das Immunsystem ändert sich. Mit anderen Worten: Die Furcht beeinflußt nicht nur das emotionale Verhalten; sie verändert auch die Funktionsweise der Organe.

Manche haben Furcht vor Aufzügen, manche vor Schlangen. Die einen fürchten sich, in der Öffentlichkeit eine Rede zu halten, die anderen haben Platzangst oder fürchten sich davor, aus dem Haus zu gehen.

Furcht geht direkt in den Körper über und löst entweder Kampf- oder Fluchtverhalten aus. Man ergreift also die Flucht vor dem Rednerpodium und dem Vortrag, den man halten soll, oder vor dem Mann, der wie der frühere Ehemann aussieht, oder vor der Art von Liebe, die man einst als qualvoll empfunden hat. Was einmal als furchteinflößend erfahren wird, vergessen Gehirn und Körper nie, selbst wenn man sich nicht mehr bewußt daran erinnert. Der Mandelkern hat die Körpererinnerungen aufgezeichnet. Infolgedessen hat alles, was einem je Furcht erregt hat, einen Einfluß auf das Verhaltensmuster und die unbewußten Pläne. Mancher Ängste mag man sich nicht bewußt sein, und trotzdem ändern sie sowohl die Organfunktionen als auch das körperliche Verhalten.

Auch wenn man seine Erinnerungen aufarbeitet und sich einen Weg um die Furcht herum sucht, bleibt diese Furcht doch ein Leben lang da. Einmal habe ich einer Frau eine Lesung gehalten, bei der ich mit meinem inneren Auge einen Kloß im Hals sah. Ich konnte nicht erkennen, ob es ein Tumor oder eine andere Geschwulst war, aber es war eindeutig ein Kloß. Ich sagte der Frau, meinem Empfinden nach fürchtete sie sich, etwas verbal zum Ausdruck zu bringen, und zwar schon ein Leben lang, wie der Kloß in ihrem Hals symbolisiere. Voller Erstaunen nahm ich zur Kenntnis, daß sie wütend auf mich wurde. »Ich habe keine Angst vor dem Reden«, sagte sie indigniert. »Früher einmal, aber das ist vorbei. Ich bin darüber hinweg, und seit geraumer Zeit lehre ich sogar andere, frei heraus zu sprechen und ihre Angst zu überwinden.« Sie gab zu, einen Kloß im Hals zu haben, bestand jedoch darauf, daß es sich um einen Tumor handle, obwohl entsprechende Untersuchungen negativ verlaufen waren. Sie wollte sich nicht eingestehen, daß der Kloß im Hals mit ihrer Furcht vor dem Reden und Kommunizieren zusammenhing.

Anderthalb Jahre später rief sie mich erneut an. Sie hatte intensiv mit einem anderen Therapeuten zusammengearbeitet. Sie erzählte mir, ihr sei jetzt klar, daß sie den Kloß im Hals immer dann spüre, wenn ihr Körper Furcht und Angst empfinde. Diese Gefühle äußerten sich nicht nur in ihrem Kopf, sondern auch in ihrem Körper – im Hals. Sie wisse jetzt, daß immer, wenn sie diesen Kloß spüre, ihr Körper ihr mitteile, daß sie etwas Wichtiges zur Sprache bringen müsse, etwas, das nicht unbedingt gut aufgenommen würde, das aber ausschlaggebend sei für ihr Wohlbefinden, ihre Kreativität und Vitalität. Der Kloß im Hals sei das Warnzeichen für sie, sich auf Steine gefaßt zu machen, die ihr in den Weg gelegt würden, um ihre Ideen zu blockieren.

Ist man einmal von Furcht erfüllt, bleibt sie immer da. Man kann nun dagegen angehen und es mit Gegenkonditionierung probieren. Ich beispielsweise habe Höhenangst. Das ist eine tief eingeprägte Furcht, wie jeder weiß, der ebenfalls unter Höhenangst leidet. Sobald man irgendwo auf einen Gipfel steigt, fängt das Herz an zu rasen, die Knie zittern einem, und man schwitzt in den Handflächen. Das limbische System, ein Teil des vegetativen Nervensystems, überträgt die Furcht auf den Mandelkern, und gleich weckt der Mandelkern alle Körpererinnerungen. Ich habe einmal mit einer Bergsteigergruppe eine Tour auf dem Blue Skyline Trail in der Nähe von Boston gemacht, an deren Ende wir uns alle von oben in die Tiefe abseilen mußten. Ich weiß noch, wie ich in den Abgrund schaute und sah, wie die Leute an Seilen, die in Dicke und Stärke an Zahnseide erinnerten, den Berg hinuntersausten. Mein Körper machte durch Kniezittern, Handschweiß und Mundtrockenheit auf meine Angst aufmerksam. »Angst, Angst, Angst, Angst, Angst!« rief er. Der Bergführer kam zu mir und fragte mich, ob ich es nun versuchen wolle. Mein Gehirn sagte: »Gehen wir lieber zu McDonald's«, aber mein Mund sagte: »Ja.« Und so sauste ich, das Herz in der Hose, die Felswand hinunter. Ich »überwand« meine Furcht. Aber los wurde ich sie dadurch nicht.

Von Furcht kann man sich nicht befreien oder lösen, weil sie in Gehirn und Körper eingeprägt ist. Ein solcher Versuch wäre ebenso vergeblich, wie kleine Jungen davon abhalten zu wollen, sich zu prügeln. In Augenblicken der Anspannung kommt die Furcht oder Phobie hervor. Man kann lernen, mit einer Phobie umzugehen, aber das gelingt nur, wenn man verstanden und akzeptiert hat, daß sie immer da ist und jederzeit auf Leben und Körper einwirken kann.

Die Angst ist eine enge Verwandte der Furcht und doch eine ganz eigene Empfindung. Furcht hat normalerweise einen Bezug, sie ist an einen bestimmten Reiz oder Gegenstand gebunden. Angst ist der umfassende Begriff für einen allgemeinen Erregungszustand. Während Furcht eher mit Gefühlen einhergeht, ist Angst vorwiegend mit dem Denken verknüpft. Ein angsterfüllter Mensch ist jemand, dem ständig ein Gedanke im Kopf herumgeht wie die Käfigmaus in der Lauftrommel: »Wenn dies, dann das, dann das«, endlos immer weiter im Kreis. Furcht und Angst zeichnen sich auch durch unterschiedliche Muster in Gehirn und Körper aus, weil sie jeweils mit einer anderen Art von Erinnerung und einer anderen Art von Chemie verbunden sind.

Ein weiteres wichtiges Gefühl, das Gehirn und Körper beeinflußt, ist die Niedergeschlagenheit oder Depression, die eng mit Gram und Traurigkeit zusammenhängt. Niedergeschlagenheit ist eine der stärksten Emotionen im Intuitionsnetzwerk, und es kann sich als außerordentlich nützlich erweisen, ihre Sprache zu erlernen. Studien haben gezeigt, daß bei einer Depression der *Gyrus cinguli* genannte Bereich im Gehirn eine Phase höchster Aktivität durchläuft. Der Gyrus cinguli ist ein Teil des limbischen Systems, der Kommandozentrale für das Gefühl. Er knistert förmlich wie Popcorn in der Mikrowelle und weist darauf hin, daß etwas anliegt. Man mag in heftiger Gemütsbewegung sein, vielleicht in heller Wut, und auf jeden Fall ist das Gefühlserleben sehr intensiv.

So geht es einige Zeit weiter. Doch wenn die Depression anhält und sich vertieft, ist dieser Bereich schließlich total ausgelaugt. Der Gyrus schläft ein. Die ursprüngliche Botschaft, die das Gehirn aussandte, wird unterdrückt, weil ihr keine Beachtung geschenkt wurde. Auch der Stirnlappen wird allmählich ausgepowert, bis man nicht mehr mit seinem Gefühl in Berührung kommen oder darüber sprechen kann.

Ähnliches geschieht bei einer zwanghaft-besessenen Reaktion, einer Neurose. Wieder ist der eben erwähnte Gehirnbereich überaktiv, so daß die Betroffenen sich beispielsweise ständig neu von etwas vergewissern oder sich alle paar Minuten die Hände waschen. Dieses Verhalten wird durch die Absicht ausgelöst, ein Gefühl – die Furcht – zu dämpfen, die unterdrückt wurde. Schließlich gerät das Verhalten außer Kontrolle, weil der Patient seine Furcht nicht länger verbergen kann. Er fällt so häufig in seine Verhaltensweise zurück, daß es starr wird und er sich nicht mehr im Griff hat. Sein Körper drückt ein Gefühl aus, über das sein Gehirn nicht sprechen kann. Das kommt auch in anderen Situationen häufig vor. Nehmen wir einmal Hänschen, einen nervösen Dreijährigen, der immer den Daumen in den Mund steckt. Zu Anfang kann er auf die Frage, warum er am Daumen lutscht, noch antworten, daß er es tut, weil sein Papi weggegangen ist, weil er Hunger hat oder weil sich seine Eltern streiten. Dann weiß man, daß sein Körper ein Gefühl äußert und daß Hänschen jedesmal, wenn er den Daumen in den Mund steckt, Angst hat.

35 Jahre später fällt Hans bei der Arbeit auf, daß er immer die Hand in den Mund steckt. *Aber er weiß nicht, warum.* Inzwischen hat die Verhaltensweise ein Eigenleben entwickelt und keine Verbindung mehr zu dem Gefühl, durch das sie ursprünglich ausgelöst wurde.

Was passiert bei chronischer Niedergeschlagenheit? Der Körper will das Gefühl, das ursprünglich durch die Depression signalisiert wurde, zum Ausdruck bringen. Man kann vielleicht nicht darüber reden, aber der Körper äußert sich. Der Schlaf ist gestört, Appetitlosigkeit stellt sich ein. Ein Übermaß an Cortisol – ein Streßhormon – wird ausgeschüttet und schwächt das Immunsystem. Der Körper hat keine Abwehrkräfte mehr, so daß eine Lungenentzündung oder gar Krebs ausbrechen können. Viele Studien haben nachgewiesen, daß anhaltende Traurigkeit und Depressivität mit bestimmten Krebsarten in Zusammenhang stehen. Welches Organ von Krebs befallen wird, hängt von der Lebenssituation des Betreffenden ab – seiner Familie, seinem Beruf oder seiner Partnerschaft. Es hängt auch davon ab, wie empfindlich er von Natur aus ist, und von alten Gefühlen, Erfahrungen und Erinnerungen. Allgemein gilt jedoch, daß unverarbeitete Sorgen und Nöte, die nicht zur Sprache gebracht werden, die Körperfunktionen erheblich verändern können. Die Frau, die ich zu Beginn des Kapitels beschrieben habe, litt eindeutig unter einer Depression, hatte jedoch nicht über ihre Lage sprechen können. Nicht zur Sprache gebracht, hatte sich die Depression auf den Körper übertragen, so daß die Frau durch ihre Traurigkeit buchstäblich gelähmt wurde. Die emotionale Lähmung wurde zur körperlichen Lähmung, der Unbeweglichkeit von Beinen und Körper.

Melissa, eine weitere Klientin von mir, vermochte aus ihrer emotionalen Gelähmtheit und übermäßigen Abhängigkeit von ihrer Familie auszubrechen, indem sie ihrer Depression ungeteilte Aufmerksamkeit widmete. Ihre Problemlösung kommt zwar nicht für jeden in Frage, aber ich finde, es ist sehr lehrreich, wie sie den klaren Vorsatz faßte, genesen zu wollen. Melissa begab sich für fünf Tage in eine Klinik, um sich einer intensiven Einzeltherapie und einer Gruppentherapie mit ihrer Familie zu unterziehen. Sie überlegte mit ihrem Therapeuten zusammen, welche Schritte sie unternehmen sollte, um ihr Leben umzugestalten und von ihrer Familie unabhängig zu werden. Zunächst wollte sie unter der Überwachung ihres Arztes Antidepressiva einnehmen, um Körper und Geist eine Starthilfe zu geben, von den körperlichen Auswirkungen der Depression loszukommen. Außerdem ließ sie sich von einem Sozialarbeiter eine Tätigkeit als Vorleserin in einem örtlichen Altenheim vermitteln. Dadurch wurde sie aus ihrer gewohnten Routine geworfen und merkte, daß sie anderen Menschen helfen konnte. Zu guter Letzt suchte sie noch einen Diätetiker auf, der ihr half, ihre Eßgewohnheiten zu verändern, denn während ihrer Depression hatte Melissa mehr gegessen, so daß sie zunahm, was sie noch stärker deprimiert hatte.

Die positiven Gefühle

Freude, Leidenschaft, Liebe und Glück zählt unsere Gesellschaft zu den positiven Gefühlen. Sie signalisieren uns, daß wir auf dem rechten Wege sind. Physiologisch lassen sich positive Gefühle nicht in gleicher Weise im Körper lokalisieren wie negative, etwa Wut und Feindseligkeit. Wenn wir wahrhaft positive Gefühle haben – das heißt, wenn wir keinen Kummer, keine Traurigkeit, Wut oder Scham damit kaschieren und nicht etwa unter Selbstübersteigerung oder Wahnvorstellungen leiden –, können wir im allgemeinen darauf vertrauen, daß unser Leben im Gleichgewicht ist. Wir sollten allerdings die ganze Skala der Gefühle, die unser Leben beeinflussen, zur Kenntnis nehmen; ein Übergewicht nach einer Seite des emotionalen Spektrums hin ist ungesund. Frauen, die Wut, Traurigkeit oder Gram hinter einer tapferen, gleichmütigen oder immer fröhlichen Miene verbergen, neigen nach medizinischen Erkenntnissen häufiger zu Brustkrebs als andere. Sie versuchen, sich auf der Freudenspur der Lebensbahn zu halten, statt auf den Stau, den Unfall oder die Straßensperre zu achten, die vor ihnen liegt, und ihren Wagen geschickt darum herumzusteuern. Auf einer vergleichbaren Ebene des vierten emotionalen Zentrums sind Männer, die einen Infarkt erleiden, laut Fallstudien oft bis obenhin voll mit Feindseligkeit, ohne diese abbauen zu können – sie sitzen auf der anderen emotionalen Spur fest. Diese Männer und Frauen lassen nur die Erfahrung eines Teils ihres emotionalen Potentials in der einen oder anderen Richtung zu. Beides ist der Gesundheit nicht förderlich.

Wie werden Gefühle in körperliche Symptome umgewandelt? Wenn wir unter Streß stehen oder gewisse unangenehme Gefühle haben, schüttet unser Körper das Hormon Cortisol (Hydrocortison) aus. Chronischer Streß oder irgendein chronisches Gefühl wie Wut, Feindseligkeit, Furcht oder Traurigkeit sind wichtige Faktoren, die die Adrenalindrüsen des Körpers dazu anregen, diese Gefühle in cortisolgesteuerten Symptomen zum Ausdruck zu bringen. Ein chronisch erhöhter Cortisolspiegel verändert nachweislich die Funktionsweise bestimmter Organe. Die Arterien verhärten sich und werden enger (Arteriosklerose). Feindseligkeit, eine spezifische Form von Ärger, ist ein Gefühl, das mit der Verhärtung von Arterien in Zusammenhang steht. Außerdem hat ein chronisch erhöhter Cortisolspiegel auch einen Einfluß auf die Entstehung von Krebs. Der Krebs kann die verschiedensten Organe befallen, je nach Situation oder Umgebung, in der die betreffenden Gefühle auftreten.

Das Immunsystem erfordert einen genau eingependelten Cortisolspiegel, um richtig zu funktionieren. Das heißt, wir brauchen auch ein gewisses Maß an Streß oder Reizen im Leben, um effizient zu funktionieren und lebendig zu sein. Sonst schlafen wir ein. Welcher Cortisolwert angemessen ist, ist von Mensch zu Mensch verschieden. Ich bin einmal mit einer Freundin in ein Fitneßcenter gegangen, um mich zu entspannen und ein bißchen Streß abzubauen. Meine Freundin arbeitete sich in der »Tretmühle« in Schweiß und schaute dabei ab und zu mal auf den Fernseher. Ich strampelte mit 100 Stundenkilometern auf dem Trainingsrad, las dabei Zeitung, lauschte der Musik aus meinem Walkman und sah zwischendurch fern. Obwohl ich mich eigentlich entspannen wollte, brauchte ich doch dreimal soviel Reize wie meine Freundin, um mich wohl zu fühlen.

Ein stark erhöhter Cortisolspiegel kann jedoch auch das Immunsystem gefährlich auf Touren bringen. Nehmen wir mal an, Sie hätten eine bestimmte Angst, die Sie einfach ignorieren; zum Beispiel sagt Ihnen Ihr Körper, daß Sie sich von einem bestimmten Abgrund fernhalten sollen. Statt dessen steuern Sie im übertragenen Sinne auf jeden Abgrund zu, der Ihnen vor Augen kommt. Sie nehmen Tätigkeiten auf, die nichts für Sie sind, oder treffen sich immer wieder mit Leuten, von denen Sie schlecht behandelt werden. Sie leben ständig am Rande des Abgrunds »Angst« und gehen über die körperlichen Zeichen der Angst – zitternde Knie, rasendes Herzklopfen und schwitzende Hände – hinweg. Sie sind unentwegt erkältet und hören gar nicht, wie Ihr Körper sagt: »Ich bin überanstrengt.« Folglich interpretiert Ihr Körper allmählich die ganze Welt, nicht nur den Abgrund, als etwas Furchterregendes. Er schüttet mehr Cortisol aus und beginnt, Zellen und Moleküle zur Immunabwehr gegen die Gefahren da draußen herzustellen, seien sie nun real oder nur eingebildet; er reagiert also, als handle es sich um ein riesiges Reagenzglas voller Bakterien. Schließlich werden Immunabwehrzellen gegen alles und jedes produziert. Das geschieht bei Menschen mit chronischer Erkältung, chronischer Bronchitis und chronischer Müdigkeit. Sie produzieren so viele Antikörper, daß diese sich am Ende gegen den Körper selbst richten. Die Folge davon sind Autoimmunkrankheiten wie Polyarthritis, Lupus oder Vasculitis.

Es kann auch sein, daß Sie am Ende, im übertragenen Sinne, zu lange hart am Rande des Abgrunds gelebt haben und den Kampf emotional und physisch aufgeben. Ihr Körper kommt mit der Produktion von Schutz- und Abwehrmitteln gegen die Welt, die er als unausweichlich bedrohlich fürchtet, nicht nach. Irgendwann kann er kein Cortisol und keine Immunabwehrzellen in der nötigen Menge mehr herstellen. Deren Spiegel sinkt, und chronische Niedergeschlagenheit ist die Folge. Ihre Körpermineralien erschöpfen sich durch die dauernde Kriegführung gegen einen Feind, der eigentlich nur im Kopf und in den traumatischen Erinnerungen von Körper und Geist existiert. Der erschöpfende eingebildete Krieg hat Sie letztendlich schutzlos gemacht. Wenn Ihre Munition erschöpft ist und alle Bomben abgeworfen sind, stellen Sie nämlich ein gutes Ziel für einen *echten* Feind dar, der jetzt angreifen und Ihr Territorium erobern kann. Ohne es zu wollen, haben Sie Infektionen und möglicherweise Tumoren den Boden bereitet.

So finden unangenehme oder traumatische Emotionen und Erinnerungen, die wir in uns verschließen und mit denen wir uns nicht auseinandersetzen, immer irgendeinen Weg, um auf sich aufmerksam zu machen. Körperliche Symptome sind die Sprache, der sie sich schließlich bedienen, um uns zu sagen, daß wir etwas ändern müssen.

Seit über 2000 Jahren haben Menschen beobachtet, daß gewisse Gefühle offenbar mit bestimmten Organen des Körpers verbunden sind. In der chinesischen Medizin beispielsweise entspricht das Herz dem Feuer, und die Gefühle Freude und Glück werden ihm zugeordnet. Leber und Gallenblase entsprechen dem Holz und sind mit den Gefühlen Frustration und Wut verknüpft. Lunge und Dickdarm entsprechen dem Metall und hängen mit Kummer und Gram zusammen. Milz und Magen sind der Erde und damit der Sorge, der dauernden Beunruhigung und dem grübelnden Wiederkäuen verbunden. Ob es nur Zufall ist, daß Kühe, die echten Wiederkäuer, einen Zusatzmagen haben?

Anfang der 80er Jahre hat die intuitive Heilerin Louise Hay die Theorie aufgestellt, bestimmte Krankheiten hingen mit bestimmten Emotionen zusammen.[22] Viele ihrer Theorien sind inzwischen durch wissenschaftliche Studien bestätigt worden. So vertrat sie zum Beispiel die Ansicht, Unfallanfälligkeit sei an ein bestimmtes emotionales Muster geknüpft: an die Unfähigkeit, für sich selbst einzustehen, an Autoritätsfeindlichkeit und an Gewaltbereitschaft. Mehrere Studien haben tatsächlich gezeigt, daß Unfälle – speziell bei Kindern und Familien – mit Impulsivität und Autoritätsfeindlichkeit zusammenhängen. Hay hat eine ursächliche Verbindung zwischen Aids und den Gefühlen der Schutz- und Hoffnungslosigkeit gesehen. Aus der einschlägigen Fachliteratur geht hervor, daß eine Verbindung besteht zwischen Gefühlen der Hoffnungslosigleit, des unentrinnbaren Drucks oder des Ausgeliefertseins an eine unsichere Welt und einem Zusammenbruch des Immunsystems. Hay glaubte ferner, Kreuzschmerzen würden durch negative Gefühle bezüglich der finanziellen Lage begünstigt, etwa durch Geldsorgen. Und tatsächlich belegen zahlreiche Studien, daß Menschen, die unter Schmerzen im unteren Rückenbereich leiden, meist auch emotionale Kämpfe im Zusammenhang mit ihrer beruflichen Tätigkeit ausfechten. Rückenschmerzen sind eine der Hauptursachen für die Arbeitsunfähigkeit von Berufstätigen. Hay war auch der Auffassung, die Parkinson-Krankheit hinge mit Angst und dem überstarken Verlangen zusammen, über alles und jedes Kontrolle auszuüben. Studien haben diese Verbindung bestätigt und gezeigt, daß sich Patienten, bei denen Parkinson auftritt, ihr Leben lang verpflichtet fühlten, bestimmte moralische Normen aufrechtzuerhalten und in Familie und Gesellschaft durchzusetzen. Die vielen Studien, die Hays Theorien bestätigen, sind erfreuliche Beweise dafür, daß intuitive Einsichten – Erkenntnisse, die Heiler oder andere intuitive Menschen hinsichtlich bestimmter Gefühle und deren Bezug zu einer körperlichen Erkrankung gewinnen – durch wissenschaftliche Forschungen bestätigt werden können.

Louise Hays System ist im Grunde auf elegante Weise einfach. Hay faßte eigentlich nur jedes Organsystem ins Auge, beobachtete seine Funktion und stellte einen Bezug zu einer emotionalen Lebenserfahrung her. So sieht sie einen Zusammenhang zwischen einer Darmerkrankung, bei der etwas ausgeschieden wird, und Problemen, etwas Altes, das nicht länger gebraucht wird, loszulassen. Probleme mit der Brust, der Nahrungsquelle, entspringen ihres Erachtens dem Unvermögen, sich selbst etwas zugute zu tun, und der Neigung, immer erst für andere zu sorgen. Und Blutprobleme wie schlechte Durchblutung oder Blutarmut sind ein Hinweis auf mangelnde Lebensfreude.

Vieles von Hays System deckt sich mit der chinesischen Medizin. Auch die Chinesen haben die Beobachtung gemacht, daß Störungen in bestimmten Organen mit einem emotionalen Verhalten oder Befinden in Zusammenhang stehen, das die Organfunktion widerspiegelt. Probleme mit dem Dünndarm, welcher der Nahrung, die den Verdauungstrakt durchläuft, die Nährstoffe entzieht, wird mit den Schwierigkeiten in Verbindung gebracht, die der betreffende Patient in seinem Leben mit dem »Aussortieren« hat. Leute, die zuviel grübeln und wiederkäuen, haben meist Magenprobleme. Das kann jeder mit seinem gesunden Menschenverstand einsehen. Und die Intuition ist gesunder Menschenverstand in seiner Urform.

Andere unabhängige wissenschaftliche Studien deuten ebenfalls darauf hin, daß bestimmte emotionale und psychologische Muster mit der Erkrankung bestimmter Organe ursächlich verbunden sind. Zum Beispiel kann frühkindlicher sexueller Mißbrauch bei Frauen eventuell zu chronischen Beckenschmerzen sowie zu Geschlechts- und Blasenkrankheiten führen. Frauen, die eine Beziehung aufrechterhalten, in der sie sich nicht wohl fühlen und keine Unterstützung erfahren, haben nachweislich ein erhöhtes Brustkrebsrisiko. Feindseligkeit ist erwiesenermaßen an einem höheren Infarktrisiko beteiligt.

Wieder andere Studien haben deutlich gemacht, daß Magen-Darm-

Störungen, Asthma, Parkinson-Krankheit, Basedow, multiple Sklerose, Unfruchtbarkeit, Herzkrankheit und noch viele Krankheiten entsprechende emotionale Pendants haben. Die Ergebnisse sind jedoch nicht immer einheitlich, und bei vielen Menschen, die unter einer dieser Krankheiten leiden, fehlen die typischen emotionalen Merkmale, die nach Behauptung der Forscher vorliegen müßten. Die Körpersprache ist eben, wie bereits gesagt, bei jedem einzelnen anders. Man muß die Art und Weise entschlüsseln, in der einem der eigene Körper frühere und gegenwärtige Erfahrungen durch Gefühle, Sinneseindrücke, Schmerz und Krankheit übermittelt.

Die emotionalen Zentren des Körpers

Östliche Philosophien und Religionen haben ein anatomisches System von sieben emotionalen Zentren im Körper aufgestellt. Jedes dieser Zentren umfaßt eine bestimmte Gruppe von Organen und ist mit einem entsprechenden Satz von Gefühlen verbunden. Diese emotionalen Zentren oder Chakras symbolisieren darüber hinaus unsere emotionale und psychische Entwicklung von der Geburt bis zum Tod und spiegeln sie wider. Die folgenden Abschnitte dieses Kapitels sind nach der Anordnung der emotionalen Zentren und der mit ihnen verbundenen Gefühle und Erkrankungen gegliedert. Die allgemeinen Regeln müssen natürlich im Licht der eigenen Situation betrachtet werden, können jedoch als Sprungbrett dienen, um den Schlüssel zum eigenen intuitiven Leitsystem zu finden.

Jedes emotionale Zentrum ist durch einen Satz gegensätzlicher Gefühle charakterisiert. Eins dieser Gefühle äußert sich beispielsweise als Stärke oder Selbstsicherheit und verleiht uns in der Außenwelt ein Flair von Kraft und Macht (Yang). Das andere Gefühl kann als Schwäche oder Verletzlichkeit empfunden werden, aber es schenkt uns innere Macht und Kraft (Yin). So gibt es also zu den Oberbegriffen Stärke und Schwäche die Gegensatzpaare Furchtlosigkeit und Furchtsamkeit, Geltungsbewußtsein und Ergebenheit, Eigenwilligkeit und Willfährigkeit usw. Bei jedem Zentrum können wir bestimmen, ob unsere Kraft und unser Wohlbefinden auf der Stärke- oder auf der Schwächeseite liegen. Um vollkommen gesund zu sein, ist ein Gleichgewicht erforderlich. Wenn bei einem Gegensatzpaar ein zu großes Übergewicht nach einer Seite hin oder gar nur das eine *oder* das andere vorhanden ist, dann ist, wie aus der Fachliteratur hervorgeht, mit einer höheren Krankheitsanfälligkeit der Organe zu rechnen, die mit dem betreffenden emotionalen Zentrum in Verbindung stehen.

Das erste Zentrum enthält die Gefühle, die Einfluß nehmen auf die Körperstatur, die körperlichen Rahmengegebenheiten einschließlich des Knochenbaus, des Blutkreislaufes und des Immunsystems. Im übertragenen Sinne hat dieses Zentrum auch etwas mit dem Lebensrahmen zu tun, mit der Grundstruktur der eigenen Identität von der Familie über Kirche und Beruf bis hin zu allen möglichen anderen Organisationen und Institutionen. Zu dem, was diesen Körperbereich beeinflußt, gehören unter anderem die gegensätzlichen Gefühle der Unabhängigkeit und der Abhängigkeit, der Tüchtigkeit und der Ohnmacht, des Optimismus und der Hoffnungslosigkeit, der Furchtlosigkeit und der Furchtsamkeit, des Vertrauens und des Mißtrauens.

Das zweite emotionale Zentrum liegt im Becken. Die eine seiner zwei Seiten hängt mit unseren Trieben zusammen – dem, was uns in die Welt hinaustreibt auf der Suche nach Erfüllung. Zu diesen Trieben gehören Sex, Geld und Kreativität oder Fruchtbarkeit. Mit diesen Trieben verbunden sind ferner Lebensfragen wie das Anhaften oder Loslassen und die Fähigkeit, sich von der Ursprungsfamilie zu lösen. Bei den Erinnerungen und Verhaltensmustern, die auf die entsprechenden Organe einwirken, steht das Problem im Mittelpunkt, einem Verlangen zu folgen und hinterher Schuldgefühlen ausgesetzt zu sein, weil man diesem Verlangen nachgegeben hat. Auf der anderen Seite geht es beim zweiten Zentrum um zwischenmenschliche Beziehungen, um die Fähigkeit, sowohl ein eigenständiges Einzelwesen zu sein als auch eine intime Beziehung mit jemandem eingehen zu können, der nicht zur Familie gehört. Die von den Erinnerungen und Verhaltensmustern dieses emotionalen Zentrums beeinflußten Organe sind der Verdauungstrakt, die Blase, der untere Rückenbereich und die Fortpflanzungsorgane.

Das dritte Zentrum liegt in der Mitte des Unterleibes und Verdauungstraktes und umfaßt die Gedärme, den Magen, die Bauchspeicheldrüse, die Nieren, Milz, Leber und Gallenblase. Es ist mit den emotionalen Problemen und Verhaltensmustern verknüpft, die sich aus der Wahl einer Rolle innerhalb der Gesellschaft ergeben, aus dem Erwerb der dafür nötigen Kenntnisse und deren Umsetzung sowie der Kompetenz auf dem betreffenden Gebiet.

Im Brustbereich befindet sich das vierte emotionale Zentrum, das Herz, Lunge und Brüste umschließt. Diese Region steht für den Gefühlsausdruck, für Liebe und Leidenschaft. Sie hat außerdem einen Bezug zur Partnerschaft und beeinflußt, in welchem Maße Intimität und Gefühle in Liebesbeziehungen und Ehe verwirklicht werden können. Während es beim zweiten emotionalen Zentrum um die Fähigkeit geht, innerhalb einer Beziehung seine Individualität zu bewahren, steht beim vierten Zentrum das Einswerden mit dem Partner im Vordergrund. Die mit diesem Zentrum verbundenen Emotionen umfassen Liebe, Feindseligkeit, Intimität, Märtyrertum und die fürsorgliche Zuwendung, die für viele Frauen eine Form des Gefühlsausdrucks ist.

Das fünfte Zentrum liegt im Bereich der Schilddrüse, der Nackenwirbel, der Zähne, des Mundes und des Gaumens. Es steht für Kommunikation und sprachlichen Ausdruck sowie die Durchsetzung des eigenen Willens in der Außenwelt.

Der Kopfbereich einschließlich des Gehirns, der Augen, der Ohren und der Nase ist der Sitz des sechsten Zentrums, das mit der Wahrnehmung im weitesten Sinne in Zusammenhang steht, wozu auch die Paranoia gehört, sowie mit Wissen und Weisheit einerseits und der Unwissenheit andererseits.

Das letzte Energiezentrum umfaßt die Muskeln, das Bindegewebe und die Gene. Die mit diesem Zentrum verknüpften Emotionen und Verhaltensmuster betreffen den Lebenssinn und die Verbundenheit mit Gott oder dem Göttlichen auf der einen sowie Existenzängste und das Gefühl des Alleinseins auf der anderen Seite. Ferner geht es hier um das Empfinden unbegrenzter Möglichkeiten in der Welt gegenüber einem Gefühl der Verzweiflung und des Ausgeliefertseins.

Persönlichkeit und Gesundheit

Ärzten und Wissenschaftlern ist seit langem bekannt, daß Menschen mit einem bestimmten Naturell anfälliger für gewisse Krankheiten sind als andere. Zum Beispiel ist viel geschrieben worden über die sogenannte

Typ-A-Persönlichkeit einer Gruppe von Männern, die zu Herzkrankheit neigen. In der chinesischen Medizin und in Louise Hays System ist das Herz mit Gefühl und Leidenschaft verbunden – Haß und Liebe, Feindseligkeit und Mitgefühl. Typ-A-Menschen erleben extreme Gefühle wie helle Wut und offene Feindseligkeit, haben jedoch Schwierigkeiten, Freude und Begeisterung auszudrücken. Die wissenschaftliche Fachliteratur zeigt, daß ein Zusammenhang besteht zwischen übermäßig starken feindseligen Gefühlen bei gleichzeitiger Freudlosigkeit und einem extrem erhöhten Cholesterinspiegel sowie dem plötzlichen Herztot. Welche Situationen und Erinnerungen sind der Grund dafür, daß jemand seine Gefühle überwiegend in Form von Wut und Feindseligkeit äußert, hingegen Probleme hat, Liebe und Freude zu erfahren? Wenn der oder die Betreffende die Antwort auf diese Frage finden und verstehen würde, stände einer besseren Gesundheit nichts mehr im Wege. Der überhöhte Cholesterinspiegel ist ein Aufschrei des Herzens: »Achtung, Achtung! So gefällt es mir ganz und gar nicht. Es muß einen anderen Weg geben!«

Jedes emotionale Zentrum korrespondiert mit einem bestimmten universalen Satz von Emotionen. Doch darüber hinaus ist jedes Zentrum auch der Sitz spezifischer Erinnerungen an die individuellen Lebenserfahrungen eines Menschen. Jedes emotionale Zentrum entspricht einem Stadium in seiner psychischen und emotionalen Entwicklung. Im Laufe des Lebens befinden sich die emotionalen Zentren in einem kontinuierlichen Aufbauprozeß, der von der Vergangenheit über die Gegenwart bis in die Zukunft und ans Ende des Lebens reicht. Die Natur der Zentren und ihre Bedeutung für die Gesundheit wird auf ganz ähnliche Weise bestimmt, wie sich durch Lebenserfahrungen die Persönlichkeit formt. Je nachdem, was in jedem Entwicklungsstadium passiert, können die jeweils den emotionalen Zentren entsprechenden Organe auf höchst spezifische Art beeinflußt werden, und die Erinnerungen an solche Erfahrungen werden gespeichert und beeinflussen spätere Entwicklungsabschnitte und Gefühlsbereiche.

Das erste emotionale Zentrum beispielsweise steht für die Rahmenbedingungen und die grundsätzliche Unterstützung von seiten der Familie. Innerhalb der Familienstruktur, in der unsere kindlichen Grundbedürfnisse befriedigt werden, lernen wir entweder, zu vertrauen und uns sicher zu fühlen, oder wir entwickeln kein Vertrauen und kommen zu dem

Schluß, daß uns die Welt nie Sicherheit bieten wird. Wir lernen, uns selbst zu helfen, oder wir lernen, hilflos zu sein. Das haben Neurologen und Psychologen in der Vergangenheit beobachten können. Hierbei handelt es sich um das »Wir«-Stadium, in dem das Kind noch nicht von der Mutter unterschieden ist und noch kein echtes Selbstgefühl hat. Was wir in diesem ersten Entwicklungsabschnitt erfahren, ist für unsere Zukunft entscheidend und nimmt Einfluß auf alles, was uns in späteren Lebensphasen geschieht und wie unser Körper zu uns spricht.

Stellen wir uns das Leben einmal als Monopoly-Spiel vor. Auf dem Brett starten wir alle am gleichen Platz und mit der gleichen Menge Geld. Aber was ist, wenn einer von uns nach dem ersten Würfeln schon ins Gefängnis muß und 200 Dollar Strafe zahlen muß? Sicher wird er sich danach nicht mehr allzu sicher auf dem Lebensbrett fühlen. Außerdem hat er bereits einiges von seinem Geld verloren – von seinem Startkapital. Der weitere Spielverlauf wird durch diese frühen Erfahrungen gestört sein. Jetzt werden die betreffenden Erinnerungen verschlüsselt im Gehirn und im Körper, im Organgewebe, gespeichert und bleiben dort erhalten, um immer dann ans Licht zu kommen, wenn irgendwelche Ereignisse im späteren Leben eintreten, die diese frühen Erinnerungen wieder wachrufen. Auf diese Weise nehmen sie Einfluß auf alles, was in jedem weiteren Lebensstadium geschieht. Einmal angenommen, ein kleines Kind ist die einzige überlebende Person nach einer Flutkatastrophe, in der seine ganze Familie umkommt. Es ist leicht einzusehen, daß dieser Mensch anders an die nächste Runde auf dem Spielbrett des Lebens gehen wird als einer, der in seiner Familie Liebe und Unterstützung erfahren hat; er wird zurückhaltender sein und weniger risikobereit. In der zweiten Phase des Lebens wird es ebenso Auswirkungen auf seine Beziehungen zu anderen Menschen geben wie auf die Organe, die dem zweiten emotionalen Zentrum zugeordnet sind, und so wird es weitergehen.

Das zweite emotionale Zentrum hat zwei Seiten. Die eine hat einen Bezug zu dem, was uns vorantreibt im Leben, sowie zum Festhalten und Loslassen. Hier beginnen wir uns von anderen zu unterscheiden; wir gehen vom »Wir« auf das »Du und ich« über. Neurologen und Psychologen haben schon früh erkannt, daß ein Kind gleichzeitig mit der Entwicklung von Darm und Blase lernt, wann es sich am besten an den Eltern festhält und wann es besser losläßt und davonläuft. Sie beobachteten, daß meist dieselben Leute Schwierigleiten mit dem Festhalten und Loslassen, mit Impulsivität und Gehemmtheit haben, die zu Darm- und Blasenproblemen neigen. Die andere Seite des emotionalen Zentrums betrifft die zwischenmenschlichen Beziehungen – die Fähigkeit, zum einen ein selbstbestimmtes Individuum zu sein und zum anderen eine Beziehung mit einem Menschen außerhalb der Familie eingehen zu können. In dieser Phase konzentrieren wir uns auf das andere Geschlecht und auf Macht- und Positionskämpfe. Das ist für viele Mädchen ein schwieriges Stadium, weil sie nur mit Mühe das »Du« und »Ich« vom »Wir« unterscheiden können. Neurologen, Psychiater und Frauenärzte wissen seit langem, daß hier ein Zusammenhang mit der Gesundheit oder Krankheit von Sexualorganen besteht.

Beim dritten Zentrum ist das Kind alt genug, um draußen zu spielen oder zur Schule zu gehen. Es sieht seine Umwelt im Sinne von »Ich gegen die Welt«. In dieser Lebensphase haben wir aufgegeben, Sexualität verstehen zu wollen, und stürzen uns in die Arbeit. Hier geraten wir, wie Psychologen beobachtet haben, in einen Konflikt zwischen Unternehmergeist und Schuldgefühlen sowie Betriebsamkeit und Minderwertigkeitsgefühlen.

Im vierten emotionalen Zentrum – in Herz, Lunge und Brust – geht es um das Paradigma »Du und ich sind eins«. Nachdem wir uns bisher bemüht haben, unsere Individualität in der Außenwelt zu behaupten, machen wir jetzt kehrt und streben wieder das Einssein mit einem (oder mehreren) anderen an. Aber wir bewahren unseren Sinn für Autonomie, so daß wir, falls wir verlassen werden – sei es vom Partner oder von einem Kind –, immer noch ein Ich haben, das auf eigenen Füßen steht. In dieser Phase kontrastieren, wie die Psychiater sagen, Intimität und Isolation.

Beim fünften emotionalen Zentrum in Hals und Mund dreht sich alles um die Kommunikation, die Ausdrucksfähigkeit und Willensbehauptung. Das Motto lautet: »Ich will.« Die Psychiater sprechen hier von Fruchtbarkeit und Stagnation.

Mit dem sechsten Zentrum in Kopf und Sinnesorganen haben wir das Stadium erreicht, in dem wir mit Descartes sagen: »Ich denke, also bin ich.«

Zum Schluß, im siebten emotionalen Zentrum, befassen wir uns mit dem ganzen Körper. In diesem Lebensabschnitt müßten wir sagen können: »Gott und ich sind eins« und begreifen, daß alles Leben Sinn und Zweck hat. Außerdem kommen wir jetzt, nachdem wir ein Leben lang etwas über die Funktion von Familie und Beziehungen gelernt haben, zu der Erkenntnis, daß letztlich jeder allein ist in der Welt.

Auf diese Weise ordnet die Gesellschaft bestimmten Organen eine bestimmte Bedeutung zu, die nach und nach von persönlichen Erfahrungen überdeckt wird, so daß schließlich jedes Organ eine speziell auf das jeweilige Individuum ausgerichtete Bedeutung hat. Während wir diese Verknüpfungen erkunden, erkennen wir allmählich, wie unsere Persönlichkeit, die Person, die wir im Laufe unseres Lebens werden, mit der Gesundheit verflochten ist und was physisch mit uns geschieht. Alles, was uns in den einzelnen Lebensphasen begegnet, hat Auswirkungen darauf, welche Erinnerungen sich formen; es modifiziert die Art und Weise, in der wir uns weiterentwickeln, und beeinflußt den Gesundheitszustand eines jeden Organs in unserem Körper.

Wenn Sie Ihr Leben und Ihre Gesundheit unter Berücksichtigung der Organe und emotionalen Zentren, wie sie in diesem Buch dargestellt sind, überprüfen, können Sie feststellen, wo in jedem Bereich Ihre Stärken und Schwächen liegen, und dann leichter bestimmen, wie Sie am besten vorgehen und welche Anpassungen Sie vornehmen müssen, um Ihr Leben und Ihre Gesundheit zu verbessern. Denken Sie darüber nach, inwiefern die angeführten Beispiele und Fallstudien mit Ihrem Leben übereinstimmen. Achten Sie darauf, ob Ihnen einige der emotionalen Muster, von denen Sie lesen, vertraut sind. Auf diese Weise werden Sie mit Ihrem Geist-Körper-Intuitionsnetzwerk in Berührung kommen.

Stellen Sie sich Ihr Leben einmal als eine Lexikonreihe vor. Wir alle hoffen, auf unserem Weg durchs Leben allmählich alle Bände zusammenzubekommen, aber manchmal lassen wir den einen oder anderen aus. In meiner Jugendzeit in den 60er Jahren konnte man eine vollständige Lexikonreihe im Kaufhaus erwerben, einen Band pro Woche. Aber wenn man in die Ferien fuhr, versäumte man einen Band, der unter Umständen hinterher nicht mehr erhältlich war. Dann mußte man die Lücke, die der fehlende Band hinterließ, aus anderen Quellen auffüllen. Oder stellen Sie sich vor, Sie müßten in der Schule zu Beginn einer neuen Klasse mit Geometrie anfangen. Nun zieht jedoch Ihre Familie gerade um, so daß Sie die ersten drei Schulwochen versäumen – die entscheidenden Wochen, in denen die Grundlagen der Geometrie erklärt werden. Jetzt müssen Sie die fehlenden Informationen irgendwie nachholen, um den Anschluß an die Klasse zu erreichen. Das können Sie zwar, aber Ihnen werden immer die soliden Grundkenntnisse fehlen wie jemandem, der keinen Sinn für Schutz und Sicherheit entwickeln konnte, wie sie dem ersten emotionalen Zentrum zugrunde liegen.

So geht es im Leben; in einigen emotionalen Zentren sind wir stark, in anderen schwach. Ich selbst bin zum Beispiel sehr stark im dritten emotionalen Zentrum. Ich habe einen unverwüstlichen Magen und einen ausgeprägten Sinn für Selbstachtung und Verantwortung. Ich bin mir meiner Rolle als Ärztin, Wissenschaftlerin und intuitive Heilerin sicher, und ich war mir meiner selbst, meines Lebenssinns und meiner Berufung seit dem Alter von sieben Jahren sicher. Ich habe hart gearbeitet, um mich für diese Rollen angemessen zu qualifizieren. Meine Probleme stecken in erster Linie in meinen Knochen, im ersten emotionalen Zentrum, weil ich nie das Gefühl entwickelt habe, einen sicheren Halt in dieser Welt zu haben. Meinem Gefühl nach können die Menschen, die ich liebe und auf die ich zähle, jeden Augenblick verschwinden. Ich will von niemandem abhängig sein, und es fällt mir schwer, die Hilfe anderer anzunehmen. Eigentlich bin ich in gewisser Weise von oben nach unten aufgewachsen nach dem Muster, das Joan Borysenko, die namhafte Biopsychologin, als »Umkehrschamanen« bezeichnet. Obwohl ich mich stets als allein in dieser Welt und in meiner Familie, als von den anderen Erdbewohnern getrennt empfunden habe (erstes emotionales Zentrum), hatte ich von frühester Kindheit an doch stets eine starke Verbindung zum Himmlischen (siebtes emotionales Zentrum). Ich habe immer mit Gott geredet und ihn in allen Dingen gesehen – im Wind, in den Bäumen, in allem rings um mich her. Und da mir beigebracht wurde, daß Gott alles geschaffen hat, auch die Bäume, glaubte ich, daß ich dann ein Teil der Bäume sein müßte und wir alle ein Teil von Gott. Ich war auch immer gut im »Ich denke, also bin ich« (sechstes emotionales Zentrum). Meine Mutter behauptet, ich hätte stundenlang in meinem Ställchen gesessen und nachgedacht. Sie sagt ferner, ich sei auch von Anfang an sehr eigenwillig gewesen (fünftes emotionales Zentrum), habe also offensichtlich keine Probleme mit dem »Ich will« – nur daß ich es vielleicht übertrieben habe. Meine Schwierigkeiten beginnen erst unterhalb der Gürtellinie.

Die meisten Menschen wachsen allerdings vom ersten emotionalen Zentrum aus aufwärts. Und worauf wir auf unserem Weg durchs Leben abzielen, ist ein *Gleichgewicht* in jeder Lebensphase. In jedem Energiezentrum erfahren wir sowohl Stärke als auch Schwäche – *Macht* und *Verletzlichkeit*. Es ist wichtig, daß wir in ausgewogenem Maße die Erfahrung von *beidem* machen. Zu große Empfindlichkeit in einem Energiezentrum schafft offenkundig Probleme. Zuviel Macht und Kraft hingegen bedeuten, daß in diesem Lebensbereich kein Raum für Wachstum und Entwicklung ist. Dann empfindet man drückende Enge wie ein Kind in Schuhen, in die es nicht hineinwachsen kann. Die Typ-A-Persönlichkeit mit all der *Kraft* ihrer Wut und Feindseligkeit und ihrer ungenügenden *Verletzlichkeit*, was Liebe und Zuwendung angeht, ist anfällig für den plötzlichen Herztod. Aber auch die Typ-D-Persönlichkeit – die eine ausgeprägte Neigung zum Märtyrertum hat, nur schwer Gefühle zum Ausdruck bringen kann und sich von anderen isoliert – neigt zu Herzkrankheit. Was beiden not tut, ist Ausgewogenheit, die Fähigkeit, Gefühle voll und ganz zu empfinden, voll und ganz auszudrücken und ihnen freien Lauf zu lassen. Wir brauchen sowohl das Yin der Verwundbarkeit als auch das Yang der Macht in allen Organen unseres Körpers, damit sie optimal funktionieren.

Darüber hinaus tun wir in unserem fortgesetzten Bemühen, ganz zu werden, zweierlei: Wir *kämpfen*, oder wir *passen uns an*. Wir müssen die richtige Mischung aus beidem finden, damit unser Leben möglichst reibungslos abläuft. *Kämpfen* ist die Fähigkeit, unsere Umgebung in unserem eigenen Interesse zu verändern oder zu manipulieren, so daß sie uns bessere Dienste leistet. *Anpassung* heißt, uns selbst so zu verändern, daß wir uns nahtlos in unsere Umgebung einfügen und unser Leben dadurch verbessern. Frauen sind mit wenigen Ausnahmen im allgemeinen wie die Königin Ginover aus der Artussage: Sie begreifen, welche Stärke darin liegt, sich in einer Beziehung auf jemanden verlassen zu können und verwundbar zu sein. Aber sie haben ihre Probleme mit Macht und Geltungsbewußtsein. Männer hingegen sind wie Lanzelot, ihnen liegen Macht, Selbstbehauptung und tatkräftiges Verändern der Welt mehr als die Verwundbarkeit und die Abhängigkeit von einem Beziehungspartner. Zuviel Erfolg und Befriedigung kann jedoch entkräften und schwächen, während gewisse Entbehrungen uns dazu antreiben können, Kraft zu entwickeln.

Einmal bin ich beim Besuch einer Vortragsveranstaltung über intuitives Heilen auf das Podium gebeten worden, um mit verschiedenen anderen Medizinern über Intuition und Gesundheit zu diskutieren. Mitten in der Diskussion stand jemand im Publikum auf und sagte ziemlich erbost, wir schöben dem Opfer die Verantwortung zu mit unseren Theorien, daß Erkrankungen etwas mit Körpererinnerungen und dem Umgang der betreffenden Menschen mit ihren Gefühlen zu tun hätten. Der Mann selbst litt nach eigenen Angaben unter chronischer Müdigkeit und hatte entschieden etwas dagegen einzuwenden, sich diese Erkrankung selbst eingebrockt zu haben.

Obwohl ich zuerst von seinem aggressiven Auftreten abgestoßen war, konnte ich ihn doch verstehen. Betrachten wir die Sache einmal von einem rein wissenschaftlichen, schulmedizinischen Standpunkt aus. Nehmen wir mal an, Sie seien ein übergewichtiger Mann in mittleren Jahren und Raucher, und Ihr Vater sei an einem Herzinfarkt gestorben. Hinzu käme, daß Sie sich häufig mit Ihrer Frau streiten, die behauptet, Sie hätten Komplexe und würden sich ständig über irgend etwas ärgern. Eines Tages haben Sie plötzlich Schmerzen in der Brust. Bei Ihrem familiären Hintergrund sind Sie jetzt zu Tode geängstigt, suchen umgehend einen Arzt auf und fragen, was los ist. Sie sagen dem Arzt, Sie würden alles tun, um Ihr Infarktrisiko herabzusetzen. Der Arzt kennt die wissenschaftlichen Fakten, er weiß, daß Rauchen der Herzkrankheit Vorschub leistet, daß Übergewicht ein übriges tut und daß sich bestimmte Erbanlagen ungünstig auswirken. Das alles erhöht nachweislich das Risiko für Herzkrankheit und Infarkt. Diese Risikofaktoren zählt er Ihnen mühelos auf. Er rät Ihnen, weniger zu essen, um abzunehmen, Ihre Cholesterinwerte zu senken und das Rauchen aufzugeben. In bezug auf Ihre Gene läßt sich nichts machen, sagt er.

Der Arzt hatte erst kürzlich in einer medizinischen Fachzeitschrift einen Artikel gelesen, in dem zahlreiche Studien angeführt wurden, die einen Zusammenhang zwischen Feindseligkeit, hohem Cholesterinspiegel und Herzinfarkt festgestellt hatten. Das erzählt er Ihnen aber nicht. Wie die meisten Ärzte fürchtet er, Sie könnten das Gefühl haben, er würde Sie selbst für Ihr Leiden verantwortlich machen. Infolgedessen ändern Sie wahrscheinlich nur Ihre Eßgewohnheiten und Ihren Lebensstil, aber nichts an Ihrer Konfliktsituation und bekommen schließlich tatsächlich einen schweren Infarkt. Vielleicht erzählt Ihnen Ihr Arzt aber doch von dem Artikel. Daraufhin lesen Sie selbst nach, was es mit der Wechselbeziehung von Ärger und Herzkrankheit auf sich hat, und lernen dann, wie Sie Ihrem Ärger auf gesunde Weise Luft machen können, etwa durch Bewegung oder Meditation. Unter Umständen retten Sie so Ihr Leben.

Als drittes wäre noch vorstellbar, daß Ihnen Ihr Arzt vom Zusammenhang zwischen Ärger und Herzkrankheit erzählt und Sie das Gefühl haben, von ihm für Ihre Beschwerden selbst verantwortlich gemacht zu werden; also schlagen Sie die Information und den ärztlichen Rat in den Wind. So läuft es meist in unserer Kultur. Ein Patient mag sich allenfalls dazu bekennen, daß er zuviel wiegt oder raucht, aber wenn er gefragt wird, ob er seinem Ärger angemessen Luft macht und ob er sich darüber im klaren ist, daß er seiner Gesundheit schadet, wenn er seine Gefühle übergeht, fühlt er sich ungerechterweise zur Verantwortung gezogen. Bei einigen Patienten tragen gewisse Fakten den Makel einer Schuldzuweisung. Paradoxerweise kommt es häufig vor, daß sich Patienten häufig mit Angehörigen über das Thema Wut und Feindseligkeit zanken und streiten, sich jedoch nie direkt mit diesen Gefühlen auseinandersetzen und nicht wissen, wie sie sich einen Begriff davon machen und sie angemessen umsetzen könnten.

Ein Arzt, der einem Patienten unstrittige wissenschaftliche Informationen vorenthält über den Zusammenhang von Gefühlen und Herzinfarkt oder anderen Erkrankungen, handelt ebenso fahrlässig wie einer, der einen Patienten nicht über verfügbare Medikamente aufklärt, die sein Infarktrisiko herabsetzen könnten. Solange ein Arzt solche Informationen einfühlsam und entgegenkommend anführt und sich an die wissenschaftlichen Fakten hält und solange er dem Patienten Möglichkeiten aufzeigt, gesunde Veränderungen in seinem Leben durchzuführen, können Fakten und Arzt dem Patienten nur helfen und nicht schaden.

Zu Beginn einer Lesung lasse ich mir nur den Namen und das Alter der betreffenden Person geben. Ohne mehr über sie zu wissen, rufe ich sie an und sage ihr am Telefon, was ich bei der Lesung tun und was ich lassen werde. Zwischen dem Klienten und mir besteht keine Beziehung wie zwischen Arzt und Patient, und ich mache auch keine Psychotherapie. Ich biete weder eine spezifische Diagnose noch eine Behandlung an. Ich bitte den Klienten, sich einen Arzt oder anderen Heilkundigen auszuwählen, um eine entsprechende Diagnose und medizinische Behandlung zu erhalten. Ich halte meine Lesungen nicht als Medizinerin ab.

Während der Lesung beschreibe ich die emotionalen Verhältnisse im Leben jener Person, wie ich sie intuitiv erfasse. Womit sie ihren Lebensunterhalt verdient oder verdient hat, was aus Kindheit und Jugend noch nachwirkt und was sich in den derzeit bestehenden emotionalen Beziehungen tut. Dann beschreibe ich den physischen Körper von Kopf bis Fuß und alle Organsysteme. Wenn ich Anomalien entdecke, gebe ich das Bild wieder, das ich von dieser Abweichung habe, ohne sie jedoch einer bestimmten Krankheit zuzuordnen. Ferner beschreibe ich weitere emotionale Muster oder Bilder im Leben der betreffenden Person, die meiner Ansicht nach die Grundlage für die Gesundheit oder Veränderung der jeweiligen Körperorgane bilden. Ich erkläre ihr, daß alle Symptome, die sie in ihrem Körper spürt, Teil ihres intuitiven Leitsystems sind, die ihr mitteilen, daß gewisse Situationen in ihrem Leben einer Änderung bedürfen.

Wenn Sie sich mit den emotionalen Mustern und Bildern, die Ihnen die emotionalen Zentren Ihres Körpers übermitteln, befassen, praktizieren Sie intuitives Heilen. Durch diese Praxis gewinnen Sie wichtige Informationen über sich und Ihr Befinden – Informationen, die das ergänzen, was Sie von Ihrem Arzt schon wissen. Ihre eigene intuitive Heilfähigkeit gibt Ihnen Aufschluß darüber, was in Relation zu den emotionalen Aspekten Ihres Lebens in Ihrem Körper vor sich geht. Die emotionalen Aspekte können ebensolche Auswirkungen auf Krankheit und Gesundheit haben wie die physischen, genetischen, umweltbedingten und ernährungsphysiologischen Aspekte. Von diesen Informationen können Sie Gebrauch machen, um Veränderungen vorzunehmen, die Ihrem Befinden und Ihrem Leben guttun. Ebenso wie ein intuitiver Heiler Ihre Erinnerungsmuster und die damit verbundenen Gefühle in Ihrem Gehirn und Ihren Organen liest, werden auch Sie das mit einiger Übung bald können. Immer wieder in diesem Buch berichte ich von Lesungen, die ich durchgeführt habe. Ich hoffe, Ihnen auf diese Weise helfen zu können, selbst bei sich ans Werk zu gehen. Die Lesungen werden Ihnen die Gewöhnung an die verschiedenen Bilder und Gefühle erleichtern, an die Begriffe, die ich beim Lesen benutze, um die Veränderungen zu beschreiben, die ich in den emotionalen Zentren und den Organsystemen meiner Klienten feststelle. Sicher werden Sie Übereinstimmungen erkennen zwischen Ihren eigenen Bildern von Gesundheit oder Krankheit und denen, über die Sie lesen, und dadurch allmählich Ihre ureigene intuitive Sprache entwickeln.

Hier ein Beispiel von einer Lesung, die ich einer Klientin gehalten habe:

> Ich sehe, daß Sie von Ihrer Geburt an bis zum Alter von zwei Jahren Chaos in Ihrer Familie erlebt haben. Ich sehe Schüsse und Alkoholismus. Ich sehe, wie Sie von einem Angehörigen zum anderen gereicht worden sind, von den Eltern zur Tante zu den Großeltern. Es scheint, als sei Ihr Leben nie stabil gewesen. Sie haben gelernt, daß Sie immer wieder anderen Leuten vertrauen mußten, und konnten nicht recht ausmachen, wem Sie trauen und wem sie mißtrauen sollten. Infolge dieser sehr labilen Familiensituation haben Sie nie das Gefühl der Zugehörigkeit zu irgendeiner Gruppe von Menschen gehabt.
>
> Ich sehe Sie als extrem unabhängig und erpicht darauf, auf niemanden angewiesen zu sein. Wann immer Sie sich einer Gruppe oder Familie angeschlossen haben, fühlten Sie sich wie ein Außenseiter. Sie wollten nicht in Abhängigkeit geraten aus Angst, es würde sich dann irgend etwas verändern, und Sie würden Ihre Familie verlieren.

Alles im Leben dieser Frau drehte sich um das erste emotionale Zentrum, um Schutz und Sicherheit in dieser Welt, um Abhängigkeit und Unabhängigkeit, um starken Rückhalt in der Familie. Als ich mir ihren Körper anschaute, sah ich, daß all das die Organe ihres ersten emotionalen Zentrums beeinträchtigte – ihr Blut, ihre Knochen, ihre Gelenke und ihre Wirbelsäule. In vielen Gelenken hatte sie chronische Arthritis aufgrund zahlreicher Verletzungen, die sie sich zum Teil beim Bergsteigen zugezogen hatte, da sie oft ganz allein lange Wanderungen unternahm. Sie hatte

Probleme mit den Knien und war mehrmals operiert worden. Außerdem hatte sie schon zahllose Infektionen und andere auf schwacher Immunabwehr beruhende Krankheiten hinter sich wie Lungenentzündung, Anämie und Hepatitis. Ich sagte ihr:

> Warum bewegen Sie sich in Ihrem Leben immer so nahe am Abgrund? Warum fordern Sie sich dauernd so? Sie scheinen mehr Zeit allein in den Bergen zu verbringen als mit Ihrer Familie. Offenbar sind Sie hin und her gerissen zwischen zwei Möglichkeiten. Sie haben Angst vor der Welt, aber Sie zwingen sich ständig, Ihrer Angst ins Gesicht zu blicken, indem Sie sich immer nahe am Abgrund bewegen und eine körperliche Herausforderung nach der anderen bewältigen. Sie zwingen sich, Situationen als sicher zu empfinden, die kein Mensch als sicher betrachten würde. Doch wenn Sie mit Ihrer Familie zusammen sind, da, wo sich jeder sicher fühlen würde, fühlen Sie sich als nicht zugehörig.
>
> Ist Ihnen schon aufgefallen, daß Sie an chronischer Erkältung, an Lungenentzündungen und Viren leiden? Haben Sie Arthritis in den Gelenken, so daß diese anschwellen? Wann wird das schlimmer und wann besser? Hier ist Ihre Intuition am Werk und sagt Ihnen, daß Sie Probleme damit haben, von Ihrer Familie abhängig zu sein. Sie zwingen sich dazu, sich selbst gut zu finden, indem Sie sich unabhängig machen und in der Außenwelt einen Kampf nach dem anderen bestehen. Das will Ihr Körper Ihnen sagen.

Erinnern Sie sich noch an die Frau mit dem Nesselausschlag, die ich zuvor erwähnt habe? Gäbe ich dieser Frau eine Lesung, würde ich sagen: »Ich sehe, daß Ihnen Ihre Schwiegermutter sehr schnell unter die Haut geht, weil Sie sich ihren Verbalattacken schutzlos ausgeliefert fühlen, obgleich sie zur Familie gehört, einem Ort, der sicher und freundlich sein sollte. Und wenn sie Ihnen unter die Haut geht, gerät Ihr Blut in Wallung, aber Sie können Ihre Gefühle nicht richtig zum Ausdruck bringen aus Angst, dann die Familie verlassen zu müssen und ohne Halt in der Welt dazustehen. Folglich schlucken Sie Ihre Gefühle hinunter, wo sie unter der Oberfläche weiterbrodeln. Ich frage mich, ob Sie nicht blasige Geschwüre auf der Haut haben.«

Manchmal bekomme ich intuitiv einen visuellen Eindruck von einer Erinnerung, die im Körper einer Person gespeichert ist, gelegentlich in

Form eines Bildes von einem anderen Menschen. Bei einer Lesung für eine Frau mit Zysten in der Brust sah ich einmal das Bild eines Jugendlichen auf ihre Lunge projiziert. Ich sagte der Frau, ich sähe, wie sie unverhältnismäßig viel Zeit und Zuwendung (viertes emotionales Zentrum) an einen Jungen mit Asthma aufwenden würde, und ob das vielleicht ihr Sohn wäre. Sie erwiderte: »O nein, das muß mein Bruder sein aus der Zeit, als ich aufgewachsen bin.« Da konnte ich endlich sehen, warum die Pflege des Bruders ein wichtiger Punkt in ihrem Leben war. Ich sagte: »Ich frage mich, ob nicht ein Großteil Ihrer Persönlichkeit, Ihrer Selbstachtung und Ihres kraftvollen Auftretens in der Außenwelt auf das Muster gegründet ist, anderen Zuwendung zu geben, statt Beziehungen einzugehen, in denen Sie selbst geliebt werden und etwas von Ihrer Zuwendung zurückbekommen.« Sie stimmte mir zu, daß es so sei.

Die intuitive Heilfähigkeit macht Ihnen die Verbindung von Gefühl und Erkrankung anschaulich und gibt Ihnen dadurch Macht. Die Einsichten, die Sie aus einer intuitiven Lesung oder durch Achtgeben auf die eigenen intuitiven Regungen gewinnen, können Ihr Verständnis für die emotionalen Faktoren Ihres körperlichen Wohlbefindens oder Krankseins vertiefen. Zu einem intuitiven Verständnis kommen Sie, wenn Sie Ihr eigenes Intuitionsnetzwerk befragen und herausfinden, bei welchem emotionalen Zentrum ein Ungleichgewicht zwischen Macht und Verwundbarkeit besteht und welche emotionalen Zentren und entsprechenden Organe schmerzhafte Erinnerungen auslösen oder Sie auf emotionale Situationen aufmerksam machen, die Sie untersuchen sollten.

So erging es der Frau aus der folgenden Geschichte. Eine Kollegin, die Gynäkologin ist, hatte eine Patientin, die immer wieder mit schrecklichen Scheidenentzündungen zu ihr kam. Ganz gleich, welche Medikamente meine Kollegin ihr auch verschrieb, die Infektion blieb hartnäckig bestehen. Wie sich herausstellte, war die Patientin verheiratet und hatte Schwierigkeiten mit ihrem Ehemann. Irgendwann bekam sie heraus, daß Ihr Mann eine Affäre mit einer anderen Frau hatte, aber sie hielt die Beziehung trotzdem noch zwei Jahre aufrecht, bis sie endlich den Mut hatte, loszulassen und die Scheidung einzureichen. Kurz danach war sie frei von ihren Infektionen. Die Frau setzte sich allerdings nie mit den Problemen auseinander, die der Beziehung zu ihrem Mann zugrunde lagen.

Nach der Scheidung lebte sie eine Weile allein, dann lernte sie einen netten Mann kennen, den sie sehr mochte. Sie war zutiefst erleichtert, wieder in einer Partnerschaft zu leben, da sie das Alleinsein eigentlich nie wirklich genossen hatte. Alles ging eine Zeitlang gut. Doch eines Tages hatte sie bezeichnenderweise wieder eine jener unangenehmen Scheidenentzündungen. Zuerst dachte sie sich nicht viel dabei. Aber die leise Stimme nagte an ihr – die Stimme der Intuition. Sie wollte nicht hinhören. Sie wollte nicht wissen, was ihre Vagina ihr sagte. Sie wollte nicht wahrhaben, daß die Flitterwochen vorbei waren und die gleichen Probleme, die schon ihre Ehe zerstört hatten, wieder da waren. Die Infektion hielt sich hartnäckig. Sie klang nicht ab. Eines Nachts schreckte sie aus einem Traum auf. Sie konnte sich nicht mehr an den Traum erinnern, aber sie spürte ein nagendes Gefühl im Herzen – und ein nagendes Gefühl in ihrer Vagina. Vielleicht hatte der neue Partner, wie ihr Exmann, eine Affäre.

Diesmal folgte sie ihrer Intuition und erfuhr, daß ihr Argwohn begründet war und ihr neuer Freund tatsächlich neben ihr noch eine Frau hatte. Sie brach die Beziehung ab, und die Infektion heilte aus.

Daraufhin begab sie sich in Therapie und nahm sich die emotionalen Muster ihrer Beziehungen (zweites emotionales Zentrum, Vagina) vor, ihre Probleme mit der Selbstbestimmung, das heißt die Fragen des Festhaltens und des Loslassens, des Freiraumgebens innerhalb einer Beziehung und des Verlangens nach Intimität. Sie merkte, daß sie eine Weile allein sein mußte, um sich über gesunde Beziehungsmuster klarzuwerden. Auch fand sie es gut, daß sie von ihrer Vagina beschützt und zur Ehrlichkeit gerufen wurde bei ihrem Bemühen, sich auf die eigenen Füße zu stellen und dennoch eine dauerhafte Beziehung zu unterhalten, also das »Du oder ich« auf der einen und das »Wir« auf der anderen Seite nicht aus den Augen zu verlieren.

Wir sind nicht für unsere Krankheiten verantwortlich, aber wir sollten auf sie eingehen. Wenn wir unserer Intuition freien Lauf lassen und die Sprache unseres Körpers beherrschen, besitzen auch wir Macht. Wir können lernen, in allen emotionalen Bereichen unseres Lebens ein Gleichgewicht zwischen Stärke und Schwäche herzustellen. Wir können die Informationen, die wir intuitiv erlangen, dazu benutzen, uns einen besseren Lebensweg zu entwerfen und den Grund zu legen für ein künftig gesünderes und ausgewogeneres Leben.

6

Blut und Knochen: Sicherheit und Zugehörigkeit

Das erste emotionale Zentrum umfaßt Erinnerungen, die im Blut und in den Knochen, im Immunsystem, in der Wirbelsäule und in der Hüfte ihren Sitz haben. Die in diesem Zentrum gespeicherten Gefühle und Erinnerungen betreffen die Familie, das physische Beschütztwerden, die Sicherheit und Unterstützung in der Welt sowie Ohnmacht und Hoffnungslosigkeit.

Während meiner Assistenzzeit im Krankenhaus war eine gewisse Mrs. O'Halloran eine meiner ersten Patientinnen, eine 84jährige Frau, die sich zwecks onkologischer Untersuchung auf der Inneren Station befand. Sie hatte innere Blutungen überall im Körper, und ihre Thrombozyten, die Blutplättchen, nahmen konstant ab. Aus ihrer Krankenkarte ging hervor, daß sie vor kurzem gefallen war und sich die Hüfte gebrochen hatte. Mrs. O'Halloran lebte seit vielen Jahren allein und war immer stolz auf ihre Unabhängigkeit gewesen. Doch als ich zu ihr ins Zimmer kam, vertraute sie mir eine Neuigkeit an. »Ich wage nicht mehr, allein zu leben«, sagte sie und wußte nicht, was sie tun sollte. »Ich will meiner Familie nicht zur Last fallen«, sagte sie gereizt, »aber in ein Altenheim möchte ich auch nicht.«

Mrs. O'Halloran hatte einen Hüftkopfbruch und ein immunologisches Problem mit ihrem Blut. Ihre körperlichen Beschwerden lagen in anatomischen Bereichen, die zum ersten emotionalen Zentrum gehören. Sie fühlte sich schutzlos und unsicher und machte sich Sorgen, unter Umständen auf ihre Familie angewiesen zu sein, lauter Gefühle, für die ebenfalls das erste emotionale Zentrum zuständig ist. In ihrer derzeitigen Lage empfand sie Hoffnungslosigkeit und Ohnmacht.

Im Verlauf des Krankenhausaufenthalts verschlechterten sich Mrs. O'Hallorans Blutwerte weiter. Sie war allein in ihrem Zimmer und bekam intravenös Medikamente, die ihr Immunsystem davon abhalten sollten, Antikörper zu bilden, die ihre Blutzellen zerstörten. Aber es kam zu massiven Nebenwirkungen ebendieser Medikamente. Sie wurde psychotisch, litt unter Verfolgungswahn und Unruhe und traute niemandem mehr.

Trotz ihrer emotionalen und physischen Schmerzen entwickelte Mrs. O'Halloran jedoch allmählich ein Vertrauensverhältnis zu mir und reagierte positiv auf meine Besuche. Ich hörte mir im wesentlichen nur an, was sie über ihre Ängste erzählte, und gab ihr ein Gefühl von Schutz und Sicherheit, so daß sie ihre Gefühle ausdrücken konnte, als die Medikamente schließlich Wirkung zeigten. Zum Zeitpunkt ihrer Entlassung aus dem Krankenhaus hatte sie sich mit der Aussicht auf ein neues Leben ausgesöhnt und zog in ein Altenheim, das ihr einen neuen familiären Rahmen bot und ihr sozialen Rückhalt, Sicherheit und Schutz gewährte.

Mrs. O'Hallorans Verletzlichkeit, ihre Verunsicherung in der Außenwelt und ihre Probleme mit dem Angewiesensein auf die Familie, der sie nicht zur Last fallen wollte, hingen eng mit ihrer Bluterkrankung und dem Hüftkopfbruch zusammen. Gefühle und Erinnerungen, die im ersten emotionalen Zentrum gespeichert sind – Unsicherheit, Hoffnungslosigkeit und Ohnmacht einerseits, Vertrauen, Zugehörigkeit und sozialer Rückhalt andererseits – beeinflussen die Gesundheit des Blutes und des Immunsystems, der Knochen und Gelenke (siehe Abbildung).

Die Familie ist wie ein festes Fundament. Es geht nichts über ein Zuhause. Das sind Wahrheiten, die wir in frühester Kindheit lernen, vielleicht auch schon im Mutterleib. Sie spiegeln sich überall in unserer Kultur wider. Denken Sie nur einmal an Dorothy, die zielstrebig durch Oz wandert, um den Weg nach Kansas zurück zu finden, und immer wiederholt: »Nach Hause, nach Hause.« Oder an Ihre Mutter, die Ihnen bestimmt, als Sie das erste Mal von zu Hause fortgingen, aufgetragen hat, möglichst oft anzurufen und nicht zu vergessen, daß Sie nie jemand so lieben wird wie Ihre Familie. Oder an Ihren Vater, der Ihnen sicher die Ermahnung mit auf den Weg gegeben hat, daß Ihnen letzten Endes immer nur die Familie bleibt. Die Familie ist unsere wichtigste Quelle von Liebe und Rückhalt. Sie prägt unsere Wahrnehmung der Welt und unsere Ein-

Erstes emotionales Zentrum

Stärke

- Vertrauen
- Unabhängigkeit
- Eigenständigkeit (Selbstwertgefühl)
- Tüchtigkeit
- Furchtlosigkeit
- Tatkraft

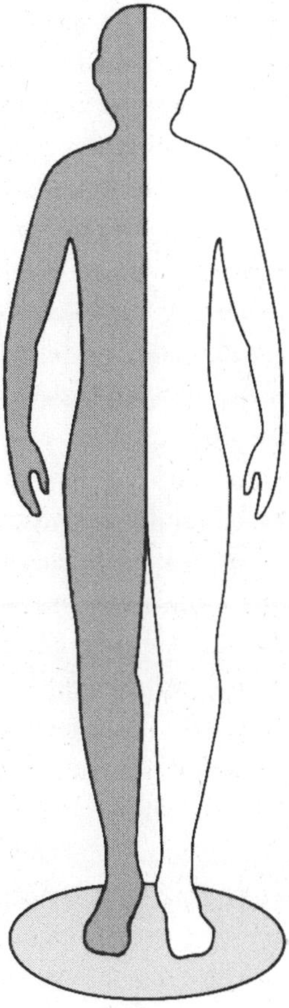

Schwäche

- Mißtrauen
- Abhängigkeit
- Zugehörigkeitsgefühl

- Ohnmacht
- Furchtsamkeit
- Anpassungsfähigkeit

stellung zu anderen Menschen. Der Lebensprozeß, der uns zu dem macht, der wir sind, beginnt zu Hause bei unserer Ursprungsfamilie. Später bilden und finden wir »Familien« in der Schule, in der Ehe und anderen Beziehungen, im Beruf, im religiösen Umfeld und in der Gesellschaft als ganzer.

Die Familie prägt nicht nur unser Leben, sie wirkt sich auch auf unseren Körper aus.

Da die Familie das Fundament unseres emotionalen und leiblichen Lebens ist, stellt das erste emotionale Zentrum auch das Fundament aller übrigen emotionalen Zentren des Körpers dar. Was wir von unserer Ursprungsfamilie lernen, spiegelt sich in den Bindungen zu Familienersatzstrukturen in unserem Erwachsenenleben und in unserer Weltsicht generell wider. Wie sehen Sie die Welt? Fühlen Sie sich darin sicher, oder fürchten Sie sich? Trauen oder mißtrauen Sie anderen Menschen? Sind Sie unabhängig oder abhängig? All diese Einstellungen stammen von Ihrer Familie her, dem Rahmen, innerhalb dessen Sie lernen, sich gegenseitig zu unterstützen und aufeinander zu beziehen.

Was Sie in Ihrer Familie lernen, hat auch Auswirkungen auf die Organsysteme des ersten emotionalen Zentrums: Ihr Blut und Ihre Knochen. Die in den Körperorganen dieses Zentrums gespeicherten Erinnerungen strahlen auf Ihr ganzes Leben aus. Wenn Sie Ihre Familie verlassen und in die Welt hinausziehen, erleben Sie das Leben entsprechend der Muster, die in Ihrer Familie geprägt wurden. Sie greifen immer wieder auf diese in Gehirn und Körper aufgezeichneten Grundmuster von Mißtrauen und Vertrauen, Schutz und Sicherheit, Zugehörigkeit und Eigenständigkeit zurück. Darum verweist jedes andere emotionale Zentrum und Organ im Körper stets zurück auf dieses erste, grundlegende emotionale Zentrum. Alle Wege zur Gesundheit führen nach Hause zurück. Wir bauen unser ganzes Leben lang auf die Emotionen und Erinnerungen dieses Zentrums. Die Festigkeit unseres Fundamentes hat Einfluß auf alles, was wir tun, und hilft uns bis zu einem gewissen Grad, unseren Gesundheitszustand selbst zu bestimmen.

Weisheit und Trauma, Gefühl und Erinnerung

Wir haben nicht alle das Glück, in heile, glückliche Mittelstandsfamilien hineingeboren zu werden. Jeder von uns ist jedoch in eine bestimmte Art von Familie geboren worden, und so beginnen wir unser Leben in so etwas wie einer Gruppe, die uns einen ersten Eindruck davon vermittelt, wer wir sind: unser Selbstgefühl. Die Einstellungen, die wir gewinnen, sind gleichermaßen entscheidend für unsere körperliche Entwicklung und unsere Gesundheit. Die Erinnerungen an unsere Erfahrungen mit vertrauten oder unbekannten Menschen in der Welt werden sowohl im Gehirn als auch im Körper gespeichert. Je nachdem, wie stark wir diese Erinnerungen als traumatisch empfinden, erscheint uns das Leben als leidvoll oder freudvoll. Erinnerungen an schmerzliche Verluste, Hoffnungslosigkeit und Ohnmacht prägen unsere Beziehungen und Ziele und legen fest, ob wir Probleme im ersten emotionalen Zentrum bekommen oder nicht, ob wir in unserem Leben krank werden oder gesund sind.

Die Biologie der Zugehörigkeit

Die Familie gibt uns von Anfang an ein Gefühl der Zugehörigkeit zu einer Gruppe, die uns unterstützt und erhält. Dieses Gefühl beginnt schon im Mutterleib, wo wir noch Teil der Mutter sind, und wird nach der Geburt durch die Familie aufrechterhalten, die uns am Leben erhält und unsere Bedürfnisse befriedigt. Gleichzeitig zeigt uns die Familie aber auch Grenzen und lehrt uns, wo die Welt zu Ende ist und wo wir selbst anfangen. Sie bereitet uns darauf vor, ein Gefühl der eigenen Kraft als individueller Mensch zu entwickeln.

Unser ganzes Leben ist ein Prozeß, in dessen Verlauf wir uns langsam von der Familie lösen und selbständige Individuen werden, die sich jedoch ein Zugehörigkeitsgefühl zur Familie oder Gruppe bewahren. Wir beginnen unser Leben in totaler Verbundenheit mit der Mutter, mit der wir durch Plazenta und Nabelschnur verknüpft sind. Sobald die Nabelschnur durchtrennt ist, beginnt fast unmerklich die Ablösung. Wir bemerken allmählich, daß unsere Eltern eine eigene Einheit innerhalb der Familie bilden, an der wir und unsere Geschwister nicht immer teilhaben. Manchmal gehen Mutter und Vater in ihr Zimmer und schließen die Tür hinter sich. Die Kluft zwischen inniger Verbundenheit und Ablösung wird größer. Wir gehen zur Schule. Schließlich treten wir irgendwoanders ein Studium oder eine Stelle an und rufen nur noch einmal im Monat zu Hause an. Wir sind unabhängig, aber geblieben ist uns, bildlich gesprochen, die Nabelschnur des Telefons, die das ungemein wichtige Gefühl der Zugehörigkeit und des Rückhalts aufrechterhält, das wir brauchen, um im Leben zurechtzukommen.

Wenn wir dieses Zugehörigkeitsgefühl nie kennenlernen oder es verlieren, kann das ernste Folgen haben, und zwar nicht bloß rein emotionale, sondern auch physische.

Forschungen haben gezeigt, daß es eine Biologie der Zugehörigkeit gibt, einen echten biologischen »Nährstoff«, den Menschen, die zusammenleben, zusammen essen und zusammen schlafen, unter sich austauschen und der Auswirkungen auf Körper und Stoffwechsel hat.[23] Bei Menschen in einer Gemeinschaftssituation laufen die biologischen Körperrhythmen synchron und stabil ab. In einer Studie wurde festgestellt, daß die einzelnen Mannschaftsmitglieder von B-52-Bombern alle die gleichen Pegel an Nebennierenrindenhormonen aufwiesen, während sie zusammen arbeiteten. In meiner Collegezeit merkten die anderen Mädchen und ich im Studentenheim, daß wir alle zur gleichen Zeit jeden Monat unsere Periode hatten, weil das Toilettenpapier im Bad dann plötzlich aufgebraucht war. Ebenso haben Forschungen nachgewiesen, daß Frauen in enger Beziehung zu einem Mann tatsächlich regelmäßiger ihre Periode haben und seltener unfruchtbar sind. Es ist kaum zu glauben, aber es scheint so, als würde irgend etwas im Achselschweiß von Männern dazu beitragen, den Menstruationszyklus zu regulieren. Offenbar hat selbst etwas eigentlich Unangenehmes wie Körpergeruch einen biochemischen Nutzen und erleichtert uns die Bindung an einen anderen Menschen.

Wie stark unser Bedürfnis ist, Bindungen einzugehen, stellte ich voller Erstaunen bei einem Rodeo fest, das ich am Wochenende des 4. Juli, des amerikanischen Nationalfeiertags, mit Freunden zusammen besuchte. Zuerst einmal waren da Cowboys, die fein aufgeputzt im Korral herumstolzierten und sich darauf vorbereiteten, für Geld und Siegestrophäen zum Wettkampf anzutreten. Ehe das Schauspiel begann, drängten sich die künftigen Rivalen plötzlich in der Mitte des Rings zusammen und baten Gott mit einem Gebet, ihnen zu helfen, den besten Gebrauch von ihrer Geschicklichkeit als Reiter und Wettkämpfer zu machen. Sie mußten sich erst familiär verbünden in der gemeinsamen Cowboyidentität, ehe sie wieder Einzelkämpfer werden und miteinander konkurrieren konnten. Ich wurde an das englische Sprichwort erinnert, daß gemeinsames Beten die Familie zusammenhält. Zweitens waren Schafe da. Ein Teil der Veranstaltung war ein Schafwettreiten für Kinder. Die Schafe bockten wie wild, um die Zwerge auf ihrem Rücken abzuwerfen. Sobald ein Kind herunterfiel, rannte das betreffende Schaf zur entlegensten Ecke des Korrals und suchte verzweifelt nach dem Rest der Herde, die sich irgendwo in der Sicherheit der Menge zusammendrängte. Immer wieder ging es so vor meinen Augen, bis schließlich ein gutes Dutzend Schafe in der Ecke des Rings eine eigene Herde bildete. Allein im Ring, mit den Kindern auf dem Rücken, waren sie in Angst und Schrecken geraten; in der Gemeinschaft der Herde beruhigten sie sich sogleich. Sie fühlten sich beschützt und sicher. Sie waren wieder zu Hause.

Wir sind genauso wie die Schafe. Das enge »familiäre« Zusammensein mit anderen über einen längeren Zeitraum – gemeinsam essen, schlafen, sich unterhalten, spielen, arbeiten, beten – bewirkt, daß wir unsere biologischen Uhren gleich einstellen. Alle Körperrhythmen, die mit Schlafen, Essen und Träumen, mit den Hormonen, den Abwehrkräften, dem Cortisolspiegel, dem Puls und den endokrinen Drüsen in Zusammenhang stehen, werden von gemeinsamen Stoffwechselfaktoren geregelt, damit sie gesund funktionieren.[24] Jedes einzelne System in unserem Körper wird also vom Zugehörigkeitsgefühl mitbestimmt. Aber was passiert, wenn diese Nähe nicht mehr gegeben ist, wenn wir von der Familie oder Gruppe getrennt sind?

Wissenschaftler haben die Auswirkungen der Isolation erforscht, indem sie die Biorhythmen von Versuchspersonen untersuchten, die sich vollkommen allein, ohne Gesellschaft, in einem Raum aufhalten mußten. Da lange vermutet wurde, daß die menschlichen Körperrhythmen mit dem Licht gekoppelt sind, wurde das Licht in dem jeweiligen Raum in regelmäßigen Abständen ein- und ausgeschaltet, um den Zyklus von Tag und Nacht nachzuahmen. Zur Überraschung der Wissenschaftler wurden die Körperrhythmen der Versuchspersonen jedoch nicht vom Licht allein gesteuert, sondern waren instabil. Daraufhin installierten die Forscher Klingeln, die den Versuchspersonen in ihren Räumen in regelmäßigen Abständen signalisierten, daß jemand kommen und Urinproben abholen würde. Etwas Bemerkenswertes geschah. Obwohl die Versuchspersonen alle voneinander getrennt waren, liefen ihre Körperrhythmen auf einmal synchron, als sie sich auf die Ankunft des Urinprobenholers einstellten. Es war, als hätten sie sich aus ihrer sozialen Isolation heraus über das Thema Urin miteinander verbündet. Erstaunlicherweise finden die Leute immer Gemeinsamkeiten, und sei es Urin oder Körpergeruch.

Bei Sturm laufen sie jeden rettenden Hafen an und stürzen sich auf jedes bißchen menschlichen Kontakt, um sich in ihrem Zugehörigkeitsgefühl bestätigt zu finden, das die Körperfunktionen stabil und gesund erhält. Ohne den regelmäßigen, sicheren Besuch des Urinprobenholers kam es bei den Versuchspersonen zu Schlaf-, Eß-, Hormon- und anderen Störungen im Körperzyklus.

Familie und damit das Zugehörigkeitsgefühl sind von grundlegender Bedeutung für die körperliche Gesundheit. Die sozialen Wechselbeziehungen spielen eine entscheidende Rolle bei der alltäglichen Steuerung der Körpersysteme. Wer sich isoliert, schaltet die Stoffwechselregler aus, die bei Interaktionen mit einer Gruppe aktiviert sind, und schon geraten die Körperrhythmen – im Grunde das Leben selbst – aus dem Takt. Als ich mich zum ersten Mal von meiner Familie trennte und zum College ging, kam mein Schlafrhythmus völlig durcheinander. Ich schlief 17 Stunden am Tag! Das reine Chaos. Ein Wechsel in der Arbeitsschicht oder Veränderungen in einer Gruppe, der man angehört, können die gleichen Auswirkungen haben. Man kann nicht mehr klar denken, der Rhythmus von Schlafen und Wachen ist gestört, man wird kraftlos, ist häufiger erkältet, schneller erschöpft, versinkt in Niedergeschlagenheit und verliert den Appetit.

Meistens passen wir uns am Ende den Veränderungen an und finden neue Regler; andernfalls ergeht es uns schlecht. Zur Erforschung der sensorischen Deprivation wurden Einzelgänger unter die Lupe genommen, darunter Forschungsreisende, Mystiker, Segler und solche, die gezwungenermaßen einsam waren wie Strafgefangene in Einzelhaft und Opfer von Gehirnwäschen. Es stellte sich heraus, daß bei den betreffenden Menschen nach einer längeren Zeit der Einsamkeit Konzentrationsstörungen auftraten, der Aufmerksamkeitsumfang abnahm und Angst und Unruhe einkehrten. Ihr Denken verwirrte sich, sie aßen nicht mehr richtig, hatten Halluzinationen, nahmen ab, schliefen schlecht und litten unter Muskelschwund. Schließlich gerieten sie in Verzweiflung und versanken in Depressionen.[25]

Verzweiflung, Entbehrung, schmerzlicher Verlust, Niedergeschlagenheit – das sind die Gefühle, die uns überwältigen können, wenn wir das stärkende Gefühl der Zugehörigkeit verlieren. All diese Gefühle sind im ersten emotionalen Zentrum gespeichert. Sie sind Symptome des Kummers. Die gleichen Symptome stellen sich ein, wenn jemand, den wir lieben, uns verläßt oder stirbt. Die eigentliche Ursache von Trennungsgefühlen und Kummer könnte daher tatsächlich darin liegen, daß dem Körper ein realer Nährstoff fehlt. Ich kenne eine Frau namens Fran, die in einer schrecklichen, von Gewalt und Chaos geprägten Familie aufwuchs. Irgendwann zog sie von zu Hause fort, heiratete und gründete selbst eine Familie. Fran sagt immer, daß ihr ein tiefinneres Kummergefühl die Brust einschnürt, sobald sie ihre neue Familie auch nur für kurze Zeit verläßt. Wenn sie fern von zu Hause ist, mag sie nichts essen und hat Schlafschwierigkeiten. Der Kummer geht ihr durch Mark und Bein. Sie hungert körperlich nach dem stärkenden Gefühl der Zugehörigkeit zu der Familie, die sie gegründet hat. Ein anderes Beispiel: Meine Tante Rose kommt gern zu Besuch, aber sobald die Sonne untergeht, steht sie auf und sagt zu meinem Onkel: »Joe, hol das Auto, wir müssen heim.« Sie muß zurück in ihren Hafen, zu ihren biologischen Reglern. Es ist fast wie bei einem Taucher, der an seinem Regler merkt, daß sein Sauerstoff knapp wird und er auftauchen muß. Tante Rose ergeht es ebenso wie dem Taucher: Wenn sie nicht in den Hafen zurück kann, geraten ihre Körperzyklen durcheinander.

Von Kummer und einem Gefühl schmerzlichen Verlusts erfüllt, entbehren wir nicht nur emotional etwas, sondern auch körperlich. Die Wechselbeziehung mit den wichtigsten Bezugspersonen besteht nicht mehr, und so verliert der Körper vollkommen das Gefühl für die Regelung seiner Organfunktionen. Die Uhr geht auf einmal falsch. Wir kommen beim Tanz des Lebens aus dem Takt. Wenn wir uns heftig nach jemandem sehnen, schreien unsere Organe förmlich nach Kontakt mit dem betreffenden Menschen. Die Körpertemperatur sinkt, so daß uns eiskalt wird, wir schmachten nach einer Berührung, nach dem Duft der oder des Betreffenden, nach dem Rhythmus des gemeinsamen Tagesablaufs und nach den gemeinsamen Aktivitäten. Es geht uns wie in dem Lied von Dionne Warwick: »I just don't know what to do with myself« (Ich weiß einfach nicht, was ich mit mir anfangen soll). Wir sind wie die Frau, die ihren Mann verliert und merkt, daß sie nicht mehr in dem gemeinsamen Bett schlafen kann, weil sich ihr Körper nach dem anderen Körper und den Organen sehnt, mit denen er im Gleichtakt war. Jetzt ist ihr Körper auf sich allein gestellt und verwundbar.

Im folgenden ein Beispiel dafür, wie das Geist-Körper-Netzwerk intuitive Botschaften sendet:

Das verirrte Schaf: chronische Ermüdung und Fibromyalgie

Lesung: Lucy Graham, 45 Jahre alt, rief mich aus Indien an und bat um eine sofortige Lesung. Es handle sich um einen Notfall, sagte sie. Ich fragte mich, was für ein Problem so dringlich sein mochte. Als ich sie intuitiv betrachtete, konnte ich gleich zweierlei erkennen: Sie war in gesicherten finanziellen Verhältnissen und konnte auf reichliche Familieneinkünfte zurückgreifen, war aber trotzdem zutiefst bekümmert und sehnte sich nach einer oder mehreren verlorenen Beziehungen. Eine Vergangenheit konnte ich bei ihr überhaupt nicht feststellen. Vor meinem inneren Auge schwebte sie ohne Verbindung zu irgend etwas und ohne Wurzeln im Raum. Sie war wie ein Satellit, der von seiner Trägerrakete abgekoppelt ist und nirgendwo einen festen Platz findet. Sie weckte bei mir ein starkes Gefühl, als sei sie eine Waise. Sie mutete mich wie ein Schaf an, das von seiner Herde getrennt worden war.

An ihrem Körper fiel mir ein langsamer Puls, eine gewisse Kurzatmigkeit und Gelenksteifigkeit auf. Ich fragte mich, ob sie vielleicht unter einer Autoimmunstörung litt. Ich hatte lebenslange Ängste und Depressionen vor Augen.

Fakten: Ich fragte sie, warum sie in Indien war, und sie erzählte mir, sie habe die Vereinigten Staaten und ihre ganze Familie vor 15 Jahren verlassen, um sich bei einem Guru in Neu-Delhi der transzendentalen Meditation zu widmen. Dort hatte sie seitdem auch gelebt. Da sie finanziell abgesichert war, brauchte sie nicht zu arbeiten, und sie erlernte nicht einmal die Landessprache. Mit anderen Worten: Sie hatte kaum Anschluß und keinen regelmäßigen Kontakt zu anderen Menschen.

Lucy gab zu, daß sie unter Depressionen, chronischer Ermüdung und Fibromyalgie litt, einer Gelenkserkrankung im Zusammenhang mit Immundefekten.

Lucy war ein klarer Fall von Stoffwechselreglerverlust. Sie hatte den stärkenden Kontakt mit ihrer Familie verloren, sogar den mit ihrem Heimatland. Sie war wie ein Taucher, dem unter Wasser der Sauerstoff ausgeht. Allein in einem fremden Land, in dem sie sich nicht einmal mit anderen austauschen konnte, war sie kummervoll und heimwehkrank. Sie sehnte sich nach mitmenschlichen Kontakten – Menschen, die ihre Sprache sprachen, das gleiche aßen wie sie, sich so kleideten wie sie und mit den Sitten und Gebräuchen vertraut waren, mit denen sie aufgewachsen war. Nur so konnte sie die natürlichen Rhythmen ihres Körpers wiederfinden (also auch ihre Kurzatmigkeit und ihren verlangsamten Puls überwinden). Sie war von ihrer Familie getrennt und hatte keine neue Familie als Rückhalt gefunden. Die Erinnerungen an ihren Verlust waren in ihren Knochen, in den Gelenken und im Immunsystem gespeichert. Sie waren Teil ihres intuitiven Signalsystems, das ihr mehrfach zu verstehen gegeben hatte, daß sie nicht dorthin gehörte, wo sie war. Sie hatte es geflissentlich überhört, aber die innere Stimme wurde lauter, und so erkrankte sie an der Fibromyalgie. Der Weg, den sie die letzten 15 Jahre beschritten hatte, war nicht mehr der richtige für sie. Das intuitive Signalsystem ihres Körpers im ersten emotionalen Zentrum und den entsprechenden Organen ließ sie wissen, daß ein Ortswechsel notwendig war. Auf einer inneren Ebene hatte sie die Stimme der Intuition gehört, weil dieser Notruf das letzte Mittel war, Kontakt aufzunehmen, die Verbindung mit dem Heimathafen und dem Heimatland wiederherzustellen. Und der Ruf war so verzweifelt wie das Weinen eines Säuglings nach Muttermilch.

Lucy war bestürzt von meiner Lesung und sagte mir am Ende des Telefongesprächs, sie müsse im nächsten Monat an einem Meditationsretreat teilnehmen und darüber meditieren, ob sie in ihr Heimatland zurückkehren sollte.

Kommt Ihnen Lucys Erfahrung bekannt vor in Ihrer jetzigen Lage, oder erinnert sie Sie an eine Situation, in der Sie selber das Gefühl hatten, die Verbindung zum Heimathafen verloren zu haben? Sind auch Sie von Ihrer Ursprungsfamilie getrennt oder haben eine andere familiäre Gruppe verlassen, die Ihnen bei der Definition Ihrer selbst und Ihres Lebenssinns geholfen hat? Ihr Körper schreit vielleicht in Form von Ermüdung, Depressivität und Immunproblemen nach Kontakt. Wenn Sie sich Ihrer alten Mannschaft entfremdet haben, müssen Sie eine neue finden, mit der Sie segeln können und die Ihnen das Gefühl gibt, in einen sicheren Hafen einlaufen zu können.

Sollten Sie vor kurzem einen Trauerfall erlebt haben oder einschneidende Veränderungen in Ihrem sozialen Netz bei der Arbeit, in der Kirchengemeinde oder auch im Bridge-Club, müssen Sie besonders gut auf Ihre körperliche Gesundheit achten. In diesem Fall sollten Sie sich nicht nur vollwertig ernähren und regelmäßig Bewegung verschaffen, sondern auch neue soziale Bindungen und Freundschaften eingehen, damit Ihr Zugehörigkeitsgefühl keinen Mangel leidet.

Verluste und Gesundheit

Niedergeschlagenheit tritt infolge einer biologischen Veränderung auf, die einsetzt, wenn wir vom Gegenstand unserer Liebe und Zuwendung getrennt werden, wenn eine soziale Verbindung unterbrochen wird, die unsere Körperabläufe regelt. Diese Verbindung beginnt im Uterus und bleibt weiter bestehen, wenn eine Mutter ihr Kind im Arm hält. Aber was passiert, wenn der Mutter das Kind weggenommen wird und dieses den physischen Kontakt mit ihr verliert? Inzwischen weiß die Wissenschaft, daß der körperliche Kontakt lebenswichtig für das Wohlbefinden eines Kindes ist und daß ein Säugling, der nicht berührt und gestreichelt wird, Gewicht verliert und schließlich stirbt. Darum gibt es in Krankenhäusern ehrenamtliche Helfer, die sich mehrere Stunden am Tag um verlassene oder im Brutkasten liegende Säuglinge kümmern. Nähe und Berührung setzen Noradrenalin und Dopamin frei, zwei chemische Stoffe, die vermutlich das Gehirnwachstum beeinflussen.

Eine zu frühe Trennung von der Familie, real oder im übertragenen Sinne, kann physische und emotionale Folgen haben, die sich das ganze Leben hindurch bemerkbar machen. Wissenschaftler haben die Theorie aufgestellt, daß die Isolation, das Nichtzugehören zu einer Familie, in den frühen Kindheitserinnerungen eines Menschen gespeichert wird und ihn anfällig macht für Krebs. Isolation und ein Mangel an sinnreichen Beziehungen leisten Gefühlen der Hoffnungslosigkeit, Ohnmacht und Verzweiflung Vorschub. Sie übertragen sich auf das spätere Leben der betreffenden Person, wenn sie nicht rechtzeitig etwas gegen ihr Empfinden unternimmt, einsam und verlassen zu sein auf der Welt. Und die Hoffnungslosigkeit erhöht letztlich die Krebsanfälligkeit.

Ausgehend von dieser Theorie, untersuchten Wissenschaftler, welche Auswirkungen die vorzeitige Entwöhnung von der Mutterbrust bei Ratten hat. Die durchschnittliche Säugezeit beträgt bei Ratten 21 Tage. Während eines Versuchs nahmen Forscher ausgewählte junge Ratten schon nach 15 Tagen ihren Müttern weg, während die übrigen normal gesäugt wurden. 45 Tage später wurden die nun erwachsenen Ratten alle mit Krebszellen geimpft. Bingo! Die Ratten, die vorzeitig entwöhnt und ihren Müttern fortgenommen worden waren, entwickelten häufiger Krebs als ihre glücklicheren Brüder und Schwestern, die genügend lange bei Mama hatten bleiben dürfen. Und welche Schlüsse zogen die Wissenschaftler daraus? Vorzeitige Entwöhnung erhöht die Anfälligkeit für Erkrankungen. Ich nenne dies das Bambi-Syndrom.

Das Bambi-Syndrom: ein Fall von Lupus

Lesung: Vanessa erinnerte mich an Bambi. Als ich ihr eine Lesung gab, sah ich sie als Rehkitz, das mit großen, langbewimperten Augen voller Verletzlichkeit und Naivität in die Welt blickte. Sie war in einem Alter der Unschuld steckengeblieben und besaß überhaupt kein Sicherheitsgefühl. Ihre Poren waren weit geöffnet, und der Wind mit dem Schmerz und Ärger anderer blies direkt durch sie hindurch.

Ich sah, daß ihre Vergangenheit voller Tod war. Ein Mensch nach dem anderen, viele davon bedeutsam für sie, war aus ihrem Leben ausgeschieden. Alles in ihrem ersten emotionalen Zentrum war in Aufruhr. Mit meinem geistigen Auge sah ich noch eine Person, die von ihrer Familie übriggeblieben war, einen schwierigen Menschen, der ihr eine Menge emotionaler Schmerzen zufügte. Er war habgierig und selbstbezogen, machte, was er wollte, und scherte sich nicht darum, ob dabei jemand verletzt wurde. Diese Person war wie ein Sack voll Qual und Wut, und Vanessa versuchte wohl ziemlich erfolglos, die Gefühle in sich aufzunehmen und zu zerstreuen.

Vanessa hatte es mit Konzentrations- und Aufmerksamkeitsschwierigkeiten zu tun, mit Erinnerungen, Traurigkeit, Melancholie und Depressionen. Ich sah, daß ihre Sehkraft nachließ. Ihr Körper machte den Eindruck von Übermüdung. Mir schien es, als würde sie sowohl emotional als auch physisch empfindlich auf alles in der Welt reagieren, was unsicher war. Sie wußte nicht, wem sie trauen oder mißtrauen sollte. Und ebenso, wie ihre weitgeöffneten Poren die Ärger- und Wutgefühle anderer aufsogen, nahm sie auch leicht Viren in sich auf und litt dauernd unter Infektionen und Erkältungen.

Fakten: Vanessas Eltern waren gestorben, als sie noch ein Kind war; beim Tod des Vaters war sie vier, beim Tod der Mutter sechs Jahre alt gewesen. Auch eine Reihe anderer Verwandter war gestorben. Der einzige Mensch, der ihr geblieben war, war ein alkoholsüchtiger und depressiver Bruder, der sich mehrmals umzubringen versucht hatte. Dieser Bruder war voller Wut und Zorn und neigte zu Gewalttätigkeit. Vanessa litt schwer unter seinen Wutanfällen, die sie meist persönlich nahm. Trotzdem hing sie an dem Bruder als dem einzigen Lebensanker, dem einzigen Rest Familie, den sie hatte. Sie war wie jemand, der aus einem brennenden Schiff gefallen ist und sich ausgerechnet an einem Haifisch festhält, weil er das einzige ist, was sie über Wasser hält. Bei Sturm ist jeder Hafen besser als kein Hafen, wie die Seeleute sagen.

Die vielen Verluste, die sie erlebt hatte, und das daraus resultierende Gefühl der Hoffnungslosigkeit hatten ihre Abwehrkräfte stark angegriffen. Die emotionale Verwundbarkeit wurde zur körperlichen Verwundbarkeit. Sie hatte schließlich Lupus bekommen, eine Blutkrankheit, bei der das Immunsystem Antikörper gegen alle körpereigenen Gewebe entwickelt, besonders in der Haut und in den Gelenken. Aufgrund ihrer Blut- und Immunprobleme war sie außerdem sehr anfällig für Infektionen. Die ganze Welt war eine gefährliche Schlangengrube für sie. Sie konnte weder ihren eigenen noch den Gefühlen anderer entrinnen. Es war ungemein schwer für sie, die Wut und den Zorn der Menschen mit anzusehen, denen sie von ganzem Herzen vertrauen wollte. Sie wollte einfach nicht wahrhaben, daß der einzige noch verbliebene Familienangehörige überhaupt nicht vertrauenswürdig war. Zu allem Unglück hatte sie ihr Augenlicht weitgehend verloren und litt unter chronischen Schmerzen und Depressionen.

Vanessa war ein schwieriger Fall, weil sie so allein auf der Welt war und in ihrem Bruder die einzige Quelle hatte, aus der sie ein Gefühl der Zugehörigkeit schöpfen konnte. Er hatte jedoch eine so ätzende Wirkung auf sie, daß es besser gewesen wäre, sich von ihm zu lösen und eine andere familienähnliche Struktur mit Leuten aufzubauen, die ihr Rückhalt gaben, neue Familienbande zu knüpfen. Vanessa hatte vorzeitig ihre Eltern verloren, die schon in ihrer frühen Kindheit starben. Traumatische Erinnerungen an dieses zu frühe Entwöhntwerden hatten sich als exzessive Verwundbarkeit in ihr Blut- und Immunsystem eingeprägt, die Organe ihres ersten emotionalen Zentrums, und als exzessive Offenheit gegenüber den Stimmungen und Wutgefühlen anderer. Ihre wiederholten Erkältungen und Immunprobleme waren Ausdrucksformen ihres intuitiven Signalsystems, das ihr sagte, etwas in ihrer Nähe sei nicht vertrauenswürdig und sicher für sie. Aber Vanessa wollte nicht hinschauen, denn es war zu schmerzhaft für sie, zu erkennen, daß der einzige Angehörige, den sie noch hatte, alles andere als eine Familie für sie war.

Einen so unerträglichen Verwandten zu haben ist wahrhaftig für jeden ein Problem. Falls Sie in einer ebensolchen Lage sind, sollten Sie sich einmal die folgende Frage stellen: Welches sind die guten und welches die schlechten Konsequenzen des Kontaktes mit diesem Menschen in meinem Leben? Unterteilen Sie ein Blatt Papier in zwei Spalten, und schreiben Sie alles auf, was sich aus der Bekanntschaft und dem Kontakt mit dieser Person ergibt. Listen sie die Pluspunkte rechts und die Minuspunkte links auf. Wenn mehr in der Minusspalte steht als in der Plusspalte, ist der Preis, den Sie für den Kontakt mit diesem Menschen bezahlen, zu hoch, und Ihre Gesundheit wird irgendwann ihren Tribut fordern. Sie müssen diesem Menschen aus dem Weg gehen. Bemühen Sie sich, ehe Sie sich von dem betreffenden Freund oder Angehörigen trennen, bei einem Geistlichen, einem Therapeuten oder Berater, einem Freund oder Verwandten um emotionalen Rückhalt in dieser Angelegenheit.

Vorzeitige Entwöhnung von der Mutterbrust stellt einen Verlust, ein Beraubtwerden dar – eine unzeitgemäße Trennung von der Mutter, der ersten Person, die einem ein Gefühl der Zugehörigkeit und Unterstützung durch die Familie vermittelt. Wenn Ihre Mutter Sie stillt, gibt sie Ihnen tatsächlich mit der Muttermilch Abwehrmoleküle mit, durch die Sie vor Bakterien und Viren geschützt sind. Sie bietet Ihnen körperlich Schutz und Sicherheit in dieser Welt mit den kleinen Molekülen, die in Ihrer Blutbahn kreisen und singen: »Ich bin sicher, du bist sicher, wir sind ja alle sicher.« Sie legt den Grundstein für ein starkes erstes emotionales Zentrum. Selbst wenn eine Mutter nicht stillen kann, vermittelt sie doch durch ihren liebevollen Umgang mit dem Kind, durch das Herumtragen und Liebkosen, bei dem Wachstumshormone freigesetzt werden, und durch zärtliches Zureden und Spielen das gleiche Wohlgefühl. Wer davon nicht genug bekommt, entwickelt kein Zugehörigkeitsgefühl, und das hat Auswirkungen auf den Körper. Die inneren Organprozesse werden nicht geregelt.

Durch Mutter oder Familie lernen Sie das Leben so kennen, wie Sie Tandemfahren lernen würden. Der »Vordermann«, Ihre Mutter, regelt alles, während Sie, der »Hintermann«, einfach nur strampeln. Bei der gemeinsamen Fahrt mit der Mutter lernen Sie also, in die Pedale zu treten. Schließlich bekommen Sie ein eigenes Fahrrad, und da Sie inzwischen verinnerlicht haben, wie das Strampeln gemeinsam mit der Mutter ging, können Sie es jetzt selber. Wenn Sie kein Gefühl für das Pedaltreten entwickeln konnten, sind Sie auf diesem Gebiet ein wenig im Hintertreffen. Sie werden Schwierigkeiten haben, die Welt als schützenden, sicheren Ort zu betrachten. Sie werden Angst haben, auf das Fahrrad zu steigen, zu stürzen und sich den Kopf aufzuschlagen. Sie werden unsicher sein, wie schnell oder langsam Sie treten müssen. Sie werden sich von anderen abhängig machen und sich wünschen, daß jemand mit Ihnen zusammen auf Ihr Rad steigt. Oder Sie werden zu selbständig und sagen: Ich brauche dich nicht, ich kann das alleine. Dann werden Sie Probleme im ersten emotionalen Zentrum haben. Vanessa mußte viel zu früh im Leben allein radfahren und aus eigener Kraft das Strampeln lernen. Sie hat nie rechtes Zutrauen zum Radfahren gewonnen, so daß sie sehr empfindlich auf jedes emotionale und physische Schlagloch auf dem Radweg des Lebens reagierte und anfällig für Krankheiten wurde, insbesondere für Erkältungen und grippale Infekte.

Unglücklicherweise leiden viele Menschen im übertragenen Sinne unter vorzeitiger Entwöhnung: Sie entwickeln aus dem einen oder anderen Grund kein Gefühl der Sicherheit und Zugehörigkeit. Unter Umständen verlieren sie wirklich einen Elternteil durch Tod oder Scheidung, oder ihre jeweilige Familiengeschichte hat immer wieder Trennung und Verlust zur Folge. Was geschieht dann?

Studien haben gezeigt, daß ein Kind, das zu früh von seiner Mutter getrennt wird, zwei Phasen durchläuft: Protest und Verzweiflung. In der Protestphase sucht das Kind, weil es nicht verstehen oder glauben kann, daß seine Mutter fort ist, überall nach ihr. Es sucht und sucht, um die abgebrochene Verbindung wiederherzustellen. Im Fernsehen habe ich einmal einen Naturfilm zu diesem Thema gesehen. Es war wie in dem Kinderbuch mit dem Titel: »Bist du meine Mutter?« In dem Fernsehfilm wurde ein junger Igel von seiner Mutter und dem übrigen Wurf getrennt. Er lief die ganze nächste Stunde in der Steppe herum und suchte seine Mutter an den unmöglichsten Orten. Unter anderem lief er zur Antilope, die ihn nur kalt ansah und davonsprang. Daraufhin lief er zu einem Zebra, das ihn einfach ignorierte. Dann kam er zu einem Stachelschwein, das seine Stacheln sträubte und ihn stach. Der Film ging mir wahrhaftig nahe. Ich habe immer Probleme in meinem ersten emotionalen Zentrum gehabt und kein starkes Zugehörigkeitsgefühl. Ich muß mich selbst in dem kleinen Igel wiedererkannt haben, denn in der darauffolgenden Nacht träumte ich davon, eine Beziehung mit einem Stachelschwein zu haben! Dem Igelchen gab das Stachelschwein den Rest, der arme Kerl kreischte furchtbar und versteckte sich in einer Erdkuhle. Jetzt brach bei ihm die Verzweiflungsphase an. In dieser Phase verbirgt sich der Sprößling vor der feindlichen Umgebung und gibt einfach auf.

Man beachte, wie ähnlich dieses Muster einer Depression ist. Zuerst kommt der Protest: Das kann doch nicht sein! Du kannst doch nicht aus meinem Leben verschwunden sein! Dann bricht die Verzweiflung herein, die allmählich in tiefe Niedergeschlagenheit übergeht, in der nur noch ein Versteck gesucht wird. Wenn jemand aus unserem Leben verschwindet, ist das im Grunde nichts anderes, wie wenn ein Kind seine Mutter verliert. Unser Leben lang wird uns bei jedem schmerzlichen Verlust emotional, seelisch und biologisch wieder bewußt, daß die Verbindung abgerissen ist, die in unserer Kindheit einmal bestanden hat.

Viele Studien haben die Auswirkungen der Nähe zwischen Eltern und Kind sowie das Alter des Vaters bei der Geburt des Kindes untersucht. Wie sich herausstellte, waren diese beiden Faktoren Voranzeiger für einen frühen Tod, Selbstmord, Geistesgestörtheit, Bluthochdruck, Herzkrankheit und Tumore. Je größer der Altersunterschied und je älter der Vater war, um so höher war das Risiko körperlicher und geistiger Erkrankungen.

Das sind sicher unangenehme Nachrichten für siebzigjährige Väter und werdende Mütter, die bereits kurz vor der Menopause sind, aber diese Erkenntnisse sollten nicht einfach außer acht gelassen werden. Das Wissen, daß bestimmte Dinge im Leben von Dauer sind, ist für das Schutz- und Sicherheitsbedürfnis eines Kindes von entscheidender Bedeutung. Es ist wie beim Versteckspiel mit einem Kleinkind. Wenn Sie Ihr Gesicht hinter den Händen verbergen, gerät das Kind in Panik, denn es sieht Sie nicht mehr und glaubt, Sie seien – husch! – verschwunden. Voller Entzücken nimmt es Ihr Wiedererscheinen auf, weil Sie ihm dadurch bestätigen, daß Sie doch noch da sind. Damit hat es eine wichtige Lektion über Schutz und Sicherheit in der Welt und über Ihre Vertrauenswürdigkeit gelernt. Während es heranwächst, lernt es diese Lektion in verschiedenen Formen immer wieder neu. In dem Film *Phenomenon* gibt es eine Szene, in der der Hauptdarsteller, gespielt von John Travolta, nachdem er erfahren hat, daß er einen Hirntumor und nicht mehr lange zu leben hat, die zwei Kinder seiner Freundin zu sich ruft und mit ihnen über das Unausweichliche spricht. Die Kinder sind wütend und verängstigt, daß er sie verlassen will. Travolta beißt in einen Apfel. Als die Kinder zornig mit den Fäusten auf ihn eintrommeln, hält er ihnen den Apfel hin. Beißt mal ein Stück davon ab, sagt er. Das ist meiner, ich habe ihn selbst gezogen. Wenn ihr ein Stück davon eßt, wißt ihr, daß ihr mich immer in euch tragt. Nach seinem Tod finden die Kinder Trost in der Vorstellung seiner fortgesetzten symbolischen Anwesenheit in ihrem Innern, in ihrem Gewebe, ihrem Blut und ihren Knochen, ja ihrem innersten Wesenskern.

Wenn frühe Bindungen verletzt werden oder abreißen (wie bei den vorzeitig entwöhnten Ratten) und keine Gelegenheit zu einem Apfelgespräch besteht, wird dieser Verlust als Erinnerung in Blut und Knochen gespeichert. Wir lernen, daß die Welt unsicher ist, daß wir anderen Menschen nicht trauen können, und wir wissen uns nicht mehr zu helfen. Wir haben Ohnmacht und Hoffnungslosigkeit kennengelernt, und diese Lektion wird unser Befinden beeinflussen.

Das soziale Netz

Unser Leben lang, auch wenn wir längst unser erstes Zuhause verlassen haben, bilden wir auf der Suche nach diesem entscheidenden Zugehörigkeitsgefühl weiter Familien. Das sind nicht bloß biologische Familien. Vielmehr stricken wir ein vollständiges soziales Netz, das uns familiäre Unterstützung bietet und uns ein Gefühl von Schutz und Sicherheit in der Welt gibt. Dazu treibt uns die intuitive Erkenntnis, daß rückhaltgebende Wechselbeziehungen mit anderen Menschen unser Lebensnerv sind. Wenn wir nicht genügend Unterstützung finden, meldet sich unser Körper zu Wort. Und je größer unsere »Familie« ist, um so besser geht es uns. Ebenso abträglich, wie ganz allein auf sich selbst gestellt zu sein, ist auch ein zu kleiner Kreis von Freunden und Verwandten.

Wissenschaftler gehen davon aus, daß soziale Netze und sozialer Rückhalt eine Rolle bei der Fähigkeit unserer Blutzellen spielen, Infektionen zu widerstehen. Die Blutzellen können vor vielen Gesundheitsgefahren schützen, unter anderem vor Untergewicht bei der Geburt, Arthritis, Tuberkulose, Depressionen und sogar dem Tod. Soziale Wechselbeziehungen senken den Bedarf an Medikamenten und beschleunigen den Genesungsprozeß. Eine Studie nahm sich Leute vor, die operiert werden mußten, und teilte sie in zwei Gruppen ein; der einen wurde besondere Zuwendung zuteil, der anderen nicht. Die Narkoseärzte wurden gebeten, beim Einleiten der Betäubung mit den Patienten der einen Gruppe zu sprechen und ihnen Unterstützung, Zuspruch und Beruhigung zuteil werden zu lassen. Die andere Gruppe erfuhr keine Spezialbehandlung dieser Art. Es ergab sich, daß die Patienten, denen die besondere Zuwendung gewährt wurde, nach der Operation weniger schmerzstillende Mittel brauchten und im Durchschnitt 2,7 Tage früher entlassen werden konnten als die normal behandelten Patienten. Ich habe ein etwas unterentwickeltes erstes emotionales Zentrum und habe zum Ausgleich immer eine Freundin gebeten, mir bei Operationen Rückendeckung zu geben. Ich weiß, daß diese Art von Unterstützung postoperative Infektionen in Schach hält.

Sozialer Rückhalt hat nachweislich Einfluß auf die Abwehrkräfte. Wer sich nicht beschützt und sicher fühlt, nicht weiß, wo er hingehört, und das Empfinden hat, einer anstehenden Sache ohnmächtig ausgeliefert zu sein, dem prägt sich die Hilflosigkeit in den Körper ein. Dann melden sich die weißen Blutkörperchen über die Intuition und sagen: »Ich bin nicht in Sicherheit, ich bin verwundbar.« Und schon kommen Infektionen angeweht und schlagen Wurzeln.

Eine ganz neue Studie hat dies auf drastische Weise nachgewiesen. Forscher baten 276 Freiwillige, ihre sozialen Kontake aufzulisten, das heißt die Anzahl von Leuten anzugeben, die sie über einen Zeitraum von zwei Wochen gesehen oder gesprochen hatten, und sie in bestimmte Kategorien einzuordnen – Partner, Kinder, andere Verwandte, Nachbarn, Freunde, Kollegen usw. Dann wurden alle Versuchspersonen mit einem Erkältungsvirus geimpft. Und das Ergebnis? Diejenigen, die nur mit drei oder noch weniger Menschen soziale Beziehungen gehabt hatten, bekamen am häufigsten eine Erkältung und waren anfälliger für das Virus. Die Versuchsteilnehmer mit sechs oder mehr sozialen Kontakten verschiedenster Art blieben weitgehend verschont, und wenn sie doch eine Erkältung bekamen, verlief diese ohne starke Symptome.

Man hätte eigentlich das Gegenteil erwarten können, denn man sollte meinen, daß man durch den Kontakt mit mehr Bekannten und Verwandten einer größeren Zahl von Erregern ausgesetzt ist, so daß man öfter erkältet wäre. Aber die Ansteckungstheorie erklärt offenbar nicht ausreichend, warum wir Erkältungen und Infektionen bekommen. Tatsächlich sind nämlich Menschen mit einem kleineren Freundeskreis anfälliger für Erkältungskrankheiten, obwohl sie seltener mit entsprechenden Erregern in Berührung kommen, wie auch andere Studien gezeigt haben. Das liegt unter Umständen daran, daß sie ihr häufiges Alleinsein als Streß empfinden und sich der Welt wehrlos ausgeliefert fühlen. Mangelndes Zugehörigkeitsgefühl verursacht Streß. Und dieser Streß regt die Nebennierenrinde dazu an, Noradrenalin auszuschütten und Immunreaktionen im ersten emotionalen Zentrum zu unterdrücken.

Kann ein größerer Bekanntenkreis wirklich das Blut kräftigen, so daß es Infektionen wirksamer abwehren kann? Und kann ein kleinerer es anfälliger machen? Die Antwort lautet ja. Nur eine einzige Quelle des Rückhalts zu haben, wie es bei manchen Paaren der Fall ist, die sich selbst genug sind, ist weder für das Blut noch für die Knochen gut. Geselliges Verhalten und ein großer Freundeskreis hingegen kennzeichnen einen Lebensstil, von dem alle Organe des ersten Gefühlszentrums emotional geprägt sind. Im Gegensatz dazu ruft Isolation Unsicherheitsgefühle wach, und das lassen einen Blut, Immunsystem und Knochen wissen.

Jeder dürfte Frauen kennen, die gleich nach ihrer Heirat ihren Beruf aufgegeben haben und sich nur noch dem häuslichen Leben mit dem Ehemann gewidmet haben. Oft haben sie auch noch ihre Freundschaft mit diversen Freundinnen aufgegeben. Die Ehemänner mußten folglich nicht nur Partner sein, sondern darüber hinaus auch noch die beste Freundin, der Arbeitgeber und dergleichen mehr. Das bezeichne ich als »Alles-auf-eine-Karte-setzen-Syndrom«. Diese Situation ist ungesund. Menschen mit einem vielseitigeren sozialen Netz leben länger als solche mit wenigen Beziehungen, und wer nur wenige Freunde hat, setzt damit seine Gesundheit mehr aufs Spiel als mit Rauchen, Übergewicht und anderen Faktoren.

Das Alles-auf-eine-Karte-setzen-Syndrom: die Sorgen des Immunsystems

Lesung: Von Mark, einem Mann im Alter von 32 Jahren, hatte ich sofort das Bild eines mageren, äußerst pedantischen, gutaussehenden Singles vor Augen. Im Grunde sah er mit seinen gemeißelten Gesichtszügen sogar wie ein griechischer Gott aus. Er erinnerte mich an Michelangelos David. Gleich sah ich im Geiste einen Homosexuellen, obwohl ich mir in diesem Punkt nicht ganz sicher war. Ich wollte nicht an das Klischee anknüpfen, das Jerry Seinfeld meint, wenn er sagt, daß die Leute ihn stets für schwul halten, weil er alleine lebt, schlank ist, gut aussieht und ordentlich ist. Ich nahm ferner wahr, daß Mark eine unausgewogene Beziehung mit einem viel älteren Partner unterhielt, der in dieser Beziehung stärker war als Mark. Ich sah, daß er in einer Familie oder Gruppe lebte und arbeitete, in der er nur einen niedrigen Status hatte. Allerdings schien es so, als stünden all seine Beziehungen vor ihrem Ende.

Ich sah, daß das Ende von Marks Beziehung und sein niedriger Status innerhalb der Familie biologische Auswirkungen auf ihn hatten. In seinem Körper entdeckte ich, daß sich Veränderungen des Immunsystems anbahnten. Sonst fielen mir keine körperlichen Probleme auf, auch keine aktuellen Erkrankungen.

Fakten: Mark erzählte mir, er mache sich große Sorgen um sein Immunsystem. Er war tatsächlich schwul und lebte seit langem mit einem 35 Jahre älteren Mann zusammen, der als Chef eines großen, einflußreichen Beratungsunternehmens erhebliche Macht besaß. Mark arbeitete im Unternehmen seines Freundes, aber in untergeordneter Position. Er hatte nur wenige Bekanntschaften in der Firma, die überdies noch einer spirituellen Gemeinschaft angehörte. Das Machtgleichgewicht in der Beziehung war folglich vorbelastet sowohl durch das höhere Alter des Partners als auch durch dessen berufliche Machtposition. Er war der General und Mark der Rekrut. Am entscheidendsten war jedoch die Tatsache, daß die Beziehung zu Ende ging, weil der Ältere unheilbar an Krebs litt.

Mark stand nun vor lauter Fragen, die sich um das »Wir« drehten, im Widerstreit von Unabhängigkeit und Abhängigkeit, Selbstgefühl und Zugehörigkeitsgefühl. Er hatte sich mit Haut und Haar dem Älteren überantwortet, der ihm alles war: Geliebter, Arbeitgeber, Vaterfigur und bester Freund. Jetzt lag sein Geliebter im Sterben, und Mark stand der Verlust all dessen bevor, was er auf diese eine Karte gesetzt hatte: der Verlust seiner Familie – sowohl der Familie, die seine Partnerschaft für ihn war, als auch der Familie am Arbeitsplatz, wo er fortan noch weniger zu sagen haben würde, und schließlich noch der Familie, als die er die spirituelle Gemeinschaft betrachtete, zu der das Unternehmen gehörte.

Mark hatte immer Schwierigkeiten mit der »Familie« gehabt. Seine Mutter hatte ihm kein Selbstvertrauen einflößen können, und sein Vater war kalt und unnahbar gewesen. Seine Beziehung mit dem älteren Mann war praktisch der fortwährende Versuch, die Liebe des Vaters zu erringen. Der Verlust dieses Liebhabers mußte ihn mitten im Lebensnerv treffen. Und das fühlte Mark intuitiv. Er wußte schon vor dem Telefongespräch mit mir, daß seine Lage bedenklich war. Sein Leben war wie ein Pfahlhaus am Meer kurz vor einem Sturm. Ein starker Windstoß konnte sein gesamtes soziales Netz hinwegfegen. Dieses Gefühl von Schutzlosigkeit und Unsicherheit war in seinem ersten emotionalen Zentrum gespeichert und wartete nur darauf, die mit diesem Zentrum verbundenen Organe anzugreifen – sein Blut und sein Immunsystem. Obgleich er nicht krank war und sein Partner auch kein Aids hatte, machte er sich Sorgen um seine Abwehrkräfte. Das war seine innere Stimme, die ihm sagte, daß es Folgen für seine Gesundheit haben würde, wenn er seine Situation nicht veränderte, genau das, was auch ich mit meinem geistigen Auge wahrgenommen hatte.

Mark war mit Recht besorgt. Er war dabei, entwurzelt zu werden und seine Familie zu verlieren. Aids-Studien haben nachgewiesen, daß HIV-infizierte Patienten, die einen Halt in ihren Familien hatten und mit sich selbst im Frieden waren, länger lebten als diejenigen, die keine fürsorgliche Familie besaßen.

Mark mußte seiner Intuition folgen. Er mußte ein stärkeres Sicherheitsgefühl und mehr Zuversicht entwickeln und sein Lebenshaus auf stabilere Fundamente setzen. Pfähle reichten nicht mehr aus. Sie hätten vielleicht in seiner Jugend genügt, aber inzwischen war er ein erwachsener Mann und brauchte ein ausgereiftes, festes Gefühl der Zugehörigkeit. Er mußte Beziehungen aufbauen, in denen Unabhängigkeit und Abhängigkeit ausgewogen waren und ein Machtgleichgewicht bestand. Er mußte eine neue Gruppe finden, ein neues Familiensystem, das ihm Unterstützung gewährte. Bevor es dazu kam, daß er plötzlich entwurzelt wurde und wie eine Geranie ohne neuen Blumentopf dahinwelkte, mußte er an neuer Stelle den Boden bereiten, in den er seine Wurzeln senken und gedeihen konnte. Außerdem mußte er herausfinden, warum seine Beziehungen immer so unausgewogen waren, warum er immer der jüngere Partner war, der weniger Macht besaß. Die Auseinandersetzung mit dieser Frage im Licht seiner Erinnerungen und früheren Erfahrungen würde ihm helfen, seine Umgebung wohltuend zu verändern, und zudem würde ihm die Anpassung leichter fallen, wenn er Veränderungen zugunsten einer gesunden Zukunft vollzog.

Während unseres Gesprächs wurde Mark klar, daß er immer den Berufswunsch gehegt hatte, Berater zu werden. Sein übermäßiges Engagement in der spirituellen Gemeinschaft hatte ihn jedoch immer so stark eingespannt, daß er keine Zeit für diesen beruflichen Werdegang gehabt hatte. Um seinem Ziel einen Schritt näher zu kommen, wollte er jetzt die Programme von örtlichen Colleges einholen und sich für entsprechende Abendkurse einschreiben. Auf diese Weise konnte er langsam Mitglied einer anderen Gemeinschaft werden, die ihn bei seinen Zielvorstellungen unterstützen würde. Das war eine gute Lösung, denn es wäre für Mark körperlich und geistig ein zu großer Schock gewesen, der ersten Gemeinschaft einfach den Rücken zu kehren und sich unvorbereitet auf ein neues soziales Umfeld einzulassen.

Gefühle der Ohnmacht und der sozialen Bestätigung sind eindeutig in unser Blut und unsere Knochen eingeprägt. Wenn Ihnen der soziale Rückhalt entzogen wird, nehmen Sie – und Ihre weißen Blutkörperchen – unter Umständen die Welt als unsicher wahr. Dann sind Sie wahrscheinlich anfälliger für Infektionen. Das gleiche gilt für die Knochen, so daß vielleicht Ihre Gelenke anschwellen oder andere Beschwerden auftreten. Studien haben tatsächlich den Nachweis erbracht, daß bei jemandem, der kaum soziale Unterstützung genießt, die Wahrscheinlichkeit, an geschwollenen Gelenken zu leiden, bei Verlust der Arbeitsstelle um das Zehnfache zunimmt. Wo es Sie trifft, hängt von Ihrer genetischen Veranlagung ab und davon, in welchem Bereich Sie besonders verletzlich sind. Wenn in Ihrer Familie Rheuma oder Arthritis gehäuft vorkommen, ist abzusehen, daß Sie Probleme mit den Knochen bekommen werden. Sind in Ihrer Familie Immunprobleme die Regel, wird eher Ihr Blut von Erkrankungen betroffen sein.

Bei genetischen Störungen innerhalb Ihrer Familie sollten Sie zunächst feststellen, welche Familienmitglieder erkrankt sind und ob sie gemeinsame emotionale Grundmuster aufweisen. Seien Sie dann getrost das schwarze Schaf der Familie – folgen Sie nicht dem Herdentrieb. Verhalten Sie sich einfach anders und brechen Sie mit den emotionalen, sozialen und physischen Grundmustern. Heben Sie sich in Ihrem Handeln, in Ihren Beziehungen, in Ihrer Ernährung, bei sportlichen Aktivitäten und im Beruf von Ihrer Familie ab – fahren Sie möglichst auch ein anderes Auto! Wenn Ihre Familie Mercedes bevorzugt, steigen Sie auf VW um. Und suchen Sie Rückhalt bei Menschen, die ihr Leben zum Besseren verändert haben.

Stärke und Schwäche

Im ersten emotionalen Zentrum wie auch in jedem der anderen sechs emotionalen Zentren muß unbedingt ein Gleichgewicht bestehen zwischen den Gefühlen, die in der Außenwelt mit Stärke assoziiert werden, und denen, die als Schwäche ausgelegt werden. Ein Übermaß an Stärke einerseits und Schwäche (bzw. Verletzlichkeit) andererseits kann Erkrankungen der Organe Vorschub leisten, die dem jeweiligen emotionalen Zentrum entsprechen. Ein solches Ungleichgewicht im ersten emotionalen Zentrum kann Erkrankungen des Blutes, des Immunsystems, der Knochen und Gelenke begünstigen.

Als ich vier Jahre alt war, konnte ich es nicht erwarten, endlich in die Schule zu gehen. Kaum eingeschult, war ich jeden Tag wie der Blitz aus dem Haus, legte die eine Meile bis zur Schule im Dauerlauf zurück und saß beim Klingeln bereits auf meinem Platz.

Ich hatte einen Kraftüberschuß und besaß nicht genügend Verletzlichkeit. Ich war erfüllt von der Stärke des ersten emotionalen Zentrums: von Unabhängigkeit, Einfallsreichtum und einem Gefühl des Beschützt- und Sicherseins in dieser Welt. Ich konnte mich nie zurückhalten, stillsitzen und die Dinge an mich herankommen lassen. Ich war die geborene Draufgängerin. Normalerweise liegt bei Patienten, die oft zum Arzt gehen, ein Übermaß an Schwäche im ersten emotionalen Zentrum vor: Abhängigkeit, Ohnmacht, ein starkes Zugehörigkeitsgefühl, aber Mißtrauen gegenüber der Welt außerhalb der eigenen vier Wände. Sie haben zuviel von der »Zurückhaltung«, die ein Aspekt dieses emotionalen Zentrums ist, und entwickeln nicht genug Durchsetzungskraft für die Außenwelt, nicht genug »Draufgängertum«. Ärzte wissen oft nicht, wie sie diesen Leuten helfen sollen.

Unsere emotionalen Zentren umfassen gegensätzliche Gefühle, Stärken und Schwächen, die wir zugunsten unserer Gesundheit ins Gleichgewicht bringen müssen. Um im Leben gesund und glücklich zu sein, brauchen wir von beidem etwas. Ein Ungleichgewicht erfaßt unsere Intuition sofort und meldet es uns durch Krankheiten, die unseren Körper befallen.

Im ersten emotionalen Zentrum begründet die Macht, das Yang, zur Hälfte unsere jeweiligen Gefühle der Stärke. Wenn wir über ein gesundes Selbstbewußtsein und Stärke im ersten emotionalen Zentrum verfügen, sind wir unabhängig, tüchtig, furchtlos und vertrauensvoll. Dann fühlen wir uns beschützt und sicher in der Welt. Aber wenn wir ein *Übermaß* an Stärke haben, stehen wir am Rande der Isolation und haben das Gefühl, einsam und verlassen zu sein. Unterstützung und Hilfe von anderen lehnen wir im allgemeinen ab, sind furchtlos bis zur Leichtsinnigkeit und vertrauen zu sehr darauf, daß uns all unsere Mitmenschen wohlwollen.

Der Schwächeaspekt des ersten emotionalen Zentrums beeinflußt unser Zugehörigkeitsgefühl selbst dann, wenn wir begriffen haben, daß

Grenzen bestehen zwischen uns und dem Rest der Welt. Wenn wir eine gesunde Verletzlichkeit im ersten emotionalen Zentrum haben, ist unser Zugehörigkeitsgefühl stark, und wir sind gewillt, uns gegebenenfalls auf andere zu verlassen. Wir sind bereit, Hilfe von anderen anzunehmen, können Angst empfinden und trauen nicht einfach allen Menschen ohne Unterschied. Bei einem *Übermaß* an Schwäche und Verletzlichkeit hingegen machen wir uns zu abhängig, versinken in Hoffnungslosigkeit und Ohnmacht und sind furchtsam und mißtrauisch gegenüber allem und jedem.

In der Sprache der emotionalen Zentren ist Stärke nicht immer positiv und Schwäche nicht immer negativ. Unabhängigkeit ist nicht »besser« als Abhängigkeit usw. Mitunter sind Abhängigkeit und Hilflosigkeit wichtig, weil wir manchmal zulassen müssen, daß uns geholfen wird. Auch Furchtsamkeit, also die Fähigkeit, Furcht zu empfinden, ist bisweilen lebenswichtig, denn sie kann uns vor Gefahren schützen.

Ideal ist ein Gleichgewicht zwischen Stärke und Schwäche. Sehen Sie sich einmal die nachstehende Tabelle an, und errechnen Sie Ihren Stärke-Schwäche-Quotienten. Bewerten Sie jede aufgeführte Eigenschaft mit Punkten zwischen 1 und 5. Wenn Sie sich nicht ganz sicher sind, wie Sie sich einstufen sollen, dann fragen Sie sich, ob Sie je folgendes von sich behaupten. Diese abgedroschenen Phrasen mögen Klischees sein, aber sie drücken genau unsere Gefühle aus.

- »Schon gut, ich mach's selbst.« (Unabhängigkeit)
- »Für mich hat nie jemand Zeit. Niemand kümmert sich um mich.« (mangelndes Zugehörigkeitsgefühl)
- »Mir hilft keiner.« (Ohnmacht)
- »Wenn es richtig gemacht werden soll, mach's selbst.« (Selbständigkeit)
- »Die Welt ist voller Gefahren.« (Furchtsamkeit)
- »Trau keinem außer dir selbst.« (Mißtrauen)

Wenn Sie sich selbst zum Beispiel als sehr unabhängig einstufen, könnten Sie sich 4,5 Punkte für Unabhängigkeit und 1 Punkt für Abhängigkeit geben, die Fähigkeit, die Hilfe anderer anzunehmen. Zählen Sie, sobald Sie jedes Ihrer Gefühle bewertet haben, jeweils die Punktzahlen der beiden Spalten zusammen, um das Gesamtergebnis Ihrer Stärke und Ihrer Schwäche zu erhalten.

Stärke	**Schwäche**
• Selbstbewußtsein	• Zugehörigkeitsgefühl
• Unabhängigkeit	• Abhängigkeit
• Selbständigkeit	• Ohnmacht
• Furchtlosigkeit	• Furchtsamkeit
• Vertrauen	• Mißtrauen

Wie haben Sie abgeschnitten? Ich hatte 23,5 Punkte für Stärke und 2,6 für Schwäche. Nicht gerade gut, wenn Ausgewogenheit gefragt ist, nicht wahr? Tatsache ist, daß ich mich gut in der Außenwelt behaupten kann, aber Schwierigkeiten habe, enge Beziehungen einzugehen mit all den dazugehörigen Gefühlen von Verwundbarkeit und Abhängigsein. Aber Sie haben ja wahrscheinlich inzwischen gemerkt, daß ich erhebliche Probleme mit meinen Knochen und mit meinem Immunsystem habe. Vielleicht hatten Sie mich schon längst richtig bewertet. Dann gratuliere ich, denn Sie sind ein intuitiver Heiler bzw. eine intuitive Heilerin!

Ob wir stark oder schwach sind im ersten wie auch allen anderen emotionalen Zentren, hängt von zwei Faktoren ab. Erstens ist es eine Sache des Temperaments. Jeder kommt mit bestimmten »Seelenqualitäten« auf die Welt, einer genetischen Weisheit, die ihm im Blut liegt. Wir alle kennen Kleinkinder, die von Anfang an unabhängig sein wollen. Sie entwöhnen sich früh. »Alles klar, Mama, mir reicht's«, und weg sind sie. Sie schrecken vor nichts zurück und wollen alles selber machen. »Ich will alleine, ich will alleine«, schreien sie, entwischen der Mutter und schieben den Kinderwagen die Straße hinunter. Sie entgleiten einem förmlich wie Bratlinge einer Teflonpfanne. Und dann gibt es Kinder, die an ihren Müttern kleben wie Kletten. Sie wollen immer und ewig bemuttert werden, halten sich in Gruppensituationen scheu zurück und wickeln sich um Mutters Beine, sobald ein Fremder in die Nähe kommt.

Das Temperament – der erste Faktor – liegt fest. Der zweite Faktor, der Stärke oder Schwäche bestimmt, ist die Erinnerung. Lebenserinnerungen im ersten emotionalen Zentrum und deren Speicherung in Gehirn und Körper beeinflussen weiterhin die Psyche und den Gesundheitszustand der betreffenden Organe. Sie mögen zwar mit einer unabhängigen Seele geboren sein, aber wenn Sie traumatische Erfahrungen im ersten emotionalen Zentrum gemacht haben, wird dieser Grundtonus entweder noch verstärkt oder gedrosselt. Sie werden vielleicht zu stark im ersten emotionalen Zentrum, oder Sie werden überempfindlich.

Wissenschaftlich erwiesen ist, daß ein Übermaß an Stärke oder Schwäche die Weichen stellt für Krankheit und Gesundheit. Bei einer Studie wurden Männer untersucht, die das Trinken aufgeben wollten. Einige versuchten es im Alleingang; andere schlossen sich Selbsthilfegruppen wie den Anonymen Alkoholikern an. Die Ergebnisse waren verblüffend. Die Männer, die versuchten, allein zurechtzukommen, zogen sich *20mal* häufiger Tuberkulose und andere Infektionen zu. Sie waren das typische Beispiel für ein Übermaß an Stärke. Sie waren zu unabhängig – und erkrankten an Infektionen. In der zuvor erwähnten Studie über Erkältungskrankheiten waren diejenigen, die häufiger an Erkältungen litten, zuviel allein und hatten keinen genügend großen Bekanntenkreis, der ihnen ein starkes Zugehörigkeitsgefühl vermittelt hätte. Hingegen zeigten die Leute, die in der Studie keine Erkältung bekamen, ein gesundes Gleichgewicht zwischen Unabhängigkeit und Abhängigkeit. Sie waren in ausreichendem Maße extrovertiert und besaßen genügend Selbstbewußtsein, um eine Vielzahl von Freundschaften und sozialen Kontakten zu pflegen; diese Kontakte wiederum stärkten ihr Zugehörigkeitsgefühl.

Gab es auch in Ihrer Kinderzeit immer mindestens ein Kind auf dem Spielplatz, das trotz warmen Wetters an einem Septembertag in Schal, Mütze oder Ohrwärmer eingemummelt war? Oder immer ein Päckchen Papiertaschentücher dabeihatte? Diese Kinder schienen hermetisch eingeschlossen zu sein in eine Frischhaltetüte. An einem regnerischen Tag werden sie stets von ihrer Mutter ins Haus gerufen und müssen Gummistiefel anziehen. Man hört förmlich das mütterliche Schelten: »Komm sofort rein! Du kannst doch nicht draußen im Regen spielen. Du holst dir einen furchtbaren Schnupfen und erkältest dich. Siehst du? Deine Nase läuft jetzt schon.« Dieser Typ Mutter hat Probleme mit der Individuation und dem Selbständigwerden des Kindes. Und vermutlich einen Mangel an Sicherheitsgefühl. Die Botschaft lautet, daß es nicht ratsam für das Kind ist, allein umherzulaufen, weil die Welt ein unsicherer Ort ist, und diese Botschaft geht dem Kind direkt ins Blut über. Seine weißen Blutkörperchen verstehen, daß die Welt gefährlich und folglich die Hölle los ist, wenn auch nur ein kleines Löchlein in der Frischhaltetüte entsteht. Schon ist das Kind übermäßig verwundbar im ersten emotionalen Zentrum, was paradoxerweise zur Folge hat, daß seine Abwehrkraft gegen ebenjene Erreger geschwächt ist, vor denen es in der Tüte geschützt sein soll.

Das Frischhaltetüten-Syndrom: Mutter-Sohn-Agoraphobie

Lesung: Martha, eine 48jährige Frau, rief mich am vereinbarten Tag an und brachte eine ungewöhnliche Bitte vor. Sie wolle keine Lesung für sich selbst, sagte sie. Ob ich nicht statt dessen ihrem Sohn eine Lesung geben könnte? Ich erklärte ihr, daß ich das nicht tun könnte, weil sie mit ihrer Unterschrift in die Lesung für sich selbst eingewilligt hätte und nicht für eine dritte Person. Die Sache reizte mich jedoch, denn ihre Bitte signalisierte mir sofort, daß ein klares Problem anstand.

Martha willigte ein, vorerst eine Lesung für sich selbst zu bekommen. Als ich sie mit meinem geistigen Auge betrachtete, merkte ich sogleich, daß sie bisher ihre Identität vorwiegend als Mutter erfahren hatte. Ich sah, daß sie jetzt aus tiefster Seele danach verlangte, sich von dieser Identität zu lösen und einer anderen Facette ihrer Persönlichkeit Raum zu geben. Sie hatte jedoch Angst, die Sicherheit ihrer bewährten Identität als Mutter aufzugeben, in die Welt hinauszutreten und einen anderen Lebenssinn für sich zu finden.

Gleichzeitig nahm ich jemanden in ihrem Leben wahr, der einen starken Einfluß auf ihr Herz hatte. Das war ein junger Mann Anfang Zwanzig, der dünn, schwächlich und bleich wirkte. Diesen jungen Mann sah ich viel am Computer sitzen und im Internet surfen. Er ging wenig aus und hatte kaum oder gar keine Freunde in der realen Welt. Außerdem erkrankte er häufig an hartnäckigen, wiederkehrenden Infektionen. In meinen Augen fiel es ihm schwer, die Welt als sicheren Hort anzusehen, und er war daher gesundheitlich angeschlagen.

Fakten: Martha bestätigte mir, daß es sich bei diesem jungen Mann um ihren Sohn handelte. Sie bestätigte mir auch, daß er häufig unter Infektionen litt, an Lungenentzündungen und anderen Erkrankungen. Infolgedessen mußte er oft zu Hause bleiben. Jetzt war mir klar, warum Martha gewünscht hatte, ich solle ihm eine Lesung geben. Es war tatsächlich unmöglich, sie zu erfassen, ohne ihn mit einzuschließen. Sie waren wahrlich eng miteinander verbunden, fast ein einziger Mensch, als sei die physische oder emotionale Nabelschnur nie durchtrennt worden. Das machte die Sache schwierig. Sie hatten Probleme im Bereich von Unabhängigkeit und Abhängigkeit, im ersten emotionalen Zentrum.

Martha litt unter Agoraphobie, das heißt, sie fürchtete die Außenwelt und hatte Angst, aus dem Haus zu gehen. Ihr Sohn indessen litt unter »immunologischer Agoraphobie«: Er hatte Angst, seine Familie zu verlassen, und sei es nur, um zur Schule zu gehen oder Freunde zu besuchen. Erinnerungen im ersten emotionalen Zentrum sagten ihm, daß die Welt unsicher sei. Damit war der Boden bereitet für seine Blut- und Immunprobleme.

Ich sagte Martha, sie müsse ihren Sohn aus dem Nest stoßen, wie schmerzhaft das auch sein möge. Je länger er zu Hause blieb, um so schwieriger würde es für ihn werden, weil er nie lernen könnte, in der Welt zu überleben. Auch werde er sich nie von ihr abnabeln können, und das würde seine Fähigkeit beeinträchtigen, gesunde Beziehungen zu anderen Menschen aufzunehmen.

Marthas Reaktion erstaunte mich. Sie fing am Telefon an zu weinen. »Aber die Welt *ist* auch zu gefahrvoll für ihn«, sagte sie. »Er ist nicht dafür gerüstet, dort zu überleben.« Martha lehrte ihren Sohn, daß die Welt ein unangenehmer, furchteinflößender Ort sei, der ihn in Gefahr bringe, es sei denn, er bliebe zu Hause. Sie lehrte ihn, ohnmächtig und hoffnungslos zu sein. *Ihre* Erinnerungen im ersten emotionalen Zentrum waren auf ihn übergegangen oder, was wahrscheinlicher war, sie und ihr Sohn hatten ein emotionales Zentrum gemeinsam. Folglich wurde der Sohn jedesmal, wenn er von zu Hause fortging und sich von seiner Familie abzunabeln versuchte, krank.

Ich erklärte Martha, daß es von entscheidender Bedeutung für sie wäre, über ihre Mutterrolle hinauszuwachsen und eine andere Möglichkeit der Selbstbestätigung zu finden. Auch wenn es ein schönes Gefühl sein mochte, gebraucht zu werden, ein festes Zuhause und eine Familie zu haben, der sie sich zugehörig fühlte, tat es ihrem eigenen und dem emotionalen Wohlbefinden ihres Sohnes längst nicht mehr gut, in diesen unreifen Verhaltensweisen zu verharren. Wenn sie ihren Sohn liebte, mußte sie ihn aus dem Nest stoßen und flügge werden lassen. Offensichtlich besaß er zuviel Schwäche im ersten emotionalen Zentrum. Das Immunsystem entwickelt sich dadurch, daß man sich von der Familie löst und in die Welt hinauszieht, wo man auf fremde Arten von Bakterien stößt und damit leben lernt. Unsere Sicherheit in der Welt beziehen wir gerade aus der eigenen Anwesenheit in ihr. Wer nicht hinausgeht, um – mit Unterstützung der Familie – auf eigenen Füßen zu stehen und ein gesundes Gleichgewicht zwischen Unabhängigkeit und Abhängigkeit herzustellen, kann keine Gefühlsstärke und keine Abwehrkräfte entwickeln. Und er kann krank werden.

Probleme mit (1.) Schutz und Sicherheit in der Welt, (2.) Vertrauen und Mißtrauen, (3.) Unabhängigkeit und Abhängigkeit, (4.) Hoffnungslosigkeit und Ohnmacht, (5.) Selbstbewußtsein und Zugehörigkeitsgefühl sowie (6.) dem Verlust eines geliebten Menschen und der damit verbundenen Trauer und Niedergeschlagenheit sind alle im ersten emotionalen Zentrum gespeichert. Wer mit diesen Gefühlen Schwierigkeiten hat, wird auch Probleme mit den Organen des ersten emotionalen Zentrums haben, mit dem Blut- und Immunsystem, mit Knochen und Gelenken. Außerdem sind in diesem Fall die Kortikosteroidwerte erhöht, die Stoffe im Körper, die Immunreaktionen unterdrücken. Wissenschaftliche Studien legen die Vermutung nahe, daß diese Menschen anfälliger sind für Erkrankungen des Blutes, des Immunsystems, der Knochen und Gelenke. Sie leiden zudem häufiger an chronischer Ermüdung, Fibromyalgie, Rheuma, Arthritis, Lupus, HIV-Immunschwäche, Erkältungskrankheiten und Infektionen sowie Osteoporose.

Das Pollyanna-Syndrom: chronische Ermüdung und Fibromyalgie

Lesung: Deborah, eine 48jährige Frau, kam wie Polyanna daher. Sie war übertrieben optimistisch und sah immer nur die schönen Seiten – allerdings oft unrealistisch, manchmal bis hin zur Selbsttäuschung. Infolgedessen vermochte sie Probleme in ihrem Leben weder zu erkennen noch auszuräumen. Sie hatte eine sehr kindliche Lebensanschauung und war viel zu vertrauensselig. Gleichzeitig bestand sie radikal auf ihrer Unabhängigkeit.

Einerseits sah ich sie inmitten eines ungewöhnlichen Freundeskreises, der ihrem Leben wie eine Familie Rückhalt gab. Andererseits spürte ich, daß ihre Fähigkeit, im Beruf Beziehungen anzubahnen, nicht gut entwickelt war. Ich sah, daß sie in ihrer Gruppe einen sehr niedrigen Status hatte. Zu Hause im Kreis ihrer Freunde fühlte sie sich sicher, aber bei der Arbeit war sie unsicher und sogar Schikanen ausgesetzt. Tatsächlich nahm ich eine Person in ihrer Nähe wahr, die böse, gereizt und gemein mit ihr umging. Das machte sie noch unsicherer und zermürbte sie. Sie verleugnete diese Attacken jedoch rundweg und behauptete einfach: »Ach, die Frau ist schon in Ordnung.«

Aus meiner Sicht gab es Probleme in puncto Vertrauen und Mißtrauen, Schutz und Sicherheit in der Welt sowie Zugehörigkeit zu einer Familie, die sich allesamt in ihrem Körper niederschlugen als Gelenksteifigkeit oder -schwäche und milden Formen von Nackensteife. Ihre Beweglichkeit war in den Gelenken eingeschränkt, und zudem litt sie an Ermüdung. In meinen Augen saß sie fest und war nicht dazu in der Lage, ihre derzeitige Situation zu überwinden. Dieser Stillstand in ihrer Welt beeinträchtigte auch ihre Gehfähigkeit.

Fakten: In einer Gruppe von Freunden war Deborah glücklich und fühlte sich geliebt und bestätigt: von 24 Haustieren – Katzen, Hunden, Vögeln und einer Schlange. Einen zweiten Freundeskreis bildeten die Kollegen der Universität, an der sie als Professorin tätig war. Dort stand sie jedoch unter Beschuß. Hauptangreiferin war eine altgediente Professorin, eine Frau in den Siebzigern, die eine Unterschriftensammlung in der Fakultät durchgeführt hatte, um Deborah aus dem Amt zu treiben. Vier Monate später war Deborah an chronischer Ermüdung und Fibromyalgie erkrankt, einem Leiden, bei dem die Gelenke steif werden und in ihrer Beweglichkeit eingeschränkt sind.

Deborah war das klassische Beispiel für jemanden, der nicht wahrhaben will, was die Gefühle des ersten emotionalen Zentrums ihr signalisierten: Ich sitze fest. Ich traue den falschen Leuten, die mich irgendwann immer schikanieren. Wohin gehöre ich eigentlich? Diese Gefühle wurden folglich in die zum ersten emotionalen Zentrum gehörigen Organe abgedrängt. Obwohl sie von Anfang an gewußt hatte, daß ihre Kollegin schwierig war, hatte sie ihr doch voll und rückhaltlos vertraut. Sie hatte sich über ihr intuitives Leitsystem hinweggesetzt, das sie warnte, dieser Frau zu vertrauen. Sie hatte nicht einsehen wollen, daß die Frau ihr schaden konnte.

So war das Grundmuster angelegt; und ebenso hatte sie sich in ihrer Ehe mit ihrem Exmann verhalten, einem zornigen Mann, der ihr während eines langandauernden, chaotischen Scheidungsprozesses schwer zugesetzt hatte. Aufgrund ihrer Erkrankung war sie nur noch bedingt arbeitsfähig und teilzeitbeschäftigt. Wie sie mir erzählte, litt sie unter »grausamen« Schmerzen, die anfallsmäßig auftraten und sie dann zwangen, alles stehen- und liegenzulassen und sich hinzulegen.

Deborah hatte intuitiv die Verbindung zwischen ihren Beschwerden und den Problemen mit ihrer Kollegin hergestellt. Stillschweigender Rückzug war allerdings nicht der beste Weg, mit der Situation fertig zu werden. Sie glaubte, gewonnen zu haben, weil sie eine Berufsunfähigkeitsrente bekam, aber ich sagte ihr, das sei genau das Gegenteil von dem, was ihr guttäte. Sie müsse unbedingt wieder zurück und sich in der Universitätsfamilie behaupten – sozusagen ihre Seele wiedergewinnen. Außerdem müsse sie eine Anpassung vornehmen, indem sie sich klarmachte, daß ihre kindliche Einstellung zum Leben, aus der heraus sie jedem Menschen vertraute, auch wenn sie von ihrer inneren Stimme gewarnt wurde, sie immer wieder in die Rolle des Opfers drängte und ihr Gefühl von Schutz und Sicherheit in der Außenwelt angriff. Im Grunde hätte sie nur wegen dieses mangelnden Sicherheitsgefühls Angst, zu einer Vollzeitbeschäftigung an der Universität zurückzukehren. Sie könne sich jedoch nicht hinter ihrer Krankheit verstecken, sagte ich ihr. Vielmehr müsse sie zurück und den Konflikt lösen, denn erst dann könne sie besser und gesünder leben.

Kampf oder Anpassung

Wir können uns mit den in unserem ersten emotionalen Zentrum gespeicherten Erinnerungen, den emotionalen Mustern und Unausgewogenheiten, die den Erkrankungen des Blutes, des Immunsystems, der Knochen und Gelenke den Boden bereiten, aussöhnen und uns gesund erhalten. Wenn wir auf unsere Intuition hören, können wir von den Gefühlen und Krankheiten des ersten emotionalen Zentrums genesen. Wenn wir uns tatkräftig für eine Veränderung einsetzen (»kämpfen«) oder uns anpassen, können wir die Veränderungen in Gang setzen, die uns in diesem Bereich glücklicher und gesünder machen.

Unser tatkräftiger Einsatz *(Kampf)* kann unsere unmittelbare Umgebung so verändern, daß wir uns gesund und wohl fühlen. Wir können dazu beitragen, indem wir unser soziales Netz erweitern und uns einen vielseitigen Freundes-, Familien- und Kollegenkreis schaffen, um ein besseres Gleichgewicht zwischen Abhängigkeit und Unabhängigkeit herzustellen. Dann wachsen unsere Gefühle von Zugehörigkeit wie auch von Schutz und Sicherheit. Wir können aber auch durch *Anpassung* Veränderungen auslösen – indem wir uns selbst ändern und dadurch besser in der Welt zurechtkommen. Wir können nach innen schauen und uns bemühen, bestimmte Eigenschaften in uns so zu verändern, daß wir dem Druck und den Attacken der Außenwelt besser widerstehen. Wir können lernen, wem wir vertrauen dürfen und wer mit Vorsicht zu betrachten ist. Wir können gesunde Möglichkeiten der Anpassung an die Welt finden und uns davor hüten, über längere Zeit hinweg in Hoffnungslosigkeit und Ohnmachtsgefühlen zu versinken. Unser Kummer, unsere Traurigkeit und unsere Verlustgefühle müssen wir spüren und anerkennen, um dann auf eine Weise fortzuschreiten, die verhindert, daß unser Kummer in Depressionen umschlägt.

Studien haben die Widerstandsfähigkeit unter die Lupe genommen. Welche Persönlichkeitstypen sind besser in der Lage, mit Streß und Veränderungen im Leben umzugehen? Die Forscher nahmen sich zwei Gruppen von Managern vor, beide unter starkem Streß, die eine jedoch mit hoher Erkrankungsrate, während die andere keine Krankheiten aufwies. Die Wissenschaftler fanden heraus, daß diejenigen, die trotz starken

Drucks nicht krank wurden, gut für sich selbst sorgten, ihrer Umwelt energisch begegneten, stets nach dem Sinn von Geschehnissen suchten, die stattfanden, und sich zutrauten, in jeder Lage ein gewisses Maß an Kontrolle zu behalten. Hingegen hielten sich die Manager, die anfällig für Erkrankungen waren, für machtlos, neigten zum Nihilismus und glaubten, wenig oder gar keine Kontrolle über das zu haben, was mit ihnen passierte. Sie empfanden sich als bloße Schachfiguren in den Händen äußerer Mächte.

Gesunde Menschen akzeptieren Veränderungen und betrachten sie als Herausforderung und Möglichkeit, daran zu wachsen. In Streßsituationen geben sie unter Umständen kurzfristig der Hoffnungslosigkeit und Ohnmachtsgefühlen Raum, um sich gleich darauf einen Ruck zu geben und zur Tat zu schreiten. Bei Opfern extremer Ereignisse wie etwa den Überlebenden von Konzentrationslagern fanden Wissenschaftler heraus, daß diejenigen, die sich gut hielten und nicht aus dem emotionalen Gleichgewicht kamen, Kämpfernaturen waren. Sie gaben sich nie ganz dem Gefühl hin, wehrloses Opfer zu sein. Sie verfügten über die Fähigkeit, sich schnell wieder zu regenerieren. Andererseits verhärteten sie sich aber nicht so, daß sie den Jammer und die Qual ihrer Situation nicht an sich heranließen.

Die Erklärung hierfür ist das Gleichgewicht. Man darf nur bis zu einem gewissen Grad hart im Nehmen sein. Vielmehr muß man sich die Schmerzen und Qualen des Ereignisses voll und ganz bewußt machen, um sie auflösen zu können. Wird das versäumt, treten in den Organen und Zellen des Körpers – den Boten im Intuitionsnetzwerk – Krankheitssymptome des Blutes, der Immunabwehr, der Knochen und Gelenke auf und geben einem zu verstehen, daß es ungelöste Konflikte im ersten emotionalen Zentrum gibt. Auf der anderen Seite darf auch nicht vergessen werden, daß Überempfindlichkeit das Immunsystem beeinträchtigt.

Das reale traumatische Lebensereignis hat weniger Auswirkungen auf uns als die Art und Weise, in der wir es *wahrnehmen*. Unsere Persönlichkeit wird von Anfang an durch unsere Familie und unsere Erfahrungen geprägt. Aber Persönlichkeit ist nichts fest Zementiertes. Wir verändern uns fortwährend und passen uns unentwegt neu an. Veränderungen und damit ein Leben in besserer Gesundheit sind immer möglich.

7

Die Sexualorgane und der untere Rücken: Beziehungen und Triebkräfte

Wie Vögel, die flügge werden, erreichen wir meist alle einen Punkt, an dem wir unsere Heimat verlassen und in die weite Welt hinausziehen wollen, um es zu etwas zu bringen. Etwas treibt uns an, das zu erstreben und zu erwerben, was uns unserer Meinung nach glücklich macht – eine Karriere, Geld, Status, Sex, eine Ehe oder andere Partnerschaft und Kinder. Dabei ist es mitunter schwierig, den Schritt in die Selbständigkeit zu tun, der uns in die Lage versetzt, vom Nest loszufliegen. Wir sind nicht sicher, ob wir uns von der Familie lösen, ob wir festhalten oder loslassen sollen, ob wir uns in der Außenwelt behaupten können oder nicht. Wir sehnen uns nach Selbständigkeit, zweifeln jedoch an unserer Fähigkeit zum Unabhängigsein. Wenn wir eine intime Beziehung mit einem Partner eingehen, fällt es uns manchmal schwer, uns den Sinn für unsere eigene Identität zu bewahren.

Die mit diesem Themenkomplex verbundenen Gefühle sind im zweiten emotionalen Zentrum gespeichert. Dieses im Bereich des Beckens und unteren Rückens gelegene Zentrum umfaßt die männlichen und weiblichen Geschlechtsorgane, Nieren, Blase und Harnsystem, den unteren Verdauungstrakt sowie die Muskeln im Kreuzbereich. Die in diesen Organen gespeicherten Erinnerungen und Emotionen haben zwei Seiten: Zum einen bestimmen sie unsere Triebe und unser Durchsetzungsvermögen in der Außenwelt, und zum anderen beeinflussen sie, wie wir in den Beziehungen zurechtkommen, die wir nach Verlassen unserer Familie eingehen, wenn wir auf eigenen Füßen stehen (siehe Abbildung).

Zweites emotionales Zentrum

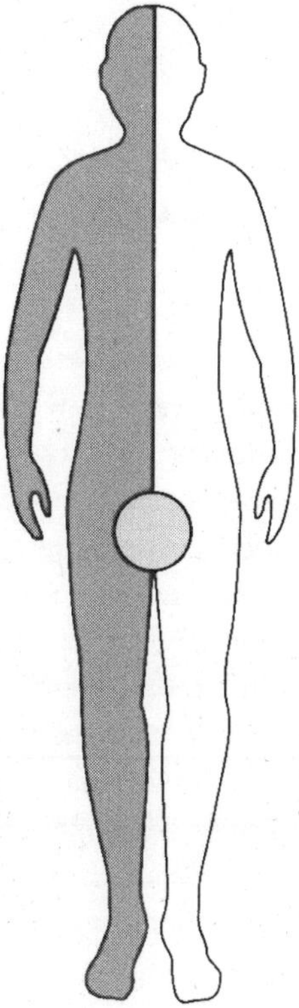

Stärke

Triebkräfte
- aktiv
- ungehemmt
- direkt
- draufgängerisch
- schamlos

Beziehungen
- unabhängig
- Gebrauchtwerden
- Nehmen
- klare Grenzen
- selbstsicher
- schützend
- opponiert

Schwäche

Triebkräfte
- passiv
- gehemmt
- indirekt
- zögernd
- schamhaft

Beziehungen
- abhängig
- Brauchen
- Geben
- vage Grenzen
- unterwürfig
- schutzbedürftig
- kooperiert

Was treibt uns an?

Haben Sie sich je etwas von ganzem Herzen gewünscht und doch Angst gehabt, sich dafür einzusetzen, oder Ihren Wunsch als so schlimm empfunden, daß Sie nichts getan haben, um ihn sich zu erfüllen? Sie haben vielleicht in der Schule insgeheim den netten Jungen aus dem Mathekurs angehimmelt und gedacht, daß auch er Sie mag, aber er war fest mit einer Ihrer Freundinnen liiert. Ihre Schuldgefühle hielten Sie davon ab, sich mit ihm anzufreunden, und dann mußten Sie stinkwütend mit ansehen, wie eine andere Freundin, die nicht so unschlüssig war wie Sie, Ihnen den Jüngling mit allen Mitteln vor der Nase wegschnappte.

Der Grundkonflikt im zweiten emotionalen Zentrum ist das Hin- und Hergerissensein zwischen Eigenständigkeit und schamerfülltem Zweifel, zwischen Entschlußkraft und Schuldgefühl. Es geht darum, zu wissen, was man will und wie man sich dafür einsetzen kann. Je nachdem, was man unternimmt und wie man sein Verhalten empfindet, wird die Gesundheit der Organe in diesem Bereich in Mitleidenschaft gezogen.

Keith hatte immer Rechtsanwalt werden wollen, aber er hatte Zweifel, ob er das Lernpensum schaffen würde. Viele Jahre lang verwarf er den Gedanken an das Jurastudium. Als er dreißig war und eine Familie gegründet hatte, merkte er auf einmal, daß ihm wieder das Jurastudium im Kopf herumging. Keiths derzeitige Tätigkeit war, wie auch seine früheren Arbeitsstellen, unbefriedigend und eigentlich nicht das, was er wollte. Er hatte immer wieder die Stelle gewechselt, beständig auf der Suche nach dem richtigen Job, doch ohne Erfolg. Dabei hatte er jedesmal länger ausgeharrt, als er hätte tun sollen, weil er an seiner Eignung für eine neue Tätigkeit zweifelte. Bei allem, was er unternahm, standen Angst und Furcht seinem Ehrgeiz im Wege.

Jetzt juckte es ihn, endlich das zu verfolgen, was er sich sein Leben lang gewünscht hatte. Aber das eingeprägte Grundmuster war stärker, wie wir uns denken können. Besorgt, daß sein Jurastudium eine zu große Last für seine Familie sein könnte, zögerte er, sich für das Studium einzuschreiben. Seine Frau hingegen fand die Vorstellung großartig, Anwaltsgattin zu werden. Sie wählte eine Universität in einer Stadt aus, die ihr gefiel, füllte die Formulare aus, vereinbarte Gesprächstermine und trieb ihn an wie eine Trägerrakete.

Keith begann also Jura zu studieren, hatte jedoch von Anfang an Schwierigkeiten. Er vermißte seine Arbeitsstelle und die Freunde, die er dort gewonnen hatte. Es fiel ihm sehr schwer, neue Beziehungen anzuknüpfen und neue Herausforderungen und Kämpfe zu bestehen. Im ersten Studienjahr bekam er Nierensteine, aber nicht nur zwei oder drei, sondern gleich *acht*! Das war beispiellos für einen jungen Mann ohne frühere Probleme dieser Art oder eine Veranlagung dafür. Die Erkrankung zwang Keith zur großen Enttäuschung seiner Frau, das Studium abzubrechen.

Was wollte Keiths intuitives Signalsystem ihm durch die Nieren über sein Leben zu verstehen geben? Auf dem Wege über das zweite emotionale Zentrum sagte es ihm, daß er herausfinden müßte, was oder wer ihn antrieb. Was wollte er, und wie wollte er es erreichen? Keith wollte Jura studieren, war jedoch hin und her gerissen, ob er sich diesen Traum erfüllen sollte. So ergeht es vielen von uns. Wir wollen etwas, haben aber Skrupel, uns dafür einzusetzen; vielleicht schämen wir uns auch oder haben Schuldgefühle, das gewünschte Ziel zu verfolgen, oder wir haben Angst. Wir sind wie der Jüngling, der sich zum ersten Mal mit einem Mädchen verabredet. »He, Mary, du willst sicher nicht mit mir ausgehen, oder doch? Nein, wahrscheinlich nicht. Du hast bestimmt keine Zeit.« Aus Angst vor einer Zurückweisung zäumt er das Pferd von hinten auf und nähert sich dem Gegenstand seiner Begierde passiv, indirekt und schamerfüllt. Er zeigt zuviel Verletzlichkeit auf dieser Seite des zweiten emotionalen Zentrums.

Andere verfolgen ihr Ziel zu intensiv. In dem Film *Schlaflos in Seattle* bringt der von Tom Hanks gespielte Hauptakteur, ein junger Witwer, endlich den Mut auf, eine junge Kollegin anzusprechen. Die Frau hat offensichtlich lange auf diesen Augenblick gewartet. Kaum hat er stockend seine Einladung gestammelt, als sie ihm auch schon erklärt, daß sie am Dienstag in einem bestimmten Restaurant zusammen essen gehen werden. Mit ihrer Übereifrigkeit und Hemmungslosigkeit kommt sie natürlich nicht weit. Sie hat zuviel Stärke an den Tag gelegt.

Stärke und Schwäche

Wie verfolgen Sie Ihre Ziele? Aktiv oder passiv? Wenn nur noch ein Hühnerbein auf der Platte liegt und Sie wirklich scharf darauf sind, nehmen Sie es dann schnell und essen es auf, noch ehe jemand bemerkt, daß es das letzte Stück ist? Oder zögern Sie scheu, wenn es Ihnen angeboten wird? »Nein danke, nehmt nur selbst. Ich brauche eigentlich nichts mehr. So hungrig bin ich gar nicht. Ich esse noch ein Stück Brot«, sagen Sie, so daß alle schuldbewußt dreinschauen und Sie letztendlich *indirekt* doch Ihren Willen bekommen. Direkt und indirekt, gehemmt und ungehemmt, unschuldig und schuldbewußt, schamlos und schamvoll, das sind alles

Aspekte der Stärken und Schwächen in diesem Bereich. Sind Sie ein Draufgänger, oder lehnen Sie sich zurück und lassen die Dinge an sich herankommen?

Bei Keith, dem Mann, der Rechtsanwalt werden wollte, lag zuviel Gewicht auf seiten der Verletzlichkeit. Noch immer von Zweifeln und Furcht erfüllt, verfolgte er sein Ziel auf eine im wesentlichen passive, indirekte Art – durch seine Frau. Er besaß nicht den erforderlichen Antrieb, deshalb gab seine Frau ihm gnädigerweise einen Stoß, bevor er sich selbst in Bewegung setzte. Sein Körper teilte ihm jedoch prompt mit, daß es so nicht ging. Kein Wunder, daß er ausgerechnet Nierensteine bekam. Steine ziehen einen mit ihrem Gewicht herunter, so daß man nicht mehr vorwärts kommt.

Keith hatte zwar eine Vorstellung davon, was er in der Welt wollte, aber er war sich dessen nicht sehr sicher und wußte nicht, wie er vorgehen sollte. Überdies hatte er Zweifel, was seine Fähigkeiten anging, und Schuldgefühle gegenüber seiner Familie und seiner Frau. Der schlechteste Grund, sich für etwas einzusetzen – eine Beziehung, Geld, eine Karriere –, sind Schuldgefühle. Wenn Sie nicht aus eigenem Antrieb handeln, sondern sich von Schuldgefühlen oder Scham leiten lassen oder von Ihren Eltern, Schwiegereltern oder dem Ehepartner gedrängt werden, geht es schief. Dann studieren Sie Jura, weil Ihre Mutter sagt: »Natürlich studierst du Jura. Dein Vater, dein Großvater und dein Onkel, alle waren sie Anwälte. Was ist denn los mit dir?« Aber Sie werden nie glücklich in Ihrem Beruf und bereiten unter Umständen den Boden für Erkrankungen der Organe Ihres zweiten emotionalen Zentrums. Am Ende wäre es doch besser, Sie würden Ihren eigenen Interessen folgen und eine Ausbildung als Sozialarbeiter machen.

Viele Menschen wissen nicht recht, wie sie mit ihren Antrieben umgehen sollen. Besonders Frauen haben gemischte Gefühle, wenn sie aktiv und stark sind. Andere sind oft unangenehm überrascht von dynamischen Frauen, selbst heute noch. Eine Freundin von mir, eine bekannte Vortragsrednerin, wurde vor kurzem eingeladen, auf einer großen Konferenz zu sprechen. Der Mann, der sich um die Organisation kümmerte, wollte sie dazu überreden, ihren Vortrag gratis zu halten. Sie lehnte ab. Daraufhin bot der Mann ihr einen Hungerlohn als Honorar an. Sie bestand jedoch auf dem vollen Betrag. Da giftete der Mann sie wütend an:

»Ist das alles, worauf Sie aus sind – Geld?« (Ich hätte zu gern gehört, wie er das zu manchen von unseren Wirtschaftsbossen sagt!) Gottlob lachte meine Freundin darüber. »Ja«, sagte sie, »stimmt.« Sie war nicht verletzt und versank nicht in Schuldgefühlen. Sie war stark und ohne falsche Scham und verfolgte selbstsicher ihr Ziel.

Wer etwas von ganzem Herzen will und nur noch eine allerletzte Chance hat, es zu erlangen, ist genötigt, seine Anstrengungen zu verdoppeln, sich mit aller Kraft aktiv, direkt, ohne Scham und hemmungslos dafür einzusetzen. Er muß sich wie der Held aus einem Film der 40er Jahre verhalten, der auf dem Bahnsteig steht und verzweifelt unter den vielen Gesichtern in den Zugfenstern das der Frau sucht, die er liebt. Er hat ihr nie seine Gefühle gestanden, und sie ist gerade drauf und dran, für immer aus seinem Leben zu entschwinden. Als der Zug langsam anfährt, entdeckt er sie, wie sie sich aus dem Fenster beugt und ihm traurig zuwinkt. Er kämpft einen Augenblick mit sich, dann springt er im letzten Moment auf den schon ziemlich schnell fahrenden Zug auf und schreit, daß er sie anbetet, daß er sie braucht. Angst und Zweifel sind vergessen. Ohne Scham und hemmungslos, wie er es nie war, macht er seinen Auftritt, beweist seine Stärke und verfolgt das Ziel seiner Wünsche.

Schöpfung und Kreativität

Schöpfung und Kreativität gehen vom zweiten emotionalen Zentrum aus. In diesem Bereich muß das Gleichgewicht zwischen Stärke und Schwäche hergestellt und ein klares Verständnis gewonnen werden, wonach einem der Sinn steht. Diese Eigenschaften sind entscheidend für die Gesundheit. Draufgänger und dynamische Leute werden in unserer Gesellschaft im allgemeinen bewundert, weil sie soviel Stärke ausstrahlen. In Wahrheit jedoch ist *zuviel* Tatkraft bei der Erfüllung unserer Wünsche unserer Gesundheit ebenso abträglich, wie es Überempfindlichkeit und Passivität sind. Alles mit gleicher Intensität und Zielstrebigkeit zu verfolgen, Kontrolle auszuüben, unablässig aktiv zu sein in der Außenwelt und sich ohne Schuld- und Schamgefühle durchzusetzen kann kontraproduktiv sein und bestimmte Organe des zweiten emotionalen Zentrums beeinträchtigen.

Das Rollender-Stein-Syndrom: ein Fall von Unfruchtbarkeit

Lesung: Bei Marcy, einer 42jährigen Frau, nahm ich gleich eine sehr gepflegte, penibel saubere äußere Erscheinung und Umgebung wahr. Ich sah, daß sie höchst erfolgreich im Beruf war, der viele Reisen mit sich brachte. Nie blieb sie fest an einem Ort. Sie war sehr stark in der Außenwelt, dynamisch, selbständig und auf Kontrolle bedacht. Offenbar war sie glücklich in einer guten Partnerschaft, wiewohl sie gemischte Gefühle hinsichtlich der Verletzlichkeit und Abhängigkeit hatte, die eine Beziehung mit sich bringt.

In ihrem Körper entdeckte ich Gewichtsprobleme aus der Vergangenheit, und ich fragte mich, ob sie wohl unter Magersucht oder Bulimie gelitten hatte. Außerdem sah ich, daß sie viele Jahre lang ein rigides Fitneßtraining gemacht hatte, um ihren Körper auf Idealmaß zu halten. Nach meiner intuitiven Erkenntnis hatte sie auch Probleme mit dem Kinderkriegen, die ihrem Verlangen entsprangen, vollkommen und ohne Einschränkung unabhängig zu bleiben. Auch ihr Bemühen, ihr Gewicht immer unter Kontrolle zu haben, war unvereinbar mit dem Wunsch, ein Kind zu haben und Mutter zu sein.

Fakten: Marcy, 1,65 m groß, war die sehr erfolgreiche Vizepräsidentin eines großen Management-Beratungsunternehmens, eine Tätigkeit, die häufige Reisen quer durch den Kontinent erforderte. Selten blieb sie längere Zeit an einem Ort. Sie gab zu, daß sie tatsächlich äußerst penibel war, was ihre äußere Erscheinung und ihre nähere Umgebung betraf; sie erzählte mir auch stolz, daß sie zu Hause und im Büro immer makellos geputzte Fenster hätte. Als junge Frau hatte sie wegen ihrer Eßsucht Probleme mit ihrem Gewicht gehabt und keine Anstrengung gescheut, um diese mit Diät und Sport in den Griff zu bekommen.

Den größten Teil ihres Erwachsenenlebens hatte Marcy mit aller Kraft ihre berufliche Karriere verfolgt und war unaufhörlich die Erfolgsleiter hinaufgeklettert. Um die Dreißig herum hatte sie einen wunderbaren, liebevollen Mann geheiratet. Sie hatten davon gesprochen, eine Familie zu gründen, aber Marcy hatte sich Sorgen gemacht, wie Kinder und Arbeit miteinander zu vereinen wären. Auch die Abhängigkeit von ihrem Mann hatte ihr Kopfzerbrechen bereitet. Schließlich hatte sie jedoch beschlossen, sich auf die Gründung einer Familie einzulassen. Vier Jahre lang hatten ihr Mann und sie alles versucht, ein Kind zu bekommen. Nachdem die natürliche Methode nicht fruchtete, hatten sie buchstäblich jede im Handel befindliche Fruchtbarkeitsförderung ausprobiert, von chinesischen Kräutern bis hin zur Zeugung im Reagenzglas. Vergeblich. Marcy war unfruchtbar, und sie wollte wissen, warum.

Marcy war ein echtes Kind der Baby-Boom-Generation. Frauen dieser Generation haben kein Interesse daran, verletzlich zu sein. Wir werden unserer Stärke wegen bewundert und nicht wegen der Weichheit und Verletzlichkeit wie unsere Mütter und andere Frauen der 50er Jahre. Wir hörten keine Lieder wie das von Dionne Warwick, wo sie singt: »*I just don't know what to do with myself*« – ich weiß einfach nicht, was ich mit mir anfangen soll. Wir hörten lieber Helen Reddy: »*I am woman, hear my roar*« – ich bin Frau, hört mein Brüllen. Uns wurde beigebracht, nicht darauf zu warten, daß ein Mann uns die Tür aufhielt. Uns wurde eingetrichtert, bloß nicht passiv, gehemmt und indirekt zu sein. Nichts wie weg von zu Hause, hieß es, und den Sprung in die Welt wagen, daß die Bretter sich biegen.

Daran hatte Marcy sich gehalten. Aber jetzt stand sie vor ein paar schwierigen Entscheidungen. Sie liebte ihre Arbeit, ihre perfekte Figur, ihre vielen Reisen, und ihre ganze Energie konzentrierte sich auf all das. Sie war wie ein Kieselstein, der beständig rollt, und ein Stein, der in Bewegung bleibt, setzt kein Moos an. Dadurch, daß sie immer in Bewegung blieb, konnte nichts bei ihr Wurzeln fassen, auch kein Kind. All ihr Sinnen und Trachten war auf Autonomie gerichtet und nicht auf die Gründung einer Familie. Zudem behagte ihr die Vorstellung ganz und gar nicht, wegen eines Kindes zu Hause bleiben zu müssen, weil sie dann in finanzielle Abhängigkeit von ihrem Mann zu geraten glaubte. Sie hatte sich von frühester Jugend an eingeredet, sich nie finanziell von einem Ehemann abhängig zu machen. Und es gab noch eine Hürde: Sie wollte ihre gute Figur behalten; da sie so angestrengt dafür gearbeitet hatte, schlank zu bleiben, versetzten die körperlichen Veränderungen, die Schwangerschaft und Geburt mit sich bringen, sie in Angst und Schrecken.

So war sie im Zweifel, ob sie überhaupt ein Kind haben wollte. Sie fragte sich, ob sie dafür ihre Macht in der Außenwelt, die Kontrolle über ihren Körper und ihre Position in der Partnerschaft aufgeben sollte. Gleichzeitig wollte sie aber ihrem Mann entgegenkommen. Und ihre Eltern und Schwiegereltern drängten auf ein Enkelkind. Das erzeugte offenbar gewisse Schuldgefühle bei ihr.

Marcy hatte sich entschlossen, das Kinderkriegen genauso anzugehen wie ihre beruflichen Ziele. Sie wollte möglichst schnell und effektiv ein Kind produzieren. Das ist typisch für die Baby-Boom-Frauen. Karrierebewußte, zielstrebige, kontrollsüchtige Frauen wie Marcy machen es immer so. Mit vierzig, nach einem erfolgreichen Berufsleben, entscheiden sie sich für ein Kind und sind fest entschlossen, ein perfektes Kind zu produzieren. Aber es läßt sich nicht einfach ein Wunschkind per Katalog bestellen. Und es gibt auch kein Baby-Drive-in, wo man im Vorbeifahren eins auflesen könnte, obwohl wir in einer Drive-in-Kultur leben. Hier in Maine gibt es ein Drive-in, wo herrliche Fischbrötchen durch Autofenster verkauft werden. Aber kaum müssen die Leute mal fünf Minuten auf ihr Fischbrötchen warten, weil es frisch gemacht wird, ärgern sie sich. Wenn sie etwas wollen, dann muß es *sofort* sein.

So stand es auch um Marcys Bemühungen, schwanger zu werden, ohne daß sie recht wußte, *was* sie eigentlich wollte. Ich selbst sage manchmal: »Ich bin eine Frau der 90er Jahre, und ich will alles«, aber ich meine es ironisch. Denn man kann nicht alles haben. Man muß sich entscheiden. Ich habe mir zum Beispiel die Eileiter abbinden lassen, weil ich wußte, daß ich keine gute Mutter abgeben würde, und keine halben Sachen machen wollte. Die verletzliche Seite meines zweiten emotionalen Zentrums ist nicht gerade meine Stärke. Meine Antriebskräfte richten sich größtenteils auf die Außenwelt, und für Kinder bliebe da nicht viel übrig. Immerhin reicht es für zwei Katzen... und die Kinder meiner Freunde.

Es ist kein Wunder, daß die Frauen der Baby-Boom-Generation die höchste Unfruchtbarkeitsrate in der Geschichte aufweisen. Studien haben nachgewiesen, daß Unfruchtbarkeit häufiger bei karrierebewußten Frauen vorkommt, die einerseits den biologischen Wunsch nach Mutterschaft haben und andererseits besorgt sind wegen der damit verbundenen körperlichen Veränderungen. Diesen Frauen bereitet die Verpflichtung Sorgen, von einer ganzen Familie beansprucht zu werden. Sie spüren auch, daß andere von ihnen Kinder erwarten, aber diese Erwartung kollidiert mit ihren persönlichen Zielen und Wünschen. Es ist, als wollte man gleichzeitig in zwei entgegengesetzte Richtungen fahren: Man kommt dabei nicht von der Stelle.

Wir wissen, daß sich all diese Gefühle auf den Gebärmutterbereich übertragen können. Einige Studien lassen vermuten, daß bei manchen Menschen mit Unfruchtbarkeitsproblemen ein zu niedriger Spiegel von Dopamin und Noradrenalin vorliegt, den beiden Botenstoffen, die bei der Produktion der Sexualhormone LH und FSH eine wichtige Rolle spielen. Dopamin und Noradrenalin sind stimmungsabhängig. Bei trüber Gemütslage wird also weniger LH und FSH ausgeschüttet, so daß es häufiger zu Ovulationsstörungen und damit Unfruchtbarkeit kommt. Wenn man nicht in Stimmung ist, ist man's eben nicht. Und die Eier sind es auch nicht.

Fruchtbarkeit soll auch mit der emotionalen Empfänglichkeit in Zusammenhang stehen. Ist eine Frau emotional empfänglich, setzt ihr Gehirn Oxytocin frei, einen Botenstoff, der ein Zusammenziehen der Vagina bewirkt, die dadurch Spermien förmlich einsaugt. Emotionaler Streß hingegen vermindert die Produktion von Oxytocin und senkt den Noradrenalin- und Adrenalinspiegel, wodurch die Ausschüttung der Sexualhormone unterdrückt und die Sogwirkung der Vagina verhindert wird. Eine Frau, die beim Geschlechtsverkehr unter emotionalem Streß steht, weil sie beispielsweise mit aller Macht ein Kind haben will, gleichzeitig jedoch gemischte Gefühle hegt, bringt diese Sogwirkung auf die Spermien nicht zustande. Sie ist nicht empfänglich für den Samen. Empfänglichkeit ist eine Funktion der Schwäche, nicht der Stärke.

Um fruchtbar zu werden, müssen Stärke und Schwäche der inneren Triebkräfte ins Gleichgewicht gebracht werden, weil die Gefühle den Uterus beeinflussen. Aus der einschlägigen Literatur geht klar hervor, daß ein Zusammenhang zwischen einem halbherzigen Kinderwunsch – und damit Zweifel am eigenen Verlangen – und Unfruchtbarkeit besteht.[26]

Wenn eine Frau unfruchtbar ist, obwohl sie einen normalen Eisprung hat, ist der nächste Schritt oft die künstliche Besamung. Aus irgendeinem unerfindlichen Grund schafft der Samen es aber trotzdem nicht, mit den Eiern in Berührung zu kommen – sie verstecken sich offenbar im Schrank oder unter dem Bett. Wie Studien gezeigt haben, kommt es häufig vor, daß eine Frau, die trotz emotionaler Widerstände künstlich besamt wird, unfruchtbar bleibt, weil ihre Gebärmutter es versäumt, den Eierstöcken zu signalisieren, daß sie Eizellen ausstoßen sollen. Nach mehreren Besamungsversuchen bleibt bei einer Frau, deren Kinderwunsch halbherzig ist – und sei es unterbewußt – die Ovulation häufig ganz aus.[27] Es ist, als würde ihr Körper sagen: »O nein, da machen wir nicht mit! Schön ruhig, ihr Eizellen, bleibt, wo ihr seid.«

Frauen, die nur noch ein Ziel haben, nämlich ein Kind zu bekommen, produzieren nachweislich oft Eizellen, die nicht die nötige Reife für die Befruchtung haben. Mit anderen Worten: Ist die Frau noch nicht reif für ein Kind, sind es auch ihre Eizellen nicht. Und diese geben ihr zu verstehen, daß sie ihre innersten Antriebskräfte überprüfen muß.

Auf Teufel komm raus schwanger werden zu wollen kann verheerende Auswirkungen auf die Eierstöcke haben. Wer fruchtbarkeitsfördernde Medikamente einnimmt, leistet unter Umständen Eierstocktumoren Vorschub. Studien haben ergeben, daß Frauen, die Fruchtbarkeitspillen einnehmen, ein dreifach erhöhtes Risiko eingehen, an Eierstockkrebs zu erkranken. Im Grunde sind Fruchtbarkeitspillen vergleichbar mit Trägerraketen. Was, die Eierstöcke sind nicht stark genug, um die Eizellen auszustoßen? Dann her mit den Trägerraketen! Eierstockkarzinome hängen nachweislich mit der Anzahl von Ovulationen im Leben einer Frau zusammen. Werden einer Frau ovulationsfördernde Medikamente verabreicht, was passiert dann wohl? Es ist wie beim Einkauf auf Raten: Je mehr Raten, desto höher die Rechnung. Das Gleichgewicht zwischen Stärke und Schwäche kann nicht durch künstliche Mittel verändert werden. Vielmehr sind die Gefühle des Intuitionsnetzwerkes zu beachten, die Gefühle im zweiten emotionalen Zentrum, die wahrscheinlich mit der Unfruchtbarkeit in Zusammenhang stehen.

Sterilität bei Männern ist häufig gleichfalls auf Ambivalenz zurückzuführen. Unfruchtbare Männer mit geringer Spermienzahl haben im allgemeinen mehr Angst vor Kritik im Beruf, können nur schwer berufliche Belastungen von sich abwälzen und haben häufiger Schuldgefühle als Männer ohne Fruchtbarkeitsprobleme. Auch Streß in der Familie kann die Zahl und Beweglichkeit der Spermien beeinträchtigen.[28] Außerdem kann sich Arbeitsstreß ungünstig auf den Samen auswirken. Wenn Männer Schuldgefühle haben, sinkt die Anzahl der Spermien. Je weniger sie sich gegen Arbeitsüberlastung wehren können, um so weniger können sie ejakulieren. Also arbeiten sie noch mehr, um die ärztliche Behandlung ihrer Sterilität bezahlen zu können. Und was dann? Je mehr sie ausgeben, um so weniger ist ihre Währung wert. Oder wie beim Basketball: Je stärker der Erfolgsdruck, um so weniger Treffer.

Auch hier stehen äußere Triebkräfte dem inneren Verlangen nach einem Kind entgegen. Die Männer sind hin und her gerissen. Sie werden von allen Seiten unter Beschuß genommen, müssen den Anforderungen im Beruf und zu Hause gerecht werden und haben dabei das Gefühl, das nicht zu schaffen. Ihre Stärke ist zersplittert, und sie wissen einfach nicht, in welche Richtung sie steuern sollen.

Unfruchtbarkeit ist ferner eng mit Beziehungsproblemen verknüpft. Beziehungsfragen sind der Doppelaspekt des zweiten emotionalen Zentrums und werden später in diesem Kapitel eingehender behandelt. Probleme in diesem Lebensbereich können die Weichen stellen für Beschwerden und Erkrankungen der Organe dieses emotionalen Zentrums. Viele Studien haben aufgezeigt, daß Konflikte in den Beziehungen von Männern und Frauen Unfruchtbarkeit bewirken können. Unfruchtbare Frauen haben nachweislich eine Aversion gegen Sex und erleben die Sexualität in ihrer Partnerbeziehung als unerfreulich. Wenn sie einen passenderen Partner finden, werden sie häufig wieder fruchtbar. Manche Paare wollen mit einem Kind ihre brüchige Beziehung kitten. Doch obwohl weder bei dem Mann noch bei der Frau Sterilität diagnostiziert wird, kann die Frau nicht empfangen, wie sehr sich beide auch anstrengen. Wenn sie es dann mit einer Befruchtung im Reagenzglas probieren, geschieht etwas Bemerkenswertes. Eizellen und Spermien werden zusammen in ein Gefäß gegeben; nun ist zu beobachten, daß die Eizellen deutlich sichtbar die kontaktsuchenden Spermien abweisen. Die Wissenschaft vermutet, daß sich im Körper der Frau tatsächlich Antikörper gegen die Spermien bilden. Das ist nichts anderes als die Ablehnung der Mutterschaft auf molekularer Ebene oder zumindest die Ablehnung dieses speziellen Vaters. Außerdem illustriert es wunderbar, wie klar und deutlich die Stimme der Intuition ertönt.

Manche Frauen sind mit keinem Mann zufrieden, der ihnen über den Weg läuft. Warum? Wissenschaftler haben ein Gen identifiziert, das sogenannte »Unzufriedenheitsgen«. Bei Versuchen mit Fliegen fanden die Forscher heraus, daß Weibchen mit diesem Gen höchst wählerisch sind und kein Männchen finden, das ihnen gut genug wäre. Sie sind wie die Figur aus dem Rolling-Stones-Song: »*Can't get no satisfaction.*« Die weiblichen Fliegen mit diesem Unzufriedenheitsgen weisen alle männlichen Freier während der Paarungsrituale ab, und letztendlich legen sie kein einziges Ei.

Marcy hatte keine Beziehungsprobleme, aber sie hatte womöglich ihr eigenes Unzufriedenheitsgen. Zumindest war sie unzufrieden mit der Vorstellung, zu Hause bleiben zu müssen, um eine Familie aufzuziehen, und ihre Unabhängigkeit aufzugeben, während ihr Mann das Geld verdiente. Sie mußte sich entscheiden, welche Opfer sie zu bringen bereit war. Sie mußte herausfinden, inwiefern ein Kind ihrer »schwachen« Seite mehr Gewicht geben würde und wie sie das berührte. Würde sie Schuldgefühle bekommen? Widerstrebte es ihr, um etwas zu bitten, wenn sie kein eigenes Geld mehr besaß? Welche Gefühle hätte sie, wenn sie bei einem Klassentreffen alte Schulkameradinnen wiedersehen würde, die inzwischen ihre eigenen Chefinnen wären und auf Bergen von Aktien säßen? Würde sie sich schämen, sagen zu müssen: »Ich bin schon sieben Jahre zu Hause wegen der Kinder«?

Sie müssen genau prüfen, was Sie innerlich antreibt. Wenn Sie 100 Watt Energie hätten, von der Sie 70 Watt während des Tages bei der Arbeit verbrauchen, würden Sie dann mit nur 30 Watt Restenergie wirklich ein Kind ausbrüten wollen? Wenn Sie sich andererseits aus innerstem Antrieb in der Außenwelt profilieren und auf eigenen Füßen stehen wollen, wäre es falsch, zu Hause zu bleiben, um Ihren Kindern volle 100 Watt zukommen zu lassen. Ihre Energie wird nämlich mit der Zeit schwächer werden. Sie werden bald wie eine Katze aussehen, die ihre Umgebung nicht mag. Das Fell der Katze verliert seinen Glanz und wird stumpf, und schließlich putzt sie sich nicht mehr. Genauso ergeht es vielen Frauen, die wegen ihrer Kinder zu Hause bleiben, obwohl es sie nicht recht befriedigt. Sie pflegen sich nicht mehr, legen keinen Wert mehr auf ihre Kleidung und lassen ihre Haare struppig und matt werden. Sie machen es so wie der Mann in dem Film *Mr. Mom*, der sich zu Hause um die Kinder kümmerte. Er hörte auf, sich zu rasieren, wurde dicker, saß nur noch mit den Kindern vor dem Fernseher und aß Tapiokapudding. Er hatte sich aufgegeben, weil er keinem inneren Antrieb mehr folgte.

Sie müssen sich darüber klarwerden, was Sie wirklich wollen; nur dann können Sie Ihr Ziel erreichen. Marcys intuitives Signalsystem wußte das und versuchte es ihr mitzuteilen. Sie hätte nur zuhören müssen.

Marcys Sinnen und Trachten war zu stark auf die Außenwelt gerichtet, als daß sie innerlich – im Uterus – ein Kind hätte haben wollen. Völliges Fehlen äußerer Antriebe kann sich jedoch auch nachteilig auswirken und riskant sein für die Organe des zweiten emotionalen Zentrums.

Als Candy mich wegen einer Lesung anrief, nahm ich sie als vollkommen selbständige junge Frau ohne jede Unterstützung wahr. Leider gelang ihr die Eigenständigkeit nicht allzugut. Sie hatte keine Wurzeln geschlagen in der Welt. Ich sah, daß sie gerade eine gescheiterte Beziehung hinter sich hatte und von der Hand in den Mund lebte. Sie war ein sehr unselbständiger Mensch, hatte aber nie eine gute, solide Partnerschaft aufbauen können. Sie schien keinerlei praktische Kenntnisse zu haben. Ein Jahr lang war sie zum Junior College gegangen. Sie hatte keinen Beruf und überhaupt keine Ziele in der Außenwelt. Sie gehörte zu den Leuten, die dauernd sagen: »Ich weiß nicht, was ich will. Was willst du denn?« Ihr einziger Wunsch war der, zu Hause zu bleiben und Kinder großzuziehen. Der Mann, mit dem sie zusammengelebt hatte, war allerdings unschlüssig gewesen, was eine Ehe mit ihr betraf, und hatte sie verlassen.

Körperlich war bei ihr alles weitgehend in Ordnung, nur in ihrem Beckenbereich entdeckte ich etwas, das wie zwei Billardkugeln aussah, die eine mit der Zahl zwölf darauf und die andere mit der Zahl acht.

Candy hatte vor kurzem zwei Fehlgeburten nacheinander gehabt, eine nach der achten Schwangerschaftswoche und die zweite nach der zwölften. Sie wollte wissen, wie sie daran etwas ändern konnte und was sie tun müßte, um ein Kind richtig austragen zu können. Ich sagte ihr, ich fände ihren Zustand besorgniserregend, denn sie sei überempfindlich. Sie hatte der Welt keinerlei Kraft entgegenzusetzen. Im Grunde hatten ihre übergroße Passivität und Abhängigkeit den letzten Partner vertrieben, so daß sie allein und ohne Unterstützung zurückgeblieben war.

Es besteht nachweislich ein Zusammenhang zwischen Fehlgeburten und der Gemütslage der Mutter. Dazu zählen der nur halbherzige Kinderwunsch, Angst vor den Begleiterscheinungen des Kinderhabens und Probleme mit der Übernahme von Verantwortung. Emotionale Faktoren und Streß können hormonelle Veränderungen besonders des Adrenalinspiegels auslösen, die dann eventuell vorzeitige Wehen in Gang setzen. Frauen, die häufig Fehlgeburten erleiden, sind erwiesenermaßen zu nachgiebig, anpassungsfähig, unterwürfig, kompromißbereit und willfährig. All das sind Schwächen, wie sie auch Candy ausnahmslos aufwies. Solche Frauen sind selten direkt und haben kaum Geschick, Probleme zu lösen. Sie sind eher unselbständig und neigen öfter zu Schuldgefühlen als andere Frauen. Es fällt ihnen schwer, Ärger oder Feindseligkeit offen und direkt auszudrücken und so ihren Frust loszuwerden. Letztendlich fühlen sie sich nur wohl in ihrer Haut, wenn sie die Bedürfnisse anderer erfüllen. Bei diesem Frauentyp liegt das Gewicht in der Hauptsache auf der Seite der Schwäche, nicht auf der Seite der Stärke.

Wie eine Frau Schwangerschaft und Geburt bewertet, hängt auch eng mit ihrer Einstellung und Beziehung zur eigenen Mutter zusammen. Hat eine Frau ein gutes Verhältnis zu ihrer Mutter und angenehme Erinnerungen daran, hat sie wahrscheinlich ein herzliches Verlangen danach, selbst Mutter zu werden. Wenn sie eine schlechte Mutter-Tochter-Beziehung hatte, verbunden mit schmerzlichen Erinnerungen an Spannungen, Ärger und Streit, und wenn sie zudem nicht recht weiß, ob sie überhaupt für ein abhängiges Kind sorgen will, lehnt sie unter Umständen den Fötus innerlich als etwas ab, das ihr die Kraft raubt. Sie fürchtet vielleicht, ihre Freiheit zu verlieren, angebunden zu sein und die Bürde mütterlicher Verantwortung tragen zu müssen. Candy glich stark ihrer Mutter, die mit 16 Jahren geheiratet hatte und schon bald die Last der Verantwortung für eine Familie hatte tragen müssen.

Candys Schwierigkeit bestand darin, daß sie ihren inneren Antrieben keine Erfolge in der Außenwelt entgegensetzen konnte. Sie hatte keinen wirklichen Rückhalt, und damit war bereits ihr erstes emotionales Zentrum geschwächt. Im zweiten emotionalen Zentrum hatte sie nur Charakterzüge der Schwäche, hingegen gar keine Stärke. Mit anderen Worten: Bei ihr tendierte alles nur zu einer Seite. Sie bestätigte mir, daß sie sehr gehemmt, furchtsam und ängstlich sei, was Aktivitäten in der Außenwelt anging. Sie hatte eine Mathematikphobie und war vorzeitig vom

Junior College abgegangen, weil sie Computer nicht mochte. Infolgedessen konnte sie in der Welt nur durch einen Ehemann Bestätigung finden. Andererseits war sie so hilfsbedürftig, unselbständig und passiv, daß sie keine Beziehung aufrechterhalten konnte. Ihr Partner wurde praktisch von ihr und ihrer Bedürftigkeit vollkommen vereinnahmt. Sie erwartete von ihm, für ihre ganze linke Spalte im Stärke-Schwäche-Diagramm Sorge zu tragen. Solange sie sich nicht auf ihre eigene Stärke besann, würde sie vermutlich auch weiterhin Fortpflanzungsprobleme haben.

Festhalten und Loslassen

Bei unserem Streben nach Eigenständigkeit müssen wir die heikle Aufgabe lösen, wann wir in einer Beziehung festhalten und wann wir loslassen wollen. Um dieses Problem zu meistern, brauchen die meisten von uns eine lange Zeit. Die Menschen neigen ihrem Temperament nach dazu, sich entweder wie Kletten oder wie Kartoffelpuffer in der Teflonpfanne zu verhalten, entweder sich anzuklammern oder nirgendwo haftenzubleiben. Jeder kennt Leute, die zu lange einem Beruf nachgehen, den sie hassen, oder eine Ehe aufrechterhalten, die nicht mehr funktioniert. Oder solche, die im Grunde das Zuhause ihrer Kindheit nie verlassen haben. Probleme in diesem Punkt bereiten den Boden für Erkrankungen der Organe und Gewebe des zweiten emotionalen Zentrums.

Festhängen wie eine Klette: ein Fall von Dickdarmkrebs

Lesung: Ich konnte sehen, daß die 35jährige Harriet sich freimachen mußte. Sie wollte im Leben etwas erreichen, hatte sich jedoch einer Gruppe von Leuten angeschlossen, unter denen sie keine Macht besaß. Das erkannte sie zum Teil, hatte deswegen aber Verlustgefühle und war desillusioniert. Wie ich sah, würde sie die notwendigen Schritte ergreifen, um mit dieser Gruppe zu brechen, was aufgrund ihrer langjährigen Verbundenheit mit diesen Leuten allerdings ein schmerzhafter Prozeß war. Ich nahm wahr, daß sie ein neues Projekt in Angriff nahm, aber

Schwierigkeiten insbesonderer finanzieller Art hatte, die Sache in Gang zu bekommen.

Körperlich schien bei Harriet alles in Ordnung zu sein, bis ich mich ihrem Darm zuwandte. Dort fand ich Verletzungen, Entzündungen und Reizungen im Bereich des Mastdarms. Außerdem nahm ich eine Degeneration der rechten Hüfte wahr.

Fakten: Harriet, seit langem Mitinhaberin eines erfolgreichen Diätunternehmens, hatte immer Freude an ihrer Arbeit gehabt. Inzwischen sah sie jedoch ihre Zukunft gefährdet. Sie hatte ein eigenes Programm einschließlich einer speziellen Diät zum Abnehmen entwickelt, das der Chef ihres Unternehmens, mit dem sie einmal eine enge Beziehung unterhalten hatte, nicht übernehmen wollte. Harriet wollte sich selbständig machen und eigene Diätkliniken einrichten. Ein Großteil ihrer finanziellen Mittel steckte jedoch in der alten Firma. Der Chef wollte ihr ihren Anteil nicht ausbezahlen, obwohl sie all ihre Überredungskünste einsetzte, und erzwingen wollte sie nichts. Sie war in einen anderen Bundesstaat umgezogen, um Abstand zu ihrem früheren Chef zu gewinnen, arbeitete allerdings an ihrem neuen Wohnort wieder in einer Filiale des Unternehmens. Mit ihrem eigenen Projekt kam sie nicht voran, solange ihr das Geld vorenthalten wurde.

Mittlerweile hatte sie ein schweres Hüftleiden entwickelt. Und was schlimmer war: Sie litt unter Dickdarmkrebs.

Harriet glaubte, den Bruch vollzogen und ihre frühere Bindung aufgegeben zu haben, dabei war sie über die Hüfte immer noch mit der alten Firma verbunden. Bezeichnenderweise waren die Beschwerden an ihrer rechten Hüfte aufgetreten, auf der Seite also, wo viele Männer ihr Portemonnaie stecken haben und sie selber ihre Handtasche trug. Und genau unterhalb der Hüfte war auch ihr Dickdarm betroffen.

Harriet war zu passiv in ihren Bemühungen, sich selbständig zu machen und ein eigenes Unternehmen zu gründen. Sie brachte es nicht fertig, nachdrücklich ihr Geld zurückzufordern und sich ihren Wunsch zu erfüllen. Sie hatte Angst davor, das Nest zu verlassen, und zweifelte daran, aus eigener Kraft fliegen zu können. Dadurch waren die Organe ihres zweiten emotionalen Zentrums beeinträchtigt und gaben ihr zu verstehen, daß sie sich mehr der Seite der Stärke widmen sollte, daß sie fahrenlassen mußte, was ihr nichts mehr brachte, um endlich ihr ersehntes Ziel zu verwirklichen.

Das Goldener-Käfig-Syndrom: ein Fall von Kreuzschmerzen

Lesung: Ich sah Donna in einer beruflichen Beziehung mit einer Gruppe von Leuten, in der sie wenig zu sagen hatte. Sie konnte nicht voll und ganz sie selbst sein, brachte es jedoch auch nicht fertig, zu kündigen. Ihr Ausweg aus dem Dilemma bestand darin, sich mehr aufzuhalsen, als sie bewältigen konnte, wodurch ihre Kräfte so aufgesplittert wurden, daß sie unter innerer Unruhe und Anspannung litt.

Ich nahm intuitiv wahr, daß die 51jährige Donna aufgrund ihrer Festgefahrenheit etwas übergewichtig war. Außerdem wirkte sie übermüdet und konstant niedergeschlagen. Ich sah auch, daß sie chronische Kreuzschmerzen hatte.

Fakten: Donna war Operationsschwester. Sie hatte Freude an ihrer Tätigkeit gehabt – bis das Pflegemanagement in ihrem Krankenhaus eingeführt wurde. Vorher hatte das Team im Hinblick auf das gemeinsame Ziel, die Patienten gut zu versorgen und ihnen zur Genesung zu verhelfen, reibungslos zusammengearbeitet. Es war wie eine Rudermannschaft gewesen, in der alle rhythmisch zusammenwirkten, um das Boot ans Ziel zu bringen. Auf einmal wurde das Pflegemanagement der neue Steuermann und schrie: »Schneller! Mehr Leistung! Mehr Leistung!«, und alle kamen aus dem Rhythmus. Die Ruder bewegten sich plötzlich in unterschiedliche Richtungen. Donna versuchte, immer mehr zu leisten, dabei wurde sie immer schlechter bezahlt und fand immer weniger Befriedigung in ihrer Arbeit. Sie wußte, daß sie raus mußte aus dem Boot, aber sie hatte Angst davor, ins kalte Wasser zu springen und ganz allein davonzuschwimmen. Sie haßte ihre Arbeitsstätte und wollte trotzdem dort bleiben.

Immer öfter litt sie unter Kreuzschmerzen, die sie auf den Streß ihrer Tätigkeit zurückführte. Sie suchte verschiedene Ärzte und andere Heilkundige auf, darunter einen Osteopathen, einen Akupunkteur und einen Arzt für Naturheilverfahren und Homöopathie. Auch das war ein

Grund für ihr Zögern zu kündigen: Sie brauchte die Krankenversicherung, die ihr Arbeitgeber für sie bezahlte. So schloß sich der Teufelskreis, denn sie blieb bei einer Tätigkeit, von der sie krank wurde, um sich die Behandlung der Leiden leisten zu können, die damit verbunden waren.

Kreuzschmerzen bzw. Lumbago sind in den Vereinigten Staaten die Hauptursache für die Berufsunfähigkeit der arbeitenden Bevölkerung, und zwar nicht nur bei Möbelpackern oder Hafenarbeitern, sondern auch bei Büroangestellten. Die Kreuzschmerzen von kaufmännischen Angestellten haben einen Boom in der Ergonomikindustrie ausgelöst und zur Herstellung von Büromöbeln und -einrichtungsgegenständen mit hervorragendem Design geführt, die bei den Werktätigen die richtige Haltung unterstützen und Muskelverspannungen vorbeugen sollen. Und die Wirkung? Die meisten dieser Anstrengungen bewirkten überhaupt keine Veränderung. Eine neuere Studie wies nach, daß selbst eine ergonomische Schulung bei Büroangestellten keinen merklichen Rückgang von Rückenschmerzen und Arbeitsunfähigkeit nach sich zog.

Das überrascht mich nicht, denn Kreuzschmerzen sind ein Ausdrucksmittel unseres intuitiven Leitsystems, das uns damit zu verstehen gibt, daß etwas schiefläuft mit unserer Selbstverwirklichung in der Außenwelt, in diesem Fall der beruflichen. Man hat eine Stelle und weiß nicht recht, ob man bleiben oder kündigen soll, ob man sie behalten oder fahrenlassen und lieber etwas anpeilen soll, was mehr dem eigenen Herzenswunsch entspricht. Darin bestand Donnas Problem.

Eine schlechte, schmerzerzeugende Körperhaltung hat viele psychologische Ursachen. Wir bilden Erinnerungen und legen Gefühle in unserem Körpergewebe ab, ohne überhaupt zu merken, daß wir sie haben. Uns ist nicht unbedingt bewußt, daß wir angsterfüllt oder wütend sind, aber wir spüren, wie bestimmte Muskeln steif oder hart werden. Menschen, die deprimiert oder unglücklich in ihrer Lebenssituation sind, haben viel häufiger unter spezifischen Muskelverspannungen und -versteifungen zu leiden. Muskelverspannungen und Rückenschmerzen treten dann auf, wenn Menschen aus Angst vor Rückschlägen ihr eigentliches Ziel nicht verfolgen oder nicht die nötigen Schritte zu einer Konfliktlösung unternehmen. Sie bleiben also, wo sie sind, haften an wie Kletten, statt loszulassen. Sie leiden am »Goldener-Käfig-Syndrom« und nehmen eine starre, immer gleiche Haltung ein, deren Folge am Ende Kreuzschmerzen sind.

Donnas berufliche Antriebe – ihre Arbeitslust und ihr Streben nach Geld und Macht – wurden frustriert, und sie empfand keine Befriedigung mehr bei der Arbeit. Aber sie hielt trotzdem daran fest aus Angst loszulassen. Im Grunde hatte sie sogar recht, nicht zu schnell abzuspringen. Mit einer völlig unvermittelten, drastischen Änderung ihrer Identität hätte sie noch ernstere Beschwerden heraufbeschwören können. Ihr erstes emotionales Zentrum, ihr Sinn für Rückhalt, konnte dabei erschüttert werden und ihre Rückenschmerzen noch verschlimmern. Bei ihr ging es nur wie bei einer Zimmerfeige. Eine solche Pflanze darf man nicht von einem Ende des Hauses ans andere umstellen. Sie mag das nicht und wirft praktisch alle Blätter ab, wenn sie zu schnell und zu weit versetzt wird. Man muß sie Stück für Stück umsetzen, immer ein, zwei Handspannen weiter, damit sie sich allmählich an den neuen Stellplatz gewöhnen kann. So mußte auch Donna vorgehen. Sie mußte immer wieder ein Stückchen loslassen und schrittweise eine neue Identität aufbauen. Statt ihren Beruf als Krankenschwester Knall auf Fall aufzugeben, schlug ich ihr vor, allmählich mehr mit einzelnen Patienten zu arbeiten und sie ein wenig zu beraten, um schließlich immer mehr in die Beratungstätigkeit hineinzuwachsen und gleichzeitig die pflegerische Arbeit einzuschränken, bis am Ende das eine das andere ersetzte. Auf diese Weise konnte sie nach und nach die schwierige Aufgabe bewältigen, loszulassen und sich einem neuen Ziel zuzuwenden.

Arbeit ist ein wichtiges menschliches Anliegen in der Außenwelt. Aber die Verwirklichung in der Außenwelt erfordert ein Gegengewicht durch die Kraft der Innenwelt und der psychologischen Beziehungen.

»Du und ich« oder »wir«

Partnerschaft und Heilung

Beim zweiten emotionalen Zentrum geht es um die zwischenmenschlichen Beziehungen, vor allem die intimen Zweierverhältnisse und den Gegensatz, in dem diese zu dem Autonomiestreben stehen, das ebenfalls in diesem Zentrum seinen Sitz hat. Wir wollen unabhängig sein, haben jedoch zugleich auch das Verlangen, eine Beziehung mit einem anderen Menschen einzugehen. Die Suche nach einer befriedigenden Beziehung ist sogar einer unserer wichtigsten Triebe. Aber warum? Warum sollten wir uns von unserer Familie lösen wollen, um eigenständig zu werden, und dann gleich wieder kehrtmachen und etwas Ähnliches wie die Familie, die wir eben verlassen haben, erstrebenswert finden? Menschen brauchen Menschen, um Barbra Streisand zu zitieren. Eine Partnerschaft ist heilsam. Darum streben wir danach wie Pflanzen nach dem Licht.

Das Leben in einer Beziehung kann sich günstig auf das Immunsystem auswirken und vor Erkrankungen schützen. Männer brauchen erwiesenermaßen physiologisch und immunologisch die Anwesenheit einer Frau. Versuche mit Mäusen haben gezeigt, daß sich bei männlichen krebskranken Mäusen, die mit zwei oder drei Weibchen zusammen untergebracht wurden, die Tumore langsamer entwickelten als bei denen, die allein oder mit anderen männlichen Mäusen zusammen gehalten wurden. Junggesellen sterben nachweislich im Durchschnitt früher als verheiratete Männer. Frauen leben länger, wenn sie enge Freundinnen haben, ebenso wie weibliche Mäuse, deren Tumore langsamer wachsen, wenn andere Mäusefrauen im gleichen Käfig leben. Beziehungen sind also nicht nur Partnerschaften mit dem anderen Geschlecht; zumindest bei Frauen sind anscheinend enge Freundschaften mit Frauen genauso wichtig wie die Partnerschaft mit einem Mann.

Auf jeden Fall sind Beziehungen von entscheidender Bedeutung. Das Ende einer Beziehung, sei es durch Trennung, Scheidung oder Tod, ist bekanntlich eines der stressigsten Ereignisse des Lebens mit gravierenden Auswirkungen auf die Gesundheit. Auch die Qualität einer Beziehung kann das körperliche Befinden beeinflussen. Beispielsweise kann in einer Ehe eine Veränderung zum Besseren chronische Schmerzen aufheben, speziell solche im Kreuzbereich. Wenn jemand mit Kreuzschmerzen und Eheproblemen mit dem Partner zu einer Eheberatung geht, bessert sich das Rückenleiden ohne Operation oder eine medikamentöse Behandlung oft erheblich, sowie die Beziehung wieder funktioniert. An diesem Fall ist leicht erkennbar, wie das intuitive Signalsystem dem oder der Betreffenden zu verstehen gegeben hat, daß ein emotionaler Schmerz im zweiten emotionalen Zentrum vorlag und folglich in diesem Lebensbereich eine Anpassung vorgenommen werden mußte.

Ein Gleichgewicht herzustellen zwischen Beziehungen und Triebkräften erscheint knifflig. Auf den ersten Blick sieht es so aus, als stünden das Streben nach Eigenständigkeit und das Streben nach Beziehungen im Konflikt miteinander: Einerseits wollen wir auf uns allein gestellt sein, andererseits wollen wir mit jemandem zusammensein. Wie kann man denn auf sich allein gestellt sein und trotzdem gleichzeitig eine Beziehung mit jemandem unterhalten?

Eigentlich ist die Sache ziemlich einfach. Folgendes geschieht, wenn Leute heiraten oder eine andere Form von Beziehung oder Partnerschaft eingehen: Du und ich, zwei Einzelwesen, verbinden sich zu einem neuen Wesen, dem »Wir«. Verbunden zu sein heißt jedoch nicht, als Einzelwesen nicht mehr zu existieren. Auch wenn wir im »Wir«, in einem Kollektiv, zusammenkommen, erkennen wir doch, daß wir, du und ich, weiterhin als vollständige individuelle Menschen fortbestehen. Nur haben wir eine dritte Identität hinzugewonnen, die uns als Gemeinschaftswesen zusammenhält. Aber unsere ganz eigenen Grenzen und unser Umfeld bleiben erhalten. Es wird oft über Eheverträge geklagt, die angeblich ein Mißtrauensbeweis sind und auf das Ende der betreffenden Ehe hinweisen, aber ich sehe darin Vereinbarungen, durch die symbolisch die jeweiligen Grenzen gezogen und anerkannt werden. Sie sorgen dafür, daß selbst dann, wenn das »Wir« nicht mehr existiert, du und ich mit unserem jeweiligen Umfeld intakt bleiben. Und das ist gut so.

Grenzen zu stecken und aufrechtzuerhalten ist extrem wichtig in zwischenmenschlichen Beziehungen. Es ist wichtig, sich klarzumachen, was gemeinsam ist und was deins oder meins ist. Viele Menschen sind dazu nicht in der Lage. Sie verlieren ihre Grenzen, sobald sie in eine Beziehung eintreten. Viele Frauen geben alles auf – den Beruf, eine Karriere, sogar Freunde –, wenn sie heiraten, und sind wie die Braut in dem Film *Die Hochzeit meines besten Freundes* nur noch für ihren Ehemann da. Im Überschwang der Liebe erzählen sie ihren Freundinnen nur noch, »wir« machen dies und »wir« machen das, bis die es nicht mehr hören können. Solche Frauen verlieren sich im »Wir«. Sie verwachsen förmlich mit ihrem Mann.

Auch in anderen Beziehungen können die Grenzen verlorengehen.

Freunde haben mir gesagt, ich würde bei engen Freundschaften keine Grenzen kennen. Meine Freunde können jederzeit in mein Haus kommen und sich frei bedienen, weil ich sehr vertrauensselig und daher eine Gebernatur bin, beides Eigenschaften aus meinem ersten emotionalen Zentrum.

Eine Beziehung muß Grenzen aufweisen, und sie muß ein Gleichmaß an Stärke und Schwäche haben. Es tut nicht gut, wenn der eine Partner die ganze Stärke in sich vereint und der andere die ganze Schwäche. Freud hat seinerzeit eine Mentor-Schützling-Beziehung mit seinen Studenten unterhalten. Bei Studienabschluß gab er jedem einen Ring, wie einen Trauring. Doch wenn sie im Laufe ihres Berufslebens jemals anderer Meinung waren als er, nahm er den Ring wieder an sich, was er bekanntlich auch bei seinem berühmtesten abtrünningen Jünger C. G. Jung machte. Mit diesem Ringeausteilen und -zurückfordern übte Freud extreme Macht und Kontrolle aus. Es wäre eine Katastrophe für einen Studenten gewesen, den Ring des berühmten Herrn Freud zu verlieren. Aber Freud betonte damit, daß er immer der große Lehrer sei und bleibe und sein Schützling immer der kleine Student. Seine Anhänger durften nicht zuviel Eigenständigkeit entwickeln, sonst wurden sie verstoßen. Er war im Besitz der Stärke, ihnen blieb nur die Schwäche. Daraus entsprang eine sehr unsaubere Beziehung.

Die Stärke in diesem Teil des zweiten emotionalen Zentrums liegt in der Unabhängigkeit, im Gebrauchtwerden von anderen statt im Angewiesensein auf andere, eher im Nehmen als im Geben, in klar definierten Grenzen statt in einer vagen Gemeinsamkeit, im Durchsetzen statt Nachgeben, in der Beschützerrolle statt im Beschütztwerden, in der Konfrontation statt im Gewährenlassen. Wer sich im Gleichgewicht befindet, weiß, daß er in einer Beziehung manchmal abhängig ist – er muß zum Beispiel den Partner bitten, die Leiter festzuhalten, während er die Schlafzimmerdecke streicht. Ein andermal streicht er vielleicht nur die Fußleiste und braucht keine Hilfestellung. Das eine Mal ist man selbstbewußt, das andere Mal eher zurückhaltend.

In unserer Gesellschaft gelten Männer immer noch als das starke Geschlecht, Frauen hingegen als das schwache. Ich habe einmal eine Fernsehsendung über Mißbrauch in partnerschaftlichen Beziehungen gesehen. Ein Ehemann erklärte, warum er alle Macht in der Partnerschaft auf sich vereinte. »Ich wollte dich doch bloß beschützen«, sagte er zu seiner Frau. Die Frau hatte sich immer nur beschützen lassen, sich immer ergeben und damit all ihre Macht und ihr Kontrollvermögen aufgegeben; sie hatte zugelassen, daß ihr Mann in der Ehe der Übermächtige war, während ihr nur die Schwachheit blieb. Und das führte in diesem Fall zum Mißbrauch.

Jeder Frau dürfte die Situation bekannt sein, daß sie sich mit einer Freundin trifft, die in einer unausgewogenen Beziehung festhängt und beständig klagt: »Er schreibt nicht, er ruft nicht an« – immer die gleiche alte Leier. Vertraut? Frauen in solchen Partnerschaften haben keine klaren Grenzen gezogen, sie sind allzu abhängig und anhänglich und geben mehr, als sie zurückbekommen. Es kann aber auch der Mann sein, der die Bedürftigenrolle spielt. In dem Film *Moonstruck* (»Mondsüchtig«) lebte die Heldin Cher anfangs in einer Beziehung, in der eindeutig sie die Hosen anhatte. Sie drängte ihren Verlobten zur Heirat und erbot sich, alle Vorbereitungen für die Hochzeit zu treffen. Er brauche nur noch zu erscheinen, sagte sie. Wenn er im Restaurant etwas bestellte, das er mochte, machte sie seine Bestellung rückgängig mit der Begründung, das sei nicht gut für ihn, und ließ etwas anderes kommen. Sie war die Starke, die sich durchsetzte. Die Beziehung war sichtlich in Schieflage und letztlich zum Scheitern verurteilt. Dann lernte sie einen Bäcker kennen. Dieser Typ war ihr besser gewachsen, und die Beziehung war ausgewogener. Die Macht verteilte sich. Einmal setzte sie sich durch, ein andermal gab sie nach. Sie lernte, sich je nach den Umständen mal unterzuordnen, mal ihren eigenen Standpunkt zu verteidigen.

Die Person, die in einer Familie die Finanzen verwaltet (auch Geld ist ein Aspekt des zweiten emotionalen Zentrums), hat normalerweise die meiste Macht. Eine Freundin von mir, eine Lehrerin, heiratete einen Banker. Meine Freundin war zwar klug, aber die Kontoführung bereitete ihr Unbehagen. Also gab sie ihren wöchentlichen Gehaltsscheck jedesmal ihrem Mann, der ihr dann 25 Dollar Taschengeld gab (ja, es handelt sich um die 90er Jahre!). Das nennt man »kurzhalten«. Wenn ihr das Geld ausging und sie um Nachschub bat, wollte er wissen, was sie denn damit gemacht hätte. Seine Begründung war, er wolle sie nur davor »bewahren«, zuviel auszugeben. Er beschützte sie, und sie ließ sich beschützen. Meine Freundin war so unterwürfig, daß sie diese Bevormundung auch noch verteidigte! »So ist es viel besser«, pflegte sie zu sagen. »Er kann viel besser mit Geld umgehen als ich.« Andererseits sind viele Frauen für die Finanzen innerhalb der Familie verantwortlich. In vielen Familien ist die Mutter die dominierende Person und für die Ausgaben zuständig. Nach einem Essen im Restaurant reicht sie dem Vater unauffällig die Geldbörse, damit er die Rechnung begleichen kann.

Es tut weder der Beziehung noch den Gefühlen und dem Körper gut, wenn ein Partner alle Stärke auf sich vereint und dem anderen nur die schwächere Position bleibt. Im Grunde ist es für beide Seiten abträglich. Man sollte die Freuden und Vorteile beider Positionen kennen und den Umständen entsprechend entweder nachgiebig sein oder sich durchsetzen. Fehler in diesem Punkt können Erkrankungen bei den Organen des zweiten emotionalen Zentrums auslösen.

Auf Eis gelegt: das Fibrom

Lesung: Ich hatte einige Schwierigkeiten bei meiner intuitiven Lesung für Ruth. Sie erschien mir zwar als attraktive, gepflegte Frau in allgemein gutem Gesundheitszustand, aber im Bereich ihrer zwischenmenschlichen Beziehungen nahm ich ein ziemliches Durcheinander wahr. Ich sah, daß sie seit Jahrzehnten in einer Beziehungssackgasse steckte. Trotzdem konnte ich mir kein klares Bild von ihrem Partner machen. Erst hatte ich einen konventionell aussehenden, leicht übergewichtigen, zu Glatze neigenden, etwa 1,80 m großen Mann vor Augen, dann plötzlich eine hochgewachsene Frau mit schulterlangem Haar in auffälliger, farbenfroher Kleidung mit Glitzerschmuck und unübersehbarem Make-up. Ich wußte nicht, was ich damit anfangen sollte. War meine Klientin nun mit einem Mann oder mit einer Frau zusammen? Ich fragte Ruth ohne Umschweife, und sie erwiderte, mit einem Mann. Dennoch blitzte immer wieder das Bild einer Frau vor meinem geistigen Auge auf. Ich fragte mich, ob Ruth sich wohl in einer Art »M.-Butterfly«-Situation verfangen hatte. In diesem Stück, das auf einer wahren Begebenheit beruht, hat ein Mann zwei Jahrzehnte lang ein Verhältnis mit einer Person, die er für eine Frau hält, die jedoch ein Mann ist.

Was den Körper betraf, spürte ich bei Ruth eine gewisse Schwere im Beckenbereich und fragte mich, ob sie vielleicht eine verhärtete Geschwulst in der Gebärmutter hatte.

Fakten: Im Gegensatz zu mir hatte Ruth keine Zweifel am Geschlecht ihres Partners. Seit 21 Jahren unterhielt sie eine Beziehung mit einem Transvestiten. Allerdings zweifelte – oder verzweifelte – sie an der Zukunft dieser Beziehung. Zwanzig Jahre hatte sie durchgehalten und gottergeben darauf gewartet, daß ihr Geliebter endlich eine Entscheidung traf, ob er sie heiraten wollte oder nicht. Inzwischen war die Beziehung längst erstarrt und kam nicht mehr von der Stelle. In ihrer Gebärmutter hatte sich ein großes kalkverhärtetes Fibrom gebildet.

Ruths Fibrom war die verkörperte Erinnerung an die erstarrte Beziehung mit einem Mann, der in dieser Partnerschaft viel mehr Macht besaß als sie. Sie hatte zwei Jahrzehnte lang immer nur gegeben und als Antwort nicht einmal ein Eheversprechen erhalten. Sie mochte ihn nicht direkt auf eine solche Bindung hin ansprechen, weil sie nicht bedürftig, verzweifelt und abhängig erscheinen wollte. Vielmehr blieb sie passiv und ließ ihre Wünsche nur indirekt durchblicken.

Auf diesem Gebiet sind noch Forschungen nötig, aber immerhin ist nachgewiesen worden, daß Beziehungsstreß die Gebärmutter beeinträchtigen kann. Streßereignisse im Leben einer Frau können die Nebenniere zu vermehrter Steroidproduktion anregen, wodurch Uterusblutungen eingeleitet werden.

Ruth mußte unbedingt mehr Stärke gewinnen in ihrer Partnerbeziehung und einen Entschluß fassen, ob sie bei dem Mann bleiben oder ihn verlassen wollte. Nur wenn sie in ihren zwischenmenschlichen Beziehungen ein Gleichgewicht zwischen Stärke und Schwäche herbeiführte, konnte sie sich aus der Erstarrung lösen und einen Schritt in die Welt hinein tun.

Beziehungen und Sexualität

Wichtiger Bestandteil einer gesunden, ausgewogenen Beziehung ist das Gespräch mit dem Partner. Man muß miteinander kommunizieren können, um Fragen der Stärke und Schwäche, des Brauchens und Gebrauchtwerdens, des Gebens und Nehmens usw. rechtzeitig anzugehen und so gemeinsam Grenzen festzulegen. Erfolgreiche Beziehungen, die sich nur auf Sex gründen, sind ausgesprochen selten. Selbst wenn sich zwei Menschen darauf einigen, daß sie im Prinzip nur an einer sexuellen Beziehung interessiert sind, ersehnt sich im allgemeinen zumindest einer von beiden insgeheim erheblich mehr. Oder einer von beiden hat irgendwann das Empfinden, einmal erkunden zu müssen, wie eine Beziehung sein kann, die über das rein Sexuelle hinausgeht. Eine intime Partnerbeziehung ohne emotionale Zuwendung bereitet oft den Boden für Erkrankungen und Funktionsstörungen der Organe des zweiten emotionalen Zentrums, insbesondere der Sexual- und Fortpflanzungsorgane.

Frauen, die sich blindlings auf Beziehungen einlassen, die nie über das Sexuelle hinausgehen, leiden am »Gottesanbeterinnen-Syndrom«, wie ich es nenne. Gottesanbeterinnen sind Heuschrecken, die ihrem Männchen bei der Paarung den Kopf abreißen und dann den Begattungsakt vollenden. Ähnlich handeln manche Frauen, wenn sie einen Partner suchen: Sie verlieben sich in den Körper des Mannes, ohne den Kopf zu berücksichtigen. Sie gehen eine sexuelle Beziehung ein, bei der Geist und Persönlichkeit des Mannes keine Rolle spielen. Diese Frauen leiden meines Erachtens unter dem Gottesanbeterinnen-Syndrom. Die folgende Feststellung ist altbekannt und einleuchtend, aber da so viele Frauen und Männer sie nicht beherzigen, wiederhole ich sie einfach noch einmal: Die gegenseitige körperliche Anziehungskraft muß durch eine noch stärkere geistige Anziehungskraft untermauert sein.

Im medizinischen Labor habe ich einmal bei Forschungsarbeiten ein Gerät namens Aggreganometer benutzt. Ab und zu brannte bei dem Gerät eine Sicherung durch, und dann mußte ich es auseinandernehmen, die Sicherung austauschen und die Teile wieder zusammensetzen. Da ich technisch eine ziemliche Niete bin, hatte ich am Ende meist ein paar Schrauben übrig und konnte mir nicht mehr zusammenreimen, wohin sie gehörten. Aber das Gerät schien trotzdem wieder gut zu funktionieren, so daß ich die Schrauben einfach auf meinem Schreibtisch liegenließ. Einmal kam mein Chef herein und bemerkte die Schrauben in einem Pappbecher auf meinem Schreibtisch. »Woher sind die denn?« fragte er. »Das sind nur ein paar übriggebliebene Schrauben aus dem Aggreganometer«, sagte ich beiläufig. Er faßte sich mit beiden Händen an den Kopf. »Himmel, das sind doch die Erdungsschrauben!« rief er. »Setzen Sie sie schnell wieder ein, sonst bekommen Sie einen Stromschlag!«

Auch Partnerbeziehungen müssen »geerdet« werden, da sonst emotionale und physische Verbrennungen auftreten können. Jeder muß wissen, was der andere fühlt und wo die Grenzen sind. Andernfalls signalisiert einem das intuitive Leitsystem über die Organe des zweiten emotionalen Zentrums, daß es Probleme in diesem Lebensbereich gibt. Ich kenne eine Frau, die wahllos sexuelle Beziehungen mit Männern eingeht. Sie lernt auf dem Flughafen, im Flugzeug, in Hotels und auf Konferenzen Männer kennen und landet unweigerlich im Bett mit ihnen. Das ist aber auch alles. Nie entwickelt sich eine echte Beziehung. Sie wartet nach einer solchen Begegnung noch wochenlang auf einen Anruf des betreffenden Mannes, aber vergebens. Diese Frau hat Abgrenzungsprobleme. Entweder kennt sie überhaupt keine Grenzen, oder sie geht hinter einer dicken Mauer in Deckung. Im Beruf paßt sie auf, daß nichts hinter ihrem Rücken geschieht, und hütet ihr Revier, um nicht übervorteilt zu werden, dabei läßt sie sich immer wieder von Männern ausnutzen. Einerseits gleicht sie einem weit offenen Fenster, das jedes Ungeziefer der Welt einläßt, andererseits einem gut dämmenden Doppelglasfenster, das alles abschirmt.

Mich wunderte es nicht sonderlich, daß die Frau schließlich Gebärmutterhalskrebs bekam. Bei Frauen mit Erkrankungen des Gebärmutterhalses herrschen nachweislich bestimmte emotionale Muster vor. Wie eine Studie zeigte, hatten sie meist sehr früh schon sexuelle Kontakte, haben relativ oft voreheliche Geschlechtsbeziehungen wie auch sexuelle Affären während der Ehe gehabt sowie mehrere Ehen und Scheidungen hinter sich. Über die Hälfte der Frauen wuchs ohne Vater auf, weil dieser entweder gestorben war oder das Weite gesucht hatte. Die Frauen hatten also als Kinder nie echte Liebe von seiten eines Mannes erfahren. Ihr Sexualverhalten im späteren Leben ist sozusagen ein Schrei nach Liebe, ein Versuch, etwas zu finden, was ihnen zu Hause vorenthalten wurde. Da sie keine innere Vorstellung von Liebe haben, versuchen sie dauernd, die Leere durch ein Übermaß an unausgewogenen Beziehungen zu füllen.

Bei Frauen mit Erkrankungen des Gebärmutterhalses ist das Verlangen nach Liebe und nach liebevollen Beziehungen oft der Hauptgrund für ihre Bereitschaft zum Geschlechtsverkehr. Häufig macht ihnen der Sex nicht einmal Freude. Trotzdem sind sie im allgemeinen selbstlos und willens, ihrem Partner alles zu gewähren, was ihm gefällt, physisch und emotional. Meist geben sie mehr, als sie empfangen. Eine Studie an 51 Frauen mit Gebärmutterhalskrebs ergab, daß die Frauen, bei denen der Krebs am schnellsten fortschritt, diejenigen waren, die mehr ins Leben einbrachten, als sie herausholten. Wie Sandra in der nachfolgenden Geschichte waren diese Frauen meist ein Leben lang einsam und hatten es aufgegeben, an der Qualität ihres Lebens und ihrer Beziehungen je etwas ändern zu können. In ihren Partnerbeziehungen waren sie vielfach zu allem bereit, passiv und nachgiebig. Sie gaben sich zu schwach und hielten keine festen Grenzen ein.

Das Gottesanbeterinnen-Syndrom: Gebärmutterhalskrebs

Lesung: Mit 30 Jahren war Sandra emotional und physisch so angeschlagen, daß sie ihr Leben umgestalten wollte. Ich nahm sie als kleinwüchsige Frau mit zartem Körperbau wahr. Ich sah, daß sie seit ihrer Teenagerzeit viele kurzfristige, unbeständige Sexualbeziehungen hatte. Diese unbeständigen Sexualbeziehungen hatten einen Bezug zu ihrer Vaterbeziehung. Offenbar waren schmerzliche Gefühle und Erinnerungen mit der Tatsache verbunden, daß der Vater während Sandras Kindheit oft wochenlang verschwand. Seine Abwesenheit hinterließ ein Gefühl der Leere, des Ungeliebtseins und Verlassenwerdens bei ihr.

In Sandras Körper fielen mir eine schwere chronische Gebärmutterhalsreizung und ein blutiger Gebärmutterausfluß auf, der wohl erst kürzlich eingesetzt hatte.

Fakten: Sandra litt unter einer Herpesinfektion des Gebärmutterhalses und unter Warzen an den Geschlechtsteilen. Einige Tage vor der Lesung hatte sie eine Schwangerschaft abbrechen lassen, die aus einer dreiwöchigen Beziehung mit einem Mann herrührte, von dem sie hoffte, daß er sie heiraten würde.

Allerdings hatte Sandra sich erst vor kurzem nach zweijähriger Ehe von ihrem Mann John getrennt. Von ihrem Vater konnte sie nicht viel erzählen, gab jedoch zu, daß er während ihrer Kindheit bei der Handelsmarine und oft monatelang von zu Hause fort gewesen sei. Sie wünschte, es wäre ein engeres Verhältnis gewesen.

Außer den gesundheitlichen Problemen hatte Sandra noch finanzielle Sorgen. Sie besaß mit ihrem getrennt lebenden Ehemann zusammen ein lukratives Unternehmen, und sie konnte sich nicht vorstellen, wie sie auf Dauer beruflich ohne ihren Mann auskommen sollte. Sie hatte keine rechten Ziele in der Außenwelt. Über ihre Vermögenswerte und beruflichen Tätigkeiten bestimmten normalerweise die Männer, mit denen sie sich sexuell einließ.

Sandra war verzweifelt über ihr Leben. Ihr Gesundheitszustand machte ihr angst, und sie fühlte sich den Männern, die sie anzog und mit denen sie Beziehungen unterhielt, hilflos ausgeliefert. Die emotionalen Qualen, die ihre sexuellen Beziehungen, die finanziellen Probleme und die Fragen von Macht und Kontrolle bei ihr auslösten, waren in ihrem zweiten emotionalen Zentrum gespeichert. Infolgedessen meldeten sich die in dieser Region befindlichen Organe mit Schmerzen und Gebärmutterhalsbeschwerden, Herpes und Vaginawarzen zu Wort.

Sandra wurde vom Verlangen nach einer liebevollen Beziehung zu einem Mann getrieben, welche die vom Vater in ihrer Kindheit verursachte Leere ausfüllen sollte. Gebärmutterhalskrebs ist auch mit einer bestimmten Art von Beziehungsstreß in Zusammenhang gebracht worden. Die dafür anfälligen Frauen sind im allgemeinen eher passiv, pessimistisch, unterwürfig und indirekt in ihren Partnerbeziehungen. Frauen, die widerstandsfähiger gegen diesen Krebs waren, spielten hingegen überwiegend eine aktivere Rolle in ihren Beziehungen. Immunologisch heißt das: Wenn wir nicht richtig mit einer anstrengenden Umgebung oder stressigen Beziehungen umgehen, produziert unsere Nebenniere mehr Sexualsteroide, und damit wächst unsere Anfälligkeit für Erkrankungen wie Gebärmutterhalskrebs. Forscher können fast schon an abnormen Abstrichen ablesen, welche der untersuchten Frauen an Krebs erkranken werden. Im allgemeinen sind es die, deren Freund oder Ehemann viel unterwegs oder untreu ist und zuviel trinkt. Sie sagen: »Ich hätte ihn längst verlassen sollen, aber ich konnte nicht wegen der Kinder.« Intuitiv wissen sie, was sie tun müssen, und sie haben auch die Warnsignale mitbekommen, aber sie handeln nicht danach. Sie bleiben lieber passiv und ergeben sich in ihr Schicksal. Solche Frauen geben sich selbst die Schuld an Problemen und übernehmen die meiste Verantwortung dafür, weil sie das Gefühl haben, gebraucht zu werden. Im Gegensatz zu ihnen kennen die Frauen, die nicht von Gebärmutterhalskrebs befallen werden, die Grenzen ihrer Verantwortung anderen und sich selbst gegenüber, können sich entscheiden und sich im Wandel ihres Lebens mitverändern.

Ein weiteres klassisches Beispiel dafür, wie Emotionen und Erinnerungen, die mit der Sexualität zusammenhängen, im Körper gespeichert werden, sind chronische Beckenschmerzen. Opfer von Kindesmißbrauch und Frauen mit qualvollen Sexualbeziehungen sind geradezu prädestiniert für chronische Beckenschmerzen. Leider verstehen sie oft nicht, was ihre Intuition ihnen durch die Organe ihres zweiten emotionalen Zentrums sagen will.

Traumatische Erinnerungen: chronische Beckenschmerzen

Lesung: Als mich die 42jährige Katrina anrief, sah ich sie an einem Schreibtisch sitzen, von zwei Chefs mit Arbeit überhäuft, während sie alles tat, was von ihr verlangt wurde. Ich sah auch, daß sie eine sehr qualvolle Zeit mit mindestens zwei Männern, die nicht ihre Chefs waren, hinter sich hatte. Diese Qual war in Form von zahlreichen Narben in ihr Becken eingeprägt und mußte früher oder später zu chronischen Beckenschmerzen führen. Ferner nahm ich wahr, daß sie unter Depressionen litt und Medikamentenmißbrauch trieb.

Fakten: Zuerst leugnete Katrina ab, je qualvolle Männerbeziehungen gehabt zu haben. Niemals, behauptete sie. Derzeit hätte sie keinen Freund. Sie konzentriere sich auf ihren Beruf, sagte sie. Immerhin gab sie zu, unter chronischen Beckenschmerzen zu leiden. Diese Schmerzen waren so schlimm gewesen, daß sie schon viermal operiert worden war, ohne Erfolg. Sie war verzweifelt und wollte wissen, wie sie diese Schmerzen loswerden könnte.

Als wir unser Gespräch beendet und eingehängt hatten, war ich bestürzt über die Lesung. Hatte ich ihre emotionale Vergangenheit falsch gelesen? Eine Viertelstunde später rief Katrina erneut an. Sie hätte etwas vergessen, sagte sie. Mit 15 Jahren sei sie auf dem Schulweg von zwei Männern in ein Auto gezerrt, zu einem einsamen Ort entführt und vergewaltigt worden.

Katrina hatte die Vergewaltigung nicht erwähnt, weil sie sie nicht als Beziehung betrachtete. Dabei war sie die Ursache ihrer körperlichen Beschwerden. Ein Riesenberg von Literatur macht den Zusammenhang zwischen chronischen Beckenschmerzen und früherem sexuellen Mißbrauch deutlich. Erwiesenermaßen sind Schmerzen im Genitalbereich und im Harntrakt sowie Eßstörungen und Fettleibigkeit oft auf traumatische Sexualerlebnisse speziell in der Kindheit zurückzuführen. Frauen, die in der Kindheit sexuell mißbraucht wurden, neigen überdies vermehrt zu selbstzerstörerischen Verhaltensweisen, um den Erinnerungen an das Trauma zu entgehen.[29]

Bei Katrina handelte es sich eindeutig um einen Fall von emotionaler Dissoziation und bewußter Verdrängung einer traumatischen Erinnerung. Die Erinnerung war jedoch in ihrem Becken gespeichert, symbolisch der Bereich, in dem das Trauma aufgetreten war. Katrina hatte sich nie mit dieser Erinnerung auseinandergesetzt und sie aufgearbeitet. Sie hatte nie gelernt, mit der Art und Weise umzugehen, in der das alte Trauma ihre derzeitigen Beziehungen beeinträchtigte. Infolgedessen wiederholte sie die Muster der Ohnmacht, von denen der Vorfall in ihrer Jugend geprägt worden war. Sie blieb gegenüber ihren Vorgesetzten passiv und unterwürfig, war stets ängstlich bemüht, es allen recht zu machen, und war überwiegend gebend statt nehmend. Gleichzeitig mied sie intime Beziehungen zu Männern. Sie stürzte sich auf ihren Beruf, auf Ziele in der Außenwelt, versäumte aber, als Gegengewicht dazu eine gesunde Beziehung im Privatleben zu unterhalten. Ihr intuitives Leitsystem signalisierte ihr durch ihr Becken, daß ihr Leben aus dem Ruder gelaufen war, und gab ihr Gelegenheit, etwas dagegen zu tun.

Beziehungen und Triebkräfte ins Gleichgewicht bringen

Im zweiten emotionalen Zentrum sind die zwischenmenschlichen Beziehungen eng mit den persönlichen Triebkräften verwoben. Beide sind notwendig für unsere Gesundheit in diesem Bereich. Eins ist ohne das andere nicht denkbar.

Beziehungen sind im Grunde ein vitaler Antrieb aus eigenem Recht und bilden einen wichtigen Gegenpol zu unseren Zielen in der Außenwelt, zu Geld, Macht und Beruf. Männer zum Beispiel, die arbeitslos werden, kommen besser mit ihrem weiteren Leben zurecht und bleiben gesünder, wenn sie einen starken Rückhalt in der Familie haben und ein hohes Maß an Befriedigung aus den zwischenmenschlichen Beziehungen in ihrem Leben ziehen. Das ist einleuchtend. Wer seine Arbeit verliert, verliert damit auch einen Hauptantrieb im zweiten emotionalen Zentrum. Und wenn es Probleme im zwischenmenschlichen Bereich gibt, wächst auch die Anfälligkeit für Symptome in diesem emotionalen Zentrum.

Die folgende Fallgeschichte veranschaulicht das komplizierte Wechselspiel von Beziehungen und Triebkräften und deren mögliche Auswirkungen auf die Gesundheit eines Menschen.

Hahn ohne Hühnerschar: Ohnmacht und Prostatakrebs

George, 54 Jahre alt, war immer das stolze Oberhaupt seiner Familie gewesen. Als Sohn von Einwanderern hatte er sich die Leiter des Erfolgs emporgearbeitet bis hin zu einer hochbezahlten, angesehenen Stellung in einer großen Investmentgesellschaft. Er hatte eine schöne Frau und zwei wunderbare Kinder. Die Familie genoß alle Errungenschaften seines Erfolgs aus vollen Zügen – ein herrliches Haus mit Swimmingpool, mehrere Autos, darunter ein Volvo und ein Jaguar, die Mitgliedschaft im Country-Club des Ortes und den Rassehund, einen Golden Retriever namens Muldoon. George war ein tragender Pfeiler der Bürgerschaft seines Ortes, Amtsträger im Lions und Rotary Club und inoffizieller Berater des Bürgermeisters.

Zu Hause war George der Herr und Meister. Er verdiente nicht nur das Geld, sondern verwaltete auch alle Finanzen und bezahlte Hypotheken und Rechnungen. Als seine Tochter Sally den ersten Freund hatte, behielt er sie scharf im Auge. Seine Frau Karna blieb zu Hause, um für die Kinder zu sorgen, und übernahm nur ein paar ehrenamtliche Verpflichtungen. Sie ging nie arbeiten, auch dann nicht, als die Kinder eingeschult wurden. Sie und die Kinder überließen George die Entscheidung in allen wichtigen Familienangelegenheiten. Karna litt bisweilen unter Depressionen, aber sie machte nie den Versuch, sich gegen ihren Mann aufzulehnen, sich einmal selbst in der Ehe durchzusetzen oder ein Ziel außerhalb des häuslichen Lebens zu verfolgen.

Der Familie ging es bestens, als George plötzlich des verbotenen Insiderhandels bezichtigt wurde. Die Folgen waren verheerend. Er wurde überführt und zu zwei Jahren Haft verurteilt. Auf einmal war dem mächtigen Mann, der soviel Kontrolle in der Außenwelt und zu Hause ausgeübt hatte, alles genommen. Er war plötzlich aller Macht- und Kontrollmöglichkeiten beraubt. Seine Angehörigen setzten sich täglich mit ihm in Verbindung und besuchten ihn im Gefängnis, aber schon bald wurden die Karten, Briefe, Anrufe und Besuche seltener. George haderte mit der erzwungenen Untätigkeit im Gefängnis. Er war von Schuldgefühlen zerfressen und von Scham erfüllt über das, was geschehen war.

Inzwischen wandelte sich Karna allmählich zu einem neuen Menschen. Als George inhaftiert wurde, war sie zuerst tiefbetrübt und voller Angst. Aber dann polierte sie ihre Schreibmaschinenkenntnisse auf, nahm eine Stelle als Sekretärin an und begann, eigenes Geld zu verdienen. Sie unternahm einige Reisen. Nach und nach gewöhnte sie sich daran, allein und unabhängig zu sein und niemandem Rede und Antwort stehen zu müssen. Sie wurde zwar noch von ihren Kindern gebraucht, aber zum ersten Mal in ihrem Leben merkte sie, wie es ist, nicht auf andere angewiesen zu sein, um sich bestätigt zu fühlen. Sie lernte, sich durchzusetzen und Grenzen zu ziehen. Sie fühlte sich stark und traf allmählich selbst Entscheidungen für die Familie, was sie nie zuvor getan hatte.

Gegen Ende seiner Haftstrafe bereitete sich George auf seine Heimkehr vor. Er verlangte, daß sich die ganze Familie zu seinem Empfang einfände. Die Kinder kamen vom College nach Hause und schmückten das Haus ringsum mit einer gelben Girlande, um das heimkehrende Familienoberhaupt zu begrüßen. Alle nahmen ihre alten Positionen wieder ein in dem Bestreben, wenigstens vorübergehend die frühere Familienordnung wiederherzustellen.

Aber die Lage hatte sich verändert. George hatte Probleme, eine neue Stelle zu finden. Er legte Gewicht zu, ließ sich einen Bart wachsen und wanderte ziellos im Haus herum. Die Kinder waren außer Haus und auf dem College; sie gingen ihren eigenen Weg und sahen in ihrem Vater längst nicht mehr den unwidersprochenen Haushaltsvorstand. Karna genoß ihre Macht in der Außenwelt. Sie war in ihrem Beruf vorangekommen und hatte sich als Gasthörerin an der örtlichen Universität eingeschrieben. Irgendwie fühlte sie sich George entfremdet. Er war nicht mehr der Mann, den sie geheiratet hatte.

Das Machtgleichgewicht in der Beziehung hatte sich vollkommen gewandelt. Karna fällte jetzt die meisten Entscheidungen für die Familie. Nachdem die Kinder fort waren, eröffnete sie George, sie würde gern das große Haus verkaufen und in ein kleineres ziehen. Als er mit seinem Jaguar mehrmals verunglückte, bestand sie darauf, daß er auch den Wagen veräußere. George hatte schon seine Machtposition in der Familie verloren. Nun verlor er auch noch seine Besitztümer, die Symbole für seinen Status und seinen Wohlstand. Bald darauf bekam er Schmerzen beim Urinieren. Er suchte einen Arzt auf und erfuhr, daß er Prostatakrebs hatte.

Georges Erkrankung hing mit dem Verlust seiner großen Macht in der Außenwelt und seiner Stärke innerhalb der Beziehungen zusammen. In beiden Bereichen des zweiten emotionalen Zentrums hatte er die totale Umkehrung seiner Position erlebt, und das hatte die Veränderungen bei seiner Prostata in Gang gesetzt, einem Organ des zweiten emotionalen Zentrums.

Woher wissen wir, daß Machtgefühle in der Außenwelt – sexueller, finanzieller und beruflicher Art – sowie die Verteilung von Stärke und Schwäche in einer Partnerbeziehung die Gesundheit und Potenz der männlichen Sexualorgane beeinflussen können? Studien mit Rhesusaffen lassen darauf schließen. Wie sich herausstellte, stiegen dann, wenn ein männlicher Affe die Herrschaft in seiner Gruppe übernahm, seine Testosteron-Werte an. Der Testosteronspiegel von unterwürfigen oder aus dem Feld geschlagenen Männchen, die wenig oder gar keinen Machtstatus besaßen, sank hingegen.

Offenbar wirkt sich der soziale Status nach kurzem Zwischenstopp im Gehirn direkt aufs Becken aus. Wissenschaftler untersuchten einen Fisch, den *Haplochromis Bertoni*. Sie fanden heraus, daß bei aggressiven Männchen dieser Spezies, die ein großes Revier für sich beanspruchten und sich gegenüber anderen Männchen behaupteten, die Hirnzellen des Hypothalamus, der die Testosteronproduktion reguliert, anschwollen und dementsprechend auch die Sexualorgane. Dann waren die Fische dazu in der Lage, sich sechs- bis achtmal so lange zu paaren wie andere Fische. Darüber hinaus färbten sie sich auch noch leuchtend bunt im Gegensatz zu den normalen Fischen, die eintönig beige waren. Nicht allein, daß sie alle Weibchen für sich gewannen, sondern sie trugen auch noch elegante Maßanzüge (und fuhren wahrscheinlich schicke Karossen)!

Auf dem Höhepunkt seiner Macht hatte George diesem Macho-Fisch oder einem Hahn im Hühnerhof geglichen. Stark, gesellschaftlich hochangesehen und elegant gekleidet war er durchs Leben stolziert. Doch dann hatte sich alles ins Gegenteil verkehrt. Es ist sicher großartig, als König irgendwo hoch oben zu thronen, aber die Kehrseite der Medaille ist, daß alle andern einen vom Thron stoßen wollen. Letztlich herrscht wohl das Recht des Stärkeren vor wie bei den Fischen. Der leuchtend bunte Fisch aus der Studie konnte auch sein Leben mit all den Weibchen, dem großen Territorium und den Machtbefugnissen nicht richtig genießen, denn die leuchtenden Farben wirkten auf Räuber und Konkurrenten, auf andere Fische, die nach oben wollten, wie ein rotes Tuch. Unterlag er im Machtkampf, setzte bei dem früheren Macho-Fisch im Vergleich zu vorher der gegenteilige Prozeß ein: Die Zellen im Hypothalamus schrumpften, und der Testosteronspiegel sank. Gleichzeitig verblichen die herrlichen Farben, und bald trugen die Fische wieder den normalen beigen Anzug des mittleren Angestellten.

Die Fische lehren uns eine hübsche kleine Lektion über die Notwendigkeit des Gleichgewichts von Stärke und Schwäche bei dem, was uns antreibt. Augenscheinlich nützt es nichts, im Machismo zu baden, ein Draufgänger zu sein und sich auf der Power-Seite des zweiten emotionalen Zentrums einzurichten. Zuviel Stärke kann am Ende anfällig machen. Vielleicht kommen Neider und stürzen einen vom Thron. Und schon schrumpft und schrumpelt man.

Als George in seinem Umfeld und in seinen Beziehungen Macht und Status verlor, erging es ihm wie dem Fisch, dessen Hirn- und Samenzellen wieder zusammenschrumpften. Das Pendel seines Lebens schlug voll von der Seite der Stärke zur Schwäche um. Schließlich hatte auch noch seine Frau die Hosen an in der Familie. Sie wandte sich der Außenwelt zu und trat auf die Seite der Macht, während er in Schwäche versank. Der damit verbundene Streß beeinträchtigte seine Gesundheit. Offenbar trägt Streß zur Vergrößerung der Prostata bei. Streß wird im Hypothalamus registriert, wovon die Hypophyse in Mitleidenschaft gezogen wird, so daß ein Ungleichgewicht zwischen Androgen und Östrogen entsteht und zu einer Vergrößerung der Prostata führt.

Aber in Georges Fall geht es nicht nur um Streß. Vielmehr gab ihm sein intuitives Signalsystem zu verstehen, daß etwas in seinem zweiten emotionalen Zentrum nicht in Ordnung war. Schlimmer noch: Sein zweites emotionales Zentrum war dabei, völlig aus dem Gleichgewicht zu geraten, wenn er nicht rasch handelte. Er mußte das Gleichgewicht wiederherstellen, und zwar nicht nur zwischen seiner Stärke und seiner Schwäche in dem, was ihn bewegte, und in seinen Beziehungen, sondern auch zwischen den beiden Hälften seines zweiten emotionalen Zentrums. Denn wenn das ganze Leben nur aus Arbeit besteht und die Beziehungen darunter leiden, fehlt eine Seite dieses Zentrums. Man kommt aus dem Gleichgewicht und wird anfällig für entsprechende Krankheiten. Wenn umgekehrt die zwischenmenschlichen Beziehungen wunderbar funktionieren, jedoch keine entsprechende Triebkraft da ist, die Welt zu erobern, geschieht das gleiche.

Im zweiten emotionalen Zentrum kommt es – wie in allen Zentren – auf das richtige Gleichgewicht zwischen den zwei Seiten an.

8

Der Verdauungstrakt: Verantwortungsbewußtsein und Selbstachtung

Mitten in dem Musical *A Chorus Line* singt eine der Darstellerinnen, die sich fragt, ob sie es wohl je als Tänzerin schaffen wird, ein Lied voller Selbstzweifel und Bedenken: »Wer bin ich denn überhaupt?« sinniert sie. »Bin ich bloß mein Lebenslauf?«

Diese Frage hallt im Bewußtsein jedes Menschen wider. Während wir danach trachten, der Welt unseren Stempel aufzudrücken, verbinden sich unser Identitätsgefühl und unsere Selbstachtung fest mit unserer Arbeit oder unserer Lebensaufgabe. Unsere Hauptsorge ist, wie gut wir diese bewältigen und wie andere unsere Leistungen aufnehmen, bewerten und anerkennen.

Das ist eine Sorge, die im Herzen des dritten emotionalen Zentrums liegt. Dieses emotionale Zentrum befaßt sich mit dem »Ich gegen die Welt«-Element unseres Lebens. In unserem Bestreben, uns in der Außenwelt als stark zu erweisen, schwanken wir zwischen Gefühlen der Tüchtigkeit, Konkurrenzfähigkeit und Aggression auf der einen Seite und Unzulänglichkeit, Konkurrenzunfähigkeit und Abwehr auf der anderen Seite. Wir bemühen uns, Verantwortungsbewußtsein zu entwickeln, Grenzen zu setzen und unsere eigene Begrenztheit zu begreifen. Die mit diesen Empfindungen verbundenen Erinnerungen sind in den Organen dieses Zentrums gespeichert, im Magen-Darm-Trakt einschließlich des Mundes, der Speiseröhre, des Magens, des Dünndarms sowie oberen Dickdarms, der Leber und der Gallenblase (siehe Abbildung).

Stärke und Schwäche

Manche von uns wollen unbedingt erfolgreich sein. Wir möchten das Gefühl haben, kompetent und tüchtig zu sein. Wir sind auf Wettbewerb versessen, ehrgeizig und aggressiv bei unseren Tätigkeiten, worin diese auch bestehen mögen. Wir nehmen unsere Verantwortlichkeiten sehr ernst. Wir spielen immer auf Sieg. Die Gesellschaft lohnt uns unsere Leistungen mit Geld, Anerkennung und ständiger Ermutigung, und das hält uns in Gang. Wenn wir endlich mächtig und erfolgreich sind, sehen wir uns so, wie andere uns sehen: als Leute, die ganz oben angekommen sind.

Aber je höher wir steigen, um so tiefer können wir auch fallen. Daß wir immer nur gewinnen wollen und nie die Möglichkeit in Betracht ziehen, vielleicht einmal zu verlieren, zeigt ein Übermaß an Stärke im dritten emotionalen Zentrum. Ohne das Gegengewicht des Realitätssinns, aus dem heraus wir Unzulänglichkeit und Inkompetenz bis zu einem gewissen Grad bei uns tolerieren können, prädestiniert uns dieses Übermaß an Stärke für Erkrankungen der zum dritten emotionalen Zentrum gehörigen Organe.

Die Firmenübernahme: ein Fall von Magengeschwüren

Lesung: Als Peter mich wegen seiner Lesung anrief, hatte ich intuitiv einen 45jährigen Mann vor Augen, der unter starkem Konkurrenzdruck tätig war, bei dem die zur Firmenspitze drängende Ellbogenmentalität vorherrschte und der um Macht und Kontrolle wetteiferte. Ich sah, daß er sehr gut in seinem Fach, äußerst kompetent und fähig war. Er hatte jedoch einen Punkt erreicht, wo ihn seine Arbeit nicht mehr ausfüllte. Er zweifelte allmählich an seinen Zielen und fragte sich, ob er seine wachsenden geistigen Bedürfnisse nicht auf andere Weise befriedigen sollte. Außerdem sah ich, daß er, obwohl er seine Kompetenzen in der Firma mit Erfolg immer mehr erweitert hatte, gerade seine Stelle verloren hatte, nachdem er versucht hatte, eine Abteilung, die in den Verantwortungsbereich von jemand anders fiel, an sich zu reißen.

Drittes emotionales Zentrum

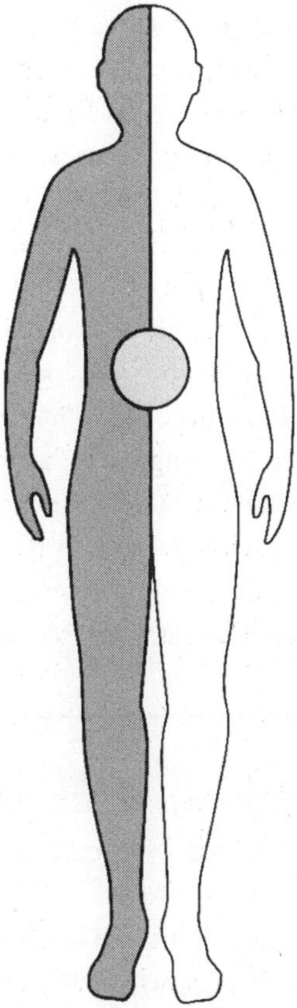

Stärke

Tüchtigkeit
- Können
- Kompetenz
- Beharrlichkeit

Verantwortlichkeit
- Überforderung

Aggressivität
- Bedrohung
- Einschüchterung
- Gebietsanspruch

Grenzen
Konkurrenzfähigkeit
- Siegen

- Gewinn

Schwäche

Unzulänglichkeit
- Minderwertigkeit
- Inkompetenz
- Aufgeben

Verantwortungslosigkeit
- Sucht

Abwehr
- Zurückhaltung
- Bedrängnis
- Rückzug

Begrenztheit
Konkurrenzunfähigkeit
- Nachgeben und Unterliegen
- Verlust

In seinem Körper nahm ich die Veranlagung zu Verstopfungen der Koronararterie wahr. Das machte ihm jedoch augenblicklich keine Sorgen. Als ich seine Speiseröhre ins Auge faßte, fielen mir Entzündungen auf, und in Magen und Zwölffingerdarm fand ich große blutende Löcher.
Fakten: Peter hatte jahrelang einen hohen Managerposten bei einem der größten Unternehmen bekleidet. Er hatte intensiv und mit großem Erfolg mit anderen um die Macht und Kontrolle über diverse Etats und Kompetenzen gerungen. Er strauchelte jedoch, als er in einen ganz be-

sonderen Bereich vordrang: die Ehe seines Chefs. Als die Liäson mit dessen Frau aufflog, wurde er auf einen zweitrangigen Posten innerhalb des Unternehmens versetzt. Schließlich war er gezwungen, anderswo Arbeit zu suchen, und fand eine Stelle bei einem anderen Topunternehmen, einem Konkurrenten seines früheren Arbeitgebers.

Bei Peter hatten sich in der Folge offene Geschwüre im Magen und im Zwölffingerdarm gebildet, und er wollte nun wissen, was er dagegen tun konnte.

Peters intuitives Signalsystem heulte wie eine Sirene, bis er es endlich hörte. Er spürte selber, daß nach dem aufreibenden, machtorientierten Arbeitsleben in der Vergangenheit Veränderung not tat. Sein Verlangen nach mehr Nahrung für den Geist entsprang der intuitiven Erkenntnis, daß er mit Nachdruck auf die Seite der Schwäche im dritten emotionalen Zentrum wechseln mußte.

Wettbewerb kann gesund sein. Er stellt uns in eine Situation, in der wir und andere Gelegenheit haben, das Beste aus uns herauszuholen. Wird der Wettbewerb aus der Welt verbannt, kommt es zu solchen Staatsformen wie in der alten Sowjetunion und dem kommunistischen Ostblock. Wie wir alle wissen, hielten sich diese Staatsformen nicht allzu lange. Die Bürger waren nicht mehr motiviert und gaben nicht mehr ihr Bestes im Arbeitsleben. Mitunter ist das Konkurrenzdenken, der Wunsch, unbedingt zu gewinnen oder unterzugehen, übermächtig und schädlich. Für die Gesundheit im dritten emotionalen Zentrum ist es wichtig, genausogut verlieren wie gewinnen zu können, mal zu konkurrieren und mal nicht, Unzulänglichkeit ebenso zu tolerieren wie Tüchtigkeit zu feiern.

Wir alle kennen Leute, die immer gewinnen müssen – bei jedem Streitgespräch und jedem Schachspiel – und die im Grunde nur Rüpel sind. Sie wollen nicht verlieren, weil sie dann das Gefühl haben, verwundbar und inkompetent zu sein. Gewinnen finden wir natürlich alle schön, dann fühlen wir uns stark und sehr kompetent. Aber wer gerade dabei ist, sich neue Techniken anzueignen oder seine Sachkenntnis auf einem bestimmten Gebiet zu erweitern, kann nicht damit rechnen, gleich vorn zu liegen. Vielmehr sollte er vom Konkurrenzdenken ablassen und sich vielleicht sogar eine Niederlage zubilligen. Ich selbst spiele regelmäßig mit einer guten Freundin Tennis, der ich (noch) nicht das Wasser reichen kann. Ich verliere fast immer, was *ich* zugegebenermaßen hasse. Allerdings hat sich mein Spiel kontinuierlich verbessert, und vor kurzem lag ich bei einem Match tatsächlich mit vier zu zwei Spielen vorn. An diesem Punkt habe ich meiner Freundin jedoch gesagt, daß ich die nächsten Spiele nicht unbedingt gewinnen, sondern lieber an meiner Schlagtechnik und der Ballplazierung arbeiten wolle. Das war nicht einfach für mich, denn wie die meisten Menschen verliere ich sehr ungern (was ich übrigens tat), aber wenn ich mir das notwendige Können aneignen und den Grad von Kompetenz erreichen wollte, um meine Freundin auf dem Platz richtig in Schweiß zu bringen, war es notwendig.

Auch wenn wir alle kompetent und tüchtig sein wollen, müssen wir doch auch akzeptieren können, daß wir in bestimmten Bereichen unseres Lebens weniger gut sind. Niemand ist in allem perfekt. Wir müssen Unzulänglichkeiten bei uns und anderen tolerieren. Wir sind nicht immer Spitze. Manche Menschen haben jedoch so große Angst davor, zu versagen, daß sie ihre Aufgaben nie richtig zu Ende bringen. Sie warten ab und zögern.

Die Abbildung veranschaulicht die Stärken und Schwächen im dritten emotionalen Zentrum. Wie ist es um Ihren Stärke-Schwäche-Quotienten in diesem Bereich bestellt? Betrachten Sie sich als angriffslustig, als jemanden, der immer siegen muß? Ist es für Ihre Selbstachtung wichtig, in allem, was Sie tun, Kompetenz zu beweisen? Oder fühlen sie sich einer Aufgabe so wenig gewachsen, daß Sie alles anfangen, aber nichts fertigstellen? Halten Sie sich für verantwortungsvoll und pflichtbewußt, oder entziehen Sie sich lieber einer Verantwortung, weil Sie sich sonst festgenagelt fühlen, und flüchten sich in eine Sucht? Sind Sie angesichts von Herausforderungen und Bedrohungen aggressiv und reagieren mit Einschüchterung, oder weichen Sie zurück und verstecken sich oder entziehen sich durch schleunige Flucht? Und als Letztes: Nehmen Sie ein bestimmtes Territorium für sich in Anspruch? Wie gehen Sie mit Ihrem Hoheitsgebiet und Ihren Grenzen um? Stecken Sie um sich herum Grenzen ab im Privatleben und Beruf? Müssen die Dinge für Sie so sein, wie Sie wollen, und nicht anders? Sind die bunten Magnethalter an Ihrem Kühlschrank alle in Reih und Glied geordnet? Liegen die Strümpfe alle ordentlich in der Schublade? Sind die Geldscheine in Ihrer Börse nach Wert sortiert? Setzen Sie sich in dem Bestreben, ihr Territorium auszudehnen, über Grenzen hinweg, hüten Sie Ihr eigenes Revier, ohne Ihre Begrenztheit zu erkennen? Bedeuten Einschränkungen Behinderung und Frustration für Sie, fühlen Sie sich dadurch eingeengt und gebunden?

Hören Sie sich öfter Dinge sagen wie: »Ich mache immer alles selbst« oder: »Wenn etwas richtig werden soll, muß man's selbst tun«? Das könnte heißen, daß Sie überverantwortlich sind. Wenn Ihr Motto lautet: »Ich muß unbedingt die Nummer eins sein« oder: »Entweder ich kann's, oder ich lasse die Finger davon« (mein eigenes Motto) und Ihnen Mittelmäßigkeit verhaßt ist, ist auf überstarkes Konkurrenzdenken zu schließen. Wenn Sie hingegen glauben, den an Sie gestellten Ansprüchen nie zu genügen, sind Sie wahrscheinlich vom Gefühl Ihrer eigenen Unzulänglichkeit durchdrungen.

Peter trachtete jahrelang nur danach, die Nummer eins zu sein. Er hielt sich fast ausschließlich auf der Stärke-Seite des dritten emotionalen Zentrums auf. Als Siegertyp zog er kaum jemals die Möglichkeit in Betracht, bei seinem Wettbewerbsverhalten auch einmal verlieren zu können. Er ließ sich in allem und jedem vom Konkurrenzdenken bestimmen. Konkurrieren war sein Lebenszweck. Fachlich hochgebildet und kompetent, verfolgte er seine Ziele aggressiv und mit ausgeprägter Ellbogenmentalität. Neues Terrain zu erobern war seine Spezialität und seine Grundmotivation. Zudem meinte er, mit seinem Konkurrenzverhalten, seiner Aggressivität und seinen Hoheitsansprüchen seinen Verpflichtungen im Leben nachzukommen. Wettbewerbsfähig zu sein hieß für ihn, verantwortungsbewußt zu sein. In Wirklichkeit erweiterte er seine eigenen Grenzen mehr und mehr auf Kosten anderer. Aber Sieg und Erfolg weckten in ihm, zumindest für gewisse Zeit, ein starkes Gefühl der Selbstachtung.

Am Ende jedoch teilten ihm seine innere Stimme und die Organe seines dritten emotionalen Zentrums unmißverständlich mit, daß es Zeit war für eine Veränderung. Sein beständiger Konkurrenzkampf und sein aggressives Revierverhalten waren Peter schließlich auf den Magen und den Verdauungstrakt geschlagen.

Eine verblüffende Parallele zu Peters Fall weist eine Studie an australischen Beuteltieren auf. Forscher machten in der Paarungszeit der Beuteltiere die Beobachtung, daß die Männchen aggressiv sowohl um das Revier als auch um die Weibchen wetteiferten. Sie rannten herum, kämpften und stritten miteinander, verletzten die gegenseitigen Grenzen und vergrößerten rigoros ihr Hoheitsgebiet. Die Weibchen sahen in aller Ruhe zu. Hatte sich der Staub gelegt, schauten sie, welches Männchen das größte Revier gewonnen hatte, woraufhin sich das stattlichste und begehrenswerteste Weibchen erhob und in dessen Gebiet hinübertänzelte; so ging es der Reihe nach weiter. Dann begatteten die Männchen ihre Weibchen, und kurze Zeit später fielen sie tot um. Sie bekamen nicht einmal mehr ihre Nachkommen zu sehen.

Als die Forscher die Beuteltiere untersuchten, um die Todesursache zu ermitteln, stellten sie fest, daß sie von Magen- und Zwölffingerdarmgeschwüren durchlöchert waren. Sie waren schwer befallen von Parasiten, die sich durch ihre Magen- und Darmwände gefressen hatten, mitten durch ihre Eingeweide, und waren daran verblutet. Während des erbitterten Konkurrenzkampfes war der Kortikosteroidspiegel der Beuteltiere angestiegen, wodurch ihre Immunabwehr so geschwächt wurde, daß die Parasiten leichtes Spiel hatten, alle inneren Schranken zu überwinden. Eine ganz besondere Ironie des Schicksals: Das, was sie einander mit ihren Grenzübertretungen und Gebietsverletzungen antaten, war ihnen selbst in ihrem Innern angetan worden. Und hatte sie vernichtet. Manch einer würde darin karmisches Wirken und damit die goldene Regel bestätigt sehen: »Was du nicht willst, das man dir tu, das füg auch keinem andern zu.«

Die Schlacht der Beuteltiere um Gebietsansprüche spielt sich sicher in ähnlicher Weise in den Geschäftsetagen von New York ab. Wie die Beuteltiere hatte Peter die Paarungszeit seines Lebens, als Heranwachsender und junger Mann, damit verbracht, Rituale auszuführen, um aggressiv Revieransprüche gegenüber seinen Mitmenschen geltend zu machen. Das hatte ihm ein Gefühl von Macht, Verantwortlichkeit und Selbstachtung gegeben. Aber auch die Magengeschwüre eingehandelt.

Durch die Magengeschwüre jedoch gab ihm seine Intuition zu verstehen, daß er sein Leben ändern konnte. Die Wissenschaft sagt uns das gleiche. Aus der entsprechenden Literatur geht zwar hervor, daß Menschen, die sehr ehrgeizig, leistungsorientiert und wettkampfbereit sind, häufiger unter Magengeschwüren leiden. Aber noch einmal zurück zu den australischen Beuteltieren. Forscher wiesen jedem männlichen Tier ein Stück Land zu – eine eigene kleine Hütte mit einem Lattenzaun ringsherum –

und hielten die Männchen so davon ab, sich miteinander zu messen und Revierkämpfe auszuführen. Was geschah? Sie fielen nicht mehr tot um nach der Paarung. Sie erlebten mit, wie ihre Nachkommen geboren wurden und aufwuchsen; sie konnten mit ihren Weibchen zusammen alt werden und lebten doppelt so lange wie vorher. Die Veränderung ihrer Verhaltensweisen hatte auch ihren Gesundheitszustand und ihre Lebensqualität verändert. Ebenso könnte es bei Peter sein.

Spricht das nun gegen jede Art von Wettbewerb? Sollten wir uns etwa alle an den Beuteltieren orientieren, uns vom Staat ein Stück Land und einen Ford Escort zuweisen lassen und uns mit dem Mittelmaß begnügen? Nein. Wie bereits gesagt, kann Wettbewerb durchaus gesund sein, während sich zügelloses Konkurrenzverhalten häufig schädlich auswirkt. Es ist notwendig, die goldene Mitte zwischen beiden Extremen zu finden. Wir müssen akzeptieren lernen, daß wir in manchen Dingen die Besten sind und in anderen nur Mittelmaß. Möglicherweise hat die höhere Lebenserwartung nicht alle männlichen Beuteltiere glücklich gemacht. Manche von ihnen empfanden das doppelt so lange Leben vielleicht einfach nur als doppelt so lange Elendszeit. Langlebigkeit ist nicht unbedingt mit Glücklichsein gleichzusetzen. Tatsache ist, daß Peter von seinem eigenen intuitiven Signalsystem darauf aufmerksam gemacht wurde, daß sein rigoroses Konkurrenzverhalten und sein glühender Ehrgeiz nicht mehr befriedigend für ihn waren. Er mußte sein Leben wieder ins Gleichgewicht bringen wie die meisten von uns.

Weisheit, Trauma und Gefühle aus dem Bauch

Die Organe des dritten emotionalen Zentrums sind enger mit unseren Gefühlen verbunden als andere Organe in unserem Körper. Diese innige Verbindung beruht vielleicht auf der Tatsache, daß wir zuerst über den Verdauungstrakt mit der Welt in Wechselbeziehung treten. Von dem Augenblick an, in dem wir zum ersten Mal an der Brust unserer Mutter saugen, und über alle weiteren zwischenmenschlichen Beziehungen hinweg nehmen Essen und Trinken und daher der Magen-Darm-Trakt eine zentrale Stelle in unserem Leben ein. Deshalb ist es einleuchtend, daß wir unsere emotionalen Kontakte aus dem Bauch heraus spüren.

Bereits im 19. Jahrhundert behaupteten Ärzte von manchen Patienten, sie reagierten »aus dem Bauch heraus«, und nannten den Bauch den Sitz des Gefühls. Man denke nur einmal daran, wieviel Redewendungen sich um Bauch und Magen ranken. Wir haben »Schmetterlinge im Bauch«, wenn uns mulmig ist; etwas, das uns unangenehm ist, »schlägt uns auf den Magen«, »den Darm« oder »schmeckt uns nicht«; wenn wir eine Eingebung haben, sprechen wir von »einem Gefühl im Bauch«; jemanden, den wir nicht mögen, haben wir »gefressen«; kommt uns etwas sehr gelegen, ist es »gefundenes Fressen« für uns usw. Die Organe des dritten emotionalen Zentrums stehen also generell mit Ärger, Unmut, Angst, Niedergeschlagenheit, Rachsucht und instinktiven Eingebungen in Zusammenhang.

Anfang des 19. Jahrhunderts schoß sich ein gewisser Alexis St. Martin aus Versehen in den Unterleib. Die Wunde war groß und wollte nicht heilen. Durch ein kleines Loch im Bauch war die Magenwand St. Martins deutlich zu sehen. Der berühmte Chirurg William Beaumont erforschte an St. Martin, welchen Einfluß die jeweilige Stimmung des Mannes auf seinen Magen hatte. Er beobachtete, daß bestimmte Emotionen die Säureproduktion im Magen anregten oder drosselten. Wenn St. Martins Gesicht vor Wut rot wurde, färbte sich auch die Magenwand rot. Das entspricht im wesentlichen dem, was wir heute Geist-Körper-Medizin nennen, wobei wir für »Körper« in diesem Fall »Bauch« einsetzen können. Jede Gefühlsregung St. Martins – Angst, Groll, Enttäuschung, Ärger, Freude – spiegelte sich buchstäblich auf der Magenwand wider.

Wie aber übersetzt das Gehirn die mit einem Ereignis verknüpften Gefühle und Erinnerungen in physiologische Veränderungen des Magens oder anderer Teile des Verdauungstraktes? Zwischen Gehirn und Eingeweiden besteht eine starke Nervenverbindung. Ein dichtes Netz von Fasern des vegetativen Nervensystems – dem uns nicht bewußten Zulieferer des Gehirns – läuft vom Gehirn zum Darmtrakt, wo sich die Nerven um die schlauchartigen Därme wickeln wie der Reifen um den Fahrradschlauch und deren Kontraktion bewirken. Wenn uns etwas »auf den Darm schlägt«, passiert genau das: Bei einer bestimmten Empfindung verteilen sich entsprechende Impulse in den Verästelungen der Nervenbahnen rings um den Darm und drücken ihn zusammen.

Vielfache Verbindungen existieren auch zwischen dem Mandelkern im

Schläfenlappen des Gehirns und dem Magen.[30] Aufgrund dieser Verbindungen können wir intensive Gefühle – Angst und Unruhe, Wut und Zorn, Bedrohung und Einschüchterung – in Magen und Darm spüren. Da der Mandelkern eine wichtige Rolle für die Erinnerung spielt, bestimmt er auch mit, in welchem Maße widrige oder traumatische Erfahrungen Veränderungen im Verdauungssystem auslösen. Bei Tieren reguliert der Mandelkern, ob sie sich in Streßsituationen stark oder schwach fühlen. Je hilfloser sie sich angesichts von Bedrohungen, Aggressionen und Freiheitsberaubung fühlen, um so größer ist die Wahrscheinlichkeit, daß sie Magengeschwüre bekommen.

Seit langem ist bekannt, daß die unterschiedlichsten Gefühle für Magengeschwüre verantwortlich sein können. In einer bedrohlichen Situation zum Beispiel signalisiert das Gehirn dem Magen, mehr Säure zu produzieren, während es gleichzeitig die Durchblutung der Magenschleimhäute drosselt und damit Magengeschwüren Vorschub leistet. Einige Wissenschaftler vertreten die These, daß Magengeschwüre durch eine übermäßige Vermehrung des Bakteriums *Helicobacter pylori* verursacht werden. Da wir aber alle diese Bakterien im Magen haben – wie wir auch alle Kolibakterien im Darm haben und alle Frauen Hefepilze in der Vagina –, muß es bei manchen Leuten etwas im Umfeld des Magens geben, was sie anfälliger macht für deren zu starke Vermehrung. Wissenschaftler glauben, daß streßreiche Lebensveränderungen und das Gefühl, bedroht zu werden, in der Falle zu sitzen oder in seiner Freiheit eingeschränkt zu sein, Magengeschwüren den Weg bereiten. Es scheint so, als sei *Helicobacter pylori* der Überbringer von Hiobsbotschaften, wenn auch nicht unbedingt selbst die schlechte Nachricht.

Das Empfinden, irgendwo festzusitzen, von wo es kein Entkommen gibt, trägt nachweislich zur Entstehung von Magengeschwüren bei. Während der deutschen Luftangriffe auf London im Jahre 1940, als die Leute in ihren Wohnungen festsaßen, nicht hinaus konnten und keine Möglichkeit hatten, sich gegen die drohende Gefahr der Vernichtung durch Bomben zu wehren, schnellte die Zahl der Magengeschwüre sprunghaft in die Höhe. Menschen, die aus einer bestimmten Situation keinen Ausweg finden, haben nachgewiesenermaßen einen höheren Spiegel freier Fettsäuren im Blut, ein Hinweis auf Streß, und neigen dann eher zu Magengeschwüren. Krankenhäuser verabreichen heutzutage Langzeitpatienten und Kranken auf der Intensivstation – also Menschen, die sich lange Zeit auf sehr beengtem Raum aufhalten müssen – nach einer bestimmten Frist Mittel, die der Magensäureproduktion entgegenwirken, weil solche Patienten wegen der Anspannung des Eingesperrt- und Eingeschränktseins im allgemeinen überdurchschnittlich oft Magengeschwüre entwickeln.

Chronische Angst und Unruhe, Besorgnis und Grübelei haben ebenso einen Bezug zu Magengeschwüren wie Perfektionismus. Außerdem kann mangelndes Selbstvertrauen die Blutwerte des Hormons Somatostatin senken, das die ungestörte Funktion von Magen und Darm regelt und infolgedessen Magengeschwüren und anderen Erkrankungen des Verdauungstraktes Tor und Tür öffnen.

Das ist mein Revier: ein Fall von Crohn-Krankheit

Lesung: Ich konnte sehen, daß der 60jährige Anrufer namens Marshall ein Mann voller schöpferischer Visionen war. Wenn er eine Vorstellung davon hatte, wie etwas gemacht werden konnte, brachte er sie ohne Umschweife und zielstrebig zum Ausdruck. Widerspruch oder Fehlschläge konnte er allerdings nicht gut vertragen. Gleichzeitig nahm ich wahr, daß jemand Macht über ihn hatte und seine Pläne vereiteln konnte. In meinen Augen hatte er im Laufe seines Lebens wiederholt Autoritätsprobleme und sich immer wieder auf Revier- und Grenzstreitigkeiten eingelassen. Das hatte ihn in tiefe Seelenqualen gestürzt, die nun in seinem Innern brodelten.

In seinem Körper fielen mir Rötungen und Entzündungen an der Magenschleimhaut, am Zwölffingerdarm und am Dickdarm auf. Außerdem sah ich Narben an der Leber, die auf früheres Trinken zurückzuführen waren, sowie alte Raucherspuren an der Lunge.

Fakten: Marshall war Vorarbeiter in einer Zeitungsdruckerei. Er war für die Laderampe zuständig. Und er hatte Probleme mit seinem Chef, mit dem er diverse Machtkämpfe austrug, um seine Revieransprüche durchzusetzen. Er hatte genaue Vorstellungen davon, wie etwas getan werden sollte, etwa, wo die Kisten hingestellt werden sollten, während sein Chef häufig anderer Ansicht war. Das brachte Marshall auf die Palme. »Auf meiner Laderampe«, pflegte er zu sagen, »wird alles so gemacht, wie ich es will.« Er war um Revierabgrenzung bemüht und verteidigte sein Territorium.

In seiner Jugend hatte Marshall vergleichbare Schwierigkeiten mit seinem Vater gehabt, einer starken Autoritätsfigur; alles mußte stets nach dem Kopf des Vaters gemacht werden. Marshall hatte immer seinen Beifall ersehnt, aber nie gefunden.

Marshall bestätigte mir, daß er unter der Crohn-Krankheit litt, einem Leiden, bei dem sich Geschwüre von einem Ende des Verdauungstrakts zum anderen ziehen. Zudem war er früher Raucher und Trinker gewesen.

Marshall hatte Probleme mit Abgrenzung und Einschränkung und brauchte für seine Selbstachtung zu sehr die Anerkennung anderer. Sein Gefühl, wer er war und wie stark er in der Welt dastand, bezog er ausschließlich aus der Kompetenz, mit der er seine Lebensaufgabe bewältigte, und daraus, wie diese Kompetenz von anderen anerkannt wurde, insbesondere seinem Chef. Seine Aufgabe bestand darin, Kisten und Pakete auf der Laderampe anzuordnen, und diese Aufgabe nahm er sehr ernst. Das war seine Verantwortung, sein Revier, und er grenzte es sorgfältig ein. Jeder kennt Menschen, die so ähnlich geartet sind und ihren Schreibtisch immer auf eine bestimmte Weise ordnen, Lineale und Stifte mit Schildchen versehen und alle Gegenstände auf der Arbeitsfläche genau gerade ausrichten. Und dann kam Marshalls Chef daher und schlug vor, eine Kiste hierhin zu schieben und eine andere dahin, so daß für Marshall eine Welt zusammenbrach. Seine Selbstachtung, sein positives Selbstwertgefühl litt darunter, denn der bloße Vorschlag, eine Kiste zu verschieben, wirkte auf ihn wie ein Angriff auf seinen Verantwortungsbereich, sein Territorium, sein abgegrenztes Hoheitsgebiet. Das Gefühl, daß in sein Revier eingedrungen wurde, zermürbte ihn innerlich; unablässig grübelte er darüber nach, und davon wurden schließlich die Organe seines dritten emotionalen Zentrums beeinträchtigt.

Zudem zog der Chef, indem er Marshalls Entscheidungen in Frage stellte, nach dessen Ansicht auch seine berufliche Kompetenz und Leistung in Zweifel. Damit kehrten die gleichen Schwierigkeiten wieder, die Marshall schon mit seinem Vater hatte, der die Sachkenntnis und Tüchtigkeit des Sohnes nie anerkannte. Marshall ist ein typischer Vertreter der Menschen, die an Magenschleimhautentzündung oder Magengeschwüren leiden; sie haben nachweislich eine tiefe psychische Bindung an eine Schlüsselfigur in ihrem Leben, die sie im Laufe ihres Lebens auf andere Schlüsselfiguren übertragen. Es ist auch bekannt, daß für diese Leute die Anerkennung anderer, ohne die sie kein gutes Selbstgefühl entwickeln können, fast eine Sache von Leben und Tod ist.

Als Marshalls Reviergrenzen und seine Selbstachtung in Gefahr gerieten – etwa durch Umordnung der Kisten –, lief er mit fliegenden Fahnen von der Seite der Stärke im dritten emotionalen Zentrum zur Seite der Schwäche über. Er hatte den Eindruck, der Sache nicht mehr gewachsen und inkompetent zu sein und ging in Abwehrstellung. Wenn sich jemand anders anmaßte, das Sagen zu haben, und seine Autorität in Sachen Kistenverteilung beschnitt, fühlte er sich seiner Freiheit beraubt und eingezwängt, kurz: elend und empört. Jahrelang hatte er diesen Gefühlen durch Flucht in Suchtverhaltensweisen wie Rauchen und Trinken zu entkommen versucht, die seine Wut und Minderwertigkeitsgefühle betäubten. Er hatte seine innere Stimme dämpfen wollen, aber sie sprach aus seiner Erkrankung zu ihm und machte ihm deutlich, daß er für seine Selbstachtung keinen Beifall von außen erwarten dürfe und mit seiner Wut über die Verletzung seiner Grenzen durch andere umgehen lernen müsse.

Verantwortungsbewußtsein, Pflichtgefühl und Sucht

Zentrale Themen, die mit Magengeschwüren und anderen Erkrankungen des dritten emotionalen Zentrums in Zusammenhang stehen, sind Verantwortungsbewußtsein und das ihm verwandte Pflichtgefühl. Während wir uns in der Außenwelt profilieren und uns Fähigkeiten aneignen, die unser Selbstvertrauen stärken, ergibt sich irgendwann die Notwendigkeit, Pflichtgefühl und Verantwortungsbewußtsein zu entwickeln. Wir lernen bis zu einem gewissen Grad, uns für eine bestimmte Zeitspanne einer Arbeit, Gruppe oder Person zu verpflichten und die damit verbundenen Verantwortlichkeiten zu erfüllen. Wie gut wir diesen Verpflichtungen entsprechend unseren im dritten emotionalen Zentrum gespeicherten Gefühlen und Erinnerungen nachkommen, kann die Weichen stellen für Krankheit oder Gesundheit in diesem Bereich.

Wir sprachen bereits darüber, daß uns bestimmte Emotionen, darunter auch das Verantwortungsgefühl, »auf den Magen schlagen« können. Wenn ein Kind zum ersten Mal in die Welt hinaustritt, zur Schule geht und die ersten Verpflichtungen seines Lebens auf sich nimmt, bekommt es oft Magenschmerzen. Die Angst und Unruhe, die diese Verpflichtung auslöst, und vielleicht auch der Wunsch, ihr gewachsen zu sein, beeinflussen das Magen-Darm-System.

Je mehr Verantwortung wir übernehmen, um so stärker sind die Auswirkungen. Wissenschaftler steckten zwei Affen zusammen in einen Käfig. Der eine wurde zum »Chef« befördert, der andere ihm als Untergebener unterstellt. Der Untergebene wurde verdrahtet, so daß er mit Elektroschocks traktiert werden konnte. Dem »leitenden« Affen wurde die Möglichkeit übertragen, die Elektroschocks auf seinen Untergebenen mittels eines Knopfes im Käfig zu regeln. Einem Affen wurde also der Schmerz zuteil, dem anderen die Verantwortung. Und welcher Affe bekam wohl Magengeschwüre? Sollte man nicht glauben, der Affe, der den Elektroschocks ausgesetzt war? Nein. Der Affe, auf dem die ganze Verantwortung lastete wie auf einem Firmenchef, entwickelte Magengeschwüre.

Nun tragen eine Menge Leute Verantwortung, ohne Magengeschwüre zu bekommen. In manchen Fällen läßt sich voraussagen, wer in einer bestimmten Situation Magengeschwüre entwickelt und wer nicht. Eine Studie befaßte sich mit einer Gruppe von Soldaten in der Grundausbildung, die zur Überproduktion von Pepsinogen neigten, einer Absonderung der Magenschleimhaut, die das Entstehen von Magengeschwüren begünstigt. Innerhalb dieser Gruppe entwickelten diejenigen Zwölffingerdarmgeschwüre, die Schwierigkeiten mit Disziplin und Verantwortung sowie Macht und Ohnmacht hatten.

Es wird auch vermutet, daß das familiäre Umfeld und die emotionalen Erinnerungen daran bei Kindern Verdauungsprobleme auslösen können, beispielsweise Eßstörungen, Appetitlosigkeit oder Magengeschwüre.[31] Ich kannte einmal einen jungen Mann, dessen Eltern sich scheiden ließen, als er 18 Jahre alt war. Danach fühlte er sich beiden Elternteilen verpflichtet und war hin und her gerissen. Der Vater wollte unbedingt die

Freitag- und Samstagabende mit dem Sohn verbringen, genau die Stunden, in denen der viel lieber mit seinen Freunden zusammengewesen wäre. Daraufhin beschwerte sich die Mutter, dann sei er ja viel zu selten mit ihr zusammen, und gestand dem Vater überhaupt keine Zeit mit ihm zu. Der Sohn klagte, es sei eine echte Zerreißprobe für ihn, seine Verpflichtung beiden Elternteilen gegenüber wahrzunehmen. Kein Wunder, daß er schließlich an der Crohn-Krankheit litt, bei der sich seine Magen- und Darmschleimhäute in langen Fetzen ablösten.

Die Gefühle und Erinnerungen, die man in den Organen des dritten emotionalen Zentrums mit sich herumträgt, und die Fähigkeit, Stärke und Schwäche in diesem Bereich ins Gleichgewicht zu bringen, können über Gesundheit oder Krankheit entscheiden.

Zwischen den Mühlsteinen: ein Fall von Magengeschwüren und Fettleibigkeit

Felicia war das älteste von acht Kindern in einer strenggläubigen Familie. Als Älteste war sie stets für ihre Brüder und Schwestern verantwortlich. Wann immer die Eltern ausgingen und die Kinder zu Hause bleiben mußten, wurde ihr die Verantwortung für alle übertragen und darauf gezählt, daß sie Ordnung hielt. Nun waren Felicias Brüder jedoch eine wilde Horde und kaum zu bändigen, schon gar nicht von einem jungen Mädchen, das kaum älter war als sie. Sie stellten für gewöhnlich schrecklichen Unfug an und steckten einmal sogar eine Scheune in der Nachbarschaft in Brand. Passierte etwas dieser Art, wurde Felicia die Schuld daran gegeben. Ihr wurde ziemlich schnell klar, daß sie Liebe nur dann verdiente, wenn sie der Verantwortung gewachsen war.

Mit zunehmendem Alter wurde diese Überzeugung lebensbeherrschend. Als sie ins Berufsleben hinaustrat, entschied sie sich für eine kaufmänische Tätigkeit, bei der sie für einen reibungslosen Geschäftsablauf verantwortlich war. Da sie höchst kompetent war, hatte sie es in ihrer Firma bald zu einer Spitzenposition gebracht. Sie hielt sich in allen Dingen für zuständig, schaltete sich da ein, wo es »brenzlig« wurde, und ging mit allem und jedem so um, als sei das Unternehmen eine Familie mit einer Horde wilder Kinder. Gab es Streitereien unter den Kollegen, spielte sie die Vermittlerin und versuchte, die Sache auszubügeln, aber sie hatte mehr und mehr das Gefühl, dabei zwischen zwei Mühlsteinen zu stecken.

Mit den Jahren wurde Felicia allmählich immer dicker. All ihr Gewicht sammelte sich um die Leibesmitte herum, während die Arme und Beine erstaunlich dünn blieben. Außerdem bekam sie, festgenagelt zwischen den Mühlsteinen der Verantwortung, auf einmal Leibschmerzen, was sie nicht verstand. Eines Tages hatte sie einen schweren Anfall von Übelkeit mit Erbrechen, Fieber und Schüttelfrost. Als sie endlich zum Arzt ging, erfuhr sie, daß sie Magengeschwüre hatte.

Felicia ist ein Paradefall für Erkrankungen im dritten emotionalen Zentrum. Haben auch Sie manchmal das Gefühl, zwischen zwei Mühlsteinen zu stecken? Tragen Sie die Last der Verantwortung für andere? Felicias Verantwortlichkeitsprobleme beruhten eindeutig auf den Gefühlen und Erinnerungen, die von Kindheit an in ihrem Gehirn und ihrem Körper gespeichert waren. Um zu beweisen, daß sie wirklich ein verantwortungsbewußter Mensch war, arbeitete sie entschlossen darauf hin, in allem, was sie anpackte, Kompetenz und Können zu zeigen, und das waren immer Tätigkeiten, die hohe Anforderungen an ihre Verantwortlichkeit stellten. Sie entwickelte ein überstarkes Verantwortungsbewußtsein, so daß sie schließlich nur noch zur Machtseite des dritten emotionalen Zentrums hin tendierte. Das hieß jedoch, daß ihr die Fähigkeit fehlte, sich zurückzuhalten, zuzuschauen, wie andere Fehler machen, und ihnen die Verantwortung für ihre Schwierigkeiten selbst zu überlassen. Sie hielt es für ihre Pflicht, Fehler schon im Vorfeld auszuschalten. Sonst würden Mami und Papi nach Hause kommen und ihr die Schuld an allem geben, was schiefgelaufen war.

Ihre überentwickelte »Verantwortungsdrüse« hatte bei der Entstehung der Magengeschwüre mitgewirkt. In diesem Fall wurden sie durch andere Wesenszüge Felicias noch verschlimmert. Trotz ihres Images als verantwortungsbewußter Mensch hatte Felicia nämlich Probleme, Verpflichtungen einzugehen. Sie scheute es, im Berufs- und Privatleben neue Pflichten auf sich zu nehmen, weil sie die zusätzliche Verantwortung fürchtete, die damit verbunden war. Gleichzeitig hielt sie es für ihre Pflicht und Schuldigkeit, die Verantwortung zu übernehmen. Wurde sie ersucht, sich in einer Angelegenheit verbindlich festzulegen, saß sie in der Falle und fühlte sich wie in ihrer Kindheit. Als junges Mädchen hatten die Eltern sie zur Strafe manchmal stundenlang in den dunklen Keller eingeschlossen und sich weder durch ihr Weinen noch durch ihr flehentliches Bitten erweichen lassen, sie wieder rauszulassen. Gefühle des Gefangenseins können, wie wir bereits gesehen haben, den Boden für Magengeschwüre bereiten.

Allmählich trat die schwere Bürde der Verantwortung, die sie so viele Jahre lang trug, körperlich in Form von Übergewicht in der Leibesmitte in Erscheinung. Bedeutungsvoll ist, wo sich das überschüssige Gewicht ansammelte. Als Kind fühlte sich Felicia wie festgenagelt zwischen den Mühlsteinen ihrer Eltern und Geschwister; als Erwachsene fühlte sie sich wie festgenagelt inmitten aller Leute, mit denen sie zusammenarbeitete und für die sie verantwortlich war. Zur Abwehr war sie dick geworden und verkörperte mit ihrer Leibesfülle real die Erinnerungen an ihre traumatischen Kindheitserlebnisse.

Kann Streß mehr noch als Verantwortungs- und Pflichtgefühl den Ausschlag für Gewichtsprobleme geben? Kann er den Umgang des Körpers mit Kohlehydraten, Fetten und Kalorien negativ beeinflussen? Wissenschaftliche Studien belegen, daß gewisse Streßarten und Emotionen den Stoffwechsel eines Menschen, die Fähigkeit, Nahrungsmittel aufzuspalten, beeinträchtigen können. Darüber hinaus nehmen Gefühle Einfluß auf den Zuckerstoffwechsel. Heftige Gemütsbewegungen, unangenehme Lebenslagen und schwere Enttäuschungen können Diabetes auslösen oder den Verlauf dieser Krankheit verschlimmern, einer Stoffwechselstörung, von der Kohlehydrate (Zucker) und Fette betroffen sind. Eine Studie läßt darauf schließen, daß sich der Diabetes mancher Kinder verschlechtert, wenn die betreffenden Kinder durch Verantwortungsprobleme und elterliche Kontrollmaßnahmen gestreßt sind. Emotionaler Streß erhöht den Cortisolspiegel im Blut, was wiederum zu einer Erhöhung des Insulinspiegels führt bei gleichzeitig steigender Insulinresistenz. Der Körper will mehr von dem, was man ißt, in Form von Fett lagern.

Felicia wollte immer auf der Seite der Stärke im dritten emotionalen Zentrum sein. Sie hielt es für ihre Pflicht, die Verantwortung für alle Menschen um sich herum zu übernehmen, wohingegen für sie niemand je Verantwortung tragen durfte, weil sie sich dann schwach und abhängig fühlte. Wenn sie zu einer Party eingeladen war oder mit Freunden ins Kino ging, bestand sie stets darauf, mit ihrem eigenen Wagen zu fahren, damit niemand für sie verantwortlich war – und sie nicht das Gefühl bekam, in der Falle zu sitzen. Aus einigen Studien geht hervor, daß Menschen mit Magengeschwüren und Magen-Darm-Störungen Abhängigkeitsprobleme haben könnten. Leute mit diesen Problemen haben zwar den sehnsüchtigen Wunsch nach Liebe und Zuwendung – auch Felicias Beweggrund –, schämen sich dessen jedoch oder fürchten, daß dieses Bedürfnis nie befriedigt wird, und überkompensieren es deshalb durch Ehrgeiz, Kraftmeierei und den Anschein, sie brauchten niemanden. Aber Felicias intuitives Leitsystem wußte, daß sie aus tiefster Seele eine Veränderung ersehnte.

Während Felicia zuviel Verantwortungsgefühl im Leben an den Tag legte, ist anderen jede Verantwortung zu schwer; sie versuchen mit allen Mitteln, ihr aus dem Weg zu gehen, oder suchen ihr Heil in einer Sucht.

Den Kummer ertränken: ein Fall von Alkoholismus

Lesung: Als mich die 48jährige Maureen wegen einer intuitiven Lesung anrief, sah ich sofort, daß sie einen großen Kummer mit sich herumtrug über jemanden, der erst vor kurzen aus ihrem Leben geschieden war oder mit dem sie eine schwierige Beziehung unterhielt. Ich nahm ferner wahr, daß sie an einer schweren Last emotionalen Stresses im Berufsleben trug, wo sie für die Sorge und das Wohlergehen einer großen Gruppe von Leuten verantwortlich war, die auf Hilfe angewiesen waren.

Körperlich erschien Maureen mir als leicht übergewichtige Frau mit einer Neigung zum Alkoholmißbrauch. Ich sah, daß dieser Hang die Organe in ihrem dritten emotionalen Zentrum schädigte, in erster Linie Leber und Bauchspeicheldrüse. Ich bemerkte sogar, daß die Schädigung ihrer Leber durch einen Bluttest diagnostiziert werden konnte, der erhöhte Leberenzymwerte im Blut aufzeigen würde.

Fakten: Maureen war Psychotherapeutin mit eigener Praxis und einem großen Kreis von Patienten, die physisch und emotional extrem mißbraucht worden waren. Gegenwärtig war ihr die emotionale Last der Sorge für all diese Patienten viel zuviel. In diesem Empfinden wurde sie noch durch den kürzlich erfolgten Tod ihres Vaters bestärkt, ein Ereignis, das sie besonders schwer verarbeiten konnte, weil sie nie ihre Gefühle gegenüber ihrem Vater hatte klären können, der ihr während ihrer Kindheit zuwenig Zuwendung gegeben hatte. Maureen überlegte, ob sie die Zahl ihrer Patienten reduzieren sollte, um erst einmal mit ihren Gefühlen über den Tod des Vaters ins reine zu kommen.

Maureens Hausarzt hatte vor kurzem festgestellt, daß ihre Blutwerte eine Leberschädigung infolge übermäßigen Alkoholkonsums anzeigten.

Als ich Maureen später persönlich kennenlernte, trank sie gerade ein Glas Wein und rührte Sherry in ein Pfannengericht, das sie fürs Mittagessen zubereitete. Sie versuchte, sowohl ihren Kummer über den Tod des Vaters zu betäuben als auch die emotionalen Schwierigkeiten, in die der Umgang mit ihren Patienten sie stürzte, zu verdrängen, indem sie sich mit Alkohol vollschüttete. Maureen war innerlich zerrissen von Verantwortungspflichten. Sie lebte noch immer im Haus des Vaters. Eigentlich wollte sie es gern verkaufen, fühlte sich jedoch verpflichtet, es der Familie zu erhalten, wie der Vater gewünscht hatte. Maureens Sucht, das Trinken, hatte ihr Gefühl der Unzulänglichkeit bezüglich der Pflichten, denen sie nicht gewachsen war, zugedeckt. Der Alkohol wirkte beschwichtigend. Das ist fast immer der Zweck einer Sucht, die interessanterweise meist den Konsum von etwas Eß- oder Trinkbarem beinhaltet. Der Grund dafür ist der, daß die Nahrungsaufnahme eine primäre Handlung ist, die uns ein Gefühl der Wärme und Sicherheit gibt und durch die wir uns richtig wohl fühlen in unserer Haut.

Allerdings muß eine Sucht nicht immer mit dem Konsum irgendeines Stoffes verbunden sein. Man kann auch arbeitssüchtig sein. Jeder kennt den Typ Kollegen, der freitags abends nicht mit den anderen zusammen ausgehen will, weil er angeblich zuviel zu tun hat. Die Arbeit ist sein goldenes Kalb. Oder die Freundin, die nicht auf ihr tägliches Joggen verzichten kann; sie geht nie mit jemandem aus, weil sie ihr Lauftraining unbedingt einhalten will. Andere sind süchtig nach Fernsehserien. Sucht ist ihrem Wesen nach eine Flucht vor Verantwortlichkeiten und Verpflichtungen in der Außenwelt. Alkoholiker kommen oft ihren Verpflichtungen nicht mehr nach, sie erscheinen zu spät bei der Arbeit und verpassen Termine. Nur ihrer Sucht verpflichten sie sich ganz und gar, der einzigen Verbindlichkeit, mit der sie umgehen können, weil sie damit jeder anderen aus dem Wege gehen können. Dabei verdeckt diese Art von Sucht meist nur tiefsitzende Gefühle der Unzulänglichkeit, Aggression und mangelnden Selbstachtung.

Nahrung ist Liebe: ein Fall von Anorexie und Bulimie

Lesung: Bei meiner intuitiven Lesung nahm ich in der Vergangenheit der 40jährigen Andrea eine emotionale Situation wahr, in der sie sich auf jemanden eingelassen hatte, der zwei verschiedene Sachen in Einklang zu bringen suchte. Ich konnte nicht direkt ausmachen, was der Betreffende miteinander ins Gleichgewicht bringen wollte. Ich sah nur, daß es ihm nicht gelungen war. Er hatte sich schließlich zwischen den zwei Sachen entscheiden müssen, und seine Wahl hatte eine tiefgreifende Wirkung auf Andrea gehabt.

Wie ich bemerkte, hatte seine Entscheidung auch Einfluß auf Andreas Körper gehabt und eine Störung begünstigt, die ich nicht recht identifizieren konnte. Andreas Organe schienen alle normal zu funktionieren, aber ihre Arme und Beine sahen ausgemergelt aus, wohingegen ihr Bauch dick aufgeblasen war wie ein Ballon. Das war mir ein Rätsel.

Fakten: Im Alter von zwanzig Jahren hatte Andrea eine Affäre mit einem verheirateten Mann. Dessen Frau hatte schließlich etwas bemerkt, und dann hatte der Mann sich zwischen der Ehefrau und Andrea entscheiden müssen. Der Mann hatte sich für seine Frau entschieden und Andrea fallenlassen. Diese Entscheidung hatte so stark nachgewirkt in Andrea, daß sie nie wieder eine enge Beziehung zu einem Mann einging. Statt dessen hatte sie sich auf ihren beruflichen Werdegang gestürzt und war erst professionelle Köchin, dann Fotografin geworden. Zum Zeitpunkt der Lesung schrieb sie auch noch an einem Buch.

Entgegen meinem Eindruck, daß sie einen dicken Bauch hatte, war Andrea, wie sich herausstellte, in Wirklichkeit magersüchtig und extrem dünn; sie hatte allerdings zeitweilig auch unter Bulimie gelitten, einer Erkrankung, bei der wahllos Essen hineingestopft und dann absichtlich wieder erbrochen wird. Was ich vor Augen gehabt hatte, war nicht ihre wahre äußere Erscheinung, sondern ihr *Selbstbild*.

Seit dem Bruch mit dem verheirateten Mann hatte Andrea eindeutig ein Gefühl der Unzulänglichkeit und litt an mangelnder Selbstachtung. Das hatte sie durch Arbeitswut wettzumachen versucht. Aber sie hatte ihre Anstrengungen dadurch torpediert, daß sie die Arbeit zur Sucht machte. Auf diese Weise hatte sie die eine Abhängigkeit, den Geliebten, durch eine andere ersetzt. Da sie total in ihrer Sucht aufging, konnte sie gut anderen Verbindlichkeiten und Verpflichtungen aus dem Weg gehen, darunter auch neuen Männerbeziehungen. So brauchte sie sich nicht mit Rivalinnen auseinanderzusetzen und konnte bedrohlichen Situationen, die sich im Zusammenhang mit anderen sich anbahnenden Beziehungen ergeben mochten, entfliehen oder ausweichen. Andrea entsprach also in allen Punkten den Schwächen des dritten emotionalen Zentrums.

Irgendwann hatte sie angefangen, die Lücke, die ihr Liebhaber hinterlassen hatte, mit Essen zu stopfen. Ihr Eßverhalten war ebenfalls ein Suchtverhalten. Mit der Nahrungsaufnahme verhalf sie sich zu einem Gefühl von Liebe und Erfüllung, das gut, wohlig und schützend wirkte und ihr Wärme und Sicherheit vermittelte. Wie ein echter Süchtiger aß sie entweder gar nichts (Anorexie) oder stopfte sich unkontrolliert voll (Bulimie). Das Essen war für sie ein Sinnbild der Liebe und sollte ihr die mangelnde Selbstachtung zurückgewinnen. Andrea sagte selbst, daß sie oft nur »die schwarze Leere« mit Essen zu füllen versuchte, die sie in ihrem Innern fühlte, den Bereich, wo im dritten emotionalen Zentrum die Selbstachtung ihren Sitz hat.

Nahrung ist in der Kultur eng mit Liebe verbunden. Wir alle sehen darin gern einen Liebesersatz oder ein Symbol der Liebe. Man denke nur einmal an eine italienische Familie, wo die Mama, die oberste Instanz, ständig um den Tisch herumläuft und alle drängt: »Nun eßt schon! Eßt!«, weil die Nahrung ein Ausdruck der Liebe ist. Für Frauen ist Nahrung besonders wichtig zur Stärkung des Selbstgefühls und der inneren Ganzheit. Wir alle kennen den Typ der jungen, unverheirateten Frau, die, wenn sie am Samstag abend keine Verabredung hat, ihren Kummer unter Süßigkeiten und Eiskrem begräbt. Oder die deprimierte Frau, die für ein

Stück Schokolade jemanden umbringen könnte! Von Männern hören wir selten so etwas. Das liegt an der unterschiedlichen Hirnstruktur von Männern und Frauen. Im weiblichen Gehirn liegen die Bereiche, die mit Nahrung und Sexualität zu tun haben, extrem dicht, fast schon überlappend, im Hypothalamus zusammen.[32] Bei Männern sind sie getrennt und in größerem Abstand voneinander. Der Mann ißt, oder er hat Sex. Bei der Frau ist das nicht so klar zu trennen. Wenn also bei ihr die Neuronen aktiv werden, während sie Schokolade ißt, hat sie ähnliche Empfindungen wie bei der Liebe und beim Sex. Die Empfänglichkeit für Sex und die Empfänglichkeit für Nahrung nehmen also im Rhythmus mit den Hormonen im Körper und dem Menstruationszyklus gleichermaßen zu oder ab. (Einige meiner Freundinnen waren immer kurz vor ihrer Periode besonders gierig auf ein Stückchen Schokolade!) Kein Wunder, daß der Zusammenhang von Nahrung und Liebe für viele Frauen ein Problem ist und Übergewicht ein Frauenthema.

Angst kann ebenso wie Depressionen bewirken, daß eine Frau entweder mehr ißt oder weniger. Gefühle können die Schilddrüse, die Nebenniere und das Gehirn veranlassen, die Ausschüttung von Hormonen zu steigern oder zu drosseln, den Stoffwechsel anzuregen oder zu verlangsamen. Wenn ich mit jemandem zusammen essen gehe, den ich anstrengend finde, verdrehe ich schon nach dem Genuß von nur einer Möhre die Augen und nehme zwei Pfund zu. Wenn ich dagegen vollkommen gelöst bin und die betreffende Person vorbehaltlos liebe, kann ich alles essen, was auf der Speisekarte steht, einschließlich schwimmend ausgebackener Köstlichkeiten mit zusätzlicher Butter, dazu noch die doppelte Portion Schokoladensauce zum Dessert, und nehme kein Gramm zu. Es kommt ganz darauf an, wie man sich fühlt, ob man sich seine Selbstachtung bewahrt und ob man sich mag.

Andrea mangelte es nach der Zurückweisung durch ihren Geliebten an Selbstachtung und Selbstakzeptanz. Doch ihr Körper gab ihr über das intuitive Leitsystem zu verstehen, daß sie etwas ändern könnte, um ihre Selbstachtung zurückzugewinnen, sich dem Privat- und Berufsleben gewachsen zu fühlen und endlich wieder gesund zu sein.

Eine Frage des Temperaments

In Anbetracht der engen Verbindung zwischen den Organen des dritten emotionalen Zentrums und unseren Gefühlen stellt sich die Frage, warum wir nicht alle ohne Ausnahme Magengeschwüre bekommen, dick werden oder Suchtverhaltensweisen entwickeln. Die Antwort lautet: Es liegt am jeweiligen Temperament und daran, wie offen jemand für seine Intuitionen ist. Felicia, die Frau mit dem Übergewicht und den Magengeschwüren, hatte lebhafte emotionale Erinnerungen daran, daß ihre Selbstachtung in der Kindheit auf ihrem Sinn für Verantwortung beruhte, und wußte noch, daß sie sich durch ihre Verpflichtungen gefangen fühlte. Ihrem Temperament entsprechend empfand sie diese Erinnerungen offensichtlich als so traumatisch, daß sie ihr ganzes Leben lang davon beeinflußt wurde.

Andere Menschen erleben vielleicht ein ähnliches Trauma, nehmen es jedoch anders wahr und haben deshalb keine solchen körperlichen Probleme. Ich kenne allerdings eine Frau, deren Freiheit in der Kindheit und Jugend immer wieder eingeschränkt wurde. Als hyperaktives Kind entwischte sie häufig ihrer Babysitterin und rannte wie besessen auf die Straße hinaus, manchmal ohne jede Bekleidung. Sie war so schwer zu bändigen und so wild, daß sie oft zu ihrer eigenen Sicherheit von der Familie angebunden wurde, um nicht davonzulaufen. Einmal wurde sie mit dem Zugseil eines Skilifts ans Bett gefesselt; sie schaffte es trotzdem, zu entwischen. Nun sollte man meinen, daß diese Frau heute unter einer posttraumatischen Streßstörung leidet, an Angst vor geschlossenen Räumen, daß sie Bindungsprobleme aller Art hat und sich nicht festlegen läßt. Aber weit gefehlt. Sie hat ein völlig anderes Temperament als Felicia. Sie erinnert sich noch, daß sie bei der Fesselung mit dem Skiliftseil dachte: »Kein Problem. Gleich bin ich weg wie der Blitz.«

Diese Frau hat keine Probleme im dritten emotionalen Zentrum, weil ihre Erinnerungen an das Festgebundenwerden oder Eingesperrtsein nicht traumatisiert sind. Felicia hingegen hat ihre Erinnerungen als traumatisch gespeichert, wenn auch unbewußt. Nachdem sie die Sprache ihres dritten emotionalen Zentrums erlernte, eines Teils ihres Intuitionsnetzwerkes, konnte sie allmählich verstehen, was die Geschwüre in ihrem

Magen-Darm-Trakt ihr mitteilen wollten. Sie begriff, daß ihre Probleme mit Verantwortung, Verpflichtung und Selbstachtung in dem Trauma aus ihrer Vergangenheit und in den Erinnerungen wurzelten, die ihr »auf dem Magen lagen«, einem Organ des dritten emotionalen Zentrums. Als sie sich das bewußtgemacht hatte, war sie in der Lage, ihre Probleme zu erkennen und einzusehen, daß bei jedem Magenzwicken ihre alten Erinnerungen aktiviert wurden und sie sich im Hier und Jetzt mit etwas auseinandersetzen mußte, das mit Verantwortung und Verpflichtung zu tun hatte. Felicias Intuition hatte eine Öffnung gefunden, durch die sie in den Körper einströmen und die Stimme erheben konnte – den Magen. So oder ähnlich wirkt die Intuition in jedem von uns.

9

Herz, Lunge und Brust: Gefühl, Intimität und Zuneigung

Eine meiner Lieblingsgeschichten ist *How the Grinch Stole Christmas* (»Wie der Grinch Weihnachten stahl«) von dem beliebten Kinderbuchautor Dr. Seuss. Besonders das Ende mag ich, wo das verklemmte Herz von Grinch, das vorher »zwei Größen zu klein« war, plötzlich zu wachsen beginnt und auf normale Herzgröße anschwillt. Wie kommt dieses Wunder zustande? Die kleine Cindy Lou Who und die Whos-down-in-Whoville haben den bösen alten Grinch mit Liebe überschüttet.

Dieses etwas süßliche Happyend spiegelt wahrhaftig das wirkliche Leben wider. Dr. Seuss mag ja geglaubt haben, mit seiner Geschichte von der Liebe, mit der das Herz gefüttert wird, nur eine kleine Fabel geschrieben zu haben, aber genau das bewirkt Liebe tatsächlich. Ebenso wie die anderen Gefühle beeinflußt sie die Gesundheit und im wahrsten Sinne des Wortes auch die Größe des Herzens. Das hat eine berühmte Studie ergeben, in der Forscher der Ohio State University Kaninchen so aufziehen wollten, daß sie verhärtete Herzkranzgefäße bekamen. Die Tiere wurden nach der Entwöhnung regelmäßig mit cholesterinreichem Futter ernährt. Als die Kaninchen ausgewachsen waren, stellten die Forscher jedoch voller Erstaunen fest, daß 15 Prozent von ihnen fast vollkommen normale Herzkranzgefäße hatten ohne Anzeichen einer Verhärtung oder Verstopfung. Das war eigentlich nicht möglich, und niemand konnte es begreifen. Merkwürdig war auch, daß die gesunden Kaninchen in den am leichtesten zugänglichen Käfigen auf Taillenhöhe untergebracht waren. Was war geschehen? Wie sich herausstellte, hatte jemand diese Kaninchen mit Liebe überschüttet. Der für die Fütterung der Tiere zuständige Student hatte ebendiese Kaninchen immer aus ihren Käfigen herausgeholt, hatte sie auf den Arm genommen und gestreichelt, mit ihnen gesprochen und gespielt. Daraus schlossen die Forscher: Umarmungen, Streicheln, Zureden und Unterhaltung können dazu beitragen, die Herzkranzgefäße offen und das Herz gesund zu halten. Mit anderen Worten: Liebe zu empfangen und zu spüren ist gut fürs Herz.

All seine Gemütsbewegungen zu kennen, zu spüren und zum Ausdruck zu bringen – ob Liebe und Freude oder Angst und Wut –, ist gut für die Gesundheit. Dann bewegt man sich ausgeglichen durchs Leben. Das Wort »Emotion« ist treffenderweise von dem lateinischen Verb »bewegen« abgeleitet, denn das tun unsere Gefühle. Sie bringen uns dahin in Bewegung, wohin wir im Leben müssen. Sie lenken uns in Richtung Gesundheit und Erfüllung, also Liebe und Freude, oder bringen uns vom falschen Weg, von Angst und Wut, ab.

Emotionen gehören zum Intuitionsnetzwerk. Sie gleichen einem Strom von Eingebungen, der durch uns hindurchfließt. Wenn man erkennen, fühlen und sagen kann: »Ich bin traurig«, »Ich bin wütend«, »Ich bin bekümmert« oder »Ich habe Angst«, kann man etwas bewegen und die richtigen Veränderungen durchführen und Entscheidungen fällen, um das Leben voll und ganz zu erfahren und auszuschöpfen.

Der Gefühlsausdruck, die Art und Weise, wie wir mit dem umgehen, was wir empfinden, und uns mitteilen, ist Sache des vierten emotionalen Zentrums. Damit verknüpft ist das Gefühlsleben in der Partnerschaft, die intime Beziehung mit anderen Menschen, denn sie sind unsere Mitspieler im Leben und diejenigen, denen gegenüber wir uns zum Ausdruck bringen und unsere Emotionen zeigen. In jeder Lebenssituation müssen wir die Funktion des Gefühls verstehen, das wir empfinden, um es vollständig spüren zu können und entsprechend zu reagieren. Sind wir dazu nicht fähig, wird der Boden bereitet für Erkrankungen der Organe des vierten emotionalen Zentrums – Erkrankungen des Herzens, der Lunge, der Brust und der Speiseröhre. Wenn die Gefühle einen intuitiven Strom in unserem Innern darstellen, sind diese Organe ihr Sprachrohr, das alle Welt darüber informiert. Versäumen wir es, unsere Gefühle zu erkennen und auszudrücken, übernehmen es die betreffenden Organe, sie wahrzunehmen, darauf zu reagieren und sie in Form von körperlichen Symptomen zum Ausdruck zu bringen. Die Einsicht, wie Weisheit und Schmerz über den Gefühlsausdruck in Herz, Brust und Lunge eingeprägt sind,

Viertes emotionales Zentrum

Stärke

Gefühlsausdruck
- Leidenschaft
- Ärger und Wut, Haß und Feindseligkeit
- Freude und Ausgelassenheit
- Gleichmut
- Mut
- Trauer
- Verlust

Partnerschaft
- Isolation
- Hilfsbereitschaft
- Geben
- Väterlichkeit
- Märtyrertum

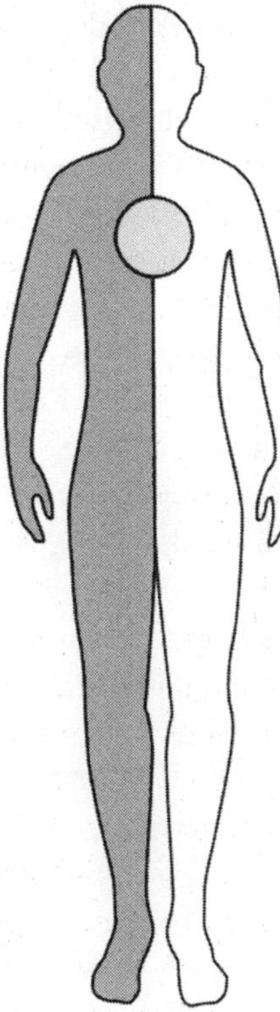

Schwäche

Gefühlsausdruck
- Liebe
- Groll und Bitterkeit
- Gelassenheit und Frieden
- Gefühlsüberschwang
- Angst
- Depressivität
- Preisgegebensein

Partnerschaft
- Intimität
- Hilfsbedürftigkeit
- Annehmen Mütterlichkeit
- Fürsorge
- Versöhnlichkeit

hilft uns, die Sprache der Intuition des Körpers zu verstehen (siehe Abbildung).

Gefühl, Herz und das Intuitionsnetzwerk

Die Verbindung von Herz und Gemüt, das einzigartige Bild des Herzens als Sitz der Gefühle, ist fast schon mythisch. Wir sprechen von herzlichen Gefühlen und davon, daß wir unserem Herzen folgen. Wir nennen freundliche, liebevolle Menschen gutherzig, großherzig oder warmherzig; wir tragen unser Herz auf der Zunge; wir tun etwas nach Herzenslust; wir bewahren etwas tief in unserem Herzen. Der feige Löwe aus dem *Zauberer von Oos* möchte sich ein Herz fassen, also mutig sein; und demjenigen, der tapfer und unerschrocken ist, wird nachgesagt, daß er beherzt ist oder das Herz auf dem rechten Fleck hat. Wenn jemand kalt und abweisend ist, sagen wir, daß er kein Herz hat. Zeigen wir kein Gemüt, verhärten wir unser Herz, und genau das geschieht auch, wenn wir Gefühle unterdrücken.

Louise Hay ermahnt uns, das Herz als Zentrum der Freude und Sitz der Gefühle zu betrachten.[33] Wie gut unser Lebensblut durch das Herz, die Arterien und Venen fließt, hängt davon ab, von wieviel Freude unser Leben durchströmt ist. Cholesterinverstopfte Arterien symbolisieren eine Blockierung im Strom der Freude, die Unterdrückung von Gefühl. Laut Louise Hay kommt es zum Herzinfarkt, wenn alle Freude aus dem Herzen gedrängt worden ist, um Platz zu machen für die Jagd nach Geld, Status und materiellem Gewinn. Herzinfarktopfer sind nachweislich in der Mehrzahl sogenannte Typ-A-Persönlichkeiten (vgl. 5. Kapitel) und häufig Männer, die getrieben werden von einer Leidenschaft, die fast ausschließlich im Gewinn-, Macht- und und Statusstreben besteht; sie sind keine sehr erfreuliche Gesellschaft.

Außerdem wissen wir, daß Ärger, Traurigkeit und Angst, die unausgesprochen im Innern nagen, die Verengung der zum Herzen führenden Blutgefäße bewirken. Bei Gefühlen der Wut oder Angst ziehen sich diese Blutgefäße zusammen infolge der Ausschüttung von Hormonen aus dem Parasympathikus, einem Teil des vegetativen Nervensystems. Freude und Liebe hingegen machen das Herz (und die Adern) weit wie bei den Kaninchen in der Ohio-Studie. Freude und Liebe stimulieren den Parasympathikus, der daraufhin die Blutgefäße weitet und so die Blutzufuhr zum Herzen erhöht. Das heißt jedoch nicht, daß man nie Angst oder Ärger empfinden sollte. *Alle* Gefühle dienen, wenn sie einem bewußt sind und im rechten Maße ausgedrückt werden, der Gesundheit im vierten emotionalen Zentrum.

Man unterscheidet sechs Grundgefühle: Liebe, Freude, Wut, Trauer, Furcht und Scham. Alle anderen Gefühle sind bloß Schattierungen oder Varianten dieser Grundgefühle, ebenso wie Cola oder Pepsi nur Markennamen sind und bestimmte Geschmacksrichtungen des gleichen Getränks bezeichnen. Gram, Verzweiflung und Melancholie sind Nuancen der Trauer; Ärger, Groll und Haß sind Unterarten der Wut; Angst, Panik und Entsetzen sind Formen von Furcht. In den verschiedenen Stadien unseres Lebens haben wir alle, je nachdem, was geschieht, solche Empfindungen. Die Gefühle und die Erinnerungen, in die sie kodiert sind, sind Teil unseres Intuitionsnetzwerkes und teilen uns durch das intuitive Signalsystem mit, ob wir im Hinblick auf unser Glück und unser Wohlbefinden die richtige oder die falsche Richtung eingeschlagen haben.

Wenn wir ein Wohlgefühl haben, wissen wir, daß wir auf dem richtigen Weg sind. Gefühle wie Freude und Liebe stehen für das grüne Licht des inneren Signalsystems. Sie melden uns, daß wir in einer Sache erfolgreich sind, daß wir auf dem Pfad zum Glück sind und daß wir den Weg weitergehen sollten, den wir eingeschlagen haben. Sie sind wie die Glocke, die bei einem Quiz ertönt, wenn die richtige Antwort gefallen ist. Aber die Glocke ist nicht nur zu hören. Sie hallt in unserem Innern wider, in den Organen des vierten emotionalen Zentrums, im Herzen, in der Lunge und in der Brust. Denken wir einmal nach: Wenn wir eine Musikkapelle beim Schützenfest hören oder die Trauermusik bei einer Beerdigung, wo regen sich die Gefühle, die diese Musik in uns auslöst? Nicht etwa in den Zehenspitzen oder im Haar, sondern in der Brust.

Unangenehme Gefühle sagen uns, daß wir vom Kurs abgekommen sind. Mit Ärger oder Wut zum Beispiel machen wir uns häufig selbst klar, daß die Dinge sich nicht so entwickelt haben, wie wir erwartet hatten. Wir ärgern uns, wenn wir einen Verlust an Macht, Status oder Achtung hinnehmen müssen. Ärger macht uns deutlich, daß uns etwas vorenthalten wird, was wir wünschen oder brauchen, oder signalisiert uns, daß wir in einer wichtigen Aktivität oder einem angenehmen Aspekt unseres Lebens unterbrochen worden oder zum Stillstand gekommen sind. Ärger kann auch eine Schutzfunktion haben; er meldet uns, wenn wir körperliche oder seelische Schmerzen leiden oder bedroht werden. Er ist gleichsam ein Warnsignal im Gehirn, das uns sagt: »Sackgasse! Nicht so schnell! Immer mit der Ruhe! Erst mal überlegen. Probier etwas anderes.« Das gleiche gilt für die Angst, die ein lautes Signal des intuitiven Leitsystems ist und uns warnt, daß wir uns in einer neuen, möglicherweise trügerischen Situation befinden, auf uns aufpassen und die Augen offenhalten müssen. Auch Traurigkeit ist ein Hinweis darauf, daß wir irgendwohin unterwegs sind, wo wir nicht hin wollen, daß wir nicht bekommen, was wir uns gewünscht hatten, oder daß unserem Leben irgend etwas Wichtiges genommen wurde.

Nur allzuoft erkennen wir unsere Gefühle gar nicht. Wir sind betrübt, ohne uns bewußt zu sein, daß es Trauer ist, die wir empfinden, und ohne zu wissen, *warum* wir so fühlen. Kultur und Gesellschaft fördern es sogar, wenn bestimmten Gefühlen kein Raum gegeben wird. Nehmen wir an, Sie wären als Kind mit Ihrer Mutter unterwegs und begegneten auf der Straße zufällig einem Onkel väterlicherseits, den Sie nicht mögen, weil er Sie, als Sie einmal allein mit ihm waren, auf eine Weise berührt hat, die Ihrem Empfinden nach unziemlich war. »Sieh mal, Schatz, da ist Onkel Ned«, sagt Ihre Mutter. »Gib dem Onkel die Hand!« Aber statt ihm die Hand zu geben, verstecken Sie sich natürlich hinter Ihrer Mutter. Sie sind voller Angst vor diesem Menschen, der Ihnen zu nahe getreten ist, wie Sie instinktiv gespürt haben, und außerdem sind Sie wütend, daß Sie ihn jetzt begrüßen sollen, als wäre nie etwas vorgefallen. Aber Sie können Ihre Gefühle nicht in Worte fassen, weil die Sprache Ihrer Empfindungen noch nicht voll entwickelt ist. »Ich hasse ihn!« schreien Sie. Ihre Mutter, peinlich berührt, schimpft Sie aus. »Wie kannst du so etwas sagen! Onkel Ned ist doch so ein netter Mann!« sagt sie. »Sei jetzt lieb und gib ihm die Hand!« Damit werden Ihre deutlich empfundenen Gefühle für ungültig erklärt. In diesem Augenblick haben Sie eine erste Ahnung davon, was Gefühle aussagen. Sie wissen, daß es Sie jedesmal, wenn Sie den Onkel sehen, kalt überläuft und Ihr Herz einen Schlag aussetzt. Doch Sie brechen jetzt die Verbindung zu Ihrem intuitiven Leitsystem ab. Eigentlich sollen Ihre Gefühle Sie schützen, aber Ihnen wird beigebracht, ihnen keinerlei Beachtung zu schenken.

Das geschieht immer wieder in unserem Leben. »Du hast keinen Grund, wütend zu sein«, heißt es in unserer Kindheit, »sieh doch, was du alles hast – Essen, etwas anzuziehen ... Denk einmal an die hungernden Kinder in Afrika! Du solltest nicht wütend, sondern dankbar sein.« Wir lernen also schnell, unsere Wut in uns zu verschließen oder sie zu verdrängen. Und sind auf einmal einem anderen Gefühl ausgesetzt, zum Beispiel der Scham. Oder wir sind niedergeschlagen und wissen nicht, warum. Menschen mit schweren Depressionen sind tatsächlich oft von der Sprache des Gefühls abgeschnitten; sie müssen sie erst wieder erlernen. Marcia Linehan hat 1993 ein wunderbares Buch geschrieben, das solchen Leuten hilft, ihre Gefühle wiederzuerkennen und entsprechend zu reagieren.[34] Ich hatte einmal eine Patientin, die mir von einem Besuch beim Arzt erzählte, wo ihr eine Blutprobe entnommen wurde. »Ich geriet in helle Wut, als die Schwester mit der Nadel kam«, sagte sie. Das hörte sich zuerst merkwürdig an, aber nachdem ich einen kurzen Blick in Linehans Buch geworfen und die Beschreibung der Sinnesempfindungen und der physischen Begleiterscheinungen gewisser Emotionen gelesen hatte, wußte ich, daß sie *Angst* gemeint hatte.

Die meisten von uns brauchen kein Buch, um ihre Gefühle begreifen zu können. Unumgänglich ist jedoch, daß wir Sprache, Funktion und Grundmuster einer jeden Gemütsregung verstehen, das betreffende Gefühl voll und ganz zum Ausdruck bringen und angemessen reagieren können. Wir müssen mit dem Gefühl mitgehen.

Wenn man seinem Gefühl nicht folgt, schlägt es sich im Körper nieder und setzt sich in den Zellen der Organe fest, unter Umständen in Form von Krankheit. Im vierten emotionalen Zentrum können Emotionen ein ganzes Spektrum von Gesundheitsproblemen verursachen, vom Herzinfarkt über den Schlaganfall bis hin zu Brustkrebs.

Maske und Theater: ein Fall von Herzkrankheit

Lesung: Mike war 62 Jahre alt, als er mich zum Zwecke einer Lesung anrief. Ich sah einen kleinen Mann von etwa 1,70 m vor meinem inneren Auge, mit Übergewicht und Glatze. (Seine Kahlköpfigkeit spielt insofern eine Rolle, als eine berühmte Studie aufgezeigt hat, daß glatzköpfige Männer aufgrund eines Übermaßes an Testosteron ein erhöhtes Infarktrisiko haben.) Ich sah ihn zu einer Gruppe gehörig, die so etwas wie seine Familie darstellte. Er glaubte, daß in dieser Familie Geistesverwandtschaft herrschte und alle zusammenarbeiteten. Wie ich bemerkte, wußte er jedoch im Grunde, daß das nicht stimmte. Ich nahm wahr, daß er wütend, voller Groll und Bitterkeit war, weil er nicht da in seinem Leben stand, wo er eigentlich sein wollte. Er wurde immer älter

und war tiefbekümmert, nichts erreicht zu haben, nicht das Ansehen gewonnen zu haben, das er verdient zu haben meinte. Er stand unter starkem Konkurrenzdruck, wollte aber weder den damit verbundenen Schmerz und Kummer noch die Angst wahrhaben. Er verschloß seine Gefühle hinter einer Maske der Tapferkeit und blieb dabei, daß seine Gruppe aus wunderbaren, stets hilfsbereiten Leuten bestand.
Im Körper dieses Mannes zeichnete sich ein besorgniserregender Bereich ab: Die Blutgefäße rings um sein Herz waren dick und durch Ablagerungen verhärtet.
Fakten: Mike war Schauspieler mit einer relativ erfolgreichen Karriere in Film und Fernsehen, obwohl ich seinen Namen nicht kannte. Er hatte nie eine Hauptrolle gespielt, sich aber gut mit Nebenrollen durchgeschlagen. Doch je älter er wurde, um so schwieriger waren auch diese Rollen zu bekommen. Meine Lesung deutete darauf hin, daß er bekümmert und enttäuscht war, weil es nie steil bergauf gegangen war in seiner beruflichen Laufbahn. Jetzt ging seine Karriere zu Ende, weil jüngere Leute ihn von seinem Platz verdrängten. Aus meiner Sicht hatte er deswegen Herzschmerzen. Zu meinem Erstaunen bestritt er das alles. Er bestand darauf, daß die Schauspielerkollegen, mit denen er zusammenarbeitete, eine wunderbare, fürsorgliche, Rückhalt gebende Gemeinschaft bildeten. Ja, ihm würden seltener Filmrollen angeboten, aber er hätte eine Menge Theaterauftritte bei Sommerspielen, was Spaß mache und einfach sei, da es keine Rivalitäten unter den Schauspielern gäbe. Er stellte die ganze Situation einfach in rosigen Farben dar und verbarg unerschütterlich seine tieferen Gefühle, die er nicht wahrhaben wollte. Er wollte auch keine körperlichen Beschwerden irgendwelcher Art haben und schon gar keine Herzprobleme.
Meine Lesung verstörte mich regelrecht, denn ich dachte, ich hätte diesen Klienten völlig falsch erfaßt. Sechs Monate später blätterte ich zufällig in der Zeitschrift *People*. Und da las ich in der Rubrik »Nachrufe« einen Bericht vom Tod ebendieses Schauspielers. Er war völlig unerwartet an einem schweren Herzinfarkt gestorben.

Es ist der typische Fall von jemandem, der versäumt hat, seine Gefühle anzuerkennen und entsprechend zu reagieren. Unterdrückte Emotionen spielen nachweislich eine Rolle bei Bluthochdruck, der auf die Verhärtung von Blutgefäßen zurückzuführen ist. Mit anderen Worten: Gefühlsblockaden können die Blutzufuhr zum Herzen unterbinden. Selbst wenn Mike mitbekommen hätte, was mit seinem Herzen los war, hätte er die Katastrophe vielleicht gar nicht abwenden können, die schließlich über ihn hereinbrach.

Studien haben nachgewiesen, daß Probleme bei der Anpassung an einschneidende Lebensveränderungen dem Herzinfarkt Vorschub leisten. Außerdem hat sich gezeigt, daß bei Menschen, die einen schweren Verlust erleiden, im ersten Jahr nach diesem Verlust eine höhere Wahrscheinlichkeit besteht, an einem Herzinfarkt oder Herzkrankheit zu sterben. Bei Witwern, die älter als 55 Jahre sind, besteht in den ersten sechs Monaten nach dem Tod ihrer Frau ein erhöhtes Infarktrisiko. Daran zeigt sich ziemlich klar, daß Menschen tatsächlich an Herzweh oder »gebrochenem Herzen« sterben können. Der Verlust eines geliebten Menschen ist nicht das einzige Ereignis, das einen Herzinfarkt begünstigt. Auch wenn jemand das Ende seiner Berufslaufbahn erreicht hat und in den Ruhestand tritt, nisten sich häufig Kummer und Abschiedsschmerz bei ihm ein. Nach einem Leben in der Mitte der Bühne sind wir auf einmal zum Abtreten gezwungen, und das kann schwere Herzprobleme auslösen.

Mike hatte nicht einmal zugeben wollen, daß in seinem Leben ein Wechsel bevorstand. Alles sei in Butter, hatte er beharrlich gesagt. Es war ihm gar nicht bewußt, daß er deprimiert, angstvoll, feindselig oder wütend war. Dabei sind gerade diese Gefühle eng mit Herzkrankheit verknüpft. Eine Umfrage in einem Gesundheits-Newsletter für Frauen ergab, daß 46 Prozent der befragten Frauen Depressionen und Ängste für ihre gravierendsten Probleme hielten. Und was ist die Todesursache Nummer eins sowohl bei Männern als auch bei Frauen? Herzkrankheit. Eine Studie über Hoffnungslosigkeit und Ohnmachtsgefühle kam zu dem Ergebnis, daß Männer mittleren Alters, die sich für Versager halten, schneller verengte Arterien und öfter Herzattacken haben als ihre optimistischen Geschlechtsgenossen.[35] Hoffnungslosigkeit und das Gefühl, ein Versager zu sein, beinhalten nachweislich das gleiche Risiko für Herzkrankheit wie der Konsum von einem Päckchen Zigaretten am Tag. Nicht ein oder zwei Glimmstengel. *Ein ganzes Päckchen!* Ärzte fragen ihre Herzpatienten immer, ob sie rauchen oder geraucht haben, aber sie forschen nie nach, ob sie von Hoffnungslosigkeit und Feindseligkeit erfüllt sind oder sich als

Versager fühlen, obwohl diese Emotionen offenbar einen starken Einfluß auf die Gesundheit haben.

Dabei besteht durchaus die Chance, daß jemand, der die nötigen Schritte ergreift, um seine Situation zu verändern und wieder hoffnungsfroh und optimistisch in die Welt zu blicken, die körperlichen Beschwerden überwinden kann. Als Mike in seine neue Lebensphase eintrat, hätte er unbedingt einmal einen eingehenden Blick auf sein Leben und seine Gefühle werfen und der Intuition seines Körpers im vierten emotionalen Zentrum Aufmerksamkeit schenken müssen. Er hätte zuhören sollen, was ihm seine innere Stimme sagte, und entsprechende Änderungen in seinem Leben vornehmen müssen. Wenn er über seine Isoliertheit unter den Kollegen und über seinen Kummer hinsichtlich der Lebensveränderungen gesprochen hätte, sich mit diesen Gefühlen auseinandergesetzt, sie zum Ausdruck gebracht und dann Pläne für den nächsten Lebensabschnitt gemacht hätte, wäre das Infarktrisiko wahrscheinlich geringer gewesen. Statt dessen hatte er als leidenschaftlicher Schauspieler, wie ich vermute, seinen Auftritt als starker Mann inszeniert, sich hinter einer Fassade von Gleichmut, Frohsinn und Optimismus versteckt und so getan, als sei alles in seinem Leben rosig und die Welt in Ordnung. Aber Leben und Gesundheit sind kein Drehbuch, und das Intuitionsnetzwerk weiß, wann wir schwindeln. Mike ließ nicht zu, daß ihn seine Gefühle in die richtige Richtung lenkten, und so setzten sie sich in den Organen seines vierten emotionalen Zentrums fest.

Studien von Typ-A-Patienten, die bereits einen Herzinfarkt hinter sich hatten, ergaben, daß diese Patienten die Wahrscheinlichkeit eines zweiten Infarkt senken können, wenn sie lernen, ihre Gefühle auf A-untypische Weise auszudrücken. Das können sie unter sachkundiger Anleitung durch Meditation, kognitive Therapie, NLP-Training usw. tun.

Ich habe einmal einem Börsenanalysten aus Chicago, der bereits einen Herzinfarkt erlitten hatte, eine Lesung gegeben. George war von dem Wunsch getrieben, einen hohen Spekulationsgewinn für seine Klienten zu erzielen. Für das Geldscheffeln gab er buchstäblich sein Herzblut hin. Eine gute Börsenentwicklung konnte er schon ein, zwei Jahre vorher riechen, ehe die Kurse drastisch anstiegen. Das Jagdfieber hetzte ihn durchs Berufsleben, und wie bei vielen Männern seines Berufsstandes kamen dabei sein Gefühls- und Privatleben und die Familie viel zu kurz.

George war natürlich auch nur ein Mensch und machte mitunter Fehler bei seinen Börsengeschäften und Empfehlungen, so daß seine Klienten manchmal große Verluste bis hin zu Zigtausenden von Dollar hinnehmen mußten. Um als Analyst trotz des Konkurrenzdrucks in der Welt überleben zu können und den Wagemut aufzubringen, weiterhin hohe Risiken einzugehen, lernte George, seine Gefühle der Trauer, des Grams und der Scham abzublocken, sobald seine Transaktionen daneben gingen. Er verhärtete sein Herz gegenüber Enttäuschungen und sprach gnadenlos davon, Klienten »abstürzen« zu lassen. Dann bekam sein Herz eines Tages einen Sprung.

Als George nach einer Angioplastie, einer Operation, bei der die Blutgefäße unter anderem geweitet werden, um die Blutzirkulation zu verbessern, aus dem Krankenhaus entlassen wurde, drängte ihn seine Frau, mich anzurufen. Bei der Lesung sah ich, daß die Arterien, die sein Herz umgaben, vor kurzem noch durch spitze, harte Ablagerungen zugesetzt gewesen waren, die das Blut daran hinderten, glatt hindurchzufließen. Zu dem Zeitpunkt, als er mit mir sprach, befand er sich mitten in einer sogenannten Nachinfarkt-Depression. Wie ich es sah, saß er nun in einem Krankenbett in seinem Zimmer zu Hause und empfand endlich die traurige Wahrheit, daß es mit seiner alten Lebensweise aus und vorbei war und er sich einen neuen Beruf suchen mußte. Seine Depression schien mir eine biochemische Manifestation der Tatsache zu sein, daß er nach Entfernung jener harten, spitzen Gebilde letzten Endes das volle Gewicht der Gefühle spüren konnte – der Trauer, des Leids und der Scham –, die er so viele Jahre von sich ferngehalten hatte.

Stärke und Schwäche

Im vierten emotionalen Zentrum geht es um zwei vitale Aspekte des Lebens. Wir fragen uns: »Was tut mir im Herzen wohl« (und erhält so alle Organe in meiner Brust gesund)? Die Antwort auf diese Frage liegt darin begründet, wieviel Empfindungsstärke wir uns in unserem Leben gestatten. Gleichzeitig ist die Partnerschaft ein zentrales Anliegen dieses emotionalen Zentrums. Nur unterscheidet sich dieser Begriff von den »Beziehungen« im zweiten emotionalen Zentrum. Im vierten emotionalen Zentrum lautet das Paradigma der Partnerschaft: »Du und ich sind eins.« Hier geht es um die Intimität und Gefühlstiefe der Zweierbeziehungen in unserem Leben. Im zweiten emotionalen Zentrum kommt uns eine Beziehung wie ein Rennen auf drei Beinen vor. Zwei Beine sind in der Mitte zusammengebunden, aber jeder behält ein Bein frei, das er unabhängig vom Partner bewegen kann. Wir sind miteinander verbunden und doch individuelle Menschen. Die Partnerschaft im vierten emotionalen Zentrum ist eher wie Sackhüpfen: Beide steigen gemeinsam in einen Sack und hüpfen zusammen zur Ziellinie. Sie sind wahrlich eins und bilden eine Einheit in der Welt. Nun kommt es darauf an, mit beiden Kunststücken gleichzeitig zurechtzukommen.

Die Seite der Stärke im vierten emotionalen Zentrum umfaßt Leidenschaft, Wut und Feindseligkeit, Freude, Beherztheit und Gleichmut, also die Fähigkeit, nötigenfalls auch mit den Gefühlen zurückzuhalten. Zu den Schwächen gehören Liebe, Groll, Gelassenheit, Angst und Gefühlsüberschwang oder emotionale Labilität, eine Art emotionaler Inkontinenz, die Fähigkeit, nötigenfalls etwas »von sich zu lassen«. Zu den Partnerschaftsfaktoren zählen auf seiten der Stärke Isolation, Hilfsbereitschaft, Väterlichkeit und Märtyrertum, auf seiten der Schwäche Intimität, Hilfe annehmen, Mütterlichkeit und Fürsorge.

Prüfen Sie, zu welcher Seite Sie tendieren. Neigen Sie eher zu wilden Ausbrüchen von Leidenschaft als zu stetiger, stiller Liebe? Machen Sie Ihrem Ärger Luft, indem Sie ständig explodieren, oder brodelt es nur leise von Groll und Bitterkeit in Ihrem Innern? Sind Sie immer fröhlich und überschwenglich oder eher gelassen und ruhig? Packen Sie das Leben beherzt an, oder sind Sie von Angst erfüllt? Bringen Sie die schmerzlichen Verlustgefühle, die Sie empfinden, zum Ausdruck und trauern sie ab, oder lassen Sie sie in sich schlummern und zur Depression verdichten? Begreifen und akzeptieren Sie Verluste, oder werden Sie von einem Gefühl des Preisgegebenseins verzehrt? Und vor allem: Verstecken Sie Ihre Gefühle hinter einer tapferen Miene, oder lassen Sie sie immerfort heraus? Oder sind Sie in allen oder einigen dieser Punkte irgendwo in der Mitte, wo wir alle gern wären?

Sind Sie in Ihren Partnerschaften isoliert oder dem Partner innig verbunden? Leisten Sie lieber selber Hilfe, oder nehmen Sie lieber Hilfe an? Sind Sie eher väterlich, geben Anordnungen und weisen den Weg, oder eher mütterlich und voller Wärme, Zuwendung und Liebe? Neigen Sie zum Märtyrertum, indem Sie sich aufopfern und für andere alles tun, um Anerkennung zu erringen, oder lassen Sie lieber anderen Zuwendung, Hilfe und Fürsorge zuteil werden, bis sie auf eigenen Füßen stehen können?

Ebenso wie bei den anderen emotionalen Zentren ist auch beim vierten emotionalen Zentrum die Ausgewogenheit von Stärke und Schwäche der Schlüssel zur Gesundheit. Sollen die Organe gesund bleiben, müssen sowohl die Stärken als auch die Schwächen empfunden werden.

Gleichmut beispielsweise wird in unserer Kultur bewundert. Im vierten emotionalen Zentrum ist Gleichmut eine Eigenschaft der Stärke. Er wird als Zeichen von Seelenstärke betrachtet, und die Kraft, die er ausstrahlt, wird oft benötigt und begrüßt. Als John F. Kennedy starb, blickte die Welt voller Staunen und Bewunderung auf seine Witwe Jackie, die mit ihrem Gleichmut einer gramgeschüttelten Nation ein Vorbild im Trauern war. Ihre schwarzverschleierte Gestalt symbolisierte große Tapferkeit, und niemand hätte auch nur im Traum daran gedacht, ihr zum Vorwurf zu machen, daß sie in der Öffentlichkeit nicht eine Träne vergoß. Aber stoischer Gleichmut, das Unvermögen also, Gefühle zu zeigen, gleich unter welchen Umständen, ist sicherlich nicht gut. Wir wissen, daß daraus Depressionen und verschiedene andere Erkrankungen entstehen können. Der Schauspieler Mike bewies Gleichmut; sein Leben lang hatte er seine Gefühle hinter einer fröhlichen Fassade verborgen. Aber damit drängte er sie nur in sein Herz und seine Blutgefäße ab, die dadurch verstopften.

Gefühlsüberschwang ist das Gegenteil von Gleichmut. In unserer Kultur wird emotionale Überschwenglichkeit immer noch etwas schief angesehen. Wir ermahnen unsere Kinder, auf überschwengliche Gefühlsausbrüche und lautes Aufjubeln zu verzichten, wenn sie zum Beispiel beim Sport einen Treffer gelandet haben – das Victory-Zeichen tut's auch. Aber wir haben gerade festgestellt, daß es guttut, Gefühle zu zeigen. Selbst die Briten, die berühmt sind für ihre Steifheit, scheinen das nach dem tragischen Tod von Prinzessin Diana eingesehen zu haben. Daß sie ihrem Kummer einmal freien Lauf ließen, war nach ihrer ewigen Selbstbeherrschung eine Art Katharsis. Wenn der Gefühlsausdruck allerdings zu einer ständigen Weinerlichkeit degeneriert, kann sich daraus übermäßige Schwäche entwickeln, die Problemen und Erkrankungen Tür und Tor öffnet.

Wut ist ebenfalls ein Gefühl der Stärke. Die Wissenschaft behauptet, es sei gesund, seinem Ärger Luft zu machen, und das stimmt sicherlich; aber wenn immerfort nur extreme Wut zum Ausdruck kommt oder Ärger das einzige Gefühl ist, kann das einen tödlichen Ausgang nehmen.[36] Seine Wut in sich zu verschließen kann ebenso verheerende Folgen haben, wie das Beispiel des Schauspielers gezeigt hat. Ärger in sich hineinzufressen und stoischen Gleichmut vorzutäuschen beeinträchtigt häufig auch andere Organe des vierten emotionalen Zentrums, besonders bei Frauen.

Groll mit sich herumtragen: ein Fall von Brustkrebs

Lesung: Francis Payne, 45 Jahre alt, erschien mir sehr märtyrerhaft, eine Art Jeanne-d'Arc-Typ. Ich konnte sehen, daß sie eine sehr kluge, begabte Frau war. Aber sie war offenbar mit einem Partner zusammen, der immerfort herumrannte und mir erschöpft vorkam. Infolge seiner Erschöpfung fiel es Francis sehr schwer, eine tiefe Verbundenheit zu ihm zu entwickeln und sich zärtlich geliebt zu fühlen. Ich sagte ihr, meines Erachtens sei sie von ihrer Beziehung enttäuscht.

Mir fiel ferner auf, daß Francis wohl einen schweren Verlust erlitten hatte, daß ihr etwas fehlte oder jemand gestorben war. Ich spürte, daß sie, wann immer ihr Partner das Haus verließ, die gleichen Gefühle hatte wie bei diesem Verlust. Ich sah eine Menge unterdrückten Ärger und Wut. Meinem Empfinden nach ging etwas außerordentlich Bedeutsames in Francis' Leben vor, das schwer in den Griff zu bekommen war.

Als ich mir ihren Körper anschaute, hatte ich das Bild eines flauschigen roten Balles im Bereich der rechten Brust, unter der Brustwarze, vor Augen. Einen weiteren roten Flauschball nahm ich in ihrer linken Hüfte wahr. Außerdem glaubte ich einige rote Zonen in ihrer Leber zu erkennen. Und ich bemerkte, daß sie Gedächtnisschwierigkeiten hatte und daß die weiße Substanz ihres Gehirns Veränderungen aufwies.

Fakten: Francis war mit einem Mann verheiratet, der zwei- bis dreimal die Woche beruflich auf Reisen war, oft länger als einen Tag. Im Grunde war er äußerst selten daheim. Francis beharrte jedoch darauf, daß sie nicht enttäuscht war von ihrer Partnerbeziehung. »Ich habe einen liebevollen Ehemann, der wunderbar ist, und da gibt es keine Probleme«, sagte sie. Als ich noch einmal nachhakte, gab sie schließlich zu: »Nun ja, manchmal fehlt er mir einfach, besonders, wenn ich schlechte Nachrichten vom Arzt habe.«

Francis behauptete auch, keinen schweren Verlust erlitten zu haben. Das einzige, was diesbezüglich ins Gewicht falle, sei der Tod ihres Vaters. »Aber das liegt schon vier Jahre zurück, und ich bin froh, daß er tot ist«, sagte sie. Der Vater hatte sie anscheinend sein Leben lang beschimpft. Sie sagte, die Beziehung zu ihm sei ein endloser Streit mit viel Geschrei gewesen, bei dem ihre Mutter sich stets am liebsten unsichtbar gemacht hätte. Als ich die Vermutung äußerte, sie trage unverarbeiteten Kummer wie auch Wut über den Tod des Vaters mit sich herum, stritt sie das heftig ab. »Ich bin froh, daß er tot ist«, wiederholte sie noch einmal. Am Ende räumte sie jedoch ein, daß sie vielleicht noch immer einen ungeklärten Schmerz über die Art dieser Beziehung mit sich herumtrage und irgendwie wütend sei, daß er gestorben war, bevor sich etwas an dem Verhältnis ändern konnte. Francis fiel es generell schwer, Freundlichkeiten von seiten anderer anzunehmen. »Ich würde nicht mal ein Aspirin von jemandem annehmen«, sagte sie.

Am erstaunlichsten waren Francis' Kommentare zur eigenen Gesundheit. Sie erzählte mir, ein Facharzt hätte bei ihr Brustkrebs festgestellt. Diese Diagnose würde sie allerdings nicht gelten lassen. Sie hätte Führer – innere geistige Berater –, die ihr gesagt hätten, sie litte lediglich an einer Entzündung in der Brust. Zudem hatte sie zwar Schmerzen in der linken Hüfte, glaubte jedoch auch hier an eine bloße Infektion.

Francis' unausgedrückte Trauer und Wut sowohl über den Vater als auch über den Mann sowie ihre Unfähigkeit, Hilfe und Zuwendung von jemandem anzunehmen, paßten genau zum emotionalen Profil einer Brustkrebspatientin. Forschungen haben einen Zusammenhang zwischen Brustkrebs und der lebenslangen Tendenz festgestellt, Wut zu unterdrükken. Das Unvermögen, Schmerz zum Ausdruck zu bringen, kann die Immunabwehr beeinträchtigen. In jedem von uns sausen natürliche »Killerzellen« herum, die unseren Körper überwachen, und Krebszellen, die sich einnisten wollen, auffressen und wieder ausspucken. Die Aktivität der natürlichen Killerzellen eines Menschen ist ein wichtiger Anzeiger dafür, ob der Krebs sich ausbreiten wird oder nicht. Sind weniger natürliche Killerzellen am Werk, ist das Risiko, an Krebs zu erkranken, höher. Forscher fanden heraus, daß eine Frau, die einen emotionalen Verlust erlitten hat und damit nicht fertig wird, bis zu 51 Prozent ihrer natürlichen Killerzellen verliert. Das heißt im Klartext: Wenn man verärgert ist, tut man gut daran, sich dessen auch bewußt zu sein, und macht besser seinem Unmut Luft, bis er verflogen ist.

Francis ist ein extremes Beispiel für jemanden, der das nicht kann. Sie war so vollkommen von ihren Emotionen abgeschnitten, daß sie nicht zugeben konnte, noch immer wütend auf den Vater und den Ehemann zu sein. Jede freundliche Hilfe hatte sie ebenfalls abgewiesen, und darüber hinaus verleugnete sie ihren Krebs. Francis ließ weder tiefere Gefühle in sich aufkommen, noch war sie zur Versöhnung mit diesen Gefühlen bereit. Infolgedessen fraßen sie sich in ihren Körper hinein und bereiteten Tumoren, Wucherungen und Krankheiten den Weg. Da sie an ihren Gefühlen nichts änderte, wurde sie selbst im Gefüge ihres Körpers von den Gefühlen verändert.

Es ist vollkommen normal, gelegentlich mit seinen Gefühlen zurückzuhalten oder sich eine Zeitlang ganz einem bestimmten Gefühl hinzugeben. Worauf es dabei ankommt, ist die Zeitdauer. Das Gefühl selbst ist nichts Zersetzendes, das uns verletzt. Gefährlich ist es nur, wenn es zu lange unterdrückt wird. Nehmen wir vergleichweise einmal an, wir würden zu lange auf einem Stuhl sitzen. Das Sitzen selbst ist nicht ungesund. Aber wenn wir 17 Stunden an einem Stück sitzen, ohne je aufzustehen, erstarren wir in dieser Haltung. Auf einem Stuhl zu sitzen ist nicht das Problem; wie *gelähmt* auf einem Stuhl zu sitzen ist das Problem. Ebenso ungesund ist es, wie gelähmt bei einem Gefühl zu verharren, denn dann ist es keine Gemüts*bewegung* mehr, mit der wir mitgehen, bis wir sie hinter uns lassen können. Wenn wir auf einem Gefühl festsitzen, bewegt sich nichts mehr. Und dann haben wir ein Problem.

Hier ein Klientenfall: Meg war Professorin; sie hatte 15 Jahre lang an staatlichen Colleges von Michigan gelehrt und Doktoranden auf ihre Promotion vorbereitet. Sie war zur Beförderung vorgesehen und hatte viele Nächte und Wochenenden darauf verwendet, zu forschen und wissenschaftliche Abhandlungen zu schreiben, und dafür hatte sie ihr Privatleben sowie alle Freizeitaktivitäten geopfert. Mit einer ihrer jüngsten Veröffentlichungen hatte sie einige hohe Tiere an ihrem College vor den Kopf gestoßen, weil sie konträre Ansichten über Feminismusstudien geäußert hatte. Ihre Beförderung wurde auf Eis gelegt.

Meg war außer sich und zutiefst bekümmert. Sie gab ihre Professur auf und begann ein Buch zu schreiben über ihre letzte Publikation, um ihre Erkenntnisse noch eingehender zu erläutern und mit dem College abzurechnen. Ihre Rachegelüste bewahrte sie sich natürlich, denn diese Emotionen waren ihre Motivation. 14 Monate nach ihrer Kündigung beim College bemerkte Meg Knoten in ihrer rechten Brust, ließ aber erst nach weiteren sechs Monaten eine Biopsie vornehmen. Es handelte sich um Krebs.

Meg war entsetzt über diese Diagnose und gewillt, ihr Leben zu ändern, um zu genesen, obwohl sie sich eigentlich immer noch ausschließlich ihrem Buch widmen wollte. Als ich eine Lesung für sie abhielt, sah ich das Bild eines betrogenen Familienmitglieds in ihrer Brust festsitzen. Das war natürlich das College, das ihr wie eine Familie gewesen war. Immerhin war Meg bewußt, daß sie von Groll und Wut erfüllt war und aufhören mußte, ständig nur an den Betrug zu denken – durch ihre Beschäftigung mit dem Buch, das all ihre Gefühle des Getäuschtwordenseins, der Wut und Verletztheit in sich aufnahm und verstärkte. Sie hörte vorerst mit dem Schreiben auf und unterzog sich einer Chemotherapie.

Darüber hinaus wurde ihr bewußt, daß sie ihre freundschaftlichen Bindungen an das College vermißte und sich ein neues soziales System zu ihrer emotionalen Unterstützung schaffen mußte. Vor allem mußte sie an die Stelle des Buchschreibens ein anderes intellektuelles Betätigungsfeld setzen, damit ihre geistigen Fähigkeiten und ihre Kreativität nicht brachlagen. Meg nahm eine Teilzeitbeschäftigung an einem anderen College an und frönte wieder ihrer Leidenschaft für das Lehren, das ihr gefehlt hatte, als sie einsam und allein an ihrem Buch schrieb. Das Buch war weder ein vollwertiger Ersatz für die berufliche Gemeinschaft mit Lehrerkollegen und Studenten gewesen noch eine hinreichende Ausdrucksmöglichkeit für ihre Fähigkeiten. Irgendwann beendete Meg doch noch ihr Buch. Sie ist seit dreieinhalb Jahren krebsfrei.

Die meisten Leute, die sich Sorgen um ihr Herz machen, meinen, sie brauchten sich bloß auf fettarme Plätzchen umzustellen, und schon käme ihr Cholesterinspiegel ins Lot. Sie sitzen am Tisch und kratzen die Butter, essen Ei-Ersatz und glauben, damit ihrem Herzen eine Wohltat zu erweisen. Niemand hat ihnen je etwas über die Rolle gesagt, die ihre Gefühle im Hinblick auf die Gesundheit ihres Herzens spielen.

Dabei sind gerade hier die Emotionen entscheidend. Nehmen wir einmal die bereits mehrfach genannte Typ-A-Persönlichkeit. Eine Vielzahl von Studien belegt, daß Typ-A-Verhalten Bluthochdruck begünstigt, den Cholesterinspiegel erhöht und eher zum plötzlichen Tod durch Herzinfarkt führt. Und was ist charakteristisch für diesen Persönlichkeitstyp? Bei Menschen mit einer Typ-A-Persönlichkeit (es handelt sich vorwiegend um Männer, da es nur wenige Studien über Frauen gibt, die möglicherweise zu dieser Gruppe gehören) liegt ein Übermaß an Stärke und ein Mangel an Schwäche sowohl im Gefühlsausdruck als auch in ihrem Partnerverhalten vor. In ihrem emotionalen Ausdruck überwiegen Wut und Feindseligkeit. Im allgemeinen sind sie aggressiv, überschäumend, auf Wettbewerb aus und ungeduldig. Sie haben eine starre Persönlichkeitsstruktur, die es ihnen schwermacht, Frieden und Gelassenheit zu erfahren. In Partnerschaften haben sie häufig Schwierigkeiten mit Intimität und Nähe, sie nehmen nicht gern Hilfe an und sind nicht gerade liebevoll anderen gegenüber. Sie sind stets streitlustig und nicht geneigt nachzugeben. Diese Kampfbereitschaft, dieses ständige Unter-Strom-Stehen begünstigt Bluthochdruck und koronare Herzkrankheit.

Typ-A-Persönlichkeiten gleichen Fahrern mit Bleifuß, die das Gaspedal bis zum Anschlag durchdrücken. Sie fahren 100 Stundenkilometer in einer 30er Zone und schneiden den Beifahrern das Wort ab, indem sie sagen: »Verstehst du denn nicht? Ich muß da und da hin, die und die Leute treffen.« Wer eine Typ-A-Persönlichkeit kennt, weiß, daß solch ein Mensch nicht zimperlich ist. Manche A-Typen verbergen allerdings ihre Feindseligkeit und richten sie nach innen. Wenn sie jemandem eine Abfuhr erteilen, tun sie es mit einem Lächeln. Gerade sie leiden häufig unter Bluthochdruck. Sie wollen einen wohlmeinenden, freundlichen Eindruck machen, dabei haben sie etwas gegen andere Menschen und verdrängen ihre Wutgefühle nach innen. Dieser A-Typ lächelt am Konferenztisch so lange, bis er sein Ziel erreicht hat. Dann verläßt er das Treffen und schlägt mit der Faust auf den Schreibtisch seiner Sekretärin, so aufgebracht ist er über all die Forderungen und dummen Kommentare, die er sich von den anderen Teilnehmern der Konferenz anhören mußte.

In einem früheren Kapitel habe ich Peter beschrieben, einen stark beanspruchten, unter Konkurrenzdruck stehenden Geschäftsmann. Seine vorherrschenden körperlichen Beschwerden waren Magengeschwüre, weshalb sein Fall zum dritten emotionalen Zentrum gehörte. Aber ich konnte sehen, daß er auch im vierten emotionalen Zentrum schon erste Probleme hatte und sich noch weitere anbahnten. Er ist ein gutes Beispiel dafür, wie die emotionalen Zentren einander widerspiegeln oder gar überlappen. Ich bemerkte, daß bei Peter durchaus die Möglichkeit für eine Verstopfung der Koronararterien gegeben war. Noch war es nicht soweit, doch konnte es schnell dazu kommen. Noch kam die Stimme der Intuition nicht aus Peters viertem emotionalem Zentrum, aber wenn er seinen Lebensweg nicht änderte, würde sie sich schließlich doch in Herzbeschwerden zu Wort melden.

Obgleich sie Probleme mit Partnerschaften haben, gelten Typ-A-Persönlichkeiten oft als gute Familienväter. Eigenschaften wie ihr enormer Fleiß, ihr Konkurrenzdenken und ihre Arbeitswut sind eine Garantie dafür, daß sie in der Welt draußen alles daransetzen werden, um die Familie gut zu versorgen. Leider gönnen sie sich selten die Freude eines friedlichen Familienlebens, wenn sie nach Hause kommen. Sie können eben ihre Typ-A-Charakteristika nicht einfach abstreifen. Nachdem sie im Beruf und auf der Straße alle anderen überholt haben, kommen sie nach Hause, in die intimste Privatsphäre, und setzen ihr Verhalten fort. Sie sind auf Automatik geschaltet, rasen in der gleichen Richtung weiter und drängen jeden anderen auf ihrem Weg an die Seite, auch die eigene Partnerin.

Eine Studie befaßte sich mit der Art und Weise, in der Typ-A-Persönlichkeiten in Partnerschaften kommunizieren, und maß dabei Puls und Blutdruck. Die Forscher wollten sehen, ob A-Typen in einer Beziehung mit ihren Partnern kooperierten oder wetteiferten, ob sie straften, belohnten oder sich dem Partner entzogen. Wie sich herausstellte, waren die Typ-A-Persönlichkeiten in ihren Partnerschaften extrem aggressiv und wurden von Konkurrenzdenken beherrscht. Sie kämpften doppelt so oft wie Nicht-A-Typen um etwas, bestraften ihre Partner dreimal öfter und waren weder besonders kooperativ noch freundlich im Umgang mit ihnen. Dieser Überschuß an Stärke und Mangel an Schwäche beeinträchtigte die Organe des vierten emotionalen Zentrums. Bei den A-Typen traten größere Schwankungen in der Herzfrequenz auf als bei den anderen, außerdem stieg ihr Blutdruck eher an.

Typ-A-Persönlichkeiten verletzten ihre Partner im Gespräch häufiger. Selbst wenn der Partner sich bemühte, den Standpunkt des A-Typs gelten zu lassen, und sich versöhnlich zeigte, gingen die Typ-A-Persönlichkeiten auf Konfrontationskurs und äußerten Drohungen. Meist ignorierten sie das, was ihr Partner ihnen mitteilen wollte – genauer gesagt: fünfzehnmal so oft wie Nicht-A-Typen. Wenn also Ihr Ehemann ein A-Typ ist, Sie ihm etwas sagen und dann fragen: »Hörst du mir eigentlich zu?«, wird er vermutlich gar nicht reagieren. Wenn Sie ihn inständig bitten: »Laß doch bitte das Handtuch nicht auf dem Fußboden liegen«, wird er sich taub stellen. Die Studie ergab, um es zusammenzufassen, daß Typ-A-Persönlichkeiten kein Interesse an echter Partnerschaft und Gegenseitigkeit haben. Die Kommunikation funktionierte nur in einer Richtung: Der A-Typ registrierte nur das, was er selbst von sich gab, und nicht das, was er zu hören bekam. Typ-A-Persönlichkeiten waren im Grunde lieblos und kaum in der Lage, auf Wünsche oder Forderungen ihrer Partner einzugehen.

Mich erinnert das Partnerverhalten von A-Typen immer an die Affen einer Dominanzstudie, bei der festgestellt wurde, daß der dominante Affe seine Autorität gegenüber den anderen in der Gruppe dadurch geltend machte, daß er nie Augenkontakt zu einem Affen aufnahm, der sich ihm näherte.[37] In diesem Fall blickte er stets mit auffälliger Gleichgültigkeit hoch und knapp an dem anderen Affen vorbei. Er wirkte durch und durch stark. Typ-A-Persönlichkeiten bevorzugen eindeutig immer die Eigenschaften auf der Seite der Stärke, was Partnerschaften betrifft. Und am wohlsten fühlen sie sich, wenn ihr Partner mit Eigenschaften der schwachen Seite zufrieden ist. Sie wollen dominieren, zerbrechen jedoch unter Umständen irgendwann körperlich daran.

Gefühllos wie ein Stein: ein Fall von Herzkrankheit

Lesung: Fred, 68 Jahre alt, wollte nicht mit mir reden. Seine Frau, die bei mir angerufen hatte, bat ihn flehentlich, doch mit mir zu sprechen. Schließlich nahm er den Hörer in die Hand. Und dann war lastende Stille am anderen Ende der Leitung. Genauso wirkte Fred auch auf mich, wie ein Fels oder Stein. Ich mußte an das Gedicht von John Donne denken, in dem es heißt, das kein Mensch eine Insel ist, und an den Song von Simon and Garfunkel: »Ein Stein fühlt keinen Schmerz, und eine Insel weint nicht.« Vor Augen stand mir das Bild eines sehr gut aussehenden Mannes mit kalten, eisblauen Augen, etwa 1,85 m groß und bis auf etwas Bauchansatz gut in Form, jemand, der sich rühmen konnte, ein guter Tennis- und Bridgespieler zu sein. Ich sah, daß er stoischen Gleichmut bewies, nie zeigte, wenn er bekümmert oder verärgert war, und von seiner Umgebung das gleiche Benehmen erwartete.

Gefühlsüberschwang konnte er nicht leiden. Im Grunde sah er voller Geringschätzung auf andere herab mit dem Empfinden, daß sie ihm meist ohnehin nicht das Wasser reichen konnten. Er war höchst erfolgreich und erwartete von seinen Kindern ebenfalls gute Leistungen. Zwar übte er eine starke Kontrolle über seine Familie aus, aber von ferne. Ich nahm ihn als vollkommen isoliert von Frau und Kindern wahr. Und ich sah, daß er eine Geliebte hatte, eine auffällige Schönheit, das genaue Gegenteil seiner konservativen Upper-class-Frau. Ferner spürte ich, daß er sein Leben lang eine Menge Ärger und Feindseligkeit angestaut hatte. Er kochte innerlich. Gegenwärtig schlummerte eine Menge Wut und Trauer hinter seinem beherrschten Äußeren, weil es Rückschläge in seinem Beruf gegeben hatte.

Ich konnte sofort merken, daß Fred einen ungewöhnlich schnellen, doch immerhin regelmäßigen Puls hatte. Seine Lunge wirkte irgendwie sumpfig, als wäre sie mit Wasser gefüllt. Irgend etwas in seinem Unterleib sah groß aus wie ein Ballon. Fred war fahl und blaß. In seinem Innern schien er trotz all der Stärke, die er nach außen hin zeigte, sehr schwach zu sein.

Fakten: Fred war im Zweiten Weltkrieg Soldat gewesen und hatte den

Purple-Heart-Orden verliehen bekommen. Eine lange, erfolgreiche Managerkarriere lag hinter ihm. Sein Leben lang hatte sich seine Selbstachtung auf die Fähigkeit gegründet, gut mit Finanzen umgehen zu können. Seine Kinder waren alle sehr erfolgreich in ihren Berufen als Ärzte und Anwälte. Fred war stolz darauf, daß sie ihr Leben verantwortungsvoll meisterten. Er hielt nichts von »Weicheiern«. Einmal hatte sein jüngster Sohn Künstler werden wollen, aber Fred hatte sich geweigert, für die Ausbildung aufzukommen, weil er nichts für solche »Gefühlsduselei« übrig hatte. Fred hatte zwar Bekannte in dem Country-Club, in dem seine Frau und er verkehrten, aber sonst keine wirklichen Freunde oder Bekannte, mit denen er sich gut verstand.

Freds Firma war wegen finanzieller Unlauterkeit angeklagt worden, und sie war dabei, den Prozeß zu verlieren. Diese Aussicht war verheerend, aber Fred zeigte keinerlei Beunruhigung. Obgleich sich das Gerichtsverfahren jahrelang hingezogen hatte, sagte man ihm nach, er hätte es treu und mannhaft ertragen und sich nie anmerken lassen, wie sehr es ihn bedrückte. Er war der personifizierte Gleichmut.

Dann war Fred wie aus heiterem Himmel plötzlich immer abgespannt und müde. Als er einen Arzt konsultierte, stellte sich heraus, daß er unter Herzinsuffizienz mit lebensbedrohlicher Herzrhythmusstörung litt. Außerdem hatte er ein irreparables Aortenaneurysma im Unterleib in der Nähe der Nieren, eine Erkrankung, bei der sich die Gefäßwand ausbuchtet.

Fred erfüllte alle Kriterien der Typ-A-Persönlichkeit für ein erhöhtes Risiko koronarer Herzkrankheit und Arterienverkalkung. Er fühlte und handelte wie ein Stein, weil er meinte, stark sein hieße stoisch bleiben. Doch unter der Oberfläche schlummerte Feindseligkeit. Er machte ihr auf schlimme, beleidigende, aggressive Art Luft. Er war der Typ Mann, der seine Frau zum Essen einläd, um ihr dann abfällig zu sagen: »Meine Güte, du kannst dich ja wirklich vollstopfen!« oder: »Ich verstehe gar nicht, wie du etwas so Fettiges essen kannst.«

Keiner kannte ihn wirklich, und keiner kam ihm je emotional näher. Er war isoliert, kühl und fern. Es war, als würde er sich nie erlauben, gehätschelt, gestreichelt und unterhalten zu werden. Zuwendung vermochte er weder zu empfangen noch zu geben. Er nahm seine Vaterrolle ernst, aber ohne liebevolle Anteilnahme, nur als ferne, leitende Kraft. Seine Vorstellung von Fürsorge beschränkte sich auf die Bereitstellung der finanziellen Mittel, der Kleidung und anderer Notwendigkeiten. Emotional war er nie greifbar; er war herablassend gegenüber Kellnern und Kellnerinnen und schaute anderen Leuten nie direkt in die Augen, sondern immer mit einer gewissen Geringschätzung und Überheblichkeit knapp an ihnen vorbei wie die dominanten Affen in der erwähnten Studie.

Daß er sich eine Geliebte hielt, war die äußere Manifestation eines gespaltenen Herzens, verkörpert durch seine kaputte Aorta. Zudem lag bei ihm eine Art von Herz-Gehirn-Spaltung vor. Er trennte seine Gefühle vom Kopf ab und glaubte nichts, was unlogisch und emotional war oder im limbischen System bzw. dem Rechtshirn seinen Ursprung hatte. Er dachte, alles müsse rational und intellektuell zu erklären sein. Studien haben gezeigt, daß bei verstärkter Stirnlappentätigkeit (Rationalität) während einer emotionalen Erfahrung Impulse vom vegetativen Nervensystem ans Herz weitergeleitet werden und das Risiko für Herzrhythmusstörungen erhöhen. Das heißt im Klartext: Wer Gefühle nicht einfach voll und ganz auskosten kann, sondern auf seinen Stirnlappen zurückgreift und sie mit dem Verstand zu erfassen versucht, hat ein höheres Risiko, Herzrhythmusstörungen zu entwickeln. Genau das war bei Fred der Fall.

Freds Gefühle waren alle auf der Stärke-Seite angesiedelt. Doch obwohl er nach außenhin stark wirkte, war er innerlich schwach. Ihn durchströmte keine Freude oder Liebe, und die Bahnen zu seinem Herzen waren entweder durch koronare Herzkrankheit vollkommen verstopft oder standen infolge des Aneurysmas kurz vor dem Platzen. Bei ihm war keine Schwäche zu finden, die seine starken, unausgedrückten Emotionen hätte ausgleichen können, und so richteten sie schwere Zerstörungen im Innern seines Körpers an.

Bedeutet das nun für Typ-A-Persönlichkeiten, daß damit alles aus und vorbei ist? Muß eine solche Persönlichkeit unweigerlich mit Tod durch Herzinfarkt oder Herzversagen rechnen? Nein. Es muß nicht so kommen. Eine Studie untersuchte eine Gruppe von Männern über einen Zeitraum von zwei Jahren, nachdem sie einen Herzinfarkt erlitten hatten. Einige der Männer wurden beraten und lernten, wie sie ihr Typ-A-Verhalten ändern konnten, wie sie ihren Ärger zur Sprache bringen und ihm dadurch Luft machen konnten. Erstaunlicherweise kam es bei ihnen trotz unveränderter Blutdruck- und Cholesterinwerte seltener erneut zu Herzproblemen als bei den Männern, denen keine Beratung zuteil wurde. Mit anderen Worten: Gingen sie aufgrund der Beratung davon ab, sich ausschließlich im Stärkebereich des vierten emotionalen Zentrums aufzuhalten, und schufen einen gewissen Ausgleich durch Schwächen in ihrem Leben, verbesserte sich ihre Gesundheit deutlich. Sobald sie auf ihr intuitives Leitsystem hörten und Veränderungen in ihrem Leben und ihren emotionalen Reaktionen vornahmen, erhöhten sich ihre Genesungschancen.

Wir müssen also einsehen, daß die Gesundheit des Herzens im vierten emotionalen Zentrum keine bloße Sache des Blutdrucks oder Cholesterinspiegels ist. Natürlich auch nicht nur der Feindseligkeit. Viele Faktoren tragen zu Herzkrankheit bei, darunter Ernährung, Fitneß, Erbanlagen und Verhaltensmuster wie etwa das Rauchen. Aber die Feindseligkeit, eine Form der Wut, nimmt sicher einen besonderen Platz ein als Bestandteil des Typ-A-Verhaltens und damit einer Persönlichkeit, die nachgewiesenermaßen zu Herzkrankheit neigt. Infolgedessen sind *Gefühle* oder, genauer gesagt, voll und ganz ausgelebte und verarbeitete Gefühle entscheidend für die Gesundheit oder Krankheitsanfälligkeit des Herzens.

Unter Dampf: Frauen und Herzkrankheit

Allem Anschein nach sind »Wut« und »Mann« zwei Worte, die nach landläufiger Auffassung zusammengehören. Und manchmal sind sie sogar auf positive Weise miteinander verknüpft: Ein Mann mit gerechtem Zorn gilt als Säule der Rechtschaffenheit und Macht. Im schlimmsten Fall wird er vielleicht als harter Knochen betrachtet, mit dem nicht gut Kirschenessen ist und bei dem man hinter seinem Geld herlaufen muß. Doch selbst aus dieser Beschreibung klingt so etwas wie widerwillige Bewunderung heraus. In den Krankenhäusern, in denen ich gearbeitet habe, standen männliche Kollegen mit energischem, temperamentvollem Auftreten oder aggressive Kämpfernaturen, die aufrüttelten und etwas bewegten, im allgemeinen in hohem Ansehen.

Was aber passiert, wenn eine *Frau* Wut zeigt? Ich kann mich nicht erinnern, je bewundernd von den »zornigen jungen Frauen« reden gehört zu haben. Bei meiner Arbeit werde ich nach Ausbrüchen solcher Art sofort als aggressives und unbeherrschtes Biest abklassifiziert. Das Wort »Biest« hat jedoch einen ganz anderen Beiklang als etwa das oben genannte »harter Knochen«, womit ein Mann betitelt wird. Es ist einfach abschätzig. Niemand würde strammstehen, wenn ich meinem Ärger Luft machte wie ein Mann; ich würde bloß mit eisigen Blicken bedacht. Ich habe das immer schon unfair gefunden, aber so ist es nun einmal.

In unserer Kultur gehören sich hitzige, leidenschaftliche Gefühlsausbrüche nicht für Frauen. Aus Angst, dann als Biest eingestuft zu werden, scheuen sich Frauen im allgemeinen, ihrem geballten Ärger unumwunden freien Lauf zu lassen. Das heißt jedoch nicht, daß sie die Wut nicht *spüren.* Sie bleibt nur in ihrem Innern, wo sie vor sich hin brodelt und sich schließlich in Groll und Bitterkeit verwandelt. Und diese Bitterkeit kann das Herz ebenso angreifen wie die offene Feindseligkeit eines Mannes. Allzu viele Leute machen den Denkfehler, daß in der Hauptsache die Männer betroffen sind, wenn von Herzkrankheit die Rede ist. Es stimmt, daß früher fast alle Herz-Kreislauf-Studien an Männern durchgeführt wurden, aber das hat sich drastisch geändert, seit wir erkannt haben, daß Herzkrankheit auch bei Frauen die Todesursache Nr. 1 ist. Erschreckend ist allerdings, daß einer jüngeren Meinungsumfrage zufolge nur *8 Prozent* der Frauen wissen, daß Herzkrankheit ihr bedeutendstes Gesundheitsrisiko ist.

Ein hohes Maß an ausgedrückter Wut und Feindseligkeit begünstigt bei Männern Herzkrankheit, während es bei Frauen ein hohes Maß an *unausgedrückter* Wut und Feindseligkeit ist. Zwar gibt es bei Männern wie bei Frauen auch in diesem Punkt Abweichungen von der Regel, aber generell läßt sich sagen, daß Männer und Frauen zwei verschiedenen Topfarten auf einem Herd gleichen. Die meisten Männer sind wie ein Topf, der ohne Deckel auf größter Hitze steht und mit lautem Brodeln rasch siedet, bis er schließlich überkocht. Die meisten Frauen hingegen gleichen eher einem Wasserkessel mit Deckel, der ihre Gefühle niederhält und lange Zeit am Herdrand vor sich hin siedet. Der Kessel macht weniger Lärm und fällt nicht so auf wie der stark dampfende Brodeltopf, aber irgendwann ist er trockengekocht und hat einen Sprung. Das geht leise und ohne viel Dampf vonstatten, so daß niemand überhaupt merkt, daß Gefahr im Verzug ist. Bis es zu spät ist.

Der gerupfte Vogel: ein Fall von Herzrhythmusstörungen

Lesung: Kaum hatte ich mit der Lesung für die 38jährige Violet angefangen, hatte ich ein Leben voller Freude und Ausgelassenheit vor Augen. Violet kam mir wie ein kleiner Spatz auf einem Zaun vor, der vor sich hin zwitschert. Sie klagte nicht gern und kaschierte alles mit Fröhlichkeit. Aber tief in ihrem Herzen nahm ich eine Schwierigkeit wahr, verursacht durch eine Person, die irgend etwas, das Violet ersehnte, nicht zulassen wollte. Ich sah, daß ihre Beziehung zu dieser Person von Enttäuschung gekennzeichnet war, worunter Violets Gesundheit litt. Offenbar gab es etwas, das Violet tun wollte, einen Lebensweg, dem sie eigentlich folgen wollte, aber sie wurde von der Person, die Autorität über sie hatte, davon abgehalten. Dieser Mensch wirkte extrem zielstrebig und auf die Befriedigung der eigenen Bedürfnisse fixiert, ohne sich um die Gefühle anderer zu scheren. Er erinnerte mich an einen Kater, der gerade einen Vogel getötet hat. Er sitzt auf der Veranda, und überall ringsum liegen Federn. Die Federn waren die Blütenblätter von Violets Herzen.

Ich sah, daß Violet immer weniger Freude empfand und allmählich aufgebracht und ärgerlich wurde. In ihrer Partnerschaft herrschte keine Gleichheit; der Partner war die Autorität, und sie gab nach.

In ihrem Körper entdeckte ich kleine Narben an der Lunge von früherem Rauchen, außerdem hatte sie wohl in ferner Vergangenheit ab und zu an Blasenentzündung gelitten. Doch in ihrem Kopf bemerkte ich helle Wut, eine Art Wirbelsturm im Schädelinnern. Dieser Wirbelwind aus Wut und Feindseligkeit schüttelte ihr Herz und brachte es dazu, zu rasen und gelegentlich einen Schlag auszusetzen.

Fakten: Violet war Musikerin und hegte den sehnlichen Wunsch, Dirigentin zu werden. Sie hatte die Gelegenheit, sich bei einem führenden

Dirigenten auf dieses Ziel hin ausbilden zu lassen. Ihr Mann widersetzte sich jedoch dieser Idee. Selbst unmusikalisch, fand er die Aussicht bedrohlich, daß seine Frau eng mit einem anderen Mann zusammenarbeitete, ohne daß er daran Anteil nehmen konnte, und wandte sich mit aller Entschiedenheit gegen ihren Plan. Violet war innerlich aufgebracht, verzichtete jedoch mit Blick auf die Gefühle und die Eifersucht ihres Mannes auf ihre Ausbildung. Aber sie behielt sich vor, doch noch Dirigentin zu werden. Sie nahm sich insgeheim vor, die Ausbildung zu einem späteren Zeitpunkt fortzusetzen, und gedachte, ihrem Mann die Sache anders zu unterbreiten, bis er sie schließlich gutheißen konnte. Fürs erste hielt sie jedoch ihre eigenen Gefühle unter Verschluß, um ihren Mann zufriedenzustellen, aber in ihrem Innern brodelte es.

Bei einer Untersuchung hatte sich herausgestellt, daß sie unter Herzrhythmusstörungen litt.

Es kam Violet gar nicht in den Sinn, den Wünschen ihres Mannes zuwiderzuhandeln. Das war bei ihrer ungleichen Partnerschaft unmöglich. Violet hatte alle Autorität innerhalb der Beziehung ihrem Mann überlassen mit dem Ergebnis, daß sie insgeheim immer stärkeren Groll hegte, und dieser Unmut legte sich ihr auf die Brust. Das wiederum trug zur Entstehung schwerer Herzprobleme bei. Der plötzliche Herztod ist angeblich auf Arrhythmie zurückzuführen, eine Veränderung im Herzrhythmus. Streß steigert häufig die Produktion von Katecholaminen im Gehirn, Stoffen, die die Herzfrequenz erhöhen, den Herzmuskel überanstrengen und ihn auf Dauer erschöpfen können und damit die Chancen des Betreffenden erhöhen, herzkrank zu werden. Indem sie ihre Gefühle, statt sie zum Ausdruck zu bringen, zurückdrängte und hinter einer tapferen Miene verbarg, erhielt sich Violet zwar den Frieden in ihrer Ehe, fügte jedoch möglicherweise zugleich den Organen ihres vierten emotionalen Zentrums Schaden zu. Violet war wie der trockenkochende Kessel kurz vor dem Zerspringen.

Generell reagiert das Herz von Frauen und Männern bei ähnlichen Gefühlen unterschiedlich, was zum Teil daran liegt, daß die Verbindung zwischen Hirn und Herz bei Männern anders ist als bei Frauen. Das männliche Gehirn ist eher einseitig orientiert und felderartig aufgeteilt. Ein Männergehirn ist angelegt wie eine Besteckschublade, in der Messer,

Gabeln und Löffel in eigene Fächer sortiert sind. Die verschiedenen Funktionsbereiche im männlichen Gehirn sind alle sauber voneinander getrennt. Wenn ein Mann spricht, werden ein oder zwei Bereiche seines Gehirns aktiviert, während die Gefühlszonen unbeteiligt bleiben. Bei Frauen hingegen herrscht ein größeres Durcheinander in der Schublade, ihr Gehirn ist offensichtlich weniger durchorganisiert. Es gleicht eher einer Schublade, in die einfach alles hineingeworfen wird und durcheinanderfällt – Sahnelöffel und Hummerschere, Gummibänder und Knebelverschlüsse, Rouladenspieße und ein paar Plastikgabeln mit abgebrochenen Zinken. Selbstverständlich haben beide Schubladen ihre Funktion und ihren Nutzen. Die eine ist so gut wie die andere. Die Organisation ist einfach unterschiedlich.

So machen Männer meist jeweils nur von einer Gehirnhälfte Gebrauch, und zwar für gewöhnlich von der linken. Aus diesem Grund denken sie geradliniger und logischer; wenn sie nun auf die rechte Hirnhälfte überwechseln und fühlen, sind ihre Empfindungen äußerst intensiv, weil sie sich nur auf diese eine Hirntätigkeit konzentrieren. Ihre Gefühle werden viel schneller heiß, bis sie überkochen. Im Gegensatz zu ihnen benutzen Frauen meist beide Hirnhälften simultan. Damit haben sie einen stärkeren und fortgesetzteren Zugriff auf die rechte Hirnhemisphäre. Und die rechte Gehirnhälfte unterhält vielfältigere Verbindungen zum Herzen. Frauen verfügen also im allgemeinen über eine größere Zahl von neurologischen und emotionalen Verbindungen zum Herzen als Männer. Darum wird alles, was eine Frau empfindet oder erfährt, in ihrer Brust spürbar. Alles, was leise vor sich hin brodelt, fordert mit der Zeit seinen Tribut.

Meine Freundin Norma behauptet von sich, schon ihr Leben lang auf Sparflamme vor sich hin zu kochen. Sie »deckelt« ihren Ärger stets, besonders dann, wenn sie voller Wut auf jemanden ist, dessen Ablehnung sie fürchtet. Dieses Verhalten hat sie von ihrer Familie übernommen; die Erinnerungen daran, wie die Familie handelte, sind in die Organe des vierten emotionalen Zentrums eingeprägt. Jeder in ihrer Familie ist das, was man eine »wohlerzogene Person« nennt. Norma erlebte nie mit, daß ein Angehöriger ihrer Familie je vor aller Augen wütend auf ein anderes Familienmitglied war. (Für mich, die ich in einer heißblütigen mediterranen Familie aufgewachsen bin, vollkommen unbegreiflich!) Sie wurde als Kind nie geschlagen. Die Angehörigen ihrer Familie stellen ihre eigenen

Bedürfnisse hintenan, damit alle anderen glücklich und zufrieden sind. Alles wirkte nach außen hin harmonisch und friedlich, dabei brodelte es unter der Oberfläche heftig. Und tatsächlich, Normas Großeltern wie auch ihr Vater starben ausnahmslos an Herzkrankheit. Norma weiß, daß sie mit der tödlichen Gewohnheit brechen muß, ihren Ärger unter Verschluß zu halten, wenn sie im vierten emotionalen Zentrum wirklich gesunden will.

Da Frauen starke Gefühle wie Wut oder Feindseligkeit traditionsgemäß »deckeln«, machte sich lange Zeit niemand Gedanken um Frauen und Herzkrankheit. Diese mangelnde Sorge um das Wohl der Frauen war auch erklärlich wegen der Art und Weise, wie Frauen einen Infarkt erleiden. Einen Herzinfarkt stellen wir uns meist so vor, wie Männer ihn erleiden: jähe Brustschmerzen, die sich bis in die Kinnbacken und den linken Arm hinab ausbreiten. Bei einer Frau, die gerade einen Infarkt erleidet, treten diese Symptome seltener auf. Sie hat vielleicht Bauchschmerzen und Verdauungsstörungen, aber von Brustschmerzen keine Spur. Das erste Anzeichen eines Infarkts kann bei einer Frau ein Verdauungsproblem sein, dem keinerlei Symptome eines Herzanfalls vorausgehen.

Die Vorstellung, Frauen hätten keine Herzanfälle, war so verbreitet, daß es bei einer Frau – vor allem bei einer Frau Ende Dreißig, Anfang Vierzig –, wenn sie doch einmal mit Brustschmerzen als Notfall ins Krankenhaus eingeliefert wurde, immer hieß, sie sei wohl einfach nur übernervös und hätte vermutlich einen Angstanfall. Das ist heute anders. In dem Krankenhaus, wo ich Dienst tat, wird seit mehreren Jahren routinemäßig automatisch ein EKG gemacht, sobald eine Frau eingeliefert wird, die über Schmerzen irgendwo zwischen Bauch und Hals klagt.

Violet ist ein Paradebeispiel für Menschen, die ihre Gefühle unter Verschluß halten, intuitive Signale ignorieren und den Alarm in ihrem Körper überhören. Aber sie gefährdet sich, wenn sie innerlich zu lange kocht und nicht ihren Gefühlen folgt. Ihr Gefühl rät ihr, sich der erstrebten Berufsausbildung zu widmen. Übrigens ist ein gesundes Herz bei Frauen mit der Art ihrer beruflichen Tätigkeit verbunden. Frauen im Berufsleben, die komplexe, herausfordernde Aufgaben erfüllen und weitgehend selbständig sind, erfreuen sich normalerweise bester Gesundheit. Bei Angestellten mit einem gebieterischen Vorgesetzten, die ihrem Ärger keine Luft machen können, besteht dagegen ein höheres Risiko für Herzkrankheiten. Zu dieser Gruppe gehört der größte Teil der Frauen in der westlichen Welt. Selbst Hausfrauen haben häufig strenge Chefs in Gestalt ihrer Ehemänner. In dieses Schema paßt Violet recht gut. Ihr Mann bestimmt autoritär über sie und drängt sie damit in eine Position ab, in der sie sich ihren Ärger nicht von der Seele zu reden traut. Außerdem ist ihr Herz nicht bei dem, was er ihr aufzwingt. Es ist sicher einleuchtend, daß bei einer Frau, die nur halbherzig bei der Sache ist, das Herz auch nur halb funktioniert. Um noch einen Schritt weiterzugehen: Wer nicht aus Herzenslust lebt, dessen Herz verliert irgendwann die Lust und hört vorzeitig auf zu schlagen.

Der Wandel in unserer Gesellschaft öffnet uns allmählich die Augen dafür, daß sich im Gesundheitsmuster der Frauen gewisse männliche Züge abzeichnen. Ob das gut oder schlecht ist, kann ich nicht sagen. Ich weiß nur, daß sich die Körperorgane zu Wort melden, wenn wir etwas tun, was unserem Empfinden nach nicht richtig ist. Was man nie vergessen sollte in puncto Wut, Feindseligkeit und Herzkrankheit, ist, daß es keine Rolle spielt, ob man vor Wut überkocht oder nur leise vor sich hin brodelt, weil die Wirkung letzten Endes die gleiche ist; beides kann zu Herzkrankheit führen. Die Tatsache ist, daß beide Extreme des Gefühlsausdrucks – ob Stärke oder Schwäche – ungesund sind. Dauernd seinem Ärger freien Lauf zu lassen wirkt sich ebenso nachteilig aus wie dessen Unterdrückung und der daraus resultierende Groll und Mißmut. Das goldene Mittelmaß zu finden und ein Gleichgewicht zwischen beidem herzustellen ist ein erster Schritt in Richtung Gesundheit.

Fürsorglichkeit und Märtyrertum

Eine der bedrückendsten Entwicklungen der Volksgesundheit unserer Zeit ist die alarmierende Zunahme von Brustkrebs bei den Frauen der Babyboom-Generation. Um einen Rückgang dieser Erkrankungen herbeizuführen, konzentrieren sich die Anstrengungen vor allem auf die Suche nach einer Wunderwaffe gegen Krebs, auf eine spezielle Chemotherapie oder ein anderes rein medizinisches Heilmittel, das eigentlich nur den physischen und biologischen Faktoren einer Krebserkrankung Rechnung trägt.

Wir können aber nicht einfach die Bedeutung der Gefühle und der geistigen Einstellung bei der Ausbreitung und Bekämpfung von Krebs außer acht lassen. Die Frauen der Babyboom-Generation sind einer Unmenge von Gefühlen ausgesetzt, die sich aus den kulturellen Veränderungen unserer Gesellschaft in den Jahren ergeben, als sie eben erwachsen wurden. Die meisten dieser Emotionen ranken sich um den Hauptkonflikt dieser Generation – den Konflikt zwischen Mutterschaft und Selbstverwirklichung in einem Beruf. Die Sorge für andere, die Fähigkeit und der Wunsch der Frauen, eine solche Sorge zu übernehmen, oder die Bereitwilligkeit, sie anderen zu übertragen, sind Fragen, mit denen sich diese Frauen erheblich häufiger als die Frauen früherer Generationen auseinandersetzen müssen. Manche fügen sich ganz natürlich in die Rolle der Sorgetragenden, während andere ihre Schwierigkeiten damit haben. Unsicher, ob sie dazu fähig sind, ergeben sie sich in eine Art Martyrium, indem sie von der Befriedigung ihrer eigenen Bedürfnisse absehen, um in einem bewußten Akt der Selbstaufopferung die volle Verantwortung für andere zu übernehmen, was nicht immer mit wahrer innerer Fürsorglichkeit gleichzusetzen ist. Davon sind all ihre zwischenmenschlichen Beziehungen betroffen, sowohl die Partnerschaft als auch das Verhältnis zu Kindern.

Es ist nur logisch, daß eine Frau die Auswirkungen solch widersprüchlicher Empfindungen in der Brust spürt, dem Teil des Körpers, an den die gedrückt werden, die uns lieb und teuer sind, und ganz besonders im Symbol weiblicher Liebe und Fürsorglichkeit, den Brüsten. Um die Brüste und andere Organe des vierten emotionalen Zentrums gesund zu erhalten, müssen Frauen ein Gleichgewicht zwischen Stärke und Schwäche sowohl im Gefühlsausdruck wie in der Partnerschaft anstreben. Sie müssen in der Lage sein, andere zu lieben und zugleich ihrer Leidenschaft zu folgen. Sie müssen Liebe, Haß und andere Gefühle rückhaltlos zum Ausdruck bringen können, statt sie hinter einer tapferen Miene zu verbergen. Sie müssen Trauer und schmerzliche Verluste mit aller Intensität empfinden und sich dann davon lösen können. Sie müssen Intimität und Nähe spüren in ihren Beziehungen, aber sich auch Zeit für sich selbst nehmen und sich dem Familientrubel entziehen können, wenn es nötig ist.

Mutter wider Willen: ein Fall von Brustkrebs

Lesung: Samantha, 43 Jahre alt, schien mir eine höchst verantwortungsbewußte Frau zu sein, fast schon pflichtbesessen, und Machtausübung in der Außenwelt, im Sitzungssaal oder in heiklen politischen Angelegenheiten schien für sie kein Thema zu sein. Andererseits bemerkte ich, daß sie mit komplizierten emotionalen Situationen in ihren zwischenmenschlichen Beziehungen weniger gut zurechtkam. Ich sah, daß sie etwas zusammenhalten wollte, diese Aufgabe jedoch als Bürde empfand. Ich nahm jemanden in ihrem Leben wahr, der niedergeschlagen und gramgebeugt war, weil er einen Verlust zu beklagen hatte und emotional auf sie angewiesen war. Dagegen sträubte sie sich, brachte aber ihren Unwillen nicht zum Ausdruck. Außerdem sah ich, daß sie enttäuscht und reuevoll war, was eine zweite Beziehung betraf. Sie schien immer hin und her zu schwanken zwischen der Sorge für die Bedürfnisse anderer mit dem daraus resultierenden Groll einerseits und der Beschäftigung mit sich selbst und entsprechenden Schuldgefühlen andererseits. Sie kam mir irgendwie steif und vertrocknet vor, gewiß nicht wie ein überschwenglicher Gefühlsmensch.

Als ich mir ihren Körper vornahm, fielen mir leichte Unregelmäßigkeiten im Herzschlag und Male an ihrer Lunge auf. Ich spürte, daß sie nicht tief Luft holen konnte. Außerdem sah ich Zysten in ihren Brüsten.

Fakten: Samantha war eine Top-Marketingfrau gewesen, bekannter und erfolgreicher als ihr Mann, der kürzlich seine Stelle als Museumsdirektor verloren hatte. Das bereitete ihm großen Kummer und machte ihn emotional abhängig in der Partnerschaft. Der springende Punkt an Samanthas Situation jedoch war das festgefahrene Verhältnis zu ihrer 21jährigen Tochter. Die junge Frau hatte ihr erklärt, sie sei unzufrieden mit ihr als Mutter, und hatte damit Schuldgefühle bei Samantha ausgelöst, die seinerzeit unsicher gewesen war, ob sie überhaupt ein Kind haben wollte. Nachdem sie sich doch dafür entschieden hatte, hatte sie sich bemüht, Beruf und Privatleben unter einen Hut zu bringen. Die Bemerkung der Tochter ihr gegenüber war für sie ein schlimmer Schlag gegen all diese Anstrengungen und Beweis dafür, daß sie in ihren Mutter-

und Sorgepflichten nicht so erfolgreich gewesen war wie in der Arbeitswelt, an der ihr Herz hing.
Einige Jahre zuvor war bei Samantha Brustkrebs diagnostiziert worden. Der Krebs hatte sich vor kurzem auf die Lunge ausgebreitet. Bei jedem tiefen Atemzug litt sie entsetzliche Schmerzen. Sie hatte ihren Beruf aufgegeben und widmete sich nur noch der Sorge um ihre Gesundheit und ihre Familie.

Samantha war sich ihrer Rolle als Mutter völlig unsicher. Sie hatte eigentlich kein Interesse an der Mutterschaft gehabt, sich jedoch geopfert, weil es sich so gehörte. Nachdem sie ein Kind hatte, das sie eigentlich gar nicht gewollt hatte, versuchte sie es mit einem Drahtseilakt, der nicht funktionierte. Schuldgefühle über die unbefriedigende Beziehung zu ihrer Tochter nagten an ihr ebenso wie kritische Selbstzweifel an ihren mütterlichen Fähigkeiten, die von der Tochter, der die Zerrissenheit der Mutter nicht verborgen geblieben war, noch verstärkt und als Waffe benutzt wurden. Zudem war ihre Beziehung zu ihrem Mann aus dem Gleichgewicht geraten und sie in der Geberrolle, während er der Empfangende war. Samantha hatte schließlich ihren Beruf an den Nagel gehängt und sich selbstaufopfernd der Familie gewidmet. Genau diese Handlungsweise könnte allerdings einer der Faktoren gewesen sein, die ihren Brustkrebs noch begünstigten. Eine Forschungsstudie ergab, daß 35 von 46 Frauen mit Brustkrebs zu Selbstaufopferung neigten. Ferner hatten sie alle, bevor sie Krebs bekamen, Schuldgefühle gehabt, unter Depressionen und diffusen Angstgefühlen gelitten und strenge Selbstkritik geübt.

Obwohl sie es nicht offen zugeben, sind eine Menge Frauen in unserer Gesellschaft im Zweifel, ob sie Kinder haben wollen oder nicht. Und einige sind ziemlich sicher, daß sie keine haben wollen. Von allen Seiten der Gesellschaft wie auch von der Familie, von Ehemännern und Freunden wird jedoch Druck ausgeübt, so daß viele Frauen trotzdem Mutter werden.

Den meisten Menschen ist nicht klar, daß eine Frau ihre Schöpfungs- und Fortpflanzungsorgane auch anders einsetzen und in dieser Welt bestehen kann. Eine ganze Frau zu sein setzt nicht unbedingt voraus, Kinder zu haben. Es ist im Grunde sogar ein Fehler, Kinder zu haben, wenn die eigene Intuition davon abrät. Zum Beispiel haben Studien aufgezeigt, daß die einfachste Möglichkeit, eine Ratte mit Krebs zu infizieren, die ist, sie zum Werfen zu bringen und Junge aufzuziehen, wenn sie gar nicht dazu bereit ist. Wissenschaftler nahmen weiblichen Ratten gleich nach der Geburt ihre Jungen weg und zwangen sie erneut zur Paarung und Jungenaufzucht. Die meisten dieser Ratten erkrankten bald darauf an Milchdrüsentumoren.

Auch Samantha nahm das Martyrium auf sich, um gegen ihre Gefühle der Schuld und des Ungeeignetseins für die Mutterschaft anzugehen. Von Natur aus ein sehr pflichtbewußter Mensch, entwickelte sie ein überstarkes Verantwortungsgefühl dem Mann und der Tochter gegenüber und sah es als ihre alleinige Pflicht an, dafür zu sorgen, daß die Familie funktionierte und die emotionalen Bedürfnisse derer, die ihr am Herzen lagen, rundum befriedigt wurden. Märtyrer sind jedoch oft so selbstaufopfernd, daß sie die eigenen Gefühle unterdrücken und sich die Lasten aller, die ihrer Obhut anbefohlen sind, aufbürden. Das tun sie in der Überzeugung, fürsorglich zu sein, aber in Wahrheit ist Märtyrertum weit entfernt von Fürsorglichkeit. Ein altes Sprichwort lautet: »Wer jemandem einen Fisch gibt, ernährt ihn einen Tag; wer ihn das Fischen lehrt, ernährt ihn ein Leben lang.« Der zweite Teil des Spruchs zeugt von echter Fürsorglichkeit, der erste von einer Form des Märtyrertums. Viele Frauen in unserer Gesellschaft lernen, für jemand anders alles zu tun. Dadurch wird mit der Zeit ihr Verantwortungssinn überaktiv, während er beim anderen verkümmert.

Genau das war der Fall bei Samantha und ihrer Tochter. Die Tochter hatte ihr vorgeworfen, keine gute Mutter zu sein, worin sich letztlich die anmaßende Erwartung ausdrückte, die Mutter hätte jederzeit für die Befriedigung all ihrer Bedürfnisse zu sorgen. Samantha gab der Tochter zuliebe klein bei. Sie kündigte ihre Stelle und beschloß, sich mit ihrem Mann zusammen therapeutisch beraten zu lassen, wie die Situation zu Hause zugunsten der Tochter verbessert werden könnte. Doch zur Erfüllung ihrer Mutterpflichten hätte sie in Wahrheit etwas anderes tun müssen. Wahre Mütterlichkeit äußert sich darin, den anderen darin zu unterstützen, ein fähiger, unabhängiger, starker Mensch zu werden.

Worin besteht Fürsorglichkeit dem Wesen nach? Ein südafrikanischer Fisch gibt uns eine Vorstellung davon. Der männliche Fisch ist für die sozialen Belange zuständig; er spielt seine Rolle in der Außenwelt. Sobald sich ein Räuber nähert, schlägt er Alarm. Dann öffnet der weibliche Fisch sein Maul, und alle Babyfischchen schwimmen hinein in die Geborgenheit und Wärme. Wenn die Gefahr vorüber ist, gibt der männliche Fisch Entwarnung, und gleich schwimmen die kleinen Fische wieder frei im Wasser herum, wo sie weiterwachsen und zunehmend unabhängiger und eigenständiger werden. Dieses herzergreifende, rosige Bild der Mütterlichkeit schwebt uns meist vor Augen: Die Mutter schützt ihre Kleinen vor den Gefahren der Welt, gibt ihnen jedoch, sobald die Umstände es erlauben, den Raum, den sie zum Herumtollen und zur selbständigen Entwicklung brauchen. Merkwürdigerweise hat immer mal wieder einer der weiblichen Fische Probleme mit der Mutterschaft und hält das Maul geschlossen, wenn der Vater Alarm schlägt. In diesem Fall flüchten die Jungfische vor dem Angreifer, oder sie werden von ihm gefressen. Gelegentlich kommt es auch vor, daß ein Mutterfisch die Kleinen aufnimmt, wenn Gefahr im Verzug ist, dann aber nicht wieder aus dem Maul entläßt, so daß sie darin ersticken.

Menschenmütter sind manchmal wie diese letzten beiden Mutterfische. Einmal gibt es Mütter, die kalt, abweisend und distanziert sind und keinen rechten Sinn für Fürsorglichkeit haben. Zum anderen gibt es die überbesorgten, erdrückenden Mütter, deren überschwengliche Fürsorglichkeit kein Maß kennt. Weder exzessive Stärke noch exzessive Schwäche sind gut für Mutter oder Kind. Und sowohl bei kalten, distanzierten Müttern als auch bei überbehütenden Müttern ist die Brustkrebsrate nachweislich hoch. Frauen, die zu ihrer Selbstbestätigung ein Kind brauchen und ihr Frausein in erster Linie über die Mutterschaft definieren, leiden beispielsweise verstärkt unter Klimakteriumsbeschwerden und erkranken mit höherer Wahrscheinlichkeit an Brustkrebs als andere. Aber Kälte und Distanziertheit sind ebenfalls ein Element, das in der Vorgeschichte vieler Frauen mit Brustkrebs eine Rolle spielt. Frauen mit Brustkrebs hatten außerdem, wie festgestellt wurde, in ihrer Kindheit mehr Pflichten als andere Frauen. Vielfach übernahmen sie die Verantwortung für die ganze Familie und bezogen schließlich ihr Selbstwertgefühl daher. Sie standen überwiegend im Konflikt mit ihren Müttern und wußten nicht mit ihrer Wut umzugehen, die infolgedessen unausgedrückt und hinter einer freundlichen Miene verborgen blieb. Sie neigten dazu, sich aufzuopfern, und es fiel ihnen schwer, andere um Gefälligkeiten und

Hilfe zu bitten. All diese Merkmale waren bei Samantha stark ausgeprägt.

Immerhin gibt es so etwas wie eine »ausreichend gute Mutter«. Samantha hätte sich nicht in die Märtyrerrolle ergeben müssen, die volle Verantwortung für ihre Tochter zu übernehmen. Sie hätte dem Kind beibringen sollen, selbstverantwortlich zu handeln, ihm dabei die nötige Unterstützung angedeihen lassen und das Beste hoffen sollen. Sie hätte ihre Stärke und ihre Schwäche miteinander ins Gleichgewicht bringen und weniger oft Gleichmut, sondern ab und zu echte Gefühle zeigen sollen, um ein engeres, intimeres Verhältnis zur Tochter wie auch zum Ehemann zu gewinnen.

Ihrer Gesundheit hätte sie besser gedient, wenn sie angesichts ihrer Krebserkrankung ihre tapfere Miene und Fassade der Freundlichkeit aufgegeben und gelernt hätte, selbst Hilfe anzunehmen, statt nur zu geben. Wir wissen, daß die Einstellung von Frauen zu ihrem Krebs die Prognose beeinflußt. Zahlreiche Studien haben den Nachweis erbracht, daß viele Frauen mit Brustkrebs zu stoischem Gleichmut neigen und ihre Gefühle, insbesondere negative, unter Verschluß halten; statt dessen setzen sie ein fröhliches, freundliches Gesicht auf, handeln achtungsvoll und kooperativ und schlucken ihren Ärger hinunter. Sie behalten ihren Kummer für sich, als würden sie ihn an ihre Brust drücken und im Innern nähren. Und dann schlagen ihnen diese Gefühle unter Umständen direkt auf die Brust.

Die singende Nonne: ein Fall von Brustzysten

Lesung: Die 41jährige Teresa war eine der ungewöhnlichsten Klientinnen, die ich je hatte. Als sie mich zum Zwecke einer Lesung anrief, hatte ich sofort das Bild einer Frau vor Augen, die in eine Art voluminöse schwarze Tracht eingehüllt war. Ein steifer weißer Bügel rahmte ihr Gesicht ein und verdeckte es so weit, daß er ihr Mienenspiel verbarg. Ich hatte keine Ahnung, was es mit diesem Gewand auf sich hatte, aber ich spürte, daß es steif und unbequem war und alle normalen Körperbewegungen erschwerte. Tatsächlich fragte ich sie verwundert, wie sie so überhaupt zur Toilette gehen konnte. Die Tracht schien sehr wichtig zu sein, so daß ich während der Lesung immer wieder darauf zurückkam.

Als ich mir Teresas Familie vorzustellen versuchte, sah ich weder Mann noch Kinder. Auch keine Villa mit Hund. Vielmehr nahm ich wahr, daß Teresa viel Zeit in einer großen Gruppe von Menschen verbrachte, die ihr die Familie ersetzten. »Ich verstehe Ihre Lebensumstände nicht ganz«, sagte ich, »aber Sie gehören auf keinen Fall einer Kleinfamilie an.« Dort, wo sie lebte, hatte jeder den gleichen Tagesablauf; Teresas Gefühle – Leidenschaft, Wut, Feindseligkeit – wurden durch den in der Gruppe allgemein vorherrschenden Ton von Gelassenheit und Frieden überdeckt. Gefühle mußten geheimgehalten werden, sie durften ebensowenig zum Ausdruck kommen wie physische Bedürfnisse. Andererseits fielen mir in Teresas Gruppe viele heimliche Beziehungen auf sowie eine generelle Lieblosigkeit und Abneigung gegenüber Teresa.

In Teresas Körper bemerkte ich eine Rötung im Bereich der linken Brust.

Fakten: Teresa war, wie man sich denken kann, eine römisch-katholische Nonne. Sie lebte in einem kontemplativen Orden, in dem die Kontakte und Beziehungen innerhalb der Gemeinschaft streng geregelt waren. Außer den gemeinsamen Gebeten und Mahlzeiten war den Nonnen jeder freundschaftliche Verkehr untersagt, und sie mußten den ganzen Tag schweigen. Die Nonnen trugen alle den traditionellen Habit der Ordensleute, ein schweres, unbequemes schwarzes Gewand und dazu die gestärkte weiße Haube nebst Schleier.

Im Gegensatz zu ihren Ordensgenossinnen hatte Teresa anfangs Zweifel gehabt, ob sie nach einer gescheiterten heimlichen Beziehung, die sie in der High-School zu einer anderen Frau unterhalten hatte, überhaupt in den Konvent eintreten sollte. Sie hatte sich nicht zur Ordensschwester berufen gefühlt. Vielmehr war sie in den Orden eingetreten, um sich zu schützen und eine Zuflucht zu finden vor den Beziehungen in ihrem Leben, mit denen sie nicht zurechtkam. Wie die Maria im Film *The Sound of Music* (»Meine Lieder – meine Träume«) versteckte sie sich hinter den Klostermauern und floh damit vor ihren emotionalen und physischen Bedürfnissen.

Teresa erzählte mir, sie hätte eine Zyste in der linken Brust, die ihr Sorgen bereite.

Opferwillen und Gleichmut sind in unserer Gesellschaft kaum stärker personifiziert als in Gestalt einer Nonne. Nonnen *üben* sich regelrecht darin, ihre Gefühle zu unterdrücken. Sie dürfen nie wütend sein. Forscher konnten voraussagen, welche Frauen vermehrt zu Brustkrebs neigten, wenn sie deren Fähigkeit einschätzten, Wut zu äußern. Frauen, die sich eher gesellschaftlichen Normen beugten und unter sozialem Druck nachgaben, bekamen häufiger Brustkrebs. Teresa war natürlich verpflichtet, die sozialen Normen ihrer Klostergemeinschaft einzuhalten. Es wurde außerdem festgestellt, daß Frauen, die ihren Brustkrebs mit stoischem Gleichmut hinnehmen, früher sterben als solche, die bei der betreffenden Diagnose irgendein Gefühl ausdrücken, sei es Wut oder Angst, oder Frauen, die zwar mit einer gewissen Ungläubigkeit reagieren, aber anschließend Kampfgeist beweisen. Allerdings verschlimmerten Frauen, die zuviel Kampfgeist bewiesen und gegen Umstände angingen, die unmöglich zu ändern waren wie etwa der Tod eines geliebten Menschen, ihren Zustand, weil sie das normale Widerstandsverhalten übertrieben und auch wieder in eine Märtyrerrolle schlüpften. Sie verlegten sich vielzusehr auf die Stärkeaspekte des vierten emotionalen Zentrums. Häuptling Josephs Ausspruch »Ich werde nie wieder kämpfen« spiegelt eine tiefe Weisheit wider. Es ist wichtig zu wissen, wann Standhalten und wann Nachgeben gefordert ist, wann Stärke und wann Schwäche.

In Teresas Ordensgemeinschaft waren die Schwestern zu Frömmigkeit und Bedürfnislosigkeit verpflichtet. Außerdem durfte Teresa nie Rat und Hilfe bei anderen suchen. Dabei können Hilfe und Zuwendung die Gesundheit einer Frau mit Brustkrebs wesentlich beeinflussen. Bei Frauen, die spürbar auf mangelndes Verständnis in ihrer unmittelbaren Umgebung stoßen, kommt es häufiger zu neuen Metastasen als bei Frauen, die sich unterstützt fühlen. Frauen, die starke Rückendeckung von ihrem Partner oder anderen Personen erhielten, denen sie eng verbunden waren, wiesen einen höheren Anteil an Killerzellen auf, den Zellen, die Krebszellen abwehren. Märtyrer und Stoiker können im allgemeinen kaum auf Rückhalt durch andere zählen. Wer nie andere um Hilfe bittet, steht irgendwann alleine da. Wenn er dann fällt, ist kein Netz vorhanden, das ihn auffangen könnte. Ich gehe jede Wette ein, daß Jeanne d'-Arc, wenn sie Trapezartistin gewesen wäre, ohne Netz und doppelten Boden gearbeitet hätte.

Teresa fehlte also der Rückhalt in ihrem Kloster. Frauen mit Brustkrebs brauchen jedoch Unterstützung. Wenn sich krebskranke Frauen in Selbsthilfegruppen treffen, leben sie nachweislich länger als Frauen, die nicht solchen Zuspruch erfahren. Einer Studie zufolge verdoppelt sich dann sogar ihre Lebenszeit.

Für manche Frauen, die sich wahrhaft dazu berufen fühlen, mag das Nonnendasein eine gute Wahl sein, aber bei Teresa meldete sich offenbar die Stimme der Intuition, um ihr zu sagen, daß sie am falschen Ort war, dort, wo sie ihre Emotionen unterdrücken und stets ein fröhliches Gesicht zeigen mußte. Freude ist, wie wir wissen, lebenswichtig für das Herz. Teresas Fröhlichkeit war jedoch aufgesetzt, und ihre Intuition und das Leitsystem ihres Körpers spürten, daß sie sich nur den Anschein von Freude gab. Ich wußte, daß sie leidenschaftliche Gefühle für jemanden hegte, sie aber nicht zum Ausdruck bringen konnte. Darum sah ich sie auch immer noch in dem traditionellen, alles verhüllenden Habit, obwohl sie mir versicherte, daß die alte Ordenstracht schon jahrelang nicht mehr getragen wurde. Die Geheimnisse und heimlichen Beziehungen, die ich bei der Lesung in ihr entdeckte, spiegelten ihre wahren Gefühle wider, die sie hinter einer tapferen, fröhlichen Miene verbarg. Diese echten Gefühle breiteten sich in ihrem Körper aus und beeinträchtigten die Organe ihres vierten emotionalen Zentrums.

Die Last des Kummers

Auch Gram ist ein Gefühl, das uns die Brust einengt. Wenn wir bekümmert sind, sagen wir, daß uns das Herz schwer ist oder eine Zentnerlast auf unserem Herzen liegt. Wenn wir etwas verlieren – einen Elternteil, ein Kind, den Partner, die Arbeit oder auch unseren Identitätssinn –, müssen wir den Verlust betrauern können. Wird der Kummer nicht empfunden, ausgelebt und verarbeitet, kann er die Organe des vierten emotionalen Zentrums angreifen. Das sind bei Frauen häufig die Brüste, insbesondere dann, wenn ein Gegenstand der Liebe zu beklagen ist wie etwa der Ehepartner, ein Elternteil oder ein Kind.

Daß ein Zusammenhang zwischen Kummer und Brustkrebs besteht, ist seit Jahrhunderten bekannt. Bereits im 18. Jahrhundert beobachteten

Ärzte, daß Brustkrebs meistens nach einem katastrophalen Lebensereignis auftrat. Es gibt den Bericht über eine 27jährige Frau aus dem 19. Jahrhundert, die an Krebs in der rechten Brust erkrankte. Auf die Frage nach ihrem Gemütsleben stritt sie ab, Probleme zu haben. Bald kam jedoch ans Tageslicht, daß ihr Vater vor einigen Jahren gestorben war und die Mutter mittellos dagestanden hatte. Die junge Frau mußte eine Stelle als Gouvernante annehmen. Als sie den Knoten in ihrer Brust entdeckte, ließ sie noch ein Jahr verstreichen, ehe sie einen Arzt aufsuchte. Das ist ein 150 Jahre altes Paradebeispiel für stoisches Verhalten, bei dem die eigenen Gefühle verleugnet und verdrängt und selbst dann noch hinter einer tapferen Miene versteckt werden, wenn eine Krankheit da ist.[38]

Erinnern Sie sich noch an die Ratten, die Tumore entwickelten, als sie zur Aufzucht von Jungen gezwungen wurden, obwohl sie nicht dazu bereit waren? Der erste Wurf wurde diesen Ratten vorzeitig genommen. Sie hatten keine Zeit, den Verlust ihrer ersten Jungen zu betrauern, weil sie zu einem neuen Wurf gezwungen wurden, und es besteht Grund zu der Annahme, daß sie vielleicht deshalb Krebs bekamen. Wie eine andere Studie zeigte, erkrankten Frauen, die fünf Jahre lang durch schmerzliche Verluste wie einen Todesfall, Arbeitslosigkeit oder Scheidung unter Streß standen, zwölfmal häufiger an Brustkrebs als andere Frauen. Mit anderen Worten: Wir brauchen eventuell fünf Jahre nach dem Verlust eines geliebten Menschen, der Arbeit oder des Ehepartners, um uns wirklich mit unserer Wut, unserem Schmerz – vielleicht auch unserer Freude darüber, daß etwas zu Ende gegangen ist – auseinanderzusetzen. Wir sollten all den verschiedenen Gefühlen, die nach dem schweren Verlust auf uns einstürmen, und der Angst darüber, wie das Leben nun weitergehen soll, Raum geben und dafür sorgen, daß sie verarbeitet werden und heilen, denn sonst riskieren wir, daß sich diese Gefühle durch das intuitive Leitystem irgendwoanders im Körper festsetzen.

Es ist hinreichend bekannt, daß die Wahrscheinlichkeit für Brustkrebs bei Frauen drastisch ansteigt, wenn die Kinder das Haus verlassen und die Ehepartner in den Ruhestand treten oder sie als berufstätige Frauen Verluste hinnehmen müssen, die Frauen normalerweise in ihrer Brust verschließen. Dr. Christiane Northrup erzählt von einer Frau Anfang Fünfzig, die zu ihr in die Praxis kam. Die Frau war zu Tode betrübt, weil eins ihrer Kinder gerade wegen des Studiums das Haus verlassen hatte, ein anderes ins Internat gekommen war und dann auch noch der Hund gestorben war. Sie hatte wiederholt davon geträumt, wie sie ihre Kinder wieder stillte. In ihrer linken Brust war eine Zyste gewachsen. Als die Zyste abgesaugt wurde, stellte sich heraus, daß sie voller Muttermilch war.

Daran sehen wir, daß sich tiefer Kummer geradewegs in den Organen des vierten emotionalen Zentrums niederschlägt. Dort kann er, wenn er nicht freigesetzt und verarbeitet wird, schwere Erkrankungen auslösen.

Nirgendwo ein Ausweg: ein Fall von Brustzysten und Lungenkrebs

Lesung: Die 52jährige Helen machte auf mich den Eindruck einer Märtyrerin wider Willen. Ich hatte das Gefühl, als hätte sie ihr Leben lang für andere gesorgt. Darin fand sie jedoch keine Erfüllung. Ich sah förmlich, daß sie nur mit Mühe fürsorglich sein konnte. Sie saß in der Falle, und darüber war sie wütend. Ihrem Empfinden nach hatte Gott sie in eine Situation gestellt, über die sie keine Kontrolle hatte. Eine Riesenverantwortung lastete auf ihr, so daß sie sich nicht mehr rühren konnte. In Helens linker Brust nahm ich eine bräunlich-rote Zone wahr, so etwas wie ein Loch. Obgleich mir ihre Lunge in Ordnung zu sein schien, bemerkte ich, daß im oberen Bereich der Wirbelsäule etwas nicht stimmte, war mir aber nicht sicher, was es sein könnte. Es sah wie ein Buckel, wie etwas aus der Form Geratenes aus.

Fakten: Helen hatte eine 30jährige Tochter, die mit zerebraler Kinderlähmung und geistesbehindert zur Welt gekommen war und rundum der Pflege bedurfte. Helen hatte schwer gearbeitet, um selbst für die Tochter sorgen zu können, weil sie sich geschworen hatte, sie nie einer Anstalt zu überlassen. Ihre Tochter war der Mittelpunkt ihres Lebens; der Ehemann hatte das Weite gesucht, als die Tochter zwei Jahre alt war. Helen war jedoch keine geborene Märtyrerin. Sie fand die Pflege ihres Kindes nicht befriedigend, sondern schwierig und qualvoll, und diese Empfindungen verursachten ihr Schuldgefühle, die sie zu unterdrücken versuchte. Trotzdem fühlte sie sich in ihrer Mutterrolle gefangen.

Helen war tiefbekümmert, daß ihre Pflichten gegenüber der Tochter ihr die Verwirklichung in der Außenwelt versagt hatten, woran ihr Herz hing. Sie war diplomierte Krankenschwester und hatte einen akademischen Grad in Krankenpflege angestrebt, jedoch keinen Erfolg gehabt, weil sie den für sie zuständigen Beratungsausschuß mit ihrer ärgerlichen, mürrischen Art vor den Kopf gestoßen hatte. Sowohl in ihren Partnerschaften als auch im Berufsleben hatte sie Probleme, weil immer ihre Wut zu spüren war. Das verstärkte ihren Zorn noch. Sie hatte das Gefühl, sich ihr Leben lang für andere aufgeopfert und nie die Chance gehabt zu haben, so leben zu können, wie sie wollte.

Helen hatte sich vor zehn Jahren einen Tumor aus der linken Brust entfernen lassen, zu dem Zeitpunkt, als es mit ihrem akademischen Grad nichts wurde. Vor kurzem hatte der Staat nach langen Bemühungen endlich ihren Ehemann auftreiben können, aber er war arbeitslos und nicht in der Lage, mehr Unterhalt zu zahlen als 50 Dollar pro Woche. Helen war schließlich gezwungen, ihre Tochter in eine staatliche Einrichtung zu geben, da sie nicht mehr für sie aufkommen konnte. In der darauffolgenden Woche ging sie wegen eines hartnäckigen Hustens zum Arzt und erfuhr, daß sie Lungenkrebs hatte, genau hinter der Stelle, wo der Brusttumor gesessen hatte.

Helen trug schweres Leid in ihrer Brust mit sich herum – die Trauer über den Zerfall ihrer Familie, den Kummer über die abgebrochene Ausbildung sowie darüber, daß sie nie Unterstützung und Zuwendung von anderen erhielt, und die schmerzlichen Gefühle um die Tochter, für die sie wider Willen sorgen mußte. Das alles hatte sie mit Gleichmut ertragen. Doch die Folge davon war, daß all der Kummer und der Zorn, der ihrem Empfinden entsprang, zu diesem Martyrium gezwungen worden zu sein, ein Loch in die Organe ihres vierten emotionalen Zentrums gefressen und die Zellen krankhaft verändert hatten. Statt ihr Kreuz stoisch zu tragen, hätte Helen besser daran getan, die Signale zu beachten, die ihr Intuitionsnetzwerk aussendete. Womöglich wäre es ratsamer gewesen, die Tochter, so schwer das war, in eine Heilanstalt zu geben, statt sich vollverantwortlich für sie einzusetzen. Sie hätte sie dort besuchen oder eine andere Lösung finden können, einen Mittelweg, bei dem der Akt des Gebens ihr nicht die Luft zum Atmen geraubt hätte. Auch jetzt noch konnte sie sich freimachen von alledem, um den Weg zu verfolgen, an dem im

Grunde ihr Herz hing. Manchen Frauen tut es in der Seele wohl, selbstlos und voller Güte zu geben. So zu handeln ist ihr Lebenszweck. Aber nicht jede Frau ist eine Mutter Teresa, und nicht jede ist als Heilige geboren oder für das Klosterleben geschaffen. Helen jedenfalls nicht. Sie mußte ihren Panzer der Stärke ablegen und sich Schwäche gestatten, um eine bessere Chance zu haben, wieder gesund zu werden.

Gefühle zeigen!

Gefühle auszudrücken ist gesund. Natürlich wird das Leben mitunter komplizierter dadurch. Wenn man seine Gefühle zum Ausdruck bringt, müssen andere Menschen sie notgedrungen beachten. Mit ein Grund dafür, daß wir uns scheuen, unsere Gefühle auszusprechen, ist der, daß wir die Reaktionen der anderen fürchten. Aber dann kommt der Therapeut daher und sagt Ihnen, daß Sie Ihre Gefühle zeigen *müssen*. Sie sind eine fügsame Patientin und lassen sich bereitwillig von Ihrem Therapeuten belehren, wie Sie Ihre Gefühle in Worte fassen können. Und dann werfen Sie Ihrem Mann an den Kopf, er sei ein Faulpelz und Sie wären es bis obenhin satt, daß er immer sein Handtuch irgendwo herumliegen läßt. Aber statt nun gleich das Handtuch aufzuheben, das er eben fallenlassen hat, ist er sauer und schmollt den ganzen Tag. (Immerhin macht er wenigstens kein Hehl aus seinen Gefühlen!) Jetzt geht es Ihnen beiden mies, und der Gedanke beschleicht Sie, daß Sie doch vielleicht einfach das Handtuch hätten aufheben und das ganze Drama vermeiden sollen. Vergessen Sie jedoch eins nicht: *Ein* Handtuch am Tag summiert sich auf sieben Handtücher in der Woche, das macht 31 Handtücher im Monat bzw. 365 Handtücher im Jahr. Wenn Sie es auf 25 Ehejahre bringen, sind das 9125 Handtücher, die Sie immer aufgehoben haben, während Sie Verdruß und Groll hinunterschluckten. Irgendwann dämmert es Ihnen, daß das keine echte Partnerschaft ist. Sie sind nur zum Geben da, ohne eine Gegenleistung. Und verstecken Ihre Gefühle hinter einer tapferen Miene. Selbst in der angeblich intimsten Beziehung Ihres Lebens – Ihrer Ehe – können Sie nicht richtig vermitteln, wie Ihnen zumute ist, und erhalten keine Zuwendung. Dann wird Ihnen klar, daß es gar nicht mehr nur um ein Handtuch geht. Das Handtuch ist bloß ein Symbol für die emotionale Gesundheit und das Maß an gegenseitiger Unterstützung und Zuneigung in einer Schlüsselbeziehung Ihres Lebens. Letztlich kennt jeder von uns Beziehungen, in denen irgendwann einer »das Handtuch warf«.

Wenn Sie lernen, Ihren Emotionen Luft zu machen, gestalten sich Ihre Beziehungen unter Umständen etwas schwieriger. Aber diese Komplikationen sind der Mühe wert. Auf das volle Spektrum der Gefühle zurückgreifen zu können – auf Glück, Freude, Zorn, Kummer, Trauer, Furcht usw. – und diese Gefühle in ausgewogenem Maße mit anderen zu teilen stärkt die Gesundheit des vierten emotionalen Zentrums und macht das Leben zu dem spannenden, wunderbaren Abenteuer, das es eigentlich sein sollte.

10

Schilddrüse, Hals und Nacken: Kommunikation, Zeitgefühl und Willen

Wenn Frank Sinatra »I'll do it my way« schmettert, fühlt man sich irgendwie stark und selbstbewußt. Man bekommt eine klare Vorstellung davon, daß er von einem Mann singt, der wußte, was er wollte, der wußte, wie er aller Welt klarmachen konnte, was er wollte, und der ohne weiteres glaubte, bei allem, was ihm begegnete, auch wirklich zu bekommen, was er wollte. Er würde in der Welt seinen Kopf durchsetzen, wann und wie es ihm gefiel, und alles würde nach seinem Willen laufen. Nichts würde ihn davon abhalten, sich selbst treu zu bleiben.

»I'll do it my way« könnte das Leitmotiv des fünften emotionalen Zentrums sein. Dieses Zentrum umfaßt unsere Kommunikationsmöglichkeiten, die Darstellung unserer selbst, unser Zeitgefühl, aus dem heraus wir wissen, wann wir unserem Herzen folgen sollten, und die Art und Weise, wie wir unseren Willen geltend machen oder uns dem Willen anderer beugen. Bei diesem Zentrum geht es um den Lebensabschnitt, in dem wir erklären: »Ich will«, um Entwicklung oder Stagnation, darum, ob wir unseren Lebenszyklus voll Schaffensdrang in der Außenwelt fortsetzen oder Verlangsamung und schließlich Stillstand zulassen.

Im Hinblick auf die Gesundheit fordert dieses Zentrum das Gleichgewicht zwischen Selbstausdruck und Zuhörenkönnen, zwischen der zielstrebigen Befriedigung der eigenen Bedürfnisse und gegebenenfalls dem Abwarten, daß sich von selbst etwas bewegt; und wir müssen abwägen, ob wir anderen unseren Willen aufzwingen oder uns unsererseits dem Willen anderer unterordnen. Die Organe und Körperteile, die von unserer Fähigkeit oder Unfähigkeit beeinflußt werden, diesen Balanceakt zu begehen, sind Kehle, Mund, Schilddrüse, Hals und Nacken (siehe Abbildung).

Fünftes emotionales Zentrum

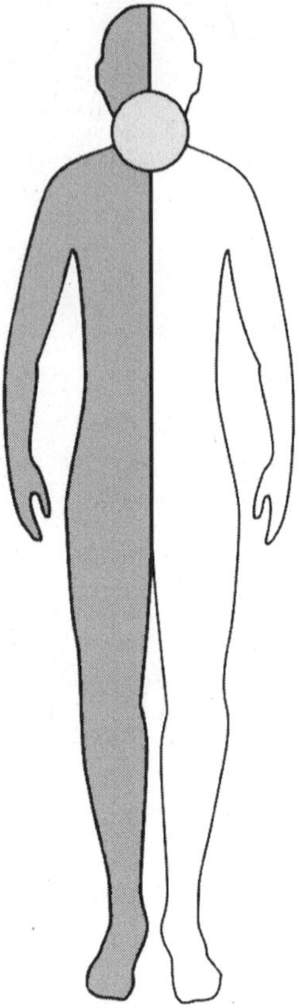

Stärke

Kommunikation
- Ausdrucksfähigkeit
- Reden

Zeitgefühl
- Vorwärtsdrängen

Willen
- Eigenwille

Schwäche

Kommunikation
- Verständnis
- Zuhören

Zeitgefühl
- Abwarten

Willen
- Unterordnung

Stärken und Schwächen

Manche Menschen sind die besten Redner, aber miserable Zuhörer. Bestimmt kennen auch Sie jemanden, der seinen eigenen Standpunkt hervorragend deutlich machen kann, aber taube Ohren bekommt, sobald er Ihnen zuhören soll, und während Sie sprechen, schon seine nächsten Sätze formuliert. Oder Leute, die absolut nicht warten mögen, die auf der

Autobahn rechts an Ihnen vorbeisausen oder im Supermarkt mit dem Einkaufswagen vorpreschen, um vor Ihnen an der Kasse zu sein. Meine Freunde behaupten, daß ich zu dieser Kategorie gehöre. Ich brauche fast ein Beruhigungsmittel, wenn ich irgendwo anrufe und mir aus dem Telefon eine dieser Computerstimmen entgegenschallt und sagt: »Alle Leitungen sind zur Zeit besetzt. Bitte warten Sie...« Dann könnte ich hochgehen wie eine Rakete. Ich habe gelernt, geradewegs auf mein Ziel zuzugehen, und vertraue nicht darauf, daß eine gute Gelegenheit vom Himmel fallen könnte. Ich habe keine Geduld, die Dinge ganz von selbst an mich herankommen zu lassen. Höre ich am Telefon »Bitte warten Sie«, wähle ich die betreffende Nummer lieber Dutzende von Malen an, bis ich durchkomme, statt zu warten. Natürlich würde ich vielleicht *schneller* ans Ziel kommen, wenn ich abwartete, aber ich habe gelernt, mich vehement für das einzusetzen, was ich will und brauche, und nicht etwa geduldig zu warten, bis sich jemand meiner erbarmt.

Sicher kennen Sie auch Leute, die eine genaue Vorstellung davon haben, was sie wollen und brauchen, und sich dermaßen auf diese Idee konzentrieren, daß sie durch nichts zu stoppen sind, ganz gleich, welche Hindernisse sie überwinden müssen. In manchen Fällen ist das ein Plus; die Betreffenden zeigen Entschlossenheit, Willenskraft und Durchhaltevermögen. Aber wenn es ins Extrem geht, zeugt ihr Verhalten von Eigenwillen und Halsstarrigkeit. Meine Freunde sagen, daß ich auch in diesem Punkt dazugehöre. »Warten« ist nicht das einzige Wort, auf das ich allergisch reagiere; ebensowenig mag ich es, wenn es heißt, alles hätte seine »Grenzen« oder: »Das kannst du nicht; das hat es noch nie gegeben«. Ich habe einen starken Willen, und den setze ich auch oft durch. Manchmal geht der Schuß allerdings nach hinten los. Zum Beispiel beim Tennisspielen: Wenn ich mich voll darauf konzentriere, den Ball kräftig und zielsicher zu treffen, schlage ich unweigerlich zu fest, und er verschwindet irgendwo im Aus. Ebenso wie beim Tennis kann man auch im Leben mit zuviel Willenskraft über sein Ziel hinausschießen.

Die Menschentypen, die ich eben beschrieben habe, haben alle eine zu starke Tendenz zur Stärkeseite des fünften emotionalen Zentrums. Wie Frank Sinatra in seinem Song sind sie, obwohl in vieler Hinsicht bewundernswert, ein bißchen zu eigenwillig. Selten geben sie zu, einen Fehler gemacht zu haben, und noch seltener bereuen sie etwas.

Durch zuviel Stärke in diesem Bereich können die Organe des fünften emotionalen Zentrums Schaden nehmen. Auch zuviel Schwäche kann sich nachteilig auswirken – zu große Angst, sich auszudrücken, oder das Unvermögen, seine eigenen Wünsche und Bedürfnisse verständlich zu machen, jedoch stets die anderer zu berücksichtigen. Wer immer nur darauf wartet, daß etwas geschieht, und sich dem Willen anderer fügt, der wird von seinem Körper durch erste Krankheitszeichen im fünften emotionalen Zentrum auf diesen Mißstand hingewiesen.

»Hallo, hört mich denn niemand?«: Schilddrüse und Hormone

Lesung: Cecilia, eine Sechzigjährige, erschien mir so wie jemand, der ständig in einen heftigen Kampf verwickelt ist, von dem sein Körper gerüttelt und geschüttelt wird. Sie glaubte, alles in ihrer Welt werde von äußeren Einflüssen bestimmt und ihre Umstände würden immer von anderen abhängen. Nie setzte sie ihren eigenen Willen durch. Ich sah, daß etwas in ihrem Leben zu Ende ging und sie sich von einer alten Denkweise und Identität befreien wollte und mußte. Sie war allerdings ein sehr kopflastiger Mensch und konnte das, was sie sich von ganzem Herzen leidenschaftlich wünschte, nicht mit ihrem Denken in Übereinstimmung bringen und in der Außenwelt geltend machen. Im fünften emotionalen Zentrum, also im Hals, hat die Fähigkeit ihren Sitz, das Darunterliegende zum Ausdruck zu bringen, die Leidenschaft des Herzens. Das konnte Cecilia nicht. Sie brachte es nicht fertig, der Welt ihren Herzenswunsch mitzuteilen.

Aus meiner Sicht war Cecilia erschöpft von ihrer beruflichen Tätigkeit. Irgend etwas daran zehrte an ihrer Gesundheit, aber sie hatte das Empfinden, sich nicht davon lösen zu können, weil sie feststeckte in ihrer Situation und nicht dazu fähig war, sich Gehör zu verschaffen.

In ihrem Kopf nahm ich frühere Migränen und Konzentrationsschwierigkeiten wahr. Ferner bemerkte ich eine Menge Probleme im Bereich des Halses. Ihr Hauptproblem schien mir eine Unterfunktion der Schilddrüse zu sein. Außerdem hatte sie offenbar Probleme mit den Halswir-

beln und infolgedessen Nackenschmerzen. Mir fiel auch eine geringfügige Veränderung ihrer Herzfrequenz auf. Ich sah, daß sie unter Melancholie und Ermüdung litt, kalt und lethargisch war und starken Schwankungen der Körpertemperatur ausgesetzt war. Zudem stimmte etwas mit ihrem Flüssigkeitshaushalt nicht.
In ihrer Ehebeziehung gab es anscheinend Energie- und Libidoprobleme sowie Erschöpfungserscheinungen. Der Stillstand im Beruf machte sich offenbar auch als Energieverlust im Eheleben bemerkbar. Ich fragte mich, ob ihr wohl jemand gesagt hatte, daß ihre Nebennieren nicht mehr richtig arbeiteten.
Fakten: Cecilia arbeitete für eine Behörde, und sie hatte ihre Arbeit gern getan. Aber in letzter Zeit hatte es einfach keinen Spaß mehr gemacht. Sie wurde zusehends müder und wollte nicht mehr. Ihr Herzenswunsch war, ein Blumengeschäft aufzumachen. Das traute sie sich jedoch nicht zu tun, weil sie eigentlich noch fünf Jahre in der Behörde ausharren mußte, um pensionsberechtigt und krankenversichert zu sein. (Wer kennt nicht solche Leute, die sich nur noch für den Ruhestand abrackern!) Cecilia fürchtete, wenn sie kündigte und ihren Versicherungsschutz verlor, vielleicht krank zu werden und dann nicht in der Lage zu sein, die Arztrechnungen zu bezahlen. Deshalb ließ sie lieber alles beim alten und gab sich mit ihrer angeschlagenen Gesundheit zufrieden. Obwohl sie Ersparnisse für den Notfall hatte, traute Cecilia sich nicht, ihre Stelle aufzugeben. Sie fühlte sich als Spielball des Schicksals und meinte, selber weder Kontrolle über die äußeren Umstände zu haben noch äußern zu können, was sie wollte.
Cecilia litt an Hypothyreose, einer Unterfunktion der Schilddrüse. Die Schilddrüse ist für den Hormonhaushalt zuständig und reguliert in gewisser Weise alle Funktionen der anderen Körperorgane. Cecilia hatte folglich generelle Hormonprobleme. Die Blutzuckerwerte waren schlecht, und es lag eine Insulinresistenz vor; außerdem war ihr eröffnet worden, daß die Funktion ihrer Nebennieren gestört war, woraus Libido- und Energieverluste sowie Erschöpfungszustände resultierten. Auch ihr Immunsystem war angeschlagen; ihr Hormonhaushalt war aus den Fugen; Schilddrüse, Nebenniere und Eierstöcke funktionierten schon seit geraumer Zeit nicht richtig. Bereits mit 39 Jahren war bei ihr die Menopause eingetreten.

Cecilia hatte Schwierigkeiten, sich selbst darzustellen, der Außenwelt ihren Willen kundzutun und sich kreativ zu verwirklichen. Sie vermochte weder ihren Willen durchzusetzen noch sich schöpferisch in der Welt zu behaupten oder auszudrücken, was sie im innersten Herzen leidenschaftlich ersehnte. Cecila steckte fest. Darin glich sie einer Monopolyspielerin, die im Gefängnis landet und es einfach nicht schafft, wieder herauszukommen, wie oft sie auch würfelt, bis sie schließlich überhaupt nicht mehr würfeln mag. Manche Menschen legen eine solche Willensstärke an den Tag, daß sie sich durch nichts aus der Ruhe bringen lassen, auch nicht durch widrigste Situationen. Sie glauben, daß sie es schon schaffen werden, bezahlen ihre 50 Dollar Strafe, und schon sind sie frei. Sie erschüttert es nicht, wie die Würfel im Leben fallen, und sie fühlen sich keineswegs hilflos den Umständen ausgeliefert. Aber anderen wie etwa Cecilia fehlt das Vertrauen, je wieder aus dem Gefängnis herauszukommen. Sie glauben nicht, daß es sich lohnt, für die Freiheit etwas zu wagen, sondern fügen sich in ihre Gefangenschaft, weil sie nicht den Mut haben, sich aus eigener Kraft daraus zu befreien. Für sie ist das Schicksal mit dem Fall der Würfel besiegelt.

Cecilia hatte Geld gespart, um ihren Traum verwirklichen zu können, sich aus der »Gefangenschaft« zu befreien und ein Blumengeschäft zu eröffnen. Aber als es soweit war, ihren Wunsch zu äußern und ihren Willen durchzusetzen, mochte sie keine 50 Dollar von ihrem schwerverdienten Geld einsetzen in der Meinung, daß sie doch bloß wieder im Gefängnis landen würde, wenn die Würfel des Lebens falsch fielen.

Cecilia steckte in der Schwächekategorie des fünften emotionalen Zentrums fest. Sie hatte Angst, ihre Wünsche und Bedürfnisse geltend zu machen, oder war unfähig dazu. Sie war nicht in der Lage, ihre Pläne zielstrebig auszuführen, sondern meinte, in ihrer derzeitigen Tätigkeit abwarten zu müssen, und quälte sich wegen der damit verbundenen Vorteile langsam zu Tode, nur um Schutz und Sicherheit zu genießen. Infolgedessen war sie auf Gedeih und Verderb dem Willen anderer preisgegeben, ein Spielball der Mächte, die ihren Lebensweg bestimmten. Ihrem Empfinden nach war es ihr nicht möglich, diejenige zu werden, die sie eigentlich sein wollte, und der Welt ihre Stärke zu beweisen, weil sie fürchtete, es könnte ihr etwas zustoßen und sie ihrer Sicherheit berauben. Cecilia war davon überzeugt, auf Gnade und Ungnade irgendwelchen äußeren Mächten ausgeliefert zu sein, die ihr das »antaten«. Von diesem »Nackenschlag« war der obere Bereich der Wirbelsäule betroffen und die Funktion der Schilddrüse gestört.

Aus der Fachliteratur zum Thema »Schilddrüse« geht hervor, daß bei Menschen mit solchen Beschwerden häufig eine Willensschwäche vorliegt, das Unvermögen, eine gewisse Macht in der Außenwelt zu erlangen, um sich verwirklichen und seine Umgebung verändern zu können. Bei Menschen, die zu Schilddrüsenleiden neigen, zeichnet sich oft ein Muster bestimmter begünstigender Faktoren ab. Sie befinden sich häufig in einer Situation, in der sie vergebens nach Eigenständigkeit und Freiheit streben. Meist kommen sie auch aus Verhältnissen, die keine Selbständigkeit und Unabhängigkeit zulassen. In einer physischen oder emotionalen Krise geben sie gleich klein bei und erliegen ihr, ohne den Willen aufzubringen, sie zu überwinden. Oft haben sie das Gefühl, vom Schicksal gebeutelt zu werden und sich nicht dagegen wehren zu können.

Als Forscher untersuchten, was in den Schilddrüsen von kämpfenden Ratten vorgeht, stellten sie fest, daß die Schilddrüsen der dominanten Ratten, also derer, die sich durchsetzten, nie ihre Größe veränderten. Die Schilddrüsen der eher unterwürfigen, schicksalsergebenen Ratten, die sich nicht behaupten konnten und deshalb von den dominanten Ratten besiegt wurden, schrumpften hingegen meßbar. Cecilia war ein Mensch, der sich vom Leben besiegt fühlte. Sie war schicksalsergeben und nachgiebig und wie die schwächeren Ratten unfähig, sich zu behaupten.

Ich selbst leide, wiewohl die Symptome seit langem im Abklingen begriffen sind, an Basedow, einer Krankheit, bei der körpereigene Antikörper die Schilddrüsenfunktion anregen. Der Lebensabschnitt, in dem diese Erkrankung diagnostiziert wurde, war sehr bedeutsam für mich. Es war eine Zeit, in der mein Leben hin und her pendelte zwischen den Stärke- und Schwächeaspekten des fünften emotionalen Zentrums. Ich studierte Medizin und war Doktorandin. Das ganze Jahr hindurch bedrückte mich die Sorge, ob ich meine Ausbildung weiterhin bezahlen konnte oder nicht. Entweder mußte ich mich mit meiner ganzen Willenskraft dafür einsetzen, das nötige Geld aufzutreiben, oder ich versank schicksalsergeben in Hilflosigkeit und wartete darauf, daß Gott und der Himmel es gut mit mir meinten und mir zu dem Geld verhalfen. Was mich aber wirklich an den Rand der Verzweiflung brachte, war die Entdeckung, daß zwei meiner Darlehen für das Medizinstudium auf mysteriöse Weise und ohne ersichtlichen Grund gestrichen worden waren. Dabei war ich doch noch Medizinstudentin! Ich hängte mich ans Telefon und redete mir den Mund fusslig, um Licht in das Dunkel zu bringen. Ich stand im Vorraum vor dem Operationssaal und telefonierte noch im OP-Kittel mit einem Finanzverwalter nach dem anderen, um der Sache auf den Grund zu gehen. Aber wie deutlich ich mich auch ausdrücken mochte und wie unmißverständlich ich mich äußerte, ich stieß auf taube Ohren. Unmöglich, daß ich mit dieser Situation nicht fertig werden und Klarheit schaffen sollte, ehe jemand meine Katzen konfiszierte. Schließlich war ich eine Marathonläuferin! Ich wußte, wie man mit dem Kopf durch die Wand geht und sich allen Schmerzen zum Trotz weiterquält. Weiter, weiter, weiter, selbst wenn man an die Grenzen stößt. So könnte das Mantra der Frauen in den 90er Jahren lauten. Wir sollen unsere Haut zu Markte tragen, statt herumzusitzen und den lieben Gott ein guten Mann sein zu lassen. »Wenn du deinen Hintern nicht hochkriegst, wirst du irgendwann zu Hause rumhocken, schwanger sein und Sozialhilfe beziehen.« Das wollte ich natürlich nicht. Ich wollte lieber zu den Machern gehören.

Aber Pustekuchen. Eines Tages betrachtete mich eine Kommilitonin und sagte: »Ich glaube, du hast Basedow. Deine Augen sehen aus wie die von Barbara Bush.« (Kurze Zeit vorher war bei der ehemaligen Präsidentengattin die Basedow-Krankheit diagnostiziert worden.) Zuerst spottete ich nur über diese Vermutung. »In meiner Familie haben wir alle Glupschaugen«, sagte ich und ging mit einem Lachen darüber hinweg. Aber in Wahrheit war mir die Bemerkung meiner Kommilitonin unbehaglich. Meine Intuition meldete sich zu Wort. Also unterzog ich mich einer Untersuchung, und tatsächlich, es wurden die Antikörper nachgewiesen, die auf eine abklingende Basedow-Krankheit schließen ließen.

Mir ist es immer schwergefallen, mich in eigener Sache mit anderen auszutauschen, mich auszusprechen und meine Gefühle darzulegen. Ich wollte nie warten oder mich unterwerfen. Mein ganzes Leben lang hat mir meine Intuition durch die Organe dieses Zentrums zu verstehen gegeben, daß ich zwar meinen Willen behaupten will, aber zu ungeduldig oder auch unfähig dazu bin. Ich bin im Grunde so etwas wie ein Paradebeispiel für das fünfte emotionale Zentrum. Normalerweise ist die Stärkeseite dieses Zentrums mein Element. Ich habe Kommunikationsprobleme (besonders im Schreiben, da ich unter Dyslexie leide); ich bin ungeduldig, insbesondere beim Autofahren auf Autobahnen (sowohl in Massachusetts als auch in Maine häufen sich meine Strafpunkte); und ich habe einen starken Willen und entschieden etwas gegen Einschränkungen, auch wenn ich gegen die Wand laufe (oder Lastwagen). Wo ist Ihr Platz auf der Skala von Reden und Zuhörenkönnen, Vorwärtsdrängen und Abwarten, Eigenwille und Unterwerfung?

Schwierigkeiten mit den Emotionen im fünften emotionalen Zentrum könnten dann gegeben sein, wenn Ihr Motto lautet: »Wo ein Wille ist, ist auch ein Weg.« Dieses bekannte alte Sprichwort ist Ausdruck eines Eigenwillens, der zu Problemen in diesem Bereich führen kann. Sie stürmen vorwärts und setzen Ihren Willen durch. Und wie steht es mit Sätzen wie: »Ich habe ja eh nichts zu sagen« oder: »Mir hört ja doch keiner zu«? Fällt es Ihnen schwer, die Stimme zu erheben, sich Gehör zu verschaffen und verständlich zu machen? Sagen Sie oft: »Na schön, machen wir es so, wie Sie es wollen«? Das wäre ein Hinweis auf Schicksalsergebenheit und mangelndes Durchsetzungsvermögen. Wenn Sie einen dieser Sätze zu oft von sich geben und die Schwachstelle ihres Körpers irgendwo im Hals- oder Nackenbereich liegt, sollten Sie sich auf Probleme und Erkrankungen im fünften emotionalen Zentrum gefaßt machen.

Hör mal: die Kommunikation

Wie viele Menschen packt mich das nackte Entsetzen, wenn ich in der Öffentlichkeit eine Rede halten soll. Bei meinem ersten Vortrag auf einer großen Konferenz war ich sehr nervös, und mein Auftritt wurde sehr unterschiedlich beurteilt. Einige waren der Ansicht, ich besäße Leidenschaft und schöpferische Kraft, während anderen nur aufgefallen war, daß ich mehrmals über das Rednerpult gestolpert war. Die einen priesen meinen einzigartigen Redestil und mein Tempo, die anderen fanden meine Vortragsart furchtbar, weil sie sich einen viel langsameren, geradlinigeren Ablauf gewünscht hätten, um die Informationen in sich aufnehmen zu können. Danach hatte ich *doppelt* soviel Angst davor, einen Vortrag zu halten. Im folgenden wie auch den nächsten vier Jahren bekam ich jedesmal, wenn ich als Rednerin zu einer Konferenz eingeladen wurde,

Fieber und Husten, die sich am Tag vor meinem Auftritt zu einer saftigen Bronchitis auswuchsen. Ich mußte meinen Vortrag mit einem Hustenbonbon im Mund halten, damit mich kein Hustenanfall schüttelte. Zum Schluß wollten zwei von den 250 Zuhörern wissen, ob ich unter einem Sprachfehler litte oder einen Kaugummi oder ein Bonbon im Mund hätte. Falls ja, sollte ich doch bitte dem Publikum mitteilen, warum, da es sich eigentlich nicht gehörte.

Die Stimme zu verlieren ist eine andere Form von Lampenfieber und Redephobie, worunter viele Menschen leiden. Die Stimmbänder werden dabei außer Betrieb gesetzt, in ganz ähnlicher Weise wie bei einem Bronchialasthmaanfall. Aber es muß nicht unbedingt der Vortragsstreß sein, der die Stimme beeinträchtigt. Eine Freundin von mir ist eine bekannte Rednerin, reist im ganzen Land herum und hält brillante, makellose Vorträge vor großem und kleinem Publikum. Vorher hatte sie an der juristischen Fakultät einer Universität gearbeitet, wo sie von einem sehr angesehenen, berühmten Professor betreut wurde, einer führenden Autorität auf seinem Gebiet. Als meine Freundin sich entschloß, ihre Universitätslaufbahn zugunsten einer anderen beruflichen Karriere aufzugeben, war dieser Professor äußerst verärgert, und er machte kein Hehl aus seinen Gefühlen. Meine Freundin war tief betroffen von seiner Reaktion. Wie der Zufall es wollte, mußte sie später ab und zu auch an ihrer alten Universität Vorträge halten, und jedesmal, wenn sie vor ihrem früheren Mentor reden sollte, versagte ihr die Stimme, so daß sie kaum sprechen konnte. Es war fast so, als hätte die Tatsache, daß sie diesem Mann gegenüber ihren Willen durchgesetzt hatte und von ihm deswegen kritisiert worden war, eine Art posttraumatischer Störung bei ihr ausgelöst, durch die ihr in seiner Gegenwart die Stimme versagte.

Meine eigene Sprechangst, das Lampenfieber, rührt von der Erinnerung an ein Trauma her, das noch bis auf den heutigen Tag Auswirkungen auf mich und die Funktion meiner Organe im fünften emotionalen Zentrum hat. Ich habe als Mädchen Klavierunterricht gehabt und einmal jedes Jahr in einem Wettbewerb mitgespielt. Dazu mußte ich vor einem Preisrichter zehn lange, schwierige Klavierstücke auswendig vorspielen. Alle Jahre wieder pflegte ich draußen vor dem Saal auf einem Plastikstuhl zu sitzen, ein reines Nervenbündel. Während ich voller Entsetzen die anderen Teilnehmer drinnen hervorragend spielen hörte, wurde ich immer aufgeregter, ob ich wohl auch so gut sein würde und mich so hervorragend ausdrücken könnte. Wenn ich an der Reihe war, ging ich hinein, händigte dem Preisrichter meine Noten aus und setzte mich an den Flügel, und dann war mein Kopf auf einmal vollkommen leer. Ich konnte mich an keine einzige Note der Stücke mehr erinnern, die ich vorspielen sollte. Alle Jahre wieder brach ich dann in Tränen aus, saß da am Flügel und lauschte darauf, wie meine Tränen *Plopp! Plopp!* auf die Elfenbeintasten fielen. Und alle Jahre wieder blickte der Preisrichter, gottlob ein freundlicher, gütiger Mann, alarmiert auf, rief: »Ach je!« und gab mir die Noten wieder. Dann spielte ich und errang mit meinem Spiel die höchste Punktzahl.

Warum passierte es den anderen nicht auch jedes Jahr, daß sie alles vergessen hatten und zu weinen begannen wie ich? Offenbar war mein Ausdrucksvermögen ein Schwachpunkt, meine Fähigkeit, der Welt voller Kraft zu zeigen, wer ich war. Das war entweder erblich bedingt und in mein Gehirn eingeprägt, oder es lag an meiner Umgebung, an Erfahrungen, die ich zu Hause gemacht hatte und die in meinem Körper gespeichert waren. Ich hatte das Gefühl – vielen Menschen geht es genauso –, unfähig zu sein, mich nicht zur Geltung bringen zu können, nicht gut genug zu sein. Und gleich versagte mir die Stimme – damals nicht meine eigene, sondern die Stimme des Flügels. Bei dieser Stimme kann es sich auch um ein Buch handeln, an dem man gerade schreibt, um einen Arbeitsbericht oder auch nur um das Tippen eines Berichts. Es kann jede Form des Selbstausdrucks sein, die den eigenen Standpunkt in der Welt deutlich macht.

Bei Menschen, die in der Kindheit sexuell mißbraucht wurden, kommt es ebenfalls häufig zu Funktionsstörungen der Stimmbänder: Sie verlieren buchstäblich die Stimme. (Die Schriftstellerin Maya Angelou hat dieses Phänomen beschrieben.) Das leuchtet ein. Wenn uns jemand zu einem Zeitpunkt, wo wir noch keine Macht in der Außenwelt besitzen, seinen Willen aufzwingt, beraubt er uns im Grunde unseres Selbstausdrucks und letzten Endes der Fähigkeit, uns jemals richtig auszudrücken. Es verschlägt uns die Sprache. Im allgemeinen haben Menschen, bei denen eine Funktionsstörunng der Stimmbänder vorliegt, Schwierigkeiten, ihre Gefühle unumwunden auszudrücken und Probleme anzusprechen, die mit ihrer Ursprungsfamilie zusammenhängen – sie haben keine eigene

Stimme. Mit dem Versagen der Stimme gibt ihnen ihre Intuition zu verstehen, daß sie neue Mittel und Wege finden müssen, mit der Welt ins reine zu kommen und sich darin zu verwirklichen.

Alle Tiere, vielleicht sogar alle Lebewesen, haben die Fähigkeit, das, was sie denken und fühlen, so zum Ausdruck zu bringen, daß andere es begreifen können. Uns Menschen ermöglicht die spezielle Fähigkeit, durch Worte miteinander zu kommunizieren, im Leben voranzukommen und uns weiterzuentwickeln, unsere Ziele zu verwirklichen und uns unsere Lebenswünsche zu erfüllen. Doch obwohl die überwiegende Mehrzahl über die mechanische Fähigkeit zum Sprechen und Kommunizieren verfügt, mangelt es oft an der emotionalen Fähigkeit, das, was uns wesentlich ist und uns ausmacht, auf die beste und klarste Art zu übermitteln. Wenn uns diese Fähigkeit fehlt, kann das Folgen haben, die sich in Form von Problemen in den Organen des Halsbereiches äußern.

Der Kloß im Hals

Lesung: Die 49jährige Rita wirkte sehr effizient. Ich sah sie als Lehrerin bei der Gruppenarbeit mit Leuten, denen sie das Reden in der Öffentlichkeit beibrachte. Obgleich sie darin offenbar sehr gut war, spürte ich, daß es sie nicht recht ausfüllte, daß sie nicht die zu sein vermochte, die sie eigentlich sein wollte, und an ihren eigenen Fähigkeiten zweifelte. Sie wollte unendlich viel erreichen, glaubte jedoch Hindernisse vor sich zu haben, die ihr den ersehnten Erfolg versagten.
Ihr Körper schien mir weitgehend in Ordnung zu sein, doch als ich mir ihren Hals vornahm, bemerkte ich, daß sie Schwierigkeiten hatte zu schlucken. Ihr Hals sah rot und geschwollen aus, als seien ihre Halsmuskeln zusammengeschnürt wie ein Rollbraten. Geschwulste fielen mir nicht auf, vielmehr nahm ich intuitiv wahr, daß Rita sich in verschiedenen medizinischen Einrichtungen diversen Tests unterzogen hatte, die alle negativ ausgegangen waren. Aber ich merkte, daß sie einen Kloß in ihrer Kehle spürte.
Fakten: Rita war Unternehmensberaterin und half als Expertin in Managementfragen Führungskräften, ihre Kommunikationsfähigkeiten zu steigern und besser zuhören zu können. Sie war zwar erfolgreich in

ihrem Beruf, hatte sich jedoch ihrem eigenen Empfinden nach auf einem hart umkämpften Feld nicht so entschieden durchgesetzt, wie sie es eigentlich wünschte. Sie wollte unbedingt mehr Macht und Ansehen gewinnen, aber wie sehr sie sich auch anstrengte, hatte sie doch immer Probleme, sich zu behaupten und ihren Willen zur Geltung zu bringen. Sie glaubte, beruflich erheblich mehr leisten zu können, fand jedoch kein Gehör. Statt dessen mußte sie ständig anderen zuhören und ihnen auf die Sprünge helfen, was Kommunikation und Selbstbehauptung betraf. Rita war überzeugt, irgendeine Geschwulst im Hals zu haben. Obgleich zahlreiche Untersuchungen ergebnislos verlaufen waren, hatte sie Schluckbeschwerden und das Gefühl, einen Kloß im Hals zu haben, und machte sich Sorgen.

Bei Rita konnte zwar medizinisch keine Erkrankung des Halses festgestellt werden, aber emotional war sie eindeutig auf diesen Bereich fixiert, und diese emotionale Fixierung brachte die körperlichen Beschwerden mit sich. Darin glich sie einer Frau, die an der traumatischen Erfahrung krankt, sexuell mißbraucht worden zu sein, und später an Beckenschmerzen leidet. Es sind die Qualen und Verletzungen in dem emotionalen Zentrum, zu dem die Organe gehören, die ihnen Schmerzen bereiten – des zweiten emotionalen Zentrums mit Becken, Gebärmutter und Eierstöcken. Trotz der Schmerzen, die sie leiden und die eine echte Behinderung darstellen, fördern entsprechende medizinische Tests und Verfahren häufig keine physischen Veränderungen dieser Organe zutage, auf die die Schmerzen zurückzuführen wären. Nach meiner Ansicht mußte Ritas Trauma, was immer es war, im Bereich von Kommunikation und Selbstverwirklichung angesiedelt sein. Obwohl sie Kommunikation lehrte, hatte sie das Empfinden, niemand höre ihr richtig zu, wie sehr sie sich auch bemühte, sich in der Außenwelt Gehör zu verschaffen. Ihr Problem war nicht im Kopf, sondern im Hals. Das bestätigte mir meine intuitive medizinische Lesung, bei der ich nichts weiter von ihr wußte als Namen und Alter.

Rita litt am sogenannten Globussyndrom *(Globus hystericus)*, einem Engegefühl im Schlund, das Schlucken und Atmen erschwert. Beschrieben wird es als das Empfinden, ein harter Ball würde von außen auf die Kehle gedrückt, ein Stock würde im Schlund stecken oder etwas würde im Hals sitzen oder hochkommen. Betroffene geben an, nur mit Mühe atmen zu können und Erstickungsgefühle zu haben. Heute wird vermutet, daß dieses Gefühl entsteht, wenn sich die Muskelstränge im Hals zusammenziehen und gegen den Ringmuskel drücken. Früher einmal, als noch kein physiologischer Grund bekannt war, wurde angenommen, das Globussyndrom würde durch ein »Wandern der Gebärmutter« ausgelöst, die Druck auf den Hals auslöse. Das griechische Wort *hystera* bedeutet »Gebärmutter«, und Worte wie »Hysterie« und »hysterisch« sind davon abgeleitet; zugrunde liegt der alte Glaube, Frauen seien aufgrund ihrer Gebärfähigkeit viel emotionaler als Männer und neigten infolgedessen zu unangenehmen, irrationalen Gefühlsausbrüchen, die von körperlichen Symptomen begleitet würden. Nun war zwar Ritas Uterus nicht in den Hals gewandert, aber so ganz abwegig ist die alte Vorstellung nicht. Frauen greifen, wie zuvor bereits erwähnt, häufiger auf die rechte Hirnhemisphäre zurück und sind daher generell gefühlsverbundener als Männer. Kein Wunder, daß das Globussyndrom unter Frauen viel verbreiteter ist als unter Männern.

Menschen mit dem Globussyndrom sind angeblich ängstlicher, depressiver und introvertierter als andere. Introvertierte hören wie Rita eher zu, als selbst den Mund aufzumachen. *Globus hystericus* ist auch als Manifestation unterdrückten Weinens oder verdrängter, unausgedrückter Emotionen interpretiert worden, die ausgesprochen werden müßten, aber buchstäblich im Halse steckenbleiben. Es handelt sich also um einen Gedanken oder ein Gefühl, das nicht kommuniziert werden kann.

Das Unvermögen, Gedanken, Gefühle, ja das eigene Wesen auszudrücken, kann allerdings noch ernstere Folgen haben und die gesamte Lebensqualität beeinträchtigen.

Den Ärger hinunterschlucken: ein Fall von Schilddrüsenerkrankung

Lesung: Als ich mit der siebzigjährigen Liz sprach, merkte ich gleich, daß es sich um eine sehr emotionale Frau handelte, die sich nichts sehnlicher wünschte, als mit anderen in emotionalen Kontakt zu kommen, dazu aber nicht in der Lage war. Sie schien einen Schutzwall um sich herum aufgebaut zu haben. Ich konnte sehen, daß sie ihrem Ärger nicht unumwunden Luft zu machen wagte aus Angst, einen Preis dafür zahlen zu müssen. Gleichzeitig war ihr dieser Zustand eine Qual. Ich sah, daß sie eine Beziehung mit jemandem unterhielt, der wußte, daß sie in Schwierigkeiten steckte, es jedoch einfach ignorierte, weil er sich nicht damit befassen wollte.

Körperlich nahm ich bei ihr Kopf- und Nackenschmerzen wahr. Ich sah, daß andere Frauen in ihrer Familie an einer Unterfunktion der Schilddrüse litten, und bemerkte eine Entzündung im Schilddrüsenbereich. Außerdem fiel mir eine Anfälligkeit für Entzündungen des Magen-Darm-Trakts auf, die sich vom vierten bis zum fünften emotionalen Zentrum erstreckte, von der Speiseröhre und der Kehle bis hin zum Nacken.

Fakten: Liz war eine ältere Frau, die nach eigenen Angaben schon seit längerer Zeit an Depressionen und Einsamkeitsgefühlen litt. Sie empfand ihren Ehemann als kalt und abweisend; sie wünschte aus ganzem Herzen, daß er ihr zuhören möge, vermochte jedoch sein Gefühl nicht anzusprechen. Darüber war sie erbittert, aber sie hielt es für ihre weibliche Pflicht, den Ärger hinunterzuschlucken, statt ihm Luft zu machen. Sie litt an einer Schilddrüsenfunktionsstörung und war für eine Operation vorgemerkt.

Es ist kaum verwunderlich, daß erheblich mehr Frauen als Männer Schilddrüsenprobleme haben. Die Schilddrüsen von Frauen reagieren offenbar viel empfindlicher auf Streß. Das hat eine Studie ergeben, bei der Männer und Frauen im Examensstreß untersucht wurden. Frauen haben bekanntlich viel mehr Angst vor einer Prüfung als Männer und schneiden im allgemeinen auch schlechter ab. In der Studie wurde festgestellt, daß der Spiegel des Hormons TSH, das die Schilddrüsenfunktion steuert und die Produktion von Schilddrüsenhormonen anregt, am Prüfungstag sowohl bei den Männern als auch bei den Frauen leicht erhöht, am nächsten Tag jedoch bei den Frauen im Vergleich zu den Männern auffällig gesunken war. Dies könnte ein Hinweis sein, daß Frauen bei einem Examen deutlich stärker gestreßt sind als Männer.

Eine Prüfung ist eine wichtige Möglichkeit für Menschen, sich zu beweisen und anderen mitzuteilen, wer sie sind und was sie können. Frauen haben es schwerer bei Prüfungen, weil sie in unserer Gesellschaft bis vor kurzem in ihrer Freiheit, sich zu verwirklichen und ihre Kenntnisse unter Beweis zu stellen, erheblich stärker eingeschränkt waren als Männer. Früher hatte man es am liebsten, wenn Frauen – und Kinder – sich zwar sehen ließen, ansonsten aber still verhielten. Das ist schon komisch in Anbetracht der Tatsache, daß Frauen zu Beginn ihres Lebens Männern in der Kommunikationsfähigkeit überlegen sind.[39] Mädchen sprechen eher, fließender und grammatikalisch korrekter. Sie benutzen mehr Worte pro Satz, stottern seltener und sind weniger lesegestört. Mit anderen Worten: Mädchen haben zu Anfang mehr zu sagen als Jungen. Doch irgendwann bleibt ihnen plötzlich die Sprache weg. Studien haben nachgewiesen, daß pubertierende Jungen in der Schule mehr reden, die Mädchen hingegen verstummen. Die Selbstachtung der Mädchen steht und fällt mit der Bereitwilligkeit ihres Lehrers, ihnen zuzuhören. Dabei ist dies der Lebensabschnitt, in dem Mädchen eigentlich mehr aus sich herausgehen sollten. Wenn die Hormonproduktion beginnt und die Periode einsetzt, müßten sie sogar noch gesprächiger werden. Am sprachgewandtesten sind Frauen bei stärkster Östrogenausschüttung in der Mitte ihres Menstruationszyklus. Nach ihrer Periode, wenn der Östrogenpegel wieder abgesunken ist, können Frauen nicht mehr so schnell und fehlerfrei »Fischers Fritze fischte frische Fische« aufsagen wie in der Mitte des Zyklus. Aber sie können es im allgemeinen jederzeit besser aufsagen als Männer, und diese Fähigkeit hat nichts mit Haushalts- oder Kochgeschicklichkeit zu tun; Frauen sind einfach besser im Sprechen und in der verbalen Kommunikation. Doch genau das, worin sie besonders begabt sind, fällt ihnen am schwersten.

Der Fehler liegt nicht nur bei der Gesellschaft. Vielmehr gibt es auch angeborene Unterschiede in der Ausdrucksfähigkeit der Geschlechter. Die meisten Männer (Ausnahmen gibt es immer) neigen dazu, »selten im Recht, nie im Zweifel« zu sein, wie ich es nenne. Angetrieben von Testosteron und anderen androgenen Hormonen, reagieren und handeln Männer schnell. Sie zögern nicht, zur Sache zu kommen. In einer Studie zeigte es sich, daß Männer häufiger über das Ziel hinausschießen. Sie feuern dauernd eine Vielzahl von Pfeilen ab. Nur wenige davon treffen ins Schwarze, aber diese wenigen werden von anderen wahrgenommen. Männer kommen also nur durch ihr forsches Auftreten zu Ansehen, ob sie recht haben oder nicht. Die meisten Frauen hingegen sind vorsichtiger damit, einfach etwas von sich zu geben. Sie reagieren langsamer, so daß sie mehr Unterlassungsfehler begehen. Wenn sie allerdings einen Pfeil abschießen, treffen sie fast immer ins Schwarze. Da sie jedoch so sparsam mit ihren Pfeilen sind, finden Frauen nicht soviel Beachtung.

Die biologische Veranlagung der Frauen, langsamer zu reagieren und aus diesem Grund auch weniger zu reden und zum Ausdruck zu bringen, wird durch Kultur und Gesellschaft noch verstärkt. Studien von Männern und Frauen im selben Raum haben ergeben, daß Frauen selbst dann, wenn sie nur ein Drittel soviel reden wie Männer, sowohl auf die Männer als auch auf die anderen anwesenden Frauen den Eindruck machen, als nähmen sie den ganzen Raum in Beschlag. Also hört keiner mehr zu. Und welche Wirkung hat das? Wenn etwas auf die Zunge drängt, um sich Gehör zu verschaffen, und niemand zuhört, gibt man es mit der Zeit auf und verschließt seine Gefühle in sich. Wie nachgewiesen wurde, verkümmern bei Frauen in der Lebensmitte, die ihrem Empfinden nach nichts mehr zu sagen haben, die Schilddrüsen und lassen in ihrer Funktion nach. So geht es in der Biologie. Was nicht gebraucht wird, verschwindet.

Liz hörte irgendwann auf, stumme Hilferufe an ihren Mann zu richten, weil er ihr ohnehin nicht zuhörte. Sie empfing und verinnerlichte die Botschaft, niemand könnte sie hören, und deshalb äußerte sie sich gar nicht mehr. Wie viele Frauen ließ sie sich ins Schwächefeld des fünften emotionalen Zentrums fallen; sie machte keinen Versuch mehr, sich Gehör zu verschaffen. Mit der Funktionsstörung ihrer Schilddrüse gab ihr intuitives Leitsystem ihr zu verstehen, daß sie etwas ändern mußte, daß sie Mittel und Wege finden mußte, sich zum Ausdruck zu bringen und mit ihrem Mann und der Außenwelt in einen Dialog zu treten. Wenn sie ihren Willen behauptete und sich mehr zur Seite der Stärke im fünften emotionalen Zentrum bewegte, vor allem, was den Bereich der Kommunikation betraf, konnte sie wieder zur Gesundheit zurückfinden.

Timing ist alles

Wenn Leute in ihrem Leben Probleme mit Timing und Gleichmaß haben, kann man es an ihrem Körper ablesen. Sie »ticken« nicht richtig. Statt wie eine Uhr gleichmäßg weiterzulaufen, fangen sie entweder an, rasend schnell zu ticken wie ein wildgewordenes Metronom, oder sie bleiben stehen. Ich bin wahrscheinlich das beste Beispiel für jemanden, der keinen Sinn für Zeit und Gleichmaß hat. Normalerweise renne ich entweder mit einer Affengeschwindigkeit herum, oder ich bin vollkommen am Ende, verlösche wie ein Licht und versinke in Tiefschlaf. Die Art und Weise, wie ich im Krankenhaus Visite mache, ist berühmt-berüchtigt. Wenn mir Medizinstudenten auf dem Fuße folgen, müssen sie Turnschuhe tragen, um mit mir Schritt zu halten. Andererseits war ich eine Zeitlang Narkoleptikerin, das heißt, ich litt unter einem unüberwindlichen Schlafzwang und pflegte im Gehen oder beim Radfahren plötzlich einzuschlafen; inzwischen habe ich diese Störung unter Kontrolle.

Die Schilddrüse ist eines der Organe, die die zeitlichen Abläufe im Körper regeln. Sie steuert Organfunktionen und sorgt dafür, daß der Körper glatt und ausgewogen arbeitet. Darum ist die Schilddrüse sehr häufig der Ort, wo sich Krankheiten zeigen. In diesem Lichte besehen ist es kein Wunder, daß ich Antikörper der Basedow-Krankheit im Körper habe. Wie gesagt, ich warte nicht gern. Meine Freunde sagen immer, ich würde nur dann Geduld aufbringen, wenn ich als Ärztin im Krankenhaus tätig bin; ansonsten kann ich einfach nicht warten. Zwar kann es auch ein Vorteil sein, unter gewissen Umständen rasch zu handeln, aber vielfach und vielerorts ist es eindeutig besser, Geduld zu beweisen und die Bereitschaft zum Warten aufzubringen. Zumindest sollten wir ein gewisses Gleichgewicht zwischen Voranpreschen und Abwarten einhalten. (Ich gestehe, daß ich das noch lernen muß...)

Einmal kam ich abends nach Hause in meine Wohnung und stellte fest, daß mein Badewannenabfluß vollkommen verstopft war. Jemand anders hätte sicher frühzeitig bemerkt, daß das Wasser langsamer abfloß, und das kleine Problem beseitigt, ehe es sich zu einem großen Problem auswuchs. Aber ich natürlich nicht. Bei mir heißt es immer »entweder oder«, wie Sie sich erinnern werden. Ich ignoriere vieles einfach, bis es sich schließlich nicht mehr übersehen läßt; ich warte, bis jeder Abfluß in meiner Wohnung verstopft ist und nichts mehr geht. Als ich nun entdeckt hatte, daß der Abfluß zu war, wollte ich ihn in meiner Ungeduld sofort wieder frei haben. Ich ging also gleich in den nächsten Supermarkt und kaufte, da ich nicht für halbe Sachen bin, drei verschiedene Sorten Rohrfrei. In der Gebrauchsanleitung stand, man sollte nur eine kleine Menge davon in den Abfluß gießen und nach einer Viertelstunde mit Wasser nachspülen, aber egal. Ich hatte keine Lust, so lange zu warten. Ich goß eine ganze Flasche Rohrreiniger in den Abfluß, erhitzte Wasser in der Mikrowelle und goß es gleich dahinter her. Dann sah ich, wie sich grüner Nebel in die Luft erhob, und eine ätzende grüne Suppe quoll aus dem Ausfluß und breitete sich auf dem Grund der Badewanne aus. Das machte mir ein wenig Sorgen. Doch der Abfluß war immer noch verstopft, so daß ich das Zeug nicht wegspülen konnte. Ich beschloß, die Badezimmertür hinter mir zuzumachen und zu verschwinden.

Eigentlich könntest du dir *Seinfeld* anschauen und ein bißchen abwarten in der nächsten halben Stunde, überlegte ich. Gesagt, getan. Als die Show vorbei war, goß ich die zwei anderen Flaschen Rohrreiniger auch noch in den Abfluß. Die Sache fing an, mich zu beunruhigen, aber statt nun trotz aller Angst und Besorgnis Ruhe zu bewahren, verdoppelte ich meine Anstrengungen. Sehen Sie, welche Probleme ich mit Tempo und Timing habe? Angst ist ein deutliches Zeichen dafür, daß man langsamer vorgehen sollte; ich machte es gerade umgekehrt. Ich beschloß, das Zeug zwei Stunden wirken zu lassen. Inzwischen hatte ich die vorgeschriebene Menge um 600 Prozent erhöht und viermal länger als angegeben einwirken lassen. Große Probleme erfordern eben drastische Maßnahmen, nicht wahr?

Nach einer Weile waren die Gase der Chemikalien so stark, daß mir im Nebenzimmer die Augen zu brennen begannen. Jetzt oder nie, dachte ich, ging ins Badezimmer, drehte den Heißwasserhahn voll auf und kreuzte beschwörend die Finger. Und was passierte? Der Abfluß war plötzlich frei, und das Wasser floß ab. Ich lehnte mich über die Wanne, um das Wasser abzustellen – und da brach mir der Heißwasserhahn ab. Und der Hausmeister war übers Wochenende verreist. Das heiße Wasser lief und lief, bis der Hausboiler leer war und alle Mieter im Haus zwei Tage lang kein heißes Wasser hatten. Sie können sich vorstellen, wie beliebt ich war.

In einem einzigen Augenblick war ich von totalem Stau zum totalen Abfließen gelangt, von totaler Verstopfung, um dieses Bild zu gebrauchen, zu totaler Inkontinenz. Besser ließ sich meine Unfähigkeit, das Tempo und den Rhythmus meines Lebens und meines Körpers zu steuern, wohl kaum illustrieren. Übrigens hatte ich später ein ähnliches Erlebnis mit den »Sanitärinstallationen« meines Körpers. Das war vor kurzem, als ich mich ambulant einer kleinen Operation unterziehen mußte. Nach einer Operation unter Vollnarkose kommt es häufig vor, daß man ein paar Tage lang verstopft ist, bis der Darm wieder normal arbeitet. Kurz: Rohr und Abfluß meines Körpers waren verstopft. Da ich bin, wie ich bin, konnte ich natürlich wieder nicht abwarten, daß mein Darm von selbst zu seinem natürlichen Rhythmus zurückfand und normal arbeitete. Ich wollte die Sache beschleunigen – vergebens. Mein »Sanitärsystem« sollte sich jedoch gefälligst meinem Willen unterwerfen und sofort wieder in Gang kommen. Also bat ich eine befreundete Ärztin, mir ein entsprechendes Medikament zu geben. Sie händigte mir ein Päckchen kleiner roter Pillen namens Dulcolax aus. Ich warf einen kurzen Blick auf die Packungsbeilage und las in meiner Ungeduld nur die ersten paar Worte (bei Patienten tue ich so etwas nie, nur bei mir selber lasse ich keine Vorsicht und Sorgfalt walten). Hängen blieb nur »Nehmen Sie 1 Tablette«. Ich nahm eine Tablette. Wartete zwanzig Minuten. Nichts tat sich. Ich nahm noch eine Tablette. Wartete wieder zwanzig Minuten. Nichts. Noch eine. Wartete. Nichts. So ging es stundenlang weiter. Am Ende hatte ich 13 oder 14 von den kleinen roten Pillen geschluckt. Sie konnten eigentlich nicht viel schaden, schließlich sahen sie aus wie rote Liebesperlen, die ich als Kind so gern gemocht hatte. Sicher mußte man viele davon nehmen, denn was sollten ein, zwei kleine rote Kügelchen schon ausrichten können!

Ein paar Stunden später kam meine Arztfreundin vorbei, um nach mir zu sehen. Als ich ihr erzählte, wie viele von den Pillen ich geschluckt hatte, fiel sie beinahe in Ohnmacht. »*Wie* viele hast du genommen?« rief sie. »Eine davon wirkt schon wie eine Bombe, und du hast *dreizehn* intus? Du solltest eine einnehmen und dann 12 bis 24 Stunden warten!« Na gut.

Etwa sieben Stunden später machte ich mit einer Freundin einen Einkaufsbummel. Mitten in einem Laden ging's los. Meine Därme gaben auf einmal ein tiefes, gurgelndes Geräusch von sich. Ein Schauder lief mir über den Rücken. Das gleiche Geräusch hatte mein Badewannenabfluß von sich gegeben, als er freikam. Ich brauche wohl nicht zu erwähnen, daß ich jetzt keine Sekunde mehr warten *konnte*. Ich mußte rennen – und zwar schnell!

Der Abfluß in meinem Bad war ein getreues Abbild für den Abfluß meines Körpers. In beiden Fällen traten meine Schwierigkeiten mit Zeitmaß, Willen und Kommunikation zutage, die ein Nährboden sind für Erkrankungen im fünften emotionalen Zentrum. Beide Male war ich eigensinnig statt geduldig; ich konnte nicht abwarten, bis die Hilfe von außen, sei es Rohrreiniger oder Abführmittel, ihre Wirkung tat. Ich wollte nicht hinhören, wie mein hastiges Überfliegen der Anweisungen auf Flasche und Packung beweist. Vor allem aber lag ich mit dem Timing vollkommen daneben. Ich weigerte mich, den richtigen Augenblick zum rechten Handeln abzuwarten, um statt dessen trotz aller Warnsignale wie grünlichen, ätzenden Dämpfen, die mich eigentlich von meinem Tun hätten abbringen müssen, weiterzumachen. Infolgedessen kam ich vom Regen in die Traufe, von totaler Verstopfung zu totalem Durchfall.

Dieses Verstopfen und Abfließen ist ein Motiv, das bei Menschen mit Funktionsstörungen der Schilddrüse häufig auftaucht. Sie haben ebenso Probleme mit dem Timing ihrer Darmfunktionen wie mit dem Timing anderer Dinge. Stau oder Verstopfung ist oft ein Symptom für Hypothyreose, eine Unterfunktion der Schilddrüse, während plötzlicher Abfluß oder Durchfall meist die Hyperthyreose, eine Überfunktion der Schilddrüse, begleitet.

Menschen, die kein gutes Zeitgefühl haben, wissen oft auch im Umgang mit anderen nicht, wann der rechte Augenblick zum Handeln gekommen ist. Ich habe eine Freundin, deren Mann sich immer im falschen Augenblick vordrängt und etwas verlangt. Meine Freundin ist schon halb aus der Tür, weil sie sich mit jemandem verabredet hat, und er kommt mit den Steuerunterlagen angerannt und besteht darauf, sie sofort gemeinsam mit ihr durchzugehen. Er hat einfach keinen Blick oder keine Antenne für die emotionalen Gegebenheiten einer bestimmten Situation. In einem solchen Fall, wenn die Verbindung zwischen den emotionalen Impulsen, die vom Herzen kommen, und den Impulsen vom Gehirn unterbrochen ist, kann ein Ungleichgewicht entstehen, das sich negativ auf die Organe und Gewebe des fünften emotionalen Zentrums auswirkt.

Vorpreschen: Bandscheibenprobleme an der Halswirbelsäule

Lesung: Bei meinem Gespräch mit der 52jährigen Ellen spürte ich, daß sich in ihrem Leben gerade eine wichtige Veränderung vollzogen hatte. Ich sah sie bei einer Berufstätigkeit, in der eine gute Zusammenarbeit herrschte, was ihr sehr zusagte. Ich bemerkte, daß dort jemand war, der sich sehr aufmerksam verhielt und entscheidend daran mitwirkte, wie sie sich der Welt präsentierte. Diese Person war so etwas wie ihr Coach oder Guide: Sie stellte Ellen vor, erledigte alle wichtigen Gespräche für sie und ebnete ihr den Weg, so daß sie ihr Licht in der Welt leuchten lassen konnte. Mir erschien diese Person wie eine Art Verstärker für Ellens Willen. Ich konnte jedoch sehen, daß ein wichtiger Faktor für ihre Identifikation mit der Arbeit gerade weggefallen war. Dies war ihre emotionale Hauptsorge und hatte Auswirkungen auf ihre Gesundheit.
In meiner Vorstellung saß Ellen an einem Schreibtisch und schrieb. Diese Tätigkeit war von heftigen Nackenschmerzen begleitet. Tatsächlich fielen mir in ihrer Halswirbelsäule viele kleine angelagerte Knochensplitter auf, die akute Nackenschmerzen verursachen können.
Fakten: Ellen war viele Jahre lang in gehobener Stellung in einer großen sozialen Organisation tätig gewesen. Obgleich sie ausgezeichnete Arbeit leistete, fiel es ihr schwer, sich ins rechte Licht zu setzen und so für sich und ihre Arbeit einzutreten, daß sie die Aufmerksamkeit und Anerkennung errang, die sie verdiente. Wie sie mir gestand, war sie eigentlich sehr schüchtern und hatte das Gefühl, kein Gehör zu finden und quasi unsichtbar zu sein. Zu ihrem großen Glück wurde sie jedoch von ihrer unmittelbaren Vorgesetzten, einer dynamischen Frau mit starker Ausstrahlung, sehr geschätzt und gefördert. Diese Frau, eine Meisterin der Kommunikation, diente ihr als Mentor und machte sie und ihre Arbeit in der gesamten Organisation bekannt.
Ellen war glücklich gewesen in ihrem Beruf, aber als ihre Kinder aus dem Haus waren, hatte sie plötzlich das Bedürfnis, eigene Wege zu gehen und sich in der Welt zu verwirklichen. Sie beschloß, von der Verwaltungstätigkeit auf Klinikarbeit überzuwechseln, bei der die sozialen Zielsetzungen ihrer Organisation stärker im Vordergrund standen. Als sie den

Wechsel wirklich vollzog, verstand ihre frühere Vorgesetzte die Welt nicht mehr, sie war verletzt und perplex. Ellen hatte ihre Entscheidung nicht mit ihr besprochen, ihr nichts erklärt, und die Frau war verständnislos. Nachdem sie so lange Ellens Sprachrohr gewesen war, hatte sie nun das Gefühl, nicht mehr gebraucht zu werden. Sie war so tief verletzt, daß sie nicht mehr mit Ellen sprach.

Obgleich Ellen bei ihrer Arbeit immer viel am Schreibtisch hatte sitzen müssen, hatte sie nie Nackenprobleme gehabt. Kurz nach ihrem Wechsel jedoch erlitt sie einen Bandscheibenvorfall an der Halswirbelsäule. Von da an hatte sie chronische Nackenschmerzen.

Ellens Entschluß, sich beruflich und damit auch identitätsmäßig zu verändern, sowie ihre daraus resultierenden Gesundheitsprobleme können als Folge eines falschen Timings angesehen werden. Kaum waren ihre Kinder aus dem Haus, wollte sie sich endlich voll und ganz verwirklichen. Und es drängte sie, es schnell zu tun; etwaige emotionale Signale, die ihr hätten raten können, diesen Wechsel nicht so voreilig vorzunehmen, überhörte sie. Statt Ruhe zu bewahren und ihre Gefühle erst einmal mit ihrer Vorgesetzten zu besprechen, um deren Vorstellungen und Sorgen zu erfahren, preschte Ellen im Alleingang vor. Damit verletzte sie unwiderruflich eine der engsten und wichtigsten Beziehungen ihres Lebens. Sie entzog sich physisch dem einen Menschen, dessen berufliche Unterstützung entscheidend für sie gewesen war, und zerschnitt das starke emotionale Band, in dem sie Halt und Förderung gefunden hatte. Sie beraubte sich der Stimme, die sich stets für sie erhoben hatte, als sie noch nicht gelernt hatte, ihre eigene Stimme zu gebrauchen.

Ellen hatte eindeutig Schwierigkeiten, mit anderen zu kommunizieren und sich selbst verständlich zu machen. Ihre Schüchternheit und ihr Gefühl, kein Gehör zu finden und quasi unsichtbar zu sein, machten deutlich, daß sie große Schwächen im Bereich von Kommunikation und Willen aufwies. Fast ihr ganzes Leben lang hatte jemand anders für sie eintreten, ihre Gedanken äußern und ihren Willen durchsetzen müssen. Sie hatte sich den größten Teil ihres Lebens auf der Schwächeseite des fünften emotionalen Zentrums bewegt. Als ihr bewußt wurde, daß sie daran etwas ändern wollte, sprang sie mit einem Satz auf die Stärkeseite hinüber. Wieder war sie aus dem Gleichgewicht. Ihre Intuition und ihr

Körper wußten das und signalisierten ihr durch die körperlichen Symptome – die Nackenschmerzen –, daß sie sich und ihren Willen in ausgewogenerem Maße behaupten müsse.

Der Wille

Gott hat dem Menschen einen freien Willen verliehen. Unabhängig davon, wie er sich beim einzelnen äußert – ob als die Macht, eine eigene Wahl treffen und sich im eigenen Handeln verwirklichen zu können, oder ob als Zielbewußtheit und feste Entschlußkraft –, bildet der Wille immer einen wichtigen Bestandteil der Persönlichkeit.

Wie jede Gabe, die uns verliehen wird, muß jedoch auch der Wille klug und mit Sinn für Verantwortung eingesetzt werden, andernfalls hat es Folgen. Die Geschichte wimmelt nur so von Gestalten, die der ganzen Welt ihren Willen aufzwingen wollten und dabei kein gutes Ende nahmen. Ein übermächtiger Wille kann einen Hitler oder Stalin hervorbringen und sich verheerend auswirken. Ein Mensch, der Millionen anderen seinen Willen aufzwingt, beraubt sie unweigerlich ihres eigenen Willens. Hitler hat den Willen von Millionen Menschen geknechtet. Millionen hat er getötet; aber selbst diejenigen, die überlebt haben, tragen die Narben der Willkür eines einzigen Mannes durchs Leben.

Interessanterweise finden sich diese Narben oft im fünften emotionalen Zentrum. Eine Studie an Überlebenden deutscher Konzentrationslager ergab eine hohe Zahl von Fällen mit Hyperthyreose, einer sehr ernsten krankhaften Überfunktion der Schilddrüse, die gefährlich hohe Mengen von Schilddrüsenhormonen produziert. Ich könnte mir kaum eine Situation vorstellen, in der man noch weniger in der Lage wäre, seinen Willen zu behaupten und zu zeigen, wer man ist, als die eines Gefangenen im Konzentrationslager. Wir wissen natürlich nicht, ob die Gefangenen mit genügend Jod und anderen Nährstoffen versorgt waren, die für eine normale Schilddrüsenfunktion notwendig sind; entsprechende Mängel könnten ebenfalls zu der Erkrankung beigetragen haben. Aber auch andere Studien mit Gefangenen, Menschen also, die an der freien Ausübung ihres Willens gehindert wurden, haben eine Häufung von Hyperthyreoseerkrankungen nachgewiesen. Aus der Fachliteratur geht hervor, daß die Schilddrüsenfunktion oft dann beeinträchtigt ist, wenn die Betreffenden ihr Leben nicht mehr im Griff zu haben glauben. Es wird ein Zusammenhang zwischen negativen Lebensereignissen wie auch anderen Belastungen sowohl mit Basedow-Krankheit als auch mit Schilddrüsenüberfunktion bis hin zur Hyperthyreose vermutet.

Willenskämpfe: ein Fall von Schilddrüsenüberfunktion

Lesung: Irene, 36 Jahre alt, machte einen sehr entschlossenen Eindruck auf mich. Sie schien zielstrebig ihren Weg zu gehen in der Welt und sich nicht durch andere von ihrem jeweiligen Vorhaben abbringen zu lassen. Allerdings gehörte sie einer Gruppe von Menschen an, mit denen sie nicht besonders gut auskam und die nicht kooperativ waren. Sie fand dort keine Erfüllung und wollte ihre Mitgliedschaft auflösen, was ihr jedoch nicht gestattet wurde.

Obgleich sie groß und stark aussah, wirkte sie schwach. Ihr Puls war schneller als normal, und sie litt unter Schlafstörungen. In ihrem Hals sah ich unterhalb der Kehle dort, wo die Schilddrüse sein mußte, einen roten, entzündeten Bereich.

Fakten: Irene war Feldwebel in der US-Armee. Sie hatte bei der Aktion »Wüstensturm« mitgekämpft und war mit einer Tapferkeitsmedaille ausgezeichnet worden. Sie war gerne beim Militär und liebte ihren Beruf, aber seit kurzem hatte sie Konflikte mit einigen Leuten in ihrer Einheit. Sie wünschte sich die Versetzung zu einer anderen Einheit, aber ihr Vorgesetzter hielt nichts von einem Wechsel und widersetzte sich diesem Vorhaben.

Irene litt an Muskelschwäche und schlief schlecht; vor kurzem war bei ihr eine Überfunktion der Schilddrüse festgestellt worden.

Irene war ein sehr willensstarker Mensch, aber ihrem Empfinden nach wurde ihr Wille, den sie auf ihre Tätigkeit konzentriert hatte, genau dort geknebelt. Innerhalb ihrer Einheit galt ihr Wille nichts, vielmehr gab es ein Kräftemessen mit den Kameraden wie auch mit der Armee als solcher, die ihr in Gestalt des Vorgesetzten ihren Willen aufzwang. Sie hatte das Gefühl, eine Gefangene zu sein und keine Kontrolle mehr über ihr Leben zu haben.

Irene wies Schwächen in allen drei Bereichen des fünften emotionalen Zentrums auf: Sie meinte, weder etwas zu sagen zu haben noch Gehör zu finden, sie wurde zum Warten gezwungen und mußte sich dem Willen anderer unterordnen. Dieses emotionale Dilemma zeigte seine Wirkung in der Schilddrüse, die zu ihrem intuitiven Signalsystem gehörte und ihr klarmachte, daß sie mit ihrer Situation zurechtkommen und sich anpassen müsse. Das, was sie wahrscheinlich bisher immer getan hatte – sich zu verwirklichen, sich anzustrengen und ihren Willen durchzusetzen –, war in ihrer jetzigen Situation fehl am Platz. Wie wir alle mußte auch Irene die gesunde Mitte zwischen Stärke und Schwäche im fünften emotionalen Zentrum finden.

Wichtig ist es, sich selbst treu zu sein, zu wissen, was man will, und es zu verwirklichen, ohne Verrat an seiner Seele zu begehen und von seinem Lebensweg abzuweichen. Ebenso wichtig aber ist die Erkenntnis, daß man seinen Wille nicht dadurch ausüben kann, daß man anderen auf die Füße tritt. Wir müssen lernen, wann wir vorwärts stürmen und wann wir uns zurückhalten und abwarten sollten. Dann schenkt die Welt uns Gehör und erlaubt uns, das, was wir tun müssen, auf unsere eigene Art und Weise zu tun.

11

Das Gehirn und die Sinnesorgane: Wahrnehmung, Denken und Moral

Vor über drei Jahrhunderten hat der französische Mathematiker und Philosoph René Descartes in Worte gefaßt, was es bedeutet, ein Mensch und lebendig zu sein: »Ich denke, also bin ich«, sagte er.

Die Denkfähigkeit definiert unser Sein. Wie würden wir die Welt erfahren, wenn wir nicht darüber nachdenken könnten? Das ist kaum vorstellbar – geradezu *undenkbar*, nicht wahr? Wenn wir keine Verbindung herstellen könnten zwischen dem, was wir mit unseren Sinnen erfassen – was wir sehen, hören, berühren, schmecken und riechen –, und dem, was wir innen fühlen und wünschen, um es dann in bewußtes Denken und Verstehen umzuwandeln, hätte die Welt zweifellos wenig Sinn für uns.

Die Wahrnehmung und das Denken bilden den Kern des sechsten emotionalen Zentrums. Überwiegend im Gehirn angesiedelt, ist dieses Zentrum im wesentlichen durch die Schaltkreise des Gehirns strukturiert. Das Gehirn erfaßt die Außenwelt zunächst mit den Sinnesorganen und verbindet die betreffenden Wahrnehmungen dann mit dem Denken. Die entstehenden Gedanken vergleichen wir schließlich mit unseren Erfahrungen, um eine Reihe von Denk- und Verhaltensmustern daraus abzuleiten, die unsere Ethik oder Moral bestimmen, die ebenfalls ihren Sitz in diesem Zentrum hat. Die Fragen, die sich in diesem Zentrum erheben, beherrschen folglich unsere Sicht, Interpretation und Beurteilung der Welt und damit die Kriterien, die unser Handeln bestimmen, und beeinflussen das Befinden der zum sechsten emotionalen Zentrum gehörigen Organe positiv oder negativ (siehe Abbildung).

Stärke und Schwäche

Wie nehmen Sie die Welt wahr? Haben Sie ein klares Bild vor Augen, und bestehen Sie darauf, daß es immer so sein muß, oder können Sie auch das verschwommene, undeutliche Bild einer mehrdeutigen Welt tolerieren? Sind Sie stets konzentriert, oder entspannen Sie sich manchmal und lassen Ihre Gedanken einfach wandern? Schützen Sie sich immer, indem Sie dem, was von außen an Sie herangetragen wird, keine Aufmerksamkeit schenken, oder sind Sie voll und ganz da, wenn die Situation es erfordert? Trauen Sie Ihren Augen und Ihren Sinnen in der Außenwelt, oder sind Sie eher mißtrauisch, vielleicht sogar paranoid? Das alles sind die Stärken und Schwächen der Wahrnehmung im sechsten emotionalen Zentrum wie in der Abbildung dargestellt.

Wir müssen Weisheit und Erkenntnis ins Gleichgewicht bringen mit Unwissenheit, das rationale, lineare Denken mit dem nichtrationalen, nichtlinearen Denken, Starrheit und Zwanghaftigkeit mit Flexibilität oder ganz generell die linke Hirnhemisphäre mit der rechten. Wie ist Ihr Stärke-Schwäche-Quotient? Sind Sie der Auffassung, im allgemeinen recht zu haben, oder sind Sie in der Lage, in manchen Bereichen Ihres Lebens auch Ihre Unwissenheit zu bekunden? Sind Sie lernfähig und aufnahmebereit? Geben Sie sich in der Außenwelt als starker Mensch, der linkshirnorientiert ist und rational-linear denkt, lassen aber dennoch auch die schwachen, von der rechten Hirnhälfte und der nichtrationalen, nichtlinearen Denkweise bestimmten Seiten Ihrer selbst gelten?

Zu den altbekannten Sprüchen des sechsten emotionalen Zentrums gehören unter anderem: »Ich will das nicht hören« oder: »Ich höre gar nicht mehr hin.« Haben Sie bei einem Streit je einmal so etwas gesagt oder es jemand anderen sagen hören? Sätze wie diese sind eine unmißverständliche Warnung, daß die Rezeptoren des Gehirns abschalten. Die Außenwelt wird ausgeblendet, ein Vorhang fällt vor die Wahrnehmung. Wer solche Sätze äußert, beweist, daß er sich auf der Stärkeseite dieses emotionalen Zentrums bewegt und für neue Wahrnehmungen und Gedanken keinen Sinn hat. Solche Menschen haben kein Ohr für die Meinung anderer, sie sind sich ihrer eigenen Weisheit und Erkenntnis sicher und erstarrt in ihrem Denken. Hier noch ein paar Sätze: »Sag mir,

Sechstes emotionales Zentrum

Stärke

Wahrnehmung
- Klarheit
- Zielgerichtetheit
- Scharfsinnigkeit
- Unempfänglichkeit

Denken
- Weisheit
- Erkenntnis
- Rationalität
- lineares Denken
- Starrheit und Zwanghaftigkeit

Moral
- konservativ
- gesetzestreu
- vorurteilsvoll
- kritisch
- gewissenhaft
- repressiv

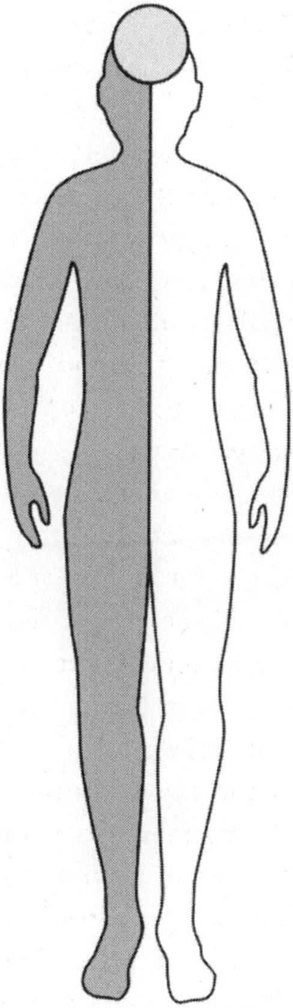

Schwäche

Wahrnehmung
- Mehrdeutigkeit
- Ziellosigkeit
- Blindheit
- Empfänglichkeit

Denken
- Unwissenheit
- Lernfähigkeit
- Irrationalität
- nichtlineares Denken
- Flexibilität

Moral
- liberal
- risikobereit
- schuldbewußt
- tolerant
- großzügig
- ungehemmt

was du denkst, nicht was du fühlst« und: »Ich weiß nicht genügend darüber, um mich entscheiden zu können.« Wer Bemerkungen dieser Art fallenläßt, denkt rational und linear, ist linkshirnlastig und nicht gewillt, die Empfindungen der rechten Gehirnhälfte und deren nichtrationalen Blickwinkel zu berücksichtigen. All diese Merkmale gehören zur Stärkeseite des Stärke-Schwäche-Diagramms. Wenn sie durch eine gesunde Portion Empfindsamkeit auf der Schwächeseite aufgelockert werden, stellen sie nicht unbedingt ein Problem dar. Aber wenn der Schwerpunkt zu sehr auf die Seite der Stärke verschoben ist, kann es zum Versagen eben jener Sinnesorgane kommen, die Erkenntnis, Weisheit und Denken überhaupt erst ermöglichen.

»Ich will nichts davon hören«: ein Fall von Menière-Krankheit

Länger als Otis sich erinnern konnte, hatten seine Vorfahren die 40 Hektar große Milch- und Getreidefarm mitten im Staat Iowa bewirtschaftet, die der Familie gehörte. Otis war so erzogen worden, daß er die Farm übernehmen konnte, als sein Vater in den Ruhestand trat. Er war inzwischen Anfang Fünfzig und bewirtschaftete die Farm schon seit über 20 Jahren, aber zum ersten Mal in seiner hundertjährigen Geschichte kämpfte der Landwirtschaftsbetrieb ums Überleben. Die Gewinne waren drastisch gesunken, die Regierung hatte die Subventionen gekürzt, und die Immobilienmakler der Gegend schnüffelten bei ihm herum und versuchten, ihn zum Verkauf seines wertvollen Grund und Bodens zu bewegen. All das stieß bei Otis auf taube Ohren. Er wollte nichts davon hören, die Farm dichtzumachen und sein Land zu verkaufen. Allein schon der Gedanke daran erschien ihm unmoralisch. Er hielt es für seine moralische Pflicht, die Farm der Familie zu erhalten, sie weiterzuführen und alles auch in Zukunft so zu machen, wie es immer gemacht worden war. Er konnte sich nicht vorstellen, daß es jemals anders sein würde.

Otis machte den Eindruck eines ruhigen Mannes mit angenehmen Umgangsformen, der ein bißchen knickerig war, im wesentlichen jedoch gut für die Familie sorgte. Die bestand aus seiner Frau Verla, dem Sohn Otis junior und der Tochter Eileen. Solange die Kinder noch klein waren, hatte Verla sich auf die Sorge für sie konzentriert und nebenbei für Otis und die Farm die Buchhaltung erledigt. Als die Kinder älter wurden, begann Verla Kosmetika zu verkaufen, um etwas dazuzuverdienen. Bald boomte ihr Geschäft gewaltig. Verla mußte immer öfter zu Versammlungen ihrer Kosmetikfirma fliegen. Sie tätigte so gute Abschlüsse, daß sie schließlich ein Auto gewann. Und dann wurde ihr der Preis für den höchsten Kosmetikabsatz im Mittelwesten zugesprochen. Zur Preisverleihung sollte sie auf Kosten der Firma nach New York fliegen.

Verla fand es wichtig, daß Otis an ihrem Erfolg in der Welt teilnahm, und sie lud ihn ein, mit ihr nach New York zu fliegen. Otis zögerte. Zuerst war er sehr angetan gewesen von Verlas Geschäftstüchtigkeit, da der finanzielle Druck dadurch abgemildert wurde. Andererseits brachte er nicht die Geduld auf, Verla zuzuhören, wenn sie von ihrer Arbeit erzählte. Als Vernunftsmensch hielt er das, was sie machte, für unwichtig und banal. Allmählich erfüllte ihn ein namenloses Unbehagen über den Erfolg seiner Frau. Sie besaß ein neues Auto, er fuhr immer noch dieselben alten Traktoren. Er fing an, sich zu ärgern. Gleichzeitig war Otis mit sich selbst uneins, weil er etwas vor Verla verheimlichte: Er hatte ein größeres Darlehen aufgenommen und Geld vom gemeinsamen Konto abgehoben, ohne es Verla zu sagen. Jetzt stand er zunehmend innerlich unter Druck, schwieg aber trotzdem weiterhin seiner Frau gegenüber, weil er zu der Überzeugung erzogen worden war, daß ein Mann mit solchen Dingen allein fertig werden mußte. Er glaubte am besten zu wissen, was gut für Farm und Familie war, und hielt nichts von anderer Leute Meinung. Dabei hatte Otis junior, der vor kurzem die Prüfung zum Diplomlandwirt bestanden hatte, den Vater gedrängt, einige Veränderungen im Farmbetrieb durchzuführen, um die Wirtschaftlichkeit des Hofes zu steigern. Aber Otis hatte nicht darauf gehört. Er war davon überzeugt, recht zu haben, und ließ sich nicht dreinreden.

Trotz seiner unguten Gefühle willigte Otis schließlich ein, Verla nach New York zu begleiten. Auf dem Rückflug bekam er so starke Schwindelanfälle, daß er im Rollstuhl nach Hause gebracht werden mußte. Das war ihm furchtbar unangenehm, da er immer ein starker Mann mit eiserner Konstitution gewesen war und sich selbst auch nicht anders sehen konnte. Nach der Rückkehr aus New York litt Otis anderthalb Wochen lang unter häufigem Erbrechen und war überzeugt, sich irgendwelche Bakterien gefangen zu haben. Als die Brechanfälle nicht nachließen, suchte er endlich einen Arzt auf. Nach einer Reihe von Untersuchungen wurde die Menière-Krankheit bei ihm diagnostiziert, eine Erkrankung, bei der sich Flüssigkeit im Innenohr sammelt und den Gleichgewichtssinn beeinträchtigt.

Otis' Erkrankung hatte bezeichnenderweise etwas mit Gleichgewicht zu tun, denn er war unzweifelhaft im sechsten emotionalen Zentrum aus dem Lot. Er hatte immer einen vollkommen klaren, scharfen Blick für die äußere und seine eigene Welt gehabt. Seine Art der Wahrnehmung erlaubte keine Unklarheiten im Leben, weder jetzt noch in Zukunft, aber seine Klarsicht und Schärfe betraf nur den eigenen Standpunkt. Wie andere etwas sahen, interessierte ihn nicht, und er blieb bei seinem starren Denken, überzeugt davon, seine Farm auf die alte, immer gleiche Art weiterführen zu können. Als sein Sohn versuchte, Veränderungen im Farmbetrieb und dessen Management einzuführen, fehlte Otis jedes Verständnis dafür, und er kritisierte den Sohn. Bei Otis galt nur eins: konservativ, gesetzestreu und gewissenhaft zu sein und seine Gefühle unbedingt für sich zu behalten. Als die Familie geschlossen auf Veränderungen drängte, protestierte er. »Ich will nichts davon hören«, pflegte er zu sagen. »Es wird schon wieder werden. Irgendwann werde ich die Farm schon wieder in Gang kriegen, und dann wird alles wieder so sein, wie es immer war.« Otis' Weigerung, auf die Familie zu hören, wurde schließlich zur sich selbst erfüllenden Prophezeiung: Sein linkes Ohr versagte ihm den Dienst. Für das linke Ohr ist natürlich die rechte Hirnhemisphäre zuständig, die, wie wir wissen, der empfindlichere Teil des Gehirns und Sitz des nichtrationalen, nichtlinearen Denkens, der Gefühle und der Verbindungen zum Körper ist. Otis' Gehörverlust war eng verwoben mit seinen psychischen und emotionalen Qualen, die ihm die Außenwelt bereitete, und seinem Stärkebedürfnis im sechsten emotionalen Zentrum. Eines Abends unterhielten sich seine Frau und seine Tochter über den Bestseller *The Rules*, einen etwas altmodischen Ratgeber für Frauen, wie sie auf einen Mann anziehend wirken und ihn halten können. Mit einem Seitenblick auf den Vater fragte Eileen ihre Mutter: »Mam, hat Dad auch immer recht haben wollen?« »Natürlich«, antwortete Verla, aber aus der anderen Ecke des Zimmers kam Protest. »Das stimmt nicht. Ich bin nicht rechthaberisch.« Otis hatte eine verzerrte Sicht der Welt, auch als die Stärke in seinem sechsten emotionalen Zentrum schwand.

Die Menière-Krankheit war ein Fingerzeig seines intuitiven Leitsystems, daß es Zeit sei, die Stärkekategorie des sechsten emotionalen Zentrums hinter sich zu lassen und lieber einmal auf andere zu hören. Seine innere Stimme hatte vernehmlich gesprochen. Otis' gemischte Gefühle über Verlas Erfolg und der Druck, unter dem er aufgrund seiner selbstverschuldeten schlechten Geschäftslage stand, hatten Empfindungen in ihm geweckt, die ihn ahnen ließen, daß etwas schieflief und nach Veränderung verlangte. Als er seine intuitive Stimme ignorierte, machte sie sich auf eine Weise bemerkbar, daß sie seiner Aufmerksamkeit sicher sein konnte: durch körperliche Symptome. Die Erkrankung signalisierte Otis deutlich, daß die Welt sich veränderte und daß er diese Tatsache endlich sehen, hören und akzeptieren und lernen mußte, sich zusammen mit ihr zu wandeln. Dazu mußte er etwas von seiner Stärke abgeben und sich mehr Schwächen im sechsten emotionalen Zentrum gestatten.

Es war kein Wunder, daß Otis von der Störung eines Sinnesorgans betroffen wurde. Viele Studien haben aufgezeigt, daß die Augen, die Ohren und die Nase – die Organe also, mit denen wir die Außenwelt in uns aufnehmen – unserem Gefühl unterworfen sind. Tatsächlich bilden Nase und Nebenhöhlen mit dem Magen gemeinsam die Hauptzielscheiben des Körpers für Gefühlsregungen. Eine Studie mit Leuten, die unter Nebenhöhlenverstopfung litten – der Fachausdruck lautet »vasomotorische Rhinitis« –, ergab, daß die Nebenhöhlenschleimhäute auf Gefühlsregungen reagieren und entweder schrumpfen oder anschwellen. Ein Teil des vegetativen Nervensystems, die *Pars sympathica*, regt die Schrumpfung der Schleimhäute an, so daß sich die Nebenhöhlen öffnen. Im Gegensatz dazu bringt Streß in der Außenwelt den anderen Teil des Nervensystems, die *Pars parasympathica*, dazu, die Schleimabsonderung in den Nebenhöhlen zu verstärken, so daß alle Gänge verstopfen, die Atmung erschwert und das Leben generell zur Qual wird. Louise Hay hatte die gleiche Idee, als sie sagte, Nasennebenhöhlenentzündung sei die physische Manifestation unvergossener Tränen, eine Art von Gefühlsreizung.

Was Otis' Beschwerden angeht, sind zahlreiche Studien zu dem Schluß gekommen, daß ein bestimmter Persönlichkeitstyp besonders anfällig für die Menière-Krankheit zu sein scheint. Otis wies viele Merkmale der Typ-A-Persönlichkeit auf, und Typ A schwelgt, wie wir schon wissen, gern auf seiten der Stärke. Erinnern Sie sich noch an die Typ-A-Persönlichkeiten, die die Mitteilungsversuche ihrer Partner einfach übergingen, und zwar fünfzehnmal häufiger als Nicht-A-Typen (vgl. Kapitel 9)? Otis gehörte auf jeden Fall zu diesen Verweigerern. Er war autoritär und behielt gern die Kontrolle über seine Ehe und andere Beziehungen. Es ärgerte ihn, daß seine Frau schließlich erfolgreicher war als er, und er konnte sich nicht damit abfinden, daß sein Sohn die Führung des Farmbetriebs übernahm, besonders, als er krank wurde.

Viele Menschen, die an Menière-Krankheit leiden, weisen Typ-A-Persönlichkeitszüge auf. Sie sind zwanghafter als andere Leute und neigen zum Grübeln. Das heißt, sie sinnen immer wieder über das gleiche nach, und ihre Gedanken jagen endlos im Kreis herum wie eine Rennmaus in der Lauftrommel. Außerdem grübeln sie über kleinste Detail nach und sind stark linkshirnorientiert. Andere Studien haben nachgewiesen, daß Menière-Patienten zu Unruhezuständen, zu Phobien aller Arten und zu Depressionen tendieren, alles Faktoren, die den Grad des Hörverlusts beeinflussen, unter dem der betreffende Patient leidet. Eine Studie bezifferte die Zahl von Menière-Patienten mit schweren Depressionen auf 80 Prozent. Das ist bedeutsam, denn nicht alle Menschen sind auch deprimiert, wenn sie krank sind. Bei Menière-Patienten handelt es sich vermutlich um eine sogenannte »maskierte« Depression, das heißt, die Betreffenden verbergen ihre Gefühle und Ängste und geben sich nach außen hin ruhig und beherrscht. Tatsächlich hatte jeder Otis für einen ruhigen, beherrschten Menschen gehalten. Er stand in dem Ruf, ein stiller, pflichtbewußter Haushaltungsvorstand und guter Ernährer der Familie zu sein.

Im Grunde haben Menière-Patienten jedoch große Schwierigkeiten, wenn sie die Kontrolle verlieren. Sie sind stark beeinträchtigt durch den Verlust ihres Gehörs, der sie zwingt, viel von ihrer Verantwortung abzugeben. Je behinderter sie sind und je mehr Verantwortung sie folglich anderen übertragen müssen, um so fester sind sie davon überzeugt, daß die Welt ihnen das »antut« und daß sie keinen Einfluß auf die Außenwelt haben. Sie erleiden einen Kontrollverlust und verlieren damit ihren inneren Halt, die Überzeugung, ihre Umgebung im Griff zu haben. Das Empfinden, nicht mehr im Besitz der Kontrolle zu sein, kommt physisch in ihren Schwindelgefühlen und der damit verbundenen Übelkeit zum Ausdruck. Menière-Anfälle werden auch mit emotionalem Streß und negativem Denken in Zusammenhang gebracht.

Otis merkte, wie seine Welt allmählich aus den Fugen geriet, als es mit seiner Farm bergab ging und ihn seine Frau im Hinblick auf finanzielle Erfolge und Anerkennung überholte. Zudem führten Verlas Leistungen zu einem Konflikt in der ehelichen Beziehung. Und Partnerkonflikte sollen ebenfalls an der Entstehung der Menière-Krankheit beteiligt sein.

Am Beispiel von Otis wird deutlich, welche Konsequenzen ein Ungleichgewicht zwischen Stärke und Schwäche im sechsten emotionalen Zentrum hat. Bei Marsha war es ähnlich. Sie stammte aus einer großen Familie mit einem sehr autoritären Vater und einer ziemlich rechthaberischen Mutter an der Spitze, die sich beide zu stark ins Leben ihrer Kinder einmischten. Marsha hatte selbst große Probleme mit Starrsinnigkeit und Herrschsucht. Von Beruf Bibliothekarin, hatte sie eine durch und durch rationale, lineare Einstellung zum Leben. Als Hausfrau war sie Perfektionistin; in ihrem Haus war alles in vollkommener Ordnung – jedes Foto und jeder Nippesgegenstand hatte seinen festen Platz zehn Zentimeter vom Tisch- oder Kaminsimsrand entfernt, die Sofakissen waren alle aufgeschüttelt und lagen in Reih und Glied, nirgendwo war auch nur ein Staubkörnchen zu entdecken, und die Teppiche wurden immer »mit dem Strich« gesaugt. Marsha hatte schwere Probleme mit ihrer Mutter, die ihrem Empfinden nach die Nase in alles steckte und sich überall einmischte. Sie klagte darüber, daß ihre Mutter ihr ständig Sachen sagte, die sie bereits wußte oder sogar besser wußte, und fand ihre Mutter irrational und hemmungslos, wohingegen sie selbst ihre Gefühle stets unter Kontrolle hielt – oder gar unterdrückte – und hinter einer ruhigen, gleichgültigen Miene verbarg.

Marsha litt unter wiederkehrenden Anfällen von Tinnitus, einem Klingeln im Ohr und Begleitsymptom der Menière-Krankheit. Sie kam eines Tages in die Klinik und klagte über Geräusche und Schmerzen im rechten Ohr. Vorher an jenem Tag war sie von ihrer Mutter bedrängt worden, eine angebotene Stelle in größerer Nähe zum Wohnsitz der Familie anzunehmen, und hatte sich lauter Gründe anhören müssen, warum das besser für sie sei: Die Arbeit entsprach eher dem, was Marsha nach Meinung der Mutter eigentlich ersehnte; es war ein beruflicher Aufstieg mit der neuen Tätigkeit verbunden; sie verdiente dort mehr, kam in den Genuß weiterer Vorteile und hatte einen kürzeren Weg zur Arbeit; und sie würde wieder näher bei der Familie sein. Das alles wußte Marsha selbst; die Mutter brauchte ihr wirklich nichts zu erzählen, und deren Meinung interessierte sie auch nicht. In ihren Augen barg die neue Stelle ein beträchtliches Risiko in sich, und sie war von Natur aus konservativ und nicht gerade risikofreudig. Marsha versuchte im Grunde, sich von ihrer Ursprungsfamilie zu lösen, sie wollte gar nicht wieder in deren Nähe, und so blendeten ihre Ohren die Stimme der Mutter durch ein Klingelgeräusch aus.

Ebenso wie Otis wollte Marsha sich ausschließlich auf der Stärkeseite des sechsten emotionalen Zentrums aufhalten. Sie mochte das Gefühl von Schwäche nicht, das sich einstellt, wenn man auch andere Perspektiven gelten läßt, die nicht rational begründet sind und Flexibillität und Risikobereitschaft verraten. Wenn Menschen wie Marsha in ihrer Macht erschüttert und im sechsten emotionalen Zentrum getroffen werden, müssen sie gegen ihren Willen etwas riskieren und Schwächen zulassen. Ihre intuitive Stimme, ob sie darauf hören oder nicht, signalisiert ihnen, daß sie eine notwendige Veränderung in ihrem Leben vornehmen müssen, und leitet sie dazu an. Otis und Marsha mußten zu einer neuen Wahrnehmungs- und Denkweise bezüglich ihrer Mitwelt finden und auch andere Informationen und Überzeugungen in ihrem Leben gelten lassen.

Obwohl Otis' und Marshas Schwierigkeiten überwiegend in der Wahrnehmung und im Denken begründet waren, betrafen sie am Ende auch die letzte emotionale Dimension dieses Zentrums, die Moral. Im sechsten emotionalen Zentrum ist unser jeweiliger Code für Recht und Unrecht gespeichert. Zu unseren Stärken gehören Gesetzestreue, Gewissenhaftigkeit und analytischer Verstand. Eher schwach und verwundbar zeigen wir uns durch die Bereitschaft, Regeln zu übertreten, Risiken einzugehen, Feedback von seiten anderer anzunehmen und uns ungehemmt zu geben. Gesetzestreue und Gewissenhaftigkeit sind sicher manchmal gut, aber wir kennen wohl alle Leute, bei denen diese Charakterzüge ins Extrem gehen, rigide, vorurteilsvolle, verklemmte Moralprediger. Das sind die Lieblingsschüler und Musterbürger, die einen zum Wahnsinn treiben können, oder nicht?

Andererseits kann das Pendel auch zu weit zur anderen Seite hin ausschlagen, zur Schwäche hin, so daß man hemmungslos wird, zuviel riskiert und zu viele Regeln bricht. Zum Beispiel kann man den derzeitigen Ruf nach politischer Korrektheit als die Antwort auf ein Übermaß an Liberalismus und Schuldgefühlen verstehen, die sich zu einer Art liberalem Faschismus auswachsen können.

Die Fähigkeit, in Fragen der Moral flexibel zu bleiben und Stärke und Schwäche in diesem Bereich unseres Lebens auszugleichen, ist entscheidend für die Gesundheit der Organe des sechsten emotionalen Zentrums – die Augen, die Ohren, die Nase und das Gehirn.

Bürgerin des Jahres: ein Fall von Parkinson-Krankheit

Lesung: Als mich Paula, 48 Jahre alt, wegen einer Lesung anrief, sah ich sie sofort bei der Arbeit an einem Ort mit lauter großen alten Steingebäuden, die von grünen Büschen umgeben waren. Ich spürte, daß die Leute, mit denen sie dort zusammenarbeitete, Puritaner mit steifgestärkter Hemdbrust waren. Auch Paula machte den Eindruck, als trüge sie steifgestärkte Kleidung, in der sie sich nie locker bewegen konnte. Sie hielt sich selbst für sehr freizügig, wenn sie sich Freizeithosen beim Versandhaus kaufte, die sie zu Herbstausflügen in den Wald trug, aber nur in den ersten zwei Oktoberwochen jeden Jahres. Sonst trug sie Tag für Tag, jahraus, jahrein immer die gleichen Seidenblusen, engen Röcke und marineblauen Blazer. Sogar ihre Frisur hatte sich in den letzten zwanzig Jahren nicht verändert. Sie ging nie nach der Mode und trug nie Make up, in ihren Augen beides ein Anzeichen von Zügellosigkeit. Wie ich sehen konnte, lebte sie in einer guten Beziehung, aber im Grunde verlief ihr Leben ruhig und ohne Aufregungen. Sie wirkte sehr gewissenhaft, aber konturlos. Ihr Gesicht glich einer Maske.
In Paulas Körper fiel mir eine gewisse Starre im linken Arm und Bein auf, aber ich vermochte die Ursache dafür nicht zu erkennen. Ich nahm wahr, daß sie Schwierigkeiten hatte, schnell zu gehen. Meinem Gefühl nach lag es nicht an ihren Knochen, aber ihre Beweglichkeit war eingeschränkt, und sie sah aus wie eine Wachsfigur im Kabinett.
Fakten: Paula unterrichtete Jungen der neunten Klasse einer exklusiven Privatschule in Gemeinschaftskunde. Vor nicht allzulanger Zeit hatte sie einen der Schüler im Verdacht gehabt, im Schlaftrakt eine Zigarette geraucht zu haben, was laut Schulvorschriften verboten war. Paula hatte die Übertretung an das Büro des Direktors weitergeleitet und darauf bestanden, daß der Junge entlassen wurde, wie es den Regeln der Schule

entsprach. Bei dem Jungen handelte es sich jedoch zufällig um den Sohn eines prominenten, einflußreichen örtlichen Anwalts, selbst ehemaliger Schüler des Instituts und einer der besten Geldgeber. Als die Schulverwaltung beschloß, die Bestrafung des Jungen zu mildern und ihn nur ein paarmal nachsitzen zu lassen, geriet Paula in Rage. Sie legte sich mit der Schulleitung an und blieb dabei, daß die angemessene Strafe verhängt würde. Statt dessen verärgerte sie ihre Vorgesetzten und wurde für drei Monate beurlaubt.

Paula war eine vorbildliche Bürgerin. Sie hatte ihr Leben lang nach einem sehr strengen Moralkodex gehandelt. Als Zwölfjährige hatte sie eine Klassenkameradin verpetzt, die während der Pause im Mädchenraum geraucht hatte. Sie erzählte mir, daß sie stets gute Noten in Führung und Fleiß bekommen hätte. Sie war immer die bei Lehrern beliebte Musterschülerin gewesen. Unter ihren Klassenkameraden galt sie jedoch als unsensibel und kalt, weil sie ihre Gefühle nie zeigte, und sie hatte nur wenig Freundinnen und Freunde. Sie hatte stets großen Wert auf Wissen gelegt. Ihre Familie hatte ihr beigebracht, daß Wissen Macht ist und man klar und vernünftig denken sollte, und sie hatte sich sehr angestrengt, um dem zu entsprechen. Obgleich sie in ihrer Arbeit erfolgreich war, hatte Paula bis auf ein oder zwei Schulkollegen kaum Freunde. Mittelpunkt ihres Lebens waren ihr Mann und eine Tochter.

Das Problem mit dem pflichtvergessenen Schüler war schließlich gelöst, und Paula durfte an die Schule zurückkehren. Eine Woche später konnte sie plötzlich nur mit Mühe von ihrem Stuhl aufstehen und kaum gehen. Ihr Körper schien sich jeder Bewegung zu widersetzen. Besorgt suchte Paula einen Neurologen auf, der die Parkinson-Krankheit bei ihr diagnostizierte, eine degenerative Erkrankung des Gehirns.

Paula ist die Verkörperung vieler Probleme, die durch Überbetonung der Stärkeaspekte im sechsten emotionalen Zentrum entstehen, insbesondere der Moral. Sie wäre sicherlich eine Musterkandidatin für die »Bürgerin des Jahres« gewesen, aber sie hatte eine sehr starre Auffasung von Recht und Unrecht. Überzeugt davon, daß sie recht hätte und alle anderen unrecht, weigerte sie sich, ihre Ansichten zu ändern. All das prädestinierte Paula geradezu für die Parkinson-Krankheit. Wie festgestellt wurde, weisen Parkinson-Patienten sehr eigene, lebenslange Persönlichkeitsmerkmale auf: Sie sind überbetriebsam, Moralapostel, beweisen stoischen Gleichmut, sind sehr ernst, schätzen Arbeit und Produktivität, haben dauerhafte eheliche Beziehungen, meiden Risiken und Neuland und trinken in der Regel weder Alkohol, noch rauchen sie Zigaretten. Paula hatte in ihrem Leben noch nie einen Tropfen Alkohol getrunken oder eine Zigarette geraucht, und sie war auch der strikten Meinung, daß niemand das tun sollte.

Das entbehrt nicht einer gewissen Komik, denn die Wissenschaft glaubte einmal, das Zigarettenrauchen würde vor der Parkinson-Krankheit schützen. Zu dieser Theorie kam es nach einer Untersuchung von Zwillingen, von denen der eine unter der Parkinson-Krankheit litt und der andere nicht. Es ergab sich, daß der Zwilling, der an Parkinson erkrankt war, nie geraucht hatte. Wenn ausschließlich genetische Faktoren für die Krankheit verantwortlich gemacht wurden, mußte eigentlich angenommen werden, daß das Rauchen den anderen Zwilling davor geschützt hatte, ebenfalls zu erkranken. Inzwischen sind die Forscher klüger. Heute wird vermutet, daß nicht nur die Gene an der Entstehung der Parkinson-Krankheit beteiligt sind, sondern auch Persönlichkeitsmerkmale eine Rolle spielen. Es war also nicht so, daß der eine Zwilling nicht an Parkinson erkrankte, weil er rauchte, sondern daß der andere Zwilling daran erkrankte, weil er womöglich aufgrund seiner Persönlichkeit das Rauchen als unmoralisch empfand. Verstehen Sie mich jetzt bitte nicht falsch. Ich selbst rauche nicht, habe noch nie geraucht und finde Zigarettenrauch scheußlich. Aber ich spiele mich auch nicht als Moralapostel auf und entrüste mich nicht über Leute, die rauchen.

Parkinson-Patienten sind im allgemeinen vertrauenswürdige, gesetzestreue Musterbürger, deren Lebensmittelpunkt Heim und Familie sind. Im Beruf sind sie überwiegend erfolgreich, weil sie fleißig, energisch und genau sind. Sie gehören meist vielen Organisationen an und haben verantwortungsvolle Positionen inne. Aber sie haben wenig gute Freunde, die ihnen nahestehen und mit denen sie ihre wahren Gefühle austauschen können. All diese Charakteristika trafen auf Paula zu. Sie gehörte mehreren ehrenamtlichen Komitees der Schulverwaltung und Gemeinde an und setzte sich eifrig für deren Belange ein, doch ihre Familie und ihr Heim waren und blieben der Mittelpunkt ihrer Welt. Obgleich sie ein paar Freundschaften an der Schule und in ihren Ehrenämtern pflegte, teilte sie ihre tiefinnersten Gefühle mit niemandem. Die einzigen Menschen, zu denen sie eine Beziehung hatte, waren ihr Mann und ihre Tochter.

Hinzu kommt, daß Parkinson-Patienten ein Leben lang ihre Impulse und Emotionen unterdrücken, insbesondere Aggressivität und Wut. Sie maskieren von klein auf ihre Persönlichkeit und verstecken ihre Gefühle hinter einer gleichgültigen Miene, wie Paula als Mädchen. Diese Verdrängung von Gefühlen geht dem Ausbruch der Krankheit voraus, manifestiert sich darüber hinaus jedoch auch körperlich in »Maskenhaftigkeit«, das heißt, das Gesicht des Patienten ist ausdruckslos und nichtssagend und spiegelt keinerlei Gefühl wider. Am Ende sind selbst Patienten, die ihre Gefühle zu zeigen versuchen, nicht mehr dazu in der Lage. Das liegt daran, daß der für Bewegungsabläufe zuständige Bereich des Gehirns seine Funktion nicht mehr wahrnehmen kann. Bezeichnenderweise sind Parkinson-Patienten, wenn sie krank werden oder berufliche Probleme haben, innerlich extrem angespannt und unruhig, ja panikerfüllt. Nur merkt ihre Umwelt nichts davon, weil sie ihre Gefühle so gut unter Kontrolle haben, daß andere sie auch in Streßsituationen als ruhig, gelassen und gleichmütig erleben. Niemand weiß auch, daß sie im Grunde Nörgler sind, die extrem hohe Anforderungen an alle stellen, mit denen sie in Kontakt treten, weil sie selber so pedantisch sind.

Welcher physische und biologische Mechanismus ist hier am Werk? Parkinson-Patienten sind sehr starr. Sie sind geistig meist sehr unbeweglich, und das drückt sich schließlich auch in ihrem Körper aus. Die Wissenschaft vermutet, daß der ursächliche Mechanismus hierfür mit dem im Gehirn produzierten Stoff Dopamin in Zusammenhang steht, und möglicherweise gibt es bei Parkinson-Patienten eine Parallele zwischen dem lebenslangen Muster von Starrheit und Verdrängung und dem niedrigen Dopaminspiegel in ihrem Gehirn.[40] Wenn ein vollkommen unbeweglicher Schizophrener mit einer Dosis Dopamin vollgepumpt wird, verliert er alle Hemmungen und wird sehr locker.

Parkinson-Kranke sind allerdings alles andere als locker. Neuheiten und Risiken weckten bei Paula Besorgnisse. Als sich ihre Tochter die Ohren piercen ließ, bekam Paula beinahe einen Anfall. Ihr Haus war mit den einfachen Möbelstücken im Shakerstil eingerichtet, die sie von ihren Eltern geerbt hatte. Wenn sie unruhig oder ängstlich wurde, versuchte sie ihre Furcht dadurch in den Griff zu bekommen, daß sie zwanghaft immer wieder das gleiche tat. In der Folge sank womöglich ihr Dopaminspiegel, so daß sie noch unflexibler und rigider wurde. Das heißt nun nicht, daß Rigidität die Ursache für die Parkinson-Krankheit ist, aber es ist doch bemerkenswert, daß Menschen mit einer lebenslangen Vorgeschichte psychologischer Rigidität und Zwanghaftigkeit zur Parkinson-Krankheit neigen, die durch körperliche Starre gekennzeichnet ist. Der einzige andere Krankheitstyp, bei dem ähnlich starre Persönlichkeitsmerkmale vorliegen, ist Polyarthritis. Tatsache ist, daß bei einer bestimmten Handlungsweise die dafür benötigten biologischen Mechanismen jedesmal »geschmiert« werden, während die für andere, abweichende Verhaltensweisen nötigen Mechanismen allmählich »rosten«. Dopamin trägt dazu bei, Bewegungsabläufe im Körper anzuregen. Wenn Sie jemand sind, der nicht so leicht die Initiative ergreift, um neue Bewegungen und Aktivitäten auszuprobieren, dann kann es sein, daß sich der für Ihre Beweglichkeit, Aktivität und Flexibilität zuständige biologische Mechanismus langsam auflöst. Das könnte erklären, warum Menschen mit diesen Charakteristiken einen niedrigen Dopaminspiegel haben.

Ich sagte Paula, sie müsse unbedingt ihren beruflichen Übereifer ablegen und versuchen, impulsiver zu werden, indem sie sich mehr Freizeit gönne. Außerdem müsse sie möglichst ihre Gefühle zeigen, statt ihre Wut und Aggressivität strikt unter Kontrolle zu halten oder ihre Persönlichkeit zu maskieren. Die Zusammenarbeit mit einem Therapeuten könnte ihr helfen, ihre Impulse nicht länger zu unterdrücken, sondern spontaner zu leben, weniger vorsichtig zu sein und sich nicht zu sehr einspannen zu lassen.

Durch die Erkrankung wurde Paula von Geist und Körper darauf aufmerksam gemacht, daß sie lernen mußte, flexibel zu werden und mehr Botschaften und Ansichten aus der Außenwelt an sich heranzulassen. Sie mußte sich mehr Schwächen im sechsten emotionalen Zentrum zugestehen, um körperlich gesünder zu werden und ihr Leben glücklicher und angenehmer zu gestalten.

Wahrnehmung und Wahn

Mit dem Wahrnehmungsvermögen ist es so eine Sache. Schließlich sieht jeder von uns die Welt anders, je nach seiner ureigenen Persönlichkeit und seinen Erfahrungen. Woher wissen wir, wessen Wahrnehmung genauer ist? Wie können wir unseren Augen trauen? Die meisten von uns finden einen entsprechenden Weg im Einklang mit der Umwelt. Manche Menschen jedoch zweifeln und mißtrauen ihrer Wahrnehmung, den Bildern und Botschaften aus der Außenwelt, so sehr, daß sie alles verzerrt in sich aufnehmen und in Wahnvorstellungen versinken. Wenn wir wirklich nicht mehr erkennen können, was ringsum in der Außenwelt geschieht, wenn unsere Wahrnehmung durch eine gestörte Aufnahmefähigkeit und das Unvermögen, Feedback von anderen anzunehmen, blockiert ist, wir also unseren Augen und Ohren nicht trauen können, beginnt das Gehirn, etwas zu dem, was draußen passiert, hinzuzuerfinden, um die Wahrnehmungslücken aufzufüllen. Das kann uns im Laufe unseres Lebens widerfahren, wenn wir nicht schon mit der entsprechenden Veranlagung auf die Welt gekommen sind. Die Fähigkeit zum Sehen und Hören hat ihren Sitz in den Schläfenlappen des Gehirns. Menschen, die Probleme in diesem Bereich haben, werden vielfach als schizophren bezeichnet. Bei ihnen liegt eine Entwicklungsstörung vor, der zufolge sie so veranlagt sind, daß sie allem, was sie sehen und hören, mißtrauen. Wahnvorstellungen sind ein extremer, klinisch nachweisbarer Stärkeüberschuß im sechsten emotionalen Zentrum. Die Aufnahmefähigkeit ist dabei bis hin zur Krankhaftigkeit eingeschränkt. Ein so starkes Ungleichgewicht der Gefühle kann schweren Erkrankungen der Organe dieses Zentrums den Weg bereiten.

Die Tür zur Wirklichkeit öffnen und schließen: ein Fall von Paranoia

Ich wurde gerufen, um meine Meinung zum Fall von Eunice abzugeben, einer 52jährigen Frau, die in einem Zustand heftiger Erregung ins Krankenhaus eingeliefert worden war und alle Anzeichen von psychotischen

Wahnvorstellungen aufwies. Als ich zu ihr trat, bemerkte ich, daß Eunice einen Anfall in einem bestimmten Bereich des Gehirns haben müßte, durch den ein Teil ihres Körpers, speziell die Mund- und Wangenpartie des Gesichts, unablässig zuckte. Während ich sie untersuchte, kletterte sie beständig aus dem Bett und wieder hinein oder spielte mit einem Schuh, den sie dauernd an- und auszog. Auf Fragen von mir reagierte sie ohne Sinn und Verstand. »Warum sind Sie hier?« fragte ich. »Heute ist Montag«, erwiderte sie. Als ich noch einmal fragte, warum sie ins Krankenhaus eingeliefert worden sei, sagte sie, es sei Dienstag. Sie dachte offensichtlich, ich wollte ihr Orientierungsvermögen testen, was Psychiater, die hinzugezogen werden, oft tun. Das zeugte von hoher Intelligenz, aber viel verblüffender war die Tatsache, daß Eunice keinerlei Informationen aufzunehmen vermochte. Sie konnte dem, was sie hörte oder sah, keinen Sinn entnehmen. Sie konnte nichts mit Gesprochenem, mit Sprache, anfangen. Sie konnte zwar auf gewisse Sachkenntnisse gestützte Vermutungen anstellen, was ich gesagt haben könnte, hatte im Grunde jedoch keine Ahnung, was los war. Als ich ihr weitere Testfragen stellte, zu deren Beantwortung sie vor allem auf das Sprachzentrum im Schläfenlappen hätte zurückgreifen müssen, reagierte sie nicht. Der Schläfenlappen ist entscheidend für das Verständnis dessen, was wir sehen und hören. Er bildet Erinnerungen und verbindet sie mit Emotionen und Empfindungen, darunter auch den Gefühlen, ob wir jemand anderem trauen können oder nicht. Menschen, die in diesem Bereich gestört sind, haben Gedächtnisverluste und Vertrauensprobleme. Sie hören etwas, obwohl in ihrer Umgebung gar nichts passiert, und sehen Dinge, die sonst niemand sieht.

Ich vermutete Wernicke-Aphasie bei Eunice, eine Krankheit, die mit totaler sensorischer Unfähigkeit, Sprache zu verstehen, verbunden ist. (Das Wernicke-Zentrum ist ein kleiner Bereich des Schläfenlappens, der für das Begreifen von Sprache notwendig ist.)

Wie sich herausstellte, litt Eunice schon lange unter paranoider Schizophrenie. Sie war hochintelligent und hatte an der Stanford-Universität ihr Biologiestudium absolviert. Doch seit ihren Collegetagen litt sie unter Wahnvorstellungen, die mit der Zeit zunahmen. Sie hatte einen Mitstudenten von Stanford geheiratet und war mit ihm nach Kalifornien gezogen, wo sie einige Zeit geblieben waren. Dann brachen sie überstürzt alle Zelte hinter sich ab und zogen quer durch die Staaten nach Neuengland um, weil Eunice ihrem gemeinsamen Bekanntenkreis nicht mehr traute. Ihre Freunde waren plötzlich keine Freunde mehr für sie, erzählte sie mir später. Als ihre Tochter sieben Jahre alt war, wurde Eunice in eine psychiatrische Klinik eingeliefert, wo Schizophrenie bei ihr diagnostiziert wurde und sie einen Monat blieb. Danach besserte sich ihr Befinden; sie nahm es wieder mit dem Leben auf und startete mit Erfolg einen Antiquitätenhandel. Dank ihrer hohen Intelligenz konnte sie ihr Problem irgendwie tarnen. Im Gegensatz zu typischen paranoid Schizophrenen hatte sie Freunde und führte ein einigermaßen normales Leben.

Dann machte sie eine Geschäftsreise zu einer Antiquitätenmesse in einem anderen Bundesstaat, und als sie zurückkehrte, war sie wie umgewandelt. Sie redete nicht mehr mit ihrem Ehemann, wollte ihre Freunde nicht wiedersehen und schloß sich im Haus ein. An dem Tag, an dem sie ins Krankenhaus eingeliefert wurde, war sie von einer Nachbarin dabei beobachtet worden, wie sie eine Stunde lang vor ihrem Haus am Briefkasten gestanden und fortwährend systematisch die Briefkastentür auf und zu gemacht hatte, wobei sie ins Leere starrte. Es war, als öffne und schließe sie die Tür zur Wirklichkeit.

Im Krankenhaus wurde bei Eunice ein bösartiger Tumor in der Brust festgestellt, der Metastasen gebildet und sich erstaunlicherweise ins Wernicke-Zentrum des linken Schläfenlappens ausgebreitet hatte. Die Frau mit den lebenslangen Wahnvorstellungen, die ihre eigenen Sinneswahrnehmungen nicht akzeptieren wollte und ihnen mißtraute, hatte nun einen Tumor genau in dem Bereich des Gehirns, der Gehörtes verarbeitet.

Eunice hatte ihr Leben lang in tiefster Seele gewußt, daß sie Schwierigkeiten hatte, das, was sie sah und hörte, in sich aufzunehmen und ihm zu vertrauen. Aber sie hatte nie recht gelernt, das zu akzeptieren oder damit klarzukommen. Statt dessen hatte sie das Problem kraft ihrer Intelligenz und Kenntnisse vor sich selbst und anderen verborgen gehalten. Jetzt gab ihre Intuition ihr eine letzte Chance, sich zu ändern, und benutzte dazu keinen einfachen Hammer mehr, sondern einen schweren Preßlufthammer. Sie gab ihr durch die Organe ihres sechsten emotionalen Zentrums, durch den Schläfenlappen des Gehirns, zu verstehen, daß sie ihr Leben ändern mußte.

Als ich Eunice zum zweiten Mal besuchte, hatte sie in der Zwischenzeit Medikamente bekommen, die den Tumor im Wernicke-Zentrum zum Schrumpfen gebracht hatten. Sie war bei vollem Verstand, geistig klar und sprach wieder normal. Auf meine Frage, ob sie mir sagen könnte, was ihr fehle, erklärte sie mir, daß sie einen Tumor in der Brust habe, der sich in ihr Gehirn ausgebreitet habe und an dem sie, wenn er nicht entfernt würde, sterben könnte. Dann sagte sie etwas, das mich fast vom Stuhl gerissen hätte. Sie begann zu weinen, sah mich an und sagte: »Wissen Sie, mein Leben lang habe ich nichts und niemandem trauen können, weder meinen Ohren noch meinen Augen. Ich weiß nicht, warum, aber so ist es nun einmal. Und jetzt sagen mir die Leute alles mögliche, was ich für meine Gesundheit tun sollte, dabei kann ich keine Hilfe von ihnen annehmen, weil ich allen mißtraue. Aber Ihnen traue ich. Was soll ich denn machen?«

Ich war erstaunt, aber ihre Worte gaben mir Hoffnung. Jemand wie sie, der ein Leben lang unter paranoiden Wahnvorstellungen gelitten hatte, traute eigentlich niemandem über den Weg und war weitgehend unzurechnungsfähig. Aber da lag sie nun, öffnete sich mir und vertraute mir etwas an, das sie unendlich lange vor aller Welt verborgen hatte. Sie wußte, daß sie im Hinblick auf ihre Gesundheit und ihr Leben eine Entscheidung fällen mußte. Und sie gab endlich ihrer Schwäche Raum und gestattete sich, trotz ihrer Verwundbarkeit etwas von außen, von anderen Menschen, anzunehmen.

Eunice war durch ihr Intuitionsnetzwerk auf ihr Problem hingelenkt worden, und zwar mittels physischer Symptome am genau richtigen Fleck – im relativ kleinen Wernicke-Zentrum –, die ihre Fähigkeit betrafen, das in sich aufzunehmen, was andere sagten. Ihre Worte waren für mich ein ungewöhnlich klares Beispiel dafür, wie sich die Intuition in der Sprache des Körpers äußert. Eunice war gefordert, die Lektion zu lernen, die ihr die möglicherweise tödliche Erkrankung aufgab, die Lektion »Kann ich dem trauen, was ich sehe und höre?«. Jetzt lag ihr Schicksal in den Händen anderer und in ihrer Fähigkeit, diesen Leuten zu trauen, ihnen zuzuhören und sie zu verstehen, sich also den Schwächeaspekten im sechsten emotionalen Zentrum zu öffnen.

Obwohl es an Eunices Fall nicht deutlich wird, sind Menschen, die an paranoiden Wahnvorstellungen und Schizophrenie leiden – und damit an einer verzerrten Sicht der Dinge –, meist auch sehr intuitiv. Ihre Probleme sitzen im Schläfenlappen, mit dessen Hilfe wir wahrnehmen und verstehen, was wir sehen und hören, und der darüber hinaus auch eine Rolle bei der Intuition spielt. Wenn Menschen in der Außenwelt schlecht sehen können, haben sie oft starke mediale und intuitive Begabungen in ihrer Innenwelt. Manche ihrer Wahnvorstellungen und Einbildungen entspringen vielleicht wirklich letzten Fragmenten von Wahrheiten, zu denen sie mittels ihrer Intuition einen Zugang haben.

Damit war ich selbst vor kurzem auf unheimliche Weise konfrontiert. Ich habe eine schizophrene Patientin mit extremen Wahnvorstellungen, die glaubt, sie sei die uneheliche Tochter von Zsa Zsa Gabor und Donald Trump. Sie sei wegen einer schweren Erkrankung zur Adoption freigegeben worden, und in der Folge seien viele ihrer wichtigsten Körperorgane operativ entfernt worden. Sie ist davon überzeugt, daß ihr Herz eine Uhr und ihre Leber eine Metalldose ist, daß sie eine Eisenschulter hat und Operationen so an ihr durchgeführt wurden, daß es selbst durch Röntgenaufnahmen nicht zu erkennen sei und auch keine Narben zurückblieben. Diese immer gleiche Geschichte erzählt sie mir seit Jahren. Das änderte sich eines Tages schlagartig. Die Patientin wurde mit einer völlig neuen Beschwerde eingeliefert. Sie behauptete, sie hätte eine Nasenoperation hinter sich und litte Schmerzen. Ich war sprachlos. Vor kurzem hatte ich mich selber einer Nasenoperation unterziehen müssen, durch die ein alter Bruch korrigiert wurde. Aber das konnte diese Patientin unmöglich wissen, denn ich hatte es sorgfältig geheimgehalten. Ich hatte meine Termine so gelegt, daß niemand meine Abwesenheit überhaupt bemerkte. Meine Arbeit hatte ich erst wiederaufgenommen, als die Wunden verheilt waren. Niemand ahnte auch nur, daß ich mich hatte operieren lassen. Und da kam diese Frau daher, die sonst voller Wahnbilder steckte, und landete einen Volltreffer, was den Eingriff an meiner Nase betraf.

Die Patientin hatte zwar Denkstörungen und war infolgedessen unfähig, den Informationen aus der Außenwelt einen Sinn abzugewinnen, aber sie hatte offenbar die Fähigkeit, Informationen auf andere Art und Weise aufzunehmen. Diese Geschichte zeigt, welch eine enge Verbindung zwischen der Intuition und dem sechsten emotionalen Zentrum, den Wahrnehmungsorganen, besteht.

Die Geschichte sagt uns jedoch noch mehr. Sie unterstreicht die Tatsache, daß die Intuition nur eine andere Form der Wahrnehmung ist. Wenn wir lernen können, ihr zuzuhören und ihre Botschaft in uns aufzunehmen und zu verstehen, können wir sie dazu benutzen, positive Veränderungen in unserem Leben vorzunehmen, die nicht nur die Gesundheit der Organe unseres sechsten emotionalen Zentrums betreffen, sondern das gesamte körperliche Befinden.

12

Muskeln, Bindegewebe und Gene: der Lebenssinn

Warum bin ich eigentlich auf der Welt?

Das ist eine grundlegende und manchmal bittere Frage, die sich alle Menschen seit Anbeginn der Zeit stellen. Welchen Sinn hat unser Dasein? Warum leben wir? Wir wollen nicht nur wissen, zu welchem Zweck die Menschheit als solche auf der Erde ist, sondern auch den Sinn und Grund für jedes einzelne Leben durchschauen und erfahren, warum der Mann von nebenan, die Frau unten an der Straßenecke und wir selbst eigentlich existieren. Wir alle brauchen, während wir durchs Leben gehen, ein Gespür für den eigenen Lebenssinn. Das Unvermögen, unserem Leben einen Sinn abzugewinnen, beeinträchtigt uns stark im siebten emotionalen Zentrum.

In der ersten Zeit meines Medizinstudiums war ich immer in Bewegung, lebte mein Leben im Eiltempo und konzentrierte mich wie ein Pferd mit Scheuklappen ausschließlich auf die vor mir liegende Zukunft. So hatte ich es im Grunde mein ganzes bisheriges Leben lang gemacht. Ich studierte und plante dabei schon meinen nächsten Lebensabschnitt, befand mich also immer in einer Art »Vorstadium«. Die Grundschule war nur die Vorstufe zur Highschool. Schon damals träumte ich von einer Zukunft als Ärztin und Wissenschaftlerin und strengte mich sehr an, um gute Noten zu bekommen und in die Klasse für Begabte aufgenommen zu werden. Die Highschool war nur die Vorstufe zur Universität, und ich bemühte mich, Leistungen zu erbringen, die mir den Eintritt in ein renommiertes Ivy-League-College sicherten, was mir wiederum den Weg in die medizinische Fakultät einer Universität ebnen würde. Ich lebte nie im Hier und Jetzt. Immer hieß es morgen, morgen, morgen.

Dann verschlimmerte sich während meines ersten Studienjahrs mein Schlafproblem. Eines Tages stand ich Schlange in der Cafeteria auf dem Campus. Als nächstes weiß ich nur noch, daß mich das Geräusch von splitterndem Glas weckte. Nachdem ich mich hastig umgeschaut und mir die Sache im Geiste zusammengereimt hatte, wurde mir klar, daß ich im Stehen eingenickt war und ein volles Tablett hatte fallen lassen. Essen und Glasscherben lagen auf dem Fußboden. Ein Haufen Leute umringte mich und starrte mich an. Ich war erschüttert. Diesmal hatte sich das plötzliche Schlafbedürfnis in keiner Weise vorher angekündigt. Danach nahm ich auf das Drängen meiner Freunde hin einen Bus nach Boston, um mich medizinisch durchchecken zu lassen. Ein Arzt untersuchte mich und vereinbarte dann mit mir, daß ich mich eine Woche später ins Krankenhaus begeben und einer ganzen Reihe von Tests unterziehen sollte. Als er von seiner Sekretärin die Einweisung ausstellen ließ, fragte sie ihn nach dem Grund. Er warf einen Seitenblick auf mich und sagte mit leiser Stimme: »Hypothalamus-Tumor.«

Bei dem Wort »Tumor« war ich wie vom Donner gerührt. Ich wollte nicht glauben, daß ich einen Hirntumor haben könnte, denn der Hypothalamus, das wußte ich nur zu genau, liegt im Gehirn. Ganz plötzlich war ich mit einer Möglichkeit konfrontiert, für die ich vorher nie einen Gedanken übrig gehabt hatte: die Möglichkeit meines eigenen Todes.

Auf der Busfahrt zurück zum Campus war ich von Angst und Furcht erfüllt. Aber ich kam auch zu einer Lebensentscheidung. Es war, als wäre ein Vorhang aufgezogen worden, um mir die Welt so zu zeigen, wie sie wirklich war, und ich wußte, was ich zu tun hatte. Ich würde mich nicht länger auf die Zukunft ausrichten, denn die war mehr als ungewiß. Stattdessen würde ich in der Gegenwart leben. Ich würde jeden einzelnen Augenblick des Tages genießen, denn jeder Augenblick war kostbar und unwiederbringlich. Als ich aus dem Bus ausstieg und über den Campus wanderte, sah ich plötzlich alles mit ganz neuen Augen. Ich weiß, daß das, was ich jetzt erzähle, ein wenig kitschig klingt, aber es ist wirklich passiert. Zum ersten Mal in meinem Leben, wie mir schien, nahm ich das unglaubliche Blau des Himmels wahr, das leuchtende Grün von Gras und Laub und das gleißende Licht, von dem alles ringsum übergossen war. Wie ich da stand, konnte ich das Leben in allem – in den Bäumen, im Gras, im Wind, in der Sonne – und die Einheit des Universums spüren und fühlen, wie alles in der Welt ein Teil von mir war und ich ein Teil von allem anderen. Gefühlswellen voller Intensität überfluteten mich. Meine Fassade, der Panzer, den wir tragen, während wir unseren Weg durch die Welt suchen, war von mir abgefallen, und ich war auf einmal der nackten, pulsierenden Lebenswirklichkeit um mich herum ausgesetzt und aller Weisheit teilhaftig, die mir vom Universum, vom Himmel, oder wovon wir sonst überzeugt sein mögen, zukam.

Mir wurde bewußt, daß mein Intuitionsnetzwerk auf Hochtouren lief. Darin unterschied ich mich nicht von irgendeinem anderen Menschen, der an seine Sterblichkeit erinnert wird. Urplötzlich wußte ich vieles, und manches davon war ziemlich paradox. Ich wußte, daß es eine Kraft im Universum gibt – ob man sie nun Gott oder anders nennt –, durch die Dinge in meinem Leben geschahen, ohne daß ich die Kontrolle darüber hatte, daß mir jedoch zugleich die Gabe verliehen war, Einfluß auf das zu nehmen, was mir widerfuhr. Ich wußte, daß mein Leben eine unendliche Vielzahl von Möglichkeiten in sich barg, aber auch, daß die Welt Grenzen hatte, mit denen ich leben mußte. Ich wußte, daß ich mich nicht zu fest an eine Identität klammern durfte, da sie mir genommen werden konnte. Und ich wußte, daß ich mehr im gegenwärtigen Augenblick leben und mir vor allem über meinen Lebenssinn klarwerden mußte, der mich in der Welt und im Leben verankerte, die ich liebte, und mit dem Universum, das ich jetzt als Ganzheit empfand, und alles, was darin war, als miteinander und mit mir verbunden.

All diese Dinge umfaßt das siebte emotionale Zentrum. Dort erfahren und bestätigen wir unsere Einheit mit Gott oder dem Göttlichen: Gott und ich sind eins. Die Gleichung ist einfach: Man muß einen Sinn in seinem Leben sehen, und man muß den Ort der Lenkung kennen, muß wissen, inwieweit man sein Leben selber lenken kann und inwieweit sich die Lenkung dem eigenen Zugriff entzieht. Im siebten emotionalen Zentrum geht es außerdem um das Anhaften und Loslassen, um unsere Fassade, die Außenhaut, die uns von der Welt trennt und manchmal auch vor Schicksalsschlägen schützt. Zuletzt wird mit dem siebten emotionalen Zentrum der Augenblick im Leben erreicht, an dem es möglicherweise zu Ende geht. Und da jeder irgendwann einmal auf die eine oder andere Art an diesen Punkt gelangt, kommt auch jeder allmählich – oder urplötzlich – mit diesem emotionalen Zentrum in Berührung.

Siebtes emotionales Zentrum

Stärke

- eine klare Vorstellung vom Lebenssinn
- die Überzeugung, daß ich selbst über mein Leben bestimme
- die Überzeugung, daß ich die Ereignisse in meinem Leben beeinflussen kann
- die Neigung zum Anhaften im Leben

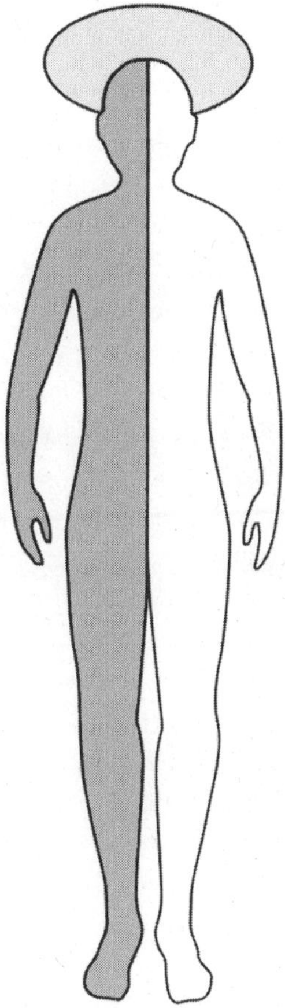

Schwäche

- eine unklare Vorstellung vom Lebenssinn
- die Überzeugung, daß der Himmel über mein Leben bestimmt
- die Überzeugung, daß alles geschieht, wie es geschehen muß
- die Fähigkeit zum Loslassen im Leben

Krankheiten, die mit diesem emotionalen Zentrum zusammenhängen, betreffen oft verschiedene Körpersysteme zugleich, oder es sind Erkrankungen der Muskeln, des Bindegewebes und der Erbanlagen. Wichtig zu wissen ist in jedem Fall, daß wir durch eine lebensbedrohliche Krankheit oder im Endstadium einer unheilbaren Krankheit sehr schnell mit dem siebten emotionalen Zentrum in Berührung kommen, uns dann klarwerden wollen über unseren Lebenssinn und den Grund herausfinden wollen, warum wir gelebt haben bzw. noch leben (siehe Abbildung).

Stärken und Schwächen

»Ich weiß einfach nicht, was ich mit meinem Leben anfangen soll.«

Haben Sie sich das schon einmal sagen hören? Vielen Menschen ergeht es so in irgendeinem Abschnitt ihres Lebens, in dem sie keine klare Vorstellung mehr vom Sinn und Zweck ihres Daseins haben und nicht mehr genau wissen, was sie aus ihrem Leben machen oder welchen Lebensweg sie gehen sollen. Infolgedessen sind sie sehr verwundbar in dem Punkt des siebten emotionalen Zentrums, der den Lebenssinn umschließt. Stärke bedeutet in dieser Kategorie des siebten emotionalen Zentrums, seinem Leben einen Sinn zu geben oder abzugewinnen und ein klares Gespür für den eigenen Lebensweg zu haben. Zur Gesunderhaltung in diesem Zentrum ist es erforderlich, zweierlei miteinander ins Gleichgewicht zu bringen: sich zum einen über seinen Lebenssinn im klaren zu sein, zum anderen jedoch bei der Ausrichtung auf sein Ziel auch die Ungewißheit mancher Faktoren anzuerkennen und sich damit abzufinden, daß man nicht in allen Einzelheiten weiß, was einem im Leben widerfährt oder wie sich alles gestalten wird.

Krampfhaftes Festhalten an einem bestimmten Weg oder an einer bestimmten Identität kann sich ungünstig auswirken. Das Universum ist sehr schrullig und liebt die Ironie. Wenn Menschen ihr Leben und ihre Welt einzig in einer bestimmten Leistung, einer Identität, einer Seinsweise oder gar einer Person sehen und dabei andere Dimensionen ihrer Persönlichkeit vernachlässigen, spielt ihnen das Universum gern einen seiner Streiche: Es nimmt ihnen genau das weg, woran sie ihr Herz gehängt haben, um sie zu zwingen, auch andere Seiten ihrer Persönlichkeit zu entwickeln. Als ich um die Zwanzig war, bin ich viel gelaufen. Zuerst bin ich gelaufen, um mein Gewicht unter Kontrolle zu halten, doch mit der Zeit habe ich mich immer stärker mit meinem Läuferinnendasein identifiziert und schließlich Rennen und Marathons mitgemacht. Eines Tages sagte ich laut: »Solange ich laufen kann, werde ich mein Leben lang schlank bleiben und glücklich sein.« Wie ich bereits erzählt habe, wurde ich kurze

Zeit später beim Joggen von einem Lieferwagen angefahren und mußte am Ende das Laufen ganz aufgeben. Wichtig ist, im siebten emotionalen Zentrum ein Gleichgewicht herzustellen zwischen dem Festhalten an einer bestimmten Identität oder Berufung und dem nötigen Loslassen; nur so kann man entsprechenden Krankheiten vorbeugen.

Im siebten emotionalen Zentrum stellt sich auch die Frage nach Kontrolle und Schöpfung. Es geht darum, wer unserer Auffassung nach unser Leben geschaffen haben könnte und die Zügel in der Hand hält. Stärke äußert sich hier in der Überzeugung, daß es eine *innere* Kontrollinstanz gibt. Mit anderen Worten: Man schafft sich seine Lebensumstände und beeinflußt die Ereignisse in seinem Leben selbst. Das zeugt von Erdverbundenheit. Schwäche zeigt sich in dem Empfinden, daß eine *äußere* Kontrollinstanz das Leben bestimmt und man selbst nur wenig oder gar keinen Einfluß auf die Lebensereignisse hat. In diesem Fall ist man universell ausgerichtet – auf Gott, den Himmel oder eine andere Macht. Menschen mit dieser Überzeugung geben oft etwas in dieser Art von sich: »Es ist eh alles Schicksal« oder: »Daran läßt sich nichts ändern.« Manche glauben, Himmel und Erde ausgeliefert zu sein, andere meinen, selbst alles im Griff zu haben, und niemand habe ihnen da dreinzureden. Ein Gleichgewicht in diesem Bereich läßt sich erzielen, wenn man ein scheinbares Paradox begreift: daß zwar das Universum die höchste Leitung innehat und alles geschieht, wie es geschehen sollte, man selbst jedoch ebenfalls Kontrollmöglichkeiten hat und seinen Lebensweg mitgestalten kann.

Ein weiteres Paradox dieses Zentrums ist der Glaube an unbegrenzte oder unendliche Möglichkeiten, mit dem gleichzeitig die Einsicht einhergeht, daß der eingeschlagene Weg mitunter seine Grenzen hat. Ich für mein Teil mag keine Grenzen. Wenn jemand zu mir sagt: »Das kannst du nicht«, ist das Wasser auf meine Mühle. Dann setzte ich alles daran, es hinzukriegen, wie ich wollte. Aber nach längerem Aufenthalt in dieser Welt und mit zunehmendem Alter sollten wir einsehen, daß wir einigen Einschränkungen unterworfen sind. Gewiß gibt es vorübergehende Behinderungen. Ich nehme sie inzwischen gern hin und arbeite mich hindurch, indem ich mir sage: »Auch das wird vorübergehen.« Unter Umständen gibt es jedoch auch Dauerbehinderungen, die der Himmel nach seinem Willen beschlossen hat, und dieser Möglichkeit sollte man ins Auge sehen.

Auf Ausgewogenheit in all diesen Bereichen hinzuwirken kann dazu beitragen, die Gesundheit im siebten emotionalen Zentrum zu erhalten. Aber wenn sich die Waagschalen in die eine oder andere Richtung neigen, bereiten wir Krankheiten und Beschwerden den Weg.

»Ich brauche rund um die Uhr Pflege«: ein Guillain-Barré-Syndrom

Fred, der Mann einer 60jährigen Patientin namens Shirley, die am Guillain-Barré-Syndrom litt, rief eines Tages in der Klinik an, um eine sehr ungewöhnliche Klage vorzubringen. »Meine Frau kann wieder gehen«, sagte er am Telefon. Seltsam. »Und das finden Sie schlimm?« fragte ich. »Ihrer Frau geht es besser, sie ist auf dem Wege der Genesung, und Sie finden das schlimm?« Fred brachte sie zur Untersuchung. Er erzählte mir, seine Frau sei mit 16 Jahren an einem Virus erkrankt und seitdem an den Beinen gelähmt. Einige Zeit hatte sie offenbar an Krücken herumlaufen können. Aber drei Jahre nach der Heirat mit Fred war sie endgültig an den Rollstuhl gefesselt und nie wieder aufgestanden. Sie war vollkommen auf ihren Mann angewiesen.

Vor kurzem hatte Shirley angefangen, nachts unter Schlafstörungen zu leiden, und Benadryl eingenommen, um wieder besser zu schlafen. Eines Tages hatte sie sich plötzlich aus dem Rollstuhl gehievt, war in die Küche gegangen und hatte zu putzen begonnen. Aber sie war eindeutig verwirrt. Sie stellte ihre Schuhe in den Ofen und das Telefon in den Eisschrank. Da hatte Fred mich angerufen.

Shirley befand sich in einem Frühstadium von Demenz. Außerdem nahm sie zuviel von dem Medikament ein, das Verwirrung bei ihr auslöste. Doch die Tatsache, daß sie ihre Gehfähigkeit wiedererlangt hatte, versetzte mich in helle Aufregung. Ich sagte ihr, sie solle das Benadryl absetzen und in zwei Wochen wiederkommen. Beim nächsten Besuch saß sie wieder im Rollstuhl, und Fred berichtete, daß sie nicht mehr herumlief. Shirley hingegen ärgerte sich, daß sie wieder Schlafstörungen hatte, und verlangte erneut nach einem Schlafmittel. »Finden Sie es denn nicht wunderbar, daß Sie wieder laufen können?« fragte ich sie. »Soll ich Ihnen nicht irgendeine Physiotherapie verordnen, damit Sie sicherer werden?« Shirley sah mich einen Augenblick an. Dann sagte sie etwas Erstaunliches. »Ich kann nicht gehen«, sagte sie. »Ich bin behindert, ich brauche einen Rollstuhl und rund um die Uhr Pflege.« Ich wollte meinen Ohren nicht trauen. Ich fragte sie noch einmal, ob ich ihr zu einer Bewegungstherapie verhelfen sollte, damit sie selbständiger wurde. Aber sie wiederholte sich nur: »Ich bin behindert, ich kann nicht gehen, und ich brauche rund um die Uhr Pflege.« Als ich nicht nachließ, sagte sie wieder das gleiche. Ich schrieb ihr ein Rezept und schickte sie nach Hause.

Shirley hatte eine ganze Reihe von Problemen im siebten emotionalen Zentrum. Sie war eine Frau ohne irgendeinen Lebenszweck – bis auf das Behindertsein, was man ja wohl nicht zählen kann. Außerdem war sie eine Frau, die ihre Eingeschränktheit nicht nur akzeptierte, sondern geradezu verteidigte. Bei Gott, sie war krank, sie würde krank bleiben, und das war's. Sie glich den Ratten, die ich in einem früheren Kapitel einmal beschrieben habe und die die Chance bekamen, den Käfig zu verlassen, in dem sie immer gelebt hatten, diese Chance jedoch nicht wahrnahmen. Obwohl sie ihr Leben lang in ihrem Käfig mit Elektroschocks traktiert worden waren, zogen sie es vor, darin zu bleiben, weil er ihnen vertraut war und sie damit zufrieden waren. Sie hatten ihre Eingeschränktheit akzeptiert und waren keiner anderen Möglichkeit zugänglich. Shirley hatte ebenfalls Gelegenheit, ihren Käfig zu verlassen, aber sie hing zu sehr daran. Ihr Fall war schon fast so etwas wie ein kosmischer Scherz. Mit der Demenz und der daraus resultierenden Verwirrung versuchte das Universum sie vom Festhalten an ihrer Identität als Behinderte abzubringen und ihr ein Quentchen Gesundheit zuzuschieben. Doch Shirley wählte sich das Kranksein als Lebensweg, und sie wählte es sich in der Überzeugung, keine Kontrolle über ihr Leben zu haben, sondern rundum Hilfe von außen zu brauchen. Jetzt baute sie geistig ab; ein Vorhang fiel zwischen sie und die Welt und vergrößerte den Abstand zum übrigen Leben noch. Ihre intuitive Stimme sprach laut und vernehmlich von der Notwendigkeit, etwas in ihrem Leben zu verändern, sich über ihren Lebenssinn klarzuwerden und die Stärken und Schwächen des siebten emotionalen Zentrums besser miteinander auszugleichen. Shirley verkroch sich jedoch lieber in die Schwäche ihrer Behinderung und blieb bei der

Überzeugung, nicht über ihr Leben bestimmen zu können. Ihr Fall macht auf traurige Weise deutlich, daß unsere Intuition zwar ihre Stimme erheben und uns drängen mag, einen anderen Kurs einzuschlagen, aber nur dann Erfolg hat, wenn wir offen sind für sie, auf sie hören und das beherzigen, was sie uns sagt.

Shirleys Fall hatte noch ein interessantes Nachspiel. Einen Monat später rief mich Fred, ihr Ehemann, an und erzählte mir, es sei ein Wendepunkt in seinem Leben gewesen, als er seine Frau darauf bestehen hörte, daß sie behindert sei. Ihm sei dabei klargeworden, daß er die Wahl hatte, wie er selbst weiterleben wollte. Er konnte entweder seinen Lebenssinn darin sehen, seine Frau zu pflegen, die auf ihrer Invalidität beharrte, sowohl physisch als auch emotional. Oder er konnte fortan eine Lebensweise pflegen, bei der er seine eigenen Möglichkeiten besser ausschöpfte. Fred entschloß sich, dem Bedürfnis seiner Frau nach Pflege rund um die Uhr pflichtgetreu nachzukommen, indem er sie in ein gutes Heim gab, und dann seine eigenen Lebensziele zu verwirklichen. Als ich das letzte Mal mit ihm sprach, sagte er: »Mein Leben hat eben erst angefangen.«

Ein Lebensziel

Wenn wir an Leute denken, die wirklich wissen, welchen Zweck ihr Leben hat, fallen uns sicher zuerst Künstler und Schriftsteller ein. Manche Dichter haben ihr Leben lang nach dem Sinn des Lebens und unserem Platz im Universum geforscht. Ich selber habe eine Menge über die Bedeutung des Lebenssinns von der Schriftstellerin May Sarton gelernt.

Nach der Diagnose meiner Schlafstörung und nachdem sich die anfängliche Unruhe besorgter Freunde und Bekannter gelegt hatte, sah ich mich plötzlich allein gelassen im Kampf um meine Gesundheit. Tagsüber konnte ich davor flüchten, indem ich mich in hektische Betriebsamkeit stürzte. Am Abend aber mußte ich in Bewegung bleiben, weil mir davor graute einzuschlafen. Solange ich mich bewegte, blieb ich wach, aber kaum blieb ich stehen, fürchtete ich umzufallen. Deshalb bestieg ich abends nach meiner Forschungsarbeit an der Bostoner Universität die U-Bahn und fuhr kreuz und quer durch die Stadt. Irgendwann mußte ich dann aber doch nach Hause in mein Apartment, die Türe hinter mir schließen und mich allein mit meinem Problem herumschlagen. Und das war sehr, sehr schwer.

Während meiner Bemühungen, wieder mit dem Lesen zu beginnen, fand ich in der Bibliothek ein Buch mit dem Titel *Journal of a Solitude* (»Tagebuch der Einsamkeit«) von May Sarton.[41] Vereinsamt, wie ich war, dachte ich mir, daß es etwas für mich sein könnte. Und so war es auch. Sarton, eine bekannte Schriftstellerin, beschrieb darin ihre eigene Auseinandersetzung mit dem Alleinsein. Aber sie schrieb auch von ihrer Suche nach Kreativität und wie diese zunimmt, wenn man ein Ziel vor Augen hat und sich der Muse überläßt, der schöpferischen Kraft in der Welt. Immer wieder schreibt Sarton davon, wie sie morgens aufwachte, nicht schreiben konnte und sich deshalb elend fühlte. Doch dann kam es vor, daß ihr Blick auf eine Vase mit Blumen auf dem Tisch fiel, und der bloße Anblick eines Lichtstrahls, der in einer bestimmten Weise ein Rosenblütenblatt streifte, war wie ein Kuß der Muse, so daß ihr auf einmal die Worte nur so aus der Feder flossen. Auch ich hielt unentwegt in den einfachen Dingen Ausschau nach Licht und Lebensfreude, nach dem Licht, das mich aufwecken würde und mir trotz meines Schlafproblems das Gefühl gab, lebendig zu sein. Das Buch inspirierte mich so, daß ich May Sarton einen Brief schrieb, in dem ich ihr mitteilte, wieviel ihr Buch mir bedeute und wie sehr es mir geholfen habe, inmitten meiner Schwierigkeiten Frieden zu finden. Ich schrieb ihr, daß meine Erkrankung selbst eine Art Muse für mich geworden sei, wie das Licht auf ihrem Rosenblütenblatt. Sie habe mir die Augen dafür geöffnet, wie wichtig ein Gefühl für den eigenen Lebenssinn sei. Ich schrieb, daß sie mich mit der gleichen Art von Gefühl in Berührung gebracht habe, die schöpferisches Tun mit sich bringt. Wenn man im Labor eine Entdeckung mache, fühle man sich, als hätte einen der Finger Gottes berührt, als würde man von Lebensenergie durchströmt. Durch meine Krankheit hätte ich gelernt, das Leben ebenso zu umarmen, wie sie, die Dichterin, das Leben in sich aufnähme und dann, getreu ihrem Lebenszweck, in ihr Schreiben einfließen ließe.

May Sarton erwiderte meinen Brief und rief mich auch noch an, um mir für meinen Brief zu danken. Irgendwann besuchte ich sie in Maine, wo sie zu Hause war, und dort unterhielten wir uns weiter über diese grundlegenden Fragen des Lebens und des Lebenssinns. Einmal erhob sie sich mitten im Gespräch von der Couch, auf der sie gesessen hatte, und trat an ein Bücherregal mit lauter schönen ledergebundenen Büchern. Sie machte eine ausladende Bewegung mit dem Arm. »Wissen Sie, Mona Lisa«, sagte sie, »wann immer ich das Gefühl habe, ein sinnloses Leben zu führen, schaue ich mir einfach nur diese Bücher an, die ich geschrieben habe, und dann weiß ich, daß ich etwas Sinnvolles für die Welt getan habe.« Unsere Freundschaft hielt fünfzehn Jahre bis zu ihrem Tod. Sie ist mir immer eine der bedeutungsvollsten Beziehungen meines Lebens geblieben. Und sie ist in meinem Geist für immer fest mit der Zeit in meinem Leben verbunden, in der mir meine Intuition durch die Erkrankung die Augen für Wahrheiten des siebten emotionalen Zentrums öffnete.

Das Leben als sinnvoll zu empfinden ist bei jedem Menschen ausschlaggebend für Gesundheit und Wohlbefinden. Worin man seinen Lebenssinn findet, ist unterschiedlich. Die einen sehen ihren Lebenssinn darin, Kinder großzuziehen oder ihren Mitmenschen zu helfen. Die anderen ziehen ihn vielleicht aus Arbeit und Beruf, aus einer bestimmten Tätigkeit oder Kunst. Jeder muß selbst wissen, worin er seine wahre Erfüllung im Leben findet. Und er muß seinem Lebensziel treu bleiben. Einen anderen Weg einzuschlagen, nur weil es von einem gewünscht wird oder weil es bequemer ist, bringt nichts. Ein solches Verhalten hat unweigerlich Auswirkungen auf die Organe des siebten emotionalen Zentrums und kann sogar lebensbedrohliche Erkrankungen auslösen.

Unter Umständen verfolgt man einen Lebensweg, der sinnvoll erscheint, um dann vom Universum über die Intuition einen Wink zu bekommen, daß dieser Weg nicht der richtige ist. Oder man hat für eine gewisse Zeit seines Lebens ein Ziel verfolgt, das sich erledigt hat, so daß man sich etwas Neues suchen muß. Wenn das geschieht, muß man sich von einer bestimmten Identität und Lebensabsicht lösen können. Da ich meiner intuitiven Stimme gegenüber ein wenig taub bin, mußte ich erst schwerkrank werden, um meine Lektion zu lernen; das fiel in die Zeit, als ich weiter Neurologie studieren wollte und ständig Probleme mit der Wirbelsäule hatte. Meine innere Stimme sagte mir, daß das Universum nicht mit der Richtung einverstanden war, die ich eingeschlagen hatte, aber ich hörte nicht hin, weil ich das tat, was ich immer hatte tun wollen und von dem ich überzeugt war, daß es meine Berufung sei und mir entspräche. Nachdem vier Wirbel kaputt waren, mußte ich etwas ändern.

Es ist weder gut noch gesund, mit einem Ziel so stark durch den Willen (fünftes emotionales Zentrum) und den Verstand (sechstes emotionales Zentrum) verbunden zu sein, daß ein Übergewicht auf seiten der Stärke entsteht. Ebensogut könnte man sich auf Eisenbahnschienen stellen und sagen: »Entweder halte ich den nächsten Zug auf, oder er kommt gar nicht.« Das einzige, was geschieht, ist, daß man überfahren wird. Die Wucht des siebten emotionalen Zentrums ist derart, daß es alles, was die anderen emotionalen Zentren enthalten, außer Kraft setzen kann. Dabei spielt es keine Rolle, ob alle in der Familie (der Rückhalt im ersten emotionalen Zentrum) sagen: »Du wirst Neurologin« oder ein Partner (Rückhalt im zweiten emotionalen Zentrum erklärt: »Ich helfe dir, daß du Neurologin werden kannst«, auch nicht, daß Professoren einem die besten Noten geben für gute Leistungen (drittes emotionales Zentrum) und behaupten: »Sie werden auf jeden Fall Ihren Facharzt in Neurologie machen!« Es ist auch völlig gleichgültig, ob man sich leidenschaftlich dazu berufen fühlt (viertes emotionales Zentrum) oder einem der Verstand sagt, daß man es schaffen kann (fünftes emotionales Zentrum). Wenn es im siebten emotionalen Zentrum nicht sein soll, muß man sein Leben mit neuem Sinn erfüllen und es neu beginnen.

»Ich bin nur für meine Männer da«: ein Fall von Lateralsklerose

Lesung: Als mich die 70jährige Irma zum Zwecke einer Lesung anrief, hatte ich sofort eine Frau vor meinem inneren Auge, die nicht recht wußte, wozu sie eigentlich lebte. Ich konnte nicht entdecken, was sie in ihrem Körper festhielt, warum sie überhaupt auf der Welt war. Wie ich bemerkte, war bisher ihr einziger Lebenszweck ein Mann gewesen, ein Mann, der ihr Ritter hoch zu Roß war. Ich sah Irma inmitten einer Gruppe, die ihr Rückhalt gab, ihrer Familie, aber an diesen Menschen lag es nicht, daß sie wünschen mochte, hier zu bleiben. Das einzige Familienmitglied, das ihr den Grund dafür geliefert haben könnte, war nicht mehr bei ihr, und damit war ihr der Boden entzogen. Den anderen Familienangehörigen schien es das Herz zu brechen, dies mit ansehen zu müssen. Sie versuchten offenbar, ihr beizustehen, ihr die Augen dafür zu öffnen, daß sie ihnen wichtig war und daß auch sie alle ihr wichtig sein wollten, aber vergebens. Es war, als hätte Irma gar keine Augen für sie, weil sie sich nur auf die eine Person konzentrierte, die nicht mehr in ihrem Lebenskreis weilte.

Ein Blick auf ihren Körper zeigte mir, daß ihr Kopf nach links geneigt war. Ich sah, wie sie sich setzte und kaum wieder aufstehen konnte. Ihr Körper wirkte wie zusammengeschnürt. Ihre Gliedmaßen erschienen mir starr und bewegungsgestört. Der rechte Fuß war klauenartig nach innen gekrümmt und verkrampft. Er ließ sich nicht bewegen. Ich hatte keine Ahnung, was Irma fehlte. Was ich erkannte, war, daß sie in ihrem Leben zum Stillstand gekommen war und ihr rechtes Bein buchstäblich in der Vorwärtsbewegung erstarrt war, um sich nie mehr zu rühren.

Fakten: Irma war die meiste Zeit ihres Lebens zu Hause geblieben und hatte ihre Kinder großgezogen. Man könnte fast sagen, daß die Kinder ihr Leben waren, aber das traf die Sache nicht ganz. Sie sorgte zwar für all ihre Kinder, aber letztendlich drehte sich ihr Leben um den Ältesten, ihren einzigen Sohn. Neben dem Ehemann war er der Mittelpunkt ihres Lebens und ihr Daseinsgrund. Kurz: Irma lebte nur für die Männer in ihrem Leben. Überall in ihrem Freundeskreis pries sie die Vorzüge ihres Sohnes und ihres Mannes. Als der Sohn Neurochirurg wurde, platzte sie beinahe vor Stolz.

Dann starb ihr Mann, und ihr Sohn nahm eine Stellung an einer renommierten Universität in einer weit entfernten Stadt an. Irma war am Boden zerstört. Mit einem Schlag hatten beide Männer ihres Lebens sie verlassen. Ihre beiden Töchter versuchten, ihr die Männer zu ersetzen. Aber Irma nahm ihre Anstrengungen entgegen wie Postwurfsendungen, die man nie wirklich anguckt, sondern irgendwo auf dem Küchentisch stapelt. Sie wollte richtige Post (bzw. Männer). Sie wollte so etwas wie den Brief, den man vor lauter Erwartungsfreude schon vor der Haustür aufreißt. Dies wiederum war niederschmetternd für die Töchter.

Eines Tages stürzte Irma, und von da an konnte sie kaum noch gehen. Sie mußte einen Rollstuhl benutzen und suchte einen Neurologen nach dem anderen auf. Schließlich wurde amyotrophe Lateralsklerose (ALS) bei ihr diagnostiziert, eine Erkrankung des Rückenmarks, die Lähmungen hervorruft.

Irmas Schwierigkeiten bestanden darin, daß sie ihren Lebenssinn verloren hatte und sich weigerte, sich einen neuen zu schaffen. Vorher hatte ihr Leben nur den einen Zweck gehabt, für ihre Männer dazusein; sie hatte für sie und durch sie gelebt. Sie war die typische Ehefrau und Mutter, und als sie keinen Mann mehr hatte, konnte sie im wahrsten Sinne des Wortes nicht mehr stehen. Ihr Fall war einfach wie die meisten im Bereich dieses emotionalen Zentrums. Wenn man sie dramatisiert und nach weiteren Informationen sucht, landet man schließlich im sechsten emotionalen Zentrum und verfällt ins Grübeln, Sinnieren und Rationalisieren.

Irmas Empfinden, daß ihr Leben sinnlos geworden war, zeigte, daß sie psychisch angeschlagen war. In der Überzeugung, nichts mehr an ihrem Leben ändern zu können, hatte sie sich zu sehr auf die Schwächeseite des siebten emotionalen Zentrums verlegt. Sobald der Sohn sie verlassen hatte, begann sie sich vom Leben zurückzuziehen. ALS ist eine Krankheit, die ähnlich der multiplen Sklerose einen sehr unterschiedlichen Verlauf nehmen kann. Manche Leute leben noch jahrelang damit, andere sterben schnell. Studien mit ALS-Patienten haben aufgezeigt, daß psychisch Angeschlagene, die sich von außen lenken lassen und keinen rechten Sinn mehr in ihrem Leben sehen, mit höherer Wahrscheinlichkeit schneller sterben als Patienten mit gesünderem seelischem Befinden. Diejenigen, die ihr Leben als sinnlos empfanden, lebten im Durchschnitt nur noch knapp ein Jahr nach Diagnosestellung. Im Gegensatz dazu waren von innen gelenkte Patienten weniger hoffnungslos, weniger depressiv und lebten im Schnitt noch ungefähr vier Jahre nach Diagnosestellung.

Dies ist ein wichtiges Forschungsergebnis in unserem Land mit seiner Opfer-Mentalität, wo wir fast alle die meiste Zeit zur Schwäche neigen mit unserem Glauben, etwas würde uns »angetan« und wir wären »ihm ausgeliefert« (Außenlenkung). Ebenso wie die Risikopatienten der Studie glauben auch wir, daß das Gute, das wir in unserem Leben erfahren, nichts mit unserem Handeln zu tun hat, sondern Schicksal, Glückssache oder anderen zu verdanken ist. Dabei machen Studien wie diese deutlich, daß diejenigen, die ihrem Leben einen Sinn geben und überzeugt sind, über ihr Schicksal mitbestimmen zu können, sich wahrscheinlich besserer Gesundheit erfreuen und ihre Lebenserwartung steigern. Mit anderen Worten: Hätte Irma auf die Stimme ihrer Intuition gehört – daß Veränderung not tat und sie ihren Lebenssinn neu definieren mußte –, hätte sie die Chance gehabt, den Verlauf ihrer Krankheit bis zu einem gewissen Grad günstig zu beeinflussen. Anders betrachtet: Sie hätte alle Dinge in ihrem Leben einmal mit anderen Augen anschauen sollen, statt sie immer nur als »Postwurfsendung« abzutun. Es gab noch so vieles, was sie tun konnte, etwa, die Beziehung zu ihren Töchtern zu verbessern oder zu versuchen, in anderen zwischenmenschlichen Beziehungen einen Lebenssinn zu finden.

Der Verlust eines Menschen, der in unserem Leben eine wichtige Bedeutung hat, gilt seit langem als ein Hauptfaktor für bestimmte neurologische Erkrankungen, darunter auch multiple Sklerose (MS), ebenfalls eine Krankheit im Bereich des siebten emotionalen Zentrums. In einem berühmten Bericht, der auf das Jahr 1822 zurückgeht, wird der Fall von Augustus d'Este, einem unehelichen Sohn des Herzogs von Sussex, beschrieben. Augustus wuchs bei einem Ersatzvater auf, der ihn unter seine Fittiche nahm, ihm zu einer Identität verhalf, ihm einen Lebenssinn gab und ihn wie seinen eigenen Sohn aufzog. Dieser Ersatzvater starb, als Augustus noch ein junger Mann war. Gleich nach seiner Beisetzung erkrankte Augustus an multipler Sklerose.[42]

Viele Experten haben ähnliche Fälle angeführt, in denen Tod oder Verlust einer wichtigen Person die Hinterbliebenen dazu bringt, ihren Lebenssinn und -zweck zu überdenken und neu zu bewerten. Eine Frau ertappte ihren geliebten Gatten im Bett einer anderen und erkrankte bereits am darauffolgenden Tag an MS. Eine andere Frau erkrankte mit 35 Jahren an MS, nachdem ihr Mann gestorben und ihr Sohn bei einem Autounfall ums Leben gekommen war, so daß sie allein zurückblieb und ihr Leben als sinnlos empfand. Wieder eine andere Frau bekam mit 32 Jahren MS, als sie die Nachricht erhielt, daß sowohl ihre Eltern als auch ihr Bruder gestorben waren. Und eine 38jährige Frau erkrankte an MS, als sie erfuhr, daß sie steril war. Jungverheiratet, hatte sie davon geträumt, Kinder zu bekommen; das war ihr Lebenstraum gewesen, das, was sie als ihren Lebenszweck angesehen hatte.

All diese Menschen konnten die Tatsache nicht akzeptieren, daß sie ihr Leben plötzlich selbst in die Hand nehmen mußten. Personen oder Dinge, die ihrem Leben Sinn und Halt gegeben hatten, wurden ihnen plötzlich entrissen, so daß sie gezwungen waren, ihren Lebenszweck neu zu definieren und zu bestimmen. Als sie das nicht vermochten, erkrankten sie an multipler Sklerose. MS-Kranke sollen einen »Komplex des Aufgebens und Nachgebens« haben. Angesichts von emotionalen Problemen oder unter einem emotionalen Schock brechen sie zusammen. Sie sehen keinen Sinn mehr in ihrem Leben und können nicht mehr weiter. Bei ihnen ist die Fähigkeit erloschen, dem Leben noch einen Sinn abzugewinnen. Dies war auch der Fall bei der Frau in der folgenden Geschichte.

Das Handtuch werfen: ein Fall von multipler Sklerose

Lesung: Bei Jane, 32 Jahre alt, fiel mir auf, daß sie einer Arbeit nachging, die nicht nach ihrem Herzen war und in der sie keinen rechten Sinn sah. Bei dieser Tätigkeit konnte sie ihre intellektuellen Fähigkeiten und Kenntnisse nicht anwenden, und sie fand auch keine Anerkennung. Sie trat auf der Stelle, ohne je ans Ziel zu kommen. Offenbar strampelte sie sich so ab, damit jemand anders das Rennen machen konnte, oder sie wartete darauf, daß sie an die Reihe kam. Fast schien es, als handle es sich um einen Staffellauf, bei dem der andere gerade seine Runden lief und sie warten mußte, bis er fertig war und sie loslegen konnte. Ich bemerkte, daß Jane es langsam leid wurde, immer auf der Stelle zu treten. In Janes Kopf fielen mir weiße Stellen auf, als hätte sie Q-Tips oder kleine Wattebällchen im Gehirn.

Fakten: Jane hatte immer Jura studieren und Anwältin werden wollen. Zufällig hatte ihr Mann den gleichen Traum. Um sein Studium zu finanzieren, stellte Jane ihre eigenen Pläne zurück und arbeitete als Kindermädchen. Als ihr Mann sein Studium abschloß, wollte sie sich an der Universität einschreiben. Doch da verkündete ihr Mann überraschend, er wolle weiterstudieren und zusätzlich zu seinem juristischen Doktorgrad noch einen Ph.D. erwerben.

Wieder legte Jane ihre eigenen Pläne auf Eis. Bald darauf fielen ihr bei der Arbeit immer öfter Sachen aus der Hand. Sie begann undeutlich zu sprechen. Die Diagnose: multiple Sklerose.

Jane war unausgefüllt und unglücklich und konnte ihr Lebensziel nicht verwirklichen. Bewußt gestand sie sich das nicht ein, aber ihr Körper meldete sich durch ihre Intuition. Als Jane einwilligte, ihre eigenen Studienpläne noch einmal zurückzustellen, damit ihr Mann sein Studium fortsetzen konnte, gab sie seinem Wunsch nach, sein Lebensziel zu verfolgen. Das hieß jedoch, ihr eigenes nicht zu verwirklichen. Es wäre besser gewesen, wenn Jane ihrem Mann gesagt hätte, nun reiche es, und jetzt sei sie an der Reihe, sich ihren Wunsch zu erfüllen. Aber Jane meinte offenbar, keine Kontrolle über das zu haben, was mit ihrem Leben geschah. Sie hatte das Empfinden, von anderen gelenkt zu werden, die entsprechende Macht besaßen, und sah kaum Möglichkeiten für sich. Sie war nicht dazu fähig, die Verantwortung für ihren eigenen Lebensweg zu übernehmen.

Mit dem Einsetzen der multiplen Sklerose gab ihre Intuition ihr noch einmal die Chance, einsichtig zu werden und ihr Lebensziel endlich zu verwirklichen. Leider tat Jane genau das Gegenteil. Nachdem sie ihrer Familie die Diagnose eröffnet hatte, beschloß sie, statt sogleich mit aller Kraft auf ihr Ziel hinzuarbeiten, wieder den Wünschen ihres Mannes nachzugeben, diesmal dem Wunsch *nach einem Kind*. Mehr konnte sie ihres Erachtens nicht für die Familie tun, bevor sie körperlich verfiel.

Jane gab nicht nur nach, sie gab auf. Sie dachte: Ich habe MS und werde ohnehin bald sterben, also kann ich ruhig der Welt noch ein Kind schenken, bevor ich abtrete. Aber dies war nicht ihr wahres Lebensziel und verschlimmerte nur den Krankheitsverlauf. Studien haben erwiesen, daß Menschen, bei denen die multiple Sklerose einen besonders bösartigen Verlauf nimmt und sie vollständig lähmt, in der Regel das Gefühl haben, sehr wenig Kontrolle über ihr Leben zu haben. Sie sind außengelenkt und glauben, nichts an dem ändern zu können, was ihnen widerfährt. Nicht, daß sie der Meinung wären, es geschähe alles so, wie es sollte oder wie das Universum es vorgesehen hätte; vielmehr haben sie das Empfinden, ein Opfer von Kräften jenseits ihrer Kontrolle zu sein.

Ebenso wie diese Leute hatte sich auch Jane zu sehr auf die Seite der Schwäche im siebten emotionalen Zentrum verlegt. Sie vermochte ihren Lebenszweck nicht klar zu definieren und hatte den Eindruck, kaum etwas an ihrer Lage ändern zu können. Als sie sich schließlich ganz den äußeren Kräften ausgeliefert fühlte, versuchte sie, sich ein anderes Lebensziel zu stecken. Doch da sie auch dabei sich selbst nicht treu blieb, verschlimmerte sie ihre Situation nur noch. Wäre sie endlich dem nachgegangen, was sie im Grunde ihres Herzens als Lebenssinn ansah, und hätte das Gefühl entwickelt, Einfluß nehmen zu *können* auf die Ereignisse in ihrem Leben, hätte sie ein besseres Gleichgewicht in diesem emotionalen Zentrum erreicht und die Chance gehabt, gesünder zu sein.

Die Fassade aufrechterhalten

Als ich von den ersten Jahren meines Medizinstudiums und meiner Begegnung mit dem Tod erzählt habe, sagte ich, daß ich das Empfinden gehabt habe, meine Fassade sei weggefallen, so daß sich nichts mehr zwischen mich und die Welt ringsum schob und ich mein totales Einssein mit dem Universum und all seinen Geschöpfen spürte. Diese Erfahrung machen die meisten Menschen, die mit dem Tod in enge Berührung kommen, sei es durch eine Krankheit, einen Unfall oder ein anderes lebensbedrohliches Ereignis. Dann kommen sie schlagartig mit ihrem siebten emotionalen Zentrum in Kontakt. Auf einmal sehen sie das Leben mit ganz neuen Augen. Sie erleben es mit einer *unmittelbaren Intensität.* Sie fühlen, hören und sehen die Dinge mit großer Klarheit. Nichts trennt sie von der ungebrochenen Lebensenergie ringsumher. Kein Schleier legt sich vor die rauhe Wirklichkeit des menschlichen Daseins oder vor das Hochgefühl von Leidenschaft und Kreativität. Es gibt keine Fassade mehr.

Im täglichen Leben schützt uns unsere Fassade vor den schwierigeren, weniger angenehmen Aspekten der Welt und unserer Mitmenschen wie etwa der dauernden, manchmal notwendigen Heuchelei, von der das menschliche Handeln durchdrungen ist. Diejenigen, von denen die Fassade abgefallen ist, können so etwas nur schwer ertragen; selbst kleine Notlügen können sie nicht mehr hören, ohne empört darauf zu reagieren, geschweige denn die Spielchen mit ansehen, die allseits ausgetragen werden, oder die Manipulationen und Intrigen. Obwohl diese radikale Ehrlichkeit eigentlich gut ist, macht sie in mancher Hinsicht das Leben schwerer und schmerzhafter, weil sie einen absondert und als empfindlichen, feindseligen Menschen etikettiert.

Außerdem werden wir, wenn unsere Fassade abgefallen ist, vollkommen offen für die Intuition. Sobald die Fassade weg ist, steht nichts mehr zwischen uns und unseren Gefühlen, so daß wir direkt aus der Quelle intuitiven Wissens trinken können. Das könnte natürlich wunderbar sein. Aber der Wegfall der Fassade birgt auch Gefahren in sich. Zwar hören, sehen oder fühlen wir plötzlich alles sehr klar, was vor sich geht, aber unter Umständen pendeln wir zu stark auf die Schwächeseite und hören auf einmal auch alles, was andere denken, oder fühlen die Schmerzen anderer buchstäblich am eigenen Leibe. Dies kann äußerst schmerzhaft sein. Man gleicht der telepathisch begabten Deanna Troi aus *Raumschiff Enterprise: Das nächste Jahrhundert.* Obwohl ich mir diese Serie selten angesehen habe, weil ich die Figuren nie auseinanderhalten konnte (sie trugen alle die gleichen Anzüge), war ich doch von dieser einfühlsamen Gestalt beeindruckt. Sie ist der Gegenpart zu Mr. Spock aus *Raumschiff Enterprise*, dem Inbegriff kalter, gefühlloser Vernunft. Deanna Troi erinnert an ein voll aufgedrehtes Empfangsgerät, das jede Botschaft aufnimmt, die herumschwirrt. Es fällt ihr schwer, an die Erde gebunden zu leben, an den Körper gefesselt zu sein wie jemand, der aus dem ersten emotionalen Zentrum lebt, weil sie ein Kind des siebten emotionalen Zentrums ist. Deanna Troi weist ebensolche extreme Schwäche im siebten emotionalen Zentrum auf wie Mr. Spock Stärke.

Wirkliche Menschen können so natürlich nicht lange leben. Die Wucht der intuitiven Eingebungen ist einfach zu überwältigend. Bei der Fülle von eingehenden Informationen wird man verrückt. Wie ich im letzten Teil dieses Buches noch erklären werde, sind die meisten von uns zu bestimmten Zeiten empfänglicher für die Stimme der Intuition. Während bestimmter Phasen ihres monatlichen Zyklus sind Frauen aufgrund von Hormonen, die dann wirksam werden, wie elektrisiert, außerordentlich feinfühlig und verwundbar, aber dieser Zustand ist nicht von Dauer.

Eine Nahtoderfahrung oder ein lebensbedrohliches Erlebnis verändert Menschen unweigerlich. Eine Frau, die beinahe an Brustkrebs gestorben wäre, jedoch durch Chemotherapie und Bestrahlung noch einmal davonkommt, ist bis zu einem gewissen Grad für immer verändert. Bei solchen Menschen vollziehen sich dann im allgemeinen eine Menge äußerer Veränderungen. Sie wechseln vielleicht den Beruf, verändern ihre Beziehungen und vieles mehr. Nach etwa vier Jahren kehrt zwar wieder eine gewisse Normalität ein, baut sich wieder ein Stück Fassade auf, kommt es zu einem gewissen Ausgleich von Stärke und Schwäche im siebten emotionalen Zentrum, aber sie verlieren nie mehr ganz die Verbindung zu dem Universum, das sich ihnen kurz unverhüllt offenbarte. Sie werden zu einer Art Kombination aus Mr. Spock und Deanna Troi. Mitunter sitzen sie mit uns am Tisch und unterhalten sich mit uns über Gardinenstoffe, um plötzlich auf etwas unglaublich Wichtiges von tiefer Bedeutung zu sprechen zu kommen. Sie kehren nie ganz zurück.

Eine normale, gesunde Fassade hält uns im Gleichgewicht mit der übrigen Welt. Ist unsere Fassade zu dick, unsere Trennung von der Welt also zu stark, sind wir unter Umständen zu sehr vom Leben und unserem Lebenszweck abgeschnitten. Wenn wir hingegen nur eine dünne Fassade oder gar keine haben, werden wir von jeder Kleinigkeit außerhalb unserer selbst in Mitleidenschaft gezogen und sehen das Leben völlig anders als unsere Mitmenschen.

Eine Häutung: ein Fall von Weißfleckenkrankheit

Lesung: Carolyn, 55 Jahre alt, wirkte auf mich ungeheuer stark, wie ein echtes Kraftpaket, das es mit der Welt aufnimmt und Großes vollbringt. Aber ich bemerkte, daß sie dies aus unerfindlichen Gründen nicht mehr schaffte. Ihre Fähigkeit, in der Außenwelt etwas zu leisten, war herabgesetzt, und ich konnte tiefe Enttäuschung bei ihr spüren. Jemand in ihrer näheren Umgebung schien traurig und deprimiert zu sein. Sie wollte ihn lehren, sich auf etwas anderes zu konzentrieren als auf seine Depression, vermochte es jedoch nicht. Nun mußte sie sich mit der Einsicht abfinden, daß sie bei dem Betreffenden nichts ausrichten konnte; sie konnte ihm keine andere Lebensanschauung vermitteln, obwohl sie sich im Laufe ihres Lebens solche Fähigkeiten erworben hatte und diese Kenntnisse inzwischen sogar durch ihre Tätigkeit an andere weitergab. In Carolyns Körper fielen mir verschiedene kleinere Probleme im Beckenbereich auf und im Zusammenhang damit das Unvermögen, den Urin zu halten. Auch in der Lunge bahnte sich etwas an. Aber alarmiert war ich, als ich mir die Haut vornahm. Ich konnte nicht genau erkennen, was es war, aber Carolyn sah aus, als könnte sie überhaupt keine Sonne vertragen, weil sie dadurch Gefahr lief, an Krebs zu erkranken.

Fakten: Carolyn war Therapeutin und hatte Probleme mit ihrem Sohn. Vor drei Jahren hatte er nach einer schweren Knieverletzung seine Karriere als olympischer Leichtathlet aufgeben müssen, und dieser plötzliche Machtverlust hatte ihn in eine tiefe Depression gestürzt, aus der ihn Carolyn mit nichts wieder aufrütteln konnte. Sie hatte versucht, ihm Ziele vor Augen zu führen, ihn für ihre Arbeit oder ein Collegestudium zu interessieren oder ihm einen anderen Beruf zu suchen, zum Beispiel im Immobiliengeschäft, aber vergeblich. Der Sohn widersetzte sich allen Anstrengungen ihrerseits und blieb in seine Depression versunken. Er hatte schon immer eine depressive Ader gehabt, so daß Carolyns Bemühungen im Grunde von vornherein zum Scheitern verurteilt waren. Trotzdem wollte Carolyn die Unfähigkeit ihres Sohnes zu einer Veränderung nicht hinnehmen, seine fehlende Einsicht, daß sich sein Lebensziel gewandelt hatte und er nach einem neuen Sinn suchen sollte und mußte. Sie konnte es nicht hinnehmen, weil sie selber in jungen Jahren in einer ähnlichen Krise gesteckt hatte, woraufhin sie sich dagegen angestemmt und sie mit all ihrer Kraft gemeistert hatte. Mit 14 Jahren, kurz nach dem Tod ihrer geliebten Mutter, war Carolyn an Vitiligo erkrankt, der seltenen Weißfleckenkrankheit, bei der die Haut ihre Pigmentierung einbüßt. Carolyns Haut war unnormal weiß, so daß sie aussah wie ein Albino. Es war, als wäre ihr die Haut abgezogen worden und sie entblößt in der Welt zurückgeblieben. Tatsächlich verstand sie das, was mit ihr geschehen war, in genau diesem Sinne. Sie sprach von ihrer Erkrankung als dem Zeitpunkt, »als Gott mir meine Haut nahm«.

Die Mutter war für Carolyn ihr ein und alles gewesen, sie hatte sehr an ihr gehangen. Als sie starb, verlor Carolyn ihre Heldin und war der Welt preisgegeben. Dann nahm Gott Carolyn die Haut und damit die Fassade, die sie vor den Wellen und Brandungswogen des Weltgeschehens hätte schützen können. Für eine Vierzehnjährige kann das eine Katastrophe sein, denn in diesem Alter präsentieren wir uns der Welt, und dabei ist unsere Fassade, die äußere Erscheinung, ungemein wichtig. Gleichzeitig versagte die Krankheit Carolyn, sich im Freien sportlich zu betätigen, was sie leidenschaftlich gern getan hatte. Nach ihrer Erkrankung durfte sie ihre Haut nicht mehr der Sonne aussetzen.

Zwar war Carolyns Erkrankung nicht lebensbedrohlich, aber sie veränderte ihr Leben. Sie war auf einmal gezwungen, sich und ihr Leben mit anderen Augen anzuschauen als vorher und anders als die anderen Menschen. Die Erkrankung warf die Frage nach dem Sinn ihres Lebens auf. Wie sie sagte, mußte sie danach einen neuen Grund für ihr Leben auf der Erde finden. Sie horchte nach innen, verließ sich auf ihre innere Kraft, um Mittel und Wege zu finden, der intuitiven Stimme zu gehorchen und ihrem Lebensweg eine neue Richtung zu geben. Carolyn wurde Therapeutin, weil sie andere Menschen lehren wollte, aus sich selbst heraus neue Fähigkeiten zu entwickeln, um Widrigkeiten und Hindernisse zu überwinden. Gleichzeitig hatte sie einen Sohn, der sich nicht belehren ließ, das zu tun, was sie selbst getan hatte.

Carolyn hatte noch immer Schwierigkeiten mit dem Anhaften und Loslassen und litt weiterhin darunter, keine schützende Maske mehr zu haben. Sie konnte sich nicht von ihrem Sohn lösen und ihn so akzeptieren, wie er war, und sie konnte ihm die Intensität und Unmittelbarkeit nicht vermitteln, die ihr Gefühl für das Leben prägten, nachdem ihre Fassade weggefallen und sie in enge Berührung mit der Welt gekommen war. Sie merkte zwar, daß ihr Sohn seinem Leben einen Sinn geben mußte, aber sie konnte ihn nicht dazu bewegen. Der im siebten emotionalen Zentrum begründete Blickwinkel ist nicht übertragbar. Carolyns Sohn hatte offensichtlich noch nicht den Punkt in seinem Leben erreicht, wo er die Dinge so sehen oder empfinden konnte wie sie. Er konnte nicht mit der gleichen Leidenschaft und Intensität leben und erleben wie sie.

Das große Geheimnis

Warum sind wir hier? Warum werden wir krank? Warum gerade ich?

Nicht auf all diese Fragen gibt es eine Antwort. Manches bleibt ein ewiges Geheimnis. Es fällt uns schwer, das hinzunehmen. Der Mensch neigt dazu, Informationen zu sammeln, die Zusammenhänge zu durchschauen und die Details einzuordnen. Wissen ist Macht, heißt es, und wenn wir im Besitz des Wissens sind, können wir uns selber helfen.

Doch nicht alles Wissen ist uns zu allen Zeiten zugänglich. Im siebten emotionalen Zentrum müssen wir uns daher mit dem Geheimnis, das unserem Leben innewohnt, befassen und lernen, uns damit abzufinden.

Wenn wir lange genug warten, offenbart sich das Geheimnis manchmal ganz von selbst oder findet eine Erklärung. Vor einigen Jahren rief mich eine verzweifelte Frau an und flehte mich an, sogleich ihrem Mann, der gerade mit mehrfachem Organversagen ins Krankenhaus eingeliefert worden war, eine Lesung zu geben. Er lag auf der Intensivstation im Sterben. Das ist genau die Art von Situation, die ich als intuitive Heilerin möglichst meide. Wenn es kritisch um Menschen steht, sind sie meist nicht dazu in der Lage, sich etwas über Gefühle anzuhören, die dazu geführt oder beigetragen haben könnten. Das wäre so, als würde man mitten in einem lodernden Feuer stehenbleiben und sich fragen: »Warum läßt mein Karma dieses Feuer ausbrechen?« Zuerst löscht man das Feuer. Dann stellt man die betreffenden Nachforschungen an. In gleicher Weise war es zunächst einmal wichtig, daß sich der Ehemann dieser Frau der ärztlichen Behandlung unterzog, bis sich sein Zustand stabilisiert hatte. Falls das Paar dann immer noch eine Lesung wünschte, konnte es sich an mich oder jemand anderen wenden, um mit dem eigenen Intuitionsnetzwerk in Verbindung zu kommen. Obwohl mich die Frau noch zweimal anrief und um meine Dienste bat, mußte ich ihr die Bitte leider abschlagen.

Etwa ein Jahr später rief mich eine Frau wegen einer Lesung an, die mir vollkommen entwurzelt erschien wie eine Geranie, die aus ihrem Topf genommen und umgepflanzt worden ist. Ich konnte sehen, daß etwas oder jemand in ihrem Leben gestorben war und daß dieser Tod einen Neubeginn für sie bedeutete, denn er hatte sie auf einen Lebensweg gebracht, auf dem sie das leisten konnte, wozu sie bestimmt war.

Es war dieselbe Frau, die mich vor einem Jahr vom Krankenbett ihres Mannes auf der Intensivstation aus angerufen hatte. Ihre Geschichte war erstaunlich. Der Mann, der Mitte Fünfzig gewesen war, hatte plötzlich einen Herzinfarkt erlitten, und gleich darauf hatten mehrere seiner Organe unerklärlicherweise versagt. Niemand verstand das; niemand wußte, warum es so kam. Seine Frau hatte mich angerufen, weil sie wissen wollte, warum. Als ich ihr die Bitte abschlug, hatte sie sich an Freunde gewandt, die ins Krankenhaus kamen, um ihrem Mann in heilender Berührung die Hand aufzulegen. Als ein Priester ihm gerade die Letzte Ölung gab, fingen die Organe des Mannes eins nach dem anderen wieder an zu arbeiten, anscheinend durch die heilende Berührung. Personal und Ärzte der Intensivstation wollten ihren Augen nicht trauen. Sie waren so beeindruckt von dem, was sie sahen, daß sie beschlossen, ein Programm zur Erforschung der heilenden Berührung und deren möglicher Wirkung auf Organfunktionen zu starten.

Der Mann starb zwar in der Nacht, aber seine Reaktion auf die heilende Berührung markierte einen Wendepunkt im Leben der Ehefrau. Sie sah einen neuen Sinn in ihrem Dasein. Sie gab ihre Tätigkeit im Immobiliengeschäft auf, die ihr völlig sinnlos erschienen war, und engagierte sich für das Forschungsprojekt »Heilende Berührung«. Wie sie mir erzählte, glaubte sie jetzt, daß der für sie sehr schmerzliche Tod ihres Mannes ihr neue Perspektiven eröffnet und unglaublichen Segen gebracht habe.

Das Rätsel um den Tod dieses Mannes war damit geklärt, aber eben erst nach geraumer Zeit. Wenn ich dem Mann eine Lesung gegeben und anschließend seiner Frau zu erklären versucht hätte, daß ein möglicher Grund für den Tod ihres Mannes in *ihrem* Leben zu suchen sein könne, weil es dadurch wieder einen Sinn bekam und sie ihren eigenen Weg verfolgen konnte, wäre ich wohl auf taube Ohren gestoßen. Und sicher mit Recht. Das Rätsel mußte sich von selbst auflösen. Nur indem es sich von selber offenbarte, wurde es verständlich und annehmbar.

Wir brauchen Geheimnisse in unserem Leben. Wir müssen eine Art Loch in unserem Herzen haben, aus dem die Neugier kommt. Wir brauchen den Hunger der Seele, die Leere, die wir füllen müssen, denn sie bringt uns im Leben voran. Wenn wir die Leere zu schnell auffüllen, verlieren wir den Schwung, der uns in Gang hält, wie beim »Syndrom der Ballkönigin«. Manche Mädchen und Jungen, wie die Königin des Schulabschlußballs und der Schülerstar der Fußballmannschaft, haben in der Highschool Hochkonjunktur und werden geliebt und gefeiert. Alles scheint ihnen zuzufliegen, aber damit kommt ihr Leben vielleicht auch zum Stillstand. Mit Siebzehn oder Achtzehn haben sie ihre Möglichkeiten ausgeschöpft, ihr Lebenshunger ist schon gestillt, und nichts scheint sie mehr voranzutreiben.

Wer mich anruft oder ein Medium aufsucht, sucht meistens eine Antwort, aber es tut ihm nicht immer gut, sie zu erhalten. Während der Zeit, in der ich plötzlich einzuschlafen pflegte, suchte ich eine medial Begabte auf, und sie sagte mir, sie sähe elf Jahre lang Probleme auf mich zukommen. Nicht zwölf, nicht sieben, auch nicht siebzig – genau elf. Solche Informationen sind eher ungut. Manch einer wäre nun hingegangen und hätte sein Leben elf Jahre lang auf Eis gelegt. Er hätte einfach untätig gewartet und gesagt: »Na ja, in elf Jahre fängt mein Leben endlich an.« Ich beschloß, kein Wort davon zu glauben, und gab mir einen Ruck, statt aufzugeben. Elf Jahre nach meinem Besuch bei ihr konnte ich mein Medizinstudium abschließen.

Menschen mit Problemen im siebten emotionalen Zentrum nehmen ihre Zuflucht manchmal zum Glauben an frühere Leben, in denen sie nach Lösungen für die Geheimnisse und Schwierigkeiten ihres derzeitigen Lebens suchen. Auch das kann uns davon abhalten, im Hier und Jetzt zu leben und im siebten emotionalen Zentrums für ein Gleichgewicht zu sorgen. Die Rätsel eines früheren Lebens zu lösen – vorausgesetzt, das wäre möglich – stattet einen nicht unbedingt mit den Fertigkeiten aus, die man zum jetzigen Leben braucht. Sich mit den Fragen seines Lebens auseinanderzusetzen ist wie Schneeschaufeln. Es ist genügend Schnee im gegenwärtigen Leben da, den man wegschaufeln und -pflügen muß. Warum sollte man auf frühere Leben zurückgreifen und sie freilegen? Diese Aufgabe ist viel zu schwer; sie drückt einen so nieder, daß man sich nicht mehr mit den Problemen des derzeitigen Lebens befassen kann.

Wir sind eine Informationsgesellschaft. Alles wollen wir herausfinden. Selbst dieses Buch ist davon keine Ausnahme, es will Ihnen die Sprache Ihres Körpers und Ihrer Träume verständlich machen, das, wozu Ihre Intuition Sie anleitet. Zum Schluß bleiben jedoch Dinge, die wir uns einfach nie werden erklären können. Auch wenn Sie über hochentwickelte intuitive Fähigkeiten verfügen, werden Sie oft nicht wissen, warum die Dinge so sind, wie sie sind.

Einmal habe ich einer Frau eine Lesung gegeben, die wahrhaftig das Grundrätsel des siebten emotionalen Zentrums verkörperte. Als ich in ihr las, hatte ich ein Gefühl, als wäre sie von einer starken Kraft wie von einer Flutwelle ausgelöscht worden. Sie war gebildet und steuerte auf einem sicheren Kurs durch ihr Leben. Sie hatte geheiratet, ein Haus gekauft und wollte nun Kinder haben. Ihr Leben war auf eine etwas unnatürliche Weise perfekt, aber alles verlief nach Plan. Und dann war mit einem Schlag alles vorbei. Alles, was sie im Leben für wichtig gehalten hatte, war verändert. In ihrem Körper nahm ich Veränderungen in ihrer Aufmerksamkeit und Erinnerungsfähigkeit wahr. Ihr Herz schien ein wenig unregelmäßig zu schlagen. Ihre Haut wirkte trocken, und ihr ganzer Körper fühlte sich heiß und wie elektrisch geladen an. Ich spürte, daß ihr das linke Bein von oben bis unten schmerzte, als wenn es in Flammen stünde.

Die Frau war von einem Blitz getroffen worden. Sie machte mit ihrem Mann eine Bergwanderung, als ein Gewitter aufkam. Gerade hielt sie sich an einem Eisenzaun fest, da schlug ein Blitz in den Zaun ein, schoß ihr linkes Bein hinab und verursachte einen schweren Nervenschaden. Danach veränderte sich das Leben der Frau vollkommen. Sie gab ihr Graduiertenstudium auf und änderte ihre Berufspläne. Das Verhältnis zu ihrem Mann veränderte sich. Die ganze Welt erschien ihr anders. Was sie vorher für lebenswichtig gehalten hatte, kam ihr jetzt banal vor. Die Art und Weise, wie sie die Dinge betrachtete und über das Leben dachte, war ein für allemal verändert. Selbst ihr Körper war für immer verändert.

Diese Frau konnte nicht begreifen, warum ihr das widerfahren war. Es war ein Ereignis, über das sie keine Kontrolle hatte und das sie von fast allem trennte, was sie vorher gekannt hatte, ihr die Fassade wegriß und sie auf einen anderen Kurs brachte. Warum gerade ich? wollte sie wissen. Leider konnte auch ich ihr da nicht weiterhelfen. Vielleicht würde ihr eines Tages die Bedeutung der Erfahrung aufgehen. Vielleicht auch nicht. Vielleicht würde sie für immer ein Geheimnis bleiben.

Das Leben selbst ist natürlich im tiefsten Grunde ein Mysterium. Der Schlüssel zu diesem Geheimnis mag irgendwo in unerreichbaren Dimensionen des Universums liegen oder in den innersten, unbekannten Tiefen unserer Seele. Bis wir den Schlüssel gefunden haben, können wir nur das Mysterium hinnehmen und uns hineinversenken. Und das lernen wir mit Hilfe unserer Intuition im Bereich des siebten emotionalen Zentrums.

Teil 3

EINSTIMMUNG INS NETZWERK

13

Die intuitive Identität: verschiedene Arten von intuitiver Intelligenz

»Finde heraus, wer du bist«, sagte Dolly Parton einmal, »und zwar zielstrebig.« Diesen Rat mag ich, weil er die Botschaft dieses Buches im Kern trifft. Wenn Sie herausfinden können, wie sich Ihre ureigene intuitive Stimme mitteilt, von dem so übermittelten Wissen zielbewußt und besonnen Gebrauch machen, können Sie ein echter intuitiver Heiler werden und in Erfahrung bringen, wer Sie sind. Dann können Sie die notwendigen Schritte hin zu einem gesünderen, glücklicheren, erfüllteren Leben unternehmen und anderen Menschen ebenfalls dazu verhelfen.

Die Informationen über das Intuitionsnetzwerk, die sieben emotionalen Zentren des Körpers und die in Gehirn und Körper gespeicherten, gefühlsbeladenen, weisen und traumatischen Erinnerungen bilden zusammen eine Art Bedienungsanleitung für den Körper. Die Sprache der Intuition – die Zeichen und Symptome, mittels derer der Körper signalisiert, daß ein bestimmtes Gefühl im Leben Aufmerksamkeit erfordert – liest sich wie die Bedienungsanleitung eines Autos. Alle Teile von Motor und Chassis werden darin beschrieben, die Bedienung des Fahrzeugs erklärt und die Zeichen erläutert, die Aufschluß geben über Störungsfreiheit und Funktion. Eine solche Bedienungsanleitung zu lesen verleiht einem ein Gefühl der Sicherheit und erleichtert die Beherrschung des Fahrzeugs. Sie ist ein unschätzbarer, wichtiger Ratgeber für den Betrieb eines Fahrzeugs allgemein, aber es gibt eine Menge Faktoren, die die Funktionsweise des *einzelnen* Autos beeinflussen wie etwa Typ, Alter, Kilometerstand, frühere Unfälle sowie spezielle Tücken und Fehler an Motor oder Karosserie.

Mit unserem Körper und unserem Intuitionsnetzwerk ist es ähnlich.

Wir verfügen alle über die gleichen Grundelemente und allgemeinen Teile, die uns mit Intuition ausstatten. Wie bereits erwähnt: Jeder, der eine linke und eine rechte Hirnhemisphäre, einen Körper, Erinnerungen und Gefühle hat, schläft und träumt, besitzt auch Intuition – selbst wenn er nicht daran glaubt. Es gibt *immer* einen Weg, auf dem sich die Intuition Zugang zu uns verschafft. Wie dieser Weg aussieht, hängt von veränderlichen Faktoren ab, die uns zu dem Individuum machen, das wir sind: Geschlecht, Alter, Lebenserfahrungen, Bauart von »Motor« und »Chassis« einschließlich spezieller Stärken und Schwächen von Gehirn und Körper. Das heißt, wir müssen der allgemeinen Bedienungsanleitung jeweils einen eigenen Anhang über die Intuition hinzufügen und uns dabei des Vokabulars unserer ureigenen intuitiven Sprache bedienen.

Wer sind Sie, intuitiv betrachtet? Sind Sie Linkshänder oder Rechtshänder? Männlich oder weiblich? Älter oder jünger? Halten Sie sich für einen logisch und linear denkenden, rationalen, intellektuellen Menschen? Oder für gefühlsbetont, nichtrational und kreativ? Fühlen Sie sich in der Welt der Vernunft wohl, in der Welt des Gefühls hingegen unwohl? Ist Ihre Aufmerksamkeitsspanne ungewöhnlich klein? Sind Sie von Ihren Gefühlen getrennt? Die Antworten auf diese Fragen werden Ihnen helfen, Ihre intuitive Grundidentität zu bestimmen und diese Selbsterkenntnisse in Ihr Leben und Handeln zu übertragen.

Viele von uns haben jedoch trotz des Anleitungsbuches weiterhin ihre Schwierigkeiten. Wir können zum Beispiel ohne den Beistand eines Mechanikers kein Auto reparieren. Ebenso können wir, da wir nicht alle Teile des Intuitionsnetzwerkes kennen und nicht wissen, wie sie funktionieren und zusammengehören, die intuitive Botschaft unseres Körpers nicht immer richtig und einsichtig lesen. Das liegt an der rationalen, logischen, linken Gehirnhälfte und ihrem Stirnlappen, die Zensur ausüben und die Gültigkeit innerer Eingebungen stets anzweifeln. Überdies mag kaum jemand an die intuitiven Signale glauben, denn daran zu glauben würde bedeuten, daß wir unser Verhalten in irgendeiner Weise ändern müßten, und Veränderungen machen angst. Im allgemeinen verschließen wir uns lieber vor unserer Intuition. Wenn unsere Hände taub werden, reden wir uns ein, es läge an zu engen Ärmeln statt an einem Bandscheibenschaden oder daran, daß uns etwas »im Nacken sitzt« bzw. »auf die Nerven geht«.

Der Körper selbst ist ein Komplize bei dieser Ableugnungstaktik. Der menschliche Körper ist so angelegt, daß er mit Hilfe eines bestimmten Prozesses, der *Homöostase* genannt wird, den Status quo erhält. Er hält um jeden Preis sein Gleichgewicht aufrecht, auch wenn sich seine Umwelt verändert. Geschieht etwas Erschreckendes, fängt das Herz wie wild zu klopfen an, um zu verstehen zu geben, daß wir uns ängstigen müssen. Aber es kehrt so schnell wie möglich zum Normalzustand zurück. In der Physik wird Gleichgewicht mit Trägheit gleichgesetzt. Es passiert nichts, sagte schon Einstein, bis Bewegung eintritt. Wenn uns also signalisiert wird: »Veränderung! Gefühl zeigen!«, neigt der Körper eher zur Beschwichtigung: »Nein, immer mit der Ruhe, alles in Ordnung. Dir geht es gut; jemand anders hat Probleme. Nimm dir eine Cola Light, setz dich bequem in den Sessel und sieh fern.«

Das heißt, daß wir womöglich die Hilfe eines Außenstehenden in Anspruch nehmen müssen, um in uns selbst zu lesen, die Hilfe von jemandem, der die Ableugnungstaktik durchbrechen kann. Gleichzeitig können wir selber anderen helfen, ihre Ableugnungstaktiken zu durchbrechen. Mit dem, was Sie in diesem und im nächsten Kapitel über Ihre Intuition und die Möglichkeiten erfahren, auf sie zu hören, werden Sie Ihre intuitiven Fähigkeiten anwenden können, um sowohl die eigene Intuition wie auch die intuitive Körpersprache anderer zu verstehen, die Ihnen wiederum den Sinn Ihrer eigenen Intuition verdeutlichen kann.

Die Intensität, mit der sich die intuitive Stimme meldet, ist ebenso unterschiedlich wie ihre Klarheit. Manche Leute empfangen Eingebungen aufgrund ihrer geistigen, körperlichen und seelischen Verfassung stark und unmittelbar. Bei anderen ist die intuitive Regung subtil und indirekt, so daß es größerer bewußter Anstrengungen bedarf, sie zu bemerken und zu verstehen. Wo immer auch Ihr Platz in diesem Spektrum sein mag, das Verständnis der eigenen intuitiven Identität wird Ihnen helfen, von Ihren besonderen Gaben Gebrauch zu machen und so Ihr eigenes und das Leben anderer in vielerlei Hinsicht zu bereichern.

Männlich oder weiblich

1871 schrieb Charles Darwin, daß bei Frauen die Kräfte der Intuition stärker ausgeprägt seien als bei Männern.[43]

Die Vorstellung von weiblicher Intuition ist wahrscheinlich älter als Darwins Erkenntnis, wiewohl er vielleicht der erste war, der sich wissenschaftlich damit befaßte. Daß Frauen die angeborene Fähigkeit besitzen, auf eine Weise, die Männern weitgehend fremd ist, etwas intuitiv zu spüren, ist Gegenstand der Überlieferung und Volksweisheit vieler Kulturen in aller Welt. Denken wir nur einmal an all die Klischeevorstellungen von Medien und Wahrsagerinnen, die uns im Kopf herumspuken: Immer handelt es sich um perlenbehängte Frauen in weiten Röcken, die aus der Hand, aus Tarotkarten oder aus dem Kaffeesatz lesen. Männliche Wahrsager gibt es zwar auch, aber viel seltener.

Der Grund dafür ist in der Hauptsache im Gehirn zu suchen, was nicht weiter verwunderlich ist. In einem früheren Kapitel haben wir uns mit den Unterschieden der rechten Hirnhemisphäre – dem emotionalen, visuellen, intuitiven Teil des Gehirns – und der linken Hirnhemisphäre befaßt, dem Sitz von Intellekt, Sprache und Logik. In unserer Kultur sind die Menschen überwiegend zu der einen oder anderen Gehirnhälfte hin orientiert; Frauen greifen meistens eher als Männer auf die rechte Gehirnhälfte zurück. Das könnte daran liegen, daß Frauen ein breiteres *Corpus callosum* (erinnern Sie sich: Das ist der »Balken«, der die beiden Gehirnhälften miteinander verbindet) haben als Männer, und zwar von Kindheit an. Schon in der 26. Lebenswoche haben weibliche Säuglinge ein größeres Corpus callosum als männliche Säuglinge. Darum bestehen mehr Verbindungen – Telefonleitungen, wenn man so will – zwischen den beiden Hälften des Gehirns. Bei Frauen sind alle Funktionsbereiche des Gehirns besser miteinander vernetzt, selbst innerhalb einer einzigen Gehirnhälfte. Wissenschaftlich ausgedrückt: Frauengehirne sind kohärenter und weniger in Zonen aufgeteilt als Männergehirne, so daß es eine Menge übergreifender Abläufe in den verschiedenen Bereichen gibt.[44]

Die Organisation eines typischen Männergehirns läßt sich gut mit der Einrichtung eines Warenhauses vergleichen. Alles ist gefällig arrangiert und nach Abteilungen getrennt – Herrenkleidung auf der linken Seite des

Ganges, Kosmetik auf der rechten, Sportartikel im Tiefgeschoß, Bücher und Schreibwaren auf dem ersten Stock, Elektronik dahinter usw. Man geht von einer Abteilung in die andere und macht dabei seine Einkäufe. Wenn Sie Verkäufer in der Abteilung für Herrenausstattung sind und das Telefon in der benachbarten Kosmetikabteilung klingelt, nehmen Sie das Gespräch erst an, wenn Sie mit den Kunden fertig sind, die Sie gerade bedienen. Das typische weibliche Gehirn hingegen ist eher einem altmodischen Krämerladen vergleichbar. Man geht hinein, und alles ist ein wenig durcheinander. Die Waren sind zwar nach ein paar allgemeinen Kategorien geordnet, aber es gibt keine säuberlich getrennten Abteilungen, und einige Dinge liegen immer wieder am falschen Platz, wie einem scheint. Auf dem Weg zu den Grußkarten stolpert man höchstwahrscheinlich über einen Mop, und zwischen den Garnrollen in der Handarbeitsecke steckt aus unerfindlichen Gründen eine Flasche Geschirrspülmittel. Ziellos wandert man hin und her und packt ein, was man braucht, und muß mehrmals zur selben Stelle zurück, weil einem noch etwas eingefallen ist.

Aufgrund ihrer Gehirnstruktur können Frauen überall in ihrem Gehirn umherschweifen und jederzeit willentlich von einer Hirnhälfte auf die andere überwechseln. Männergehirne dagegen sind mehr nach Seiten geordnet und aufgeteilt. Die meisten Männer benutzen jeweils nur einen Bereich ihres Gehirns und bleiben in der betreffenden Hemisphäre, bis die Aufgabe erfüllt ist. Sie nutzen häufiger die linke Gehirnhälfte und wechseln weniger gern die Fronten. Die Neuroanatomie zeigt, daß durch die Art und Weise, wie Hormone auf die verschiedenen Bereiche des Gehirns einschließlich des Stirnlappens und des Mandelkerns im Schläfenlappen einwirken, Frauen im allgemeinen bei Aufgaben überlegen sind, die einen raschen Wechsel von einer zur anderen Hirnhemisphäre erfordern, während Männer Aufgaben besser erledigen, bei denen nur jeweils eine Hirnhälfte gebraucht wird.[45]

Frauen aktivieren also die rechte Hirnhemisphäre häufiger als Männer. Da die rechte Hemisphäre enger mit dem Körper verbunden ist, sind Frauen meist mehr mit ihrem Körper in Berührung. Das heißt, daß sie dann auch mehr mit ihren Gefühlen und ihrer Intuition in Berührung sind. Bei Frauen werden Informationen in der Regel gemeinsam von der linken, der rechten Hirnhälfte und dem Körper verarbeitet, die als eine

Einheit zusammenwirken. Das gesamte Intuitionsnetzwerk ist sozusagen »on-line« und ihnen jederzeit zugänglich. Ein Mann hingegen macht eher von einem ganz bestimmten Abschnitt seines Gehirns Gebrauch, um eine Aufgabe zu bewältigen. Wenn diese Aufgabe beinhaltet, ein vertrautes Gesicht wiederzuerkennen, tritt vorwiegend die rechte Hirnhälfte in Aktion; geht es ums Sprechen, kommt die linke Hirnhälfte zum Zuge. Im großen und ganzen bedeutet dies, daß Männern gegebenenfalls weniger von ihrem Intuitionsnetzwerk zur Verfügung steht, um trotz unzureichender faktischer Informationen eine korrekte Entscheidung zu treffen.

Für diese Unterschiede zwischen den Geschlechtern gibt es wahrscheinlich gute evolutionäre Gründe. Geschichtlich betrachtet, waren Männer die Jäger und Krieger innerhalb ihrer Gruppe. Sie mußten also oft ohne Gefühl handeln. Die Mitte eines Schlachtfeldes ist kaum der geeignete Platz, um sich auf seine Gefühle zu besinnen. Wer jemandem den Schädel einschlagen muß, um zu überleben und seine Familie zu schützen, kann es sich nicht leisten, im entscheidenden Moment von seinem intuitiven Leitsystem lahmgelegt zu werden, das ihm die Schrecklichkeit dieses Tuns vor Augen führt. Vielmehr muß er sofort handeln und für den nächsten Moment bereit sein. Von Frauen hingegen forderte die historische Rolle als Ernährerin und Sorgende, gleichzeitig zu denken und zu fühlen, ständig Emotionen zum Ausdruck zu bringen, damit sich ihre Kinder gut entwickelten, und ein Gespür dafür zu haben, was die Kinder empfanden.

Da Frauen die Verbindung zwischen der rechten und der linken Hirnhälfte besser ausnutzen, können sie meist auch leichter über ihre intuitiven Regungen sprechen. Wahrscheinlich herrscht bei ihnen mehr Aktivität im *Gyrus cinguli*, einer Hirnwindung im Stirnlappen, die eine Rolle bei intuitiven Vorgängen und beim Sprechen spielt. Daraus folgt, daß bei ihnen Teile des Intuitionsnetzwerkes und die Sprachzentren besser miteinander verdrahtet sind. Im Gegensatz dazu ist bei Männern der Schläfenlappen stärker aktiviert, der zum Handeln anregt und am Empfang von intuitiven Eingebungen mitwirkt, allerdings leider ein gutes Stück vom Sprachzentrum entfernt. Anders gesagt: Der Schläfenlappen hat einen stärkeren Anteil am Empfang intuitiver Eingebungen, während der Stirnlappen eher an deren sprachlichem Ausdruck beteiligt ist. Wenn also Frauen in ihrem Stirnlappen in unmittelbarer Nähe zum Sprachzentrum eine intuitive Regung haben, reden sie auch bereitwilliger darüber. Die intuitive Wahrnehmung der Männer jedoch läuft über den Schläfenlappen, so daß sie, wenn sie darüber reden wollen, erst zum Sprachzentrum überwechseln müssen. Das ist so, als müßten sie, nachdem sie eine intuitive Botschaft empfangen haben, in eine andere Abteilung wechseln, um sie weiterzugeben. Deshalb setzen sie eine intuitive Regung eher in die *Tat* um, statt sie in Worte zu fassen.

Wenn ein Mann dies liest, könnte er den Kopf schütteln und sagen: »Das wär's also. Es ist hoffnungslos. Ich kann mich nicht auf meine Intuition stützen.« Aber ich möchte betonen, daß *das nicht stimmt*. Männer können in vielerlei Hinsicht intuitiv sein, denn es gibt in diesem Bereich keine ehernen Gesetze. Alles, was ich hier schreibe, gilt generell nur für die *Mehrzahl* der Männer und die *Mehrzahl* der Frauen. Aber nicht für alle Männer und Frauen, denn da bestehen, wie wir wissen, erhebliche Unterschiede. Es gibt sowohl rechtshirnorientierte Männer als auch linkshirnorientierte Frauen. Ein männlicher Linkshänder zum Beispiel hat unter Umständen ebensoleicht Zugang zu seinem Intuitionsnetzwerk wie die meisten rechtshändigen Frauen. Linkshänder beiderlei Geschlechts haben nachweislich einen breiteren »Balken«. Bei ihnen bestehen mehr Verbindungen zur rechten Hirnhemisphäre und damit auch zu Körper und Gefühl, so daß sie mehr Teile ihres Intuitionsnetzwerkes erreichen.

Aber auch wenn Sie ein normaler, linkshirnorientierter Mann mit einem Gehirn ohne große Besonderheiten sind, können Sie mit Sicherheit Zugang zu Ihrer rechten Hirnhälfte gewinnen. Sie werden nur nicht so schnell sein wie Frauen oder so problemlos intuitive Informationen nutzen können. Sie haben vielleicht eine intuitive Regung, können sie aber nicht in Worte kleiden. Es dürfte eine schwierigere Aufgabe für Sie sein, ihrer Intuition nachzugehen, denn im allgemeinen ist die Leitung schnell wieder unterbrochen. Wenn sich Ihre intuitive Stimme meldet, neigt Ihre linke Hirnhemisphäre – die ja, wie Sie sich erinnern werden, Erfahrungen der rechten Hirnhälfte ableugnet – dazu, gleich den Hörer aufzulegen, so wie Sie vermutlich auflegen, wenn ein Marktforschungsinstitut gerade zur Abendbrotzeit bei Ihnen anruft. Sie wollen einfach nicht zuhören. Vielleicht sollten Sie umdenken. Statt Anrufe entgegenzunehmen, müßten Sie sie selber tätigen und die entsprechende Nummer wählen, die eine Verbindung zur rechten Hirnhälfte herstellt, indem Sie sich der Ansätze und Techniken bedienen, die im letzten Kapitel beschrieben werden. Besonders zu Anfang werden Sie öfter Erfahrungen machen, die Sie an einen Anruf bei der Stadtverwaltung erinnern. Sie hängen eine Viertelstunde in der Warteschleife, um mit jemandem zu sprechen, und dann ist die Leitung unterbrochen. Es ist zum Verrücktwerden, aber am besten wählen Sie erneut und warten. Unter Umständen werden Sie häufiger abgehängt als Frauen, aber wenn Sie sich nicht irritieren lassen und weiter das Anrufen üben, werden Sie bald schneller durchkommen.

Das größere Problem in unserer Gesellschaft ist die Tatsache, daß sich *sowohl* Frauen *als auch* Männer wieder stärker auf die Intuition besinnen müssen. Angesichts der Entwicklungen und Veränderungen in den Geschlechterrollen innerhalb der Gesellschaft nähern sich Frauen inzwischen den Männern an. Leider erschweren sie sich dabei womöglich den Zugriff auf die rechte Hirnhemisphäre und damit ihre Verbundenheit mit Gefühl und Intuition, was ein großer Verlust wäre.

Perioden und Zyklen des Lebens

Die Intuition ist nichts Statisches. Art und Umfang unserer intuitiven Regungen verändern sich in den verschiedenen Stadien unseres Lebens. An welchem Punkt wir gerade angelangt sind auf unserem Lebensweg, beeinflußt im allgemeinen die Art und Weise, wie wir intuitive Eingebungen aufnehmen, verstehen und zum Ausdruck bringen.

Es ist seit langem bekannt, daß Kinder viel intuitiver und oft auch aufmerksamer sind als Erwachsene. Einmal bin ich zur Autogrammstunde einer Freundin in eine gedrängt volle Buchhandlung gekommen; ich kam eben vom Friseur, wo ich mir das Haar ein wenig hatte aufhellen lassen. Jetzt hatte es einen Hauch von Blond und war eine winzige Nuance heller, und ich war zuversichtlich, daß es niemand bemerken würde. (Sie wissen ja, wie sehr Frauen darauf bedacht sind, ihre Haarfarbe als rein natürlich auszugeben...) Kaum war ich im Laden, als mir die 18jährige Tochter einer Kollegin von der anderen Seite des Raums mit schriller Stimme, die das Stimmengewirr übertönte, zurief: »Mona Lisa, warum haben Sie sich denn die Haare gebleicht?« Zweihundert Köpfe drehten sich wie auf Kommando herum und starrten mich an, und ich, die ich am liebsten im Boden versunken wäre, hegte Mordgedanken gegen dieses sonst so reizende Geschöpf.

Sie hatte natürlich nur spontan und aufmerksam ihre Beobachtungen gemacht. Die meisten von uns können auf ähnliche Erlebnisse zurückblicken, etwa bei einem Essen mit Gästen, bei dem der kleine Hansi plötzlich laut herausplatzt: »Mami, warum machen Herr Müller und Frau Schmidt unter dem Tisch so komische Sachen mit den Füßen?« Kinder haben die Fähigkeit, nicht nur mittels ihrer fünf Sinne, sondern auch über das Intuitionsnetzwerk ein Maximum an Informationen zu empfangen. Lange bevor wir sprechen können, haben wir schon ein Gespür für vieles und wissen Dinge, ohne sie in Worte fassen zu können. Das könnte daran liegen, daß die rechte Hirnhälfte entwicklungsmäßig einen Vorsprung vor der linken Hirnhälfte hat. Noch bedeutsamer aber dürfte die Tatsache sein, daß sich die Stirnlappen – jene immer gegenwärtigen Zensoren, die uns sagen: »Das kannst du nicht« oder: »Das sagst du besser nicht« – erst später im Leben voll entwickeln. Bis dahin ist es so, als wären manche der Stromkreise noch nicht mit den anderen zusammengeschaltet. Nun wissen Kinder zwar eine Menge, aber sie können nicht erkennen, welche ihrer Äußerungen wesentlich oder wichtig und welche unwichtig oder sogar ungehörig sind. Kinder sind noch nicht sozial konditioniert, sie benehmen sich schlecht und platzen gern mit etwas heraus, das unter den Erwachsenen oft peinliches Schweigen auslöst.

Trotzdem sind die intuitiven Regungen gut für die Kinder und lehrreich für uns andere. Wenn man Kinder beim Spielen beobachtet, sieht man, welch freien Lauf sie ihrer Phantasie lassen und wie offen sie der Außenwelt gegenüber sind. All das trägt dazu bei, ihre intuitiven Gaben zu fördern. Das Spiel begünstigt Zufallserscheinungen. Mit anderen Worten: Beim Spiel ist nichts unmöglich, dann sind wir für alles offen, was geschehen mag, einschließlich intuitiver Regungen. Mit dem Eintritt ins Erwachsenenalter kommen wir davon ab. Wir spielen nicht mehr, und die Welt verändert sich. Statt eines Ortes voller Unbekanntem, an dem phantastische Dinge passieren können, wird sie zu einem vertrauten Ort, an dem alles erklärt werden kann. Wir lassen keinen Raum mehr für die

Intuition, diesen plötzlichen Funken aus dem Nirgendwo, der oft neue kreative Möglichkeiten mit sich bringt.

Kindern ihre Intuition zu erhalten, sie aufmerksam zu machen auf diese Begabung, ist etwas, das wir tun müssen, bevor ihre Stirnlappen ins Spiel kommen und ihnen sagen, sie sollen nicht mehr darauf hören. Leider sind es meistens die Erwachsenen selbst, die sich wie die Stirnlappen der Kinder aufführen und intuitive Regungen unterdrücken, statt sie zu fördern. Kinder wissen im allgemeinen gar nicht, daß sie ihrer Intuition folgen oder irgendwie besonders sind. Während einer intuitiven Lesung sprach ich einmal mit einem kleinen Jungen am Telefon, der meines Erachtens sehr intuitiv und von Autos fasziniert war. Ich bat ihn, mein Auto zu beschreiben. Sofort schaltete sich seine Mutter ein, als wäre sie sein Stirnlappen, und sagte: »Das kann er nicht!« Er konnte es aber doch. Er landete einen Volltreffer. »Ein grüner Honda Civic mit Heckklappe», sagte er. Ich bat ihn, sich meine Person auf dem Fahrersitz vorzustellen und sie mir zu beschreiben, und gleich unterbrach Mutter Stirnlappen wieder. Ich versicherte ihr jedoch, daß ihr Sohn es könne, und tatsächlich: »1,65 m, mit glattem Haar bis zu den Schultern, und dünn.« Als er mich »dünn« nannte, flog ihm mein Herz vollends zu. Meines Erachtens hatte dieser kleine Junge später einmal eine gute Chance als intuitiver Kripobeamter, der vom Tatort sofort auf das Tatauto schließen konnte. Doch wenn seine intuitiven Fähigkeiten nicht gefördert wurden, würde er sie unweigerlich verlieren oder unterdrücken wie die meisten von uns in ihrer Jugend.

Kinder können durch Zeichnen dazu angeregt werden, ihrer Intuition zu folgen, eine Rechtshirntätigkeit, durch die sie ihre Träume wiedergeben und ihr Handeln beschreiben können. Wenn ein Kind ein Glas Milch umstößt, können Sie es bitten, sich damit zu befassen, warum es das getan hat, vor allem, falls dahinter vielleicht ein bestimmtes Sozialverhalten steckt, das es bei anderen abgeguckt hat. Und man kann sich mit Kindern über die Bedeutung von Symbolen unterhalten. Wenn die kleine Susi sagt, Onkel Martin erinnere sie an ein Stachelschwein, will sie damit vielleicht ihr Gefühl ausdrücken, daß ihr das Zusammensein mit Onkel Martin irgendwie Schmerzen bereitet.

Doch selbst dann, wenn unsere intuitive Ader im Kindesalter gestärkt wird, kann es schwierig sein, ein Leben lang mit der Intuition in

Berührung zu bleiben, da sich unsere intuitive Identität im Verlauf des Lebensweges verändert. Während des Übergangs von der Kindheit in die Pubertät wandelt sich alles in unserer Welt. Die berüchtigten Hormone kommen ins Spiel, und unter diesem Hormoneinfluß reift das Gehirn wirklich. Jetzt schaltet sich der Stirnlappen ein, so daß wir beim Hören auf die Intuition eine Auswahl treffen und die Informationen überhören, die wir laut Stirnlappen unmöglich wissen können. Wir entwickeln die Fähigkeit, uns selbst zu zensieren, und damit läßt unsere Aufmerksamkeit gegenüber den vielen intuitiven Signalen, die uns erreichen, nach.

Bei Frauen markiert die Pubertät den Beginn »periodischer Intuition«, wie man es nennen könnte, einer Eingebungskraft, die den meisten Frauen während ihrer Entwicklungs- und Reifejahre hindurch erhalten bleibt. Diese Form der Intuition nimmt im Rhythmus mit dem Menstruationszyklus zu oder ab (siehe Abbildung). In den Tagen vor dem Eisprung tritt eine Intuitionsebbe ein. Doch kurz vor Beginn der Periode setzt die Intuitionsflut wieder ein, und dann sind Frauen im allgemeinen viel intuitiver. Christiane Northrup beschreibt die Menstruationsphase als eine Zeit, in der Frauen verstärkt über »innere Weisheit«, Sensibilität und Gespür für Gefühle und ihre Botschaften verfügen.[46] Das ist die Weisheit der Intuition. Die biologische Grundlage dafür ist folgende: In der ersten Hälfte des Menstruationszyklus ist der Spiegel der LH- und FSH-Hormone, die die Eierstöcke zur Eiproduktion anregen, niedrig. Dann steigt er allmählich an und erreicht am 14. Tag seinen Höhepunkt. Nun wissen wir zwar nicht, wo im Gehirn die LH- und FSH-Hormone aktiv werden, aber wir wissen, daß das durch sie gesteuerte und infolgedessen ebenfalls in der Mitte des Zyklus zunehmende Östrogen mit dem limbischen System des Gehirns in Verbindung steht, das eine wichtige Rolle bei der Intuition spielt. Der Eisprung regt also offenbar das Intuitionsnetzwerk an und öffnet die Kanäle, so daß die Frauen deutlicher darauf hören können.

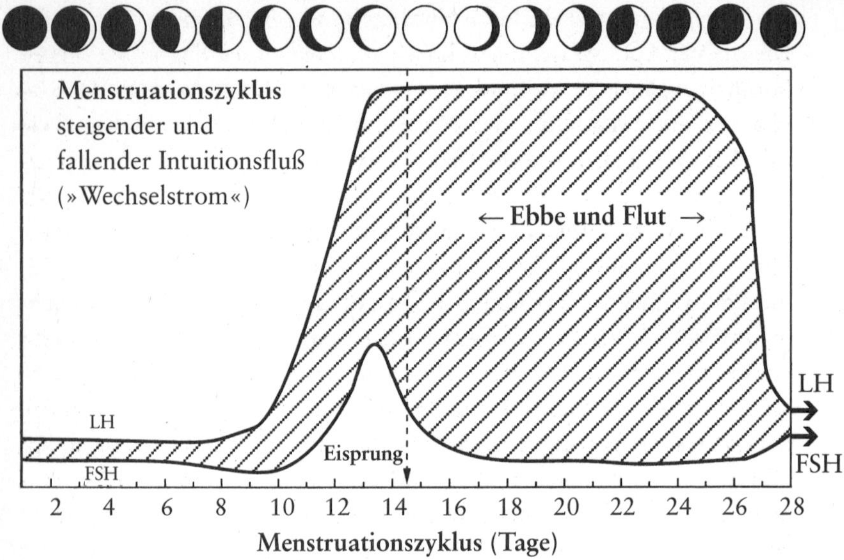
Menstruationszyklus
steigender und
fallender Intuitionsfluß
(»Wechselstrom«)
← Ebbe und Flut →
LH
FSH
Eisprung
LH
FSH
2 4 6 8 10 12 14 16 18 20 22 24 26 28
Menstruationszyklus (Tage)

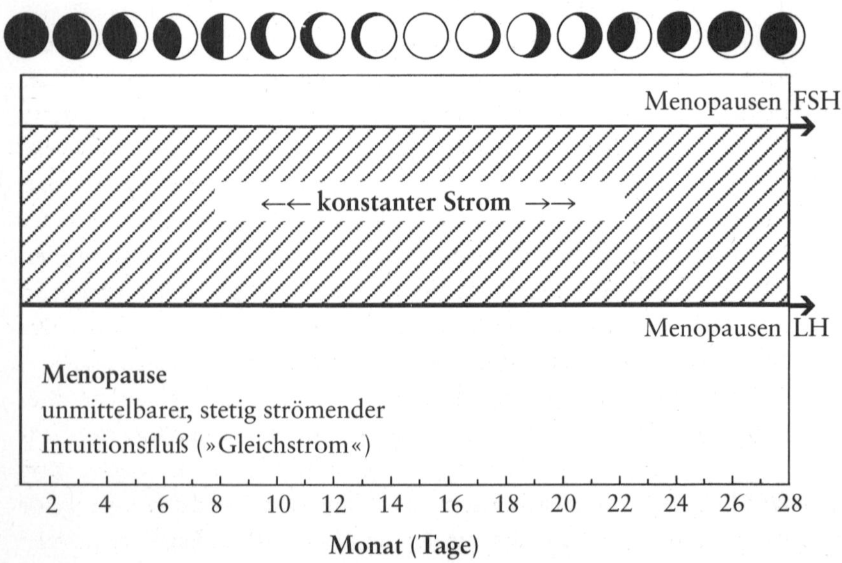
Menopausen FSH
←← konstanter Strom →→
Menopausen LH
Menopause
unmittelbarer, stetig strömender
Intuitionsfluß (»Gleichstrom«)
2 4 6 8 10 12 14 16 18 20 22 24 26 28
Monat (Tage)

Vor dem Eisprung ist die linke Hirnhemisphäre im Besitz der Kontrolle. Die meisten Sprachfunktionen haben angeblich ihren Sitz in der linken Hirnhälfte. Aber Studien haben aufgezeigt, daß daß die linke Hemisphäre in erster Linie auf das Heraushören von *positiven* Worten wie »Freude«, »Glück«, »Liebe« und »Frohsinn« geeicht ist. Nach dem Eisprung jedoch legt sich die rechte Hirnhälfte ins Zeug und übernimmt die Kontrolle, während die linke zurückfällt. Bei Frauen können also beide Hirnhemisphären für die Sprache zuständig sein, aber die rechte Gehirnhälfte reagiert überwiegend auf negativ geprägte Worte. Frauen nehmen Worte wie »Zorn«, »Ärger«, »Trauer« und »Niedergeschlagenheit« vor der Menstruation stärker wahr als in der übrigen Zeit. Während dieses Zeitabschnitts erlaubt ihnen ihr Gehirn auf einmal, Dinge zu hören, denen sie sonst bewußt kein Gehör schenken. Hier ist die Intuition am Werk; sie versetzt uns in die Lage, Informationen und Erkenntnisse aufzunehmen, die uns normalerweise nicht zur Verfügung stehen, ein Wissen, vor dem wir für gewöhnlich Augen und Ohren verschließen und das wir schon gar nicht zur Grundlage unseres Handelns machen.

Dr. Christiane Northrup erzählt eine aufschlußreiche Geschichte von einer Patientin, die eines Tages von ihrem Mann mit den Worten (und das ist kein Scherz!) zur Untersuchung gebracht wurde: »Reparieren Sie sie, sie ist kaputt.« Was es denn für Probleme gäbe, fragte Dr. Northrup verwirrt. In der ersten Hälfte ihres Menstruationszyklus sei seine Frau normal, berichtete der Mann: »Dann tut sie, was immer die Familie von ihr verlangt. Sie bereitet die Mahlzeiten zu, wäscht die Wäsche, stopft meine Socken.« Doch zwei Wochen, bevor ihre Periode einsetze, ändere sich plötzlich alles. »Auf einmal ist sie mit ihrem Leben, mit Haushalt und Hausfrauendasein nicht mehr zufrieden. Stellen Sie sich vor, sie will zum College gehen!« Der Mann war Geräteelektriker, daher war ihm das »Reparieren« geläufig.

In der prämenstruellen Phase lauschte diese Frau auf die Weisheit ihrer Intuition, die ihr sagte, daß sie ihr Leben verändern und anders ausrichten müsse. Dies unterdrückte sie jedoch die übrige Zeit hindurch, denn ihr Mann wollte offensichtlich nichts davon wissen, und sie selber stellte sich auch lieber taub, weil sonst der Haushalt aus den Fugen zu geraten drohte. Nach dem Eisprung kamen die intuitiven Regungen durch die Lücke im Menstruationszyklus mit Signalen hervor, die sie nicht abschalten konnte.

Eine Frau sollte während ihrer reproduktiven Jahre unbedingt in den Tagen vor der Menstruation auf ihr Intuitionsnetzwerk achten und sich darauf einstimmen. Sobald sie in die Menopause eintritt, der Menstruationszyklus also abklingt und schließlich aufhört, vollzieht sich eine weitere physische Veränderung, von der ihre Intuition betroffen wird. Bei Frauen in der Menopause steigt und fällt der FSH- und LH-Spiegel nicht mehr. Während die Eierstockfunktionen nachlassen, steigt der FSH- und LH-Spiegel allmählich an. Schließlich bleiben sie auf dem höchsten Pegel feststehen, als ließe sich der Schalter nicht mehr bewegen, mit dem sie ausgeschaltet werden können. Laut Schulmedizin geschieht das, weil das Gehirn den Eierstöcken befiehlt, mehr Eier auszustoßen, obwohl keine Eier mehr da sind. Da das normale Eierstocksignal, auf dessen Veranlassung hin die Hypophyse die Produktion von FSH und LH verringert, ausbleibt, überschüttet die Hypophyse den Blutstrom vermutlich mit hohen Dosen FSH und LH in der vergeblichen Hoffnung, daß doch noch ein Ei produziert wird. Bei genauer Betrachtung ist die Natur jedoch gar keine solche Verschwenderin. Warum sollte das Gehirn weiterhin unnötigerweise die Herstellung von FSH und LH vorantreiben, wichtigen, teuren Neuropeptiden, wenn es die gleiche Energie dafür aufwenden könnte, schöne, starke Proteine zum Beispiel für die Schenkel herzustellen? Das Gehirn produziert aus wichtigen Gründen FSH- und LH-Hormone. Es spricht nicht nur den Eierstock und die Gebärmutter damit an, sondern auch sich selbst sowie alle anderen Organe; womöglich gibt es intuitive Impulse überallhin ab.

Christiane Northrup beschreibt die Menopause als Übergang von einem »Wechselstrom« der Weisheit hin zu einem »Gleichstrom«. In der Menopause ist der Intuitionsfluß nicht mehr steigend und fallend, sondern konstant. In diesem Lichte besehen ist es nicht verwunderlich, daß viele Kulturen ältere Frauen für weise halten und die »Weisheit alter Weiber« hochschätzen. Diese Frauen besitzen nicht nur die Weisheit und Erfahrung des Alters, sondern auch die Weisheit der Intuition. Und sie haben keine Angst, davon Gebrauch zu machen und danach zu handeln. Es ist eine allseits bekannte Tatsache, daß Frauen nach der Menopause häufig viel freimütiger und selbstsicherer sind als in ihrer Jugend. Joan Borysenko schreibt schonungslos, daß Frauen in der Menopause »redselig« werden.[47] Das kommt daher, daß die Hemmungen wegfallen, durch die Frauen davon abgehalten werden, ihre Pfeile so wahllos abzuschießen wie Männer. Diese Veränderung könnte die Folge einer vermehrten Androgenproduktion sein. Frauen, die in ihrer Jugend eher zaghaft waren und lange zauderten, bevor sie überhaupt einen Pfeil abschossen, wodurch sie viele Gelegenheiten verpaßten, legen später im Leben oft männlichere Verhaltensweisen an den Tag. Nach der Menopause neigen sie stärker dazu, zu sehen, zu schießen und zu treffen, getreu dem Vorbild der Männer.

Das alles sollte Frauen guten Mutes und fröhlich auf die Jahre während und nach der Menopause blicken lassen. Die Menopause ist keine Sackgasse in Richtung Verfall und Vergessenheit; sie ist eine Gelegenheit, sich voll und ganz ins Intuitionsnetzwerk einzustimmen und erfolgreich all der Schätze an Einsichten und Informationen zu bedienen, die es zu bieten hat.

Wieder höre ich förmlich, wie Sie denken: »Und was ist mit den Männern?« Ich will die Männer natürlich nicht zu kurz kommen lassen. Aber leider ist sehr wenig bekannt über mögliche Zyklen im männlichen Gehirn, die mit denen des weiblichen Gehirns übereinstimmen und den Intuitionsstrom beeinflussen könnten. Immerhin gibt es Nachweise, daß auch Männer, wenn sie älter werden und ihre eigene Lebensveränderung durchmachen, eine Art »Wechseljahre« erleben. Dabei vollzieht sich ein Wechsel im Aufmerksamkeitsmechanismus wie bei Frauen, was Auswirkungen haben dürfte auf die Art und Weise, wie sie mit Intuition umgehen und darauf reagieren. Männer, die in ihrer Jugend impulsiv waren und wie wild Pfeile in die Luft geschossen und das Ziel meistens verfehlt haben, werden dann langsamer, hören genauer zu und schießen weniger Pfeile ab, treffen jedoch das Ziel häufiger. Im späteren Leben bekommen die meisten normalen Männer also die Chance, das zu erfahren, was Frauen schon früher in ihrem Leben kennenlernen. Jetzt eröffnet sich für sie die Möglichkeit, den Puck zu übernehmen, sich das richtige Vorgehen zu überlegen und ihn ins Ziel zu treiben. Ihnen wird Gelegenheit gegeben, sich ihrer Intuition mehr zu öffnen und in ihrem Leben sinnvollen Gebrauch davon zu machen.

Die Wissenschaft fängt gerade erst an, die Hirnzyklen und Veränderungen im Leben von Männern zu erforschen. Eingehendere Forschungen auf diesem Gebiet könnten aufzeigen, daß Männer eine ganz eigene Form von Intuition haben.

Von der Störung zur Ordnung

Manche Menschen beiderlei Geschlechts haben Gehirne, die anders organisiert sind oder anders funktionieren als bei der Allgemeinheit. Für gewöhnlich sagt man von diesen Leuten, sie seien »geistesgestört«, eine Umschreibung für das Wort »geisteskrank«. Aber sehr häufig haben sie auch eine besondere intuitive Begabung. In diesem Licht betrachtet, ist die Wahl des Wortes »gestört« interessant. Man könnte sagen: Die Intuition erzeugt Störungen. Die Intuition hat keine Ähnlichkeit mit den eher konservativen Mitgliedern der englischen Königsfamilie. Sie hält sich nicht an Protokolle oder die Regeln guten Benehmens. Sie neigt dazu, Wassergläser umzuwerfen, Tassen zu zerschlagen und mit Kommentaren herauszuplatzen, die allen peinlich sind. Die Störung, die sie verursacht, ist beunruhigend. Aber durch die Auseinandersetzung mit der Störung läßt sich oft eine neue, möglicherweise bessere Ordnung erreichen.

Die »Spinner«-Intuition: der hypoaktive Stirnlappen

Sind Sie jemals »ausgerastet« oder »übergeschnappt« genannt worden? Oder »Spinner« oder »Phantast«? Sagen Leute Dinge zu Ihnen wie: »Bleib mal lieber auf dem Teppich«? Wenn ja, sind Sie wahrscheinlich mit einem etwas anderen Aufmerksamkeitsmechanismus ausgestattet als die Mehrzahl der Menschen. Vielleicht sind Sie ein wenig impulsiver und lassen sich liebend gern von allen möglichen Reizen, von Spannung und Risiko magisch anziehen. Damit sind Ihr Leben und die Art und Weise, wie Sie der Welt Aufmerksamkeit schenken, atypisch, wie ich es nennen möchte. Interessant ist, daß die Intuition unter anderem eine Veränderung unserer Aufmerksamkeit gegenüber uns selbst und der Welt voraussetzt. Die meisten von uns schenken vorrangig den Belangen der Außenwelt Beachtung. Das heißt, daß wir dann unserer Innenwelt, aus der die Intuition entspringt, keine Aufmerksamkeit widmen. Wenn Sie ungewöhnlich aufmerksam sein können, also vielleicht ein *gesteigertes* Wahrnehmungsvermögen haben, verfügen Sie wahrscheinlich per Definition über starke intuitive Fähigkeiten. Das, wodurch Sie anders sind, macht Sie auch zu etwas Besonderem. Ihr Anderssein ist Ihr Genius.

Am besten läßt sich dies beschrieben am Beispiel von Leuten mit extremen Schwankungen im intuitiven Verhalten, also Menschen mit sogenannten Aufmerksamkeitsstörungen (ADD). Dabei handelt es sich vermutlich um eine Entwicklungsstörung, bei der sich bestimmte Bereiche im Aufmerksamkeitsnetzwerk des Gehirns anders als normal entwickeln. Bei Menschen mit ADD (und ähnlichen Störungen) sind die Stirnlappen *hypo*aktiviert, also teilweise ausgeschaltet, und arbeiten infolgedessen weniger effizient. Wie Sie sich erinnern werden, fungieren unsere Stirnlappen als Zensoren und hemmen uns, indem sie uns klarmachen, daß wir etwas nicht wissen oder tun dürfen. Darin sind sie wie ein Schuldirektor oder ein Saalordner, die übermäßige Aktivität zu verhindern versuchen und den Lärmpegel auf ein dumpfes Grollen dämpfen.

Da ihre Stirnlappenzensoren Siesta halten, haben Menschen mit ADD Schwierigkeiten, über längere Zeit aufmerksam zu sein. Sie schenken meist mehreren Dingen auf einmal Beachtung. Ihre Fähigkeit, Unwesentliches auszufiltern, ist gering. Wenn sie beispielsweise draußen vorm Fenster Blätter rascheln hören, können sie dieses Geräusch nicht wegfiltern, so daß es sie von dem ablenkt, was der Lehrer sagt. Menschen mit ADD zeigen auch eine exzessive Motorik. Sie spielen ständig mit einem Bleistift herum, drehen Haare zusammen, wippen mit den Füßen oder wakkeln auf dem Stuhl hin und her. Sie stehen innerlich unter Druck und können nicht zur Ruhe kommen, sondern bleiben unentwegt auf Trab. Außerdem sind sie »reizbestimmt«, wie es in der Fachsprache heißt. Sobald sich irgendein Reiz ergibt, kleben sie daran fest wie Fliegen am Leim. Ich bin ein einige Male in Las Vegas gewesen und weiß noch, daß ich jedesmal wie hypnotisiert war von der unglaublichen Flut der Neonlichter. Ich stand einfach nur da und starrte die Lichter an. Ich war vollkommen gebannt von diesem Reiz und mußte buchstäblich in die Casinos hineingezerrt werden. Bei jemandem mit ADD kommt es häufig vor, daß er fernsieht, über Kopfhörer Radio hört, dabei im Internet herumsurft und gleichzeitig telefoniert – alles auf einmal. Von all diesen Reizen umgeben, sind sie glücklich. Reizbestimmt zu sein heißt aber auch, daß Menschen mit ADD kaum Hemmungen haben und ihre Impulse nicht zu zügeln vermögen. Kaum erblicken sie einen Feuermelder an der Wand und sehen das Hämmerchen, holen sie auch schon zum Schlag aus und ziehen den Griff, um dann erst die Aufschrift »Im Notfall…« zu lesen. Ich selbst bin ein Musterbeispiel für ADD.

Aufgrund ihrer Antennen für Reize aller Art kommen Menschen mit ADD in jeder Situation sofort auf das zu sprechen, was ihnen besonders aufgefallen ist. Als ich ein Foto von mir brauchte, vereinbarte ich mit dem Fotografen telefonisch, wo ich mich mit ihm treffen wollte. Ich hatte ihn erst ein einziges Mal vor längerer Zeit gesehen, und er fragte mich, ob ich ihn wiedererkennen würde. Ich hatte von dem einen Mal, als er an einem kalten, verschneiten Tag gekommen war, um eine Freundin zu fotografieren, noch ein Bild im Kopf. Woran ich mich erinnerte, war ein Mann mit einer Wollmütze und laufender Nase. Und das sagte ich auch: »Klar, Sie sind der Mann mit der Wollmütze und der laufenden Nase.« Eine kurze Pause trat ein. Dann korrigierte er mich sanft. »Nein«, sagte er, »ich bin der Typ, der aussieht wie Elton John, nur habe ich mehr Haar.« Ich hatte mit meiner Aussage einfach das wiedergegeben, was mir an ihm zufällig gerade ins Auge gefallen war.

Leute mit ADD besitzen die ausgeprägte Fähigkeit, vielen Dingen überall Aufmerksamkeit zu widmen – in der Innen- und der Außenwelt –, nur nicht der einen Sache, der sie nach Meinung der Lehrer Aufmerksamkeit schenken sollten: dem Blatt Papier vor ihnen oder der langweiligen Frau an der Tafel. Sie nehmen alles in der Welt wahr, das ihnen einen Reiz vermittelt, und greifen dabei vieles rein »zufällig« auf, was anderen, die sich nur auf die vor ihnen liegende Sache konzentrieren, gar nicht auffallen würde. Sie nehmen Dinge auf, die von den Stirnlappen anderer Menschen sofort verleugnet und unterdrückt werden. Da ihre eigenen Stirnlappen inaktiviert sind, entspricht das Verhalten von Menschen mit ADD selten gesellschaftlichen Normen, und sie platzen stets mit dem heraus, was ihnen »zufällig« gerade einfällt, auch wenn es völlig fehl am Platz ist. Ein Kind mit ADD wird bemerken, daß Papi jedesmal, wenn er spät von der Arbeit nach Hause kommt, nach Parfüm riecht. In der gleichen Angelegenheit beeilt sich Mamis Stirnlappen hingegen, ihr Intuitionsnetzwerk abzublocken: »Daran willst du nicht denken. Das kann nicht sein.« Doch immer, wenn Papi hereinkommt, ruft Hänschen laut: »Wow, Papi, du riechst aber gut!« Und jedesmal weist ihn sein Vater scharf mit den Worten zurecht: »Sei still!« Aber Hänschen sagt es trotzdem immer wieder, weil er sich nicht zurückhalten kann. Und was macht er? Er erfaßt intuitiv den springenden Punkt der Situation. Wie eine Motte zum Licht fliegt, reagiert er auf den Reiz und greift unfehlbar das auf, was Aufmerksamkeit braucht, aber keiner beachten will.

Wenn man in eine Gruppe von Leuten, die sich strikt an die Regeln der Etikette halten, jemanden mit ADD einschleust, wird er unweigerlich alle unterschwellig vorhandenen, situationsbedingten Geheimnisse lüften und sie ausplaudern. Die englische Königsfamilie würde steif und ausdruckslos eine unangenehme Gesprächsrunde durchstehen, wenn nicht ein ADD-Kind am anderen Ende der Tafel mit Dingen herumwerfen und -kleckern würde. Menschen mit ADD sind oft somatisch intuitiv, das heißt, sie fühlen etwas in ihrem Körper und reagieren es in der Bewegung ab. Ich mache es häufig genauso. Bei einem geschäftlichen Treffen, wo es, oberflächlich betrachtet, glatt und zivil hergeht, untergründig jedoch eine Menge Intrigen im Gange sind, stoße ich unweigerlich mein Wasserglas um, oder mir spritzt die Tinte meines Füllfederhalters quer über den Tisch. In jedem Fall sorge ich für eine peinliche Störung, die im Grunde nur Ausdruck des Peinlichen ist, das alle unterschwellig spüren, aber zu vertuschen versuchen. Eine Freundin von mir neigt zu zwanghaftem Verhalten (ebenfalls eine »Störung«, auf die ich später noch zu sprechen komme). Zwanghafte Menschen sind bemüht, ihre Umgebung in Ordnung zu halten, um die Angst und das Chaos zu kaschieren, die sie in ihrem Innern fühlen. Doch wenn ich bei ihr bin, nehme ich das ganze unterschwellige Chaos wahr. Und da ich somatisch intuitiv (»körperintuitiv«) und noch dazu mit ADD »geschlagen« bin, bringe ich das Chaos an die Oberfläche. Wann immer ich im Haus meiner Freundin bin, kleckere ich mit irgend etwas herum. Ich habe ihre Bettdecke mit Öl befleckt, ihren brandneuen Teppich mit Limonadenflecken verdorben und verschiedene Sachen mit Brandlöchern verunziert. Das passiert mir in ihrem Haus viel öfter als anderswo, so daß sie schon etwas paranoid auf meine Besuche reagiert. Dabei bringe ich einfach nur das Unterschwellige in ihrem Leben ans Licht, was mich allerdings nicht davon abgehalten hat, ihr den Teppich sowie andere Einrichtungsgegenstände zu ersetzen.

Vor kurzem habe ich mit einem Kollegen, bei dem ich am gleichen Abend zum Essen eingeladen war, einen Cappuccino getrunken. Ich war nervös und gereizt, ohne zu wissen, warum, und stand sozusagen unter Strom. Irgendwie brachte ich es bei dieser Gelegenheit fertig, eine der Cappuccinotassen umzustoßen. Sie fiel vom Tisch, wobei sie mich von oben bis unten mit Kaffee bekleckerte, und zerbrach auf dem Boden in tausend Stücke. Voller Kaffeeflecken, wie ich war, hatte ich nun allen Grund, die von mir an jenem Abend nicht sonderlich geschätzte Essenseinladung auszuschlagen. Und wie sich herausstellte, hatte mein Freund Streit mit seiner Frau gehabt, was ich die ganze Zeit gespürt hatte. Wieder einmal hatte ich körperlich und intuitiv eine heikle Situation ausagiert, die ich an jenem Abend unterschwellig spürte.

Kinder mit ADD reagieren oft unbewußt auf Unruhe zu Hause. Vater und Mutter liegen im Streit miteinander, bewahren aber nach außen hin ruhige Mienen. Doch der Sprößling stolpert über den Teppich und schlägt sich den Kopf auf, weil er weiß, daß etwas los ist, er agiert die Situation körperlich aus. Jetzt blutet er also äußerlich, wie seine Familie innerlich blutet, ohne es zu zeigen. Oder er entwickelt wie im zuvor erwähnten Minuchin-Experiment (vgl. 5. Kapitel) Krankheiten, die einen Bezug zu den Erinnerungen und Gefühlen innerhalb der Familie haben. Er wird zum »Körperintuitiven« der Familie.

Man muß nicht unbedingt ein schwerer Fall von ADD sein, um mit gesteigerter Sensibilität seiner Intuition zu folgen. Viele Menschen verfügen über einige Züge der ADD-Persönlichkeit und können dadurch auf die eine oder andere Weise mit ihrem Intuitionsnetzwerk in Berührung treten. ADD ist vermutlich bei etwa 15 Prozent der amerikanischen Bevölkerung gegeben. Da das der gleiche Prozentsatz wie bei der Linkshändigkeit ist, einer Standardabweichung, die als normal gilt, würde ich behaupten, daß auch ADD keine Störung oder Krankheit ist, sondern nur eine etwas untypische Seinsweise. Wahrscheinlich erschwert sie tatsächlich die Einfügung in die übrige Gesellschaft, die der Idee der Intuition immer noch mißtrauisch gegenübersteht. Das ist das »Teuflische« an dieser Form von untypischer Gehirnorganisation. Aber ich schaue lieber auf die himmlischen Seiten, die damit verbunden sind – die Offenheit für ein Sinnesorgan, durch das wir eine neue, andere Art von Ordnung in unser Leben bringen können, die uns mehr Wohlbefinden verheißt.

Die Saubermann-Intuition: der hyperaktive Stirnlappen

Während Aufmerksamkeitsstörungen, die den Stirnlappen inaktivieren, Menschen die Einstimmung in ihr Intuitionsnetzwerk erleichtern, gibt es eine andere Reihe von Störungen oder Organisationsformen des Gehirns, die bedauerlicherweise genau das Gegenteil bewirken. Markenzeichen solcher Syndrome ist ein starker Stirnlappen, so groß wie der Bizeps von Arnold Schwarzenegger, der immerfort die Intuition zensiert und abblockt. Die Betroffenen haben eine Art Tretmühle im Stirnlappen, die unablässig in Bewegung ist. Zwanghafte gehören zu dieser Gruppe von Menschen, deren Stirnlappen *hyper*aktiviert sind. Würde man eine Computertomographie von ihrem Gehirn machen, würde der Bereich des Stirnlappens aufleuchten wie ein Stroboskop. Das heißt, daß ihnen ihr Gehirn dauernd sagt: »Das kannst du nicht«, »Was du in deinem Körper fühlst, stimmt nicht«, »Geh jetzt bloß nicht dorthin, es ist der falsche Zeitpunkt dafür«, »Sag das nicht, sonst denken die Leute, du wärst verrückt« usw. Bei diesen Menschen sind es die Schläfenlappen mit all ihren intuitiven Informationen, die nicht zum Zuge kommen.

Jeder von uns kennt zwanghafte Menschen. Das sind die Leute, die alles in Frischhaltetüten stecken, bevor sie es in den Kühlschrank tun. Oder Alufolie nach jedem Benutzen wieder sauberwischen, glattstreichen und wegpacken. Bei denen man das Gefühl hat, daß sie nie murren oder stöhnen, wie sie überhaupt keinerlei Körpergeräusche von sich geben, und vielleicht auch gar keinen Stuhlgang haben. Alles in ihrem Leben muß geordnet sein. Sie brauchen stets alle Fakten, und sie brauchen viel Zeit, um eine Entscheidung zu treffen. Normalerweise brüten sie lange, lange darüber. Sie grübeln viel und machen sich immer Sorgen.

Das Dumme ist, das Zwangsneurotiker trotz des Geschwätzes ihrer Stirnlappen eigentlich sehr intuitiv sind. Bezeichnend für ihre Störung ist nämlich, daß die kleinsten Kleinigkeiten sie in große Unruhe stürzen können. Sie nehmen oft genug die feinsten Schwingungen in ihrer Umgebung wahr, aber bevor sie sie erkennen und angemessen reagieren können, verfallen sie in zwanghafte Verhaltensweisen, immer in dem Bemühen, ihre Umgebung zu ordnen und ihre Angst zu vertreiben. Wenn sie von ihrer Zwanghaftigkeit loskämen, hätten sie das Potential zu sehr guten Körperintuitiven. Sie müßten allerdings darauf achten, wann sich ihre Stirnlappen, die Zensoren, einschalten.

Nehmen wir einmal an, Sie lesen dies gerade und fangen an, die Hände zu ringen. In der Folge stehen sie fünfmal auf, um sich die Hände zu waschen. Und denken, statt dies zu lesen, sollten Sie lieber Rechnungen begleichen oder den Teppich saugen. Sie haben 24 Stunden nicht gesaugt, und da liegt ein Hundehaar auf dem Vorleger; das müssen Sie sofort entfernen. Sie müssen staubsaugen, weil Sie beunruhigt sind. Sie saugen, und dabei saugen Sie Ihr intuitives Leitsystem mit weg, weil Sie Ihre Zwänge zum Kaschieren Ihrer körperlichen Intuitionen benutzen. Wenn Sie auf den Augenblick achten, in dem Sie mit dem Händeringen beginnen, könnten Sie sich unter Umständen in die Körperintuition einklinken, die Ausdruck Ihrer Angst und damit der Gefühle ist, die Sie in Ihrem Körper wahrnehmen. Vielleicht sollten Sie diese Beobachtungen in einem Tagebuch festhalten. Und dann könnten Sie dieses Buch als Anleitung nehmen, um die Körpersprache, in der Ihre Intuition sich Ihnen mitteilt, verstehen zu lernen. Wenn Sie merken, daß Sie Herzklopfen bekommen, können Sie sich dem Bereich Ihres vierten emotionalen Zentrums widmen und feststellen, wo es ein Ungleichgewicht in Fragen der Partnerschaft oder des Gefühlsausdrucks gibt. Wenn Ihr Magen zu rebellieren beginnt und Ihnen übel wird, werden Sie zunächst die Vorgänge klären wollen, die diese Übelkeit verursachen, sich aber dann dem dritten emotionalen Zentrum zuwenden und Unausgewogenheiten in Sachen Verantwortung und Kompetenz herauszufinden versuchen. Sie können lernen, sich auf Ihren vorherrschenden Intuitionstyp zu verlassen und die intuitive Sprache des Körpers zu verstehen.

Die »gekappte« Intuition: das schlecht verdrahtete Gehirn

Schwierigkeiten in bezug auf die Intuition bereitet auch die sogenannte »Alexithymie«, die Unfähigkeit, Gefühle wahrzunehmen oder auszudrücken. Menschen mit dieser Störung haben im wesentlichen ein Gehirn, in dem die verschiedenen Bereiche des Intuitionsnetzwerkes nicht miteinander kommunizieren, als wären alle Leitungen gekappt worden. Alle Elemente des Netzwerkes sind zwar vorhanden, aber die Teile haben keine Verbindung untereinander. Obwohl die Betreffenden im allgemeinen über Körperintuition verfügen, können sie nicht darüber reden oder diese zum Ausdruck bringen. Wegen der mangelnden Kommunikation in ihrem Gehirn und, was noch mehr ins Gewicht fällt, der Dominanz der linken Hirnhemisphäre, von der die Existenz jedweder Intuition abgeleugnet wird, können sie intuitive Regungen nicht einmal erkennen.

Ich hatte mich einmal mit Freunden zum Reiten verabredet. Der Tag hatte sonnig begonnen, aber während wir hinaus aufs Land fuhren, zogen Wolken auf. Wenig später fing es an zu nieseln. Mary, die Fahrerin, schaltete die Scheibenwischer ein. »Oje, jetzt fängt es tatsächlich an zu regnen«, jammerte Joan, eine weitere Freundin, auf der Rückbank. Mary auf dem Fahrersitz schüttelte den Kopf. »Nein, es regnet nicht«, sagte sie. »Es wird ein schöner Tag zum Reiten. Es wird wunderbar!« Dabei hatte sie gerade erst die Scheibenwischer angestellt! Das war bemerkenswert. Sie hatte mit der linken Hand hochgegriffen und den Schalter für die Scheibenwischer betätigt, aber ihre linke Hirnhälfte leugnete ab, was sie körperlich getan hatte. In gewisser Weise hatte diese Frau eine Körperintuition wie jemand mit ADD, denn ihr Körper reagierte sofort auf eine intuitive Botschaft. Der Körper tut, wie Ihnen dieses Buch gezeigt hat, immer das Richtige, und er trägt stets den Sieg davon. Nur kann er die linke Hirnhemisphäre nicht daran hindern, die Wahrheit zu verleugnen.

Auch der Mann einer anderen Freundin von mir leidet wahrscheinlich unter Alexithymie. Eines Abends war ich bei den beiden eingeladen, und wir sahen uns *Private Parts* mit Howard Stern an, einen ausgesprochen komischen Film. Der Mann meiner Freundin war anfangs nicht dabei. Als hyperrationaler, hypermoralischer Mensch mochte er Howard Sterns Humor nicht sonderlich. Doch irgendwann während des ersten Drittels des Films gesellte er sich zu uns. »Es lacht ja niemand«, sagte er und setzte sich. Der Film war auch noch nicht recht in Fahrt gekommen. Doch nach einiger Zeit ging es los. Und schon fing Mark an zu lachen. Binnen weniger Minuten lachten wir alle, Mark am heftigsten. Bisweilen schüttelte er sich förmlich vor Lachen. Am nächsten Tag auf der Fahrt zur Arbeit fragte ihn seine Frau: »Wie fandest du denn den Film gestern abend?« Worauf Mark erwiderte: »Ziemlich primitiv. Ich fand ihn überhaupt nicht komisch.« Meine Freundin wollte ihren Ohren nicht trauen. Sie hatte ihn doch schallend lachen hören und gesehen, wie er sich vor

Lachen wand und schüttelte. Und jetzt leugnete er das alles ab! Er leugnete ab, irgend etwas empfunden zu haben, obwohl wir anderen miterlebt hatten, wie er seine Gefühle offen zum Ausdruck brachte.

Sowohl bei Mary (die die Scheibenwischer anstellte, obwohl es nicht regnete) als auch bei Mark (der über Howard Stern lachte) war das Intuitionsnetzwerk unterbrochen. Beide hatten körperliche Gefühle und nahmen die Signale ihres Gehirns wahr, konnten jedoch nichts damit anfangen. Ihre linke Hirnhemisphäre war so übermächtig und so isoliert vom übrigen Intuitionsnetzwerk, daß sie die Existenz dieses Netzwerkes einfach ableugneten. Solche Menschen laufen mitunter vollkommen verärgert herum mit einem Gesicht wie ein Vulkan kurz vor dem Ausbruch. Aber fragt man sie, was denn los ist oder was ihnen fehlt, beteuern sie: »Oh, mir geht's gut. Es ist alles in bester Ordnung.« Ihr Körper drückt etwas aus, dem ihr Mund widerspricht. Oder sie erzählen einem, der Hund sei gerade gestorben, der Vater hätte sich einen Oberschenkelhalsbruch zugelegt, sie brauchten eine Infusion, weil sie blutarm seien, und ihnen stünde eine Steuerprüfung bevor, aber das alles mit einem Lächeln, als würde es sie gar nicht berühren.

Dabei kann ihr Leiden ihnen das Leben schwermachen. Da sie von ihren Mitmenschen ebenso isoliert sind wie von einigen Bereichen ihres eigenen Intuitionsnetzwerkes, neigen sie sowohl zum übermäßigen Moralisieren und Rationalisieren wie auch zu zwanghaften Verhaltensweisen und zum Grübeln. Meist haben sie jahrelang Depressionen und persönliche Probleme, denn sie machen zwar auch erfreuliche Erfahrungen, können die Freude aber nicht genießen, weil ihre linke Hirnhälfte deren Existenz ableugnet. Das ist bedauerlich, denn unter der Oberfläche sind sie sehr nette, freundliche Menschen mit gutem Herzen, nur können sie sich anderen nicht mitteilen.

Die Alexithymie ist ein schwieriges Syndrom. Für die Betroffenen stellt es eine besondere Herausforderung dar, mit ihren Gefühlen, ihrem Körper und ihrer Intuition wieder in Berührung zu kommen. Unter Umständen ist ihnen das nur durch andere möglich. Zunächst einmal müssen sie erkennen, wie isoliert sie sind, wie abgeschnitten sie sich fühlen, und einsehen, daß sie Hilfe brauchen. Dann erst können sie sich an andere wenden, die ihnen helfen, die Verbindung zum Intuitionsnetzwerk wiederherzustellen. Die anderen können ihnen sozusagen als Ersatzleitung dienen, aber sie müssen dabei für Feedback empfänglich sein. Ihre einzige Möglichkeit, Erfahrungen der rechten Hirnhälfte und des Körpers aufzunehmen, besteht zunächst einmal darin, sie von jemandem widergespiegelt zu bekommen. Wenn sie behaupten: »Ich fand den Film überhaupt nicht komisch«, müssen sie sich bereitwillig von jemandem anhören: »Nach meiner Erfahrung hast du schallend gelacht und deine Freude daran gehabt.«

Falls Sie zu dieser Kategorie gehören, werden Sie feststellen, daß andere oft von Ihnen denken, Sie seien in einer ganz bestimmten Stimmung, die Ihrem eigenen Empfinden jedoch gar nicht entspricht. Da heißt es zum Beispiel: »He, ist etwas Schlimmes passiert?« Und Sie antworten: »Nein, alles klar« und denken, daß die Leute spinnen. Aber wenn Sie meinen, der einzig normale Mensch inmitten von Spinnern zu sein, dürfte es Zeit sein, sich zu fragen: »Sollte etwa meine linke Hirnhälfte die ganze Show dominieren? Ist sie wie der laute Sopran im Chor, der alle übertönt, so daß sie nicht zu hören sind?« Danach sollten Sie Ihre Mitmenschen fragen: »Was habe ich für ein Gesicht gemacht?« Sie sollten anderen Ihre Träume erzählen und sich von ihnen helfen lassen, sie zu verstehen. Vermutlich haben Sie häufig Alpträume, weil Ihre Seele ein Megaphon benutzen muß, um zu Ihnen durchzudringen. Sie wird Ihnen schauerliche Traumbilder senden, damit Sie endlich aufwachen und sich ändern. Es wird schwierig sein, aber machbar. Mit Hilfe anderer können Sie verstehen lernen, was Ihnen Ihr Körper und Ihre Gefühle sagen wollen, sofern Sie zuzuhören gewillt sind.

Linkshirn, Rechtshirn

Die meisten Leute haben keine schwerwiegenden Syndrome oder atypische Gehirnstrukturen. Die Mehrzahl der Menschen unserer Kultur, Männer wie Frauen, sind überwiegend linkshirnlastig und verfügen über starke, gut entwickelte Stirnlappen. Menschen mit Linkshirndominanz setzen all ihr Vertrauen, wie wir inzwischen wissen, in den Intellekt. Sie denken sehr rational, linear und in klaren Ordnungsbegriffen, und sie sind sprachgewandt. Sie sind die Lehrer und Bibliothekare dieser Welt, denen Sprachgenauigkeit wichtig ist. Das Zusammensein mit ihnen verspricht nicht unbedingt sehr unterhaltsam zu werden, aber mit Sprache kennen sie sich wahrhaftig aus. Wenn sie ein Blatt vom Baum fallen sehen, können sie dieses Blatt, seine Färbung, die Art und Weise, wie es fällt, und die Kreise, Spiralen und Wirbel, die es in der Luft macht, mit überschwenglichen Worten beschreiben. Sie könnten eine Ode an das Blatt komponieren, denn das entspricht ihrer Denkweise – sehr genau, mit allen Details, wortreich und mit sprachlich verhülltem Gefühl. Jemand mit Rechtshirndominanz hingegen würde das Blatt anschauen und sagen: »Oh, was für ein Blatt!«

Die rechte Hirnhemisphäre liefert, wie Sie sich erinnern werden, ein Gefühl, eine instinktive Regung, eine erste Vorstellung – den unmittelbaren Eindruck einer Situation. Die Intuition kommt ursprünglich durch die rechte Gehirnhälfte und den Schläfenlappen zu uns. Die linke Gehirnhälfte ist detailorientiert und präzise: Sie muß die Eingebungen, die wir haben, genau im einzelnen ausführen. Wollten wir Plätzchen backen, würde die rechte Hirnhälfte das Ausstechen übernehmen, während die linke für die Streusel auf dem Guß zuständig wäre. Oder es würde so gehen wie in einer Nachrichtensendung, die ich nach Mutter Teresas Tod gesehen habe. Eine ihrer Mitschwestern in Indien bildete Mutter Teresas Gesicht mit einem riesigen Bodenmosaik nach. Aus der Ferne waren Umriß und Züge des Gesichts gut zu erkennen; aber wenn die Kamera näher heranging, wurde einem klar, daß die Gesichtszüge eigentlich aus Tausenden von einzelnen Blütenblättern zusammengesetzt waren. Ebenso müssen die rechte und die linke Hirnhemisphäre zusammenwirken, um uns intuitive Regungen verständlich zu machen.

Die Tochter einer Freundin von mir ist extrem linkshirnlastig. Maggie kann einen verrückt machen, wenn sie Toast mit Butter bestreicht. Sie nimmt ein Stück Butter und verteilt es mit größter Genauigkeit bis an die Ecken und die Kruste der Brotscheibe, als wäre es für sie von entscheidender Bedeutung, daß auch wirklich jeder Millimeter abgedeckt ist. Ich dagegen würde ein Messer, einen Löffel oder irgend etwas anderes, was gerade zur Hand wäre, unter Umständen auch die Finger, nehmen und die Butter irgendwie auf die Toastscheibe schmieren, wobei meist ein Teil leer ausgeht und einiges von der Butter auf dem Tisch landet. Ich erreiche ungefähr das, was ich will, während Maggie ihren Schulbus verpaßt, weil sie sich so ausdauernd mit dem genauen Buttern ihres Toasts beschäftigt. Wahrscheinlich müßten wir uns zusammentun – Maggie als

Linkshirn und Mona Lisa als Rechtshirn –, um eine Toastscheibe richtig mit Butter zu bestreichen.

Das gleiche gilt für die Intuition. Maggie will Schauspielerin werden. Sie kann sehr gut auswendig lernen, weil sie durch ihre Linkshirndominanz zu analytischem Denken neigt. Sie ist auch eine gute Sängerin, weil sie Musik nach Linkshirnart zu analysieren versteht und infolgedessen immer den richtigen Ton trifft. Andererseits würde ihr niemand nachsagen, sie singe wie Ella Fitzgerald mit viel Gefühl. So ist es auch mit ihrem Schauspielen. Beim Spielen ist Einbildungskraft vonnöten, man muß sich vorstellen können, wie es wäre, ein anderer Mensch zu sein, muß in die Haut des anderen schlüpfen. Die Phantasie hat wie die Intuition ihren Sitz in der rechten Gehirnhälfte. Maggie hat allerdings Probleme, ihre Phantasie walten zu lassen. Mir hingegen fällt das gar nicht schwer. Ich kann mich in jemandes Körper versetzen und mir vorstellen, wie der oder die Betreffende fühlt. Dafür könnte ich, auch wenn's mein Leben kostete, nichts auswendig behalten. Wieder würden wir erst beide zusammen eine gute Schauspielerin abgeben, die Einfühlung mit Begabung verbindet und Leichtigkeit mit Brillanz. Um Maggie mit ihrer Imagination und ihrem Intuitionsnetzwerk in Berührung zu bringen, führe ich mit ihr des öfteren die Übung einer intuitiven Lesung durch, damit sie lernt, sich ihrer rechten Gehirnhälfte bewußter zu werden und deren Informationen für sich zu nutzen, statt sich der ständigen Zensur ihrer linken Hirnhälfte und der Stirnlappen zu unterwerfen.

Dies ist für alle Menschen mit Linkshirndominanz ein Problem. Ihre mächtigen Stirnlappen sagen ihnen dauernd, sie sollten einfach ignorieren, was vom Rechtshirn kommt. Die Stirnlappen übertönen alle Eingaben aus der rechten Hirnhälfte und den Schläfenlappen und wiederholen dabei unentwegt: »Das kannst du nicht wissen. Das darfst du nicht wissen. Das geht nicht.« Auf diese Weise unterbinden sie den Emotions- und Intuitionsfluß und unterbrechen die körperliche Verbindung zur rechten Hirnhemisphäre. Infolgedessen glauben linkshirnlastige Menschen, nicht intuitiv zu sein. Dabei verfügen sie über ihre eigene Art von Intuition und können lernen, mit deren Hilfe ihre intuitiven Schwächen zu überwinden und abzufangen. Genau darum geht es im nächsten Kapitel. Zum Beispiel denken Menschen mit Linkshirndominanz häufig in Symbolen und könnten im Traum starke intuitive Impulse empfangen.

Rechtshirnmenschen haben auch ihre Schwächen. Sie mögen zwar starke intuitive Bilder wahrnehmen, aber bloß in Umrissen (die »Ausstechform«), ohne die Einzelheiten (die »Streusel«). Jemand mit Rechtshirndominanz, der einem anderen eine Lesung hält, könnte im Grunde nur ein Bild beschreiben: »Aha, diese Person sieht sehr mütterlich aus. Sie ist anmutig und verträumt. Sie liebt Pastelltöne. Und beschäftigt sich gern mit Gartenarbeit und Blumen.« Das ist zwar ein schönes Bild, aber nicht gerade aufschlußreich. Es fehlen die konkreten Details. Da müßte die linke Gehirnhälfte einspringen und genauer ausführen: »Sie ist etwa 1,70 m groß, schielt mit dem linken Auge und hat starke Schmerzen im linken Handgelenk.« Die linke Hirnhemisphäre nennt das beim Namen, was wir intuitiv sehen, hören oder fühlen. Sie sagt: »Die Person ist deprimiert« oder: »Die Person ist einsam«. Der Rechtshirnlastige hingegen wird seine intuitive Eingebung so impressionistisch ausdrücken, daß nichts Greifbares übrigbleibt. Wenn er jemanden beschreiben soll, wird er sagen: »Hm, die Person ist, äh, irgendwie schwammig, weißt du, hm, ich kann nicht genau sagen, was eigentlich mit ihr los ist.« Damit ist nichts anzufangen, denn es wird nichts beim Namen genannt, erkannt, empfunden oder gelöst. Im Vergleich dazu mögen linkshirnlastige Menschen zwar in dem Ruf stehen, nicht besonders intuitiv zu sein, aber dafür können sie sehr viel genauere Daten liefern.

Beide Hirnhemisphären, die linke wie die rechte, spielen eine wichtige Rolle für die Intuition. Auch wenn die Begabungen auf der einen oder der anderen Seite stärker ausgeprägt sind, werden doch beide gebraucht, um Intuitionen verfügbar, verständlich und zur Handlungsgrundlage zu machen.

Ganz gleich, welche Art von Intuition Sie haben, Sie können immer einen Weg finden, Ihr Intuitionsnetzwerk zu aktivieren. Bei jedem Menschen sind einige Teile des Netzwerkes stark und andere schwach. Wichtig ist, daß Sie Ihre intuitive Identität erkennen, um deren Stärken und Schwächen zu verstehen und die Sprache der intuitiven Regungen entziffern zu können, die in Ihnen erwachen. Das heißt nicht, daß wir nun unbedingt alle spezifischen Störungen oder Mängel an uns bestimmen müßten. Sie sollten sich nicht fragen: »Bin ich ein ›Spinner‹ (mit hypoaktiviertem Stirnlappen) oder eher ein ›Saubermann‹ bzw eine ›Sauberfrau‹ (bei hyperaktiviertem Stirnlappen)? Habe ich die Leitungen gekappt? Besteht keine Verbindung zwischen den einzelnen Bereichen meines Gehirns oder zwischen Gehirn und Körper?« Das ist ein falscher Ansatz für die Beschäftigung mit der Intuition. Sie sollten positiv an die Sache herangehen. Fassen Sie lieber die starken Aspekte Ihrer Intuition ins Auge. Wir alle sind in manchen Bereichen intuitiv begabt, während andere Bereiche im dunkeln liegen und uns weniger gut zugänglich sind. Wenn wir unsere Gaben verstehen und nutzen lernen, können wir Licht in die dunkleren Teile unseres Intuitionsnetzwerkes bringen und sie zugunsten eines gesünderen, erfüllteren und intuitiveren Lebens aktivieren.

14

Das intuitive Profil

Wenn Sie zum erstenmal in ein Fitneßzentrum kommen, wird Sie der Anblick der unzähligen Maschinen und Geräte, die Ihnen zur Verfügung stehen, um Ihren Körper zu trainieren und Ihre Muskeln zu entwickeln, sowohl begeistern als auch entmutigen. Sollten Sie mir gleichen, werden Sie zuerst Geräte ansteuern, deren Gebrauch Ihnen leichter vorkommt, weil sie die besser funktionierenden Teile Ihres Körpers trainieren. Das ist nicht falsch, denn Sie gewinnen dadurch Selbstvertrauen und werden dazu angeregt, das Training weiter durchzuführen. Später werden Sie auch andere Geräte ausprobieren wollen, aber wenn Sie gleich damit anfangen und merken, daß Sie damit völlig überfordert sind, ist Ihre Fitneßkarriere wahrscheinlich nur von kurzer Dauer. Bei mir zum Beispiel ist der Oberkörper wenig gekräftigt, aber ich habe starke Beine, und deshalb benutze ich am liebsten die Beintrainingsgeräte zuerst. Inzwischen bemühe ich mich auch, meine Arme mehr zu gebrauchen, aber wenn ich sofort mit dem Armtraining begonnen hätte, wäre mir gleich der Mut gesunken, ich hätte mich als Versager gefühlt und aufgehört.

Genauso geht es mit der Intuition. Sie werden merken, daß Sie mit einigen Geräten des intuitiven Maschinenparks bereits gut zurechtkommen. Andere werden Sie lieber erst später ausprobieren wollen. Wenn Sie mit dem Vorsatz an die Sache herangehen, intuitiv mit Ihren Träumen zu arbeiten, und dann herausfinden, daß Sie sich an keinen Ihrer Träume erinnern können, werden Sie garantiert schnell frustriert sein. Sie werden merken, daß es »Geräte« gibt, mit denen Sie überhaupt nicht oder nur schlecht zurechtkommen. Das ist ganz normal. Vergessen Sie nicht, daß wir alle über Intuitionen verfügen, daß diese aber sehr unterschiedlich sind und eine ganz eigene Sprache haben. Denken Sie bloß nicht, Sie wären nicht zu intuitiven Regungen fähig, wenn diese nicht genauso über Sie kommen wie bei mir oder bei einer von den berühmten Intuitiven vom Format Barbara Brennans.[48] Ihre Bücher strotzen nur so vor Bildern und Diagrammen von Chakren, Energiefeldern usw., die ich persönlich nie vor meinem geistigen Auge gesehen habe. Auch andere Intuitive sprechen häufig von Chakren, Auras und Energiefeldern. Manche Menschen haben Augen dafür, andere nicht. Wenn Sie nichts dergleichen sehen, heißt das, Sie hätten keine Intuition? Nein. Es bedeutet nur, daß Sie andere Stärken haben und Ihre Intuition anderer Art ist und eine eigene Sprache spricht.

Die intuitive »Muskulatur«

Wenn wir einen Gegenstand betrachten, sehen wir ihn alle in gleicher Weise: Das Licht fällt auf die Netzhaut des Auges, überkreuzt sich, wird über den Sehnerv in den optischen Kortex, die »Sehrinde« geleitet und erzeugt dort in linearer Weise ein Bild. Das physische Sehen folgt bei jedem Menschen dem gleichen vorgezeichneten linearen Pfad. Bei der Intuition ist es anders; sie gleicht mehr der Leidenschaft. Jeder erfährt sie auf seine spezielle Art und immer etwas anders.

Andererseits gibt es bestimmte Grund*typen* von Intuitiven, was im ersten Kapitel dieses Buches angeklungen ist. Manche Menschen sind visuell intuitiv und empfangen innere geistige Bilder. Andere sind audiointuitiv und hören Gedanken, Klänge und Botschaften, die ihnen intuitive Informationen übermitteln. Wieder andere sind somatisch intuitiv und erhalten intuitive Informationen über sich und andere durch Sinneseindrücke oder Körperempfindungen. Wenn mir jemand sagt: »Ich bin nicht intuitiv; ich sehe nichts Besonderes«, frage ich sie: »Aber was hören Sie?« oder: »Was fühlen Sie denn?« Wichtig ist, herauszufinden, wo die eigenen Stärken liegen und die schon vorhandenen Kräfte zu nutzen, statt an das zu denken, was man nicht hat, und sich dadurch zu blockieren.

Wer mit seinem intuitiven Netzwerk in Berührung kommen will, muß sich darüber klarwerden, daß er *immer schon mit Intuitionen umgeht*, vielleicht ohne es zu bemerken. Sobald Ihnen aufgeht, daß Sie schon über

Intuition verfügen, ohne sich dessen voll bewußt zu sein, können Sie diesen »Muskel« durch verstärktes Training weiterentwickeln. Ich habe einmal einen Kurs über intuitive Lesungen abgehalten und dabei eine interessante Erfahrung gemacht. Eine der Teilnehmerinnen war Chirurgin an einem großen Krankenhaus und offensichtlich stark linkshirnlastig, sehr rational und arbeitsorientiert. Sie kam also an und verkündete prompt: »Das kann ich nicht. Ich kann nichts Besonderes sehen oder hören und kann ganz bestimmt nichts in meinem Körper fühlen, was Patienten beträfe. Ich träume nicht und bin nicht besonders phantasiebegabt. Aber ich wollte einmal hören, was Sie so erzählen.« Wobei ich mir dachte: »Na schön, wenigstens ihr Geist ist noch einigermaßen offen.«

Im Verlauf des Kurses stellte sich heraus, daß diese Frau von ihrer Intuition bereits auf sehr eindrückliche und einzigartige Weise Gebrauch machte, obwohl sie sich dessen bisher nicht bewußt gewesen war. Sie erzählte mir, daß sie immer, wenn sie Nachtdienst im Krankenhaus hatte und sich im Arztzimmer ein wenig Schlaf gönnte, unfehlbar ein paar Minuten vor dem Lospiepen ihres Signalgeräts aufzuwachen pflegte, das sie zu einem dringenden Fall rief. Sie vertraute diesem Instinkt so sehr, daß sie nach dem Erwachen automatisch aufstand, sich ankleidete und schon auf dem Weg nach unten war, noch ehe das Signal tatsächlich ertönte, was es dann unweigerlich tat. Ich fragte sie, *wo* sie diese Eingebung spürte, und sie sagte, das wisse sie nicht, sie hätte einfach nur so »ein Gefühl im Bauch«. Sie besaß eindeutig Körperintuition oder die Gabe des »Hellfühlens«, im Grunde eine feine Sache, da sie ja als Chirurgin Körper operierte. Sie bekam »so ein« Gefühl im Körper, und ihr Körper reagierte darauf und handelte danach, ebenso wie mein Körper auf die Frau reagierte, die in der Notaufnahme einen Herzinfarkt erlitt. Der wichtige Muskel im intuitiven Netzwerk dieser Chirurgin schien der Magen zu sein. Er signalisierte ihrem Körper, sich für die vorliegende Aufgabe zu erwärmen und in Bewegung zu kommen wie die Autos in den alten VW-Käfer-Werbespots, die in wenigen Sekunden von null auf hundert Stundenkilometer aufdrehten.

Es war interessant, daß die Chirurgin ihrer Intuition folgte. Das größte Problem, das die meisten Menschen mit intuitiven Regungen haben, besteht darin, daß sie selbst dann, wenn sie ein bestimmtes Gefühl in bezug auf etwas haben, nicht danach handeln können oder wollen. Ich habe in diesem Buch immer wieder von den Warnlampen und -signalen gesprochen, die wir ignorieren, bis ein lebenswichtiger Teil unserer Körpermaschinerie ausfällt. Dabei öffnen wir, wenn wir unsere intuitiven Ahnungen ignorieren, nicht nur allerlei Problemen Tür und Tor, sondern wir versagen uns auch die positive Bestätigung unserer Intuitivität. Bestätigungen stärken jedoch das Selbstvertrauen und halten uns dazu an, den betreffenden Muskel weiter zu trainieren und zu entwickeln. Ihrer Intuition zu folgen war wirklich eine wichtige Sache für die Chirurgin, sowohl im Hinblick auf ihr Intuitionsnetzwerk als auch auf das Leben ihrer Patienten. Wenn Ärzte nicht ihrer Intuition folgen – das heißt, wie wir inzwischen wissen, auch ohne komplette Informationen zur Tat schreiten –, kann das den Tod von Patienten zur Folge haben. Da die Chirurgin so viele Male intuitiv recht gehabt hatte, waren die Kolleginnen und Kollegen dazu übergegangen, auf ihre Intuition zu bauen; sie wußten, daß sie immer genau spürte, wann etwas unternommen werden mußte.

Der Chirurgin selbst war allerdings nie eingefallen, ihre Erfahrungen im Nachtdienst als intuitiv zu werten. Sie mußte erst lernen, ihnen auf neue Art Beachtung zu schenken, um sie ihrem Wesen und Wert nach zu beurteilen und darauf aufbauend weitere intuitive Fähigkeiten zu entwickeln.

Einmal bin ich von einer Fernsehproduzentin für eine Dokumentation über Intuition telefonisch interviewt worden. Bei dem betreffenden Gespräch wirkte die Dame sehr zugeknöpft, und ihre Stimme klang stahlhart. Ich hatte das Gefühl, daß sie mich nicht mochte und voller Argwohn war. Sie bat mich, ihr per Telefon eine Lesung zu geben. Ich lehnte ab. Meinem Empfinden nach hätte sie das nur in ihrer Überzeugung bestärkt, daß ich ein Phantasiegeschöpf mit Hörnern war. Dies wiederum hätte ihr als Bestätigung für die Überzeugung gedient, sie und andere »normale Menschen« wären nicht mit Intuition begabt und könnten nicht das tun, was ich tue. Ihre Stimme wurde noch stählerner, als sie merkte, daß ich ihrem Wunsch nicht zu entsprechen gedachte. Interessanterweise drückte sie intuitiv ihre Unzufriedenheit darüber aus, daß das Interview nicht den gewünschten Verlauf nahm. Als ich ihr statt dessen von anderen Lesungen berichtete, die ich abgehalten hatte, begann sie plötzlich nach Luft zu ringen und zu husten. Sie entschuldigte sich und sagte, sie würde mich später noch einmal anrufen.

Bei ihrem Anruf am nächsten Morgen klang ihre Stimme vollkommen anders – das Stahlharte war gänzlich daraus verschwunden. »Ich muß Ihnen unbedingt erzählen, was gestern passiert ist!« sagte sie ganz aufgeregt. »Von dem Augenblick an, in dem ich mit Ihnen zu sprechen begann, spürte ich, wie sich mein Nacken verkrampfte. Die Muskeln verspannten sich, und gegen Ende unseres Gesprächs konnte ich nur noch schwer atmen. Kaum hatten wir aufgelegt, verging dieses Gefühl.« Sie zögerte einen Moment, dann fuhr sie stockend fort: »Ich muß Ihnen eine Frage stellen. Haben Sie Nackenprobleme?«

Es war erstaunlich; die Frau verstand sich aufs Hellfühlen, sie war körperintuitiv und hatte meine Nackenprobleme wahrgenommen. Erst vor kurzem waren mir zwei Wirbel im Nacken herausgesprungen – ein unglaublich schmerzhaftes Erlebnis. Es verschlug ihr die Sprache, als ich ihr davon erzählte. »Jetzt wissen Sie ja selber mit Körper und Seele, daß Intuition existiert«, sagte ich. »Das reicht doch für Ihre Show.« Die Frau pflichtete mir bei. »Ja, aber ich habe mich nicht getraut, es Ihnen zu sagen«, erwiderte sie. Und dann sagte sie etwas, das ich immer wieder höre: »Ich kam mir blöd vor.«

Wie oft beißen sich Menschen auf die Zunge, statt etwas auszusprechen, von dem sie wissen, daß es wahr ist, statt ihrer Eingebung zu folgen, nur weil sie sich sonst blöd vorkämen! Wie oft machen Sie es ebenso? Hier ist wieder der Stirnlappen im Spiel, der Ihnen einredet, das, was Sie zu wissen glauben, könnten Sie gar nicht wissen, und Sie sollten um Himmels willen nichts dergleichen äußern, weil die Leute Sie sonst für verrückt erklären. Wenn wir im Intuitionsfitneßcenter den intuitiven Muskel trainieren, werden wir gleichzeitig den Stirnlappen ein wenig zu schwächen versuchen. Sie sehen ja, was für wunderbare Dinge passieren, sobald der Stirnlappen auch nur eine kleine Weile ruhiggestellt ist! Während die Chirurgin schlummerte, war die Verbindung zwischen Stirnlappen und Intuitionsnetzwerk unterbrochen. Infolgedessen konnte ihr Körper bei einer entsprechenden Eingebung dem Impuls zum Aufspringen nachgeben und die Automatik des Ankleidens und Loslaufens bei ihr in Gang setzen, ehe ihr Stirnlappen wach wurde, sich einschaltete und ihr einflüsterte, das ginge nicht. Wie viele Patienten mögen dadurch gerettet worden sein!

Betrachten Sie einmal Ihr eigenes Leben. Haben oder hatten Sie jemals

Erlebnisse wie diese Frau? Träumen Sie lebhaft und mit vielen klaren, ausdeutbaren Symbolen? Kommen Ihnen Ihre Träume manchmal prophetisch vor? Hatten Sie je ein Gefühl bei jemandem, das sich bewahrheitet hat? Hatten Sie je das Empfinden, etwas Bestimmtes tun zu müssen, es jedoch nicht getan, um dann den Preis dafür zu zahlen und sich im nachhinein zu ärgern, daß Sie Ihrer Ahnung nicht doch Folge geleistet haben? Wenn Sie eine dieser Fragen mit Ja beantworten, wissen Sie, daß Sie über Intuition verfügen. Jetzt müssen Sie nur noch den Bereich des Intuitionsnetzwerkes finden, durch den sich Ihre intuitiven Eingebungen am stärksten bemerkbar machen.

Um die Stärken und Schwächen Ihres Intuitionsnetzwerkes besser erkennen zu können, probieren Sie einmal folgendes. Nehmen Sie zwei Filzstifte, einen schwarzen und einen gelben, zur Hand. Sehen Sie sich die nachstehende Abbildung vom Intuitionsnetzwerk an. Machen Sie sich nun Ihre eigene Intuition bewußt, und markieren Sie die starken und schwachen Bereiche Ihres Netzwerkes. Streichen Sie mit einem dicken schwarzen X den Bereich aus, der unterentwickelt ist, die Muskeln, die Sie fürs erste im Fitneßstudio auslassen. Markieren Sie mit dem gelben Stift die Bereiche, die in Ihrem Intuitionsnetzwerk die Oberhand haben. Die folgende Anleitung wird Ihnen dabei helfen:

- Wenn Sie stark linkshirnorientiert sind (also in Worten denken, überwiegend Rechtshänder sind, alle Fächer gemocht haben, bei denen es ums Lesen und um schriftliche Arbeiten ging, Sprachen studiert haben, detailliebend sind und keinen Strich zeichnen können), streichen Sie die rechte Hirnhälfte und vermutlich den Körper mit dem schwarzen Stift aus. Gelb markieren hingegen können Sie alles, was beim Linkshirn aufgeführt ist, und höchstwahrscheinlich die Träume. Linkshirnorientierte Menschen sind oft besonders gute Träumer. Bei ausgeschalteter linker Hirnhälfte können sie Zugang zu Intuitionen gewinnen, die sich symbolisch in Traumbildern darstellen, einschließlich bildhafter Vorstellungen vom Körper. In diesem Fall müßten Sie eine Menge Bücher über die Traumdeutung lesen und sich in die Jungsche Analyse vertiefen, aber das dürfte Ihnen sowieso Spaß machen. Sie sollten auch ein Traumtagebuch führen, denn das erleichtert das präzise Interpretieren von Träumen.

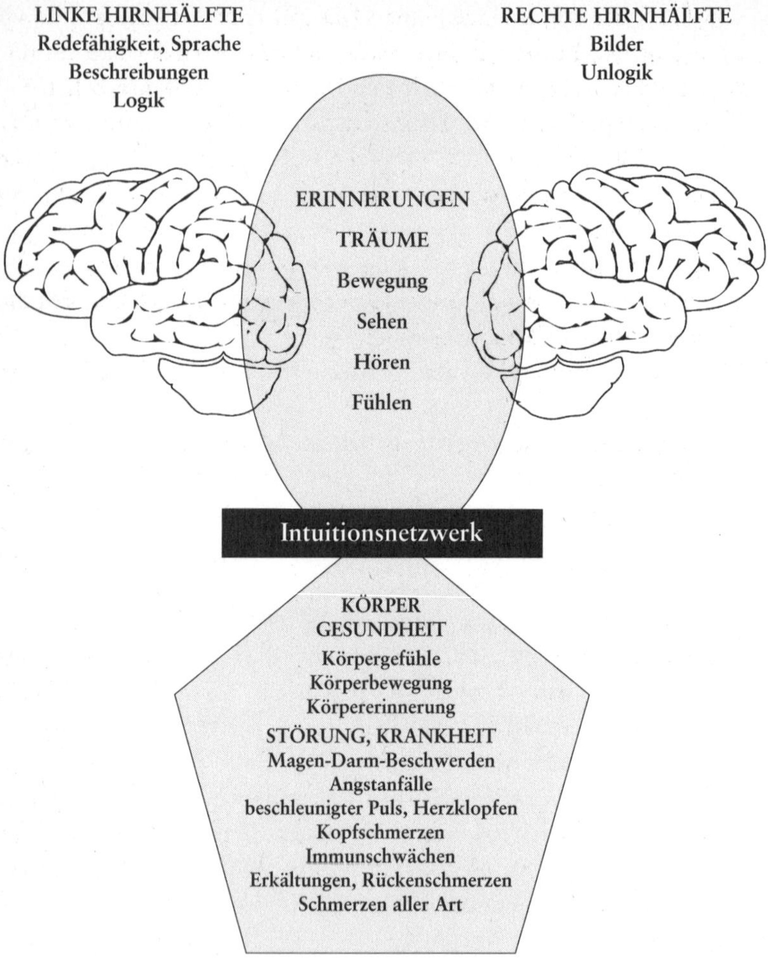

- Wenn Sie rechtshirnorientiert sind (also in Bildern und Symbolen denken, entweder Rechts- oder Linkshänder oder beides sind, eine Abneigung gegen Fächer hatten, die Lesen und schriftliche Arbeiten erfordern, kunstliebend sind, alles streng Geordnete hassen), streichen Sie die linke Hirnhälfte schwarz aus und markieren die rechte, den Körper und die Träume gelb.
- Wenn Sie eher hypofrontal veranlagt sind, Ihre Stirnlappen also wenig

aktiv sind wie bei jemandem mit ADD, der seine Erfahrungen durch Bewegung und Körper macht, streichen Sie den linken Stirnlappen aus, während Sie die rechte Hirnhälfte und den Körper gelb hervorheben.

- Wenn Sie hyperfrontal veranlagt sind, Ihre Stirnlappen also überaktiv sind und Sie zu zwanghaften Verhaltensweisen neigen, kreuzen Sie die rechte Hirnhälfte aus. Markieren Sie dafür den linken Stirnlappen und den Körper gelb.
- Wenn du ein Kind bist, malst du die rechte Hirnhälfte gelb.
- Wenn Sie unter dem prämenstruellen Syndrom leiden, markieren Sie die rechte Hirnhälfte und den Körper gelb.
- Wenn Sie an Krankheiten aller Art leiden, markieren Sie den Körper gelb.
- Wenn Sie nie einen Orgasmus hatten, streichen Sie den Körper schwarz aus.
- Wenn Sie eine Frau sind, markieren Sie das verbindende Gebiet zwischen der linken und der rechten Hirnhälfte und zwischen der rechten Hirnhälfte und dem Körper gelb.

Jetzt müßten Sie ein anschauliches Diagramm Ihres Intuitionsnetzwerkes vor sich haben. Darin erkennen Sie die Bereiche, die Sie wahrscheinlich leicht erreichen können, und die Stellen, die Ihnen im Augenblick noch nicht so gut zugänglich sind. Mit diesem Plan Ihrer intuitiven Muskulatur ausgestattet, können Sie sich ans Training begeben, in dessen Verlauf Sie die Stärken als Basis benutzen können, um die weniger entwickelten Bereiche zu erschließen und auszubauen. Dann können Sie auch lernen, eine intuitive Lesung durchzuführen.

Die intuitive Lesung

Um die Sprache eines jeden emotionalen Zentrums zu erlernen, horchen Sie auf dessen Stimme, die sich Ihnen in einer ganz eigenen, über das Gefühl erfahrbaren Gedankensprache und durch die Körpersprache physischer Symptome und Erkrankungen mitteilt. Am einfachsten ist es zunächst, einmal auf die Körpersprache zu achten. Welche spezifischen physischen Symptome nehmen Sie bei sich selbst wahr? Haben Sie eine bestimmte Krankheit oder Störung? In welchem Teil Ihres Körpers? Haben Sie häufig Schmerzen oder andere Beschwerden?

Um zu bestimmen, wo Ihnen in Körper und Leben intuitive Botschaften zukommen, gehen Sie die nachfolgende Aufstellung von emotionalen Zentren und damit verbundenen Symptomen oder Fragen durch. Wenn Sie an ein Symptom erinnert werden, das Sie einmal hatten oder noch haben, notieren Sie dies in Ihrem Tagebuch oder anderswo. Denken Sie daran, daß Sie dem Bereich Ihres Körpers, in dem ein Symptom auftritt, Beachtung schenken müssen – es ist dies der Teil Ihres Körpers und Geistes, auf den Sie immer wieder zurückkommen sollten, um sich Informationen und Anleitung zu holen. Erforschen Sie die emotionalen Probleme, die mit jedem emotionalen Zentrum und Symptom verbunden sind, um die Lebensbotschaften verstehen zu können, die Ihnen Körper und Geist in Ihrer ureigenen intuitiven Sprache zu übermitteln versuchen.

Erstes emotionales Zentrum: Blut, Knochengerüst, Immunsystem

Schauen Sie sich die Abbildung des ersten emotionalen Zentrums auf Seite 189 an, und stellen Sie fest, welche Unausgewogenheiten zwischen Ihren Stärken und Schwächen bestehen im Hinblick auf:

1. Vertrauen. Die Fähigkeit, zu wissen, wann Sie jemandem vertrauen können oder mißtrauen sollten.

2. Abhängigkeit. Bekommen Sie Rückhalt von Ihrer Familie? Können Sie sich gegebenenfalls auf jemanden verlassen, aber ebensogut selbständig auf eigenen Füßen stehen?

3. Ein Gefühl der Sicherheit in der Welt. Haben Sie das Empfinden, daß die Welt kein sicherer Hort ist? Haben Sie oft Angst, oder fühlen Sie sich bestimmten Situationen hilflos ausgeliefert? Fehlt Ihnen die Fähigkeit, mit Veränderungen in Ihrer Umgebung zurechtzukommen und sich entsprechend anzupassen?

- Fühlen Sie sich wie Lucy Graham (»Das verirrte Schaf«, Seite 196), die jeden Kontakt zu Familie oder Heimatland verloren hat? Oder wie Vanessa (»Das Bambi-Syndrom«, Seite 199), die ihre Familienangehörigen verloren hat? Glauben Sie, allein zu sein und keiner Familie irgendeiner Art anzugehören, die Ihnen echten Rückhalt gibt?
- Gleichen Sie Mark, der »alles auf eine Karte setzt « (Seite 207)? Beschränkt sich das soziale Netz, das Ihnen Rückhalt gibt, auf wenige enge Freunde?
- Kennen Sie, wie Martha und ihr Sohn, »das Frischhaltetütensyndrom« (Seite 215) aus eigener Erfahrung und glauben, daß die Welt letztlich ein unsicherer Ort und unentrinnbar streßreich ist?
- Ertappen Sie sich öfter dabei, wie Sie eine der folgenden Äußerungen von sich geben?

»Du kannst niemandem trauen außer dir selbst.« (Übermäßiges Mißtrauen)

»Schon gut, ich mach's selbst.« (Übermäßiges Unabhängigkeitsbestreben)

»Wenn es richtig gemacht werden soll, muß man es selbst tun.« (Übermäßiges Unabhängigkeitsbestreben)

»Niemand ist je für mich da. Niemand kümmert sich um mich.« (Mangelndes Zugehörigkeitsgefühl)

»Niemand hilft mir.« (Übermäßige Hilflosigkeit)

»Die Welt ist gefährlich.« (Übermäßige Furcht)

Zweites emotionales Zentrum: Sexualorgane, Blase und Dickdarm, unterer Rücken

Betrachten Sie die Abbildung auf Seite 223, und stellen Sie fest, welche Unausgewogenheiten zwischen Ihren Stärken und Schwächen bezüglich Ihres persönlichen Antriebs bestehen. Wie verfolgen Sie Ihre Ziele?

1. Triebe. Verfolgen Sie Ihre Ziele aktiv oder passiv? Direkt oder indirekt? Sind Sie ohne Scham, was Ihre Triebe und Begierden angeht, oder schämen Sie sich ihrer?

2. Beziehungen. Sind Sie in einer Beziehung eher übermäßig auf Unabhängigkeit bedacht oder eher abhängig? Nehmen Sie im allgemeinen mehr, oder geben Sie mehr? Haben Sie ein übermäßiges Geltungsbedürfnis, oder sind Sie unterwürfig? Nehmen Sie immer andere in Schutz, oder lassen Sie sich immer selber in Schutz nehmen?

- Sind Sie wie Marcy (»Das Rollender-Stein-Syndrom«, Seite 228) und jagen schonungslos allem nach, was Sie sich vom Leben erhoffen?
- Gleichen Sie vielleicht Harriet (»Festhängen wie eine Klette«, Seite 237)? Hängen Sie in einer Beziehung so sehr an jemandem oder sind so abhängig, daß Sie kaum loslassen können, auch wenn die Beziehung Ihnen offenkundig nichts mehr bringt?
- Ertragen Sie wie Donna (»Das Goldener-Käfig-Syndrom«, Seite 239) völlig passiv eine ausweglose berufliche Situation aus Angst, herauszufinden, was Sie sonst tun könnten, oder aus Angst, es nicht herauszufinden?
- Sind Sie wie Ruth (»Auf Eis gelegt«, Seite 246), die gibt und gibt und kaum etwas von ihrem Partner zurückbekommt?
- Haben Sie wie Sandra (»Das Gottesanbeterinnen-Syndrom«, Seite 250) Schwierigkeiten, in einer Beziehung Grenzen abzustecken?
- Kennen Sie ähnlich »traumatische Erinnerungen« wie Katrina (Seite 252)? Haben Sie traumatische sexuelle Beziehungen erlebt, sind Sie körperlich oder emotional mißbraucht worden?
- Sind Sie mit George (»Hahn ohne Hühnerschar«, Seite 254) zu vergleichen, der alles verliert, Liebe und Geld? Haben Sie je eine Pechsträhne im Privat- oder Berufsleben gehabt?
- Ertappen Sie sich öfter bei Äußerungen wie den folgenden?

»Ich tue alles für dich.« (Übermäßiges Geben)

»Die Welt gehört mir.« (Übermäßiges Unabhängigkeitsbestreben)

»Niemand liebt mich. Alle verlassen mich.« (Übermäßige Abhängigkeit)

Drittes emotionales Zentrum: Verdauungstrakt und mittlerer Rückenbereich

Schauen Sie sich die Abbildung des dritten emotionalen Zentrums auf Seite 261 an, und stellen Sie fest, welche Unausgewogenheiten zwischen Ihren Stärken und Schwächen bestehen im Hinblick auf:

1. Tüchtigkeit. Halten Sie sich für kompetent und sachkundig, was Ihre Arbeit angeht, oder werden Sie ständig von Gefühlen der Unzulänglichkeit und Inkompetenz geplagt?

2. Verantwortung. Legen Sie im Berufs- und Privatleben übermäßig viel Verantwortungsgefühl an den Tag? Oder sind Sie pflichtvergessen? Werden Sie oft überfordert oder in einen Streit zwischen zwei Freunden, Familienangehörigen oder Kollegen hineingezogen?

3. Aggressivität. Haben Sie häufig Territorialprobleme? Werden Sie oft in Revierstreitigkeiten verwickelt? Schüchtern Sie andere ein, um zu erreichen, was Sie wollen, oder sind Sie selber leicht von anderen einzuschüchtern?

4. Wettbewerb. Müssen Sie in Wettbewerbssituationen stets gewinnen? Verlieren Sie immer, oder geben Sie nach?

- Ähneln Sie Peter (»Die Firmenübernahme«, Seite 260), der stets aggressiv mit anderen konkurriert, weil er nur dann Verantwortungsgefühl entwickelt und Bestätigung erfährt, wenn er andere geschäftlich überflügelt?
- Haben Sie wie Marshall (»Das ist mein Revier«, Seite 269) im Beruf Abgrenzungsprobleme? Hängt Ihre Selbstachtung vom Beifall anderer ab?
- Halten Sie es, wie Felicia (»Zwischen den Mühlsteinen«, Seite 273), immer für Ihre Pflicht, Streit zu schlichten und im Berufs- wie im Privatleben Brände zu löschen?
- Sind Sie vielleicht wie Maureen (»Den Kummer ertränken«, Seite 276)

oder Andrea (»Nahrung ist Liebe«, Seite 278) alkoholabhängig, eßsüchtig oder auch arbeitswütig, weil Sie damit Emotionen kaschieren, insbesondere das Gefühl, Ihren Verpflichtungen nicht gewachsen zu sein?

Viertes emotionales Zentrum: Herz, Lunge, Brust, oberer Rücken

Schauen Sie sich die Abbildung auf Seite 285 an, und stellen Sie fest, welche Unausgewogenheiten zwischen Ihren Stärken und Schwächen im Hinblick auf Gefühlsausdruck und Partnerschaft bestehen. Sind Sie in der Lage, in Beziehungen ein volles Spektrum an Gefühlen zu erfahren? Können Sie frei alle Register von Leidenschaft, Liebe, Wut, Groll, Beherztheit, Angst, Gram, Verlassenheit und Vergebung ziehen? Oder bleiben Sie meist in einer Emotion stecken? Gelingt es Ihnen, in Partnerschaften ein Gleichgewicht zwischen Isolation und Intimität herzustellen? Lassen Sie anderen mehr Zuwendung zukommen, als Ihnen selbst von den anderen zufällt?

- Gleichen Sie Mike (»Maske und Theater«, Seite 289), Francis (»Groll mit sich herumtragen«, Seite 296) oder Fred (»Gefühllos wie ein Stein«, Seite 303) und können nicht die ganze Palette menschlicher Gefühle erfahren, ausdrücken oder zeigen?
- Befinden Sie sich vielleicht wie Violet (»Der gerupfte Vogel«, Seite 308) in einer ungleichen Beziehung, in der einer immer der Gebende und der andere immer der Nehmende ist? Besitzt ein Partner mehr Autorität als der andere?
- Sind Sie wie Samantha (»Mutter wider Willen«, Seite 314) oder wie Helen (»Nirgendwo ein Ausweg«, Seite 323)? Bestehen bei Ihnen extreme, lebenslange Zweifel über die Mutterschaft und eine ungeheure Unsicherheit bezüglich Ihrer Fähigkeit, einem anderen Menschen Zuwendung zukommen zu lassen? Neigen Sie zu Selbstaufopferung und Märtyrertum?

Fünftes emotionales Zentrum: Schilddrüse, Hals, Nacken, Zähne und Gaumen

Schauen Sie sich die Abbildung auf Seite 328 an, und stellen Sie fest, welche Unausgewogenheiten zwischen Ihren Stärken und Schwächen im Hinblick auf Kommunikation (Reden und Zuhören), Zeitgefühl (Drängen oder Zaudern) und Willensäußerung bestehen.

- Fällt es Ihnen wie Cecilia (»Hallo, hört mich denn niemand?«, Seite 330) schwer, sich in der Welt Geltung zu verschaffen? Sind Sie nicht dazu fähig, im Beruf und Privatleben Ihren Willen durchzusetzen und sich zu behaupten?
- Haben Sie wie Liz (»Den Ärger hinunterschlucken«, Seite 340) Angst, Ihre Wünsche und Bedürfnisse zum Ausdruck zu bringen? Hören Ihrem Empfinden nach andere gar nicht zu, wenn Sie etwas sagen?
- Fehlt es Ihnen wie Ellen (»Vorpreschen«, Seite 348) am richtigen Timing – an der Fähigkeit, zu erkennen, wann Sie vorpreschen und wann Sie sich lieber zurückhalten sollten?

Sechstes emotionales Zentrum: Gehirn und Sinnesorgane

Schauen Sie sich die Abbildung auf Seite 355 an, und stellen Sie fest, welche Unausgewogenheiten zwischen Ihren Stärken und Schwächen im Hinblick auf die Wahrnehmung, das Denken und die Moral bestehen. Konzentrieren Sie sich stets auf das, was Sie tun, oder sind Sie im Denken und Handeln eher zerstreut? Nehmen Sie wie ein Schwamm alles in sich auf, oder sind Sie nicht sehr empfänglich? Sind Sie übermäßig rational? Sind Sie extrem starr oder grenzenlos flexibel? Bekritteln Sie alles? Können Sie Kritik vertragen? Sind Sie übervorsichtig, oder lassen Sie bei Gelegenheit alle Vorsicht fahren?

- Haben Sie vielleicht wie Otis (»Ich will nichts davon hören«, Seite 356) Schwierigkeiten, den Ansichten anderer Gehör zu schenken?

- Oder sind Sie wie Paula (»Bürgerin des Jahres«, Seite 363) bisweilen äußerst moralisch und relativ starr in Ihren Anschauungen?

Siebtes emotionales Zentrum: Muskeln, Bindegewebe und Gene

Schauen Sie sich die Abbildung auf Seite 377 an, und stellen Sie fest, welche Unausgewogenheiten zwischen Ihren Stärken und Schwächen im Hinblick auf Ihren Lebenssinn bestehen. Wissen Sie, warum Sie auf der Welt sind? Wo liegt Ihr wahres Arbeitsinteresse, Ihre Berufung? Glauben Sie, daß Sie selbst Ihres Lebensglückes Schmied sind, oder ergeben Sie sich in die Lebensumstände? Hängen Sie an den Früchten Ihrer Arbeit, oder können Sie auch loslassen und sich als gesegnet empfinden?

- Haben Sie Ähnlichkeit mit Shirley (»Ich brauche rund um die Uhr Pflege«, Seite 380), die nicht weiß, welchen Sinn ihr Leben hat?
- Sind Sie wie Irma (»Ich bin nur für meine Männer da«, Seite 384), deren einziger Lebenszweck darin besteht, für Mann und Sohn dazusein und nur durch sie überhaupt zu leben?

Vergessen Sie eins nicht: Wenn Sie einen Körper sowie eine rechte und eine linke Gehirnhälfte besitzen und nachts träumen, sind Sie intuitiv. Ihr Körper bringt Symptome hervor, Ihre rechte Hirnhemisphäre verbindet Sinn und Bedeutung damit, und Ihre linke Hirnhemisphäre setzt das Gefühl in Worte um und analysiert es. Ihre Träume liefern Ihnen unter Umständen Bilder und Klänge, die einen Bezug zum guten oder schlechten Gesundheitszustand der Organe Ihres Körpers haben.

Und noch etwas möchte ich erneut betonen: *Auch Sie können eine intuitive Lesung durchführen.* Sie können im eigenen und im Körper anderer lesen.

Lassen Sie sich nicht von Ihrem Stirnlappen einreden, Sie könnten es nicht. Lassen Sie ihn nicht alle anderen Teile Ihres Intuitionsnetzwerkes unterdrücken und sich selbst in den Mittelpunkt stellen. Sie werden gleich lernen, wie Sie Ihren Stirnlappen zum Schweigen bringen können, aber werfen Sie zuerst einen Blick auf die nachstehende Übungstabelle, die Sie durch Ihre ersten intuitiven Lesungen geleiten wird. Inzwischen kennen Sie die Art Ihrer Intuition und die starken Muskeln Ihres Intuitionsnetzwerkes. Diese starken Bereiche müßten einer oder mehreren der Spalten in dieser Tabelle entsprechen. In den Kästchen vermerken Sie jeweils alles, was Ihnen über die Person, der Sie eine Lesung geben, einfällt. Sie sollten unbedingt alles aufschreiben, ob es einen Sinn ergibt oder nicht, denn jede kleinste Information hat möglicherweise einen Wert.

Übung zur intuitiven Lesung				
Klient	Intuitiv erfaßte Informationen			
	Gehörtes und Gesehenes	Körpereindrücke	Gefühle	Träume und anderes

Bei meinen Intuitionsworkshops bitte ich die Leute meist, sich in Paaren zusammenzutun. Das hilft ihnen, ihre jeweiligen Stärken zu integrieren und schon in einem sehr frühen Stadium, in dem ihre Muskeln noch einiges Training brauchen, zu einer besseren Lesung zu kommen. Partner A gibt Partner B den Namen und das Alter einer real existierenden Person. Alle Gedanken, Gefühle oder Sinneswahrnehmungen, die Partner B in der Folge an sich beobachtet, trägt Partner A nun in die Tabelle ein.

Der beste Anfang ist oft eine Visualisations- oder Entspannungsübung. Für meine Workshops engagiere ich meist einen speziell dafür Ausgebildeten, der eine Visualisationsübung leitet und die Workshopteilnehmer in ihrer Phantasie durch eine ruhige Landschaft führt, wobei sie sich so entspannen, daß der Stirnlappen verstummt und seine zentrale Rolle aufgibt. Viele meinen, man müßte bequem in einem Sessel sitzen und still werden – sich sozusagen in die richtige Stimmung versetzen –, bevor man eine Lesung gibt. Zu meinem Repertoire gehört das nicht; ich brauche nicht in einer bestimmten Stimmung zu sein, um eine Lesung durchführen zu können. Aber für die meisten Menschen mit ihren großen Stirnlappen ist es notwendig, um die Zensur auszuschalten. Ich arbeite häufig mit Ärzten, die als Berufsgruppe zu den besonders linkshirnlastigen, rationalen und durchorganisierten Menschen gehören und deren Stirnlappen ständig Einwände vorbringen. Wenn Sie jemand sind, der viel grübelt und nachts nicht schlafen kann, sind Ihre Stirnlappen aller Wahrscheinlichkeit nach ebenfalls hyperaktiv, und Sie haben eine Art Tretmühle im Kopf. In diesem Fall müssen Sie etwas tun, damit eine Zeitlang Ruhe herrscht. Zu Hause können Sie eine Entspannungskassette auflegen, die Sie beruhigt, Ihren Stirnlappen beschwichtigt und Sie auf die Lesung einstimmt.

Sobald Sie mit der Lesung begonnen haben, sollten Sie Ihrem Partner alles mitteilen, was Ihnen einfällt. Vielleicht hören Sie Worte; sagen Sie sie Ihrem Partner, und der schreibt sie auf. Oder Sie sehen die betreffende Person oder gewisse Aspekte ihres Lebens vor sich. Womöglich erscheint ein Fahrrad vor Ihrem geistigen Auge. Sie verstehen zwar nicht, was das soll, aber sagen Sie es Ihrem Partner, und der schreibt es auf. Unter Umständen macht sich ein bestimmtes Gefühl in Ihrem Körper bemerkbar. Schrecken, Besorgnis oder Euphorie befällt Sie vielleicht. Oder Sie denken plötzlich: »Da fällt mir jemand ein, der mich so wütend macht, daß ich ihn am liebsten verprügeln und am Straßenrand liegenlassen würde!« Lassen Sie ihn auch das aufschreiben. Oder eine Fernsehsendung oder ein Film stehen Ihnen vor Augen. Lassen Sie es aufschreiben. Es sind alles Informationen; später werden Sie die Sprache kennen, in der Ihre Intuition zu Ihnen spricht, und verstehen, was Ihnen da mitgeteilt wird. Sollte gar nichts geschehen, lassen Sie Ihren Partner auch das aufschreiben. Selbst »nichts« kann informativ sein. Und kommen Sie sich bitte nicht albern dabei vor!

Wichtig ist, daß der Strom nicht unterbrochen wird, zum Beispiel dadurch, daß Sie Ihre Eingebungen beurteilen. Hierbei erweist sich eine Übung als nützlich, die ich gern als »Scheibenwischerübung« bezeichne. Wenn Sie einen hyperaktiven Stirnlappen haben, wird Ihr Geist herumwandern und Sie ablenken wollen. Ihnen fällt auf einmal auf, daß Ihr Stift nicht mehr schreibt oder daß Sie neues Papier oder etwas zu trinken brauchen. Das ist Ihr Stirnlappen, der die Angst zu unterdrücken versucht, die Sie bei dieser Lesung empfinden. In meinen Workshops weiß ich immer, wer Angst hat, denn diese Leute (oder ihr linker Stirnlappen) stellen mir plötzlich sehr spezifische Fragen: Muß man den vollen Namen wissen oder reicht auch der Vorname? Wie steht's mit dem Mädchennamen? Was ist, wenn die betreffende Person einen Spitznamen hat? Geht das auch? Und wenn die Person nun adopiert worden ist? Gibt es Probleme, wenn es sich um einen eineiigen Zwilling handelt? Und so weiter. Oder sie haken sich daran fest, wie ich telefonische Lesungen gebe, und fragen mich, was für ein Telefon ich benutze. Ein schnurloses? Kann man auch ein Handy nehmen? Vergessen Sie all das. Schalten Sie, wenn Ihnen solche zerstreuenden Gedanken in den Sinn kommen, Ihren mentalen Scheibenwischer ein, und stellen Sie sich vor, wie all diese Einwände beiseite gefegt werden. Sagen Sie Ihrer linken Hirnhälfte und dem betreffenden Stirnlappen: »Danke für den Hinweis. Und jetzt wieder an die Arbeit.«

Gehen Sie nach Abschluß der Übung mit Ihrem Partner zusammen die aufgezeichneten Informationen durch, und entschlüsseln Sie die Symbole und Bilder, die Sie empfangen haben. Jetzt müssen Sie prüfen, welche Bilder und Sinneswahrnehmungen vom Leben der Person herrühren, der die Lesung gilt, und welche möglicherweise aus Ihrem eigenen Leben stammen. Falls Sie ungeheure Wut empfunden haben, hatte diese einen Bezug zu der Person, der Ihre Lesung galt? Oder wurden Sie nur plötzlich an die Steuern erinnert, die Sie vor kurzem nachzahlen mußten?

Um Ihnen eine Vorstellung davon zu geben, was Ihnen bei einer Lesung je nach Ihren intuitiven Stärken und Schwächen zufließen kann, wollen wir uns einmal die Beispiele von vier verschiedenen Menschen mit intuitiven Stärken auf vier unterschiedlichen Gebieten ansehen. Jedem der vier wurden Name, Alter und Wohnort einer bestimmten Person genannt: Mary, 38 Jahre alt, aus York im Bundesstaat Maine. Hier die Lesungen:

1. Rechtshirnorientierte Person. »Wahnsinn, es ist, als würde ich die Finger in eine Steckdose schieben. Soviel Strom spüre ich! Sie rennt dauernd überall herum. Warum will ich eigentlich einkaufen gehen? Los, gehen wir!«

2. Person mit ADD. »Sie erinnert mich an mich selbst im Alter von vier Jahren, ich hatte schöne blonde Haare und war immer das As beim Schwimmen im Y (YMCA). Meine Güte, hat sie blonde Haare, wow, so blonde Haare, als wären sie gefärbt. Ach ja, das erinnert mich, ich muß meinen Küchenfußboden schrubben, er ist so dreckig, als wenn Handwerker gekommen wären und überall Dreck hinterlassen hätten, und – wo war ich gerade? Ach ja, Mary, ja. Das blonde Haar, also, da bin ich mir nicht sicher. Aber Junge, Junge, ist sie – warum fällt mir jetzt das Einkaufsnetzwerk im Fernsehen ein? Ach ja, letztens haben sie da Puppen aus Afghanistan verkauft. Warte mal eben, das muß ich kurz aufschreiben. Worüber sprachen wir gerade? Richtig, über Mary. Und das Einkaufsnetzwerk, ja. Was ist bloß an so 'nem Einkaufsnetzwerk? Also, ich glaube, sie hat einen kleinen Jungen. Warum habe ich jetzt einen kleinen Jungen im Schwimmbad vom Y vor Augen? Sie hat einen kleinen Jungen, und er schwimmt dort herum. Himmel, brennt das in der Nase...«

3. Linkshirnorientierte Person. »Das kann ich nicht.« Also bittet man sie, den Namen aufzuschreiben, nach Hause zu gehen, früh schlafen zu gehen und alles aufzuschreiben, was sie träumt. Am nächsten Tag kommt sie wieder mit ihrem Bericht, einzeilig sauber getippt und in einen Ordner eingeheftet: »Ich hatte einen höchst bemerkenswerten Traum. Einen mythologischen Traum, etwas von einer griechischen Sage oder klassischen Amphore und einer Frau wie eine von diesen Göttinnen auf den Amphoren, mit flachsblondem Haar. Ihr Leben war wunderschön und vollkommen, alles war an seinem Platz und absolut wundervoll. Und dann kam ein Wechsel. Auf einmal saß ich bei der Arbeit – ich bin Bibliothekar –, und Leute kamen an meinen Schreibtisch und fragten mich nach einem bestimmten Buch. Ich sagte ihnen, daß es auf dem zweiten Bord in der vierten Reihe stehe, und sie sahen mich an und sagten: ›Why?‹ oder einfach nur ›Y?‹ Jeder, der zu mir kam, fragte mich: ›Why?‹ Das kam mir sehr sonderbar vor.«

4. Ein Körperintuitiver. »Oh, meine Hände und Arme sind so verkrampft. Völlig verkrampft. Warum denke ich jetzt an Preiselbeersaft? Ich möchte einfach nur Preiselbeersaft trinken. Warum gerade Preiselbeersaft? Ich weiß es nicht. Ich kann mich nicht konzentrieren, überhaupt nicht. Im Grunde möchte ich mich immer nur im Kreis bewegen, immer nur im Kreis, immer nur im Kreis. Das erinnert mich an einen Einkaufsbummel auf der Hauptgeschäftsstraße, kurz vor Weihnachten, wenn jeder da ist und ein Wahnsinnsgedränge herrscht. Warum fällt mir jetzt die blonde Schauspielerin ein – wie heißt sie doch? –, die aus *French Kiss* – Meg Ryan?«

Wer ist Mary, 38 Jahre alt, aus York im Bundesstaat Maine? Sie ist eine Frau mit blondgefärbtem Haar, die im Sportclub des YMCA arbeitet und kleinen Kindern das Schwimmen beibringt. Im Privatleben möchte Mary eine feine Dame sein wie die bekannte Autorin Martha Stewart. Sie will, daß alles in ihrem Leben und in ihrem Haus perfekt ist und aussieht, wie bei Martha Stewart. Mary ist konsumsüchtig. Auf ihrem Auto ist ein Aufkleber mit der Aufschrift: ›Wenn mir was fehlt, gehe ich einkaufen.‹ Und sie leidet häufig unter Blasenentzündung, weswegen sie von ihrem Heilpraktiker Preiselbeersaft verordnet bekommt.

Alle vier Lesungen für Mary Brown sind korrekt. Jede enthält zumindest ein Stück Wahrheit. Aber wenn man jede Lesung einzeln betrachtet, versteht man wahrscheinlich nichts und erkennt weder die Bedeutung der Symbole noch die Person Mary. Im Traum der linkshirnorientierten Person von den Leuten, die ankommen und fragen: ›Why?‹ (Y), ist dieses Y nicht gleich als Symbol für den YMCA in Marys Leben zu erkennen. Die Person mit ADD muß dauernd wieder aufs eigentliche Gesprächsthema gebracht werden. In ihrer Lesung kommen eine Menge irrelevante Hinweise vor wie etwa der auf die afghanischen Puppen oder den dreckigen Küchenfußboden.

Alle vier Personen müßten auf ein besseres Verständnis der besonderen Symbolik in ihrer Lesung hinarbeiten und die Sprache entschlüsseln, in der ihre Intuition zu ihnen spricht. Je vertrauter ihnen diese Sprache wird, um so leichter fällt ihnen schließlich die Entschlüsselung ihrer Lesungen, die dann immer fließender kommen dürften. Letztlich ist das nicht anders, als wenn man im Fitneßcenter einen bestimmten Muskel trainiert. Oder Klavierspielen übt. Ständig wiederholte Fingerübungen kräftigen nicht nur die Muskeln der Hände, sondern hinterlassen auch eine Spur im Gehirn, so daß es irgendwann automatisch die nötigen Signale an die Finger weitergibt, damit man richtig und schön spielen kann.

Ich weiß, daß das funktioniert, weil ich es viele Male bei Vorträgen und Workshops erlebt habe. Bei fast allen Workshops, die ich abhalte, fördert die große Mehrzahl der Anwesenden in den Lesungen etwas zutage. Manchmal werde ich sogar richtig ins Staunen versetzt, für mich eine Bestätigung dafür, daß unstreitig jeder, aber auch wirklich jeder von uns Zugang zu seiner Intuition finden kann, wenn er nur lernt, auf seine innere Stimme zu hören.

Vor kurzem habe ich einen Workshop geleitet, bei dem eine Teilnehmerin, eine Ärztin, mit ihrem Partner aufs Podium kam. Nach einer Visualisationsübung gab der Partner dieser Ärztin den Namen eines zweijährigen Mädchens. Daraufhin verwandelte sich die Ärztin plötzlich unter unseren Augen und nahm die Sitzhaltung und das Gebaren einer Zweijährigen an. Sie zwirbelte sich die Locken und drehte die Füße nach innen. Man sah förmlich, daß sie jetzt Lederschühchen trug. Dann fing sie zu reden an mit der Stimme eines Kleinkindes. »Ich bin hier beim Onkel Doktor, und Mami und Papi sprechen mit dem Onkel Doktor«, sagte sie. »Sie machen sich große Sorgen. Ich kann kaum atmen« – sie atmete tatsächlich auf einmal mühsam –, »und es ist schon lange so, und ich werde immer müder. Sie haben mir einen Plastikwurm ins Herz gesetzt. Aber ich werde wohl weggehen, und das ist auch ganz in Ordnung. Meine Mami und mein Papi wollen nicht, daß ich hinübergehe, aber ich find's ganz in Ordnung. Mir macht das nichts. Ich glaube, ich kann überall spielen.«

Alle im Saal waren verblüfft. Wir hatten gerade etwas wahrhaft Erstaunliches erlebt. Bei dem kleinen Mädchen, von dem uns die Ärztin eine intuitive Lesung gegeben hatte, handelte es sich um ein Kind mit Mukoviszidose. Ihm war vor kurzem eine künstliche Lungenarterie ins Herz eingesetzt worden. Das ist eine Art Schlauch, den die Ärztin mit den Worten eines Kindes als »Wurm« beschrieben hatte. Die Ärztin hatte die körperliche Erkrankung des Kindes sehr genau geschildert. Das Bedeutendste und Außergewöhnlichste an der Lesung war jedoch, daß sie gleich zum Kern der Sache vorstieß, zum eigentlichen Thema – der Gefühlswelt, in die Leben und Krankheit des Kindes eingebettet waren.

Diese Frau hatte noch nie eine Lesung durchgeführt. Dabei war sie offensichtlich erstaunlich intuitiv begabt. Sie konnte sich wirklich in den anderen Menschen versetzen und nicht nur dessen Eigenheiten und Gestik nachvollziehen, sondern sich auch vorstellen, wie er dachte und fühlte. Eigentlich hätte sie Schauspielerin werden sollen!

Dieses Erlebnis berührte mich so tief, daß ich Tränen in den Augen hatte. Mitzuerleben, wie jemand so stark mit seinem Intuitionsnetzwerk in Berührung kommt, ist sehr erhebend. Auch wenn nicht alle gleich eine so außergewöhnliche Begabung an den Tag legen, ist es doch immer wieder spannend für mich, wenn die Teilnehmer meiner Kurse feststellen, daß ihnen tatsächlich etwas »einfällt«, wenn sie sich an eine Lesung wagen. Normalerweise kann jeder Anwesende einen gewissen Erfolg verzeichnen. Und hinterher kommen die Leute immer zu mir und sagen: »Unglaublich! Ich kann das auch! Intuition gibt's also wirklich!«

Gelegentlich kommt es vor, daß Leute bei einer Lesung »leer« ausgehen. Ich habe jedoch festgestellt, daß sie sehr wohl etwas wahrnehmen und gewisse Informationen empfangen. Nur hat das, was sie intuitiv erfassen, im Augenblick keine Relevanz. Es ist zwar an und für sich nutzbringend, aber nicht zu diesem Zeitpunkt. Eine Frau klagte einmal bei einem Kurs, sie hätte keinerlei Erfolg mit der Lesung, keine einzige Eingebung. »Ich sehe nichts, ich höre nichts, ich fühle nichts«, sagte sie. »Nichts.« Sie kam sich wie eine Ausgestoßene vor, allein auf weiter Flur. Eine schwierige Situation, und sie tat mir leid.

Dann sah sie mich an. »Aber wissen Sie was? Ich mache mir Sorgen um Sie«, sagte sie und ließ sich darüber aus, wie ich trotz meiner Wirbelsäulenprobleme im Raum herumspazierte und über Mikrofonkabel stolperte. »Ich fürchte, Sie werden hinfallen und sich verletzen«, sagte sie.

Ich ging sofort in Abwehrstellung. Schließlich war *ich* ja die intuitive Heilerin und Kursleiterin. Ich wollte nicht an meine eigenen Schwachstellen und Probleme erinnert werden. Das war meine Aufgabe den anderen gegenüber. Wann immer ich mich in einer schwächeren Position fühle, rassele ich Daten herunter, und so versicherte ich der Frau, Studien an Leuten mit Rückenproblemen hätten ergeben, daß schnelles Gehen voller Selbstvertrauen das Risiko von Verletzungen im allgemeinen herabsetzen würde. Sie sah mich bloß an. »Ich glaube, Sie werden sich verletzen«, wiederholte sie noch einmal kopfschüttelnd.

Zwei Wochen später kam ich nach Hause und fand einen sehr unerfreulichen Brief vor. Ich las ihn gerade, als das Telefon klingelte. Ich ließ den Brief fallen und eilte zum Telefon. Auf dem Weg dorthin trat ich auf meinen Schlüsselbund, der mir heruntergefallen war – und brach mir den Fuß.

Jetzt trage ich immer ein Bild von mir mit Gipsverband bei mir, das ich bei Vorträgen zeige. Durch diesen Unfall lernte ich eine wichtige Lektion. Die Frau in meinem Kurs war keineswegs eine Versagerin gewesen, wie sie meinte, sondern eine sehr einsichtsvolle Intuitive. Nur hatte sie, statt die Person zu lesen, die sie lesen sollte, *intuitiv mich erfaßt* ! Leider war ich gleich in Abwehrstellung gegangen, hatte sofort meine linke Hirnhälfte eingeschaltet und die intuitive Wahrnehmung der Frau abgeleugnet. Ich hätte sie lieber gleich aufschreiben sollen!

Aus diesem Grund ist es so wichtig, *jede* Information zu notieren, die sich bei einer Lesung einstellt. Sie müssen nur unterscheiden, was Intuition und was Projektion ist, was mit Ihrem eigenen Leben zu tun hat und was sich auf das Leben der intuitiv wahrgenommenen Person bezieht. Manche Informationen werden nicht gleich relevant erscheinen, aber vielleicht haben sie einen Wert für die Zukunft. Schreiben Sie alles auf.

Vergessen Sie nicht, daß Sie, um Ihrer Intuition folgen zu können, wenig mehr tun müssen, als auch den zufälligsten, unbedeutendsten, irrelevantesten Gedanken, Ideen, Sinneseindrücken und Gefühlen *Aufmerksamkeit zu schenken.* Intuitive Eingebungen kommen aus unerwarteten Quellen und zu unerwarteten Zeiten über uns. Ob man sich entschließt, sie wahrzunehmen, oder sie lieber ignoriert, kann den entscheidenden Unterschied ausmachen zwischen Gesundheit und Krankheit, Glück und Unglück, einem erfüllten oder einem unerfüllten Leben.

Sehr häufig hängt der intuitive Muskel, den Sie am stärksten trainieren, nicht nur mit der Art Ihrer Intuition, sondern auch mit ihrem Beruf zusammen. Oder Sie verfügen über eine Intuition, die sich in Ihrem Leben in einem bestimmten Hobby oder Interesse äußert. Ihre Intuition bedient sich einer ganz eigenen, Ihrem Leben gemäßen Sprache, die ihrem Wesen nach nur für Sie verständlich ist. Wenn Sie lernen, dieser Art von Intuition, die in Ihrem Leben vorherrscht, Beachtung zu schenken, werden Sie die intuitiven Gaben, über die Sie verfügen, mehr zu würdigen wissen und mit mehr Erfolg an deren Weiterentwicklung arbeiten.

Die Art der Intuition hilft häufig auch bei der Berufswahl. Ich habe zum Beispiel beobachtet, daß viele Psychiater Linkshänder sind, was manchmal daran liegt, daß sie rechtshirnorientiert sind. Das heißt, sie verlassen sich bereitwilliger auf ihre Intuition. Da Intuition und die Fähigkeit, in anderen Menschen zu lesen, in der Psychiatrie sehr nützlich sein können, ist es nur natürlich, daraus zu folgern, daß sich Leute mit dieser Fähigkeit zu einer Tätigkeit in der Psychiatrie berufen fühlen.

Nun kann eine bestimmte Art von Hirnorganisation oder Intuition zwar jemanden zu einem besonderen Fachgebiet hinziehen, aber es kommt umgekehrt auch vor, daß ein gewähltes Tätigkeitsfeld oder ein gewählter Beruf den Betreffenden dazu prädestinieren, auf einem gewissen Gebiet Intuition zu entwickeln. Mit anderen Worten: Mit einer bestimmten Tätigkeit oder einem bestimmten Beruf kann man sich starke intuitive Muskeln auf dem Gebiet antrainieren. Manche Leute haben ein intuitives Gespür für Geschäfte aller Art. Andere verlassen sich in der Kriminalistik auf ihre Intuition und wissen, wo die Leiche vergraben wurde. Ich habe an früherer Stelle Krankenschwestern erwähnt, die durch ihre intuitiven Wahrnehmungen überdurchschnittlich gut waren in ihrem Beruf. Ich kenne eine Frau, die hervorragend Spendengelder zusammenbringen kann und offenkundig einen »siebten Sinn« dafür hat. Sie erzählte mir einmal davon, wie sie einen bedeutenden Spender anrief, um ihn zur Unterstützung eines bestimmten Projekts anzuregen. Sie hatte wie immer Erfolg, denn er sagte ihr eine großzügige Spende zu, und sie beendete das Gespräch mit dem Gefühl, etwas Gutes geleistet zu haben.

Kaum hatte sie aufgelegt, als sie von dem zwingenden Bedürfnis überkommen wurde, ihn erneut anzurufen und um noch mehr Geld zu bitten. Nach einer Weile gab sie ihrem Gefühl nach, rief den Mann noch einmal an und bat ihn um eine zusätzliche Summe. Und was, meinen Sie, war in den fünf Minuten zwischen den beiden Anrufen passiert? Der Spender hatte Nachricht von einem unverhofften geschäftlichen Gewinn erhalten. Dadurch in Geberlaune, spendete er sofort eine weitere große Geldsumme!

Eine andere Frau, Geschäftsführerin in einem Verlag, nahm Fühlung zu ihrer Intuition auf, indem sie die mögliche Aufmachung und Gestaltung verschiedener Publikationen einer »Lesung« unterzog. Während sie ein Projekt musterte, spürte sie, es müßte wie die Zeitschrift *Life* nach dem Tod Präsident Kennedys aussehen. Dann gestaltete sie Layout, Cover und Werbetexte ihrer Intuition entsprechend und veröffentlichte das Projekt voller Vertrauen darauf, daß es erfolgreich sein würde. Was es auch war.

Denken Sie einmal an Ihr eigenes Leben. Gibt es irgendein Gebiet oder Feld, das Sie besonders interessiert? Denken Sie für gewöhnlich in einer bestimmten Art von Symbolen? Ich habe eine Freundin, die ich als »filmintuitiv« bezeichnen würde. Eingebungen kommen in Form von bewegten Bildern und Filmsymbolen über sie. Einmal habe ich sie gebeten, von einem meiner Hausnachbarn eine Lesung zu machen. Sie sagte sofort: »Er erinnert mich an Norman in dem Film *On Golden Pond* (›Am goldenen See‹).« Mit Hilfe der Filmsymbole beschrieb sie mir jemanden, der geistig im Verfall begriffen ist. Der Mann, den sie sich intuitiv hatte anschauen sollen, litt tatsächlich unter Gedächtnisschwäche.

Ich kenne einen Kinderarzt, der seine Arbeit haßt, dafür aber um so lieber in seiner Freizeit malt und Cartoons zeichnet. Tagsüber wirkte er wie der typische Linkshirnarzt. Ich habe einmal versucht, ihn zu einer Lesung von jemandem zu bewegen, und es tat sich nichts. Er sah, hörte und fühlte nichts, wie er behauptete. Schließlich gab ich ihm Stift und Papier und sagte: »Vielleicht zeichnen Sie lieber etwas.« Sofort zeichnete er einen großen Mann mit Lockenkopf, der mit einem Schäferhund an seiner Seite am Strand stand. Der Mann, um dessen Lesung ich gebeten hatte, war tatsächlich groß, lockig, lebte am Strand und hatte einen Schäferhund. Beide, den Herrn und mehr noch den Hund, hatte der Arzt bis ins kleinste Detail ausgeführt. Das brachte mich auf den Gedanken, er könnte den falschen Beruf ergriffen haben. Ich glaube, mit seiner intuitiven Begabung hätte er sehr gut Tierarzt werden oder mit seinen kunstvollen Skizzen der Kriminalpolizei hervorragende Dienste leisten können.

Das Bemerkenswerteste an seiner Zeichnung jedoch war, daß sich darin eine außergewöhnliche intuitive Begabung äußerte, die er nur nicht sprachlich formulieren konnte. Seine Eingebungen waren visueller Art und von der rechten Gehirnhälfte bestimmt. Aber die Verbindung zwischen rechter und linker Hirnhemisphäre war augenscheinlich unterbrochen, so daß er das, was er sah, nicht in Worte fassen konnte. Das hieß jedoch nicht, daß er nicht über Intuition verfügte. Er mußte einfach nur die Sprache seiner Intuition erlernen. Bei ihm äußerte sie sich durch seine Zeichnungen.

Um es noch einmal zu sagen: Der Schlüssel zum Erfolg liegt in der Konzentration auf die jeweilige Art der Intuition, die einem gegeben ist. Man muß die Art und Weise herausfinden, in der man in seinem Leben, im Beruf, bei seinen sonstigen Interessen oder in seinen Träumen von der Intuition Gebrauch macht, ohne sich dessen bewußt zu sein. Wenn man das schafft, kann man auf diesem »Muskel« aufbauen, denn er bildet die Grundlage für die Kräftigung weiterer Muskeln im Intuitionsnetzwerk.

Die Intuition wecken

Wir alle treffen jeden Tag aufs neue trotz ungenügender Fakten die richtigen Entscheidungen. Dabei folgen wir unserer Intuition. Ich selber kann zu diesem Zeitpunkt nur sagen, daß ich ohne Intuition nicht mehr leben könnte. Wenn ich im Haus herumlaufe, weiß ich, wann das Telefon klingeln wird; oft weiß ich sogar, wer dran ist. Folglich weiß ich, wann ich abheben möchte und wann ich lieber den Anrufbeantworter anspringen lasse. Manchmal kann ich an der Art des Klingelns ablesen, wer der Anrufer ist. Wenn eine alte Freundin von mir Streit mit ihrem Mann hat, weiß ich das, weil ich dann Kopfschmerzen bekomme. Ich weiß auch, wann der Streit beigelegt ist, denn dann sind die Kopfschmerzen wie weggeblasen. Ich warte genau den richtigen Zeitpunkt ab, um sie anzurufen.

Ebensogut weiß eine Mutter Bescheid über ihre Tochter oder ihren Sohn, und ich möchte wetten, Sie können auf ähnliche Erfahrungen zurückblicken.

Ich weiß ferner, wann Patienten, die bei mir einen Termin haben, besonders schwierig sein werden. Ich spüre es daran, daß sich in meinem Körper so etwas wie ein heraufziehender Sturm bemerkbar macht. Sie kennen etwas Ähnliches wahrscheinlich auch von Ihrem Weg zur Arbeit – ein Gefühl, das Ihnen ganz klar sagt, daß es ein schlechter Tag wird. Die Intuition gleicht einem Flugkapitän in unserem Innern, der uns sagt, welche Turbulenzen vor uns liegen, und uns bittet, uns anzuschnallen und uns geistig und körperlich darauf einzustellen. Die Intuition sagt uns, wo es in unserem Leben langgeht. Sie entspricht einer der Himmelsrichtungen auf unserem inneren Kompaß. Ein Leben ohne Intuition ist wie ein Leben ohne den Oststrich auf dem Kompaß. Können Sie sich eine Lebensreise vorstellen, die nie gen Osten führt? Sie könnten dann nur drei von vier möglichen Himmelsrichtungen ansteuern, nur Norden, Westen und Süden.

Mittlerweile weiß ich zwar, wie mein Körper mittels Wohlgefühl, Beschwerden oder Krankheiten zu mir spricht, aber ich bekomme immer noch Hilfestellung von anderen, die Symptome schon bei mir bemerken, wenn ich sie noch gar nicht erkannt habe, und es mir dann sagen.

»Mona Lisa, ist dir bewußt, daß du die ersten zwei Akte des Theaterstücks heute abend verschlafen hast? Machst du dir Sorgen wegen eines Arbeitstermins, oder was ist los?«

»Mona Lisa, hast du Nackenschmerzen? Du gehst so merkwürdig. Bist du immer noch im Zweifel wegen des neuen Jobangebots?«

»Mona Lisa, hast du schon wieder Bronchitis? Dann mußt du bestimmt bald einen Vortrag halten.«

Meine Freunde erinnern mich immer daran, daß der Kaiser keine Kleider anhat. Bitten Sie Ihre Freunde um den gleichen Liebesdienst. Was andere über bestimmte körperliche Symptome sagen, kann Ihnen helfen, die Spur zu den Gefühlen zurückzuverfolgen, die einen Bezug zu diesen Beschwerden haben.

Gesundheit und Krankheit, Glück und Unzufriedenheit, Wohlbefinden oder Schmerz: das Maß, in dem wir all das erleben, hängt von der Wahl ab, die wir in jedem Augenblick unseres Lebens treffen, ob wir nämlich den Botschaften, die unser Intuitionsnetzwerk fortwährend aussendet, Gehör schenken oder nicht. Über dieses Netzwerk erfahren wir, was in unserem Leben richtig oder falsch ist, was wir verändern sollten und wo wir uns anpassen müssen.

Meine Freunde machen sich immer lustig über mich, weil bei mir zu Hause den ganzen Tag leise das Fernsehen läuft. Ich finde dieses Hintergrundgeräusch beruhigend. Auch das Intuitionsnetzwerk ist in jedem von uns in Bereitschaft wie der Fernseher, der immer eingeschaltet ist. Aus welcher Quelle Ihre Intuition auch sprudeln mag, ob aus dem Körper, der rechten oder linken Hirnhemisphäre oder Ihren Träumen, sie ist immer auf Sendung und brummt nur so vor Informationen. Schalten Sie sich in Ihr ureigenes intuitives Netzwerk ein. Sie haben verschiedene Möglichkeiten, den Sender so lange zu wechseln, bis die Übermittlung am klarsten ist, und können dann endlich laut drehen und den Empfang Ihren Bedürfnissen anpassen.

Literaturangaben

Vorbemerkung: Der weitaus überwiegende Teil der Studien und Forschungsberichte, die in diesem Buch zitiert werden, stammt aus amerikanischen Fachzeitschriften. Für die sehr umfangreichen Quellenangaben sei auf die Originalausgabe des Buches verwiesen, die 1998 unter dem Titel *Awakening Intuition* im Verlag Harmony Books, New York, erschien. Hier folgen nun diejenigen bibliographischen Angaben und Literaturverweise, die auch für den weniger wissenschaftlich orientierten Leser von Interesse sein könnten.

1. Der wichtigste aller Sinne: die Wahrheit über die Intuition

1 M. R. Westcott: *The Psychology of Intuition.* Holt, Rhinehart, New York 1968.

2 M. C. Wittrock (Hrsg.): *Brain and Psychology.* Academic Press, New York 1980. R. B. Fuller: *Intuition.* Impact, San Luis Obispo, Kalif., 1983. R. Assagioli: *Die Schulung des Willens.* Junfermann, Paderborn 1982. Weitere Quellenangaben zu den im Text zitierten wissenschaftlichen Studien siehe Vorbemerkung.

3 R. Sheldrake: *Das schöpferische Universum. Die Theorie des morphogenetischen Feldes.* Ullstein, Berlin 1993.

4 J. Salk: *Anatomy of Reality, Merging Intuition and Reason.* Columbia Univ. Press, New York 1983.

5 T. Bastick: *Intuition: How We Think, How We Act.* Wiley, New York 1982.

2. Wenn die Götter rufen: die Intuition im Traum

1 S. Freud: *Die Traumdeutung.* Fischer, Frankfurt a. M. 1991.

2 Aristoteles: *De insomniis. De divinatione per somnum.* Werke in 37 Bd., Bd. 14, Teil 3, Akademie Verl., Berlin 1994.

3 A. Schopenhauer: »*Versuch über das Geistersehn und was damit zusammenhängt*«, *Parerga und Paralipomena.* 2. Aufl., Bd. 1, Berlin 1862.

4 R. C. Van de Castle, P. Kinder: *The Content Analysis of Dreams.* Appleton-Century-Crofts, New York 1966.
5 B. Siegel: *Peace, Love, and Healing.* Harper & Row, New York 1989.

3. Linkshirn und Rechtshirn: »Denken« und »Fühlen«

1 D. Ohoson (Hrsg.): *Duality and Unity of the Brain.* Plenum Press, New York 1987. E. Zaidel: *Cerebral Correlates of Behavior. Cerebral Correlates of Experience.* Elsevier, Amsterdam 1978. S. R. Hameroff et al. (Hrsg.): *Toward a Science of Consciousness: The First Tucson Discussions and Debates.* MIT Press, Cambridge, Mass.,1996
2 M. Kinsbourne (Hrsg.): *Topics in Learning Disability.* Bd. 3, Aspen Systems, Gaithersburg, Md., 1983.
3 A. F. Wechsler (Hrsg.): *Neurobiology of Higher Cognitive Function.* Guilford Press, New York 1990. A. Glass (Hrsg.): *Individual Differences in Hemispheric Specialization.* Plenum Press, New York 1987.
4 N. Geschwind, A. M. Galaburda (Hrsg.): *Cerebral Dominance: Biological Foundation.* Harvard Univ. Press, Cambridge, Mass., 1984.
5 M.-M. Mesulam: *Principles of Behavioral Neurology.* F. A. David, Philadelphia 1985.
6 M. B. Sterman, M. N. Shonse (Hrsg.): *Sleep and Epilepsy.* Academic Press, New York 1982.

4. Die Aufzeichnung vergangener Erfahrungen: das Gedächtnis von Gehirn und Körper

1 B. A. Van der Kolk et al. (Hrsg.): *Traumatic Stress: The Effects of Overwhelming Experience on Mind, Body, Society.* Guilford Press, New York 1996.
2 *The Roman History XI.* Kap. X, Bd. 2, Loeb Classical Library, Cambridge, Mass., 1962.
3 S. Minuchin et al.: *Psychosomatische Krankheiten in der Familie.* 6. Aufl., Klett-Cotta, Stuttgart 1995.
4 L. Dossey: *Healing Words.* Harper, San Francisco 1993.
5 I. Stevenson: *Telepathic Impressions: A Review and Report of 35 New Cases.* University Press Virginia, Charlottesville, Va., 1970.

5. Körpersprache: die Bedeutung von Gesundheit und Krankheit

1 L. L. Hay: *Gesundheit für Körper und Seele.* Heyne, München 1989.

6. Blut und Knochen: Sicherheit und Zugehörigkeit

1 G. G. Luce: *Biological Rhythms in Psychiatry and Medicine.* P. H. S. Publication Nr. 2088, Washington, D. C., 1970. A. Reinberg, F. Halbers (Hrsg.): *Chronopharmacology.* Pergamon, New York 1979.

2 M. C. Moore-Ede, F. M. Sulzman, C. A. Fuller: *The Clocks That Time Us*. Harvard Univ. Press, Cambridge, Mass., 1983.
3 P. Solomon et al. (Hrsg.): *Sensory Deprivation*. Harvard Univ. Press, Cambridge, Mass., 1961.

7. Die Sexualorgane und der untere Rücken: Beziehungen und Triebkräfte

1 N. Payne: *The Language of Fertility*. Harmony Books, New York 1997.
2 C. L. Northrup: *Frauenkörper Frauenweisheit*. Z. Sandmann, München 1996.
3 M. Stauber: *Psychosomatik der ungewollten Kinderlosigkeit*. Berliner Med. V.-A., Berlin 1993.
4 J. Herman: *Die Narben der Gewalt. Traumatische Erfahrungen verstehen und überwinden*. Kindler, München 1994.

8. Der Verdauungstrakt: Verantwortungsbewußtsein und Selbstachtung

1 *The Amygdala: Neurobiological Aspects of Emotion, Memory, and Mental Dysfunction*. Williams & Wilkins, New York 1992.
2 S. Minuchin et al.: *Psychosomatische Krankheiten in der Familie*, a. a. O., S. 23–29.
3 S. LeVay: *The Sexual Brain*. MIT Press, Cambridge, Mass., 1993.

9. Herz, Lunge und Brust: Gefühl, Intimität und Zuneigung

1 L. L. Hay: *Heile Deinen Körper*. Lüchow, Freiburg 1989.
2 M. M. Linehan: *Trainingsmanual zur Therapie der Borderline-Persönlichkeitsstörung*. CIP-Mediendienst, München 1996.
3 G. R. Elliot, C. Eisdorfer: *Stress and Human Health: Analysis and Implications of Research*. Springer, New York 1982.
4 M. A. Chesney, R. H. Rosenman (Hrsg.): *Anger & Hostility in Cardiovascular and Behavioral Disorders*. Hemisphere, Washington, D. C., 1985.
5 K. Lorenz: *Das sogenannte Böse. Zur Naturgeschichte der Aggression*. dtv, München 1992.
6 H. Snow: *The Proclivity of Women to Cancerous Disease*. London 1891.

10. Schilddrüse, Hals und Nacken: Kommunikation, Zeitgefühl und Willen

1 J. Sherman: *Sex Related Cognitive Differences: An Essay on Theory*. Charles C. Thomas, Springfield, Ill., 1978.

11. Das Gehirn und die Sinnesorgane: Wahrnehmung, Denken und Moral

1 V. M. Eatough et al.: *Premorbid Personality and Idiopathic Parkinson's Disease*. Raven, New York 1990.

12. Muskeln, Bindegewebe und Gene: der Lebenssinn

1 Vgl. May Sarton: *Eine Abrechnung*. Frauenoffensive, München 1985.

2 D. Firth: *The Case of Augustus d'Este.* Cambridge Univ. Press, Cambridge, England, 1948.

13. Die intuitive Identität: verschiedene Arten von intuitiver Intelligenz

1 C. Darwin: *The Origin of the Species.* D. Appleton, New York 1889.

2 S. J. Dimond, J. G. Beaumont (Hrsg.): *Hemispheric Function in the Human Brain.* John Wiley, New York 1974.

3 M. Corballis, I. Beale: *The Psychology of Left and Right.* Erlbaum/John Wiley, New York 1976.

4 C. N. Northrup: *Frauenkörper Frauenweisheit,* a. a. O. (Dr. Christiane Northrup und ich haben während der Forschungsarbeiten für ihr erstes Buch erstmals den Zusammenhang von FSH, LH, Menstruationszyklus und Intuition dargelegt.)

5 J. Borysenko: *A Woman's Book of Life.* Riverhead Books, New York 1996.

14. Das intuitive Profil

1 B. Brennan: *Licht-Arbeit. Das große Handbuch der Heilung mit körpereigenen Energiefeldern.* Goldmann, München 1997.

Dank

Sie hätten dieses Buch nicht lesen können, wenn es nicht viele Mitwirkende gegeben hätte. Allein schafft niemand etwas. Ein Ei braucht Sperma, das Trickfilmeichhörnchen Rocky brauchte den Elch Bullwinkle, und ich brauchte Hilfe noch und noch. Gedankt sei allen folgenden:

Meiner Familie, die mich mit den entscheidenden Herausforderungen dazu inspiriert hat, Ärztin, Wissenschaftlerin und intuitive Heilerin zu werden.

Allen meinen Lehrern an der Brown University und der Bostoner Universität, die mir Gelegenheit gegeben haben, meinen Intellekt zu schärfen und zu entwickeln.

Dr. George McNeil und allen anderen Ärzten, Therapeuten und Mitarbeitern in der psychiatrischen Abteilung des medizinischen Zentrums von Maine, die daran mitgewirkt haben, mein Hirn und Herz so zu schalten, daß ich Neurologin wurde.

Ferner den Ärzten, die mir heilen geholfen haben – Dr. John Hall, meinem Richtungsweiser, Dr. Lee Thibideau, meinem zündenden Funken, Dr. Flaherty, meinem Rückgrat, Dr. Christiane Northrup, meinem Halt, und Dr. Jean Martheson, die mein Erwachen gefördert hat.

Dr. Ruth Buczynski dafür, daß sie mir die Möglichkeit gegeben hat, Vorträge auf ihren wunderbaren Konferenzen zu halten. Dank auch allen Leuten am Hay House, die mich auf ihren Frauenworkshops reden ließen.

Zofia Smardz dafür, daß sie mir ihre linke Gehirnhälfte, die bei mir winzig ist, zur Verfügung gestellt hat. Diane Grover dafür, daß sie mir ihre Stirnlappen zur Verfügung gestellt hat. Auch davon habe ich nicht gerade viel. Und natürlich Charlie Grover, der mein restliches Leben zu Hause managt und alles für mich tut... bis auf zwei Dinge (er ist Dianes Ehemann).

Außerdem Winter Robinson, der mich ins intuitive Heilen eingeführt hat. Anerkennung gebührt ferner Louise Hay, einer genialen Autodidaktin, die viel über die psychosomatische Medizin weiß und lehrt und alles ohne ein einziges Studiendarlehen gelernt hat.

Dank auch an Dr. Joan Borysenko. Als ich mich erbot, Forschungsarbeiten für ihr wunderbares Buch *A Woman's Book of Life* zu übernehmen, bestand sie darauf, daß ich selbst eins schreiben sollte. Und an Leslie Meredith, meine Lektorin bei Harmony Books. Sie nahm mein Buch an, ohne mehr davon zu kennen als das, was in meinen Augen eine Geschichte über eine Gottesanbeterin war, was sie hingegen als »etwas Besonderes« betrachtete. Das ist entweder Intuition oder Impulsivität oder beides.

Die Dankbarkeit, Liebe und Hochachtung, die ich für Chris Northrup empfinde, sind unermeßlich. Sie hat mich alles gelehrt, was sie über Frauen und deren Gesundheit, Feminismus, Politik (obwohl ich Desinteresse mimte) und Öffentlichkeitsarbeit weiß. Ich habe mit dieser Frau zusammen gelacht und geweint, ich habe geschrien, verloren und gewonnen, ich habe gelernt und bin schließlich ans Werk gegangen. Bevor ich sie kennenlernte, habe ich immer für mich allein geforscht und gearbeitet, weil es mir einfacher, unkomplizierter und sicherer erschien. Sie jedoch hat mir gezeigt, daß sich zwischen zwei klugen, willensstarken, eigensinnigen, gefühlsbetonten Wesen durchaus eine echte Partnerschaft entwickeln kann.

Zuletzt noch ein Dankeschön an Emily und Dina, meine Katzen, die immer bei mir sind. Sie miauen laut, wenn ich eine schwierige Lesung gebe, fauchen und spucken, wenn jemand ins Haus kommt, der mir nicht guttut, und schnurren, wenn es jemand Wohltuendes ist. Sie sind wirklich ein Teil meiner Intuition.

Register

Seitenangaben in *Kursivdruck verweisen auf Abbildungen oder graphische Darstellungen.*

R

S